滇版精品出版工程资金资助项目

当代著名学者研究资料丛书

周明全　主编

陈思和研究资料

周明全◎编

云南出版集团
云南人民出版社

图书在版编目（CIP）数据

陈思和研究资料 / 周明全编. -- 昆明 : 云南人民出版社, 2022.1

（当代著名学者研究资料丛书 / 周明全主编）

ISBN 978-7-222-15171-0

Ⅰ. ①陈… Ⅱ. ①周… Ⅲ. ①陈思和－人物研究 Ⅳ. ①K825.6

中国版本图书馆CIP数据核字(2021)第013996号

当代著名学者研究资料丛书

陈思和研究资料

周明全　主编　　周明全　编

出 品 人：赵石定　　责任编辑：陈浩东　熊　凌

助理编辑：苏　娅　　责任校对：李　红

装帧设计：马　滨　　责任印制：马文杰

出版	云南出版集团 云南人民出版社
发行	云南人民出版社
地址	昆明市环城西路609号
邮编	650034
网址	www.ynpph.com.cn
E-mail	ynrms@sina.com
开本	787mm×1092mm　1/16
印张	37.5
字数	520千
版次	2022年1月第1版
印次	2022年1月第1次印刷
印刷	云南出版印刷集团有限责任公司国方分公司
书号	ISBN 978-7-222-15171-0
定价	158.00元

如有图书质量及相关问题请与我社联系：

审校部电话：0871-64164626

印制科电话：0871-64191534

陈思和

序 言

周明全

“当代著名学者研究资料丛书”第一辑编选了中国现当代文学研究领域极为重要的几位学者——谢冕、钱理群、洪子诚、王富仁、丁帆、陈平原、陈思和、南帆的研究资料。他们不但在各自的研究领域做出了卓越贡献，而且其言说的方式为现当代文学研究、当代文学评论研究提供了范式。

20 世纪 80 年代，他们曾被称为“中青年批评家”，其中大多数属于“第五代批评家”。论者认为和前代学者 / 批评家相比，他们具有“宏阔的历史眼光；顽强的探索精神；现代的理性自觉；深刻的自由意识”[①]。这四个主要特征，是这代批评家能在新时期开创文学研究 / 批评新天地的内因。四十年过去了，当年的“青年”已不再年轻，然而从学术生命上讲，直到今天，他们依然是“年轻批评家”，充满探索精神，充满了对文学现场的关注热情。

如果对自“五四”百年来文学批评的发展历程进行梳理辨析，便能清晰地认识到这些学者和批评家在批评史上承上启下的历史地位和精神特征。

1917 年初，胡适、陈独秀在《新青年》先后发表了《文学改良刍议》《文学革命论》，开启了中国现代文学批评之门。1918 年 12 月，周作人发表了《人的文学》，“人的文学”代表了“五四”的时代精神，亦上升为中国新文学的传统，遂成为 20 世纪中国文学的主流。

这一时期，虽然以文学研究会和创造社为代表的各个文学团体提出各自的理论主张，但“人的文学”，新鲜的、立诚的、现实的文学成为时代的“共名”。作为百年来中国文学批评史上的第一代批评家，他们不仅是开创者，也是批评范式的确立者。

① 参见谢昌余《第五代批评家》，《当代文艺思潮》1986 年第 3 期。

1928年后，时代的“共名”被打破，文学批评向更多元和差异方向发展，马克思主义文艺理论批评家、京派批评家以及持个人主义和自由主义的批评家之间有着更多的对话、论争和挑战。1942年5月，随着延安文艺座谈会的召开，马克思主义文艺理论逐渐占上风，这也是现代文学批评史上的一个重要转折点。在座谈会上，毛泽东指出:“在现在的世界上，一切文化或文学艺术都是属于一定阶级的，属于一定的政治路线的。为艺术的艺术，超阶级的艺术，和政治并行或相互独立的艺术，实际上是不存在的。”毛泽东明确提出了“文艺界的主要斗争方法之一，是文艺批评”。毛泽东的讲话为那一时期的文艺批评划定了严格的、不容置疑的批评标准。1949年7月2日至19日，第一次文代会在北平（北京）召开，这是新中国文学理论和批评的起点。周扬在会上发表了影响中国文学创作数十年之久的讲话，这是延安文艺座谈会在新的历史时期的“升级版”。周扬指出：“毛主席的《在延安文艺座谈会上的讲话》规定了新中国的文艺方向，解放区文艺工作者自觉地坚决实践了这个方向，并以自己的全部经验证明了这个方向的完全正确，深信除此之外再没有第二个方向了，如果有，那就是错误的方向。”[①] 毛泽东在延安文艺座谈会上的讲话给批评指定的标准，一直延续到20世纪80年代。

1984年初，福建批评家林兴宅在《鲁迅研究月刊》发表了《论阿Q性格系统》，成为用自然科学方法研究中国现代文学的滥觞。之后，时任中国社科院文学所所长的刘再复发表了《用系统方法分析文学形象的尝试——读〈论阿Q性格系统〉》等文章加以支持。1985年3月在厦门大学召开的“全国文学评论方法论讨论会”，将刘再复关于“方法论变革”的一系列主张推向高潮。同年底，刘再复的《论文学的主体性》分两期刊发在《文学评论》1985年第6期和1986年第1期。刘再复在《论文学的主体性》中强调作家要超越

① 周扬：《新的人民的文艺》，见中华全国文学艺术工作者代表大会宣传处编《中华全国文学艺术工作者代表大会纪念文集》，新华书店1950年版，第69页。

现实主体，写作时一定要进入艺术主体。这是向“五四”时期“人的文学”主张的回归，也是新时期文学批评步入审美层面的开启。“方法热”直接的后果，一是大量西方的文学理论被介绍进来，对此前单一的政治社会学批评形成了极大冲击；二是各省市作家协会和社科院也纷纷创办了自主性的文学批评刊物。这是在之前没有过的，之后也不再重现的辉煌。如：1984 年 1 月 25 日，《当代作家评论》在辽宁省创刊，9 月《文艺评论》（前身为《文艺评论报》）在哈尔滨创刊，10 月上海比较文学的机关刊物《中国比较文学》出版；1985 年 1 月《小说评论》在西安创刊，4 月《文艺新世纪》在广东创刊，4 月 10 日《批评家》在太原创刊，5 月《文艺评论家》在济南创刊；1986 年 1 月，《文艺争鸣》《文艺理论家》分别在吉林和江西创刊；1988 年 1 月，《南方文坛》在南宁创刊，6 月《理论与创作》在长沙创刊；等等。

1985 年前后，中国当代文学批评迎来了它的黄金时代，文学批评起到了引领时代风潮的作用。时势造英雄，第四代批评家正在披荆斩棘开创思想解放的批评道路，第五代批评家也是在这个时期顺利走入批评领域。如陈思和、丁帆、许子东、黄子平、吴亮、程德培、李洁非、蔡翔、张志忠、季红真、周政保等，就是顺应时代而崛起的一代批评家，被称为第五代批评家。

如果说，以周扬、冯牧为代表的第三代、第四代批评家大多数是党的文艺干部，他们的批评与阐释党的文艺政策是联系在一起的，因此具有较大的权威话语权，对文艺作品也有较大的威慑力，那么第五代批评家（包括一部分第四代批评家），则是依靠对文学的审美构建而成为承上启下的一代批评家。第五代批评家，大都在高校里接受过系统的学术训练，随即留校任教，逐渐形成了学院批评的特点。这是文艺批评最为根本性的变化。批评家转入高校最本质的变化就是批评的性质和功能随之发生了根本变化——它不再具备审查作品、指导作家创作的权力。

可以说，第五代批评家中，从事纯粹的文艺批评者并不多，主要是从史的角度对文学进行系统化研究。钱理群主编了《中国现代文学三十年》《中国现代文学编年史》，洪子诚撰写过《中国当代文学史》，丁帆撰写过《中国乡土小说史论》《中国新时期小说主潮》《中国西部现代文学史》，陈平原撰写过《二十世纪中国小说史》《中国散文小说史》，陈思和主编过《中国当代文学史教程》，等等。所以，称他们为学者化的批评家更为合适。

另外，这代人最大的特征是，他们的文学养料和精神传承主要是从“五四”来的。20 世纪 80 年代，一批在高校或学术机构的著名教授恢复了权威的学术地位，如李何林、王瑶、唐弢、贾植芳、钱谷融、徐中玉等，这些老先生都是“五四”一代学人的弟子，他们也是大多数第五代批评家的授业恩师。钱理群、陈平原的导师王瑶，早年师从朱自清，这一师承使得王瑶身上有鲜明的“五四”传统和鲁迅传统。王瑶“因自己的导师和弟子而声名益著，而弟子们也以他为中介，把‘五四’的文化传统，链接到当代的思潮中”①。王富仁是中国第一个现代文学专业的博士，师从鲁迅研究专家李何林先生，王富仁多次说“鲁迅改变了我一生”，他本人的鲁迅研究，开启了鲁迅研究的新天地。

在《陈思和文集》研讨会上，一位思和先生的同代批评家说，陈思和研究巴金、胡风等“五四”一代作家的历程，使他自己逐渐成为他研究对象的那种人格，似乎就是最好的注脚。

20 世纪 90 年代，文学界的分化或者说多元化趋势更趋明显，文学制度也处于相对稳定的状态，无论是文学创作还是文学批评，都摆脱了“思想斗争”陈旧观念的束缚，进入活跃繁荣自由的时期。第六代批评家郜元宝、张新颖、王彬彬、张清华、孟繁华、陈晓明、李敬泽、吴义勤、何向阳等，基本上都是高校毕业的硕士、博士，此后不管在高校从事文学研究和文学批评，还是在作协系统担任一定的领导职位，文艺批评的属性基本没有改变，还是延续了第五代

① 孙郁：《王瑶：拖着历史长影》，见孙郁《百年苦梦——20 世纪中国文人心态扫描》，群言出版社 1997 年版，第 233 页。

批评家开创的范式。

文学批评最近面临的挑战是从新世纪开始的。此时网络文学开始盛行，发表没有门槛设置，人人皆作家，管你批评不批评，该写的都在热火朝天地写。评论家的阵营也更趋分化，形成了传媒批评圈和学院批评圈两个较大的群体。传媒批评“表面上呈现的往往是商业利益作为推手。媒体批评呼风唤雨，左右了社会的一半舆论导向”。学院派批评家常年避居学院的高墙大院，与当下社会和文学创作有一定的隔膜，但为了坚守学院派知识的纯正性，他们依然在艰难地从事着文学批评。在这一波变化中，批评家内部的分化趋于明显，各个代际的批评家参与到这场角逐中，但在稍后的几年间，“80后”批评家因批评界、学界的焦虑而被迅速地捧了起来，成为一支不可忽视的力量。同时，网络的普及，也相应地带来了文学批评的繁荣。

对近百年的文学批评史做一个粗略的梳理就能发现，自1985年以后的当代文学批评取得了巨大的成绩。然而，与作家研究文集、作品集的出版相比，文学研究领域资料的整理出版却显得相对滞后。对当代文学批评的历史化依旧薄弱，对当代文学研究者、文学批评家进行研究的资料整理和出版这样的基础性工作也没有系统地做起来，这和创作的繁荣，和批评对创作的响应是不相符的。

无论是“五四”一代批评家，还是1985年后的第五代批评家，对整个时代的文学创作，甚至是思想观念的现代化，都起到了至关重要的作用。当然，创作的繁荣，与文学研究、文学批评直接和间接的介入，有着密不可分的关系。只研究作家、作品，不研究批评家和文学史家，对研究整个文学的历史是不全面的。

云南人民出版社一直有着出版优秀学者著作的优良传统，从20世纪90年代以来，先后出版过“名编辑文丛”“文艺学新视角丛书”“文体学丛书”“70后批评家文丛”“80后批评家文丛”等大型学者丛书，产生过积极的影响。当初与赵石定社长谈起编辑“当代著名学者研究资料丛书”的构想，他很支持，并表示要将当代批评研究作为一个重要的出版板块来打造，这显示出优秀出版人对学术和文化的担当与情怀。

“丛书”第一辑共编选谢冕、钱理群、洪子诚、王富仁、丁帆、陈平原、陈思和、南帆八位学者的研究资料。他们是当代思想过渡和变迁重要的见证者、亲历者和参与者，在20世纪80年代中期批评转型的过程中起了重要的作用，做出了特别的贡献。另外，这几位先生又都是新时期非常重要的文学史家，一直笔耕不辍，对当代文学研究发挥着持续的影响。

思和先生认为：“只有传道授业、出版和学术研究三位一体，才是一个知识分子的理想岗位。”这句对现代知识分子的期许之言，对我影响甚大。多年来，虽不能至，但努力践行之。2013年底，延续着先生编辑“火凤凰文库”的理念，与先生共同策划、主编了“80后批评家文丛”；2015年，再度和先生共同主编了“70后批评家文丛”；如今这套“当代著名学者研究资料丛书”的策划编辑，无非想再次通过自己切实的努力，在承传、接续、播撒精神传统方面，做一点自己的工作。对我而言，在这个过程中，作为后学既能亲炙前辈们的风范，同时，也算是努力朝思和先生所言的“理想岗位”靠近了一步吧。

“丛书”能顺利出版，首先要感谢赵石定社长的全力支持，感谢云南省新闻出版局在经费上的扶持，感谢李敬泽、孟繁华两位前辈的支持，同时，亦感谢李浴洋兄的协助。最后，感谢所有为这套丛书付出辛勤劳动的编辑。

目 录

陈思和小传

里 波

陈思和，1954 年生于上海，祖籍广东番禺。父亲陈宝璋先生（1913—1976）曾做过教员、职员、基层干部，1956 年支援西北内地建设，随单位东亚大饭店迁移至西安，二十年后在工作岗位上去世；母亲朱麟梅女士（1929—2002），1956 年后在上海市第二商业局等单位担任电话接线员，一直工作到退休。由于父亲支内，母亲上班，陈思和与两个妹妹都是在外祖父和外祖母的照顾下长大。外祖父朱福炎先生出身于普通市民家庭，当过英商电车公司职员，粗通英文以及文史知识，略知旧学，他对陈思和的儿时教育产生过较大的影响。

陈思和于 1960 年正式就读上海市虹口区广灵路小学，第二年转广灵路第二小学。小学毕业那年“文化大革命”爆发，国家取消考试制度，学生在校外游荡一年有余。1967 年 11 月才被分配到上海市杨浦区靖南中学就读，属于 1969 届初中生。1970 年中学毕业，没有卷入上山下乡洪流，留在家里自学了“文化大革命”前高中的语文、数学等必要课程，同时断断续续自学英语。1973 年起在卢湾区图书馆读书自修，参加图书馆的书评活动，并在馆里老先生的指导下，撰写《刘禹锡评传》（未出版），此时开始学写旧体诗。1974 年 10 月，分配到淮海街道图书馆，参与街道理论队伍和共青团委的工作。这期间系统阅读过马列原著（中译本）和西方哲学史。

1977年国家恢复高考制度，参加“文革”后第一届高考，被复旦大学录取。1978年春天作为1977级大学生进入复旦大学中文系读书。同年结识还在受难中的贾植芳教授，开始跟从贾植芳先生学习现代文学和研究巴金，逐渐走上自觉的知识分子的人生道路。

1978年下半年起，陈思和与同学李辉一起通读《巴金文集》，并在贾植芳先生的指导下合作撰写巴金研究论文。第一篇文章《怎样认识巴金早期的无政府主义思想》，以书简形式发表于《文学评论》1980年第3期，得到《文学评论》编辑王信先生和陈骏涛先生的提携和鼓励，以后长期保持联系，有多篇论文刊发于《文学评论》。1986年，与李辉合作的第一本论文集《巴金论稿》由人民文学出版社出版。

1982年1月，陈思和毕业于复旦大学中文系，留校任教。起先被安排在语言文学研究所当代文学研究室，后转到中文系现代文学教研室。1982年下半年起担任新生（1982级）班主任，整整四年，使新生班养成良好的学习风气。该班在毕业时，近四分之一的同学考上硕士研究生，走上了学术研究道路，分配在其他工作岗位上的同学，也有很多后来成为业界的佼佼者。1986年，陈思和为该班即将毕业的同学开设了一门“新时期文学研究”的选修课程，采用了课堂讨论的形式组织学生与作家、评论家进行对话，讨论文学作品，引导学生直接参与新时期文学的建设。这门课程的讨论记录稿后结集为《夏天的审美触角——当代大学生的文学意识》，1988年由工人出版社出版。

作为青年教师的陈思和最初的教学任务是为外系学生开设现代文学简史课程，一个学期讲完从“五四”到当代的七十年文学史。这门课连续上了几年，陈思和系统学习讲授新文学史，为他后来打通以1949年为界的现当代文学，提倡“新文学整体观”打下了基础。1984年年底，陈思和参加杭州会议，在会上做了题为《中国新文学发展中的现代主义》发言，文章刊发于《上海文学》；1985年参与了厦门会议，讨论文学研究新方法。当时中国社科院文学所所长刘再复先生发起了文学研究新方法的大讨论，鼓吹引进西方文学研究的新理论、新视野、新方法，颠覆了中国传统研究文学的思维和方法。由此受到启发，陈思和尝试用“史的批评”来沟通现代文学资源和当代文学批评。同年5月，在北京万寿寺参加中国现代文学学会举办的青年学者座谈会，发言提出“中国新文学研究中的整体观”，论文刊发于《复旦学报》。由此开始撰写系列论文，1987年由上海文艺出版社结集出版《中国新文学整体观》。

陈思和在1978年考入复旦大学以后，他的人生道路发生了极大变化，但是在卢湾区图书馆从事书评时期形成的对当下文学的关注热情依然在延伸。1978年，他在复旦大学中文系的同班同学卢新华发表小说《伤痕》，在社会上引起轩然大波，理论领域发生激烈争论。陈思和及时发表评论文章声援《伤痕》，对主流文艺理论模式进行反思。留校任教以后，他在教学科研之余没有忽略当代文学，依然站在理论争论的风口浪尖，不断关注当下的文学创作的新动向。他积极参与以《上海文学》杂志为核心的上海青年批评家的圈子活动，对王安忆、莫言、余华、赵本夫、张炜等青年作家进行跟踪式的研究和批评，对寻根文学、先锋文学等创作思潮都有迅速反应。1988年，陈思和与王晓明以《上海文论》为阵地，联袂发起“重写文学史”，在学术领域产生过较大影响。1989年以后，陈思和继续坚持“重写文学史”的研究方向，偏重研究当代文学创作，总结当代文学的教训，相继提出了“战争文化心理”“民间”“潜在写作”“共名与无名”等新的研究概念，这些关键词的发现与阐释，开拓了文学史研究的新空间。从1988年开始，陈思和开创性地编辑出版自己的编年体文集，逐年推出自己撰写的评论、随笔、散文等作品结集，打破了写作文体之间的界限，以编年体形式生动记录了生命的多向度的活力。到新世纪前夕，共编辑出版了《笔走龙蛇》《马蹄声声碎》《羊骚与猴骚》《鸡鸣风雨》《犬耕集》《豕突集》《写在子夜》《牛后文录》《谈虎谈兔》等九部，并在新的文学史理论的基础上主编了《中国当代文学史教程》。

留校后，陈思和历任中文系副教授（1988）、教授（1993）、博士生导师（1993），并担任人文学院副院长（1995—2005）。1989年起，协助贾植芳先生指导硕士研究生，两年以后，开始独立指导。1994年开始招收博士研究生。1999年起担任中文博士后流动站专家组导师。他一度担任中国现当代文学、比较文学两个学科的带头人，指导两个学科的硕博士研究生。刚留校时，陈思和担任贾植芳先生的工作助手，协助先生主编《外来思潮流派理论在中国现代文学史上的影响》大型资料集，接着跟随先生创建中文系的比较文学学科。他多年担任比较文学教研室主任。在学术上，他把中外文学关系的研究视野运用到作家研究和文学史研究，在《巴金论稿》《中国新文学整体观》两本著作里体现出鲜明的比较文学特点，他还针对比较文学中影响研究所存在的研究思维缺陷，提出了文学研究中的“世界性因素”的理论，解构影响研究的传统思维模式，以更加积极的态度来搭建国与国之间文学平等对话交流的平台。

1988年，陈思和跟随贾植芳先生访问香港中文大学，担任四个月的访问学者，从事香港文学和台湾文学的资料搜集，结识了一批香港和台湾的学者、诗人和作家。1990年，他与台湾业强出版社合作，参与策划“中国文化名人传记丛书”“青少年图书馆”等大型丛书，开始把精力投到海峡两岸的出版活动中。针对中国市场经济大潮给出版业带来的冲击，他学习张元济、巴金、吴朗西等现代出版家的社会实践，身体力行，筹办火凤凰学术著作出版基金，策划“火凤凰”系列丛书等出版物，提倡弘扬知识分子人文精神。1993年他参与王晓明、张汝伦等学者发起的“寻思人文精神”大讨论，但更多地强调社会实践。在此基础上，陈思和发表《试论知识分子在现代社会转型期的三种价值取向》《试论现代出版与知识分子的人文精神》等论文，探讨现代知识分子的价值取向与民间岗位意识，明确把著书立说、教书育人和出版传播三者合一为现代知识分子的岗位，重新来梳理知识分子的传统和当下的责任。对于陈思和的学术追求和社会实践，他自己有一个概述性的总结：

回顾起来，我的学术道路大致有三个方向：从巴金、胡风等传记研究进入以鲁迅为核心的新文学传统的研究，着眼于现代知识分子人文精神和实践道路的探索；从新文学整体观进入重写文学史、民间理论、战争文化心理、潜在写作等一系列文学史理论创新的探索，梳理我们的学术传统和学科建设；从当下文学的批评实践出发，探索文学批评参与和推动创作的可能性。如果说，第一个方向是作为一个现代知识分子追求安身立命的价值所在和行为立场，第二个方向是建立知识分子的工作岗位和学术目标，那么，第三个方向则是对于一种事功的可能性的摸索，它既是对于社会生活的理解和描述，也是对我们改变当下处境的可能性道路的摸索。

这三个方向不是我在事先策划好的，而是在生活实践中根据外界条件和内心需要而逐步形成、渐渐明了的；这三个方向也不是可以截然分开的，它是一个互相渗透的行为整体。第一个方向不仅仅是一种理想的信仰，它也是文学史研究的一个有机的组成部分，可以被融入后两个方向；第二个方向也不仅仅是孤立的学理研究，它立足于文学史理论的创新，是因为既定的文学史观念以及教条主义、意识形态化在今天的某些领域还产生着欺骗性的作用，指归仍是在于当下的批判；第三个方向虽然是直接面对当下的文学现象和文学创作，其批评精神自然也贯穿了前两个方向的宗旨。这样的批评，不是消极的否定，而是建设性的，始终将批评者理想中的“应当怎么样”放入具体的批评分析中，希望批评成为一种实践，以求改变社会生活与文学创作中的不尽如人意的因素，有利于文学创作的繁荣和发展。①

新世纪（2001 年）到来以前，陈思和的人生道路非常简单，社

① 《当代文学与文化批评书系·陈思和卷》“自序”，北京师范大学出版社 2010 年版，第 1 页。

会定位也非常明确。他研究巴金同时也在学习巴金，他追随贾植芳先生同时也在研究“鲁迅—胡风”精神所凝聚的“五四”新文学传统。他的学术研究与人生探索是紧密结合在一起的，在庙堂、广场、民间三维价值观之间，他选择了知识分子与民间结合的道路。他是一个现代文学史的研究者，在他的学术活动和写作、教书、传播等多方面的实践中，自觉地杂糅了鲁迅、周作人、陈独秀、胡适、巴金、胡风、贾植芳等文学前辈的多向度精神，努力把“五四”新文学传统与当代实践结合起来。进入新世纪以后，他的人生境况发生了若干变化。2001 年，他担任了复旦大学中文系主任（2001—2012），参与了实际的教育行政事务，此前后，他担任过复旦大学校务委员会委员、校学术委员会委员、校学位委员会委员以及教育部教学指导委员会委员等职务，在社会上兼任上海作家协会副主席、中国现代文学学会副会长、中国当代文学学会副会长、中国文艺学学会副会长等。以前他是一个活跃在体制与社会交集地带的边缘性的知识分子，但从新世纪以来，他一直活跃在高校体制内的各种行政岗位上。陈思和这种身份的变化，从好的方面来说，体制给他提供了较好的资源和平台，但从另一方面来说，这对于一个知识分子如何继续践行“五四”新文学传统，是新的考验。

陈思和上任后，第一项改革目标是课程。当时《文汇报》发表的一篇文章介绍：“课程改革，是陈思和任中文系系主任以来最出彩的动作。这也可以说是二十多年来我国大学中文系教育的第一次大手术。……陈思和的教学改革，是他思考成果付诸实践的一个大动作。改革围绕‘原典精读’展开：一二年级课程通过对一批典籍名著的文本细读，让学生回到最基本的东西：感性和审美。这二十门原典课程是：《论语》《庄子》《诗经》《楚辞》《史记》《世说新语》《马氏文通》《说文解字》《文心雕龙》，唐宋诗词，四大古典小说，鲁迅作品，周作人散文，胡适文存，巴金《随想录》，中国新诗……‘我希望在中文系学生身上看到学术尊严和学术自信心。'陈思和这样说。"[①] 陈思和这一改革引起了高校中文系的普遍反响。应该说，减少"概论""文学史"等课程学分，让学生有更多的时间去阅读原典，这是中文系课程改革的大趋势，但碍于教育大纲与学分限制，很多学校想做却不易实现。复旦大学教务部门为陈思和的改革措施提供了重要支持。复旦大学建立了复旦学院，提倡通识教育，院系在设置学分上又有较大自主权，使得中文系的课程改革顺利进行。在学校支持下，这门以中文一级学科为基础设置的"中国语言文学原典精读"课程，连续获得国家精品课程和教育部优秀教学成果一等奖。陈思和本人于2004年被教育部聘为人文学科首批"长江学者"特聘教授，2007年再获教育部第三届高等学校国家名师奖。

在课程改革中，因为重视原典精读，中文系把业务最强的中青年教师推向一线教学，让学生在第一学年上课就能接触到中文系最好的教师。通过原典精读课程，一批强有力的教师骨干队伍形成。陈思和当系主任以后，成立了系务委员会（教授会加领导班子），加强了工会的责任，把系里许多烦琐事务，包括教师出国、年终分配、财政公开等最敏感的事务，都交给他的团队去领导各种教师组织与团体处理，他集中精力抓人才引进和学科建设。他终止了本系学生留校任教的做法，把名额用于引进海内外人才。他担任系主任期间，引进外来教师，多达中文系总人数的一半左右，杜绝师资结构的近亲繁殖，丰富了教师队伍，也丰富了学科建设内涵。中文系引进的专家中，有古文字专业的顶尖学者裘锡圭所率的团队，有海外比较文学专家张汉良以及杨乃乔团队，有著名作家王安忆，也有从美国、法国、德国、新加坡以及中国台湾和香港引进的各类学者……几乎引进一批专家，就建立一个学科高峰。陈思和多次强调：要把复旦大学中文一级学科打造成为一艘学术航空母舰，就要让所有的二级学科都成为全国一流学科，要做到这一点，就必须在三级学科的建设上狠下功夫。

一般情况下，单位人才越多，越容易激化内部人事纠纷。复旦

① 周毅：《陈思和做"官"》，《文汇报》2002年6月11日。

大学中文学科有中国语言文学系、中国语言文学研究所、古籍所等机构，引进裘锡圭团队以后，又成立出土文献暨古文字研究中心。机构、学科之间难免会有矛盾，陈思和担任系主任以后，不偏不袒，举起了“中文学科”的旗帜，四家单位并置于中文学科旗下，合力完善学科建设，使复旦中文学科由原来“三足鼎立”局面转变为和谐共赢的“四维并举”，资深教授王水照先生对此做了权威阐述，复旦中文从此开始了风调雨顺、蒸蒸日上的繁荣发展。

复旦中文一级学科下有七个二级学科，文艺学在蒋孔阳先生主持下最早进入国家重点学科行列。2001 年教育部第二轮学科评估，中国古代文学学科和汉语言文字学学科进入全国重点学科行列；在 2007 年教育部新一轮评估中，中国现当代文学学科分别进入国家和上海市重点学科行列，复旦中文学科由此顺利进入国家重点学科一级学科行列，位居全国同类学科前列。随着裘锡圭团队的加盟和中文学科内部的团结，文献学学科位于全国前列毫无问题。但陈思和还不满足。2007 年以后他把学科建设重点放在比较文学和语言学及应用语言学两个学科之上，目标就是要把复旦中文一级学科下属的七个二级学科，都建设成全国一流学科，要做名副其实的国家一级学科重点学科。除了引进专家团队和领军人物外，他还直接参与到学科建设中去。2011 年，他还在中文系举办了超大规模的全国比较文学年会，在会上提出“比较文学要实行精英教育”的理论主张，强化中西诗学比较为比较文学的核心、人文主义是比较文学的理论基础，并且制订了精英教育的具体方案。这是他在中文系进行的第二次课程改革，以强调多语种教学、延长研究生学制等措施，全面培养比较文学的精英人才。2012 年底他卸下中文系主任的担子，还念念不忘中文系学科建设。2018 年他参与学校“双一流”建设中的现代语言学研究院的组建工作，并在图书馆馆长任上竭力推动东方语言学数据库建设，继续延聘和建设潘悟云专家团队等，期望借助学校的力量，在推动现代语言学学科发展的同时，促进中文学科的语言学及应用语言学学科的发展。也许在完成这一项工作以后，陈思和才会觉得他正式完成了把复旦中文建设成全国真正一流学科的承诺。

2003—2006 年，陈思和在繁忙的教育行政工作之余，应上海市作家协会党组之邀，担任了三年《上海文学》主编，他把眼光放在中国西部文学，多次赴西北地区组稿，作为“甘肃八骏”走向全国文学活动的推手，他成功搭建起上海与西部地区的文学交流平台。同时他也关注国际文学世界，在刊物上发表大量翻译小说，组织国际文学活动。他尝试把“西部”“西域”作为文学合作伙伴，旨在打破上海文学创作的地区局限，真正在大视野中拓展“海派”文学。陈思和在担任《上海文学》主编时期所推动的许多改革措施，也曾引起许多不同意见的争端。对此，陈思和只回应了一句：“两岸猿声啼不住，轻舟已过万重山。”在这段最繁忙的两处奔波时期，陈思和还在上海作家协会的支持下，成立了上海巴金文学研究会，推出了巴金研究的年刊。2005 年巴金去世，陈思和参与了各类纪念活动，还写作《从鲁迅到巴金》系列文章阐述巴金在中国现代文学史上的重要意义。可以说，学习巴金、研究巴金，是陈思和终生奋斗的目标。2015 年，他的论文集《巴金晚年思想论稿》由复旦大学出版社出版。2020 年，他发表论文《巴金晚年著述中的信仰初探》，再度把巴金研究引向深入。2019 年，他指导青年学者编撰《全球视野下的巴金》，由上海交通大学出版社出版，这本书汇总了世界各国研究巴金的信息，以外译形式向世界介绍巴金及巴金研究，同时他希望通过编书，继续培养研究巴金的青年人才，使这项事业后继有人。

2008 年贾植芳先生去世。陈思和主编《贾植芳先生纪念集》，由复旦大学出版社于 2011 年出版。2014 年，他以复旦大学图书馆馆长的身份，护送贾植芳先生的藏书，捐赠给河西学院，在那里举办了隆重的赠书仪式。河西学院为此建立贾植芳藏书陈列馆、贾植芳讲坛等学术机构。陈思和、李辉等多次赴河西学院，开展讲座和学术会议等活动，弘扬贾先生的精神遗产。2020 年，陈思和带领学生们主编的《贾植芳全集》十卷，由北岳文艺出版社正式出版。

1995年始，陈思和先后去日本早稻田大学、韩国首尔大学等地做访问学者。他担任系主任以后，有了更广泛的国际学术交流。其中最大的举措是以复旦大学名义成功申报哈佛大学王德威教授为教育部长江学者讲座教授，搭建了哈佛—复旦现代文学研究平台，出版研究书系和大型刊物《文学》《史料与阐释》，作者多为中美青年学者，创造了良好的学术交流机制。他长期参与马来西亚“花踪”世界华文文学大奖与香港世界华文长篇小说大奖“红楼梦奖”的评委工作，在世界华文研究领域做了大量的文学交流、建设性的工作。他多次出访法国、德国、意大利、瑞典等欧洲国家进行讲学和交流，其中包括推介莫言参评诺贝尔文学奖的提名。莫言获奖后，陈思和作为亲友团成员，陪同莫言赴斯德哥尔摩领奖。

在担任系主任期间，陈思和主持完成了两个科研项目，一个是教育部哲学社会科学研究重大项目“中国现代文学社团史”，另一个是国家社会科学一般项目“20世纪文学史理论创新探索”，两个项目的成果都是以研究书系的形式，分别由东方出版中心和山东教育出版社出版。同时，还继续出版了编年体文集《草心集》《海藻集》《献芹录》《萍水文字》《昙花现集》五种。2012年年底，黄山书社推出陈思和的自选集《思和文存》（三卷）。

2014年4月，陈思和出任复旦大学图书馆馆长。同年11月，在学校领导和国家古籍保护研究中心支持下，图书馆建立了复旦大学中华古籍保护研究院，开始招收专业硕士生，开展纸质文化的研究和科研活动。第二年图书馆领导班子制定了图书馆“三驾马车”——中华古籍保护、数据库建设、学科情报研究和评估等发展方向，推进复旦大学图书馆向着现代转型目标迅速发展。2020年，又带领馆领导班子制定了图书馆“以建设望道图书馆新馆（实体）、智慧图书馆（虚体）为‘十四五’规划的双重目标”，快马加鞭地推动图书馆的现代转型和发展。

这期间，继续出版编年体文集《耳顺六记》《流水账》《未完稿》

《碌碌集》四种。2018年，广东人民出版社推出《陈思和文集》（七卷）。

从20世纪80年代开始，陈思和的著作多次获省部级以上奖项，曾四次获上海市哲学社会科学优秀成果奖一等奖（1998、2012、2016、2018），两次获教育部高等学校科学研究成果奖（人文社会科学）一等奖（2009、2013），一次获教育部优秀教材一等奖（2002），以及鲁迅文学奖（2018）。

2018年，陈思和被复旦大学聘为学校人文社会科学领域的最高学术岗位“文科资深教授”。

辑一：生平自述

做父亲的人

陈思和

邻居老方的故事[①]，是我少年时期关于“文革”时期上海的第一个记忆。其实像这样的人间悲剧在当时是极为普遍的，只是我年幼无知，毫无社会经验，初次遇见这种家破人亡的惨剧未免目瞪口呆，悲哀中人生开始有了精神阅历。当然这种精神阅历是一种复合型的成长经历，并不是单单遇到了邻居家的惨剧才发生。究其更为隐秘的原因，是我自己家庭里也正经历难以言说的磨难。记得在 1966 年 8 月以后的几天里，我母亲就变得特别不安，原因与我的父亲有关。

父亲在西安经营一家大饭店，一年回家探亲半个月，来去匆匆，印象中他总是不停地请客会友，旧雨新知川流不息，不是出去应酬，就是在家里醉醺醺从中午吃到晚上，酒菜香味数天绕梁不去。反之，父子间个别交流很少，父亲在我的印象里非常淡漠，非常遥远。这种感觉很早就发生了。我后来无意中读到 1950 年代中期我父亲刚去西安支内时给母亲的信，那是一封普通的家信，里面谈到了对我的教育，父亲还特别叮嘱了一句：“对阿和的教育要多费心，特别注意改掉坏习惯。”我算了一下，当时我大约两岁半，不知道坏习惯从何而来，也不知道那时候已经需要他特别费心来教育我。随着岁月的推移，父亲似乎也没有特别关注过我的教育，他把教育我的责任都交给了我外祖父，但他又似乎对外祖父给予我的影响不是很满意。这种矛盾的态度经常从他的话语里流露出来。

① 参见陈思和《1966—1970：暗淡岁月》第一章“凤凰村的邻居”，上海书店出版社 2013 年版。

父亲的职业也很复杂。过去读小学开始就要填写表格，上面总是有父母的名字、成分、单位等内容，父亲的成分是店员。“店员”这个成分类别在“文革”中被取消了，之前是有的，外祖父的成分也是店员。店员比产业工人低一个台阶，比一般公司职员又要“革命”一些。我父亲本来职业是教员，也做过都市小报的编辑，后来在一家私人饭店工作，从事策划宣传。1949年以后因为追求进步，被领导看中担任了公方经理，他自以为是干部了。1956年上海政府要求服务行业支援大西北城市建设，他积极带头把一家大饭店迁移到西安，那是西安第一家来自上海的粤餐馆，曾经显赫一时，后来渐渐衰落了。父亲也因为与当地干部意见不合，几次被调动工作，成了名副其实的“店员”。“文革”初期，他还是挺积极的，就在那一次讨论吴晗该不该写检查的探亲以后，他回到西安写信告诉母亲，他手指上戴了十几年的结婚戒指，因为有顾客向他指出这是资产阶级的行为，他接受意见取了下来，口气里好像还是在追求时代进步。过了四年，他被解除隔离审查回到上海，我发现他的左手无名指上还是戴了结婚戒指。一次吃饭的时候，年幼的妹妹从未见过他戴戒指，好奇地问：“为什么爸爸手指上有戒子，妈妈却没有？”父亲还故意用委屈的口气说：“妈妈忘记我了呀。”那副神态我至今还记得。我的父亲身上始终带有一种知识分子的情调，与那个时代的氛围总是有点格格不入。但是在主观上他是一直自觉地追求进步，努力与时代的步伐合拍。这一点他与外祖父很不一样，也许是在这种潜在的裂缝中，他把我看作了外祖父培养的人，他是不以为然的。

“文革”爆发后，他也自身难保了。我不太了解他在西安的处境，但母亲是清楚的。我母亲出身贫苦，十三岁就出去做童工，那是在沦陷区的上海，家里一贫如洗，由母亲来挑起养家糊口的担子。母亲与父亲恋爱结婚后生活条件才有所改善，父亲参加支内，她被安排在商业局机关担任电话接线员，成分算是技工。按理说，她是没有什么可担惊受怕的。但是母亲对单位里发生的一切阶级斗争的恐怖行为都发自心底感到害怕。有一天她回家，一声不响地清理父亲的旧书柜，我第一次发现旧书柜里堆满了纸张发黄的剪报，大约都是父亲当年编小报时的积累，里面有父亲用笔名写的文章，篇幅都很短小，就是我们经常说的“豆腐干文章”。母亲开始处理这些陈旧的剪报，她先是把自己关在厕所里，用火烧纸，然后把灰烬倒进抽水马桶用水冲掉。后来发现这样做会有烧纸的焦味传出去，于是她又把这些报纸放在水里，像洗衣服一样，把纸搓烂，再放到抽水马桶里销毁。——所有这一切都做得神秘兮兮，我母亲不要我们家里任何人插手，一切都由她自己来完成。终于有一天，她突然把家里人找在一起，告诉我们说，她单位里已经有人在议论我父亲的情况，很可能会来抄家，她要我们保持冷静，抄家的人来了千万不要争吵，要拍手欢迎他们，除了背诵语录外，什么话也别说，等等。乌云压城城欲摧。母亲说她无所谓，她以前得到的一切都是父亲带给她的，现在也因为父亲而被拿走，大不了她离开单位，到基层去工作。外祖父阴沉着脸一言不发，外祖母直流眼泪，妹妹还懵懂无知，而我，正处于刚刚懂事的年龄，有点兴奋有点紧张地期待着一场噩梦降临。

结果那个噩梦没有发生。什么也没有发生。第二年父亲照样回来探亲，兴致勃勃地描述单位里某某人被批斗，某某人被抓。父亲很天真，只要自己没受牵连就心安理得，他还说运动初期工作队执行“资反路线”，要整他的黑材料，令人发指，说着还把“令人发指”四个字写在纸上。他在上海到处买做工精致的红色语录袋，里面各放一本“小红书”，再加一支笔、一个笔记本，说要带回去送给单位里的造反派头头。上海人无论到什么时候，都以手工艺精致而自傲。当时流行穿草绿色的军装，但大多是民间自制的，我不知从哪里搞到一套真的旧军装，还连带军帽。其实我不喜欢穿军装，而父亲却穿了我的军装每天外出晃荡，临回西安时竟把我的军帽顺手牵羊戴在头上走了。但回去不久，他就被单位里的造反派隔离审查，前后有两三年，一直到1970年才解除隔离。那时我们已经搬离杨浦，到淮海路的飞龙大楼居住。算起来，我父亲在凤凰村只住过半个月，不过他很喜欢那里的居所，以后也一再说起。

父亲被隔离以后，母亲陷入了恍惚之中，常常六神无主地叹气，她外表一直很坚强，外人很难看得出来。但她的忧愁唯有我知，我从那个时候开始深深地爱恋我的母亲，仿佛一下子长大为成年人，我挑起了家里所有的家务，操持了这个上有老下有小的六口之家。当时我大约十四岁。感到庆幸的是，父亲在外地工作，他的被隔离审查没有影响我在中学里参加所有活动，我照常加入红卫兵，积极参加教学革命。在这个唯成分论的环境里，我照样填了许多表格，但再也不填写父亲的成分是“店员”，而是填写“干部”，后来干脆就填写“工人”，我对于那个时代完全采取了虚无态度。但我的内心不是没有隐忧，这些内心隐忧和折磨也深深地影响了我的精神成熟。我与时代的主流不自觉地保持了精神上的疏离。

关于童年时期的隐忧心理与精神成长的关系，我以前并没有想过这个问题。现在写了出来，自己也有些发愣。所谓隐忧，指的是一种心理。在内心里有一个不宜示人的隐秘，一旦被公开，会给自己带来不可预料的麻烦，这是一种恐惧。如果别的人知道我父亲还在隔离审查中，我就可能成为那个时代的另类人。虽然没有把这个秘密公布出来，但内心恐惧依然存在。现在回想起来，当时我并没有具体的恐惧感，因为我父亲毕竟是个积极上进的“干部”，我的印象里他是一个与时代合拍的人，这样的人即使被误解一时，也不会成为那个时代的真正敌人。这是我内心的坚信。

当时我父亲被审查的是所谓“历史问题”，现在说起来也是稀奇古怪。父亲在学生时代是一个文学青年，他一生遇到两个老师。一个是张亦庵，“五四”时期的翻译家、小说理论家，当时是一个中学教师，直接教过我父亲。关于这个人，我以前在文章里写过，父亲是在他的培养下开始喜欢文学。他们编辑的第一个杂志叫《蓓蕾》，这是父亲走上文学编辑道路的第一个台阶。他告诉过我，那封面是一幅木刻画，一个女孩手里举着一枝花蕾，就是张先生教他刻的。父亲还有一个老师是左翼诗人白曙，在孤岛时期，白曙对他有过影响，后来突然消失了。张亦庵是一位旧式文人，因为张的介绍，父亲担任小报编辑后曾经向一批旧文人约过稿，如包天笑、周瘦鹃等。父亲从来不对我讲这些历史，直到 70 年代中期，当他知道并阅读了我偷偷创作的一部长篇小说以后，才兴奋起来，有一次与我彻夜畅谈那段孤岛时期的历史。可惜不久以后他就在西安因脑出血去世。再过一年，我考上了复旦中文系，研究起现代文学，这才后悔当初没有多了解父亲那一段经历。

父亲还是在办小报时掉进了陷阱。也是交友不慎，他结识了一个小报记者张冰独。据说这个人正在筹划一个文艺社团，拉拢了一批艺术家，我父亲也在内。结果社团还未办起来，张冰独已经被日本宪兵抓去了，还牵连了一批朋友，父亲因此被逮捕。经审查后，被保释出来，从此父亲就远离文艺领域，转到餐饮行业去了。尽管也是做餐饮业的文化策划宣传，还办过几种广告性的小报，终究与文艺越来越远了。但是这个被捕“事件”——如果这也可以算“事件”的话，后来一直成为父亲的历史问题。我百思不得其解，父亲不是共产党，也不是抗日分子，一个普通的文学青年而已，在法西斯时代，任何打算组织文艺社团的人都会被视为危险分子，他被误捕而保释，是很正常的事情，为什么这样的事情会一再被猜疑审查而得不到信任？我从未觉得父亲会有什么“问题”，只是默默地等待父亲的“问题”早日被审查清楚。现在回想起来，这也是我“无知者无畏”。在“文革”时期无数被打入另册的所谓“地富反坏右”，谁有过真正的“问题”？谁是真正的“敌人”？不过我当时确实想当然地以为，既然父亲没有被定性，我就不能自轻自贱。我还是很坦然地参加了社会上的各种活动，自己不先被自己打倒。——这个性格，后来在我自己的人生道路上遭遇风波时，我也是这样来激励自己——要相信自己没有错，自己先不要被自己打倒。

但隐忧还是深藏于心间。隐忧的先决条件是相信自己并没有错，才能暗暗与社会主流保持距离，这就意味你对于自己直面的社会有了二心，不再忠实于这个时代的主流，一切都变得离心离德，独立盘算。但同时，隐忧确实使你感受到一种无法回避的危险就潜伏在人生道路上的一个不可预料的前方，随时随地会伺机扑过来，把你扑倒在地。这种危险的预感使你对社会认识变得复杂起来，你在明处，它在暗处，你必须生活在紧张之中，要求你比别人活得更加警觉、更加谨慎。“文革”时代是一个乱哄哄的乌合之众的时代，一切人都要在混乱中把自己融入集体意志，才能得到某种残剩的安全感，个人微不足道，从众才会使自己变得强大起来，所以个人要保护自己就必须先从主观上泯灭自己，把自己融化到集体无意识中去。可是你心里一旦有了隐忧，就无法完全泯灭自己，因为你主观上已经意识到自己与乌合之众不一样了，你混迹在他们中间将是一个危险的选择。这样，恐惧会时时提醒你，你必须与众人的狂欢分开来，与集体保持距离。这是我在“文革”中精神成长的出发点，隐忧伴随我走向成熟。

我一生的道路都与这种隐忧保持密切的关系。当现实社会的主流思潮和世俗习惯难以束缚我顺从就范的时候，我内心深处的隐忧就会出现，它也许是一种无意识，总是会让我身处人群之中突然被一阵孤独感所袭倒，仿佛一下子我与人群隔得很远很远。它会转化为内心的自我警戒，与人性的快乐本能构成一种紧张关系。我觉得我在血缘上与父亲很接近，这也许是遗传的力量，尽管父亲几乎没有与我一起生活过，但是他的天真、轻信、满腔热情，全身心地投入社会潮流追求理想，有时候会本能地支配我的行为，让我感到身心快乐；但是我从小接受的是外祖父的言传身教，外祖父对于社会主流基本上采取不信任、不合作的态度，保持着孤独的怀疑精神。他对社会现象有很多智慧判断，后来证明他总是对的。这种怀疑精神在潜移默化中也深深地渗透到我的血液里，支配着我的理性。这两种力量在我的少年时代是不协调的，甚至是相互存在敌意的（至少我自己认为是这样）。我在杨浦四年的成长史中，这种角力几乎贯穿始终。

但是，隐忧一旦消失，我也会再度迷失内心深处的独立性和怀疑能力，主动向集体意志靠拢。——这一切都是在回想中意识到的。在当时，隐忧让我变得成熟，但也使我不安。我在一篇文章里谈过我第一次阅读巴金小说《憩园》，对于落难地主杨梦痴这个形象产生出难以言状的同情，大约就是这个时候。凤凰村的建筑有回廊，我当时就坐在长廊上读小说，读着读着，心里生发幻想，就有一个披着灰白长发的老人从对面的空地里走过来，心里有一种无可奈何的感觉。这是一种与时代完全脱节的情绪，大约就是从隐忧中来的。我其实并不愿意成为一个有隐忧的人，希望自己能像别的小伙伴那样，没心没肺地生活、胡闹，发泄自己的盲目与激情。这也是父亲所期望于我的，他总是批评我体育成绩不够好，参加集体活动不够多，对生活缺乏好奇心，等等。我后来读到法国作家雨果的父亲老雨果的一句话，他说孩子在儿童时代少不了母亲的影响，但是当孩子长大以后，父亲的影响就会越来越大。确实，当我走进中学时代（也就是走进“文革”时代）以后，父亲血缘上的遗传因子很快就在我的身上占了上风。

我的外祖父很快就要退出我的人格发展之路，他对我的影响力越来越小。这主要是时代的影响力弥漫了整个社会，当我不出门的时候，外祖父是我理解外部社会的主要渠道，但是随着年龄的增长，我一步步迈出家门，走向更加广阔、更加复杂的天地时，外祖父就逐渐成为一个过时人物。他的身体逐年衰弱，渐渐地有了老年性臆想症的病状。记得有一次他睡午觉醒来，突然指着一本画有图画的书说，快把它糊起来，里面的老虎要出来吃人。大家都说他在讲胡话，他却认真地用糨糊把一本图书一页一页糊得密不透风。这以后外祖父的精神越来越差，整天疑神疑鬼，不得安生。我觉得他一辈子都被内心的隐忧折磨着，三十多岁时日本人占领上海他拒不做任何事情，1949 年他才五十岁不到，还是不找任何工作去做，做了几十年的闲散人员，安然无事。到了“文革”的恐怖时代，他的内在意志终于崩溃了。

我似乎走出了隐忧，但其实，我一生都没有走出隐忧，也没有走出外祖父的影响，仿佛是一种宿命。

选自《1966—1970：暗淡岁月》第二章，上海书店出版社 2013 年版，第 44—55 页

《水浒》这部书

陈思和

我在《上海的旧居》[①]里写过《水浒传》对我童年时代产生的影响，但没有系统梳理过这部书与我成长经历的关系。最近电视连续剧《水浒传》的热播，又勾动了我对这个题目的兴趣。也许可以说，《水浒传》这部书，是我童年时期的启蒙书，那贴在金华街住家窗下绿色墙上的《水浒传》英雄人物的画片，至今还会模模糊糊地在我的脑海里浮现。那是一套香烟牌子，画片里面的人物都喜欢光着脚丫，阮氏三兄弟在水上干活，光脚板也正常，可是一些将军也都是光脚板，不知是什么道理。我小时候没有想明白，长大了也没有想明白。

外祖父一向就有在墙上贴人物画像的爱好。在很小的时候去外祖父的北高寿里家住，破旧的墙上糊满了各种年画，其中有一张《水浒传》一百零八将的图画，很大，为了认清里面画的所有人物，我常常爬到床上去，仔细地辨认每一个名字。后来就有了香烟牌子和其他的人物画片。外祖父给我买过许多古代小说中的人物画片，突然有一天他又生奇想，就把这些画片分别贴到墙上去了。那时我住在四平路崭新的工房里，墙壁是雪白的，贴满了画片，显得很不协调。妈妈下班回家，外祖父看她脸上有不悦的表情，就说是为了让我喜欢，因为我要把画片贴在墙上。妈妈对我向来百依百顺，也就叹口气没有说什么反对的话。外祖父窃喜，于是就不断调整、增加墙上的人物。他先把《水浒传》人物按照座次排列，大约有宋江、林冲、

① 参见《1966—1970：暗淡岁月》代序《上海的旧居》第二小节“金华街某号”，上海书店出版社 2003 年版，第 3—8 页。

秦明、石秀、史进、武松、李逵等人，凡是缺的人物，就用别的画片上的人物来代替，比如把《三国演义》画片中羽扇纶巾的诸葛亮当作智多星吴用，威风凛凛的关羽当作大刀关胜，面容丑陋的庞统当作入云龙公孙胜。又把《岳传》里的大元帅岳飞当作玉麒麟卢俊义，提着双鞭的牛皋当作呼延灼，双枪陆文龙当作董平。这样拼拼凑凑就把三十六天罡星凑齐了，一字形地排在墙壁上。我大开眼界，原来人物也是可以假冒的，把最有风度的人物画片凑在一起，组合成一套有声有色的梁山英雄谱。

香烟牌子上的水浒人物也是我的最爱。我小时候大约搜集过四五种水浒英雄的香烟牌子，拿来比较各种人物的姿态。挑选出满意的人物形象，拼凑成一套最有功架的水浒人物画集。当时人物画的技法并不高明，最早搜集的那一套香烟牌子，就是被外祖父贴到金华街墙上的那套，人物画得实在不好，我现在还依稀记得，许多光脚板英雄动作夸张而古怪，练杂技似的。长了几岁后，外祖父为了让我了解水浒人物的故事，又把我挑选出来的香烟牌子人物画贴在一本厚厚的旧式账簿里。外祖父用毛笔在每一页香烟牌子边上详细记载这些人物的天罡地煞和生平故事，一页页地教我阅读，甚至为了引起我的兴趣，他给每个水浒英雄分配了一个动物，比如宋江，就配了一只凤凰的图片，卢俊义配了一个麒麟的图片，像看图识字课本。所以，我在没有读《水浒传》之前，已经能够熟练地说出一百零八将的所有来历和人物命运故事，顺便还知道了许多飞禽走兽的名字。但外祖父还是不满意这些画片，他一直念念不忘他以前看到过的一套水浒人物画片，说那套香烟牌子上的人物功架才好呢。他一遍遍地向我描绘每一个人物的姿态：病关索杨雄醉骂潘巧云，拼命三郎石秀跳楼劫法场，操刀鬼曹正杀一头猪，等等。大玩家朱福炎啊，我的外祖父就是这样不厌其烦地向外孙描绘着每一个水浒人物应有的最佳功架。渐渐地，这些人物的姿态就深深印在我的脑海里，仿佛是我自己看到过一样。

居住杨浦的时光，我小学毕业，中学未进，闲在家里无聊至极，开始阅读铅字本的《水浒传》——早在小学里我已经拥有了一整套《水浒传》的连环画，共二十一集，从九纹龙史进大闹少华山，到梁山泊英雄大聚义，依据的是金圣叹的七十一回本的故事，由众多画家集体创作，其中印象最深的一位画家叫卜孝怀，风格粗犷，人物个性鲜明，画面非常传神。时间相隔了四十来年，每想起童年时期的这部连环画，画面还历历在目，一个个水浒英雄就像是我的老朋友，伴随我整个童年时代。到十三岁左右，我才正式阅读铅字本《水浒传》，那是一部民国时期印行的七十一回本，分四册，繁体字密密麻麻，从“洪太尉误走妖魔”到“梁山泊英雄惊噩梦”。最后半回据说是金圣叹添加上去的，写卢俊义做了一个噩梦，一百零八将全被抓起来杀头。卢俊义惊醒过来，看到墙上有匾写了四个大字：天下太平。这个结尾在现在一般流行的一百回或一百二十回《水浒传》里好像没有。其实当时作为一个小学毕业生，我还没有学力读懂原著，实在是因为对这部书里的故事太熟悉了，仿佛不是在读书，而是在重温童年记忆。但是，从书里还是读到了许多惊心动魄的句子，如武松在十字坡孙二娘煮出来的人肉馒头里吃出了人体阴毛，宋江和李逵凶狠地千刀万剐黄通判，还有各种各样惨不忍睹的杀人魔法，看得我心惊肉跳。顺便说一句，这次流行的电视连续剧里完全删除了《水浒传》的血腥故事，并且把英雄杀人都表现得顺顺溜溜，不是失手误杀，就是合情合法，或者是死者自己主动撞到刀口上来“碰死”。大约作为公共娱乐的电视剧也只能如此理解古代中国人的野蛮生活，但是青少年千万不要上当，以为梁山泊好汉都像八路军、新四军一样不拿群众一针一线。

这时候，我的外祖父担当起最好的辅导教师，他老人家认真辅导我理解《水浒传》里各种人情世故，并且渗透了他自己的人生经验。他给我分析宋江与晁盖是两路人，说宋江是枭雄，晁盖是英雄，英雄斗不过枭雄。他还分析梁山泊头领之间表面上哥哥兄弟喊得亲热，暗地里是如何钩心斗角。他举了一个例子：晁盖发兵攻打曾头市，带领的全是他当年劫生辰纲的原班人马，再加上豹子头林冲，凡是宋江上山后招来的头领，他一个都不带，结果大败而归，送了性命。我插嘴问，那么，智多星吴用也是劫生辰纲的七星之一，晁盖为什么没有带他去？外祖父轻轻地说，吴用早就被宋江收买了。晁盖心里很明白，他临死前只说谁活捉史文恭谁就做梁山头领，他不想把大权给宋江和吴用，而是想留给林冲，因为要活捉武艺高强的史文恭大约唯有林冲，尽管宋江会用兵，吴用会用计，但“活捉”总还要靠真本事。我仔细查了一下原著，好像也确实写到是林冲把史文恭的那支箭供在晁盖灵位前，暗示了继承接班的人选，而不是宋江和吴用。外祖父还告诉我一个传说，民间英雄周桐一生收了三个徒弟——卢俊义、史文恭和林冲，晚年又收岳飞为徒，所以只有同一师门里的人武艺才旗鼓相当。外祖父还进一步分析说，吴用与宋江使计谋，为了排斥林冲才远道骗来玉麒麟卢俊义，因为卢俊义新上山来，又是个大财主，他即使活捉史文恭，别人也不会服他做头领，卢俊义自己也未必想做头领，而林冲如果做了梁山的头领，情况就不一样了。外祖父说到这里，还装神弄鬼地说，晁盖是个盖啊，宋江是口缸（在沪语里，江和缸同音），盖子揭掉了，缸才能出头啊。

经外祖父的文本细读，梁山好汉传为美谈的“四海之内皆兄弟”的内幕被揭开了，一切都变得十分可怕，难以接受。以前外祖父讲故事，都是按照英雄的单元故事来讲的，个个都是英雄好汉，义薄云天，现在连起来看就不是那个滋味了。外祖父对于梁山英雄排座次也有自己的看法，他始终认为梁山上有两股势力在较量，一股是宋江的势力，另一股先是晁盖后是林冲的势力，所以，宋江在排座次时，特意把晁盖老臣都排了好位置，如把刘唐排在李逵前面，阮氏三兄弟排在张氏兄弟前面，都是为了安抚老臣，但是唯独对林冲不公，偏要把大刀关胜压在他的前面，其实关胜在梁山的功劳远不如林冲。外祖父提醒说，宋江这一手与当年白衣秀士王伦要引进杨志牵制林冲的用意是一样的。——要知道，当时的背景正是“文化大革命”发展到上上下下全在火并，同室操戈你死我活，美其名曰“路线斗争”。听着外祖父那些冷眼旁观、洞若观火的解读，有时候会搞不清楚他是在讲小说还是在讲现实，令人振聋发聩。果然，后来书本和现实真的叠在一起了，1975年毛泽东突然号召全国人民批《水浒传》，大讲宋江如何屏晁盖于一百零八将之外，改聚义厅为忠义堂，搞修正主义。这时候我才回味外祖父所说的一切真是老辣至极，可惜那时候他老人家已经去世好几年了。

我还是继续阅读，读了七十一回本的《水浒传》后，外祖父又让我阅读《征四寇》。当时有个说法：《水浒传》作者是兴化施耐庵，而《征四寇》的作者是钱塘罗贯中，所谓征伐“四寇”者，有东北大辽、河北田虎、淮河王庆、江南方腊，写的是梁山泊受招安后奉旨征讨四方，当上了大宋朝廷的鹰犬。《征四寇》以后，外祖父又给我提供了两部旧小说，一部是《荡寇志》，写的是梁山强盗被另外一些鹰犬剿灭的故事，真是风水轮流转；另一部反其道而写之，是《水浒后传》，讲的是梁山英雄的“盗二代”如何重整旗鼓的故事，倒是有一些大快人心的意思。我慢慢地阅读越来越多的旧小说，也熟悉了各种叙事文体的繁体字小说，包括《三国演义》《西游记》《三侠五义》。我阅读《红楼梦》的时间还要更晚一些，大约是一两年以后，我在念中学，最初看的是一部旧版的《石头记》，完全没有兴趣，勉强读完放下就忘记了。

不过我还要补充一下，虽然外祖父的文本细读使我对《水浒传》故事有了复杂的认识，但我对这部书的喜爱从未有丝毫改变，直到今天。在杨浦凤凰村闲居的岁月里，我一度被外祖父描绘的水浒人物模样诱惑得神魂颠倒，时时在眼前浮现，经过阅读原著，有了更加深刻的印象，这一切竟然调动起我的绘画兴趣，我自己动手描画起梁山一百零八将的人物。构思来自外祖父津津有味讲述中的那套香烟牌子，加上我自己对人物的理解，先是选择连环画里比较好的构图进行描摹，后来渐渐就开始创作。外祖父对我此举大为赞赏，他不仅兴致勃勃地帮我裁剪绘画用的白纸，还在旁边不停指点，我的画技实在不怎么样，只是一时心血来潮而已，过了不久就冷落下来，意兴阑珊。然而外祖父却忍不住技痒起来，他老人家对琴棋书画花鸟虫鱼样样都有兴趣，常常自称“三脚猫”，但在我眼里是每一样都拿得起来。他耐下心来鼓励我哄我，每天坚持画一个人物，我先打草图，自然画得不理想，然后他亲自修改，一经他的毛笔修补，人物顿时就活了起来。就这样经过一年左右的时间，祖孙俩终于合作完成了这套一百零八将的水浒人物画集。可惜，我们祖孙俩的娱乐在旁人眼里却成为不可理解的行为，窗外的运动热火朝天，我们却在兴致勃勃地探讨水浒人物。我父亲母亲都不赞成我这样受外祖父的影响，连我舅舅都不以为然。那时我外祖父还教我唱京戏的段子，当然不是样板戏，有一次我躺在沙发上无意间哼出《萧何月下追韩信》，被从北京回来探亲的舅舅听到了，他大声喝断，让我赶快闭嘴。来自北京的人政治觉悟比较高，小舅舅当场就批评外祖父：怎么可以教孩子唱这种“四旧”呢，被外人听见可要闯大祸了！外祖父默然，我知道他老人家对我说许多话都是毫不设防的，但经人提醒，他也后怕了。不知道什么时候，我们合作画成的水浒人物画集也悄悄丢失了。

又过了许多许多年，就在前两年，我读了一本研究《水浒传》人物绰号的书，竟然无意中发现书里印有一百零八将香烟牌子作为插图，其中人物肖像姿态都是我所熟悉的，似乎在以前的梦中见过一样。我仔细辨认，哦，病关索杨雄醉骂潘巧云、拼命三郎石秀跳楼劫法场、操刀鬼曹正在杀一头猪……真是踏破铁鞋无觅处，得来全不费工夫啊，我终于找到了外祖父嘴里说得神乎其神、我曾经心向往之的这套水浒人物画像，可是再仔细欣赏了一阵，觉得也不过如此呀！

选自《1966—1970：暗淡岁月》第八章，上海书店出版社 2013 年版，第 117—127 页

我心中的贾植芳先生

陈思和

一

一个多月来，不少在媒体工作的朋友来约我写纪念贾植芳先生的文章，我都答应了，却迟迟地写不了一个字。头脑从未有过的迟钝，思绪从未有过的滞涩，我都尝到了。直到今天，谢天振教授在光华楼主持了先生的追思会。我在场内突然明白过来，我的无意识里，何尝不是暗暗拒绝承认这样一个事实：先生真的离我而去了。

一个多月来，我昏天黑地地忙碌，差不多一直在外地跑来跑去，用紧张的工作去麻醉自己，努力不去碰这样一个事实。我希望先生还坐在他的书房会客、读书，写他的日记，发出他的朗朗笑声。先生高龄却无大病，性格豁达，看淡生死，晚年他的生活平静而幸福。他生前最后几个月一直住在第一人民医院的特需病房，享受着医院里一流的照顾。医生告诉我先生睡在病床上，伸手碰得到的地方全是书，始终关心着医院外发生的事情。十天前医生发现他有心脏停搏的迹象，中文系马上送去了费用为他安装起搏器，那天，去医院探望的是系副主任祝克懿老师，回来告诉我，先生的笑声响彻病房。当时我想，先生是老年人，身体内各种器官都趋向衰弱，并没有致命的病，即便是头疼医头脚疼医脚，大约也还可以维持较长一段时期。对于先生那样坚强的生命，任何奇迹都是可能出现的。但是我没有想到，仅十天以后，先生的肠道、呼吸器官都出了问题，突然间，撒手离开了这个世界。

先生真的离我而去了。校园里挂满了学生亲手叠的白纸鹤。我走在那些白纸鹤行列中，突然想起了先生曾经告诉我的一件事：1966 年五六月间，先生作为胡风冤案的“骨干分子”服刑后从监狱里释放出来，被安排在复旦大学的印刷厂从事繁重的体力劳动。在一个很热的中午，先生赤裸上身，拖着一辆沉重的拖车，从学校的工会礼堂前走过。正巧礼堂门口站着一群中文系的老教授，他们衣冠楚楚，从里面走出来，说说笑笑，不曾注意迎面走来的一个拖车夫。先生是远远地看见他们了，他们曾经是同事，是朋友，可是在 1955 年以后就再也没有见过面，这是他出狱后第一次以这种难堪的方式与他们劈面相对。先生说，当时他想回避，拖着车子绕开走，可是他的脚还是一直往前走着，终于走到了过去的朋友们的面前。他们都怔住了，噤了口，惊恐地看着狼狈不堪的先生。先生说他还是抬起了头颅，默默地在同事们不同的眼神下走了过去。他心里在念叨，你们也许比我还要狼狈了。果然，不久之后史无前例的浩劫开始了，所有的教授都在劫难逃。

我想说的是，先生做人的坦荡。这是我从先生身上最强烈地感受到的一种品质。我们今天常常劝人走好一生的路，用“清清白白做人”来勉励自己或者别人，但我觉得，做个坦坦荡荡的人，比做个清清白白的人，更加坚强和不容易。清清白白，可以从消极的立场上去拒绝和抵制社会上的污浊；而坦坦荡荡的人是无所畏惧的人，就是一脚踏进了污泥浊水，他还是能够坦坦荡荡，哪怕他坐在监狱里，受千百人唾骂、侮辱、迫害，他仍然是个仰俯无愧的人。先生一生坎坷的命运总是与国家多难的命运联系在一起。抗战爆发，先生在日本大学攻读社会学，为了抗战，毅然决然放弃了学位奔回祖国，在枪林弹雨的中条山战区出生入死；他的伯父身为买办，膝下无子却广有家产，曾经对先生说，你一生奔波，几次入狱，还不如随我做买卖，继承家业。先生却对伯父说：您出钱供我读书，不就是想让我活得像个人样吗？如果你让我去做个商人，何必要我苦苦读书呢？先生拒绝了商人伯父的规劝，结果因为支持复旦大学进步学生运动而再度入狱。1955 年，他的朋友胡风等人被诬陷成“反革命集团”，先生又一次因朋友的牵连蒙受二十五年的不白之冤。今天，一个崇尚金钱万能的人很难想象，像先生那样一个人，一次次拒绝了命运本来给他安排好的外国名校文凭学历、万贯家产、高级白领、红色教授的道路，却投身到战场、监狱、运动……当然这不是他的有意选择，但是作为一个坦坦荡荡的人，在为国家尽忠诚，为知识分子寻理想，为朋友担道义等大节上，他只能做出这样的选择。

我感到奇怪的是，有过这样命运的老人，却在他的日常生活中很少显露出苦难笼罩在他心里的阴影。我不是说先生的心灵深处没有这些苦难的阴影，但是他从未因为受了那些苦难而改变对生活的热情和善意。比如说，对人的信任和热情。先生这种性格特点在经历过苦难的一代老人中是很少见的。我们中文系有一位老教授，也是极有声望的老知识分子，性格非常豪放，他与先生经常在一起谈天说地，畅怀大笑，但是一旦有年轻人走近，他马上就闭口不言，匆匆而辞。先生告诉我，那位老人以前在政治运动中吃过年轻人的亏，从此就不再信任年轻人，后来连研究生也不再招收。我想这位老人的心灵一定是很寂寞的。而先生不是这样，他对人的信任有口皆碑。我遇到过一件事：大约是 1980 年代，先生去苏州大学开会，会上有位来自广西的大学教师，回广西途中需在上海中转，他想在上海住几天，有人就介绍他可以住到先生家里，并且给先生做了说明。可是那次外出师母没有陪同，先生耳背，没有听清楚是怎么回事，还以为那位教师是苏州大学安排送他回上海的工作人员。就这样那位教师心安理得地在先生家里住了三天，先生也每天好烟好酒地招待，三天以后客人回了广西，他才疑疑惑惑地问我：那位客人是什么人？为什么在他家里住那么久？这时候我才发现，先生根本连客人的名字、身份、留宿的缘由完全不知道。这种事情在俗人听来，简直是天方夜谭，但是对于一个坦诚的君子来说，却是再自然不过的事情。先生常常喜欢说一句江湖话：出门靠朋友。他说他十几岁离开家，在社会上闯荡大半辈子，靠的全是朋友的情谊和帮助，尽管“朋友”这层关系也给他带来了灾难，但这个责任不应该由朋友来承担。先生对“朋友”这个称呼极为看重，如果谁被他称为“我的朋友”，那就意味着他将与你肝胆相照，赤诚以待。

正因为先生是个坦荡的人，所以他能够通达地放开自己所经受的苦难，放得开一生所经历的大小恩怨，他顾全大局，胸怀大的目标，不会在一些鸡毛蒜皮的名利、面子、档次等一般文人最喜欢纠缠的小节上计较是非。我听说过一件事，先生陪几位外宾去某地参加一个活动，到开饭时，当地主办单位的领导临时赶到，听说有外宾出席（1980年代外宾出席还是很少见的），就立刻安排另席招待，匆匆把几位外宾请走了。因为那位领导不认识先生，就没有顺手邀请，旁人可能感到有些难堪，先生却一点也不在乎，依然说说笑笑。待了一会儿，那位领导又匆匆赶来，原来他听说了先生在场，连忙赶来道歉，再请先生也过去用餐。照一般人想，先生也许会生气，拒绝参加，其实先生毫不介意，照样开开心心地出席用餐了。那位领导才松了一口气。事后，先生从未与我说起这件事，倒是那位领导有一次感动地向我诉说了先生的高尚人品。这就是先生的坦荡之处，他从来没有摆出老人的尊严，所以他精神始终年轻；他从来没有摆出名流的架子，所以他的朋友遍天下；他从来没有把自己曾经受过的苦难当作一种资本愤世嫉俗，所以他笑口常开，仁者长寿。

先生这样的通达为人，绝不是乡愿处世的态度，经历过如此大风大浪的人，他对于世态看得非常清楚，只是不该计较的事情他决不放在心上。我可以说出许多这样的故事。如，他冤案平反不久，恢复了教授的身份，学校有关部门安排他去当图书馆馆长。我本以为先生会拒绝这样的工作。因为听先生说，老校长陈望道曾经公开说过，贾植芳是个“无政府主义者”，上午让他当官，晚上就要下台。但没有想到“无政府主义者”贾植芳先生还是接受了这项工作。我曾经表达了我的意思，先生笑着对我说，上面要落实政策嘛，就让他们落实一下，不要让他们为难。他就认认真真地在图书馆馆长的任上工作了几年，还主持修建了文科图书馆大楼。过了一任，先生已经七十岁，学校里通知他要退休了。很多朋友为他抱不平，认为学校这样对待他是不公正的，梅志先生特意来信，劝他在退休前提出要享受离休待遇，还表示愿意为他写证明。先生也是笑了一笑，对我说，这种“干部档次”，我要它干啥？于是就坦然地按照一般教授的标准退休了。这两件事，看上去好像有相反的含义，但表现了先生对于名利、对于工作、对于个人的道德追求，完全是一以贯之的。先生善解人意，一般也不拒绝社会上对他的好意相助，但并不是没有原则，对于社会上流行的一些特权，他非但不屑于计较，而且有时候会表现出非常的独立性。

记得在几年前师母病重期间，先生每天要把大量的钱花在医药费用上，虽然感受到经济的压力，但是他从来没有向别人（包括他的学生）说过自己的困难，也从未怨天尤人地抱怨命运不公。（后来我忍不住内心的感动才写了《感天动地夫妻情》一文，披露先生当时的困境）而先生多次与周围的人说过，他是手里拿着几个铜圆、一卷铺盖进入上海的，现在成了有房产的“有产阶级”了，大不了自己再拿几个铜圆卷了铺盖回山西老家去终老。所以我想，当时先生不是没有考虑过自己的经济状况，但他宁可准备卖房回老家来挽救师母的生命，也不愿意伸手求助。他的赤诚之心，终于感动了上苍，师母的生命竟奇迹般地延续了整整三年。当最危急的时期过去后，先生又恢复了自信。最近我读了不少有关先生的文章，其中最让我感动的是潘真在《新民晚报》上发表的短文《贾植芳先生的一辈子像一堂课》，文章里说：“我曾写过报道《资深望重的贾植芳月入仅二千，一批退休老教授渴望得到善待》。没想到见了面，贾先生竟安慰我说，已经加了，他是复旦加得最多的，退休金加到两千元，月收入有三千五百元了。‘任敏（陪他受苦受难一辈子的妻）也走了，不需要花钱了，够了。’”尽管我不认识潘真，但她所写的确确实实像是先生说的话。先生的高贵和傲骨，就是这样隐伏在他的坦荡的襟怀里。

先生一生最重视的是知识分子的称号，这是他自觉履行“五四”

新文学精神使命的最根本的动力。他所戚戚然的，总是天下大事，而不是个人命运。1996 年我陪先生去台湾参加一个学术会议，轮到先生上台做报告时，台湾政治大学教授、著名的文学批评家尉天骢做讲评，他手里挥舞着先生的传记，高声赞美先生苦难而高贵的人生，全场掌声雷鸣，向先生致敬。先生却耳聋听不见尉先生的话，紧张地东顾西看，不知发生了什么事。等他一走下讲坛，诗人罗门就跑去向他倾诉心里的感动。先生才明白刚才会场里的掌声是怎么回事。他松了口气对罗门说，做个知识分子，总是要像耶稣那样，一代一代背着十字架往前走的。说得非常平常，又是那样的沉重。正是因为有了这样的精神的准备，他才会这样举重若轻地对待人生——这超越了时间与空间的人生。

二

我已经记不起来，我第一次是怎么与贾植芳先生见面的。但肯定是 1978 年下半年在中文系资料室。那时中文系设在一个破旧木结构楼房的二层，资料室设在走廊东端的一间大房间，平时老师们读书、交流、开会等，都在那间房里。因为面积不大，看书阅报议论的人多，感到有些嘈杂。在那一片声音里，最引人注意的是先生的一口山西腔，总是那么高亢有力，不断指点学生，你应该读这本书，应该读那本书。旁边年轻的周春东老师轻轻介绍，这位是贾植芳，著名的胡风分子，英文、日文都来赛（来赛，上海方言，意为了不起）。这是我第一次听说“胡风分子”这个词，也第一次知道这个词与“地富反坏右”一样，是打入另册的。

当时所谓的“胡风集团”冤案还没有平反，但是思想解放运动的风已经开始微微吹动。或者说，即使没有思想解放运动，经历了“文革”盛衰的中国老百姓，尤其是生活在社会底层的人们，早已厌倦了阶级斗争的血腥味。当时的思想风气推动着我们把立场转向“文革”中（也包括 1950 年代以来所有）的政治受难者，同情他们，也赞美他们，所以贾植芳先生戴着的“胡风分子”的政治帽子，并没成为我们接近他的障碍。而贾先生似乎也没有顾虑到他的政治身份和学生之间可能发生的麻烦（这些麻烦，在早几年工农兵学员“上、管、改大学”的时候是十分普遍的）。他与我们的交流就是那么朴素而简单，那么直截了当。我们是怀着神秘的好感去接近他，他也是怀着热烈的情怀来接近我们，二十多年的高度压抑使他满腔的热情、经验、学问，都像火山爆发似的，迫不及待地要喷发出来。这样，我们就成为最幸运的学生，谈话通常是从我们向他请教开始，接着就是听先生滔滔不绝地讲，每一次都有新的收获，他引导我们一步步走进了现代文学史的堂奥。

后来我们知道，先生与我们交往其实还是有顾虑的。李辉在一篇文章里说到过，先生在那几年的日记里，总是含糊其词地记着小陈、小李，而不写我们的名字，他这样做是担心万一有了政治风波会牵连我们。我想这是先生长期受迫害造成的心理阴影，只是平时被掩盖在豪爽的热情本能之下，我们察觉不出而已。联想到后来又一个风波发生，先生直接就对我说，应该把一些会惹麻烦的书信日记都处理掉，他说他自己过去就是“小资产阶级”情调太多，舍不得随时处理一些不该留下的东西，才会在复杂的政治纠葛中一次次地罹祸。“在我们这个时代，知识分子能活下来说说话就不容易，书信文稿什么都是不重要的。”他亲口这样对我说。由于那次风波过程本身一波三折，呈现出复杂的局面，有许多人起先纷纷激烈表态支持学生，唯恐自己的名字不被人注意，后来风向逆转，又慌了手脚，做了一些为人所诟的事情。学校里一时议论纷纷，流言四起，先生始终冷眼看着局势，有一句话他在风波之前之后说过多次，至今还有人在流传。他说，武松打虎有两种结果：一种是打死老虎，做英雄；还有一种是被老虎吃掉。是武松就去打虎，是武大郎就去卖烧饼。武大郎不能看武松很光彩也跟着去凑热闹打虎，只想做英雄不准备被老虎吃掉，那是不行的。

由于现实的教训，晚年先生心底所埋藏的阴影有时在日常生活中也会起着作用，左右着他的一些念头，使他对身边发生的政治动荡不再有年轻人似的盲目和冲动，他对于政治的多变性与复杂性已经有太多的经验。在他自己与客体世界的互动关系上，他有足够清醒的认识。但是在他的内心深处，一种对自由的理想、对友谊的信任以及知识分子之间的相濡以沫的感情，却始终荡漾着，就像年轻人一样地热烈。譬如他对胡风及其他受难者，一直怀着难以抑制的热情。1985 年 8 月 6 日，在胡风去世后两个月，胡风家属决定办理遗体火化，不开追悼会，也不举行告别仪式。贾植芳、王戎两位先生从上海赶到北京，与在北京的朋友一起向胡风做最后告别。记者李辉在场，细腻地记下了这个时刻的贾植芳：

> 紧接着周颖之后的是贾植芳，年过古稀的他，一跨进门槛，就号啕大哭。所有人中，只有他如此不能自制，哭得那样伤心。他的声音很粗，“哇”的一声哭叫，一下子使气氛变得更为压抑。他哭的时间很长，站在胡风的遗体面前，嘴里不时叫一声“老胡”，他好久也不愿离开。没有人来劝他，没有人来拉他，任他放情地恸哭。他一边哭，一边朝梅志走去，梅志平静依旧。

与别的在场的人的冷静相比，贾先生的感情喷发出乎我的意料。我在先生身边三十年，没有见过先生用这样的方式放任自己的悲痛，连在师母的告别仪式上也不曾见到。但我毫不犹豫地相信，先生面对患难与共的朋友胡风的遗体，他会这样表达自己。就如他在自己的回忆录《狱里狱外》所写的法院宣读判决的场景：

> 宣判会开始了，先是检察员念起诉书。当他念到“首犯胡风，1965 年 11 月 26 日经最高人民法院判决，该犯已认罪服法”时，我在紧张的状态下，把“服法”听成了“伏法”，脑子里猛地飘过一个念头：怪不得上次在监狱里，那人说不会枪毙我，难道胡风被枪毙了？这么一想，我脑子轰的一下昏起来，眼泪

顿时模糊了一切。那个检察员还在振振有词，但似乎离得很远，我根本听不见了，我不知道起诉书和判决书的内容是什么。

这就是贾先生的性格。在自己性命攸关的时刻，他误以为胡风已经被害，悲恸之情使他听不见自己的判决书。这都是他的热情本能战胜了残酷政治斗争强加给他的心理阴影，露出了他的率真性格的地方。

在所谓的“胡风集团”冤案中，除了瘐死的阿垅，贾植芳先生不仅是被判得最重，而且是最迟解决冤案的。在 1980 年胡风冤案初次平反的文件上，别人都摘了帽子，唯独对贾先生还留了个尾巴，就好像全国“反右运动”最后还留下了五个人垫底一样，又过了两年才最后解决。对这件事我是百思不得其解，我对于整个胡风冤案中贾先生的遭遇也有许多不解之处：其一，先生并不是文坛纠纷的中心人物，他因投稿结识胡风，把胡风视为引路人和朋友，但他不关心也不擅长胡风的文艺理论，不像阿垅、路翎那样，一开始就陷入是非旋涡；其二，先生是一个三教九流都交往的人，没有什么明显的宗派性，比如，他与当年鲁迅的对手施蛰存、韩侍桁、邵洵美都有很好的交往，又因为贾芝先生在延安方面有特殊的背景，多少也应该有些保护作用，不至于成为胡风集团里的铁杆分子，也不至于受到这么寝皮食肉的仇恨和迫害；其三，我一直觉得，先生的思想谱系和社会经验比较独特，与胡风一派的主流思想有些距离，他是胡风朋友圈中的一个另类。1950 年以后，胡风身陷北京屡战屡败，先生实心实意地劝胡风：“我们都不如鲁迅先生，鲁迅在二三十年代卷入政治旋涡，但他深深懂得中国的政治历史和社会，他进得去出得来，始终是主动的。而我们不行。你不懂政治却偏偏往政治旋涡里凑，那是太危险了。”他劝胡风放弃文艺思想争论，埋头翻译阿拉伯神话《一千零一夜》。这当然不是胡风所愿意接受的，贾先生对危险充满警觉，胡风却不以为然，结果还是携手走进了一场大灾难。

如此归纳起来，第一，先生不是文坛纠纷的中心人物；第二，有贾芝为背景；第三，他对政治斗争有相当高的敏感度。凭着这三点，先生就不应该成为胡风冤案里最受累的“分子”。然而他却为之付出了沉重的代价。我想这灾难发生之前，胡风的对手们一定拉拢过贾先生，如果堡垒要从内部攻破的话，第一个缺口就应该从贾先生身上打开，而不是身处边缘地带、已经有辫子抓在对方手里的舒芜。进一步也可以这样理解，贾植芳先生所拒绝的，也许正是舒芜求之不得的机会。《狱里狱外》里有“京上阴云”一节，先生回忆了当年何其芳通过贾芝找他谈话的事，似乎是含有要他反戈一击的意思。我后来就这个猜想请教过先生，先生默然。他却说了另一件事，说1979年他还没有完全平反，他去北京中国社科院文学所参加一个现代文学资料丛书的编辑会议，轮到讨论“胡风集团批判”的主题时，主持方安排先生主持会议。先生一言不发，只是让与会者自由讨论，什么态度也不发表。这是先生告诉我的原话，但从先生的语气里可以感受到，他对此事的理解是很情绪化的，他认为主持方是有意考察他对胡风冤案的看法，但先生不表态本身就是一种鲜明的态度。接着先生转述了李何林先生对他说的话，说是：“你怎么跑到周扬一帮去开会了？”这种怀疑色彩就更加明确了。所以先生的结论是：“我的态度让他们知道，我还是以前的我。于是他们在我背后又来了这么一下。”所谓“这么一下”，先生指的就是1980年的平反文件里对他的最后一击。那个会议，还有1954年的那次何其芳谈话，是否真含有这样直接的政治目的，我还是有些存疑。但是有一个现象可以比较，1955年先生是坦然陪着朋友走进了灾难的。当然舒芜后来也走进了灾难，但先生是没有带着任何耻辱走进灾难的。在我看来，先生有许多时候都是处在为人豪爽的热情本能和无意识的心理阴影的夹缠之中，但是在人生的关键时刻，往往是前者占了上风。

但也有例外的时候。这里就要牵涉先生与舒芜的关系了，近两年，所谓“贾拒认舒”公案众说纷纭，演义故事到处流传，又有旁人的推测引申，事情搞得扑朔迷离。这个公案，因为先生在关于作代会的日记里没有记录，再加上另一个当事人的否认，导致疑点重重，有人甚至推理出这是先生心里想做而实际上没有做的幻觉。但我很清楚，至少从先生那面而言是确有其事的。在先生刚从北京开完作代会回来时，他就告诉过我这件事。那时候还保持了新鲜的记忆，至少不会弄错什么细节的。关于贾、舒恩怨，议论者已经说了很多，我只想补充一些别人没有说过的事情。

在此事发生前一两年里，贾、舒曾经有过一些来往：他们在北京见过面，吃过饭，同时还有过通信和互赠著作的交流。应该说关系是缓和的，那为什么在作代会上会突然发生“拒认”的事件？

据我所知，这既有远因，更有近因。远因是在1983年1月31日舒芜连同牛汉、绿原一起做东宴请贾先生夫妇以后。那次饭局后，他们同游琉璃厂，舒芜买了一本周作人的《中国新文学的源流》，就在书上题记：

> 1983年1月，贾植芳兄偕夫人任敏来京，参加现代文学流派问题讨论会，31日午，与绿原、牛汉与余共酌植芳、任敏于前门饭店餐厅。饭后，皆游琉璃厂中国书店购此，书页犹多未裁，印成至今五十年矣。灯下展现，略记今日之事，五十年后或有续记数行者乎！舒芜。

我没有看到这个题记的原件，以上这段话是舒芜先生作为证据发表在《书友》杂志，又由张业松转引在《“贾拒认舒”材料补》一文中。我读后心生一个疑点：这个题记究竟是舒芜在当天晚上的灯下所写，还是在琉璃厂中国书店买书的时候当场所写？从现在公布的内容来看，似乎是当天晚上补记白天的事情经过，所以其中有“灯下展现”云云。但就我所知，这题记是购书的当场所写。因为先生回到上海就告诉我这件事，而且还说了题记的具体内容。先生没有千里眼，也不会跟踪到舒芜家里的“灯下”，唯一的解释是，这段话的前半部分是舒芜在琉璃厂购书后当场所题，而从“灯下展现……”起才是回家后补记。贾先生对舒芜此举非常警惕。他认为这是舒芜宴请他们的真实目的，而且牛汉、绿原都被他蒙骗过去了。在他看来，舒芜当场题记一事，目的很清楚，是要通过这一段文字留下证据，证明贾、牛、绿等这批胡风冤案的主要受难者已经原谅舒芜，和好如初了。舒芜的藏书、周作人的原版书，都是会流传后世的，那么，舒芜的题记在将来就会成为一种历史证据。最近牛汉先生著文纪念先生，就写到当时的情景：“贾先生来北京社科院参加学术会议，我们又见面了。这期间舒芜请求我带他去见贾先生。贾先生在舒芜面前表现得很大气，跟路翎不同，路翎坚决不理睬舒芜。这是因为贾先生脾气比路翎温和，但温和不等于软弱。”可见这次贾、牛、绿、舒的聚餐对舒芜是很重要的举动，他是做了精心准备的。而贾先生一眼就看穿了他的心思。我查先生这段日记，除了吃饭、逛书店外，一字未提舒芜购书题记的事情，而是特别记了如下一段话：“他这次很积极，牛汉说，这是向我们请罪了，众人只是敷衍而已。”强调了“请罪”和“敷衍”两个关键词。后来事实证明，先生是有见地的，舒芜那份题记还没传诸后世就开始派上用场了。

至于近因，那是在作代会期间。当时听先生说，他是与耿庸住一间房间，许多“胡风分子”经常串门，自然也会说些闲话。在闲聊中有人讲到舒芜在以后岁月里的一些事情，是先生事前不知道的。据先生当时告诉我，有一次那些朋友正在房间里闲话，舒芜敲门来访，先生说，当时外面黑里面亮，他本来就眼睛不怎么认人，一下子没有认出，就问你找谁（这个情况先生平时在家里也是经常发生的），舒芜说就找你啊。于是先生接着说，我不认识你。据先生当时说，舒芜见他不欢迎，就点点头走了，先生才将门重重关上。先生当时告诉我这事是很随便地说出来，没有立此存照的意思。我也是漫不经心地听过，没有特别去记录下来。但当时先生说“我不知道他后来还做过许多事”（大约是指“文革”时期人民文学出版社的一些人事纠葛）的神情，我到现在还记得清清楚楚。我想先生大约与别人也说起过这事，后来传来传去，就变成许多故事了。2004 年李辉写《永远尴尬着，或者隐痛——从舒芜与贾植芳的见面谈起》一文，解读了他理解中的贾、舒关系。先生在读李辉文后的日记里对此做了进一步的补充，那毕竟是二十年后一个九十岁老人的追忆，何况有李辉的文章解读在前，我觉得与我当时听他说的情况还是有些出入的。我后来试图与先生核实当时的一些情况，如：当时房间里还有谁在？他听说的舒芜在其他运动中又做了什么事？等等，但先生已经完全记不清了。

我前面说过，先生常常处于他豪爽的热情本能和无意识的心理阴影夹缠之间，“贾拒认舒”公案是很典型的。以前已经有学者说过，先生在 1947 年被国民党抓去监狱时，舒芜接济过他们夫妇。患难中挣扎过来的先生对于别人给他的点滴帮助都是铭刻在心的，所以他不像路翎那样拒绝舒芜，而是表现出温情和大气，甚至在 1983 年主动去看望舒芜，这是他的为人热情本能所致。至于他看到舒芜住宅条件简陋以及获知舒芜后来也被打成“右派”等遭遇，也不会幸灾乐祸，他的感叹还是从知识分子的悲惨命运着眼的，即便是当了犹大的知识分子，也没有过上一天的好日子。但是，当他看到舒芜购书题记的精心表演，无意识的心理阴影就出现了，他开始警惕了：这个人还在演戏，并没有真实地忏悔。作代会期间“胡风分子”相聚甚欢，但是他再没有主动去找舒芜。当他听到了朋友间议论舒芜的是非，就更加强化了对舒芜的警惕。所谓“贾拒认舒”就是在这样的背景下发生的，那一次，从他开始没有认出舒芜到认出后顿增反感，再到拒绝舒芜入内（房间里正有一批议论舒芜是非的朋友），我想是有一个心理变化过程的。但从此以后，贾、舒之间的往来确实再度中断了。

还有一件事，也是发生在作代会上。当时周扬已经病重，不能出席大会。周扬本来是“胡风派”的死敌，也是许多在 1950 年代受到伤害的作家共同痛恨的官员。但是“文革”后周扬表现出痛改前非，向许多被他伤害过的人道歉，做自我批评；他对于胡风事件也一样，多次表述他虽然与胡风有宗派斗争，但要制造这么一个大冤案，确实非他力所能及，也出乎他的意料。这话自然是另有隐衷，但胡风一派的朋友对周扬过去的行为是很难原谅的。先生也是如此，记得曾有一位中文系的教授去看先生，转说了周扬的这个意思，先生立刻就反问：是周扬派你来说的？那位教授赶快否认。其不信任的心理阴影非常明显。但是周扬晚年确实走上了思想解放的道路，尤其是关于马克思主义与人道主义的理解，惹出一场“清除精神污染”的风波。这场风波差点把当时任上海市宣传部部长的王元化也卷了进去。周扬从此病倒，一蹶不振。但在广大知识分子，尤其是青年知识分子中间却赢得了很大的同情。在作代会上，作家李陀等人建议给周扬写致敬信，写成后贴在大门口征求签名。签名的人越来越多，没有想到，“胡风分子”贾先生也签上了自己的名字。

一个铁杆的“胡风分子”，竟向周扬表示敬意，这是不可思议的。但是，贾先生在为人豪爽的热情本能下完全可能做这样的事情。自从思想解放运动以来，先生本能地意识到这是中国思想界摆脱极左路线、向“五四”传统回归的重要步骤。在我的印象里，先生非常关心思想文化领域的风风雨雨，凡是有利于思想解放的学术观点，不管是谁提出来的，他都会热情支持；反之，对思想解放运动采取保守的怀疑的态度，尤其是以大批判的方式来质疑思想解放运动的，他会反感。痛苦的历史经验和“五四”传统的熏陶，使他本能地做出这样的抉择。但是他这样做会遇到一些压力，尤其是在他的受难的朋友中间，肯定有人不理解。当时有许多正直的知名作家，出于对周扬的历史恩怨，凡是周扬做的事情都反对，可偏偏周扬永远是占据了话语的主动权，这次思想解放运动也被他紧紧地抓在手里，他成了改革派；而许多反对他的受过苦难的作家反倒成了保守派，譬如丁玲。先生曾告诉过我，1980 年胡风冤案平反文件里给先生留了一条政治尾巴时，丁玲曾愤怒地对别人说：他们怎么还要迫害贾植芳啊？先生对丁玲是心怀感激的。在丁玲的话语系统里，“他们”“我们”壁垒是多么清楚！但是，在历史进步的大是非上，先生还是在给周扬的致敬信中签上自己的名字。

尽管后来先生曾有意为自己的行为辩解，我觉得这只是事后的一种解释，反映了埋藏在无意识中的心理阴影又冒出了头。先生在整个思想解放运动中的思路非常明确，他甚至对自己终生不渝的患难朋友胡风的某些思想观点，也进行过反思。李辉在《文坛悲歌——胡风集团冤案始末》里曾记录了先生的一段话：“胡风这个人有忠君思想，像晁错一样，想清君侧，这是中国传统知识分子的思想。他写三十万言书，实际上和过去传统的上万言书差不多，应该从中国的文化传统来看这段历史。再说，我们的朋友中有些文艺思想也很左的，不能容人。”他私下里也不止一次地对我说过类似的话：“胡风的文艺理论是当时历史的产物，现在看来也有左的地方。”显然，先生在这里所说的“左”，并不是我们现在所说的权力政治意义上的“左”，而是指一种历史的产物，在一个非常复杂的历史时期，人们为对抗更大的权力政治而践行的过激行为。为此，他对胡风及其朋友在过去文章里批判或者伤害过的唐湜、范泉等作家，都主动去道歉，为朋友胡风当时的处境做解释，平息了一些不必要的误解。

三

贾植芳先生去世后，我拟就一副挽联来总结先生一生的成就，先在祭奠上用过一次，后几经朋友的斟酌修改，定稿为：

从胡风追鲁迅，横眉冷对热肠扶颠，聚傲骨良心悲智侠胆为一腔正气

由社会进书房，大写做人中道敷文，融研究创作翻译育人开八面来风

我没有把先生一生坎坷多次入狱的事迹写入挽联，其实这样写的作品不少，牢狱人生几乎成了许多人心目中的贾植芳先生的关键

词。人们赞美先生在不同时代出入于监狱而矢志不渝的高风亮节，体现了中国知识分子在苦难中求索真理实践人格的高贵精神，却有意无意忽略了先生在普通生活中的辛勤劳作的价值，忽视了先生在知识分子岗位上对人文学术所做出的贡献。先生多次说过这样的话：谁会想到命运把我送进监狱？我只是凭着一个知识分子的良心生活，被中国多灾多难的环境推着向前走，自己还以为这样做是为国家效力，对社会进步做贡献，哪里会想到进监狱？我想这是先生的大实话。1955 年他被捕入狱，受审不肯承认自己“有罪”，办案人员拍着桌子骂：没有罪你怎么会到这里来的？先生坦然地回答：“我好好地在学校里教书，是你们把我弄来的，又不是我自己要来。”这当然也是大实话。像先生这样的知识分子，他们更多的是要求有正常工作的权利，只要能够摆脱监狱的魔影，他们立刻就坦然地生活，享受正常人在正常社会的正常权利，他们珍惜自由，珍惜思想，珍惜劳动，并以自己的创造性劳动索取生活资源而感到自豪。这是先生与某些有志于当职业革命者的人不太一样的地方。贾植芳先生与他的哥哥贾芝先生就是一个有趣的对比。贾芝先生一生循规蹈矩，顺应潮流，从北京校园诗人进入延安参加革命，最后成为一个老干部；而贾植芳先生一生颠沛流离，他亲自把嫂子李星华等人送去延安，把一些青年学生介绍去延安，而自己却始终闯荡在战场、文坛和监狱内外，没有个安身立命的归宿。其实，先生的心中是有归宿的，有一样东西是从“读书”而来的，比一般的建功立业更为重要、更有价值，这个东西就是他可以赖以安身立命的归宿。

那么，这是什么？

这似乎是很难理解的，先生也没有自觉地阐述过真正驱使他一生追求的动力是什么。他只是反复地说，要把这个“人”字写端正。但，怎么样的“人”字才是端正的呢？在 20 世纪中国极为复杂的现实环境里，什么是知识分子追求目标的真正依据？什么是现代知识分子安身立命的根本？我以为这是一个值得研究现代文学史（也是研究现代知识分子形成史或者发展史）的学者苦苦思索的问题，也是我们进入研究现代文学史（以及相关的现代史）的一把钥匙。这不是仅靠接受一套概念就能够解决的，也不是从时代潮流发展中可以获得的，许多知识分子都是结合了自己一生的摸索经验和实践教训，才能够慢慢地去体会它和理解它。从 20 世纪初开始，士大夫阶级向现代知识分子转型的过程中，知识分子有价值的行为都离不开探索这样一些根本性的问题。他们起先还想从学术传统的重新整合来调整自己的价值观，辨析自己的道路——这是属于康有为、章太炎一代人做的工作；后来，在西学东渐的压力下，知识分子开始实行改革，反思传统，以求与浩浩荡荡的世界新潮取得一致的步伐——这是“五四”一代知识分子的工作；再后来，随着抗战与以后一系列新的局势变化，学术传统越来越成为知识分子个人情怀和寓志的寄放箱，与他们的实践行为相分离——从这个时代开始，知识分子的精神历程就进入了一个漫长的黑暗隧道，他们在无枝可依的状况下，个人的操守行为就变得越发重要，几乎是凭着一种本能的良知来抗衡时代提供的类似中世纪宗教的时代主潮，这时候的学术传统，已经退守为若隐若现的无意识，发挥出极其微弱的作用。西方知识分子把本能的良知尊为良心，而我更愿意称它为一种德行——它无关乎现实行为中的具体道德准则，只是一种抽象的对“人之所以为人”的肯定性前提。古人所谓“三不朽”，立德立功立言，我从一个现代人的立场来理解：“立德”表现为一个人能否为周围环境营造一种良好的氛围，通过提倡什么、反对什么来影响他人，并有能力将这种原则贯穿到自己的日常行为中去；“立功”表现为一个人能够在自己的工作岗位上努力，做出显著的成绩，并以这样的成绩有益于社会的发展；至于“立言”，在我看来，不过是“德”与“功”的注释而已，并非最重要的，尤其是在一个学术传统与个人的社会行为相分离的时代。

在这个意义上探讨贾植芳先生的贡献，我以为他一生的追求和行为构成了一个完整的个案。我这么说，没有要把先生的形象塑造得很高大的意思，我只是说，他在他所生活的时代里，成为一个比较典型的个案。譬如说，我不止一次听到有人用叹息的口气说到先生：假如他不是受了那么多年的苦，将会有多少著述可以写出来啊。同样的话可以从消极的意思去理解：他已经受了这么多的苦，坐了那么多年的牢，即使什么著述也没有写出来，仍然是值得人们尊敬的。在先生刚去世的时候，我还接到过一些媒体记者的电话，他们总是问：贾先生在学术上的代表作是什么？他与季羡林相比怎么样？与王元化相比怎么样？大概他们以为，对一个人学术贡献的估量，可以像在麦当劳买鸡腿那样，比一比哪一块更大些。对于这样的问题，我当然不予回答。但我现在想说的是，这个命题从最初形成就包含了一个错误前提：假如先生没有在 1955 年到 1978 年那段时间中陷入空白，他是否有可能写出许多有价值的著述？即使他写了许多著述，是否就能证明他的学术贡献？同样的问题我在另一个场合也遇到过：在傅雷先生的百年诞辰纪念大会上，有一位发言者感慨地说，假如傅雷没有被打成“右派”和在“文革”中自杀，那他现在肯定完成了巴尔扎克全集的翻译，那将是多么有价值的工作啊。当场一片唏嘘。但我很想告诉那位发言者，傅雷先生从一开始就没有打算翻译巴尔扎克的全集，他认为巴尔扎克的许多小说是不值得译成中文介绍给中国读者的。这就是傅雷先生的精神所在。傅雷先生没有翻译巴尔扎克全集，他仍然不失为最优秀的知识分子之一，因为他的“德行”胜过了他的“言行”。知识分子与他的时代之关系，不能仅仅以“言”的多少来论定其价值，尤其是在一个话语权被高度集中并高度政治化的时代里，或者是在现代媒体垄断了社会舆论而造成普遍浮躁的时代里，“立言”是微不足道的。这也是巴金晚年写《随想录》忏悔的认识所在，也是沈从文后半生放弃创作而研究文物、服饰的价值所在。换句话说，贾先生有二十五年的“不言”，从学术与人格的意义上看未必就是他的“不幸”，而是让他回避了许多知识分子不得不承受人格分裂的遭遇，也回避了许多知识分子不得不放弃写作、改变专业、转移兴趣、用沉默来苟且性命的遭遇，这二十五年的灾难也正是先生身上最宝贵的“德行”

的培养时期。不同的人有不同培养“德行”的形式，巴金是在内心煎熬的忏悔中，沈从文是在坛坛罐罐的文物中，而贾先生，则是在不得不降志辱身的监狱里。

那么，接下来的问题是：现代知识分子的“德行”依据的是什么？它是属于伦理范畴还是学术范畴？我认为它是两者兼而有之的。抗战开始，中国知识分子的学术活动就失去了窗明几净的实验环境，他们所负载的学术传统在实践中——无论是炮火中流离失所，还是政治运动中经受考验——遭遇无情的磨难，他们的社会实践本身就成为对学术传统（所谓“五四精神”）的守护与发展。抗战以后的一代甚至几代知识分子都是在难以想象的污泥浊水中挣扎、受难与升华，并且以此作为理解传统的出发点。贾先生是在五四新文化运动的影响中成长，走进抗日的社会大战场，他在实践中隐隐约约感受到一种通过读书而来的精神资源，推动着他的求索步伐。贾先生所读的书，他提到过的，就有来自西方的马克思主义、无政府主义、尼采哲学、俄罗斯文学和日本文学，以及中国古代的历史经验与文学，而更为强烈而直接的，则是“五四”以来的新文学作品，特别是以鲁迅为代表的现代文学作品。如果在贾先生的知识谱系里有个中枢点，那就是“五四”新文学的精神传统。古今中外的思想文化都是通过“五四”新文学这个中枢来对他发挥影响，滋养他的精神。这是贾先生判断所有的善恶伦理的基本出发点，也是培养他的德行的出发点。他之所以接近胡风，并结成了生死友谊，也是在认知“‘五四’—鲁迅”精神的谱系基础上发生的，不是出于江湖义气，而是出于对“‘五四’—鲁迅”精神的认同。所以，在我所撰写的挽联上联里，有意把关心社会的悲智、坚持正义的良知、不畏权势的傲骨与生死不渝的侠胆，视为先生品质中最重要的四大特征，都归结为“‘五四’—鲁迅”精神传统在先生个人身上的展现。

在一个价值多元的现代社会里，知识分子的精神传统可以来自各种文化资源，也可以综合各种文化资源。贾先生的“德行”的来源也是如此，但其中最直接的是来自“五四”新文学传统，这是一种尚未定型，同时遭受着各种苦难考验的现代知识分子的传统，需要在整个中国的进步发展的实践中不断获得新的生命活力。这种传统在贾植芳先生身上强烈地体现为两个精神特点：一是怀疑一切权威教宗，要求在人性的范围——就是把“人”字写端正——检验一切事物的真相；二是要以尽可能开放的视野来看世界，要接受世界上一切有价值的文化财富，不排斥异己，不唯祖宗为绝对之是。以这两个精神特点来指导人生，便在立德；以这两个精神特点来教书育人，便在立功。先生能够在复旦大学原创性地建设中国现当代文学和比较文学两个学科点，培养并影响了一大批学术梯队，都是与这两个精神特点的支撑分不开的。先生自己的著述也是如此，收录在《贾植芳文集》里的理论文章和大量序跋，基本上不脱离这两个特点。

另外，先生的学术活动主要来自社会实践，他是带着一个广阔的社会背景进入高校担任教职，所以他从来不是从书本到书本地教授知识。他在培养学生的时候，首先是让学生看清了真正学问在于对中国社会有深刻的洞察力，有历史感，还有就是参与热情。他从来就不喜欢那些在书斋里小心翼翼地寻章摘句，连点燃一支烟也怕烧痛手指的学术庸人，更不喜欢那些热衷于随着政治风向转、跟着社会倾向跑的呼风唤雨的活跃分子。在我跟随先生步入学术研究领域的初期，先生着重要求我做到两点：一是从寻找真相出发，尊重历史真实。当时他告诫我做作家研究一定要从读原版本入手，从最初的文本来把握作家的真实思想，然后再校勘后来版本中作家的修订内容，从中来看时代对人格的某些影响。二是要多学几门外语，要从世界的范围来吸收新的思想资源和学术成果。他在1980年代复出后主持的工作，首先就是主编几套大型的现代文学社团、思潮资料汇编和作家研究资料集，他一再强调要保证资料的完整性和真实性，要保留原始材料的真面目。在主编中国当代文学研究资料丛书之一《巴金专集》时，他不但收集了大量的原始资料，还主动把眼光放到国外的研究著作，从中深入了解巴金在世界范围内的影响。

当时我和李辉还在念本科，先生就交给我们一本美国学者奥尔格·朗（Olga Lang）的研究专著，要我们从中翻译有关章节编入专集。我们之所以走上研究巴金的道路，与这本书直接有关，我们从这部研究著作中看到了一个陌生的巴金文学世界。从阅读巴金开始，我继续阅读了世界无政府主义的理论著作和俄罗斯民粹运动的论著，进而对国际共产主义运动史有了新的理解。我对马克思主义的理论与实践的理解，最早是在1970年代系统阅读了马列原著，后来就是在研究巴金的过程中对照无政府主义的理论又一次比较深入地重温了社会主义思想学说，我的世界观就是在这样一个历史阶段里形成的。后来我毕业留校，担任了先生的工作助手。接手的第一件工作就是协助先生主持《外来思潮流派理论在中国现代文学史上的影响》大型资料汇编，先生一再对我说，不但要收集当时翻译到中国来的西方文学思潮流派的介绍，还要从外文专著中找到有关西方思潮的权威论述，要把这些资料翻译过来，对照中国当时介绍西方思潮的实际状况，注意研究两者的差距。我们还阅读了不少西方汉学家的研究著作，包括李欧梵的《中国现代作家的浪漫一代》在内的一批著作，都是当时先生具体指导我阅读，还进行试译的。后来他把他自己翻译的西方汉学家研究中国现代文学的论文和我们学生翻译并由他亲自校对的相关论文编成一部译文集，几经周折后在1980年代中期出版，书名是《中国现代文学的主潮》，那时比较文学学科才刚刚兴起，在当时还是很新鲜的学术成果。

先生属于魅力型的教授，在他的周围，始终围绕着一批又一批的青年学子。先生的教育观完全是有教无类的，只要有青年人登门造访，无论亲疏，也无论是为了功利目的求教求助，还是为了人生学问中的大疑惑，他都一视同仁，竭力相助，热情对待，以热情的性格和开阔的视野深深地影响学生。曾华鹏先生在1950年代是先生的授业弟子，先生去世后他含着眼泪对我说：当时中文系在课堂上最受欢迎的两位教师，一位是刘大杰先生，一位就是贾植芳先生，刘先生能说会道，上课自然吸引学生；而贾先生一口山西土话很难让人听懂，怎么也会吸引学生？曾华鹏教授回忆说，贾先生上课没有讲稿，每次进课堂总是捧着一堆外文书，讲到苏俄作家的或者是某个西方作家的观点，总是随手取一本外文书，英文或者日文的，翻到某页，边翻译边讲解，这种授课形式在1950年代很打动学生的心，一下子把学生的求知欲扩大了。但我曾听先生说过，他在1950年代总是夜里准备第二天的讲课内容，一般都不睡觉，直到第二天白天上完课了才回家睡觉。他精彩的课堂讲授是建立在彻夜不眠的精心准备之上的。贾先生对学生的关心还远远不止在课堂里，他总是课后把学生请到家里，谈天说地，将教学寓于日常生活之中。这一点我有深刻的体会。但我还是愿意多讲些别人的故事。施昌东教授，卓有成就的美学家，1980年代中期因患癌症去世。先生对施昌东是关爱有加，胜过亲子。但我知道他与施昌东的缘分是从一次争执开始的。当年施昌东还是一个学生，写作课交了一份作业，是一篇小说创作；作为教师的先生为他批改，大约是批改的地方过多了，伤了学生的自尊心，施昌东气呼呼去找先生争辩。先生把他请到家里，认真谈了起来，渐渐地学生服气了，从此就经常去先生家里求教。1955年发起批胡风的运动，先生的学生中间也产生了分歧。共产党员章培恒写文章为胡风辩护，文章被退了回来；共青团员施昌东写了批判胡风的文章却在杂志上发表出来。先生深知政治斗争的复杂性，对施未有半句责备的话，只说以后你们自会了解真相的。结果运动深入，先生入狱，章培恒、施昌东双双被打成胡风影响分子，党籍团籍全都被开除。二十五年过去，章培恒先生成为著名的文学史家，施昌东先生成为著名的美学家，曾华鹏、范伯群先生成为著名的现代文学研究学者。我在先生家里看到1980年代初出版的《王鲁彦评传》，是曾、范两位先生所著，扉页上龙飞凤舞的一行字是范先生的手迹，大概的意思是：先生，二十五年前的作业我们今天来交卷了。我记得我读到这句话时眼睛当场就湿润了。现在，大约又是二十五年过去，我也已经是年过半百。我，还有我的学生回忆起各自的成长经历时，大约都有一份答卷交给了先生。学生的成长，不正是一个以教书育人为工作岗位的知识分子的最大荣耀，对社会对学术的无量功德吗？

1980年代中期，先生担任了校图书馆馆长，同时还担任了校务委员会委员、院系的学术委员会成员等，工作渐渐地忙碌起来，身体也渐渐进入了衰老阶段。好几次我都对先生说，以先生丰富的阅历和文学经验，可以口授讲解的形式著述一部文学史，我愿意帮先生记录整理文稿。先生都不置可否。一个晚上，我坐在先生的书房里聊天，又提起了这个话题，但是这次先生明确表示，他不喜欢写文学史。他说这在他看来没有意思，他一生只是在新文学的传统里寻求真理，结识了胡风、冯雪峰等朋友，理解了鲁迅，也看到了许多文人的投机做派的嘴脸，人生经验大于文学的意义，至于从文学角度论好坏，还是让以后的人去议论吧。师母在旁边说，先生本来就是作家，志在创作，命运竟安排他到大学来教书，从事研究，还惹出1955年的政治官司，都是非他所愿的。先生现在年纪大了，精力有限，最想做的事是写一部回忆录，把一生的经历写出来，留给后人。先生也点头称是。这，显然是他们老夫妇俩反复盘算过的计划。就是说，在经历了人生大起大落的命运考验，在高校的岗位上教书育人将近耄耋以后，先生才考虑“立言”了。这就是他在1990年代经口授录音整理的回忆录《狱里狱外》的初衷，很可惜，这部回忆录只出版了上卷，下卷因为涉及先生在“文革”中的悲惨遭遇，大量口述资料还都封尘在录音带上，不知道将来有否机会再见天日，不过，这对先生在天之灵来说，已经没有意义了。

第一部分写于2008年5月31日，初刊《文汇报》2008年6月20日

第二部分写于2008年7月27日，初刊《随笔》2008年第5期

第三部分写于2008年7月30日，初刊《中国现代文学研究丛刊》2008年第5期

我心中的巴金先生

陈思和

我不是一个爱做笔记的人。有许多事情发生，当年仗着年轻记性好，好像什么都可以清清楚楚地保存在脑子里。但最近发现不是这么一回事。比如，我是什么时候第一次谒见巴金先生的？我一直以为在1980年的秋天，因为那一年我与李辉的第一篇研究巴金的文章刊发于《文学评论》（大约是5月份），还得到过巴金先生的首肯，于是我记忆中就好像在那一年的深秋，我与李辉上门拜访的。那时候也没有拍照留念，记得巴金先生穿的是蓝布中山装，似乎是天气转凉的时候。我一直这么记忆，还写进了一些文章里。但是最近问及李辉，他查了当年日记，竟是1982年1月7日，那时候我们已经毕业，马上要各奔东西了，李辉被分在北京工作，想在临行前见巴金一次。于是，由李小棠兄安排（我们都是同班同学），我们俩才第一次走进武康路113号巴金先生的府邸。

我们与巴金先生说了些什么？我没有记录，李辉是有的，他如果回忆起这难忘的一幕，一定会有重要的细节披露。但我却没有太具体的印象，留下的第一个印象是，巴金先生那天身体不好，似乎是感冒了，还有些发烧，我们谈话中，有人进来为巴金先生注射针药，巴金先生起身到客厅外面的过道里去了一会儿，又进来与我们继续说话。那时候巴金先生已经是七十八岁的老人了。我们的探望当然是早几天就约好的，并不知道那天他会感冒发烧。但巴金先生没有因此拒绝两个陌生的年轻人上门打扰，小棠兄也没有告诉我们。所以当他走出客厅打针的时候，我俩惶恐的心情可想而知。

记得我们说起了无政府主义。那时候离“文革”还不远，巴金在“文革”中被批斗的主要罪名，就是无政府主义。“文革”有一段时期为了制止群众武斗、派仗和打砸抢等失控局面，《人民日报》还专门发表社论要批判“无政府主义”，那时人们认为无政府主义就是打砸抢和武斗。后来林彪倒台了，“四人帮”倒台了，批判他们极左路线时也总要联系他们“煽动”无政府主义思潮的罪行。所以，直到“文革”结束“抓纲治国”的年代，无政府主义仍然是作为敌对的反动思潮看待的。有的学者写文章为巴金辩护，认为巴金一生追求反帝反封建，与无政府主义无关；说巴金是“无政府主义者”，那是“四人帮”对巴金的陷害。我们那时正在研读巴金的著作，在贾植芳教授的指导下，不仅读到了巴金早期许多与无政府主义相关的文献，还直接阅读了克鲁泡特金等人的无政府主义著作，才弄明白了无政府主义是一种社会主义思潮，它以激进的姿态反对资产阶级国家机器，在理论上反对一切国家形式的强权和专制，认为国家只能是统治阶级压迫人民群众的工具（阶级斗争的工具），它的基本立场是站在被压迫者的一边。因此在马克思主义传入中国以前，无政府主义作为国际社会主义运动的一翼，对中国的知识分子产生过重要的进步影响。这样理解无政府主义，比较贴近当时的真实情况，也可以与巴金一生追求进步的写作活动联系起来了。我们坚持这样的观点，巴金先生也是认可的。那天我们也谈到了这些想法。但巴金先生显然不愿意就这个话题深入谈下去，他有点激愤地挥着手，说：“这别去管它，他们要批判一个对象总是要把无政府主义拖去‘陪绑’的，这个问题以后再说，现在说不清楚。”

巴金先生对无政府主义的这个态度，似乎一直没有变，他始终以沉默对待自己曾经的信仰。有一年，我参与了巴金先生的全集的编辑工作。我向他建议，把他早年编译的一本理论著作《从资本主义到安那其主义》也收入全集，他犹豫了一下就同意了。但是稿子送到出版社后，还是被责任编辑撤了下来。记得巴金先生特意告诉我这件事，眼睛里含着揶揄的微笑，轻轻地说：“还是他（指责任编辑）比我们有经验，我们太书生气了。”那时候我的感觉是，巴金先生写《随想录》也好，编全集也好，他对于自己的责任的理解，能够做什么和不能够做什么，真是清清楚楚，洞若观火。他对现实世界一点侥幸心理都没有，不会因为一些表面的荣誉和声望就忘掉身处的环境。他全力以赴地做自己力所能及的事情，并且力图做得更好，但是不抱一点不切合实际的幻想。

巴金先生平时话不多，随着年岁增高，还有健康状况的关系，他说话的声音越来越低，有时候听起来有些含糊不清。而且我也深深理解，像巴金先生那样的高龄和健康状况，他还肩负着沉重的写作任务，还要应付来自方方面面的压力，实在是不堪负担。所以，我虽然住在上海，但有事情一般是通过小林、小棠转达请示，尽量不去打扰他。1989 年 11 月，巴金先生八十五诞辰，复旦大学和上海作家协会在青浦举办第一届巴金学术研讨会，来自各地的代表有五六十人。我参与了会务。巴金先生当时身体已经很差了，心情也不好。他表示，除了个别老朋友外，他就不接待与会代表了，要我尽量阻止代表们上门看望。我把这个意思转达给会议主持者，在会上也不断宣传，果然没有代表在会议期间私自去见巴金先生。可是到了会议的最后一天，有一位代表声泪俱下地站起来呼吁：我们既然到了上海，就是到了巴老的家门口了，我们为什么不能去见见巴老？当时群情激愤，我再也无法阻拦大家去见巴金先生的愿望，于是就把大家的意愿转告小林。小林征求过巴金先生的同意，请与会代表集体去武康路巴金府上。我感到自己没有完成巴金先生交给我的任务，很惭愧，就没有跟随大家一起去。后来听说，那天巴金先生坐在客厅里，一个一个与大家握手，合影，折腾了整整半天。大家的愿望是满足了，但我想，巴金先生肯定是很累很累。

巴金先生的身体越来越差，他每年夏天都到杭州去疗养，冬天则回到上海，直接住进华东医院，就不再回到武康路的家里。我去看望他都是到华东医院，那段时间（大约是 90 年代初期），他的身体状况比较稳定，亲自读《巴金全集》和《巴金译文全集》的校样，坚持为每卷写跋，还断断续续地写一些怀念老朋友的短文章。其中就有写他早年从事无政府主义运动时的好朋友卫惠林和吴克刚。1994 年前后，我正在筹备“火凤凰”学术著作出版基金，想学习巴金先生为文化生活出版社编辑丛书的经验，通过出版活动来践行知识分子人文精神。我就此请教过巴金先生，他很支持我的行动，讲了当年他编辑“文化生活丛书”的经验，还用由于患了帕金森综合征而颤抖的手写下“火凤凰”三个字，作为火凤凰系列丛书的题词。我策划“火凤凰文库”，第一本就是把巴金先生在《随想录》之后陆续写成的文章编成一本小册子，巴金先生欣然为它取名《再思录》。等编完以后，我又觉得薄薄的一本，印出来有些草率。就与小林商量，能否取其中一篇短文做书的代序。没有想到，第二天小林就打来电话说，巴金先生已经写好了《再思录》的序。他是躺在床上口述了一篇短文，很短，就这样几句话：

> 躺在病床上，无法拿笔，讲话无声，似乎前途渺茫。听着柴可夫斯基的第四交响乐，想起他的话，他说过：“如果你在自己身上找不到欢乐，你就到人民中去吧，你会相信在苦难的生活中仍然存在着欢乐。”他讲得多好啊！我想到我的读者。这个时候，我要对他们说的，也就是这几句话。
>
> 我再说一次，这并不是最后的话。我相信，我还有机会拿起笔。
>
> 1995 年 1 月 12 日

小林在电话里给我念了这篇文字后，还担心里面所引的柴可夫斯基的话是否有误，回家去查了一下柴氏著作，除了原译文中的“如果”记为“假若”，其他居然一字不差。当时巴金先生患了压缩性骨折，痛苦万分，曾提出要“安乐死”。可是在这篇出口成章的短文里，他竟谈到了柴可夫斯基在民间寻找欢乐的话。可以想象，在病痛折磨下的巴金先生，心的世界仍然是那样宽广。

也就在他患着压缩性骨折，浑身疼痛无法站立起来的时候，中国作家协会要准备开代表大会了。也不知道出于什么样的考虑，九十多岁身患重病的巴金先生依然被安排继续当作协主席，作家协会的主席团会议也被安排到上海来举行。于是，巴金先生不得不穿上了硬塑背心，坐了轮椅，硬撑着出席了会议，又一次满足了大家的要求。会场上少不了一一握手，应答许多问候，据说巴金先生准备了发言稿，只是低声念了一段，就交给身边的王蒙先生继续念下去。但在会议结束后，他就血压升高，昏厥了几次。病，更加重了。

巴金先生还没有长期住院的时候，他对外界的信息是非常关注的，甚至也关心到我的写作活动。有一次，因《围城》汇校本是否侵权的问题引起了争论，《围城》的出版单位认为汇校本侵犯了原著版权，代表作者起诉出版汇校本的出版社，并且请了一些大家写文章帮腔。这事本来与我无关，只是偶尔看到一篇文章说，“汇校本”没有被列入目前的出版权法，这是我国著作权法不够完善的地方，但又“决不容许有人趁此机会，钻法律的空子”。于是就有了一点想法，窃以为，既然法律有不完善之处，就应该先修订法律，不能在法律以外另设标准来论罪。这个想法与汇校本争论没有多大关系，只是看多了“文革”前和“文革”中法治观念混乱，制造了许多冤假错案而引起的感想。谁知文章刚一发表，马上引来了一位前辈的批评，说我怂恿盗版行为，我当然回应了。再过不久，巴金先生让小林给我电话约我面谈。他直截了当对我说，不要写文章了，版权的事，侵权总是不好。我有点疑心是打官司的一方找了巴金先生告状，也可能是老人读到了我的文章而想劝我息事宁人。于是我就把我的意见，包括汇校本引起争论的来龙去脉仔细向老人讲述了一遍，我以为我的文章没有错。巴金先生听了我的话以后，犹犹豫豫地告诉我，出版社确有人让他写文章就这个汇校本表态，他说：“我写是写了一点，主要是谈保护版权的，不过我对他们说了，不要发表，只是表示我的态度。”接着他又连连说：“让他们不要发表，不发表的。”我知道巴金先生在《随想录》里写过保护版权的文章，强调作家对自己作品有权处置发表或者不发表，与眼下的汇校本官司没有什么关系。现在他又写了（应人之邀）关于版权的文章，却不让公开发表，也许是怕伤害了当事的年轻人吧。我不知道这篇文章（可能是通信）今天是否还保存在出版社的某位编辑手里。时过境迁，如果能够找出来收入修订中的《巴金全集》，也是一件功德。

巴金先生很早就关心过我和李辉在大学期间撰写的《巴金论稿》的系列论文，那时候我们莽撞无知，把写了或者发表了的论文托小棠兄转给巴金先生过目。我手头还保存了巴金先生亲笔改过几个字的油印文稿，是一篇论巴金文艺思想的文章。至于巴金先生为什么会修改这篇文章，现在已经记不清了。我后来写巴金传记《人格的发展》，写到抗战胜利巴金创作《寒夜》为止，不再写下去。书出版后，巴金先生在病床上听人读完了这部书，约我去谈了一次。他谈话时拿出一张练习簿的纸，上面记了好几个问题，一一解答我在书里写到过的疑问。第一个问题是关于他翻译蒲鲁东的《何谓财产》的下落。这是一部无政府主义理论经典，巴金在 1930 年全部译完后交给了商务印书馆，但没有出版，巴金先生也没有再提起这本书。我在传记里说，这部书稿送出版社后就“不知下落了”，巴金先生就告诉我，出版社收到书稿后搁着没有安排出版，后来遇到“一·二八”战事，书稿大约就此毁灭了。其他还有一些问题，都是他在听人读这本书时陆续发现的，就记下来告诉了我。他还问起我，为什么不写下卷，我主要是感到资料不足，但还有一个顾虑没有说出来，巴金先生还健在就写完他的传记，我觉得似乎有点冒昧。就这样把这事拖了下来。有一年我曾经打算把下卷续完，还告诉了巴金先生，他很快就把这个事情告诉了他老弟李济生先生，李济生先生遇到我时还特意夸奖了我，鼓励我赶快写出来。但是，做事拖拉的作风使我迟迟没有提起神来，终于辜负了巴金先生的期望。

要说到辜负巴金先生的期望，我还想说一件难以启齿的事情。这件事我至今想起来还是非常心痛。巴金先生在《全集》第 20 卷的跋里写了这么一段话：

树基：

《炸不断的桥》的目录已在六六年日记中查出，抄给你看看。

目次

并肩前进（代序）

美国飞贼们的下场

越南青年女民兵

炸不断的桥

重访十七度线

一块头巾

○明亮的星星

○向胜利的旅行

○红缎盒

○见闻·感想·印象

附录：春天的来信

○后记

《明亮的星星》等五篇给丢失了。《春天的来信》的改定稿也丢失了，不过江南的原信还登在《人民文学》三月号上。这个集子的《后记》是六六年四月二十六日写成的，第二天我就把集子编好托济生转给上海文艺出版社。

没有想到不久我就进了“牛棚”，待到十年梦醒，手稿回到身边，一放就是几年，我连翻看它们的兴趣也没有。后来编印《全集》，找出旧稿拿去复印，终于丢失，仿佛命中注定，我毫不惋惜，倒觉得心上一块石头给搬开了。欠债的感觉少一些，心里也轻松些。……

这里所说的《炸不断的桥》中五篇稿子“复印终于丢失”，是我造成的严重事故。当时巴金先生在编全集的第十七、十八、

十九、二十等几卷，我和李存光分头帮他搜集和影印相关文献。一天巴金先生把两部旧稿交给我，一部是中篇小说《三同志》，是以朝鲜战争为题材，另一部就是散文集《炸不断的桥》，以越南战争为题材，都是手稿，交给我去复印，准备编入全集。关于《三同志》，巴金先生还特意写了一张纸条，上面写着：

> 废品，《三同志》，1961年写成，我写了自己不熟习的人和事，所以失败了。这是一个惨痛的教训。
>
> 巴金
>
> 九〇年一月八日

我拿到稿子，马上去学校复印了。但正是这个时候我在搬家，忙着整理东西，我怕一些珍贵东西丢失，就特意把这两部手稿连同复印件，还有一些其他待印的旧刊物、旧稿，还有我导师贾植芳先生准备整理回忆录的文献资料，这些我所有家当中最最重要的东西，都集中在一个袋子里，专门放开来。结果真“仿佛命中注定”，等搬完家，什么东西都没有丢，偏偏这个最重要的袋子找不到了。当时我的绝望和沮丧是他人难以想象的。记得那天我在荒芜的马路边仓皇奔走，天色一点点暗下来，仿佛要压下来似的，真是欲哭无泪。我无法面对我人生道路上最最重要的两位老人，也无法弥补那些丢失的文献资料和手稿。不幸中的万幸是我影印了《三同志》以后，把复印件放在身边阅读，总算没有丢失。《炸不断的桥》里的散文作品，有六篇曾经发表过，剩下的四篇散文和一篇后记，由于我的失误，永远地消失了。

我不知道如何向老人交代这个事情。无奈中我找了陆谷苇先生，与他商量。谷苇先生是我人生道路上提携过我的师长，长期以来一直关心我的成长，他也是长期关注和报道巴金先生的著名记者，发表过许多重要的报道。如巴金先生完成最后七篇《随想录》的消息就是他首先报道的。谷苇先生竭力安慰我，鼓励我先去找李小林商量，请小林寻机会转告巴老，认为这样比较稳妥。我采纳了他的建议，第二天就去找了小林，难以启齿的事情终于向小林吐露了。我在这里真心赞美巴金先生树立的良好家风，小林听了我的陈述以后一句责备话都没有，反而要我安心，让我写一封信把情况说明一下，由她交给巴金先生。过了几天她又打电话来，要我去家里。我知道巴金先生已经原谅我了，但还是毫无自信地走进了武康路 113 号。那天小林和李济生先生都在场，巴金先生坐在沙发上，对我说的第一句话是："什么样的事情都会发生的。不要紧。"接着，老人用安慰的口气说，他有日记，记下了《炸不断的桥》的篇目，可以把篇目保存下来。一场对我来说是天大的灾难，也是心灵上一道被重重撕裂的伤口，就这样被老人轻轻地抚平了。同样的情况也发生在恩师贾植芳先生家里，当我把丢失资料的事告诉了先生的养女贾英，再由贾英告诉先生，那天我去先生家，先生、师母和贾英都围坐在客厅里，先生就对我说："搬家就等于失一场火，总是要损失的。只要人没有事，健健康康的，就好。"

这个事件，是我的人生道路上的一次重大挫伤，但老人的高风亮节，对我如何做人的教育，是一种极大的提升。我从此养成了战战兢兢、如履薄冰的做事习惯，努力克服内心的骄傲以及自以为是的恶习。尤其是与巴金先生和贾植芳先生两位老人有关的工作，我确是容不得再发生一丝一毫的差错。有些不了解我的年轻人常会抱怨，以为我做事过于较真，对没有事必躬亲的事情总是不顺眼、不放心。那就是因为——只有我自己明白——即使献出我的全部生命，我也难以报答老人的知遇之恩。

2014 年 9 月 27 日，写于巴金先生一百一十周年诞辰前夕

初刊《纵横》2014 年第 11 期

我与批评（两题）

陈思和

灯的故事

记得几年前，读一篇许地山的散文《暗途》[①]。文字很美，内容也很美。写的是一个人要在暗夜里走山路，朋友给他一盏灯照明，他坚辞不受，说“满山都没有光，若是我提着灯走，也不过是照得三两步远；……这一点的光可以把那照不着底地方越显得危险，越能使我害怕。……不如我空着手走，初时虽觉得有些妨碍，不多一会，什么都可以在幽暗中辨别一点”。于是这个人在黑暗里上山了，没有提灯。朋友笑他：“天下竟有这样的怪人！”但那个人没有跌倒，也没有遇到危险，安然地到家了。

初读这篇散文的时候，并没有留下什么特别的印象。但近年来，那个在暗夜里走路的人越来越清晰地浮现在眼前，仿佛是一种暗示。如果说，我也算搞过一些文学研究工作，也写过一些批评文章的话，我不正像那个人一样，在暗夜里摸着走山路吗？我没有灯，因为任何灯的光都是有限的，使我看不到光圈以外的东西。走过夜路的人都知道，暗夜里处处有灯。天上有星月，地上有萤火，更重要的，是用自己的心去体验那暗夜，靠自己的眼睛去辨认那道路。暗夜里走惯了路的人，心中就有灯。自己就是灯。

当然，我远远达不到那样的境界。我会跌倒，弄得满脸是血，但我不后悔，反正是探索着走，我总相信，手上的灯，只能照着几

① 许地山：《暗途》，《小说月报》13 卷 4 号，1922 年 4 月 10 日。

步的距离，只有依靠心中的灯，才能看透那黑黝黝的无限。

虽然灯的光有限，无法照透暗夜中的宇宙之谜，但哪怕是照亮了几步的距离，也终究是暗夜的一角一隅。在 20 世纪 80 年代的现代文明冲击下，你走夜路不想用灯还不行——因为有路灯，有电线架在那儿。远远的电灯亮着，虽说黑夜依旧重重，足以使那微弱的灯光瑟瑟作抖。但光毕竟是有了，而且是一排排的灯。

沿着电线杆子走，大约总不会错。因为它多少为你指明了路。但是暗夜行路的一切优势也就此完了。文明，也带来局限。于是心中的灯就黯淡。

忽而有几个人，大着胆子离开了那一条让人走惯了的道路，也就是说，离开了那几根电线杆子。他们踏上了另一条荒无人烟、荆棘丛生的小道，他们拿着手电筒，磁磁磕磕地乱闯，虽然跌过几跤，到底也依靠着手电的光走过了一段路。于是大家就喜欢，齐声赞美手电筒的光。

秉烛夜游的事，现在是没有了，但拿手电筒夜游的大有人在。去年暑假，我的几个学生去华山游览，就是靠着手电筒半夜里走过鹞子翻身，上了西岳顶峰的。过后我惊叹他们太大胆，他们却笑着告诉我："因为是暗夜，只靠着手电的光摸路走，一点也不知道身边就是悬崖峭壁。到了白天才真不敢走哩。"

原来如此。看来手电的光并不高明。

仍然是关于灯的故事。是从一个朋友那里听来的。

一个人站在一盏路灯下，低头寻找东西。旁人走过来问他："老兄你找什么呀！"那人说："我的钱包丢了。快帮我找吧。"旁人也低头找了一会儿，说："路灯下面没有钱包呀，你干吗还要找？"那人无可奈何地回答："是啊，我也知道，但没有办法，我只能在光圈里找呀。"

这也许过于刻薄了。它揭示了一个无情的道理：在现代社会里，人与灯光一样不是万能的，他（它）们面对暗夜之谜，同样地无能为力。

心中的灯熄灭了。

人选择什么样的灯是自由的，可是一旦选定了一种灯以后，他就不自由了，因为灯的光圈限定了他。就像那个在路灯下找钱包的人一样，他只能在这里找。如果你想走出光圈，那是漆黑一团，伸手不见五指，只好再求助于另一种灯，接受另一种光圈的限定。

人只能借助于灯光，但人又必须超越灯光。自火把到红烛，再到手电筒。不超越就无法使照明工具不断地改革，不断地进步。但只要是灯，是光，就有局限。纵使太阳的光焰无际，它不也是只能照亮地球的一半吗？

如果不傻，人总能发现光圈的局限，总是想突破，总是不断地换用各种各样的灯，借助不同角度、不同强度的光圈，在暗夜中寻找、摸索，或者走着山道。

当自己不能成为灯的时候，只能借助各种人造的灯。不断地更换，也是一种超越。只要不是死死握住一盏灯就沾沾自喜，以为擒获了太阳。

有两种批评方式。一种如牢牢守在一盏灯下面，在限定的范围内出色完成寻找钱包的工作，纵然光圈有限，但凝聚起来的光线照着他，使他通体生辉；另有一种如不断替换手里的灯，用完一种，就扔掉，再换一种，他从不计较自己用了多少个灯。有人问他：“你使用什么灯？”他只好回答：“不知道。”或说：“我从不用灯。”

“你说谎！”有人揭发说，“你明明用过灯，而且不止一盏。”

我也许只能在许多灯里面挑选一种，作为一个批评家的点缀。但我终究希望能获得心中的灯，我想说，我就是灯。

批评的位置

每当我读到有关论述文学批评如何指导文学创作，推动文学创作，以及繁荣文学创作的文章，每当我听到有人津津有味地谈论别林斯基、车尔尼雪夫斯基、杜勃罗留波夫如何指导、培养俄国古典作家的那些使批评家们引以为傲的事例，总有一团疑云浮上心间：难道文学批评真的具有指导作家的神奇功能吗?

文学批评的对象是文学、文学家以及文学作品，批评家是借助于文学来发议论，阐述自己的人生观、哲学观与审美观的。批评的特殊之处就在于此。文学作品对于它来说，既是目的，又是过程。批评以研究文学的主要表现形式——文学作品为主要任务，但它又无法穷尽它的研究对象，结果它的全部意义与价值则表现在研究过程之中。从这些过程中，批评呈现出自身的美学、魅力以及流派。

说批评无法穷尽它的研究对象，绝不意味着对它的蔑视，恰恰相反。批评所面对的是文学作品，作品具有两重意义：一重是它的物质构成——纸张、铅字以及由物质材料所构成的文字符号，这是没有生命的，不属于文学批评的研究范围；另一重是它的内容构成语言、形象、意境、感情……它们是充满生命、充满灵性、随缘而生、随境而化的极不稳定的因素。它在作家与读者之间不断的心灵撞击中呈现出千姿万态，再由于时间与空间的无限因素渗入其间，使文学作品也具备了无限认识的可能性。它使一切企图穷尽它的批评家感到困惑，仿佛是沙漠中旅客所看到的清泉的幻影，你走上前去，它又不见了。

有人认为，文学作品是作家个体所感知的、图解的世界，只有穷尽作家，才能穷尽作品。批评的任务，在于诠释与阐发作家隐藏在作品之中、文学之外的意义，作家是批评的终极。于是在西方产生了传统阐释学的作家中心主义，在中国则产生了烦琐的考据学。但这种成果是令人怀疑的，因为批评家即使掌握了大量的作家生平记录、日记、书信，甚至更为隐秘的文献，他也不可能复制出作家的精神世界的全部，也不可能穷尽作家与作品的所有关系。原因很简单：其一，作家创作是一项极为复杂的精神劳动，当他面临他以往所有复杂的生活经验或感情经验时，他是否能对此一切都给以清晰、理性的把握？进而论之，即使他能达到这一点，他是否可能运用文字符号把它全部清晰、完整地表达出来？其二，作品是活在读者的心灵中的，时代的更替，读者群体的意识的不断交换，使作品的可认识性也处于不稳定状态。诚如海涅所说："每个时代只要产生新思想，就会拥有新眼光，于是它在古老的名著里便会看到许多新内容。"① 作品的无限认识的可能性决定了作家的不确定性，因此穷尽作家与作品的关系是不可能的。作家不能作为批评的终极。

也有人认为，文学作品是读者个人借助于作品而感知的世界。批评的任务在于唤醒，并描述读者在作家所提供的文学符号中产生的个人经验的联想，是读者的自我阐发和自我表现，读者是批评的终极。这个结论也同样存在着问题，读者是由不同的读者群构成的，而读者群又是由各个读者个人构成的，对于同一部作品，不同的读者会激起不同的经验联想，会得出不同的理解。批评家也是读者之一，当文学作品以一相具千形的时候，批评家却只能以一形解一相，他怎么可能穷尽作品与读者的关系呢？从这个意义上说，读者也不是批评的终极。

作家不能成为批评的终极，这就是说批评家只能接近作家，但无法穷尽作家。所以，批评家对作家的指导无根本性的意义可言。作家对批评家都是以个人面对世界，作家依据个人的经验来从事创作时，另一种个人经验对他来说只有参照的意义，并无指导的意义。事实上，也没有什么作家是接受了批评家的指导而从事写作的。俄国伟大的革命民主主义者的文学批评在俄国文学史上自有其不朽的地位，但就作家而言，又有哪一位古典作家是靠他们指点而成长起来的呢？是果戈理？是屠格涅夫？还是陀思妥耶夫斯基？换句话

① 海涅：《北海集》，张玉书译，《海涅文集·游记卷》，张玉书选编，人民文学出版社 2002 年版，第 90 页。——编者新补

说，如果这种指导意义实现了，也不过是作家从一种个人的经验局限落到了另一种个人的经验局限而已，批评家的智力没有必须比作家高出一头的理由。同样的原因，也证明了文学批评不具备指导读者的根本性意义，因为批评家只能对他所代表的读者群表示近似的看法，无法超越时间与空间的限制而囊括一切读者。

批评的盲目自大的对立面是批评的自轻自贱，即把批评仅仅看作是创作的寄生物。这两种态度在根本上是一致的，都是力求在“作家—作品—读者”的三联环节中寻求文学批评的位置，把批评依附到文学创作的完成过程中去，要么依附到创作中去，要么依附到鉴赏中去。这也许是文学批评还处于不自觉时期的一种缺乏自信的表现吧。

批评的位置不应该依附于文学创作的完成公式中的任何一环，它是一个独立的体系。研究对象的不确定性与无限认识的可能性把它变成了一种类似西绪福斯式的工作，目的变成了过程。当批评家放弃了徒劳的目的，他的工作本身却放射出庄严而丰富的光彩。批评家不必忙于指导作家如何创作，但他以自己的美学力量与表现形式，同样影响着人们的精神世界，繁荣着文学的本身事业。文学事业不是单由创作构成的，它起码包含着两个系统：文学创作与文学批评，仿佛是一条大路旁的两组树木。在文学创作一边，包括小说、诗歌、散文、戏剧……在文学批评一边，包括理论探索、作家研究、文学比较、艺术欣赏、史的批评……它们并立在同一文学世界中，各成体系，各有规律，并不以一方为另一方服务。它们的关系是对应关系、并存关系，不是依附关系。批评的存在，作为一种创作的对应物，作为一种创作信息的反馈，对创作起着感应的功能。但从宗旨上说，它无求于创作。它只有在独立的自身体系中才能寻到自己的目标，确立起真正的自信。

第一篇初刊《青年评论家》第 18 期，1985 年 9 月 25 日
第二篇初刊《当代作家评论》1985 年第 3 期

我往何处去

——新文化传统与当代知识分子的文化认同[①]

陈思和

写下这个题目，我首先想起了波兰作家显克微支的一部小说，中文译名是《你往何处去》。说的是古代罗马暴君尼禄屠城迫害基督徒，使徒彼得惶惶走在逃亡路上，遇到基督迎面而来，对他说："你把我的人民丢在罗马城里不管，我只好自己去罗马，让他们再把我钉上十字架一回。"彼得大悟，于是返回罗马，为受难的基督徒祈祷，最后也被钉上了十字架。[②]我想彼得在基督门徒中算是一个比较软弱的人，这在《圣经》里也有透露。所谓"基督君临"的幻觉正表现了他在亡命期间的内心斗争，是救世责任要紧还是个人生存要紧？这个问题困扰了彼得。不过彼得到底是基督的高足，他终于重进罗马，用自己的血殉了自己的信仰。基督教不但没有被消灭，反而更加兴盛，甚至统治了一部分人类的精神王国。所以，"你往何处去"与"重进罗马"精神联系在一起，成了一句激励人们勇敢地走向绝境，走向十字架殉道的名言。但是在今天，这个口号可能很不受欢迎，虽然它来自宗教，却更像启蒙主义者的口气，有人会提出质问：现在谁能担当基督的角色？谁能指点别人"往何处去"？知识分子的启蒙时代已经过去，还有什么资格来说三道四？所以，我只能取这句话的反意而用之，讲讲"我往何处去"，就像中国旧

① 本文原是在日本早稻田大学的学术演讲稿，根据录音整理。

② 显克微支的《你往何处去》有多个中译本，本文依据韩侍桁的译本，上海译文出版社 1980 年版。

戏里一句流行唱词：自己的命自己算。由自己的处境，来谈谈知识分子在当代的文化认同。

我之所以有认同的自觉，是鉴于中国国内知识分子面临的困境，归纳起来大致有这样几个层面：1990年代以来，中国社会发生了一场较为深刻的转型，由社会主义计划经济体制向社会主义市场经济体制过渡，原来设置在计划经济体制下的人文社会学科发生了相应的分化。[①] 有些学科迅速靠拢市场需要，其研究人员大抵能在商品实现过程中直接分得一部分剩余价值，如经济学、法学、社会学等，以及与决策部门相关的一些学科；也有些学科（主要是人文方面的学科）因为在市场经济运转中没有直接的可用性，顿时失落了其原有的社会价值，从事这些学科的研究教学人员无法在目前还不完善的市场经济体制中找到自己的位置，经济上相对处于贫困化的境况。这种分化以后，人文学科的内在价值受到怀疑。其原因来自两方面：一是原来在计划经济体制下的人文学科是权力意识形态的一部分，它在社会转型中已经渐渐变得不合时宜，趋于淘汰；二是人文学科自身的社会价值在一个急功近利的时代里得不到承认，新的“读书无用论”、轻视文化的粗鄙化思潮重新泛滥起来，并得到社会舆论的推波助澜。许多从事人文学科工作的知识分子对专业的前景失去信心。更有甚者，一部分知识分子为了适应这样的社会转型，用虚无的态度来破坏本专业的内在道德规范，进而也破坏（用时髦的说法是解构）知识分子自身的道德理想和社会使命。这在一部分社会学科内部，表现为为了获得剩余价值的分配，用专业知识去维护社

① 中国经济体制转型酝酿了许多年，1992年邓小平发表南方谈话以后发生了根本性变化，主要是在上海和南方的一些大城市里，商品经济迅速发展起来。本文所展示的文化危机和知识分子“人文精神寻思”等问题，并不是市场经济直接带来的后果，经济体制转型首先冲击了传统的道德观念和价值观念，使过去计划经济体制下被掩盖的负面精神现象一下子爆发出来。同时，在社会转型过程中，中国政府在意识形态方面也采取了相对比较宽松的态度，使知识分子关于“人文精神寻思”的讨论成为可能。

会改革过程中出现的种种腐败、黑暗现象和不义行为，而不是依据专业知识勇敢地与之做斗争；在一部分人文学科内部则表现为不断贬低、嘲笑知识分子的精英传统和对社会的责任感，有人把知识分子的这种精神状态和主张概括为“集体自焚，认同市场，随波逐流，全面抹平”[①]的十六字诀。表面上看，这是一部分知识分子对市场经济的世俗文化的认同，其更隐蔽的动机，则反映了人文社会学科正在向新的主流意识形态演变。更为发人深省的是，当一部分人文学科的知识分子面临这样的文化困境企图自救，呼吁“人文精神寻思”的时候，竟发现自己的声音那么微弱，理由那么不充足，几乎没有人能把这个可以意会却难以言状的“人文精神”解释清楚。[②]知识分子应该成为社会良知，这种说法虽嫌陈旧，仍不失为一种激励，但问题是知识分子凭什么才能成为“良知”，光凭大胆与口才，能否成为被社会承认的“良知”，或者说，知识分子依据怎样一种知识背景在社会上发言？这就涉及知识分子拥有怎样的知识结构，认同怎样的知识传统，进而与当代社会转型构成怎样一种关系。

在目前中国学术界，构成知识分子梯队的大致有三个年龄层：七十至八十岁一代，六十岁左右一代，四十岁左右一代，每代之间的年龄相隔二十岁左右，二十至三十岁一代的年轻学者在学术上尚在生长，暂且不论。已经定型的三代学人之间，各有不同的知识结构和传统。若以十五至三十岁为人生求知阶段，那么现在七十至八十岁一代人的受教育期，基本上是在1930年代以后完成的，也就是说，他们是五四新文化运动改变了传统知识结构以后的第一代受教育者。他们的知识结构带有鲜明的时代特征：一是

① 这十六字诀见陈晓明《填平鸿沟，划清界线——“精英”与“大众”殊途同归的当代潮流》，《文艺研究》1994年第1期。

② 关于“人文精神寻思”，可参阅拙文《关于人文精神的独白》和《关于人文精神讨论的三封信》，收编年体文集《犬耕集》，上海远东出版社1996年版。其详细资料请参阅王晓明编《人文精神寻思录》，上海文汇出版社1996年版。

学术专业化，无论是传统学术还是西方新学科，都建立起具体的学术专业，而不像传统士大夫那样，将治学与经国济世的大业联系在一起，学术与庙堂文化浑然不分；二是这一代学人大多进过新型学校，或者留学国外，接受了世界文化的营养，即使是从事中国传统文化的研究，其学术视野和研究方法也都是世界化的，摆脱了传统治学的狭隘民族主义立场。应该说这些特征在20世纪初中国士大夫向现代知识分子转化的过程中已经一步步地确立，在这一代学人的治学中表现得最为完整。后两代学人是目前中国知识界的主体力量，他们的知识背景并不一样。现在六十岁左右的一代学人，其求知阶段是1950—1960年代，当时新的政权刚刚建立，主流意识形态通过对人文学科的改造，建构起一个革命乌托邦的理想图景，并借助教育和学术领域灌输给青年一代。从世界观而言，这一代人对乌托邦理想的认同取代了对前一代治学传统的继承，由1950年代共产风—1960年代反修防修解放全人类—1970年代无产阶级专政下继续革命—1980年代四个现代化奔小康，逐渐演变成一种根深蒂固的乐观主义思路，以时代进步的信念制约自己的独立思考，这样的前提使学术专业又沾染了庙堂文化的色彩，学术发展似乎又经历了一次历史性的回旋。现在四十岁左右的一代则不同，他们的求知阶段是被“文化大革命”耽误的，直到1978年思想解放运动中，才开始一步步走上学术研究的道路。因为对“文化大革命”中泛滥的乌托邦理论深恶痛绝，他们在接受知识传统时往往跳过1950年代，朝更前的阶段追溯。1980年代初中国学术界的中坚力量正是老一代学者，他们在当时最积极的作用是将他们一代的知识传统、人格风范、价值取向等直接传授给了年轻一代，使青年学人在知识背景上连接了20世纪中国知识分子的新文化传统。现在四十岁左右的一代学人，对1950年代以后的乌托邦文化几乎没有什么感情，制约他们理性思考的参照系，往往是老一代学者传授给他们的知识分子文化传统。同样面对社会向市场经济转型，六十岁左右一代的较典型的思路是把它与1950年代社会比较孰为优劣，而四十岁左右一代人则更积极地从历史反省中去寻求知识分子在现代社会安身立命的可能。[①]这样，学术发展似乎又经历一次历史性的回旋。

在以上的描述中，我使用了“新文化传统”这个词，更完整些说，是20世纪中国知识分子的新文化传统。这是相对传统士大夫的旧文化传统而言，并不以“五四”为时间和空间的限制，也不是有关“五四”以来新文化的专业知识，我是指20世纪中国知识分子开创的价值取向和人文精神，是超越具体专业的。关于这种精神上的承传性，可能在国外和中国台湾、香港地区的中国学者很难理解，但在中国内地的学术领域里则相当强烈。我是以研究中国20世纪文学史为专业的，可以从我的专业范围谈些亲身感受。我在“文革”以后进入复旦大学正式受业时，有幸遇到贾植芳教授，他是胡风的朋友，因为“胡风事件”蒙冤二十五年之久。我在先生身边读书和工作，有些事给我留下了很深的印象。譬如有一天．大约是“胡风集团”冤案刚平反不久，我去先生家里，正好有许多客人在一起，神色很庄重，似乎是在回忆一些往事。那些客人都是当年胡风冤案的受株连者。待他们走后，先生问我：今天是什么日子？我一想，正是鲁迅的生日。先生告诉我，他们一些朋友在1950年代每逢鲁迅的生日都会聚在一起，缅怀往事，现在冤案平反，他们获得自由了，仍然没有忘记这个习惯。我当时感到奇怪，在那些客人里面，几乎没有谁见过鲁迅，他们对鲁迅的许多感受，很可能是间接地从胡风身上获得的，但是在

① 举一个现成的例子。中国学术界讨论“人文精神寻思”时，有的知识分子提出这样的质问：你们认为市场经济使人文精神失落了，那么，计划经济就能生出人文精神吗？你们是不是要恢复1950年代的那种“理想主义”？有意思的是，像这样的疑问在四十岁以下和七十岁以上的人中间是不会发生的。就以最初提出“人文精神寻思”的几个学者来说，他们可能对“人文精神”的理解并不一样，有的认为“人文精神”在明末清初顾炎武时代就失落了，有的认为是晚清以来逐步失去的，也有的参考了民国以来的知识分子道路……所以，每一代人的知识传统不一样，对事物产生的联想、理解的方式也不一样。

他们受了二十几年苦难以后，首先恢复的却是这样一个近似仪式的传统习惯，其中似乎有某种精神上的因素在起作用。还有一件事，是先生自己告诉我的。1936年先生在东京留学时，偶然在书店里看到一本《工作与学习》丛刊，先生从刊物的风格立刻认出是鲁迅的传统，于是便寄了一篇小说稿去，后来小说被录用了，在编辑的来信中他才知道这本刊物是胡风编的，先生就此结识了胡风。[①]这篇小说叫《人的悲哀》，即使拿到今天来读仍然是一篇很不错的作品，里面的句子和意象处处都可以看到鲁迅的影响。这里似乎也有某种神秘的精神召唤在起作用。我在先生身边多年，可以说是有血有肉地获得一种“鲁迅—胡风”的现代知识分子传统的完整印象。其除专业精神外，还直接体现出中国知识分子追求理想、关心社会、重义轻利、坚持民间立场等高贵素质。在现代知识分子的道路上，如果没有这样一些高贵的素质，很难想象他们怎样从抗拒野蛮的权力和猥琐的世俗中挣扎过来。

我所认识的“鲁迅—胡风”的现代知识分子道路，是20世纪以来中国知识分子遗产中相当宝贵的一部分，它所展示的复杂内涵，多少能从文学史领域折射出新文化传统的某些特点。那么什么是新文化传统呢？20世纪中国知识分子到底有没有形成过一个“新文化传统”，即20世纪以来知识分子的学术活动中是否形成了一些有别于士大夫传统的新素质，不但对当时的知识分子有普遍的制约力，而且对未来的知识分子道路也会产生较持久的影响力？

我对这些问题的理解，是基于20世纪以来知识分子历史地位及其价值取向发生的变化，即士大夫的旧传统已经失去了生命力，不足以再成为知识分子安身立命的依据。我认为20世纪以来从士大夫传统向现代知识分子转型的过程中，最大的问题不是知识分子的“边缘化”，而是知识分子价值取向的转变，即学术从庙堂转向专业化和民间化。在以前的士大夫文化里，道德、学统和国家权力是一致的，天下之道通过学术传统来体现，而统治者的庙堂文化实际

① 贾植芳先生在回忆录《狱里狱外》（上海远东出版社1995年版）中记录了这件事。

上就是士大夫文化，三者有机地联系起来，构成了古代士大夫的传统。士大夫的学术范围是笼统的，不分专业，无论人文学科还是自然学科，都是一个整体，并通过政治活动来实现其价值。我把这种价值取向称为“庙堂意识”。而现代知识分子确立的标志，首先是将自己的学术活动与庙堂文化分清界线，学术成为一种专业学科，建立起专业自身的价值体系。王国维在《论哲学家与美术家之天职》一文中率先指出：哲学家觉悟一个“宇宙人生之真理”或艺术家将“胸中惝恍不可捉摸之意境一旦表诸文字、绘画、雕刻之上”，由此获得的快乐，“决非南面王之所能易者也”[①]。他把哲学上的新发现和艺术上的新创作的价值看得与庙堂上“南面王”一样重要，这或许可以看作是现代知识分子价值取向的变化之始。当然这种价值取向的变化并不是一下子完成的。在20世纪初第一代知识分子中，如章太炎治国学，康有为崇儒教，都不是单纯的学术活动。到了帝制推翻，中国纳入世界的格局以后，许多知识分子仍然想整合中西学术传统，演化出一套行之有效的新“道统”，主宰新的庙堂文化。[②]且不说宣统复辟时康有为要用孔教来对应外国的宗教，即使是1940年代以后，在国民党全盛时期会产生冯友兰的“贞元六书”，在共产党执政时期有熊十力的上“六经”，以论证共产大同在中国古已有之。[③]冯、熊都属于20世纪的第二代知识分子，到了第三代，也就是现在七十至八十岁一代的知识分子里，就找不到这种做“帝王师”的现实可能性。其原因当然是多方面的，但主要是因为20世纪中国被纳入世界格局，“现代化”成为中国政治、经济、社会发展

① 王国维：《王国维遗书》第5册（《静安文集》），上海古籍书店1983年影印版，第103页。

② 文中关于中国知识分子的庙堂意识、广场意识和民间意识的阐述，具体请参阅拙文《试论知识分子在现代社会转型期的三种价值取向》。

③ 请参阅程伟礼《信念的旅程——冯友兰传》、郭齐勇《天地间一个读书人——熊十力传》，均收“世纪回眸·人物系列”丛书，上海文艺出版社1994年版。

的总趋势，而“现代化”的模式都是以西方发达国家达到的文明程度为参照系的。西方国家并没有中国的传统，就独立地发展成今天的模样，而中国要照搬西方模式还不行，必须要将其融汇到自己的传统里去才能实现，这自然要多费几番手脚。“五四”一代知识分子心急火燎地反“传统”，正是希望彻底消除传统文化的阻力，好让西方现代化在中国长驱直入，从而在西学的传统上重新确认知识分子的中心地位。这些“反传统”的知识分子心态仍然是传统士大夫型的，希望有个既适用西方又适用中国的新道统来“一揽子”地解决中国问题。但是在现代中国，庙堂文化、知识分子文化与民间文化“三分天下”的价值形态处于分裂状态，知识分子的“一揽子计划”没有一个会成功。胡适一生鼓吹的自由主义，适用于西学却走不进中国的庙堂；梁漱溟从事乡村建设，关心了中国民间问题却走不通“现代化”；到 1950 年代毛泽东从实践中发展出来的马克思主义成为一种权力意识形态以后，知识分子所操练的中西学术传统，成了一个专业性的学术部门而不再是治国平天下的道统。陈寅恪对这种形势看得最分明，尽管人们都说陈寅恪是个士大夫气质强烈的人，但恰恰是他，在国民党和共产党分别统一天下的时候，先后两次高举“独立之精神，自由之思想”的旗帜，自觉地将知识分子的学术与庙堂文化划清界限，使知识分子的学术成为一种民间工作。[①]而另一位学者钱锺书，也在默默无言的学术研究中，实现了知识分

① 陈寅恪关于“独立之精神，自由之思想”一共提出过两次。第一次是 1929 年撰写的《清华大学王观堂先生纪念碑铭》中，正值国民党完成北伐，统一中国大业之时；第二次是 1953 年，共产党建立政权不久，中国科学院邀请陈寅恪担任新组建的哲学社会科学部第二历史研究所（中古史研究所）所长时，他所作的《陈寅恪自述——对科学院的答复》重申了这一主张。此件现收藏于中山大学档案馆。可参阅吴定宇《学人魂——陈寅恪传》，收“世纪回眸·人物系列”丛书，上海文艺出版社 1996 年版。

子立场的转移。[1]他们之后，知识分子的知识结构和知识传统，都不再具备古代士大夫的素质。现代知识分子中也不乏从政或向庙堂献谋略的人，但充其量是基辛格式的智囊，并非知识分子的传统理想。这是由社会政治结构的转型所决定的，并非因个人的才力。

直到今天，知识分子学术从庙堂化向专业化、民间化的转移并没有最后完成。虽然有陈寅恪、钱锺书这样的大学者筚路蓝缕，开创新的价值系统，但后继者寥寥，近半个世纪的中国人文学科领域竟没有出现过真正意义上的大师级思想家、哲学家、历史学家、文学家和艺术家。学术专业的价值坐标是依据本专业大师们所达到的学术成就来决定的，缺少了这样一种坐标系，专业的价值体系无法建立起来，也无法在承传过程中形成自己的传统。这当然有客观上的重要因素，譬如专制体制下的主流意识形态对学术的渗透和控制，社会民主和学术民主极度不健全，即使是真正的学术大师，也只能在忍辱负重的环境下坚持学术研究，这无法不损害作为知识分子的完整人格。陈寅恪晚年发出“著书唯剩颂红妆”的哀叹，略可领会其中的悲凉。但从主观方面看，知识分子对于这样一种学术立场大转移并没有自觉认识其意义，反而主动迎合主流意识形态来指导学术专业的研究工作，以期自己的学术成果获得庙堂的承认。说到底，现代知识分子的头脑里，依然留下了士大夫情结的残余。这在 1950—1960 年代有“红”与“专”相对立的教条主义，在今天，仍有学术能否为上致用的潜在标准。

建立知识分子的专业传统和多元的价值体系，是完成学术专业化和民间化的根本举措，这又是一项长期、艰巨的工作，要靠几代知识分子的努力才得以渐渐实现。余英时教授认为 20 世纪以来知识分子的“边缘化”导致了现代知识分子的悲剧，其实，“边缘化”是对政治权力的“中心”而言，知识分子与庙堂的分离，不仅使知识分子失落了原有的士大夫地位，同时也表明庙堂自身的转变，已

① 参阅张文江《营造巴比塔的智者——钱锺书传》，收“世纪回眸·人物系列”丛书，上海文艺出版社 1993 年版。

经开始由专制集权体制向民主政治体制转化，这就意味着政权中心的一元价值体系也在发生变化，正如清帝国以后的民国政府。知识分子如果成功地建立起多元的知识价值体系，那么政治权力也仅是其中的一元，无所谓中心，也无所谓边缘，因此，知识分子离开庙堂的中心并非坏事，倒是一种积极的历史性变化。

回顾中国知识分子的道路，虽然在建立知识专业传统和多元价值取向方面步履艰难，成效缓慢，但在实现知识分子的另一个特性：发挥社会责任方面却有很大的成绩，并积三代以上的经验，初步形成了现代知识分子的传统。中国现代知识分子身上本来就保留了旧式士大夫的忧患意识和以天下为己任的传统，他们离开庙堂以后，就自觉地在庙堂外搭建起一个“民间庙堂”，发挥他们议政参政、干预现实、批判社会的作用，并以这种自觉的现实战斗精神为一种价值取向，我把它称为“广场意识”。广场的概念与西方的民主政治和知识分子传统都有一定的联系，它的岗位可能是民间化的，如讲堂、学校、出版物等，但内容则是士大夫式的，依然是在为国家设计各种方案，讨论什么政治模式有利于现代化，什么政治模式不利于现代化，于是“唯有什么什么主义才能救中国”的主题，常常充斥这类广场的空间。广场的对象不是庙堂，而是民众，希望通过知识分子设计的方案，改变中国民众的素质，形成一种与庙堂相对应的民主力量，来监督和制约庙堂。这与陈寅恪们在专业领域提倡“独立之精神，自由之思想”，与庙堂采取既不相迎也不相斥的民间学术道路很不一样。自《新青年》以来，许多知识分子实践的都是这样一种价值取向。它有时也被一些从事实际政治活动的政党所欢迎，被用来宣传他们的政治主张，在1920—1940年代里，知识分子的广场总是受到民主运动的鼓励，成为反专制独裁的正义之声。

在这个传统上，我也许可以回到“鲁迅—胡风”道路的话题上去。鲁迅和胡风，都是广场上的知识分子的杰出代表。正如没有陈寅恪、钱锺书这样的知识分子，我们就无法确立学术专业的价值坐标一样；假使没有鲁迅、胡风这样的知识分子，我们同样无法在履行社会责任的层面上认同知识分子的传统。鲁迅和胡风属于两代人，大致是20世纪以来的第二代和第三代，他们都是有自己专业的知识分子，鲁迅不但在古代小说史领域独有建树，他的文学创作在现代汉语审美价值上也是开了新纪元的。而胡风，以文学批评为专业立场，以文学编辑为民间岗位，对1940年代以后的中国文学发展做出了积极有效的贡献，但是他们都没有把自己看作是纯学术或纯文学的知识分子。他们通过自己的文学创作和文学批评履行一个现代知识分子对社会的责任，成为广场上叱咤风云的猛士。鲁迅几乎是集现代知识分子的阳刚之气于一身的典型，《新青年》时代的战友在1920年代以后有的重进庙堂，有的归隐民间[①]，唯有他，始终昂然地站在庙堂之外，与社会黑暗势力进行面对面的肉搏战。他为中国知识分子所创立的一种战士风范，影响了几代人。如果说，文化的承传超过三代，可以称为传统的话，鲁迅的传统应该成为中国现代知识分子的最尖锐、最持久的传统。尽管在1950年代以后，鲁迅影响下成长起来的一代知识分子先后遭到了清洗，但这种硬骨头的反叛精神，却在历史年代里仍然以各种形式保持了下来，直到今天，年轻的一代知识分子履行社会批判使命，仍然不约而同地聚集在以鲁迅为偶像的旗帜下。[②]

---

① “重进庙堂”，是指一些学者与国民党政府合作，走上仕途，如胡适、傅斯年、罗家伦、段锡朋等；“归隐民间”，是指一部分学者在“新文化运动”以后回到自己的专业中去，并在民间立场上建立自己的专业传统，如刘半农、钱玄同、抗战前的周作人等。我这里所归纳的庙堂、广场、民间三种道路，是指其不同的价值取向而言，无褒贬之意，与过去文学史上所理解的“前进”与“后退”不一样。

② 年轻的一代知识分子，是指1990年代涌现的一批自觉批判现实的作家和批评家，他们都不约而同地举起了鲁迅的旗帜。可参阅张承志《荒芜英雄路》（上海知识出版社1994年版）、张炜《纯美的注视》（上海远东出版社1996年版）、王晓明《刺丛里的求索》（上海远东出版社1995年版）、王彬彬《死在路上》（上海人民出版社1996年版）、李锐《拒绝合唱》（上海人民出版社1996年版）等。有意思的是，在关于“人文精神寻思”的争论中，鲁迅传统也是一个争议的主题，可参阅王晓明编《人文精神寻思录》。

那么，在鲁迅所代表的“广场”知识分子传统里，有没有负面的因素呢？我认为也是有的。既然广场意识本身是传统士大夫意识在现代生活方式下的延续，知识分子的思维定式中，不可能不残留士大夫情结。广场意识在“五四”时期达到了登峰造极般的辉煌，但过后不久，一批最优秀的知识分子都在庙堂门口撞了礁。蔡元培在1927年支持国民党清党，陈独秀在1920年代以后在共产主义运动中闹出那么多风波，胡适在1940年代掺和到国民党的选举中去，周作人干脆当了汪伪政府的教育督办，这一些行为，无论如何都不应该说是现代知识分子的完美形象。唯独鲁迅，不但伟大，而且完美，但是他的这种完美，恰恰是以他自甘坠落到虚无绝境为代价换取的。鲁迅与其他知识分子一样，受到士大夫情结的制约，醉心于寻找一种一揽子解决中国问题的新“道统”。这在消极的方面，他自以为是找着了，那就是他持之以恒给以打击的“国民劣根性”，但在积极的方面，他始终没有如意，从进化论到阶级论，从尼采学说到俄式马克思主义，20世纪最流行的学说他都认真接受过，但又都被他老辣地看出了破绽。他与代表革命主张的政党先后都携手合作过，但又始终保持了现代知识分子的独立人格与自由追求，这就使他一生都在悲凉和痛苦中度过[①]，所谓“绝望之为虚妄，正与希望相同”[②]这种令人毛骨悚然的警句，正是中国现代知识分子精神世界的深刻写照。这种以怀疑、绝望、虚无的反叛精神来开创现代知识分子的实践道路，本身就决定了知识分子广场意识的虚妄性，不是每一个实践鲁迅传统的知识分子都能够承受鲁迅那种深刻的内在矛盾的，所以广场上的知识分子很容易在反对庙堂的斗争中，不知不觉地向另一种庙堂转移立场，最终总是消解了广场意识。胡风的悲剧正反映了这个矛盾。胡风也是一个广场上的猛士，在与社会阴暗势力的无情斗争与保持知识分子人格独立方面，他都完美地继

① 请参阅王晓明《无法直面的人生——鲁迅传》，收入“世纪回眸·人物系列”丛书，上海文艺出版社1993年版。

② 鲁迅：《野草·希望》，《鲁迅全集》第2卷，人民文学出版社1981年版，第178页。

承了鲁迅，但是当他自以为获得了社会发展的最先进立场后，他就幻想有一种能够彻底拯救中国命运的新“道统”出现，并把这种幻想建立在对庙堂权力的崇拜之上。他作为完美人格形象的最后一笔，是权力及时地粉碎了他这种幻想。在绝望的精神地狱里，鲁迅是自甘坠落，胡风则是被迫打入，从这一点上说，胡风是缩小了鲁迅传统而不是发展了鲁迅传统。

无论鲁迅还是胡风，他们对社会黑暗势力的斗争，都是严格地坚守在自己的专业岗位上进行的。鲁迅不但用小说来挖掘国民的劣根性，而且用散文诗来表达自己所感受的深刻的虚无感，他后期用杂文写作来进行斗争仍然是一种文学创作，他终生都没有离开过文学的岗位和知识分子的民间立场。1930年代共产党在上海的领袖李立三曾希望鲁迅发表反蒋宣言，然后跑到苏联去，这个要求被鲁迅拒绝了。[①]很显然，鲁迅非常明白自己作为一个知识分子的专业岗位应该在哪里。同样，胡风一生虽然在政治上大起大落，但他自己的立场从未离开过文学批评的专业，他因文艺思想而上书，而获罪，最终也因文艺思想为中国当代文学做出了别人不可取代的贡献。鲁迅和胡风都自觉地作为社会的良心与各种政治黑暗势力有声有色地展开斗争，但他们的战斗岗位始终在自己的专业上，绝没有成为一个浪迹天涯包打天下的文化大侠。可惜这样一种传统并没有很好地被人继承。知识分子的专业立场，愈到后来愈被轻视，学术与专业知识几乎成了传递政治主张的工具。所以胡风之后的“广场”猛士，前赴后继的有，可歌可泣的有，但要从传统的承传意义上为其价值取向提供新的分量者，一无足观。

因此，要说20世纪中国知识分子的实践中，究竟有没有一个新的传统？我想既可说无，也可说有。要说它“无”，是因为在我认识的20世纪中国知识分子传统里，一为学术专业化的价值体系，一为社会责任感的价值体系，两者都被残留的士大夫旧文化传统所压抑，以致窒息，犹如两道黑暗沉重的闸门。如果新文化传统冲不过这两道闸门，就别想有光明的去处，所谓“现代知识分子转型”

① 请参阅王晓明《无法直面的人生——鲁迅传》。

也是一句空话。但要说它“有”，毕竟在前辈的实践中留下了一些宝贵的经验和业绩，可以由我们去继承，去接着做下去。鲁迅和其他现代知识分子先驱们所开创的现实战斗精神，虽然至今犹有人在自觉地继承，但若不与知识分子的学术专业化与民间化的转型结合起来，仍然会停留在“广场”的虚妄价值体系里，终究是缩小鲁迅传统而不能发扬光大；同样，学术专业化的转型若没有现实战斗精神的支撑，没有民间立场的选择，不但无法贯彻“独立之精神，自由之思想”的专业理想，而且所做的学术工作，不过是权力意识形态的注脚，更无价值可言。这些教训和经验，在世纪回眸中俯拾皆是，在正要迈向21世纪的今天，不容我们不正视。

写到这里，关于“我往何处去”的意思大致已经说完。我自己的“重进罗马城”，也就是重进文学史，返回到被各种意识形态肢解得面目全非的20世纪文学历史里去，重新发扬光大我心中的知识分子传统。对于我所整合、倡导的这一文学史传统，肯定会有人不以为然。因为自1980年代后半期开始，中国和海外知识分子就已经在不断反省20世纪以来的知识分子道路，这种反省到了1990年代变本加厉，几乎近于全盘否定。它包含了两种倾向：一种是希望否定以前主流意识形态构造的历史传统，重新组合知识分子的传统，实现其内在价值的创造性转换；另一种则是站在消极的虚无立场上否定20世纪以来的知识分子历史，在这种全盘批判中，这一百多年来中国知识分子不但走了弯路，浪费了时间，还导致了中国的长期动乱和落后，简直是罪魁祸首。在他们看来，不但“五四”新文化运动不该发生，陈独秀、胡适之不该否定传统全盘西化，连孙中山也不该革命推翻大清帝国，甚至谭嗣同也不该让自己流血推动变法改革，总之，知识分子都犯了激进主义的错误。我不知道历史能否这样假设，但是我想，即使退一万步说，我们前辈走的道路有错误，也总有他们在当时不得不错的原因，现在离19世纪末不过一百年，许多历史背景都看得很清楚，如果我们站在20世纪末全盘否定这一百年来的知识分子传统，那么，等于重犯了我们前辈全盘否定二千年传统的激进主义错误一样。因为我不相信今天的知识分子还能重返旧时代的士大夫传统去安身立命，也不相信传统国学还能塑造出现代社会的知识分子的灵魂，我们的路只能从脚下的那片土地上走起，这就是20世纪以来的若有若无的新文化传统。尽管没有四书五经作为我们的经典教条，但我们能在前人歪歪斜斜的脚印里感受其生命遗留下来的体温，鼓舞自己继续走下去，而且走得更好。如果我们连这一点知识分子的传统都要丢掉，那就只能继续在虚无的价值取向里随风飘摇，当然像鲁迅那样的知识分子是能够在绝望反抗中建立起虚无的价值坐标，但大多数人是无法这样仿效鲁迅的。那么，前面还有一条出路，就是不得不背离知识分子的广场和民间，重返庙堂。这也许是知识分子另一种“重进罗马城”的走法。

当中国社会又一次面临大转型，市场经济不但激发了物质文明发展的活力，也为知识分子实现精神劳动的多元价值提供了可能性，所以，对文化传统的认同成为当前中国知识分子迫切想解决的问题。以关于“人文精神寻思”的讨论为例，所谓“人文精神失落”之说，不是指知识分子在市场经济中失落社会地位和价值，而恰恰表现出知识分子在社会转型中认识到主体认同和内在价值取向失落以后的焦灼，所以才会发动讨论，集体“寻思”。近年来新国学热、后现代热、“新市民文化”热以及各种知识分子话题的讨论，多少都表现了寻找文化认同的焦灼心理。我想这种“寻找”是有意义的，知识分子只有认清了自己的处境和依据的知识背景，才能使自己的精神劳动成为一种自觉的劳动，共同建构起这个时代的知识分子传统。

尽管这条道路漫漫不见轮廓，但还是如鲁迅说过的：其实地上本没有路，走的人多了，也便成了路。[①]

初刊日文《世界》杂志1996年第6、7期，坂井洋史译

中文初刊《文艺理论研究》1996年第3期

① 鲁迅：《呐喊·故乡》，《鲁迅全集》第1卷，人民文学出版社1981年版，第485页。

三十年治学生活回顾[①]

陈思和

元旦刚过，我应香港岭南大学邀请，前往讲学。临行前，胡中行教授美意嘉言，赋诗七律一首："信有橐驼植树才，栋梁满目足徘徊。一言屡屡成新说，百事欣欣赖总裁。独步香江凌浩荡，回眸南岭秀崔嵬。相交却似深庭院，过尽曲廊堂庑开。"读后感慨系之。"文革"劫后，高考恢复，我是 1977 级，中行兄 1978 级，我们同年考入复旦大学中文系，又是同年留校任教。三十年来，教书育人，陶冶万物，疲惫有加。中行兄性情潇洒，心存别趣，沉醉于古典文学，热衷于诗词唱和，怡然成风。新世纪以来，我担任中文系主任，中行兄担任系工会主席，我们携手推进系务改革，扩大教师民主权益，配合协调，相得益彰。每念及此，心存感激，依原韵酬答中行兄："丁巳时苏戊午才，百墟兴废忍徘徊。钧陶万物心生累，笔走华年意别裁。独舞广寒非止境，群山览小仰崔嵬。相交如水看平淡，未到深流逐浪开。"四联八句，不但寄托我与中行兄情谊，似乎也是三十年来个人治学生活实践之写照。

丁巳年（1977）恢复高考，学业荒废十年的广大青年学子跃跃欲试，起运复苏，理想重生。是年百废待兴，高考工作拖延到戊午年（1978）春结束，新生入学。暑假又举行第二届高考，新生 9 月

① 本文为《脚步集》导言。2009 年，复旦大学出版社策划选题，邀约一批改革开放后走上治学道路的人文学者各编一本自选集。体例要求从自己的三十年著述中，按编年体方式，每年选入一至两篇作品，以反映学者成长的道路，并要求作者写一长文，总结个人三十年的治学轨迹。《脚步集》是我的三十年集。

入学上课。1977、1978 两级同年入学，壬戌年（1982）同年毕业，仅半年之差。四年大学，胜寒窗十年。大学之大，既非大楼之谓，也非大师之谓，关键在于有大气象。教书育人，立德在先，有大气象灌注胸中，犹如天火传播人间。对青年学子而言，大学乃启蒙祛魅之圣地，思想解放之起步。大气象既来自大师的讲习，也来自图书文献的无禁区阅读，更来自思想自由交锋和锐意探索，一代精英荟萃聚散，自成传统。当时学界尚未流行陈寅恪先生独立之精神自由之思想一说，但复旦校歌词（刘大白先生作）早已有言：学术独立思想自由，政罗教网无羁绊。精义已经凝聚其中。

一、1978—1981：丁巳时苏戊午才，百墟兴废忍徘徊

时代终于完成了一个轮回。“文化大革命”始于废除高考制度，结束后又以恢复高考为标志；文化考试制度成为时代兴衰的标志。我于 1966 年从小学毕业，1988 年直接进入高等学府，接受中断了十二年之久的正规教育。复旦大学给予我很多方面的资源，最宝贵的就是大气象的彰显。也许并不是所有复旦人都能感受这种气象，但如果不进复旦，我可能走的是另外一种道路。首先是复旦校园的思想解放运动，复旦中文系产生了“伤痕文学”，直接把我引向当代文学批评的道路；其次是复旦拥有贾植芳这样的人生导师，直接引导我对现代知识分子道路的自觉实践；再其次是复旦的学术气氛鼓励我与李辉合作研究巴金，形成了新的人格理想的追求。我的治学道路初始阶段，就是这样在复旦大学的人文空气中完成的。这个阶段的我，仿佛是一只深埋在土中的蛹，生命被裹在天地自然之中，拼命吸吮土里的营养、树根的汁液以及承受阳光雨露的照拂滋润。有良师榜样在前头引路，有志同道合的密友鼓励，青春人生复又有何求？

本书体例规定，要通过学术回顾来总结三十年旅程，当从 1978 年算起，以编年形式选入三篇，前两篇与当时的文学创作思潮有关，

第三篇初步进入学术研究。关于伤痕文学，通常文学史都以刘心武的小说《班主任》（1977 年 11 月）为起点，我以为不然。《班主任》应属于反思文学。反思文学需要有正面的理想人物（或者由作家自己来担任）来表达主流意识形态，并用理性来思考当下社会的种种问题。而伤痕文学没有正面的理想人物，忏悔才是人物（或作家）的内心情结，表达出对历史的绝望。正因为绝望，才会触犯当时的教条，才会引起轩然大波。准确地说，伤痕文学思潮是以卢新华的《伤痕》（1978 年 8 月）为起点的。卢新华与我是复旦大学中文系 1977 级的同学，以《伤痕》为题创作小说刊于宿舍壁报，引发热烈争论。我读之心中不释，写了《艺术地再现生活的真实》予以声援，后来小说《伤痕》与我的评论先后发表于《文汇报》，这是我在大学期间发表的第一篇评论文章。之所以要强调“真实”，因为当时主流的现实主义理论强调的所谓“生活本质”，是一种政治先验论，排斥了从实践中真正发现生活真实的方法，1950 年代初，马克思主义文艺理论家胡风就是在这个陷阱里遭遇灭顶之灾。1979 年我参加了《光明日报》副刊发起的关于刘心武的小说《醒来吧，弟弟》的讨论，这部小说概念化依然严重，充斥了所谓“人生理想”的说教。我指出刘心武小说概念化，试图分清《伤痕》反映的伤痕文学的真实观与《班主任》为起点的反思文学的真实观之间的差异。但是，这些差异当时只是朦胧意识到，没有清楚的理论把握。我在卢湾区图书馆初学评论，教科书是以群主编的《文学的基本原理》，还是教条主义的一套文艺理论，用词都留下了当时的痕迹。进复旦以后，自由讨论的学术空气才让我慢慢摆脱意识形态话语，走上了独立思考、自由写作的道路。

大二年级，与李辉一起攻读巴金文集。我们从合作研究巴金开始，三十年来相互支持，推动巴金、胡风研究，编辑出版“火凤凰”丛书，探索知识分子的实践，总是站在一起，时间是友谊的最好见证。为什么研究巴金会成为我的学术起步？当时的动机很清楚，巴金是一位信仰无政府主义的作家，为什么会在现代中国社会冲突与发展中逐渐走到思想与创作前列，成为当代知识分子的良知代表？这是一个与传统的现代文学史不一样的叙述系统，从巴金的激进主义创作进入文学史，再整合到“鲁迅—胡风”的左翼文艺传统，是我研究文学史的一个基本思路和方法。我对巴金信仰的无政府主义感兴趣，因为以前读过马列原著与学习过国际共运史，借了思想解放运动，稍微变换思维定式，无政府主义就不是难以接受的理论，它的乌托邦理想以及打破国家机器的学说，站在弱势群体一边的边缘立场，以及人性论为基础的伦理观念，都给予我深刻影响。巴金称克鲁泡特金的《我的自传》为“一个人格的发展”，我后来写巴金传时也用了“人格的发展”为题，同样，我自己的人格发展中也吸收了无政府主义学说的许多营养，这是我必须表示感激的。我们的合作研究得到了贾植芳先生的具体指导和支持，我们的第一篇论文写出来，讨论巴金的无政府主义思想是否有进步性，是与延边大学的李多文老师的观点进行商榷。文章由贾先生推荐给《文学评论》编辑部的王信先生，后又经过陈骏涛先生的编辑，建议我们改写成一封读者来信，在 1980 年第 3 期正式刊出。巴金先生读到了这篇文章，明确支持我们的观点。这是我们与《文学评论》杂志有了联系，追随贾先生和巴金先生的道路的开始，也是我的学术道路的开始。

二、1982—1989：钧陶万物心生累，笔走华年意别裁

我大学毕业于 1982 年 1 月。毕业后就结婚成家，等到 2 月份开学，走上工作岗位。是年我二十八岁。人生开端顺畅，故特意收录两篇散文纪念我的父母。《中秋》是应天津《散文》杂志编辑谢大光先生来复旦约稿而写，时间是 1980 年；《母亲的手》写于 1982 年，而发表于 1983 年。为应和我的人生故事，现在特意列入 1981 年和 1982 年。

1980 年代为中国社会改革初期，山雨欲来。高校的青年教师遭遇了经济实力不足，住房条件困难，政治局面阴晴不定，人生几度波折，同辈人纷纷选择出国、跳槽、下海，不断变换社会身份以谋

求更大发展。而我沉醉于自己的教学科研中乐此不疲，我自幼向往教育工作，做一个讲台上的老师是从小的理想；稍长后读鲁迅和马列，向往的是知识分子在追求真理中有所担当；现代文学传统又助长了启蒙价值观念，鲁迅、胡风、巴金一路的知识分子道路对我有吸引力，周作人、沈从文、老舍一路风格也让我喜欢，我一生的道路走得比较踏实，因为有先贤为榜样，不为世俗潮流所动。但最重要的，还是我身边有贾植芳先生的人格榜样。我在先生身边度过了三十年，一直有倚赖高堂之感，由此坚定自己的人生信念。先生一生经历磨难无数，极具人生智慧，总是在我的人生关键时刻揭示世界真相，每每一说中的。我之所以能在几度动荡中避开凶险，安然无事，与他老人家的指点有关。念及此不由感激涕零。

我们这代人在学术上刚刚起步时，遇到了思想解放运动，陈旧教条土崩瓦解，新锐学说风靡一时，学术新人的大胆探索得到了时代风气的鼓励。我在这八年中主要工作是教书和研究现代文学。且说教学，我毕业后担任了 1982 级新生班主任，一届四年，以崇仰学术为教育学生的唯一标准，该班学生才俊春笋般破土而出，毕业时有四分之一考上研究生继续深造，于今分布各岗位发挥杰出作用。我为他们上过一学期当代文学专题课，组织学生自由讨论，发言记录后来整理成《夏天的审美触角——当代大学生的文学意识》一书出版。以后，我长期担任现代文学史的教学工作，1984 年评为讲师，1988 年评为副教授，指导现代文学和比较文学两个学科的硕士研究生。且说研究，留校后与李辉继续合作研究巴金，完成《巴金论稿》，书中十章，其中四章以单篇论文形式刊发于《文学评论》杂志或丛刊，王信先生与陈骏涛先生在我们成长道路上起了决定性的作用。《中国现代文学研究丛刊》的编辑廖宗宣先生，编发了我的《论巴金的文艺思想》一文，这是我的大学毕业论文，后来还被评选为优秀大学生论文。但在审稿时，不知什么原因竟受到上峰斥责，经廖先生力排众议才刊发出来，他含糊其词地把这件事告诉我，但没有说明真正原因，只说你以后的字要写得规范些。这篇论文发表于丛刊的1982年第4期，刊物印刷流程缓慢，脱期严重，正式印出来已经是第二年的四五月份了。所以我把它列为1983年的作品，与前一年的散文的顺序颠倒过来。1984年所列的翻译文章也是经廖先生之手刊发的。这是研究巴金的副产品，当时我们阅读了不少外文资料，也尝试翻译过。我重视这两篇文章是因为廖宗宣先生已经去世多年，一直没有机会向他表示敬意。还有一个小小原因，十多年后，这同一家刊物又一次刊发了凡宰特致巴金的信，当然是新译的，忘了是译者还是编者，按语说这篇通信是第一次译成中文。我读后心里有些怃然，廖先生不在了，现在的编辑连自己的刊物曾经发表过的内容也不知道了。

《巴金论稿》以后，我的研究目标转向了20世纪中国文学史。当时受李泽厚先生的影响，他在《中国近代思想史论》的后记中，描绘了中国20世纪六代知识分子发展轨迹，给了我全新的视角。我想把它引进文学史研究领域，这样必然导致把现代文学与当代文学打通，把20世纪文学视为一个整体。自1950年代始，现代文学学科已经初具规模，各高校中文系开设相关课程，编写文学史教材，还建立了现代文学教研室。“文革”后，1949年以后的当代文学也有了三十年（1949—1979）历史，又延伸到1980年代，这段时期的文学贫瘠，但作为国家意识形态的文学仍然获得了官方保护，于是，现代文学学科里派生出当代文学，不少高校中文系建立了当代文学教研室。复旦大学中文系在1980年代初就有教师从事当代文学研究，参与发起编撰当代文学史教材和中国当代文学研究资料丛书，潘旭澜教授主编的《新中国文学词典》成为这一领域的标志性成果。但是复旦从未分过现当代文学专业，我留校任教，起初为非中文专业的学生讲授现代文学史，为一学期的课程，包括现当代文学六十年的内容，要求教师把现当代文学作为一个整体来把握。1980年代中期，刘再复先生在中国社科院文学所所长任上呼吁文学研究的方法论革新，大量引进西方科学理论来指导文学研究，即所谓系统论、信息论、控制论的“三论”，有力地冲击了传统的研究方法和理论模式。1984 年的杭州会议，1985 年的厦门会议、扬州会议，1986 年的海南岛青年批评家会议等，都推动了文艺界的思想解放，鼓励文学研究者冲破思想牢笼。我参加了由《上海文学》杂志与杭州《西湖》杂志联合举办的杭州会议，与会者热烈讨论文学创作的新探索，现代主义思潮和文化寻根思潮都获得赞扬。我在会上的发言整理为《中国新文学中的现代主义》一文，刊于《上海文学》1985 年第 7 期。在厦门会议上受到新方法论的刺激，结合文学史的教学经验，撰写《新文学研究中的整体观》一文，刊于《复旦学报》1985 年第 3 期。同年 5 月由现代文学学会在北京万寿寺举行现代文学青年学者创新座谈会，我以此题发言，与北京大学黄子平、陈平原、钱理群的联合发言《论 20 世纪中国文学》相呼应，我们都主张打通现当代文学，把 20 世纪中国文学视为一个整体，完整地寻找和发现 20 世纪文学发展的规律和教训。两个会议引出了我的两篇文章，都是以“五四”新文学传统为参照来论述当代文学的经验教训，由此形成我的第二个研究系列，连续写出《中国新文学发展中的忏悔意识》等七篇系列论文，编成第二本著作《中国新文学整体观》。这部著作并未完成，我以后陆陆续续研究 20 世纪中国文学史的理论问题，一直延续迄今，该书也不断补充增订，先后有过两次增订，篇幅越来越厚，内容也越来越多，成为我探索文学史理论的代表著作。

《中国新文学整体观》决定了我的学术研究的基本经纬。一是把 20 世纪中国文学史作为整体来研究，不断发现文学史上的新问题，并努力通过理论探索给以新的解释；二是关注当下文学的新现象，关注中国新文学传统与当下结合发展的最大可能性。20 世纪中国文学史是我的学术研究的经，当下文学的批评是我的学术视野的纬，在这纬度上我尽力扩大研究领域，如世界华文文学、比较文学、外国文学等，我都尽可能地去学习，逐渐扩大自己的研究领域。同时，我留校任教后还有一个任务，中文系安排我担任贾植芳先生的工作助手，协助先生编辑国家社科“六五”规划项目的子项目“外来思潮流派理论在中国现代文学史上的影响”的资料汇编。贾先生通英日两门外语，复出后接受了组建比较文学学科的工作，我也跟随他从事20世纪中外文学关系的研究。先生退休后，我担任了比较文学教研室主任与学科带头人。《中国新文学整体观》里有多个章节都反映了我在中外文学关系上的探索。

《中国新文学整体观》出版后，吴中杰老师对我说："你现在写研究论文没有什么困难了，也不愁发表，但这样写下去，你会慢慢地进入一种固定的思维模式不断重复，对自己挑战不大。"我听后很感动，决心停止"中国新文学发展中的……"模式的论文写作，继续开拓一些新的领域。我拟订一些新的计划：一是研究当下文学，主要是有关上海作家的研究和批评；二是研究1949年到1979年的三十年文学，拟名为"当代文化与文学论纲"的系列论文；三是中外文学关系的研究，拟的题目是西方现代主义思潮与中国20世纪文学。这三个题目都没有最后完成，但也一直断断续续地伴随着我的治学生活。经过这样一些学习与探索，我越来越强烈地感受到，原来作为中文二级学科的现代文学的基本框架与理论都存在严重的片面性，新民主主义的文学史观严重影响现代文学研究的科学性。如要拨乱反正，实事求是，重新把这门学科建立在科学的基础之上，那么摆在我们前面的只有"重写文学史"。

"文革"后，上海的文学理论建设与评论队伍始终是活跃的。核心是《上海文学》副主编、理论版负责人李子云女士，她有高雅的人格气质，细腻的艺术感受以及敏感的理论嗅觉，在她的悉心培养下，一批青年评论家聚集在《上海文学》周围，发挥了批评群体的作用。1980年代中期，《上海文论》诞生，主编是上海社科院文学所所长徐俊西先生，他曾经为重新解释恩格斯的"典型"理论与极左派发生过激烈笔战。上海理论界老一代有王元化、钱谷融、徐中玉等前辈，如参天大树挡风遮雨，中年一代有李子云、徐俊西、潘旭澜、吴中杰等中坚学者，如中流砥柱守先待后，两代人前后衔接，理论界虽有曲折，但气象顺畅，极左势力始终未能兴风作浪，青年一代的成长格外顺利。1988年徐俊西先生约我与王晓明商谈如何办好刊物，由此产生“重写文学史”的设想。编辑部主任毛时安也是与我志同道合的朋友。我们三人就《重写文学史》的专栏设计组稿。栏目办了一年有半，发表一批观点新颖又不失尖锐的文章，学术界影响益增。然而 1989 年年底不得不偃旗息鼓，半道而废。

回顾这八年，我的学术研究是朝着由点到面、由简到繁、由理论到实践的方向学习探索，基本上是在书斋里工作。当时居住条件差，面西窗，冬寒暑热，难以抵挡。我在厨房里放一张小桌，读书写字，安然做一个庖中君子，大多数文章都是在厨房里写出来的。有朋友嘲笑我出身里弄生产组，做学问有如小生产作坊的平庸实际。我承认这是事实，但不认为是缺点，土中蛹化蝶飞翔前，必然有一个吭哧吭哧的破茧阶段，破茧是很实际的劳动，没有破茧，很难飞得高远。1989 年那一年特意选了两篇文章，一篇是自述“重写文学史”的文章，另一篇是提交中国社科院举办纪念五四运动七十周年学术会议的论文《五四与当代——对一种学术萎缩现象的断想》，从这篇论文中可以看出，我对“五四”的启蒙思想开始反思，这是我的学术思想的一个变化，是时在风波前夕，启蒙激情达沸点。

三、1990—2000：独舞广寒非止境，群山览小仰崔嵬

20 世纪 90 年代初，知识分子的理想和热情普遍受到挫伤，朋友星散，意气消沉。但学过一点现代史、读过一点鲁迅作品的人，应该知道这样的逆转在历史上并非第一次，倒是可以借此教训，少一些迷狂，多一些清醒。当时曾与友人彻夜长谈，以为鲁迅晚年拒绝出国而坚守故土，赖有三个条件：一是对中国社会有充分的认识；二是有坚忍不拔的奋斗精神；三是有一个积极良好的小环境。有此三条件而成就了晚年鲁迅，无此三条件则牺牲了谭嗣同。明白这一点，一部近现代文学史就不再是过去的文本，而是流淌过我们身体的传统之河，我对一切历史皆为当代史的说法有了更加深切的理解。最初两年，百无聊赖，埋头学习德语，重新阅读“二周”文章。本

书选了几篇小文，或是读外国名著笔记，或是学习“二周”文章，颇有当年真实心迹。1993年被评为教授和博士生导师，1995年担任复旦大学人文学院副院长，教学工作如常。

1992年邓小平发表南方谈话以后，中国社会由计划经济向市场经济迅速转型，一时间风起云涌，泥沙俱下，经济成为社会运动的杠杆和一切事物的标准，资本开始崛起，人文学科边缘化，知识贬值，人心浮动。文人下海从商，时时见诸报端。究其根源，从知识者自身的反省立场看，还是在于长期束缚下知识分子人文精神的失落，知识分子失去了独立于世的能力和责任感，对人之所以为人的问题缺乏追问。于是，由王晓明等人发起的人文精神寻思讨论于1993、1994年两年蔓延，我参与其间，这是与王晓明第二次联袂行为。如前诗所言，我少有单独追求个人功名的兴趣，却偏喜师生好友集体追求某种理想事业。我有恩师良友，学生群体，倚赖学术传统营造良好的小环境，声气相求，以沫相濡。从与李辉合作研究巴金到与晓明联袂讨论人文精神，以及主持“火凤凰”学术著作出版基金等，都体现了我一贯的追求。其时各人对人文精神的理解并不相同，对于市场经济后果的认识也不一致。知识界第一次没有官方旨意而引发激烈争论，反映了社会大变革前夕意识形态领域的敏感回应。可惜这些讨论的发起是在文学界，感情的成分大于理性实证。但无论如何，这是知识分子在社会变革初期的自觉呼吁，提倡人文精神，重要的是在以后的道路上，知识分子如何进一步发挥自觉的力量和作用。我的思考又回到了“五四”时期，中国的市场经济并不是第一次从天而降，只不过社会主义计划经济统治中国几十年，导致我们这一代人缺少历史见识，才会张皇失措。19世纪末知识分子从传统士大夫阶级转型而来，一开始就思考如何在现代社会安身立命的问题，张元济等人从事出版弘扬学术，蔡元培等人占据高校讲堂宣传新思想，严复等人埋头著译靠版税谋生，鲁迅周作人终身写作为生，成为现代媒体的独立撰稿人，前辈们为我们树立的榜样，首先就是要确立庙堂以外的民间岗位。这是现代知识分子转型成功的基本标志。这些个人体会我曾经写成多篇论文给予阐述，本书收录的《试论知识分子在现代社会转型期的三种价值取向》和《关于人文精神讨论的一封信（外两封）》都是其中的一部分论述。

这期间我主要的一项工作是着手建立“火凤凰”学术著作出版基金，还是与李辉、王晓明等朋友联手，相继推出“火凤凰新批评文丛”“逼近世纪末批评文丛”“火凤凰文库”“逼近世纪末人文书系”等丛书，我把它视为一种知识分子理想的实践。前两种丛书的作者中有一批年轻的现当代文学研究者，他们主要聚集在上海高校，刚刚获得研究生的学位，人生和事业都处在起步阶段，丛书及时推出他们的学术著作，不但坚定了他们对自己学术前途的信心，而且有利于上海高校建立起多个青年学术梯队。后两种丛书凝聚了老中青三代知识分子薪火相传的精神，领衔的是巴金、贾植芳、邵燕祥、于光远、李锐等著名作家、学者和政论家，在充斥软性、时尚、娱乐的读物市场，注入了一股特色鲜明的人文气息。这方面的文章限于篇幅我没有收录，但在《民间与现代都市文化》中有一节专门分析了现代读物的问题，多少与这方面的探索有点关系。

1990 年代以来，文学创作领域也在深刻反思，与学术界相呼应。王安忆发表《叔叔的故事》，反思 1980 年代社会发展的教训；张承志隐身于西北，书写哲合忍耶七代教宗事迹，集成《心灵史》一书；张炜身居海边，自觉融入野地，在迅速发展的社会体系以外寻找如何安身立命的途径，长篇小说《九月寓言》抒发了民间的天地自然之情；贾平凹以颓废之情、欲望之身，混迹于市井民间，以藏污纳垢的态度创作《废都》，表达对世事的绝望心理。这些作品都是以直面人生的勇气回应时代。在经济大潮的冲击下，还有一批新生代作家毅然与传统体制决绝断裂，发起新的先锋文学；而另一批更新的作家则融入物质社会，放任自身的肉体欲望，形成本土的另类文学。传统文学史所描绘的线性发展轨迹被打断，1990 年代文学出现了无名状态——一种多元而混乱的状态。我与几位年轻朋友编辑多卷本的《逼近世纪末小说选》，以及我每年为这个选本写的长序，对这些方面都有所涉及。1996年度入选的《碎片中的世界·碎片中的历史》就是其中的一篇长序，此外1992年和1998年入选的两篇文章，是分别对当代作家张炜和王安忆创作的分析。

对于文学史的研究也在深入进行中。《重写文学史》专栏停止以后，我一直打算写一部由自己独特体会贯穿的20世纪文学史，但是一旦着手，无数问题纷沓而来。尤其是1949年到1979年三十年，禁区凛冽，教条峥嵘，我决定先研究20世纪五六十年代的文学，为此，相继提出民间文化形态、战争文化心理、潜在写作等文学史理论探索，扩大研究空间，丰富对那一时期创作的理解。这些概念都是在我与我的研究生们反复讨论、磨砺和切磋中产生的，往往是我率先提出，我的学生接下去深入研究，如王光东对民间理论的探究，刘志荣对潜在写作的研究，都比我当初提出的理论要深入得多。这也是我培养研究生的基本途径。这些理论探索的成果最终结集成一部由我主编的《中国当代文学史教程》和一套由我主持的国家社科项目"20世纪文学史理论创新探索"系列丛书。

最后一项是20世纪中外文学关系的研究。这项工作成绩最少，在2000年总算完成了"20世纪中外文学关系研究中的世界性因素"的理论课题。是年《中国比较文学》主编谢天振先生力荐该命题，先由编辑部筹划开研讨会，发表不同意见，专栏讨论，意在引起争鸣。专栏经营了整整两年，编辑部专门约我作文回答有关批评意见。这本来都是杂志社有意策划，也鼓励了我把长期的思考写出来。我曾经用"世界性因素"的理论分析韩少功的《马桥词典》与帕维奇的《哈扎尔辞典》之对应关系。这是我在20世纪的最后一年所做的学术工作。

在这一阶段中，我有了频繁访学的机会。1988年第一次去香港中文大学英文系做访问学者四个月，研究课题是"港台文学之外来影响"，得到了卢玮銮教授的指导，她不仅以研究香港文学的丰富资料拓展我的知识结构，还热情介绍我结识了一批来自台湾的青年新锐诗人和学者，我与他们年纪相仿，彼此没有太大成见，一见如故。这是我接触台湾文学的开始。1995 年我去日本早稻田大学访学，在台湾文学专家松永正义先生的书斋里翻阅大量日据时代的台湾文学期刊和书籍。适时两岸民间文化交流开始，1996 年应诗人梅新之邀，第一次去台湾参加《中央日报》举办的“百年中国文学研讨会”，有幸结识海外学者王德威教授。经王教授的推荐，翌年我再次去台湾，作为联合报系访问学者在台一月，拜访许多老作家，结识许多新朋友，他们对我研究台湾文学与世界华文文学，提供了很多善意的帮助，为我打开了一个新的研究空间。1998 年我应韩国瑞南财团邀请，任首尔大学访问学者，与韩国学者朴宰雨、全炯俊、崔元植等教授开始了多种合作计划。2000 年，应唐小兵教授之邀去美国芝加哥大学讲学。

这阶段，我的学术工作还是沿着当代文学批评、20 世纪文学史研究以及中外文学关系研究的三个方向。自《中国新文学整体观》以后，除了写过一本巴金传记和一本巴金研究史的综述以外，发表的都是论文、随笔和散文，收录在戊辰年（1988）到己卯年（1999）的编年体论文集中，分为《笔走龙蛇》《马蹄声声碎》《羊骚与猴骚》《鸡鸣风雨》《犬耕集》《豕突集》《写在子夜》《牛后文录》《谈虎谈兔》九种。最后一本于 2001 年出版。

四、2001—2009：相交如水看平淡，未到深流逐浪开

2001 年，我的个人生命旅途中，还是有一些因缘发生。中行兄诗里最后一联：相交却似深庭院，过尽曲廊堂庑开。大约是说我为人拘谨，不善交往，交友之道看似狭窄，实如庭院深深，曲廊狭窄而堂庑实大。我的酬答虽有应酬的意思，但也包含了这一阶段的生命感受。我的人生道路非常简单平凡，起先人微言轻，埋头学习，没有什么是非缠身，虽然发表文章招来争论，重写文学史和人文精神讨论引起风波，但皆因学术为天下公器，于公于私都在朗朗晴空之下，环境虽有压力，友朋或有误解，但没有什么个人的恩怨发生，

反之，朋友间还增长了抗压的情谊。然而这看似平淡的一切，均是因为人生之旅未到深流，无从体会而已。

2001 年 6 月，我受学校委托，任中文系主任。自 1978 年进复旦求学迄今二十余年，学校领导与师长都对我有恩有义，近知天命之年，略尽绵力报答知遇，也是理所当然。此后，我与同事们战战兢兢，勉力做好中文系的各项行政工作：推行原典精读课程改革，实行民主办系，延聘人才建设学科等，不遗余力。当初，中文系老主任章培恒先生告诫我：人文学科普遍滑坡，复旦中文系也不例外，你要让它尽量滑得慢些，就是上善。四年过后，章先生为《复旦大学中文系建系八十周年纪念册》作序，欣然称道："我们固然为已有的成就而欢欣鼓舞，更为即将到来的新的巨大发展而无限振奋。在中文系最近几年的工作中，这种新的发展已经有其征兆。"这是对我的工作最大的鼓励。章先生对我耳提面命，时时教导；王水照先生任学术委员会主任，事事提携；裘锡圭先生率团队加盟复旦，提升了中文学科的学术声誉。中文系风调雨顺，蒸蒸日上，2007 年，复旦中文学科被教育部评为国家一级学科重点学科，位列前沿。其中甘苦，寸心自知，不足道矣。

2003 年上海市作家协会党组委托我任《上海文学》主编。当时刊物面临经济亏损，市场清淡，我感念前任主编周介人先生为刊物鞠躬尽瘁，本人亦曾受惠于《上海文学》，在刊物困难时期愿意为之尽力。任职三年，力主发扬西部文学精神，引进海外文学联盟机制，走通两仪，独立文舍，促使文学杂志与文学评论成为上海城市文化标记。然而此番行动，于时尚相违，于人性相昧，讼争不断，毁誉参半。唯坚忍不拔之心有之，唯任劳任怨之行有之，故以"两岸猿声啼不住，轻舟已过万重山"作为自勉。2006 年卸任后，常常自省：权益在手者，小人以谋取名利于私己，君子以付之理想为公众，然而理想一旦失信于众，好高骛远，反为众人误解，峣者易折，皎者易污。此项所获应列为人生教训。三年文字，编入《海藻集》行世。

新世纪以来，学术研究较多关注当代文学创作，努力用世界性因素的眼光分析当代重要作品，在阎连科、张炜的小说研究中提出了来自古希腊的恶魔性因素，在莫言、余华小说的解读中引出了拉伯雷的民间狂欢因素，在贾平凹的小说中探讨了现实主义（自然主义）的文学因素。新世纪的文学创作发生了一次新的飞跃，中生代作家集体发挥了良好的竞技状态，水涨船高，我借了创作的水势，发表了一批有自己见解的论文，参与新世纪文学的建设。2002 年起，参与马来西亚《星洲日报》举办的“花踪世界华文文学大奖”的终评委工作；2006 年起，参与香港浸会大学举办的“红楼梦·世界华文长篇小说奖”的决审评委。

2002 年，母亲仙逝，享年七三，惨痛之际，辑成新编年体文集《草心集》行世，谓“谁言寸草心，报得三春晖”之意，寄托哀思。2005 年，巴金老人以百二高龄仙逝，写《从鲁迅到巴金——试论巴金在现代文学史上的意义》系列论文，以志纪念。2008 年，恩师贾植芳先生以九二高龄仙逝，写《我心中的贾植芳先生》系列论文，主编《贾植芳先生纪念集》，铭记感恩。长者已逝，我再次经受少年失怙的惨痛经验，吟五律一首：“天悲泰岳颓，两度失尊亲。雨露长年尽，薪传几代人。冰霜存铁骨，春暖宅仁心。仰面先生在，雁行遗大音。”先生生前常教诲说要把“人”字写端正，这个意思如大雁飞行铭刻于云天，时时发人深省，催人自新。由此豁然明白，自己已经到了无依无恃的时刻，真正知达天命了。

三十年并非历史终结，生命之火还会燃烧，人生之旅与治学之旅一样，迷茫困顿总与努力追求相伴随，甘苦不是区区文章所能道尽。2008 年 9 月，偶有小恙，决定结束十多年的染发，还原一头霜雪白发，吟成七律一首：“从此青春长别去，敢听白发唱黄鸡。残花已报秋风早，蝉树何贪夏日西。心事常牵诗与酒，头颅且悔坐中旗。曾经不识愁滋味，对镜高声诵岳词。”

写成此文，已是己丑新春。正月初三，我五五初度。从香港返深圳与友人小聚，忽忆六年前我四十九岁时，曾赋诗两首咏知天命，思之怃然，再诵新诗：“五五鹏程度岁时，干杯溪畔唱新诗。满头霜雪晶莹洁，双目氤氲美色知。回首人生惟有爱，徒增年齿未存疑。寒冬枝闹春消息，遥对婵娟若有思。”

2009 年 1 月 31 日完稿于香港岭南校园

初刊《当代作家评论》2009 年第 3 期

写作生活的回顾

——《陈思和文集》[1]七卷序跋

陈思和

第一卷《告别橙色梦》跋

《陈思和文集》前三卷，主要收入我近四十年来的当代文学批评文章，少数涉及对“五四”传统和知识分子问题的思考。第一卷收录文章的时间范围，大致是从 1978 年我考上复旦大学中文系到 1994 年参与人文精神讨论，这是我在学术上的起步阶段。[2]我学习写评论的时间还要早一些。1974 年前后我泡在卢湾区图书馆读书，渐渐地与图书馆工作人员熟悉起来，参与了图书馆的书评工作。但在那个时代，图书馆的书评活动离不开主流话语以及政治运动的影响，所写的书评没有什么价值。我真正的学术起步，应是在 1978 年进了复旦大学以后，开始规范地学习文艺理论和现代文学史，在思想解放运动中认识到今是而昨非，又在我的人生导师贾植芳先生身边，思考知识分子的传承与责任等问题。所以，我把 1977 年全国恢复高考制度视为人生的转折，把考进复旦大学中文系，看作是学术的起步。

本卷第一辑我特意收录三篇评论卢新华作品的文章。卢新华是我的大学同班同学，我们有缘分，居然是同年同月同日生，又有同

① 《陈思和文集》，共七卷，广东人民出版社 2018 年版。

② 个别文章是后来写作并发表的，但为了内容相对集中，也移到这一卷。特此说明。

窗之谊。他后来出国了，但始终没有放弃写作，断断续续创作了几本长篇小说和思想随笔。我之所以把评论卢新华的三篇文章放在文集之首，正是想强调自己学术道路的起点：思想解放、伤痕文学、复旦大学、7711[①]……

第二辑主要收录我在 1980 年代的一个未曾完成的写作计划：海上文谈。具体缘起，我在《关于“海上文谈”的一封信》里已经说明。我当时打算写一组上海作家的评论。已经完成的是有关巴金的《随想录》、徐兴业的《金瓯缺》，以及赵长天、沙叶新的创作评论，其他都是零星的阅读感想，有的是通信，有的是短评，也有对话，还没有形成作家论的结构。当时我把这个写作计划与《上海文论》主编徐俊西老师谈过，得到过他的支持，他邀我把文章全部交给《上海文论》连续发表，可惜我做事情总是拖拖拉拉，难以按期刊的周期持续写作。后来又办起了《重写文学史》专栏，事情一多，写作计划就拖了下来。最终也没有完成全部计划。现在我把这四篇作家论与另外一些有关上海作家的评论集中编为一辑。

第三辑收录当代文学的评论。在 1980 年代，当代文学评论不是我的主要工作，那时我毕业留校，除了教学以外，主要的科研是研究巴金和现代文学史，出版了《巴金论稿》和《中国新文学整体观》两种著作。文学评论是我教学和科研之余的爱好，起先写得并不好，我毕竟是从 1970 年代走出来的一个散兵游勇，在大学期间写过几篇评论，如批评刘心武创作的《思考・生活・概念化》（刊《光明日报》），推荐《重放的鲜花》的《捍卫诚实的权力》（刊《读书》杂志）等，所发表的报刊都是思想解放运动的重镇，但我的文章则平平，这次编文集时我又读了一遍，觉得没什么意思，都未收录。那时候我还参加《上海文学》编辑部组织的青年批评家活动，结识了吴亮、程德培、蔡翔等一批年轻的朋友，从他们那里得到不少启发。文风渐渐有了变化。记得我当时发表在《上海文学》的一篇文章，评论陆星儿与陈可雄合作的中篇小说，马上受到批评，有位朋

① 7711 是笔者就读复旦大学的班级号。

友直截了当地对我说："你批评刘心武、张抗抗，我都赞成，但你讲陆星儿这篇小说的好，我不赞成。"他可能指陈可雄与我同班同学，我是为人情写作。其实，陈可雄并不知道我写评论，我对这篇小说的喜爱也是由衷的，与我的一些私人经验联系在一起。现在我特意把这篇被认为写得不好的文章也收进来，以纪念当时良好、坦诚的学术风气。

读者读这一卷文集，可能会觉得我当初写评论文章有点吃力，形式上也不停地变化，采用了通信、对话等各种形式，这是因为我对自己的写作还缺乏自信，也不喜欢文学评论变成一种居高临下的批评和指导，我用通信、对话等形式，就是想改变批评与作家的传统关系，使批评成为平等的对话。其次，读者会觉得我的关注面很狭隘，从 1980 年代开始，我关注的几个作家，几乎伴随了我近四十年的批评生涯。我不是一个来者不拒、什么作品都能够解读的评论家，只有与我的兴趣或者某种隐秘的生命要素相吻合的作品，才会激发我的兴奋点。换句话说，我借助批评一直在诉说我自己内心的某种激情。我曾经把批评与创作比作一条道路两边的树，相看两不厌，慢慢生长。我与作家创作的关系，基本上符合这样一种关系。

第四辑、第五辑分别关于"重写文学史"和对"五四"传统的思考，也涉及知识分子人文精神的寻思，这些活动都有人写过研究文章，在此不表。

2017 年 3 月 31 日于鱼焦了斋

第二卷《营造精神之塔》序

《文集》第二卷主要收录 1990 年代的文艺批评，在写作时间上与第一卷的文章有部分交错。我之所以把一部分文章（主要是关于人文精神寻思和关于新写实小说的批评）编在第一卷，是为了让内容有相对的完整性。第二卷更加偏重我的文学批评实践。

1990年代市场经济大潮席卷中国大地，知识分子的人文状态暴露出许多原先被遮蔽在计划经济下的弊病。作为一个人文知识分子，经过了“重写文学史”与“人文精神寻思”两次讨论以后，我渐渐清楚了自己所处的时代环境和新文化传统的承传责任，那段时间里我一直在探索知识分子民间岗位在社会转型中的可能性与范围。《文集》没有编入我在教育、出版等领域的活动记录，只是集中在文学研究领域的探索。我把20世纪中国文学史的研究与当下文学批评结合起来，在文学史研究领域提出了战争文化心理、民间文化形态、“无名”文化状态、潜在写作、世界性因素等文学史理论概念，可以说是“重写文学史”的继续和实践。这些主要理论成果我编入了《文集》第六卷，其中每一个理论概念被提出来讨论之前或之后，我在当下文学创作的批评实践和文本解读里已经进行过尝试性的运用实践。我把这一类评论文章收录于本卷的第一辑和第二辑。

第一辑主要内容是我为《逼近世纪末小说选》写的一系列序文。1990年代，“逼近世纪末”成为文化上的一个热门话题。上海文艺出版社约我和几位青年朋友一起主编一个系列选本：每年编一本小说选，一直编到世纪末，以此为线索来寻找文学（主要是小说）变化的脉络。为此，我在每一卷《逼近世纪末小说选》前面都写一篇长序来分析文学创作运势，这样坚持了好几年，有些理论概念（如“民间”“无名”等）都是在这些序文论述里逐渐形成的。第二辑是具体作家作品的讨论，也涉及我的理论探索，如对赵本夫作品的分析里，我起先用“准文化”的概念来解读，后来在对刘玉堂和张炜作品的分析中，就形成了“民间”的概念。我常常说，作为一个评论家，我是在与同时代作家的创作对话中，慢慢地成熟起来的。

第三辑我收录了部分台湾文学的评论。之前，颜敏编过一本《行思集——台港澳暨海外华文文学论稿》，由花城出版社2014年出版，收录了我关于台港澳及海外华文文学的研究文章，不仅内容齐全，而且有资料价值。所以我编文集，没有编录这部分内容，只选了若干篇论文（不计发表时间），表示我对这个领域的关注。

第四辑收录我对影视戏剧等艺术领域的评论。主要是影评和剧评，大多是比较短小的文章，配合作品上演及时发表在报刊上。我与电影的因缘起于上海《青年报》，1982 年我的同班同学汪乐春分配在《青年报》当编辑，分管文艺类版面，在他的催促下我随机写作了一些电影评论，当然是我以为比较好的作品。文章虽短，我还是努力寻找作品中的艺术美感。后来，我参加梅朵先生主持的上海电影评论家协会，那时候看电影不像现在这么容易，上海电影资料馆每年冬天有一个被称为“冬令进补”的活动，集中上海的电影界人士观摩一批国外的优秀电影，还要组织讨论。电影评论家协会也参加了这个活动，那是我与电影的关系最为密切的时期。进而我又参与了上海举办的各种戏剧观摩活动，有些评论文章是观摩后在研讨会上的发言，整理成文发表，也有的是我自己写的观后感想。这些影评剧评，我比较忽视，很多都没有收入编年体文集，以致这次编辑中费了不少工夫去寻找和抄录，因此我对这一辑文章有点偏爱。电影和戏剧不像文学作品，文学作品因为有文字保留可以经常被人阅读，影视和戏剧往往在演出时轰动一时，过后就无人问津，唯有一些辉煌的艺术形象闪烁在人们的印象中。所以艺术评论尤其显得重要，它通过文字能够保留住影视戏剧演出过程中的片刻印象，以及曾经产生的艺术效应。这对于后人来说，也许是赖以参考的重要文献资料。

最后，我想说明一下第一、二卷文章的版本。我从 1988 年龙年起，计划编辑一套编年体文集，逐年按照生肖来取名编辑，先后出版《笔走龙蛇》《马蹄声声碎》《羊骚与猴骚》《鸡鸣风雨》《犬耕集》《豕突集》《写在子夜》《牛后文录》《谈虎谈兔》九本。现在编第一、二卷《文集》，基本上是依据了以上的各册版本，这些文章从初刊到收入编年体文集，都是经过修改的，这次又经过编辑者的认真校对和修订。凡是没有收录于以上九本文集的文章，均按照初刊于刊物的版本，但也经过编辑者的修订，并在文章后都注明发表的刊物和时间。

2017 年 3 月 31 日于鱼焦了斋

第三卷《在场笔记》序

《文集》第三卷主要收录我在 2000 年以来所写的文艺评论，包括文学评论和艺术评论两部分。从新世纪千禧年到现在，差不多十七年已经过去。这十几年的时间里，中国文学发展到了一个相对辉煌的阶段，其标志不仅仅是莫言获得诺贝尔文学奖，中国当下的文学创作受到了国际文坛的关注，而且从整体上说，一批在“文革”后走上写作道路的作家，经过了 20 世纪 90 年代的坚持与积累，进入新世纪后创作出成熟风格的扛鼎之作。他们经过了三四十年的沉着写作，对中国社会的发展形成了较为稳定的独立的见解，并且能够在形象创造中深刻反映当代中国的真实社会画面。作为一个评论家，我见证了这三四十年的文学发展与变化，并努力用文字记录下自己对这个时代的文学心得。所以，我把第三卷叫作《在场笔记》。

本卷第一辑是关于新世纪初文学的概说。在我看来，新世纪初发生的世界性事件（如“九一一”事件、加入 WTO 等）对于中国作为大国崛起都是有利的，但未来将会怎样？文学将会起到什么作用？这一切都有待民族良知在进一步的实践中经受考验。新世纪文学正处在一个裂变阶段，成熟一代作家的创作把“五四”新文学传统推向了高峰，但是紧接着下一代青年作家有多大力量来保持先锋文学精神，究竟是衔接前辈的文学传统，还是在全民娱乐的新时代开创出新的文学文化局面，这需要在未来的文学实践中继续寻找答案。我在《书写当代，开创未来》一文里就是强调了这个意思。

第二辑收录了我的一本小册子《当代小说阅读五种》，是陈平原教授为香港三联书店策划的一套小丛书中的一本，2009 年出版。

我选了五位作家的近期创作给以文本解读，这里比较集中表达了我研究当代文学的态度、立场和方法。我把这本书单独作为一辑，也是向陈平原教授致敬。第三辑收录我的其他文学评论文章。第四辑收录我在新世纪以来有关艺术的评论，除了影评与剧评外，关注的范围有所扩大，涉及表演艺术、书法绘画。这虽然是我的初步尝试，但文字里一如既往饱含了我的生命激情。

这一卷还有一个特辑，就是第五辑。我在 2003—2006 年受上海作家协会党组的委托，担任了《上海文学》杂志的主编。可是我没有想到，这一脚竟踏入了地雷阵，发生了连锁性的爆炸，直到我三年后辞去这个职务，“炮轰”声才平息下来。这三年我长了不少见识，仿佛让我重温了一遍鲁迅的《华盖集》，对于正人君子们的流言有了深刻的认识。这一辑所收录的，主要是从我发表在《上海文学》上的文章里选出来的，偏重文学评论，我把这些文章编为一辑，以示对这段历史的纪念。

新世纪以来，我先后担任了复旦大学中文系主任将近十二年，接着又担任了复旦大学图书馆馆长，这两种行政职务给我带来了新的人生经验，使我对高校教育体制、图书馆的转型和大数据时代的某些特征有了进一步的认识，但也耗费了我大量的精力与时间。因此，在这十五六年时间里，文艺评论似乎越来越成为我的业余工作。当然我会继续关心文艺创作的发展变化，还是会发表一些我认为有价值的读书心得，但是我得承认，随着自己生命步入老年与精力衰退，以后我也许会写得更少，把主要精力放在图书馆的转型、文学史编撰以及几种理论专著的写作上面。坚持了两轮的编年体文集也将放慢速度，最近一本，我取名曰《未完稿》，但希望还能有完稿的努力。如果我到六十六岁还有文字可以编书，就决定编一本《碌碌集》，到七十岁还有文字能够编书，就编一本《逾矩集》。

本卷所编文章，主要来自新世纪以后出版的编年体文集《草心集》《海藻集》《献芹录》《萍水文字》《昙花现集》《耳顺六记》《流水账》《未完稿》，但都经过编辑者的重新修订校对。凡是没有收录于以上八本文集的文章，均按照初刊于刊物的版本，或者根据电子文档直接编入，但也经过编辑者的修订。应该说，《文集》所收的各篇文章都是经过修订、比较完美的版本。

2017年4月2日于鱼焦了斋

第四卷《名著新解》序

本卷着重于中国现代文学作品的研究。——我所理解的现代文学史，是一个朝向未来的漫长的过程，20世纪文学仅仅是一个开端，现代文学在新的世纪里还要延续发展下去。自1985年提出“新文学整体观”以后，我不再把现代文学和当代文学视为两个学科，20世纪文学是一个整体，不可分开考察，因此我比较慎用“当代文学”这个概念。一般情况下，我倾向于使用另外一个概念，就是“当下文学”。我认为“当下文学”是有阶段性的，即指最近一段时期的文学，属于现代文学范畴里的一个特殊阶段，这个阶段的内涵是可以变化的。在我这套文集里使用的“当下文学”的概念，也就是指“文革”后（1978年）到现在近四十年的时间的文学。“文革”前的文学，我也把它归为现代文学的一部分。所以本卷所论及的作品，除了极个别的篇什，大部分都属于现代文学，不属于当下文学。

本卷的第一辑，收录了《中国现当代文学名篇十五讲》的大部分篇章。这书名是出版社定的，原书里有几讲是分析当下文学作品，如《长恨歌》《坚硬似水》《秦腔》《讲故事的人》，都是我先写了论文发表，再移用到课堂上讲授的，现在按照论文的格式收在前三卷。这里不予收录。因此把书名也相应改为《中国现代文学名篇十五讲》。

这本书由北京大学出版社出过两个版本，章节内容有所不同。这些情况我在两个版本的后记里都已经说明。这本书在我的所有著作里算是我比较喜欢的一本，是我有意运用文本细读的方法解读作品的尝试。这里所讨论的作品，都是现代文学史上的名篇，通俗地说，已经含了经典的意思。既然被尊为经典，总会有些约定俗成的阐释习惯，在文学史上也有些固定的意义，而我在分析这些作品时，由于采取了新的解读方法，作品就有了多元理解的可能性，对固定模式的阐释也起了一点解构作用。因此，较之阐释内容的创新，我对新方法的运用更为重视。为了强调这一点，在本卷中我收录了两篇谈文本细读的文章，这些看法和见解都是我自己从批评实践中总结出来的。提倡文本细读，不再囿于对作品的价值评价，而是在对文本的解析过程中，描绘出文本隐藏的别样阐释。批评的态度是平和的，批评的立场是客观的，批评的效果则是趣味的。书中解读《狂人日记》《雷雨》《骆驼祥子》《十四行集》《倾城之恋》等几篇，可以说明我在批评方法上的创新努力。

文本细读是一种在实践中形成的批评方法，我是不自觉地探索、寻找其规律进而掌握一点方法。1988 年我参与发起“重写文学史”的讨论，最初是从讨论具体作品着手的，但是当时还没有运用新方法的自觉，只是偏重在艺术分析和政治正确上兜圈子，说服力不强。但是就在那个时候，蓝棣之教授开始对文学作品做症候式的分析，他对《子夜》《家》《二月》等都做出了别样的阐释。现在回想起来，蓝棣之教授的症候批评，是最早尝试文本细读的方法。我在《中国现代文学名篇十五讲》的文本分析，并不是每篇都有意为之，有些篇章并没有做到真正的文本细读，倒是我在当下文学作品的评论实践中，有意尝试了文本细读的方法，如对《秦腔》《生死疲劳》《兄弟》等作品的分析。读者可以对照着阅读。

本卷第二辑，我选了一组解读作品的文章，多数是被学界所忽略的作品。《无名书》是中国文学史上的一部奇书。作家无名氏（卜乃夫）在抗战时期创作了《北极风情画》和《塔里的女人》，风行一时，影响深远。我最初知道无名氏的名字，是在“文革”时期读过《塔里的女人》手抄本，被其华丽的文才辞藻所倾倒。抗战胜利，无名氏退出政坛，潜心创作《无名书》。直到 1949 年，已经创作了前三卷，1949 年以后无名氏从文坛上失踪，隐居于杭州西子湖畔，花了整整十年时间，续成《无名书》的后三卷，总计起来近两百万字，通过主人公印蒂的人生探索，描写了政治、战争、情色、颓废、宗教、文化等领域上天入地的奇异场景，可以说它是《浮士德》的东方版也不为过。但由于《无名书》是一部现代潜在写作集大成之书，至今在内地还没有获得完整的出版。因此，寻找搜集版本，认真阅读文本，都成为研究这部鸿篇巨制的最大障碍。我写作这篇论文是 1998 年在韩国讲学期间，六卷本小说都是从韩国外国语大学朴宰雨教授那里借来的，现在回想起来，已经快二十年了。但是关于无名氏的研究，仍然是寂寞的。《红旗歌》是鲁煤执笔的一部集体创作，也是现代文学史上最早描写工人班组生产劳动的作品，反映了社会主义文艺初期的某些特征。除了这两篇较长的论文外，其他所收的都是读书随笔。——我本来说过文集不收随笔，这几篇是个例外。这里涉及的评论对象胡风、梅志、阿垅、贾植芳、曾卓，再加上鲁煤，都是 1955 年“胡风集团”冤案里的分子。我有意识地把他们集中在这一辑里展示，表达我对这些追求真理的先驱者的由衷敬仰。

第三辑收录两篇论文，也属于文本细读。《重读有关〈新青年〉阵营分化的信件》是一篇未完稿，原来是为纪念《新青年》创办一百周年而写，起因是《上海文化》夏锦乾兄约稿，后来越写越长，分作两篇，写了近三万字，连第一封信的文本还没有“细读”完毕，以此规模慢慢分析，似乎可以写成一本小册子。可惜我实在没有时间这么写下去，所以就自己把它“腰斩”了。《六十年文学话土改》是我在香港岭南大学访学期间写成的，我在这篇论文里试图运用一种新的研究方法——文史互证——来探讨文学作品中的土改题材和历史著作里的土改研究之间的关系，但不知道是否获得成功？——这是要读者来认可的。

2017 年 3 月 9 日于鱼焦了斋

第五卷《巴金的魅力》序

《文集》第五卷收录巴金研究的论文。

第一辑是我与李辉合作完成的《巴金论稿》。这是我们的第一本著作，在大学读书期间开始酝酿、讨论和撰写。那时我们在贾植芳先生的指导下，开始研读巴金的著作，并经常在一起讨论学术界有关巴金的研究成果。有一次，我们在《文学评论》杂志上读到李多文先生的论文《试谈巴金的世界观与早期创作》。李多文先生为巴金早期世界观辩护，认为巴金早期思想不是无政府主义，而是革命民主主义。这个观点在当时学术界被普遍接受。无政府主义在国际共运史上作为马克思主义的对立面，历来受到主流马克思主义理论家的批判，“文革”中，巴金因为信仰无政府主义而受到残酷迫害。“文革”后，巴金在政治上获得平反，许多研究巴金的学者为了进一步为巴金辩护，努力想替巴金与无政府主义撇清关系，以证明巴金早期不是一个无政府主义者，仅仅是受到了一点思想上的影响。李多文先生的论文具有代表性。我们在贾植芳先生的指导下，阅读了一部分克鲁泡特金和其他国际无政府主义者、民粹主义者的著作，也认真阅读了巴金早期发表的很多关于无政府主义的文章。我们的观点与李多文先生不一样，我们认为巴金早期就是一个坚定的无政府主义者，但他是在中国的特殊环境下运用无政府主义的思想武器，批判军阀政府、国民党政府的强权与专制独裁，反对帝国主义强权侵略，因此，巴金在反帝反封建的新民主主义革命时期是进步的，无政府主义在中国的语境下起到了进步作用。我们在贾植芳先生的鼓励下撰写了第一篇研究巴金的文章，请贾先生转寄给《文学评论》编辑部。这篇论文经过王信老师和陈骏涛老师的审读和推荐，终于在《文学评论》上发表，只是改用了读者来信的形式。这篇文章的发表对我们研究巴金起了极大的鼓舞作用，坚定了我们研究下去的信心。后来我们就商量合作写一本研究巴金早期世界观与创作关系的书。这个目标对于当时还是本科生的我们来说，毕竟太难了，我们在大学期间边商量边写作，李辉写出了《巴金和法国民主主义》，我写出了《论巴金的文艺思想》，都是由贾植芳先生担任我们的指导老师。毕业以后，李辉被分配到《北京晚报》当记者，我被安排留校任教。我们在之后的两三年里一直通过书信保持着联系，在这些书信里我们反复讨论研究巴金的问题，合作撰写了其余的八篇文章。我这里所说的“合作”，是名副其实的合作，我们不是各人分头写几篇文章然后凑在一起编成一本书，而是每一篇文章都是经过反复商量，稿子也是改来改去，每一篇文章都分不出彼此的个人劳动因素，完全融合在一起。再加上贾先生孜孜不倦地指导。可以说，这本书是我们俩的全部心血加上先生的精心指导三位一体所成就的产物。现在我把这本书稿编入文集，以纪念我们青春时代的友谊与激情。

《巴金论稿》由人民文学出版社 1986 年出版。2009 年在上海巴金研究会的资助下出版过增订版，改书名为《巴金研究论稿》，由复旦大学出版社出版。现在是在第一版的书稿基础上做了修订，尤其在引文注释方面，全部重新校对了一遍，纠正了不少错误，也做了许多补充。所依据的是引文的初刊文或者初版本，又按照后来出版的《巴金文集》（十四卷，人民文学出版社 1958—1962 年）和《巴金全集》（二十六卷，人民文学出版社 1986—1994 年）的相关内容做了校对，保存了巴金写作时期的真实思想以及他晚年的多次修订状况。我们当时撰写《巴金论稿》时，有的没有找到初版本，只是按照《文集》引文，这次也一律按照初刊文或者初版本校对，并在注释里加以说明。另需要说明的是，为让注释简洁起见，涉及《巴金文集》与《巴金全集》的引文注释，均省略出版社，以卷数 / 出版年份 / 页码表示。

那一批记录这本书辛苦撰写过程的书信，后来经过我们的整理，分别收录在我的《豕突集》和李辉的《深酌浅饮》，都被列入倪墨炎先生主编的“书友文丛”，由上海汉语大词典出版社出版。后来又集中在一起，收录于复旦版的《巴金研究论稿》。这次限于篇幅，没有再收录于文集。

我后来在巴金研究领域继续写过两本书：一本是《巴金研究的回顾与瞻望》，1991 年由天津教育出版社出版，2009 年改由香港文汇出版社出版修订本，书名改为《巴金研究十年（1978—1988）》；另一本是传记《人格的发展——巴金传》，1991 年由台湾业强出版社出版繁体字本，第二年由上海人民出版社出版简体字本。限于体例，这两本书这次都未收入文集。

此外，我一直在巴金研究领域撰写各种研究论文和散文，直到 2014 年才结集由复旦大学出版社出版，书名为《巴金晚年思想研究论稿》。但是我觉得这个书名不贴切，因为书里面也有几篇是讨论巴金前期创作的。这次趁着编文集，我把这本书里的文章拆散开来。其中几篇散文收录于文集第七卷；一篇论《电》的文本细读，原来是《中国现当代文学名篇十五讲》中的一讲，现在按照体例依然收录于第四卷；其他的文章，除了一些零星短文没有收录外，大部分评论都放在本卷第二辑。为了与前一辑保持一致性，第二辑我以“巴金研究论稿续编”为题。另外有几篇论文是关于巴金研究的，我把它们专门放在一处，列为第三辑，取名为“巴金研究回顾与瞻望”。

巴金先生是我的人生道路上的又一位导师。我常常想，贾植芳先生是我人生道路上的精神父亲，如果没有贾先生的榜样，我可能一辈子也不会成为一个自觉的知识分子。而巴金先生却似我人生道路上的北斗星座，他也许没有与我说过许多教诲的话，但是他就那么默默地坐着，给了我无限的想象力。他曾经的信仰，他晚年的著述，他沉默的心灵，不断地提升我的思想和境界。我多次阅读《随想录》，不断揣摩他在沉默中的深意，精神上的领悟无法用语言来表述。还有，因为研究巴金，我又有缘分结识了毕修勺和吴朗西两位先生，他们都是无政府主义的信仰者，又是实践者，用他们朴素的生活行为践行自己的理想，教会了我如何安心于平凡的人生，而又努力做出不平凡的业绩。人生啊，也许只要有一个这样的伟大良心做精神指导，一生都会幸福，何况我在青年时代能够遇到这么一群智慧老人的厚爱，命运女神对我是何其眷顾！今天我把文集第五卷作为巴金研究卷，就是要保留下我对我的精神导师们的无限的感激。

2017 年 3 月 18 日于鱼焦了斋

第六卷《新文学整体观》序

《文集》第六卷主要收了我的两本文学史论著。

第一辑《中国新文学整体观》，1987 年由上海文艺出版社出版，整整三十年前的一本书。那时我才三十三岁。上海文艺出版社是一家老牌出版机构，专出文艺类图书。他们有一套“文革”前就开始出版的现代文学研究丛书，还有一套在 1986 年前后推出的新的文艺理论丛书，叫“探索书系”，打头的就是刘再复的《性格组合论》，名重一时。同时还有两种大型丛刊，一种是《美学》，另一种是《中国现代文艺资料丛刊》，都发表过重要的文献和文章。我今天还能细细地介绍这些书刊，可以想象，三十年前我是多么喜欢这些出版物，也希望自己的书能够列入这些丛书出版。但是在编辑老师看来，我毕竟太年轻，没有资格进入高大上的殿堂，于是理论编辑室主任高国平老师就找我商量，他们想组织一个为青年批评家服务的平台，也就是集中出版青年批评家的小丛书。为了强调其“小”，高老师特意取了一个名字——“牛犊丛书”，有一点初生牛犊不怕虎的意思。还决定不让作者自己写序，由责编与作者做一场对话放在书前，以代替序，还请人画漫画来代替作家的照片等，装帧设计都想好了。我闻之大喜，那时候我正在连续写作一组系列文章，都是用“中国新文学发展中的……”为题，在学界有一点好的反响。原本计划连续写十篇，结果才写了七篇，就匆匆结集出书，就是这本薄薄的《中国新文学整体观》。大约七万字，因为丛书的要求就是七到十万字。记得当时字数还有点不够，我就把一篇原本不属于这个系列的文章也编了进去，就成了八篇。那时的我是多么急功近利！后来钱理群教授还给我写了一封信，问我为什么不再好好地写下去，他在信里不无讽喻地说，这大概就是海派吧。

《中国新文学整体观》是我追随贾植芳先生进行“外来思潮流派理论在中国现代文学史上的影响”资料汇编的副产品。那是属于国家“六五”社科规划的一个大项目，因为工程过于浩大（我们做的仅仅是一个子课题），最终成果没有能够全部出版。但是我在先生的指导下慢慢学会了搜集资料，编写年表大事记等工作，由此结合我的专业，对现代文学研究有了自己的想法：一个就是不再受“现代文学”和“当代文学”两个学科界限的束缚，主张打通学科边界，确立“新文学整体观”的学科视野；另一个就是看到了中国新文学是在西方思潮的影响下一步步发展起来的，研究中国现代文学不能脱离世界格局。根据这两个心得，我开始撰写这一组文章。现在三十年过去，书中每一篇文章所讨论的内容都是极为粗浅的，以后都有大量的硕博士研究生深入研究，成果斐然。但是我当初撰写这些题目时还很少有人涉及，几乎每一个题目都花费了大量的时间去搜集资料和阅读原始文献。那时我刚刚大学毕业，留校任教，婚后居住条件也不好，我坐在狭小厨房里一张小桌旁奋笔疾书的情景，现在想起来还怦然心动。

但是因为急功近利，我还是为之付出了代价。以后我对这本书的质量一直不很满意，心里一直放不下，总想找时间好好修改。这种心理至今犹存。在我自己的著作里，这本书的版本最多，编来编去，就是我内心的不安在作祟。1990 年代，这本书在台湾出繁体字版，我加了两篇论文，删去了原先不属于这个系列的一篇，并且在文字上做了较大的修订增补。以后出版韩语译本时，又做了一次修订。2001 年，上海文艺出版社出版这本书的增订本，我又加入了许多后写的论文，扩大到三十万字左右，还写了一篇后记，交代这本书的版本变化情况。现在为了让读者了解，我把这篇跋也附在里面，这里我就不多说了。

但我还是不满意，因为增订本里许多内容是后来十多年里陆续写成的论文，掺合在一起总觉得有点不伦不类。于是在2010年我为山东教育出版社主编一套“20世纪文学史理论创新探索丛书”时，又从增订本里抽出几篇1990年代写的论文，加上别的新写的文学史研究论文，编成了《新文学整体观续编》，并在后记里说明了这个情况，我承诺以后《中国新文学整体观》再出版的话，就不再编入这部分内容，让《整体观》和它的《续编》各得其所。现在出版文集正是给了我这样一个机会，我就把《新文学整体观续编》编入本卷第二辑，调整了少量篇幅。《续编》的后记我也特意附在里面。

本卷第三辑是我关于学科建设的几篇论述，主要是我主编的两本文学史的导言。在此不赘。还有一点要交代的是：原来在编《中国新文学整体观》和《新文学整体观续编》时，根据当时出版社的要求，都把论文集改编为专著的形式，其实我是不喜欢这样的编辑形式的。这次总算又恢复了最初的论文集形式。我希望这是一个最后定本了。

2017年3月17日于鱼焦了斋

第七卷《星空遥远——散文与回忆》跋

《文集》第七卷主要收入两本小书。一本是《星光》，东方出版中心郑纳新先生约的稿，编辑过程已经在《星光》跋里说了，在此不赘。另一本是《1966—1970：暗淡岁月》。其他还有些零星与回忆有关的散文杂篇，都收录在第三辑。

《1966—1970：暗淡岁月》出版后，原来靖南中学的同学中有些反响，有的朋友指出了一些我记忆中的错误，现在都已经做了修订。我的朋友王沂波也已经在南京的工作岗位上退休，他经常回上海小住。于是我们又有了经常见面的机会。他告诉我一些凤凰村的信息，趁此机会，我把它写下来，聊以表达自己的思念。

我在这本小书里写到了王沂波的母亲孙惠芬女士。她以前对我很好，她既是我的邻居，又是同学的母亲。王沂波去黑龙江插队后，我也搬走了，但如果去学校，总还会到王妈妈那里去坐坐，有时就留在她家里，与他们一家一起吃饭。王妈妈烧的红烧肉特别好吃，不仅肥肉好吃，而且油都渗透在精肉里，精肉也好吃，咬进去松软入味，不像一般饮食店里做的红烧肉，肥肉与精肉好像是分家的，精肉总是又硬又干，口感很差。毫不夸张地说，我此刻回忆起王妈妈，依旧会有满口噙香之感。我的文章在《杨树浦文艺》上连载，听王沂波说，他妈妈看到这个刊物，爱不释手，每期都放在枕头边，时常拿起来读。后来她患病住院，沂波送她去医院时，她就说，把这套刊物也带去，在医院里也可以看看。但她老人家再也没有能走出医院。我事先一点也不知道王妈妈的事，等丧事办完了王沂波才告诉我，现在我把王妈妈的故事写进后记，寄托我的深深怀念。

我在书中还写到同一幢楼的小伙伴周建国，靖南中学文艺小分队成员，他性格活泼，比我大一届，与我非常投缘。我写过他常常（有段时间可以说是每天）与我待在一起，我埋头看书，他独自拉二胡，有一次他突然很抒情地对我说，他就喜欢与我这样静静地待在一起，哪怕一句话都不要说，就这样子，他心里也会很开心。他说这话的神情，我到现在还能历历在目。后来他毕业分配时，正逢“12·21”关于“上山下乡”的指示发表，他参军不成，就报名去贵州插队落户。他走后我们还通过几封信。他选择去贵州，是因为那里是上海的“三线”，有很多工业基地，他想过几年争取从农村上调工矿企业。那时，他对自己的前途还是很有信心的。后来我们渐渐通信少了，相互信息就断了。这次听王沂波说，周建国已经去世二十多年了，是一次骑摩托在山道上行驶时翻车而亡。我们当时一幢楼里还有一个小伙伴叫徐正德，我在书里没有写到他，我们四人是一个小圈子，常常在一起玩。徐正德性格比较沉闷，说话总是嘟嘟囔囔的，表述不大清楚。他的家境似乎也不太好，他是老大，还有三个弟弟，他与我一样，也是年纪很小就开始操持家务了。我们一群孩子外出买菜等活动，他总是打头的。我们四人中，他年纪最大，是1967届初中生，毕业的时候还没有遇到“上山下乡一片红”，他被分配在上海一家工厂里当翻砂工人，工作非常辛苦。我搬离凤凰村后再没有听到他的消息，这次王沂波告诉我，徐正德也在二十多年前就患肝癌去世了。

人在世上的命运，真是难以预料，也是不可把握的。当我编着自己的文集，读着一个个出自心灵深处的文字，尤其是这一卷，七卷本文集的最后一卷，心里念叨着别人的生命，其实也是在默默与自己生命中的一段段故事告别。通过编辑这本文集，我把曾经关爱过我、鼓舞过我，给我智慧、勇气和力量的前辈与朋友的生命信息熔铸在文字里，我满怀深情地写作，就是要把这些美好的生命信息传播到更加广远的世界。

2017年3月5日于鱼焦了斋

全文初刊《当代文坛》2018年第1期

辑二：研究文选

重建象牙塔

王安忆

这是早就想写的一个题目，现在我把这个题目送给陈思和。要去描写一个以文字和思想为生涯的人，是相当困难的。这种生涯几乎没有感性的一面。是静止的形态，还是孤立的形态，它完全没有可视性。它提供不了丰富多彩的场景，它活动的舞台是书斋这种枯燥又封闭的地方。有时候，是出于想让大家了解的好心，我们去描写他们的日常起居、个人性格、生活习惯，我们把他们刻画成人群中特出或者不特出的一员，可结果是，没有人认识他们。其实，性格于他们的生涯并没有太大的关系，他们不是社会大舞台上性格演员的那一类人。日常生活于这生涯也无大的关系，甚至连皮毛都算不上的，这个日常的世界只是他们寄居的地方。我们不必强调他们作为“人”的那方面，他们的意义并不在于此。

我们正在经历一个人性大启蒙的时代，这个时代说实在的开始得有点晚，同时又延续得过长了。那是因为我们从无视人性的历史里走来，所以我们格外迷恋这个肯定人性的时期。我们曾有过几次走进这个时期，又走出这个时期，再又走了进来，爱不够似的，也叫作历史的重复。这是充满人道主义热情的世界，特别能够满足对人对己的感情需要。在一次文学会议上，有一位人士提出，作家不应扮演群众导师的角色，而只是群众中的一员，他所从事的职业和调酒师的职业没什么两样。调酒师，可说是包括作家在内的知识分子在这个时期中找到的位置。这里确实有着对人性的普遍尊重，以及平易近人的谦逊，还有着一点审时度势的急流勇退。这觉醒的时代里，确实不再需要给大众上课的老师了。在这同一地平线，大家的视野都是同等的疆域。所以，我们确实会混淆一个以思想为生涯的人的特性。也因为，描写这特性于我们同样也以思想为生涯的人，是有难度的，这意味着一场思想的竞争和赛跑。谁能跑过谁呢？

像思想这种抽象的东西，大约只能用文字去操作它，只有文字才可使它物质化。而文字又是什么呢？白纸上的黑字，读它就有，不读它就没有，也是够抽象的。陈思和就是和这种抽象加抽象的东西打交道。我觉得他是那样一种人，他是隔着文字去触摸这个世界的，他面对的是一个后天的人为的世界，一个思想和审美的世界。这世界也是有骨血的，也是第二手的。他看起来像对现实缺乏热情，醉心于概念之中。可谁知道呢？概念也许要比现实更精彩一些，它炼取了现实的要点。好比原始人在陶罐上留下的雷电纹、云彩纹等的图案，其实是证明了他们思维的飞跃，从具象到抽象。概念也是雷电纹一类的东西，它是经过总结的现实，虽然缺乏体温，可却包含着思想的能量。其实，这也是需要热情的，需要的是沉淀过的热情。如不是有加倍的敏感，他怎么可能透过文字的隔膜去受授于现实的生存？

从这个现实世界走进抽象世界的过程，就类似于蝉蜕的过程。现实有多少缠绕啊，你得一层层地脱了它去，才可自由。更多的时候是，你一旦脱去了那羁绊，便无可依托，无从抓挠。举个例子，许多研究文字作品的文章，需要依靠作者的生平材料，进行立论立据，这类文章其实都有些瞒天过海之术。论点缺乏说服力，就用现实材料去补充，现实材料不够用了，再上论点。哪一边的逻辑都不是完整的，说是互相补充，其实不对茬口。还有些，甚至需要你作者出来做证，要作者自己交代，为什么要这样，为什么要那样。作者都这样承认了，还有什么不算数？或者干脆颠倒过来，用他做反证，有那么多现代心理学可作武器呢，弗洛伊德、荣格，谅他也逃不出这个证人席。

陈思和却不。表面上看起来，他评论的方式似乎有些孤立。即便是对我们这些近在眼前的人，他也极少去引用我们自己的说法，也不谈纯属我们个人的事情，他只对着我们的作品做文章。就是说，他只对写在纸上的感兴趣。他承认纸上的存在，是一种现实，这是他评论的前提。说起来是封闭自己，也是给自己出难题，其实却是严谨和缜密。不靠旁证，也不借助权威性的定语，是以逻辑的推理，让事实说话。似乎是没有人性的气息，把人文的产品当作机械的产品，可是对于一个以思想为工作对象的人，这却是负责的精神。你可以说他学院派，说他学究气，我倒情愿用俚语里"书虫子"这个叫法，我觉得很准确，也很形象。你想书虫子钻啊钻的，钻进一个什么样的世界？

看陈思和写《巴金传》，会以为他要转变得具象一些，参与现实一些。这几年来，一些重要的评论家都在撰写作家传记，比如凌宇写《沈从文传》，王晓明写《鲁迅传》。你惊奇于他们忽然对写人物这种写实艺术有了一致的兴趣，其实当仔细读过这些书之后，就会明白不是。他们是在寻找中国当代知识分子的思想的源。那是接受科学民主启蒙的第一代中国知识分子，算得上源头的一类人。陈思和们是在对思想进行清理和清产的工作。陈思和的《巴金传》里确实使用了大量的生平履历材料，看来，他以往的那种就事论事的方法在此受到了挑战，这是由他的研究对象所决定的。中国的知识分子的思想脉络，光是在纸上寻找是不会有结果的，他们的思想总是要受到现实的干预，同时他们也要干预现实。他们留在纸上给我们后人的，就显得那么不完全，需要配合他们的行为一起分析才可见其真相。所以，当陈思和面对着"人格的发展"这一个大题目时，不免会感到纸上的材料很不够用，他必须去寻找现实性的辅助材料。他这个书虫子，这一回倒真是有些钻出书本了，是不得已而为之。由于前一代知识分子不得已走出书斋，后一代知识分子便也必得走出书斋寻觅他们的足迹。

中国这一百年真是动荡不安，知识分子常常悲叹：偌大个中国，却安不下一张安静的书桌！而埋头于书斋的知识分子却被叫作"钻进了象牙塔”。我想，当陈思和收集着巴金先生庞杂的人生素材时，他一定会痛心于这一百年里有多少宝贵的思想流失于动乱之中。在这些生于世纪之交的敏感的头脑里，有着多少精神的萌芽，来不及生长便被扼杀了，要是由着它们成熟，将是如何辉煌的果实啊！这些果实的价值，有它的时候不觉得，没它的时候才知道。这都是一些脆弱的生命，有什么比思维这东西更容易倏忽而去？它们是需要悉心养植的，说象牙塔一点不为过。现在，陈思和要将知识分子从广场上召唤回来，是不是就是召唤进象牙塔里？他的声音很微弱，风一吹就吹散了，可总是有声音比没声音好。

中国人的思想工作，只注意到两极。玄的太玄，讲的是顿悟，一指头过去，就要觉醒；实的又太实，讲的是投笔从戎，知识分子下海。而中间的一段却被忽略了，这一段就是劳作的过程。什么不需要劳作？思想也是要劳作的。你只看到他们在读和写，却看不到这读和写里的思维紧张的活动，也是在奔跑和跳跃的，并且留下看不见的记录，给后来者做标高和攀缘。你看见过图书馆吗？那是故纸成堆的地方，你也许终生不会进去翻一张纸看，可有它和没它就是不一样。就好比你一辈子不会走进森林，可它却改良着你的呼吸。说起来，我们都是思想的受益者，辛苦的是他们，思想的工作者们。可谁又知道他们的快乐呢？

他们正处在蝉蜕的过程中，脱去的是具象的外衣，一层层的，都是要以认真成熟的生命去挣脱。你可以说他们是避世，可其实他们避的只是时世繁复纷攘的表面，为了钻进那核里去，那里有着一些一万年也不变，一万里也不变的东西，叫它真谛也可以。它的不变不是指静止，而是恒动的意思。你说宇宙变不变？要进到这核里去，却是说时容易做时难，要避世，也是说时容易做时难。何况，像陈思和置身的是人文学科，研究的是现代和当代，难免要人在事中，怎么摆得脱干系？这一百年的人文史就好比是一部革命史，实践比文章多，陈思和想钻故纸堆也钻不了。这使得陈思和有时候会持一个战士的姿态，发出些呼喊，比如参与人文精神的讨论。在一个早已启蒙近百年的社会里，个人主义大膨胀的今天，这种战士的姿态多少有点像堂吉诃德。这也是没办法，是一百年革命史的尾音，也是脱去蝉蜕的挣扎，是为铺平通向象牙塔的道路。

那确是处于塔尖的所在，是人的思想的顶端，那里也是须有一些劳动者的，为人们创造出一个精神空间。文字是它的砖瓦，也是攀缘的阶梯。思想者们伏在书桌上写啊写的情景，看起来很现实，毫无浪漫可言，而他们所创造的那个领域，却是真正的超然物我。但对于陈思和们来说，事情似乎刚开头，却也不是新鲜事了，一百年里，这样的头不知已开过多少回了，现在就看他们能不能走出历史的徘徊。

这就是我对陈思和的人生的描绘。

1995 年 4 月 20 日于上海

初刊《当代作家评论》1995 年第 4 期

薪　传

张新颖

陈思和老师勤于著述，勤于做事——我有意把著述和做事分开来讲——但这里面有个奇怪的法则：文章不是写了一篇少一篇，事情也不是做了一件少一件；文章越写，发现想写、应该写的越多；事情越做，牵连出来的没做、应该做的也就越多。而且，往往还不是想不想、应该不应该的问题，它们纷纷逼到了眼前、手下，你要是能从此硬起心肠，置之不理，大概从此就可以多一点安闲。偏偏陈思和不是这样的人，那他的总是处于紧张中的生活状态恐怕就很难改变。尽管大多数时候他对自己的这种“命运”十分清楚，却也常常犯错误：他常常急着把手头的事情做完，好像做完就可以拉倒，结果呢，永远是那个奇怪的法则在起作用：事情才不愿意你罢手不干呢。

陈思和的学术研究文章很受关注，用不着我在这里复述了；他做的事，有些容易看得见，有些不太为别人所了解，我也不想在这里啰唆了——只是想说，我所说的做事，指的是他作为（一）一个教师，（二）一个现代文化的研究者，（三）一个在当下的现实处境中自愿承担精神重负的知识分子，所做的未必形诸文字的那些事。一个人身份的自我认同有不同的方面和层次，但一个人是一个有机整体，这些不同方面和层次的认同应该贯穿起来，彼此间无隔无碍，能量相通，互相支持，流动不息，才可能避免成为一个狭隘的功能体，避免局促、枯竭和平面化，才可能造成大气象。这是我从陈思和身上体会到的很深的一点。

然而，精神力量的产生不可能仅仅是一个人自身内部调整、运行的结果，不可能完全是自我孤立地创生出来的。那么，它是从哪里来的？二三好友凑到一起，有时不免会议论到陈思和老师，其中颇难解释的问题是：他怎么能够不断地自我提升，不断地自我扩大？从他大学时代开始现代文学的学习和研究，到现在将近二十年了，说句很实在的话，二十年的时间足以淘汰一批人，也足以成就一些人。时间实在太无情了，十年前的弄潮儿十年后在哪里呢？与时俱进诚属难事。相对容易看到的是：这么多年来，陈思和在学术研究领域自我突破和更生的轨迹，以及知识分子意识的不断强化和作为一个知识分子的思想、工作格局的不断扩大；不是很容易索解的是：是什么支撑着他的提升和扩大？他忙忙碌碌的力量源头在哪里？

我并不是想好了答案才把问题提出来的，相反，提出问题是逼着自己做尝试性的探讨。

我看过台湾林怀民先生主持的云门舞集在上海演出的现代舞《薪传》，于我个人震动极大。我不懂现代舞，但《薪传》一下子就把我带进了人类绵延、悲壮的历史情景中。历史的绵延性、悲壮性体现在人类自身前仆后继、“薪尽火传”的历史行为和力量之中。

从艺术风格上来讲与《薪传》几乎正好相反的《九月寓言》唤起我几乎是同质的历史感受。如果说《薪传》以强劲有力、幅度很大的形体动作突出了历史中惊心动魄的绵延性，《九月寓言》则是以舒缓有致、神采飞扬的诉说展示出历史长流的生生不息。我在评价张炜的这部长篇时谈到个人与历史的关系：生生不息事物的最深、最基本的内里都不是一个硬核，而是一个绵长不绝的流程，并且要流到自我的身上，还要通过自我流传下去。生生不息肯定不是孤立的个体的特征，它归从于一个比我更大更长的流程。让生生不息之流从自我身上通过，也即意味着自我的消融和归从，我不再彰显，因为我是在自己家里，我与最深的根基恢复了最亲密的关系。我不再彰显但我心安气定，我消融了但我更大更长。

绕了这么一个弯子，我大概已经表述出我的一点想法了。人是在历史的接续中获得自己的，也只有在历史的承前启后中才能获得精神力量和自我创生的精神资源。说到陈思和，这个想法可以说得更具体一些。基本上可以说，他是秉承20世纪中国现代文化的精神成长起来的，他的专业又正好是现代文化（文学）研究，浸淫既久，体会自生。这里需要强调的是，研究者和研究对象之间，并不是简单的主、客关系，特别当所研究的又是研究者自身所处的这个世纪中国的文化和文学的时候，二者之间的关系就更为复杂。需要再进一步强调的是，陈思和是逐渐地、自觉地和中国现代知识分子所开创的新文化传统发生紧密的联系，有意识地使自己成为传统中的一环，不仅从传统汲取力量，而且在现实中传递为他所认同的精神的薪火。

问题紧接着又来了。新文化传统本身不过百年历史，内部又歧义矛盾丛生，对于当代的知识分子来说，它能否提供足够的支持？从一些人文知识分子的社会困境中，从他们自身思想和精神探索的艰难中，显然不能说背依这个传统就是足够的。也唯其不足、不够，才更显出历史和现实对知识分子的内在召唤，传统是需要人去创造的，人不应该设想自己处在历史流程之外袖手旁观，或者处在已经固定了的传统之后坐享其成。也正是当代的艰难和困境，揭示了薪尽火传的历史行为在当代的悲壮性。

在陈思和身上，这个世纪的历史和他所处的现实是贯通在一起的，我把这种情形简单地概括为：激活历史，承担现实。二者常常互为因果、互相表现、彼此启发和支援。

历史、现实、薪尽火传、悲壮性、知识分子等等词汇，在我们通常的使用中往往过滤掉了它们落实到日常生活中时必然具有的平凡、琐细的一面。我们不能只热爱抽象的概念而不肯踏踏实实做实在的事情；我们不能只愿意做痛快的瞬间殉道者而回避冗长的、艰难的精神探索和文化实践。一句话，我们不能做除了放言高论就无所事事的知识分子。陈思和是做事情的人，而做事情，除了要争着、赶着，也有很多时候急不得、赶不得，要把时间和力气都耗够了才行。

我在陈思和身上发现了一种走路的品质：我时常见到他一个人走在路边，一步一步地朝前迈，每一步踏下去都很沉实，骑自行车的人从他身边赶过去了，驾摩托车的人从他身边超过去了，坐汽车的人从他身边掠过去了。

初刊《文艺争鸣》1997 年第 3 期

成为一个创造者

——我所理解的陈思和老师

谢有顺

多年以后，我还能记得，陈思和老师给我讲述他和贾植芳先生一起喝酒、聊天时的样子。他听贾植芳讲他朋友们的故事，胡风、郭沫若、茅盾等人怎么样，也讲鲁迅，这些都是和教科书里写的不一样的，他觉得，贾植芳本人就是一部活生生的文学史。而陈思和开始研究巴金的时候，巴金的身体也还很好，也会和他讲很多事情，甚至会告诉他文章写得对不对。这些重要的际遇，直接影响了陈思和的文学观和价值观，让他无时无刻不觉得自己就置身于历史的现场。

文学是活着的历史，而且是一直在行进着的历史，作为一个学者，要想很好地研究它、理解它，首要的问题就是要找到属于自己的进入方式。陈思和身上鲜明的风格，正是这些先贤直接传导给他的理想情怀、责任意识。他说："现代文学史对我来说，不是历史，而是一个现实环境，就是一代代人从鲁迅传到胡风，胡风传到贾植芳，贾植芳传到我。""当我研究现代文学的时候，现代文学就是一条河流，我就是这个河流里面的一块石头。不仅我个人，所有研究现代文学的、从事现代文学的人都是这条河流里的石头。你们也是。这条河带着前人的生命信息，从我们身上流过去，流过去时把我们淹没了。但当河水流过我们身体的时候，就把我们的生命信息也带了进去。那么这个文学史就是一个活的文学史，是有生命的文学史。这样理解的话，这个学科就不是一个外在于我生命的学科，我喜欢现代文学，就是因为我是存在于此的，我是在这个里面的一个人，就像河流里的一块石头一样，我感受到这个传统在我身上这样流过去。”[①]我很喜欢他这个关于“石头”的比喻。历史是一道洪流，奔涌时浮在表面的多是泡沫，洪水过后，沉下来的却是石头。几十年来，陈思和一直专注于自己的文学研究和文学教育，没有像同时代的其他批评家那样兴趣广泛、四面出击，也许正因为此——在他内心深处，他只想做一块时代的“石头”。

我想起20世纪80年代中期，文学批评是那个时代的思想先声之一，很多最新翻译过来的思想、哲学著作，都在文学批评界先流行和应用。那时活跃着一大批青年学者，精神前卫，文采飞扬。在这批学者当中，陈思和未必是最具光彩、最富才情的一个，但现在可以说，他可能是对文学最专注、也最深情的一个。有些人探出头去研究艺术、泛文化、思想史，有些人转身去做出版、办媒体、忙行政，各有各的精彩，可陈思和从不为之所动，只埋头于自己所热爱的文学，守住这一小块学术根据地，历经多年，终成大观。说实话，身处一个喧嚣变动的时代，要保持这份专注，并不容易。在他，这是一种理想；而在我看来，这也是一种知识分子的风骨。

而这些品质，正是传承自他经常念兹在兹的两位精神导师——巴金和贾植芳。近距离接触或受教于这两位前辈的人不少，但陈思和对他俩的精神风华的敬意和向往，比别人深切得多。他共情于他们的人生，视他们为榜样，从他们的文字中接受精神滋养，也渴望能像他们一样挺立在人世间。一个知识分子，接受没接受过伟大良心的指引，他的言辞和行动是完全不同的。而陈思和身上有一种大家公认的深厚的人格力量，正是得益于他善于亲近那些伟大的灵魂，并从他们雄浑的人生中辨识何为有价值的事物，并明白自己该守护什么、藐视什么。很多人都知道，陈思和的性格温和、厚道、周全、尽力，他身上有强大的气场，总能聚拢起一群人，做出很多有影响

① 陈思和：《我的导师贾植芳先生——陈思和教授在河西学院的演讲》，陈思和、王德威主编：《史料与阐释》（总第四辑），复旦大学出版社2016年版，第112页。

力的事，也极大地扩展了中国现代文学研究的边界。但我想说的是，温和并不等于温吞，周全并不等于缺失原则，恰恰相反，陈思和的内心有着别人不易觉察、亦不可撼动的原则和坚守。多数人只看到了他“为”的一面，而不太留意到他“不为”的一面，那些表面的风华、繁杂的事务后面，其实贯穿着陈思和一直以来就有的条理和清醒。君子有所为有所不为，士不可不弘毅，陈思和是有这种“君子”风、“士”风的，知道反抗、拒绝，且再艰难也一直在尽力做事。学术上不循旧论，反抗成见，才有“文学整体观”“重写文学史”之再思，有“民间”“无名”之关怀；现实中懂得拒绝，不会把时间耗费在无聊的文山会海或觥筹交错之中，长期耗时耗力任中文系主任、图书馆馆长等职，也因这些平台可做实事。多年前，坊间有人说起，陈思和将调任何职，我一口否认，因我知道他志不在此，他不是个恋羡坐主席台的人。有一次在京参加一个与会者众多的大会，他也不过喜欢和我站在大礼堂后面的角落听会；而这些年大江南北无数的研讨会上，更是难觅陈思和的身影，这固然有家事缠身的缘故，但在骨子里，他是想把时间集中起来，做更多有意义的事情。他拒绝的，远比他得到的更多；他知道什么是泡沫，什么是石头。

每当这个时候，我就会猜想，陈思和在做很多抉择的时候，大约都会想起贾植芳、想起巴金吧。他说：“贾植芳先生是我人生道路上的精神父亲，如果没有贾先生的榜样，我可能一辈子也不会成为一个自觉的知识分子。而巴金先生却似我人生道路上的北斗星座，他也许没有与我说过许多教诲的话，但是他就那么默默地坐着，给我无限的想象力。他曾经的信仰，晚年的著述，他沉默的心灵，不断地提升我的思想和境界。”“因为研究巴金，我又有缘分结识了毕修勺和吴朗西两位先生，他们都是无政府主义的信仰者，又是实践者，用他们朴素的生活行为践行自己的理想，教会了我如何安心于平凡的人生，而又努力做出不平凡的业绩。”[①]“自觉”一词，何其贵重，这就是石头的品质，它在洪流中是沉下去的，无论外面

① 陈思和：《巴金的魅力·序》，广东人民出版社2018年版，第3—4页。

泡沫如何翻腾、水流如何湍急，石头都在深处沉潜。这些年，商业主义、权力崇拜愈演愈烈，人是很容易随波逐流的，但陈思和的专注、定力，以及他的理想主义精神，让他知道“如何安心于平凡的人生，而又努力做出不平凡的业绩”。数十年来，未曾一日离文学，多一寸进展，就多一分喜悦，这种学术上的跋涉，无深厚精神根系的滋养，断难坚持。他忆及贾植芳先生时说：“贾先生的做人道德和作文风格，都不是四平八稳、唯唯诺诺、在集体主义的传统中把自己很深地埋藏起来，而是相反，他的为人和文字里处处能够看到傲骨在咯嘣嘣地发出声响。……文字背后总是有一种桀骜不驯的人格力量。”[①] 这种“傲骨”和“桀骜不驯”的基因，又何尝没有种在陈思和身上？他还说：“我多次阅读《随想录》，不断揣摩他在沉默中的深意，精神上的领悟无法用语言来表述。”[②] 试想，一个沉痛的反省者，一个赤裸解剖自己的人，其“沉默中的深意”又会是什么？多少作品中，没有写出来的，有时比写出来了的更震撼人，知心的读者自会领会，这也是研究中国现代文学的人应有的基本能力。而今讲到傲骨、沉默、反思，很多人以为只有思想对抗这一途，这样理解就未免狭隘了；除了反抗者，还要有创造者，甚至创造比反抗更重要。

陈思和的内心，就是想要成为这样的创造者。他的傲骨，体现在无论时势如何变化、事务如何繁忙，都不能打断他的学术规划，不能稀释他的文学情怀；他的沉默，体现在他没有说的、没有做的事上，甚至在一些本该有他的场合你也看不到他。创造、肯定、做成一些事情、让计划变成现实，这比把精力放在宣泄、牢骚、厌弃上更有价值。所以，陈思和是我见过的学者中，对现实抱怨最少的人。不是说他没有失意和愤怒，而是他不为那些令人失望的人和事所困。他所信仰的是，哪怕在看起来什么事也做不成的日子里，也仍然可以尽力做一点事情。如果什么都不做，就什么也不会改变。他说过，自己在学生时代，贾植芳给他讲的故事中，“不是说他在

① 陈思和：《五年来的思念》，《人民文学》2013年第9期。

② 陈思和：《巴金的魅力·序》，第3页。

监牢里受了多少委屈，也很少说起受迫害时他遭到了什么困难”[①]，贾植芳总是讲他朋友们的故事，文学史上的故事，我相信这也直接影响了陈思和的为人风格。我做他的学生多年，从未见他把任何负面情绪传导给我们这些晚辈，相反，我们这些学生，每见一次老师，都会增强一分对社会和学术的信心。陈思和让我充分意识到，现状是可以改变的，重要的是每一个人都参与其间，每一个人都不藐视自己微小的努力。

在陈思和身上，洋溢着中国知识分子群体极为可贵的担当精神、岗位意识。由他，我经常想，中国不缺思想者、写作者，最缺的恰恰是如何把思想转化成实践、如何把纸上的构想变成现实的人。空谈容易，行动却难。钱穆论到清代的中国文化之所以衰微，最重要的原因就是文化成了纸上的文化。一切的思想，不能返回到现实、不能转化成实践，它的意义都是有限的。只是，长期以来，中国知识分子长于空谈，学术界也着迷于概念的空转，很少有人会脚踏实地地去做一些实务，因为大多数时候，做实务是一种奉献，是服务于别人。陈思和显然不想成为长于空谈者，他把文学教育放在与文学研究同等的地位，他坚持给本科生上课；他主编各种丛书，且向年轻作者倾斜；他办刊物，实际兼任《上海文学》主编多年；他做中文系主任多年，推进了多项重要改革；在图书馆馆长任上，也是亲力亲为。所有这些，都本于陈思和注重研究与实践相结合的价值理念。他说：“理想不是唱高调，我们每个人有自己的工作岗位，在自己的工作岗位上把自己的工作做好，这就是理想，出版也是这样，教育也是这样。我想如果巴金先生再回到人世间，巴金先生和毕修勺先生、匡互生先生、吴朗西先生等，他们还是会平凡地工作。……这批老一辈的人，一直到生命的最后，始终在想着怎么为社会多做点实际的事情，而从来没想过从国家那里拿多少钱。他们始终相信，人们可以通过自己的工作和奉献，来保证自己理想的纯洁性。

① 陈思和：《我的导师贾植芳先生——陈思和教授在河西学院的演讲》，陈思和、王德威主编：《史料与阐释》（总第四辑），第 111 页。

这个想法在我们今天几乎是一个神话，但是我想，在1930年代这也是一个神话，但是在那个社会，就有这么一群有理想的人，他们顶着社会的压力，逆流而上，通过自己的实践，点点滴滴地在做……这种精神是我们今天最最需要的。”[①] 这里所说的“通过自己的实践，点点滴滴地在做”，似乎成了陈思和的工作原则。“点点滴滴”，也许微不足道，但日积月累亦可能极为壮观。知识分子不应轻视自己渺小的声音，因为许多的小声音去到天上之后，就会汇聚成大声音；如果都在哀叹，都觉得个人之力渺小，改变不了什么，说了也白说，于是就什么也不说、不做了，那现状如何改变，民族如何前行？陈思和的不抱怨、不灰心、勉励前行，真是中国知识界难得的积极力量。

陈思和把这种实践概括为知识分子的岗位意识。他对知识分子从广场意识向岗位意识转化的论述，是一个很大的学术亮点。多数人只在乎自己那一亩三分地的学术耕耘，少有人关怀知识分子的使命和姿态。陈思和从巴金等人身上，深刻地看到了一代先贤不同于今人之处，“巴金的道路向我们展示了现代知识分子对中国命运的多种可能的选择和尝试……即知识分子在社会现代化转型过程中如何寻求自己安身立命的岗位……只要知识分子看清楚了自己在未来庙堂的地位的失落，放弃了重返庙堂，通过政治途径来改变中国命运、从而确立自己的生存意义的价值观的理想，他都会考虑怎样在现代社会中重新确立自己的生存意义的价值取向的问题：这种新的价值取向不是要放弃知识分子对社会的责任，而是重新寻找对社会履行责任的方式；广场不是知识分子唯一表达社会使命的场所，启蒙也不是知识分子显示知识理论的唯一途径”[②]。理解了这一点，就能理解陈思和为何愿意去做杂志主编，会不遗余力主编各种丛书，为年轻学者创造出版机会，因为在他看来，教育与出版所担负的意义，一点都不比学术研究小，他认为，“现代出版事业已经成为知

① 陈思和：《巴金研究的困难与展望》，《巴金的魅力》，第483—484页。

② 陈思和：《结束与开端：巴金研究的跨世纪意义》，《巴金的魅力》，第434—435页。

识分子以思想文化为阵地，实现自身价值的重要途径。知识分子在调整了安身立命的学术传统的同时，也调整了生存的方式和实现自我的方式，仕途已经成了可望而不可即的梦幻，比较实在的倒是祖先们筚路蓝缕开创而来的教育事业与出版事业。”[①]他主编“火凤凰”“逼近世纪末小说选”“中国现代文学社团史”“世纪回眸·人物系列”等丛书，他编写文学史，做很多教学实践改革，他对文学新人大力度的扶持，背后都贯彻着他自己所说的岗位意识。他本可以更专注于自己的学术，做出更多的学术业绩，但他乐意奉献时间和精力，为他人作嫁衣裳，正是出于他服务社会的使命感。

陈思和所崇敬的巴金，就是一个在自己岗位上竭力前行的人，他显然从这些前辈身上承传了做事的风格。至少在同代学人当中，少有人像陈思和一样深度参与到出版实践、教学改革之中。“我不是说巴金等人创办出版社是知识分子唯一可行的岗位，但巴金等人的实践确实为我们这一代知识分子提供了一条思路。无政府主义在广场上的失败自有其必然的原因，这里姑且不谈，但是当这些年轻人以崇高的人格理想在出版事业上有所实践的时候，其中的意义就不单单是出版事业上的成功，而是在当时乌烟瘴气的商业社会里树立起一个榜样：不是任何人都拜倒在金钱利润的权威之下，也不是任何知识分子在放弃了政治上的理想主义以后都会自暴自弃，以致放弃知识的力量。巴金们不是在文化受到社会的普遍重视、文化事业有利可图的时候去创办出版社的，而恰恰是在文化大萧条的当口，作为几个文化人自救行为才去做的，他们成功的例子，于现代社会中知识分子确立岗位意识的意义，实在是比五四新文学史上被后来者誉为主流的‘战斗意识’重要得多……是需要知识分子脚踏实地、很寂寞也很坚韧地在自己的岗位上发挥社会良知的作用。”[②]研究

① 陈思和：《试论现代出版与知识分子的人文精神》，《复旦学报》（社会科学版）1993 年第 3 期。

② 陈思和：《结束与开端：巴金研究的跨世纪意义》，《巴金的魅力》，第 436 页。

巴金者众多，又有多少人在这个层面上理解巴金？而把前辈的精神延续在自己身上，并像前辈一样介入社会、担负责任，在今天这个越发严重的“乌烟瘴气的商业社会里”，愿意同行者又还有几个？都在讲项目、著作、名头、获奖，知识分子的岗位意识已日益淡薄，一切与己无关之事，都被放逐；许多知识分子蜷缩在一个极小的领地里自得其乐，殊不知外面还有一个更广大的世界。陈思和自觉站立在那些伟大的现代知识分子的背影里，他不固守书斋，而是一直渴望接续上这个辉煌传统，这就是他所说的“现代文学就是一条河流，我就是这个河流里面的一块石头”。百无一用是书生，可即便无用也仍在努力发声，可以说，这是陈思和最感动我的一点。较之于我们这些后学，他的所作、所思，大概可以用高山仰止来形容了。张新颖说：“在陈思和身上，这个世纪的历史和他所处的现实是贯通在一起的，我把这种情形简单地概括为：激活历史，承担现实。二者常常互为因果、互相表现、彼此启发和支援。历史、现实、薪尽火传、悲壮性、知识分子等等词汇，在我们通常的使用中往往过滤掉了它们落实到日常生活中时必然具有的平凡、琐细的一面。我们不能只热爱抽象的概念而不肯踏踏实实做实在的事情；我们不能只愿意做痛快的瞬间殉道者而回避冗长的、艰难的精神探索和文化实践。一句话，我们不能做除了放言高论就无所事事的知识分子。陈思和是做事情的人，而做事情，除了要争着、赶着，也有很多时候急不得、赶不得，要把时间和力气都耗够了才行。我在陈思和身上发现了一种走路的品质：我时常见到他一个人走在路边，一步一步地朝前迈，每一步踏下去都很沉实，骑自行车的人从他身边赶过去了，驾摩托车的人从他身边超过去了，坐汽车的人从他身边掠过去了。”[①] 由此，我甚至想到了电影《阿甘正传》里的阿甘，开始只是一个人在跑步，无所期许，结果跟着他跑的人越来越多，最后成了一支庞大的跑步队伍。陈思和多年所推重和张扬的诸多观念，不就正在成为现代文学研究中的基本主题？

① 张新颖：《薪传》，《文艺争鸣》1997 年第 3 期。

没有一个大的精神格局，根本不可能将这些文化生活中的方方面面聚拢在一起，并通过自身的研究和实践，呼应一个日渐消逝的伟大传统。所谓成为一个创造者，也不是在书斋里空想几个名词就能实现的。这也是陈思和的学术研究具有原创性、发散性的根本所在。他的基本观点的形成，是建立在对众多文学实践的考察基础上的，有了这种贴身理解，他才能从一些芜杂、繁乱的文学事实中发现新知；他不着迷于概念，却又总能创造出一些深具概括力的概念；他重史观、史识，但又一点都不轻忽正在发生的、未被时间淘洗过的文学现象。有这种谦卑的研究态度的人，才会俯身去检索、体察一些年轻写作者的成果。而有些研究者，一钻进文学史中，就不自觉地无限拔高自己的研究对象，而一谈到当代文学，尤其是谈到此时、此地正在发生的文学，往往充满轻蔑的口吻，甚至以自己不读当代文学为荣。个中的浅薄真是令人无话可说。假若鲁迅、胡适、朱自清、闻一多、茅盾、沈从文等人也是他们这种态度，完全无视同时代人在写什么，又何来大家所赞誉的中国现代文学？那些古代的辉煌篇章，在作者所处的时代，不也是那个时代的当代文学？陈思和学术格局之大，恰恰是大在他不迷信时间，他所理解的文学，是一个动态的，还在不断被突破、不断被丰富的存在，他持续观察当下新作者的写作趋势，也主动选择与同时代的作家一起成长、一起成熟——这种视野的建立，对他的文学观念的构造起到了重要的作用。

真正的创造者，无一不是感觉敏锐、目光远大、精神前瞻的人。让无声者发声，从旧材料中出新思想，以一个文学人的体恤之心去理解历史、评析作品，进而获得新见。陈思和的一系列重要学术成果，昭示出的都是一个创造者的气魄和见识。他认为：“文学的整体观作为一种研究方法，不同于就事论事地对研究对象做出评论分析，也不同于简单地对两个研究对象进行比较，它是把研究对象放入文学史的长流中，对文学的整体进行历史的、能动的分析。”“打破以 1949 年为界线的人为鸿沟，把二十世纪第一个十年为开端的新文学看成一个开放型的整体，从宏观的角度上把握其内在的精神和发展规律，可以使现代文学研究把本体研究与其对以后文学的影响结合起来，将其在时间上的有限性与文学影响的无限性结合起来，以历史的效果来验证文学的价值，避免前人走惯了的封闭型的研究道路；同时又可以使当代文学的研究能够处处用历史的眼光来考察每一种新出现的文学现象、每一个新产生的文学流派以及每一部新发表的优秀作品，把它们看作新文学整体的一部分，分析它们从哪些传统中发展而来，研究它们为新文学整体提供了哪些独创的因素，使对当代文学的研究与批评逐步成熟。"[1]他把"先锋与常态"视为"现代文学史的两种基本形态"，"我想把五四新文学或者整个二十世纪现代文学分为两个层面。一个层面是，以常态形势发展变化的文学主流。……另外一个层面，就是有一种非常激进的文学态度，使文学与社会发生一种裂变，发生一种强烈的撞击，这种撞击一般以先锋的姿态出现。……这样两种文学发展模式，构成了二十世纪不同阶段的文学特点。"[2]他提出"民间"理论，"民间文化通过隐形结构在各种文学文本中渗入的生命力是如此的顽强，它不仅能够以破碎形态与主流意识形态结合以显形，施展自身魅力，还能够在主流意识形态排斥它、否定它的时候，以自我否定的形态出现在文艺作品中，同样施展出自身的魅力"[3]。他说："'无名'不是没有主题，而是多种主题并存。"[4]还有他论到的当代文学观念中的战争文化心理、20世纪中国文学中的世界性因素、从"少年情怀"到"中年危机"等灼见，皆已为学术界所熟知，而且成了诸多学术

① 陈思和：《中国文学史研究的整体观》，《新文学整体观》，广东人民出版社2018年版，第24—25页。

② 陈思和：《先锋与常态——现代文学史的两种基本形态》，《新文学整体观》，第219—220页。

③ 陈思和：《民间的浮沉：从抗战到"文革"文学史的一个解释》，《新文学整体观》，第289页。

④ 陈思和：《共名与无名：百年文学管窥》，《新文学整体观》，第358页。

课题的论述原点，无需我多加论述。而影响更大的《中国当代文学史教程》，更是让一批又一批的学子受益，这种突破编年体文学史格式的写法，同样是极富创造性的。

当然，陈思和的成就远不止于此。我虽多年读其文章、著作，令人受感、深思之处甚多，得到的教益难以尽述，但我每见陈思和之名，却不只是想起他的文字，更会想起这些文字背后的那个人。他的学术研究和文化实践、他作文与做人是一体的。“陈思和”三个字，是学者、教授、作家、主编、系主任、图书馆馆长、老师，也是读者、热心人、倾听者、好朋友……这样一个自觉而骄傲的知识分子，“一步一步地朝前迈，每一步踏下去都很沉实”，几十年走下来，文学和时代在他身上留下了巨大的回响，他也在文学和时代的幕布上留下了自己清晰的印痕。能和陈思和同处一个时代，并成为他的学生，我深感荣耀。

初刊《扬子江文学评论》2021 年第 6 期

沉稳从容而行

——为陈思和花甲之年而作

李　辉

一

时间真快，三十年，一转眼过去。

1982 年年初，我从复旦大学毕业，分配到北京日报社工作。1 月 22 日，在离开上海，回到家乡两天之后，我给陈思和写去一信。当时他二十八岁，留校任教与新婚宴尔，人生两大事，如愿以偿联袂而至，一切都是全新开始，兴奋与幸福，可以想象。

与他的兴奋或许有所不同，离开母校，离开同窗四年的同学，我即将走进的是一个陌生的城市，其工作与生活环境更是难以预料，也无法展望，心底更多的当然是对母校一切的留恋。在信中，我起笔写道："陈思和：你好，新婚愉快！我十六日离沪，二十日到家，一路平安无事。走时匆匆，未能到家中与你和小徐告别，很感遗憾。对于我来说，在复旦的日子，可能会是我一生中最为重要的阶段，带给我一个新的天地。我想，我会永远留恋上海，留恋老师和同学们的。……"

我这里所说的"永远留恋"，并非夸张，也不单纯是一己感受。四年之后，1986 年，陈思和有了类似的、更具体的表述。6 月 11 日，获知我们合著的《巴金论稿》已由人民文学出版社出版，他在来信中这样写道："得知《巴金论稿》已出，甚欣。这是我们第一本著作的出版，虽然时间的拖迟已经失掉了新鲜感，但我珍惜它是我们大学生时代的一个留影。回想起那时合作的情景，至今令我神往。你是知道的，我每当独坐在灯下，为一篇稿子苦苦思索，翻来覆去地修改而又不得提高时，我总是会想起我们在一起讨论稿子的愉快。为此，我就更珍惜这本书的出世。”

留恋，珍惜——两个关键词，总是让友谊于平淡、朴实之中凸显其持久与厚重。

时光荏苒三十年。当年二十八岁的陈思和，如今，蓄一头漂亮银发，领一群翘楚弟子，怡然自得地走近花甲之年。这是堪与 1982 年相比的又一次兴奋与幸福，对于他，下一个三十年的人生，又将是一个全新开始。

此处，我用“走近”而非“走进”，主要有两层考虑。一是，陈思和生于 1954 年，准确地讲，今年应是五十九岁而非六十，“走近”符合这种岁月状态。更重要的是第二层考虑——坦率说，比他只小两岁的我，一点儿也没有精神准备，没有想到我们两个人居然都要“走进”花甲之年了。三十年前，毕业离校时的意气风发、踌躇满志，仿佛就在昨天；三十年间，笔墨历史，臧否人事，好像刚刚起步……三十年，数一数，一万多天，多么漫长的一个时间阶段，怎么一下子就走完了起承转合？诸多日子，已成历史。

二

花甲之年——这一岁月概念，当然一点儿也不陌生。1978 年年底，我与思和在复旦中文系资料室里，结识了一位精瘦矮小的老头——贾植芳教授。这一年，贾先生六十三岁，思和二十四岁，我二十二岁。贾先生 1955 年因“胡风集团”一案牵连，遭遇多年牢狱之灾，与他结识时，他刚获准从监督劳动改造的学校印刷厂回到中文系，因尚未平反，不能执教，被安排在系资料室当管理员。从此，我们在这位花甲老人的关爱、指导下，启程前行。

虽经历磨难，贾先生的精神锐气从未磨灭，他与胡风等朋友之间的真挚友谊丝毫未减。他豪爽，乐观，坦荡，却非玩世不恭；他坚持独立思考和道德完善，却并不迂腐；他看重友谊，却不袒护友人，相反，他总能超越于个人恩怨，站在更高层次、更开阔的广度回忆往事，反思历史。晚年他为人题词，常爱写这么一句：“把人字写端正。”“端正”二字看似平常、朴实，要一生真正做到，谈何容易，先生却做到了。

贾先生是文人型的学者，这与现代中国的许多大学教授颇有共同点。他先是小说家，1937年以小说创作走进文坛，《人生赋》《热力》是他最初的精彩亮相，显示出他的艺术敏感性和现实观察力。不过，文学只是他的兴趣之一。他转而翻译社会科学著作，研究中国近代经济史，关注学术，拓展历史视野。一旦走进大学校园，文学性情的挥洒、学术视野的开阔与自由精神的飞翔，这些“五四”文化至为重要的传统，便成为他履行教师职责的基础。尽管他的教育生涯因磨难而断断续续，但在不同时期他所亲授的许多学生，都把他既当作恩师，又视为亲人和朋友。学生从他那里得到的不限于学识，更多的是“五四”文化特有的自由、开放精神的熏陶。

思和大学毕业后留校任教，并长期担任贾先生助手，这对他的学术发展、文化创造，乃至性情熏陶等，影响甚巨，惠及极深。

1982年，思和在一封来信中告诉我这样一件事：“最近一件事我觉得很不好意思，就是我们校对的《巴金全集》，因那些天我正在忙结婚的事，只匆匆看了一下，就给贾先生了，原以为不会有很多错，没想到贾先生非常认真，几乎又重新校了一遍，还是校出许多错误。我后来得知后，又拿回来一半，重新与小徐一起‘读校’了一遍，但心中确是很惭愧，贾先生这种一丝不苟的精神，实在是堪称师表，是对我们的一个鞭策。”思和有幸长期在先生身边工作、学习，很重视每一次的反省，由此他形成了学风严谨、资料扎实的特点。进而，凡参与的事情，无论大小轻重，他宁愿事必躬亲，也不敢疏忽怠慢，此中虽难免利弊互现，但顺其性情而为，于心自安。

无疑，在思和的心目中，贾先生占据着最为特殊的位置。他曾这样说过："我一生道路走得比较踏实，因为有先贤为榜样，不为世俗潮流所动。但最重要的，还是我身边有贾植芳先生直接的人格榜样。"（《〈脚步集〉序：三十年治学生活回顾》）多年来，思和就是在这种耳濡目染、潜移默化中，不间断地感受着先生的垂范，于不断体会与反省中，丰富自己，成就自己。在当今环境中，要想学会贾先生的淡泊名利、坦荡大度甚至狡黠，其实并不容易，但有先生的人格影响，年轻的一代就不会迷失于现实的浮躁。思和所写怀念贾先生的文章，感激、领悟，乃至愧疚，尽在其中，读后让人深切感受到他发自内心的一种视恩师若慈父的情感。

未想到，如今，我们竟然也走近了贾先生当时的年龄。资料室黯淡的灯光下前辈的身影，两个年轻人落在他身上求知、敬慕的目光，一想到这些，我不由得一边写，一边自己笑，大有一种穿越感。如果先生和任敏师母健在，得知思和迎来花甲之年，一定会请我们到他家去开开心心地吃上一顿。先生会操一口浓重的山西襄汾乡音说："李辉，去五角场买瓶北京二锅头。任敏，炸一盘花生米，做几碗炸酱面。来，思和，我们今天几个人好好喝几杯。"

于是，两个走近花甲的小老头，与一个九十八岁的老老头，坐在一起，把酒杯倒得满满的。多像三十几年前，两个二十几岁的年轻人，走进地板咯吱咯吱发响的一间灰暗小阁楼里，与一个花甲老人，一番神聊，一番畅饮……

三

当年，我们走进系里的资料室，是去借《巴金文集》，我们的合作研究巴金由此开始。

记得是在一次课余闲谈中，我们谈到了巴金，对这一话题都颇有兴趣。聊到投机处，思和忽然建议："要不我们一起研究巴金，好不好？"我不假思索，当即兴奋地应了一声："好啊！"

事后一想，我的回答其实过于轻率，颇有心血来潮成分。当时的我，并不太清楚“研究”一词应有的分量，也不曾考虑自己是否有能力跟上思和的步子。坦率地说，我能够有机会参加“文革”后恢复的首次高考，走进大学，完全是一次幸运的偶然。从小学到当知青，我读书甚少，更别说什么知识结构、思考与写作能力，与中学同学相比，充其量多一点儿文学爱好，在宣传队里写写三句半、打油诗、锣鼓词之类的节目，如此而已。初进复旦，我还没有从闲散、轻松状态中走出来，想到应珍惜难得的学习机会。相反，一年级期间，玩是我的主要内容：参加学校文工团，排练节目并演出；报考体操队，热衷于双杠之类的技能训练；参加运动会，跑百米、千米，为得到好名次而开心不已。如果没有思和的建议，这种信马由缰的大学生活真不知会跑多久，跑向何处，幸亏他勒住了这匹马。

思和只比我大两岁，却极为稳健、老成，许多方面远比我成熟。入校之前，他在上海卢湾区图书馆工作，早已读了一些中外文学名著，并在二十岁左右开始发表杂文、评论。1978 年，班上同学卢新华发表短篇小说《伤痕》，轰动全国，《文汇报》发表一组文艺评论，其中就有思和所写《艺术地再现生活的真实》一文。思想解放运动刚刚开始，思和从典型人物塑造和真实性角度充分肯定《伤痕》的价值，他也以此汇入新时期文学最初的大合唱。次年，他又在《光明日报》、新创刊的《读书》杂志上相继发表文章，评论“右派作家群”当年作品的结集《重放的鲜花》等。尽管尚未摆脱当时语言模式的影响，但是，思和早期的评论文章，其思考与行文已显露出重学理、耽于逻辑的特点，这是他在当代文学批评舞台上的正式亮相，也为日后的理论建树做了很好的铺垫。

具有相应的知识结构和学理水准的思和，当他提出研究巴金的建议时，无疑早已有了充分的准备，知道了如何起步，如何深入，甚至对自己在学术方面的近期、远期目标，恐怕多少也有设定。一次闲谈，却让他邀我这样一个既无知识储备又无学术功力的人一起合作研究巴金，实在出人意料。

这是缘分。

思和的这一提议，迅疾改变了我的大学生活。从二年级开始，我几乎放弃了所有“玩”的活动项目，像变了一个人似的整天埋头于学业之中。在思和的筹划、点拨下，巴金研究渐次展开：一起分工细读巴金作品，写下笔记，相互交流；一起到上海图书馆查阅旧报刊，在文献中触摸历史；一起采访巴金同龄人，开始最初的“口述历史”的训练；一起在贾先生指导下，撰写论文……

这些年，在不同场合我常说自己是个幸运的人，不同阶段得到过不同人的帮助。最为重要的当然是大学阶段，在复旦校园里，我有幸拥有良师益友。后来，我虽然不再从事学术研究，所在领域与行当也与思和相距颇大，但最初的合作不仅是一种美好回忆，更是一种深远影响，享用至今。1986 年，《巴金论稿》出版时，我执笔撰写后记，其中这样写道：“我们就是在那个发生巨大历史变革的时候，在那个充满朝气的班级里，开始了对巴金的研究。……当这本不像样的书将要付印时，我们自然而然地首先想到了贾植芳先生。我们不能忘记，当他还住在窄小昏暗的阁楼里的时候，凑着黯淡的灯光为我们修改文章，与我们侃侃而谈的情景。从一开始制订研究计划，他就成了我们的热心的支持者、引导者。几年来，从提供资料到修改文章，他都花费了大量精力。可以说，没有他的热情帮助、指导，我们这本书是难以问世的。”现在想来，当我写下这段文字时，其实也包含着我对思和的一份敬意与感激。

四

学术研究起步之初，思和便表现出了与众不同的敏锐、沉稳与厚重。

巴金于1979年开始发表《随想录》系列，陆续提出“独立思考”“讲真话”“忏悔”等命题。思和敏感地意识到，晚年巴金的这一写作，将是现实与历史的一种交融，而在新的历史阶段研究巴金，首先需要站在文学史、思想史的高度，摆脱以往清规戒律的束缚。

思和提出，阅读的重点不单纯是文学作品，还要将巴金与世界无政府主义运动的关系梳理清晰。如果不能客观评价无政府主义思潮的历史作用，不能肯定信仰无政府主义对巴金文学道路的内在影响，就很容易陷于过去研究者简单的思维模式，无法充分发掘巴金作品的意义。因此，从一开始，思和就主张一方面细读小说，一方面多看近现代史的政治、思想文献，并且按照贾先生所告诫的，尽量多看当年的原发刊物。我们撰写的前几篇论文，主要侧重于思想领域的探讨，如巴金的人道主义思想、巴金的无政府主义思想、巴金与法国民主主义、巴金与欧美恐怖主义等。这些题目，均由思和拟定，足见他善于在枝蔓交错的关系中，恰如其分地寻找一条主线，进而在论述过程中呈现出整合资料、明晰思路、耽爱归纳与提炼的能力。

早期研究巴金的磨炼与尝试，使思和打下了坚实基础，并在后来的学术研究与论述中，继续发挥其重视思想史、推崇历史厚重感的特点。20 世纪 90 年代初，他独立完成了《人格的发展——巴金传》一书，我在《读书》杂志曾发表一篇书评，其中这样写道："在我的感觉中，这些年活跃于文坛的青年评论家中，陈思和的文章，常常透出一种厚重。这种厚重，在于扎实的理论和史料功底，在于他的冷静而透彻的思辨能力，以及由此而形成的朴实而严谨的文风。在将现代文学与当代文学视为一体予以论说中，在'重写文学史'的讨论中，他都表现出这种做学问而需要的且甚为难得的厚重。"在之后的二十年里，许多事物与环境均在变化，但是，思和偏重思想深度的论述与推崇历史厚重的特点，一直延续着，并更加丰富——

重写文学史、民间立场、人文精神、潜在写作、出版策划、精读经典……

这些年里，思和的视野更为开阔，关注与涉及的领域也愈加广泛。他相继发起或参与不同讨论，在文学史研究中不断独立创建自己的学术术语，推动文学、出版和教育的各种项目，他的每一次亮相，几乎都会触动时代神经，在不同领域与范围引发不同反响。在思想相当活跃、学术取向越来越趋向多样选择的情形下，最重要的其实并不在于参与形式是否完善，概念定义是否无懈可击，讨论是否有理想结局，而是在于作为一个参与者，是否具有探索精神，是否持有巴金所提倡的“讲真话”的态度，是否有胡风等前辈理论家体现的坚持己见、发出独立见解的勇气。显然，思和一直在朝这个方向努力，在学术与思想的舞台上，他扮演着一个引人注目的重要角色，始终发出自己独特的声音。

我觉得，思和一直努力为之的，恐怕不只是将现代文学与当代文学打通，而是试图将学术、思想、精神、社会等不同层面真正打通。通过学术、教育、出版等途径与方式，将自我塑造成一位具有社会责任感、人文情怀、忧患意识的知识分子，想必是他所追求的人生最高境界。这些年来，随着学术地位的不断上升，随着桃李满天下和话语影响力的增加，思和有了由学术走进思想，由书斋走向社会更广领域的雄心、气魄与可能。当然，这不是一条坦途，也对自身提出更高的精神与性情的要求，然而，思和一旦确立了目标，一定会在崎岖之路上执着前行。思和看上去谦和、儒雅，喜怒不形于色，其实他内心极为强大、坚韧，外界压力与人际干扰，从不会改变他，也难以左右他，哪怕众说纷纭，他仍会一直坚持自己的选择，以自己的方式走自己的路。走进花甲之年，在总结人生经验之后，思和或许会想到在某些方面有所调整，有所改变，气度胸襟由此更开阔，更有包容性，性情渐渐趋向平和。但我相信，不管怎样，思和不会老于世故，更不会精神衰减，在纷繁复杂的现实之中，他依然会保持青春锐气、思想锋芒。

已是花甲，仍是青年。沉稳，从容，再向前行。

完稿于2013年3月2日，北京雾霾风沙离开之后

初刊《南方文坛》2013年第3期

"新时期"文学秩序的奠基者
——陈思和先生的六个方面

刘　涛

即使今天较诸70年代末、80年代初已然发生了重要的变化，时代的问题也已有所不同，但今日的格局皆在彼时得以奠定。70年代末、80年代初开启的时代被称为"新时期"，即与1949年之后的革命时代已然不同。陈思和先生出生于1954年，历经"文革"，1977年恢复高考后，第一届考入复旦大学中文系，1982年留校任教至今。思和先生在中国现当代文学史领域内参与肃清"文革"思维，扭转陈旧的文学观念，建构起80年代"新时期"的文学范式，重写了"革命时期"的文学史，写成了"新时期"的文学史。思和先生有着时代的风姿，著作等身，有三十种之多，一直以研究实绩引领中国现当代文学专业，是当下最为重要的学者之一。

陈思和先生迄今修成的主要身份有：巴金研究专家、文学史家、文学批评家、高校教师、编辑出版、中文系主任。这六个向度有着内在的统一，皆是作为知识分子的陈思和能量之体现，由此六端大致能见其整体。

一、巴金研究

巴金研究是陈思和的学术起点，他以《巴金论稿》一书首叩学界之门。陈思和之志向与立场受巴金影响颇大，其从事著书立说、教书育人、编辑、出版等工作可谓是身体力行巴金精神。我曾亲见，陈思和上课时板书“巴金”二字，与巴金本人手笔惟妙惟肖。

1978 年，陈思和考入复旦大学中文系。此是其重要转折点，从此之后陈思和一直学习于、任教于复旦大学中文系。名校与名师交相辉映，相得益彰。复旦大学的现当代文学此前较弱，经过陈思和几十年的努力，现在实力雄厚，人才济济，成为中国现当代文学研究重镇。

1978—1982 年在复旦求学期间，陈思和有二师一友。陈思和远师巴金，近师贾植芳，友李辉。贾植芳先生是著名的作家、翻译家、学者，以其铮铮铁骨著称于世，贾先生一生本身就是一部极好的作品。贾先生最初以作家名世，与胡风等“七月派”作家交游，他是中国新文学的参与者、亲历者；复出之后转向学术研究，为中国现代文学和比较文学两个学科做了诸多基础性的工作，影响、培养了一大批成绩卓著的学者，贡献极大。贾先生出生于 1915 年，一生多在困厄之中，经历四次牢狱之灾，他有一本《狱里狱外》自述生平。“狱里狱外”，反抗不息，斗争不止，可谓贾先生一生写照。贾先生早年求学于日本，归国后从事文学事业。1966 年，贾先生被作为“胡风集团骨干分子”以“反革命罪”被判刑。1978 年 9 月，摘掉“反革命”帽子，回中文系资料室工作。陈思和恰在其时认识了贾先生，并在他指导之下研究巴金与现当代文学，师生情缘由此结下。1982 年 2 月，陈思和留复旦任教，担任贾先生助手，协助先生进行《外来思潮流派理论在中国现代文学史上的影响》资料汇编。陈思和与贾先生之间，既是师生，又情同父子。2008 年 4 月 24 日，贾先生仙逝，陈老师悲痛欲绝，追悼会上致辞泣不成声，在场者无不动容。陈思和曾先后写过《“人”字应该怎样写》《殊途同归终有别——记贾芝和贾植芳》《感天动地夫妻情——记贾植芳先生和任敏师母》《我心中的贾植芳先生》等文章，追忆、纪念、研究贾植芳先生。李辉 1956 年出生，他是陈思和的同班同学，他们同声相应，同气相求，大学时相约一起研究巴金，毕业后虽一南一北，但时常合作，结下了深厚的友谊。李辉毕业后，在《北京晚报》工作，之后调入《人民日报》，他走了作家、学者、编辑一路，其《秋白茫茫》获首届鲁迅文学奖，另有《胡风集团冤案始末》《沈从文与丁玲》《封面中国》等作品，均产生了很大的影响。

1980年，陈思和与李辉合作《怎样认识巴金早期的无政府主义思想》一文，以通信的形式刊发于《文学评论》1980年第3期，直面巴金的无政府主义信仰。该文主要思想为："从巴金的早期活动和著作看，他的世界观是复杂的，有爱国主义、人道主义、民主主义等思想起着作用，但其中起主要作用的，仍然是无政府主义。"之后，陈思和与李辉又合作完成《巴金论稿》一书，1986年由人民文学出版社出版。陈思和曾协助贾植芳先生编《中国当代文学研究资料丛书：巴金专集》《巴金写作生涯》《巴金作品评论选》等资料文献，对巴金的原作以及国内外巴金研究下过功夫，该书就是在此基础上写就。《巴金论稿》分上下两编，共十章，讨论了巴金的人道主义思想、无政府主义思想等。该书确实做到了陈思和一直所倡导的方法："从现存资料出发，坚持实事求是的原则，恢复被传统偏见扭歪了的历史真相。"[①]

1930年，巴金曾出版《从资本主义到安那其主义》一书，其中对马克思有所批评。又因马克思主义与无政府主义之间有门户之争，所以1949年之后，巴金一直战战兢兢，甚至在1986年巴金致《巴金全集》的编者王仰晨的信中还说："只有一本《从资本主义——》我没有，但这本书不应收入《全集》。""安那其主义"之名都不提，可见巴金之谨慎。在《巴金论稿》小引中，作者说，1949年之后有两种否定巴金的思路，"要么因为巴金信仰过无政府主义而否定他的全部创作，要么因为巴金创作中表现出来的进步因素而回避他的信仰问题，即避而不谈无政府主义思想曾在相当长的时间内一直是巴金世界观发展中的主要因素"。《巴金论稿》从材料出发，实事求是，非常重视巴金的无政府主义思想，并进行了正面研究。《巴

① 陈思和：《中国新文学整体观》"编者与作者的对话"，上海文艺出版社1987年版，第13页。

金论稿》可谓“重新研究巴金”之始，该书摆脱了意识形态的干预，回到了巴金本身。

2009 年，复旦大学出版社又推出陈思和、李辉的《巴金研究论稿》一书，该书收录了《巴金论稿》，又增添了两部分：一是写作《巴金论稿》时贾植芳先生写给陈思和与李辉的信，还有陈思和与李辉之间的通信；二是新添了四篇陈思和与李辉研究巴金的最新成果。师友间的通信，既可以间接了解贾植芳先生彼时情况，也可以看出陈思和与李辉在写作《巴金论稿》时的心态、生活与工作情况等，也能透露出时代的讯息（譬如“清污”运动）。这些信见证了贾植芳先生、陈思和、李辉师生及朋友之间的深情与厚谊，他们互相信任，互相帮助，互相鼓励，今日读之，让人无限向往。四篇新近研究成果，则反映了陈思和与李辉近期的学术成绩、学术理念等。

陈思和以巴金研究进入学术界，之后尽管其研究领域拓宽，但他对巴金研究一直未曾放下，还写了《人格的发展——巴金传》和《巴金研究的回顾与瞻望》两本学术著作，另有《巴金的意义》《从鲁迅到巴金：试论巴金在现代文学史上的意义》《巴金研究的几个问题》《关于巴金〈春梦〉残稿的整理与解读》等多篇研究力作。

陈思和不遗余力地推动巴金研究与普及。2003 年，上海巴金文学研究会成立，团结了国内外志同道合者，共同研究巴金，并定期召开巴金国际研讨会，展现同道研究成果；陈思和还主编《巴金研究集刊》，刊发巴金研究方面论文、新近发现的与巴金有关的材料和巴金研究领域消息等，集刊迄今共出了七辑，推出多篇力作，在巴金研究界产生了深远的影响；陈思和还策划、编辑了《你我巴金》系列丛书，主讲或主持面向广大市民的巴金讲座等。

二、文学史研究

在文学史研究领域，陈思和提出了诸多引领时代的新概念与新理念，更新了中国现当代文学史研究面貌，并扎扎实实地推出了与众不同的文学史著作——《中国当代文学史教程》。这部另类的文学史由集体完成，是“复旦学派”的智慧结晶；但其中体现着陈思和多年以来研究文学史的心得，也融汇了他研究现当代文学所提出的诸多关键词。正是由于陈思和与众不同的理念和思想，《中国当代文学史教程》显得与众不同。

下文择要而言陈思和提出的一些中国现当代文学研究的关键词。

1. 新文学整体观

1985年，黄子平、陈平原、钱理群三人提出了“20世纪中国文学”之说，大意为：“二十世纪中国文学，就是上世纪末本世纪初开始的至今仍在继续的一个文学进程，一个由古代中国文学向现代中国文学转变、过渡并最终完成的进程，一个中国文学走向并汇入世界文学总体格局的过程，一个在东西方文化的大撞击、大交流中从文学方面（与政治、道德等诸多方面一道）形成现代民族意识（包括审美意识）的进程，一个通过语言的艺术来折射并表现古老中华民族及其灵魂在新旧嬗变的大时代中获得新生并崛起的进程。”1985年5月，陈思和参加了现代文学学会在北京万寿寺举办的“现代文学青年学者创新座谈会”，他提出“整体观”这一概念，与黄子平、陈平原、钱理群遥相呼应，一时引起极大反响。

1987年，陈思和先生《中国新文学整体观》出版，该书反响极大，1990年获得全国第一届比较文学优秀图书一等奖，1994年获上海市哲学社会科学优秀成果著作二等奖，1990年台湾业强出版社出版了该书增订本，1995年出版了韩文版。《中国新文学整体观》收录了八篇论文：《中国新文学史研究中的整体观》《中国新文学发展的圆形轨迹》《中国新文学发展中的现实主义》《中国新文学发展中的现实战斗精神》《中国新文学发展中的现代战斗意识》《中国新文学发展中的现代主义》《中国新文学发展中的忏悔意识》《中国新文学对文化传统的认识及其演变》。这是陈思和系统、综合研究中国现当代文学史的最初收获，其后他的很多研究都发端于此，对于青年学生挣脱教科书的束缚，换一种全新眼光接触文学史实体，有解放发蒙之功。（郜元宝《中国新文学整体观·序》）陈思和要通过这一系列文章处理三个关系："一、中国新文学史上'前三十年'与'后三十年'的关系；二、中国新文学发展中，现代主义思潮与现实主义思潮之间的关系；三、中国新文学发展中当代意识与文化传统之间的关系。"[①]

《中国新文学整体观》的核心词为"整体观"，陈思和将新文学视为"一个开放型的整体"，将中国新文学分为三个阶段、六代作家。其后，陈思和的研究领域尽管有所拓展与变化，但其视野大致在这六代作家之内。六代作家之分的灵感得自李泽厚，李泽厚有六代知识分子之说：辛亥一代、五四一代、大革命一代、三八式一代、解放一代、红卫兵一代。[②]整体观研究，可以"把批评对象置于文学史的整体框架中来确认它的价值，辨识它的文学源流，并且在文学史的流变中探讨某些文学现象的规律与意义"[③]。

陈思和非常重视《中国新文学整体观》一书，2001年，该书又出了修订版，增加了一些新的研究成果，字数达到三十多万。2010年，陈思和又出版了《新文学整体观续编》（山东教育出版社出版），再以"新文学整体观"为名，收录了其最新研究成果，譬如《五四新文学运动的先锋性》等论文。

2. 重写文学史

1988年，陈思和先生和王晓明先生联袂在《上海文论》开设了《重写文学史》的栏目，一时引起热烈讨论和强烈反响，"重写文学史"这一概念成为近二十多年来文学研究的关键词之一。陈思和、王晓明说，这个栏目"重新研究、评估中国新文学重要作家、作品和文学思潮、现象"，"开设这个栏目，希望能刺激文学批评气氛的活跃，冲击那些似乎已成定论的文学史结论，并且在这个过程中激发起人们重

① 陈思和：《中国新文学整体观》"编者与作者的对话"，第17页。
② 李泽厚：《中国现代思想史论》，东方出版社1987年版，第343页。
③ 陈思和：《中国新文学整体观》"后记"，第276页。

新思考昨天的兴趣和热情。自然目的是为了今天”[①]。被“重评”的作家有赵树理、丁玲、柳青、郭小川、何其芳、茅盾等。根据专栏主持人的设想，“重写文学史”“原则上是以审美标准”来“重新研究、评估中国新文学重要作家、作品和文学思潮、现象”，质疑“过去把政治作为唯一标准研究文学史的结果”，“冲击那些似乎已成定论的文学史结论”，“探讨文学史研究多元化的可能性，也在于通过激情的反思给行进中的当代文学发展以一种强有力的刺激”，“并且在这个过程中激起人们重新思考昨天的兴趣和热情”。专栏的设立及陆续刊发的文章在学术界引起普遍关注与热烈争论，包括王瑶先生在内的不少前辈师长给予鼓励，同行稿件更是纷至沓来。[②]

“重写文学史”是陈思和之志，也是其成就。1980年代新时期全面展开了对“文革”思维的批判，“重写文学史”就是这个潮流在文学史中的体现。“重写”意味着抛弃“文革”思维，重新开启一种新的文学史范式。1980年代由陈思和等人奠定的文学史模式，重视审美，将文学从政治的附庸之中拯救出来。1999年，陈思和先生主编的《中国当代文学史教程》由复旦大学出版社出版，贯彻了“重写文学史”的思路。

3. 潜在写作

“潜在写作”这一概念由陈思和先生在1998年提出，之后“潜在写作”观念融入其主编的《中国当代文学史教程》之中。

1998年，陈思和发表长篇论文《试论〈无名书〉》，提出了“潜在创作”这一概念。无名氏非常特殊，若要在文学史上为他恰当定位，就不得不修正文学史的框架。陈思和先生说：“所谓‘潜在创作’，指的是许多被剥夺了正常写作权力的作家，在哑声的年代里依然保持着对文学的挚爱和创作热情，他们写了许多在当时环境下不能公开发表的文学作品。……‘潜在创作’的对立概念是公开发表的文学创作，在那些公开发表的创作相当贫乏的年代里，不能否认潜在

① 陈思和、王晓明：《主持人的话》，《上海文论》1988年第4期。

② 金理：《陈思和学术年谱》，《东吴学术》2013年第1期，第123页。

创作实际上标志一个时代的真正的文学水平。”[1]1999年，陈思和在开设的“无名论坛”《主持人的话》中说：“本专栏第一期发表的《试论〈无名书〉》中，我提出了当代文学史上存在着‘潜在创作’的现象，文章发表后有不少朋友对这个现象感兴趣，并且提出了进一步的意见。如张新颖建议我将‘潜在创作’改为‘潜在写作’，理由是许多书信日记随笔等作品在当时并不是以创作为动机的，因而它们不是带有虚构性的作品。这个建议很好，由‘创作’到‘写作’，我们对这一类文学史现象的概括就更广泛，也更有普遍性。”[2]至此，“潜在写作”正式提出。

1999年，陈思和先生又发表了论文《试论当代文学史（1949—1976）的潜在写作》，此文可以视为“潜在写作”理论宣言书。该文以“抽屉”为譬，全面分析了“潜在写作”的内涵、类别、意义及其要解决的问题等。陈思和说：“现在提出‘潜在写作’现象就是把这些作品还原到它们的创作年代来考察，尽管没有公开发表因而也没有产生客观影响，但它们同样反映了那个时代知识分子的严肃思考，是那个时代精神现象的一个不可忽视的有机组成。重视这种已经存在的文学现象，才能真正展示时代精神的丰富性和多元性。文学史著作研究潜在写作现象，也同样以还原某些特殊时代的文学的丰富性与多元性为目的。”“当引入潜在写作以后，文学史所展示的精神现象出现了不可想象的丰富性。一个时代的精神现象，不可能以单一的思想理论形态来展示，也不可能以正反两极的二元对立模式来展示，它应该是一种多元的生命感受世界方式的共生状态，各种生命现象及其欲望的互相冲突和融合的过程异常复杂，时代精神应该包容并反映这种复杂状态而不是净化它。”[3]“潜在写作”

① 陈思和：《试论当代文学史（1949—1976）的潜在写作》，《文学评论》1999年第6期，第105、111页。

② 陈思和：《主持人的话》，《当代作家评论》1999年第3期，第50页。

③ 陈思和：《试论当代文学史（1949—1976）的潜在写作》，《文学评论》1999年第6期，第105、111页。

勾勒出一个新的文学谱系，做了“知识考古”，让被压抑者“重见天日”，浮出历史地表。

“潜在写作”提出后，很多学者纷纷撰文响应、参与，刘志荣、何向阳是其中的佼佼者，但也引起了批评和质疑。1999年《中国当代文学史教程》出版后，李杨撰写《当代文学史写作：原则、方法与可能性——从陈思和主编的〈中国当代文学史教程〉谈起》一文，批评此书，尤其质疑了“潜在写作”这一概念的合法性与合理性。李润霞承袭此思路，也作文《“潜在写作”研究中的史料问题》，批评该书的史料问题。

2006年，陈思和主编了“潜在写作文丛”（十种）由武汉出版社出版，包括阿垅、张中晓、无名氏、彭燕郊、胡风、绿原等人的作品。这套文丛展现了昔年被压抑者的声音，通过这些作品，读者可以看到其生存状态、处境、心态等。

4. 民间

1994年，陈思和连续发表两篇论文：《民间的浮沉——从抗战到“文革”文学史的一个尝试性的解释》（《上海文学》第1期）、《民间的还原——“文革”后文学史某种走向的一个解释》（《文艺争鸣》第1期）。前一篇从民间的角度解释抗战到“文革”文学，展现民间因形势不同而浮浮沉沉。由于抗战爆发，延安对于民间资源日益重视，此倾向后被写入《在延安文艺座谈会上的讲话》，成为1940年代以及新中国成立之后的文艺界的“宪法”；1949年之后，左翼思想一统天下，思想界日益单一化，民间不得不由显转隐，于是陈思和又提出“民间隐形结构”这一概念，解释了一些文学现象。后一篇的基本精神与前一篇大致相同，从民间的视角对“文革”之后的文学史做了某种解释。

民间是一个极具“生产性”的文学史理论，衍生出“民间隐形结构”“民间理想主义”“都市民间”等概念，以此视角来梳理20世纪中国文学史。对此，王光东、罗兴萍等学者“接着做”了不少深入的后续性研究。民间也为20世纪90年代以来的文学创作提供了新的研究视角和研究空间，对张炜、张承志、莫言、余华、贾平凹、阎连科等一批优秀作家的创作提供了新的解读方式。[①]

在陈思和的理论框架中，民间相对于庙堂、广场而言。民间藏污纳垢，但也丰富而充满活力。民间与潜在写作等概念，有内在的联系，均有共同的标的，试图解构整齐划一的“文革”文学观，寻找多种可能性，建构多元文学世界。

此外，陈思和还提出了无名与共名、战争文化心理、世界性因素、先锋性因素等非常有意义的概念，对中国现当代文学史研究产生了深远影响，此不一一论述。

三、文学批评

陈思和关注中国当代文学，有两种方式：一是通过写评论，积极评价重要作家及作品；二是通过编丛书、刊物等，积极推动当代文学的发展。

陈思和持续关注中国当代文学，他是当前最重要的文学批评家之一，他积极评价过很多重要作家与作品，发掘了诸多新人，推动了中国近三十年当代文学的发展。陈思和受周氏兄弟启发，曾有一个计划，以属相为书名，每一两年出版一本论文集，如此十二年，共出版了九本论文集，有《笔走龙蛇》《鸡鸣风雨》《犬耕集》《豕突集》《羊骚与猴骚》《谈虎谈兔》《牛后文录》等，这些书名尽管取诸生肖，但“鸡鸣风雨”“豕突”“犬耕”等颇能见其心境与志向；另外陈思和尚有《草心集》《海藻集》《献芹录》《萍水文字》等，这些论著中有大量当代文学评论。

陈思和在《中国新文学整体观》后记中说：“从心底里说，同时代生气勃勃的新时期文学对我具有更大的诱惑力。我还年轻，一种从学生时代就养成的，热爱当代社会生活的激情总是冲击着我，

① 参见金理《陈思和学术年谱》，第127页。

并鼓励着我把注意力转移到当代文学中来。”[①]诚然如此，1978年，陈思和就发表《艺术地再现生活的真实》（《文汇报》8月22日），此是为其同班同学卢新华的小说《伤痕》而写的评论；1979年，陈思和发表《思考·生活·概念化》（《光明日报》4月3日），探讨了刘心武小说中概念化的毛病。之后，陈思和关于当代文学批评的文章一直源源不断。

陈思和出生于1954年，他和同代作家一同成长，譬如王安忆、赵本夫、莫言、张炜、贾平凹、严歌苓、阎连科、韩少功、林白、张承志等。日后他们成为当下最受关注的作家，与陈思和的积极评价密不可分。80年代，陈思和与他们共同承担着走出“文革”，走入新时期的时代使命，因此同声相应，同气相求。譬如，陈思和一直追踪研究王安忆，写了《双重叠影·深层象征——谈〈小鲍庄〉里的神话模式》《雯雯的今天与昨天》《古老民族的严肃思考——谈〈小鲍庄〉》《根在哪里？根在自身——评王安忆〈小城之恋〉》《营造精神之塔——论王安忆1990年代初的小说创作》《试论王琦瑶的意义》《从细节出发——王安忆近年短篇小说艺术初探》《读〈启蒙时代〉》，还有与王安忆的对话《两个69届初中生的对话》，等等。同时，陈思和也关注稍微年轻的一代作家，譬如余华、苏童、叶兆言、朱文等人的创作，也积极发掘新人，关注罗伟章、卫慧、棉棉等人。

陈思和有独到的眼光，往往众人皆非之，他却能见其好处，众人皆誉之，他却未必以为然。譬如，2005年，余华的《兄弟》甫一出版即引起巨大非议，诸多批评家皆以为是失败之作。陈思和在课堂上专讲了《兄弟》，力排众议，以为这是一部极好的小说。在陈思和的推动之下，2006年11月30日复旦大学中文系举办《兄弟》的研讨会，“复旦声音”积极评价了此书，顿时扭转批评界的风向，意识到《兄弟》之价值。

陈思和还通过编辑丛书介入当代文学，编辑亦为一种批评方式，善者择之，不善者弃之。1995年，陈思和、张新颖、李振声与

① 陈思和：《中国新文学整体观》“后记”，第274页。

郜元宝开始编选《逼近世纪末小说选》。张新颖写过一篇文章《杂忆〈逼近世纪末小说选〉——陈思和老师的几封信，我还记得的一点事》，回忆当年编选情景："我到了九龙路陈思和老师家里。通常是在客厅或小书房里聊天，但那天天气热，陈老师让我坐到了阳台上。高层公寓的阳台，轻微的夜风吹过，还是凉快的。那天也不是随意聊天，是商量编选《逼近世纪末小说选》的事。之前也谈过多次，编个年度小说选，这一次算是正式定下来了。名字是陈老师起的，他很喜欢'逼近'这两个字，有一种在进程中的紧张感。后来他在第一本的序言中说：'它用倒计时的方法，描绘一种向世纪末的精神极限不断逼近的文学现象，这项工作从现在起大约需要六年的时间，以"逼近世纪末"为总提，一年编一本，直到2000年完成。这是一个在临界面上挖掘生命意义的工作，看看我们这个时代的知识分子是怎样勇敢地迈过这一道世纪之门的。'陈老师确定了编选小组，加上李振声老师和郜元宝，一共也就四个人。"金理对此有极好的总结，引述如下："《逼近世纪末小说选》既是对90年代文学一次极具个人化的存档，其所具的眼光、对当代小说在跨越世纪之门时呈现的可能性的探讨、求证，在今天看来无不应验了超前性、预见性。比如，卷二曾选入王小波的《革命时期的爱情》，而当时王在国内并无太大名声。陈思和为每卷撰写的长篇序言，提出90年代'无名'文化的特征，及在此文化状态下小说创作的新变；同时显示出批评家的独到眼力与其文学批评的显著特征。比如，《逼近世纪末小说选》中多次选入韩东、朱文的小说，陈思和在各卷序言中也不惜篇幅地加以解读，而在当时一般的评论意见中，置身于社会边缘的新生代作家很难得到负责的理解。"[①]2012年某天，我与《传记文学》副主编郝庆军先生谈天，他说在研究90年代文学，并评价陈老师的《逼近世纪末小说选》道，此丛书品位独特，又谈及曾选了当年尚籍籍无名，日后却爆得大名的王小波。时隔近十年，《逼近世纪末小说选》还时时被业内人提及，可见此书编辑者眼光

① 金理：《陈思和学术年谱》，第128页。

之独到。

2003 年，陈思和出任《上海文学》主编，倡导了刚健的文风，几年间杂志风貌一变。此不多言，详见下文关于编辑一节。

研究当代文学，是陈思和介入当下生活的一种方式，他通过理解当代文学进而理解当下社会，通过研究当下文学进而研究世态百相。故一旦社会有新变化，须有人挺身而出，陈思和往往义不容辞，譬如 1993 年陈思和参与提出了“人文精神寻思的大讨论”。此事，在当时引起极大反响，时至今日亦常被提及。陈思和参与的对话主要有：《人文精神何以成为可能？——人文精神寻思录之一》（《读书》1994 年第 3 期，对话者：张汝伦、朱学勤、王晓明、陈思和）、《道统、学统与政统——人文精神寻思录之二》（《读书》1994 年第 5 期，对话者：许纪霖、陈思和、蔡翔、郜元宝）。陈思和个人意见的集中表述可参考：《关于人文精神的独白》（收《犬耕集》）、《关于“人文精神”讨论的一封信——致坂井洋史》（《天涯》1996 年第 1 期，收《犬耕集》）。1992 年，邓小平发表南方谈话，市场经济全面铺开，民众从广场走向市场，风气一变。上海是市场经济前沿阵地，故敏感的知识分子已然感受到巨变，“人文精神大讨论”则表达了他们面对市场经济庞然大物之时的不安、惶惑、批判与反抗。陈思和事后总结其目的道：“但是我们提出的人文精神失落的问题，根源肯定不在当时刚刚开始的市场化（因为它的危害性还没有充分展示出来），而恰恰是近五十年的历史，是所谓的计划经济和对意识形态高度控制的政治形态才导致了知识分子人文精神失落和人格的软化，所以问题的复杂性就在这里。‘人文精神’讨论是从‘寻思’开始的，所谓‘寻思’是因为人文精神已经失落了，但是只有在市场经济兴起的时候，我们才有可能把它提出来‘讨论’，而且讨论的问题是从市场经济初期可能会带来的消极后果的忧虑开始的。”①

① 《陈思和、王晓明、张汝伦、高瑞泉：人文精神再讨论》，《东方早报》2012 年 5 月 27 日。

四、大学教师

陈思和头衔很多，有陈院长（复旦大学人文学院副院长）、陈主任（复旦大学中文系主任）、陈主编（《上海文学》主编）、陈会长（中国现代文学学会副会长、中国当代文学学会副会长、中国文艺学学会副会长）、陈教授（复旦大学中文系教授）等，但他最珍视者则是老师。80 年代末，陈思和曾面临一次抉择，有关部门希望他能担任某科研单位的文学所所长，经过权衡，陈思和没有接受此职务，自己觉得更适合当老师。通过他的这次抉择，大概能够见出陈思和的志向与心性。我于 2007 年 9 月至 2010 年 7 月，从陈思和先生读博士，2007 年至 2008 年曾为其助管，协助他处理杂事，耳闻目睹，深知他对教学之重视。陈思和社会活动颇多，不得不频繁出席、参与世界各地各种研讨会、评奖会之类，故时常外出。但无论在国内抑或国外，不论行程紧张与否，陈思和都会在上课之前赶回上海，有时候甚至一下飞机就奔课堂而来。某次，陈思和身体不适，频频咳嗽，我们私下谈话时因咳嗽而不得不多次中断。陈思和坚持讲课，奇怪的是，他一上讲台，竟滔滔不绝，几乎没有咳嗽，但课毕，却大咳不止。

1982 年，陈思和从复旦中文系毕业，即留校当老师，一直到今天，三十年矣。陈思和曾说："我早说过我的职业首先是教师，其次才是评论家什么的。对于教师来说，他的工作价值只在于帮助年轻一代及时发现并利用自己的才华，使中国知识分子的事业在目前的处境下真正做到薪尽火传。"[①]

陈思和主要教授中国现当代文学史，于作品可谓烂熟于心，但他不敷衍，每次课前，总会起早，重读作品。此事，陈思和的好友张文江先生曾多次在课上或书中提及，并告诫同学们须尽量保持"初心"。张新颖是贾植芳先生与陈思和共同指导的硕士，他也曾说："对教育，他的热爱是难以言说的。他讲中国现代文学史，已经有

① 陈思和:《笔走龙蛇》"新版后记"，山东友谊出版社 1997 年版，第 426 页。

许多年了，但每次上课前必备课，常常是上午的课，早晨四点多钟即起，找参考书，写内容提纲。同样一个名字的课业，却有不少学生听了不止一次。……陈思和老师对他周围的学生倾心倾力地关怀，往往使身受者无以言谢。而看着自己所关心的青年人一步步地成长，他也深感欣慰。他营造了一种很令外人羡慕的师生关系，在其中投射了具有提升伟力的精神能量。”[①]

陈思和的课有大课与小课之别。大课为全部学生讲，小课则为其硕士生和博士生讲。陈思和的课堂非常精彩，譬如 1986 年他为复旦大学中文系 1982 级学生开设选修课“新时期文学专题研究”时，将这门课分作三个部分：一由他主讲“新时期文学十年风雨”；二由同学们讨论当代作家作品，讨论了王蒙、张承志、阿城、刘索拉等；三请作家高晓声、王安忆，批评家吴亮、程德培、李洁非等与同学们座谈对话，共同探讨、交流文学创作与批评的现状。这样的课程设置显然让学生可以直接沐浴在当代文学的氛围之中，课堂讨论也相当热烈，发言实录整理成文后，在《文学自由谈》《当代文艺探索》等杂志发表，1987 年以《夏天的审美触角——当代大学生的文学意识》为题结集出版，2004 年收入《谈话的岁月》一书。当时这个班级中参与讨论的学生，如郜元宝、宋炳辉、王宏图、严锋、包亚明、刘旭东等，现在已是文学批评与研究领域的中坚力量。[②] 近年，陈思和为大一学生讲授中国现当代文学名篇，选取文学史经典作品带学生细细品读，《中国现当代文学名篇十五讲》一书即是课堂的讲稿。陈思和在课堂上贯彻“文本细读”方法，希望同学们通过他的讲解、引导可以学会如何欣赏、研究文学名作。至于小课，陈思和亦一丝不苟。我曾参与过三年陈老师的小课，同学们在其办公室，一起或讨论文学史问题，或讨论具体作品，争辩之声此起彼伏，至今想来亦有其乐融融之感。

1988 年，陈思和三十五岁评为副教授；1993 年，陈思和评为教授、

① 张新颖：《歧路荒草》，上海人民出版社 1996 年版，第 168—169 页。

② 参见金理《陈思和学术年谱》，第 122 页。

博士生导师，时四十岁，指导两个专业——中国现当代文学和比较文学专业——的研究生。陈思和桃李满天下，他所指导的硕士生和博士生很多都成为专业领域内的佼佼者，或各大高校与研究机构的中坚力量，譬如张新颖、王光东、宋炳辉、王宏图、孙晶、张涛甫、刘志荣、宋明炜、李丹梦、谢有顺、何向阳、周立民、聂伟、金理等。陈思和对学生极为关心，尽其力帮助学生们。此处，可以举例说明。周立民现为上海巴金纪念馆常务副馆长，是著名的青年批评家，他师从陈思和读了硕士与博士。由于周立民喜欢读巴金的书，他高中时即开始与陈思和通信，陈思和对他鼓励有加。大连书店少，彼时又无网上购书，周立民屡屡写信让陈思和为其购书并寄到大连。周立民大学毕业之后，在大连几经辗转，当过公务员、警察、记者，开过书店，但都不顺利，最后还是陈思和爱惜人才，帮助他考上了复旦大学中文系的硕士。再以我本人经历为例。2010年，我博士毕业，四处寻找工作，欲觅高校职位就不得不试讲。我素无讲课经历，于是颇为心慌。陈老师得知后，亲借一间教室，找了几位师兄弟当听众，让我试讲一遍。陈老师先指出我的问题，然后几乎手把手地教我如何授课，包括手应该如何摆放，眼神应该如何收放，板书应该如何，提问应该如何，等等。至今思之，我仍觉感动。

五、编辑出版

陈思和时常介入出版领域，客串编辑大量丛书，其中以“火凤凰”系列丛书影响最大；陈思和也曾真刀实枪出任《上海文学》主编。陈思和时以张元济创办商务印书馆与巴金创办文化生活出版社为例，谈出版者之精神，以为他们以出版为教育人才，以出版化民成俗。陈思和从事出版，亦有此志。

1994年，陈思和受一位企业界朋友赞助，建立“火凤凰学术著作出版基金”，筹划出版了“火凤凰新批评文丛”。该丛书影响极大，文学界流传“南京出作家，上海出批评”，上海之所以出批评和此丛书密切相关。对此，2010 年我曾采访过陈思和，引用如下，可以见当时情况与其志：“1992 年邓小平南方谈话之后，市场经济全面铺开，社会一下子没有适应过来，当时有人抱怨说‘造原子弹的不如卖茶叶蛋的’。当时人文学科几乎是最混乱的时候，且有传言说社科院要解散了，老师不好好教书，学生不好好读书，学者们纷纷跳槽，下海。人文精神处于危机时刻。我们提人文精神大讨论，就是基于这个背景。说白了，人文精神不是高谈阔论，人文精神是做出来的，是在具体实践中释放出来的。于是我想做些实事。其实市场经济，我觉得是有益的，以前是一潭死水，现在放开，就活泛起来。我年轻的时候比较相信存在主义，通过自己走的道路去实现自己，即使失败了也无所谓。当时我的榜样就是巴金的文化生活出版社，巴金当时通过出版支持了那么多作家，几乎是新文学的半壁江山。于是，我想通过出版学术著作，来推动学术研究，鼓励和保障学术研究。将大学以及各个方面的销路打通，通过资助，我们自己出版学术著作。当时资助我们的老板是一个军人，我们 1977 级上课时，他在我们班上听过课。后来转业了，到海南做房地产，做得不错，就想资助一下学术。后来他见到我，问我有没有什么困难。我说我希望能有一笔出版基金，可以出版一些学术著作。他后来将自己的汽车卖掉，先后资助了两次，共十四万。我就办了一个‘火凤凰学术著作出版基金会’，于是开始策划‘火凤凰丛书’。当时有一辑是新批评文丛，现在差不多上海最活跃的批评家，比如郜元宝、张新颖等，都是那时候推出来的。我希望通过出版学术著作让他们坚定自己的学术信心。”①

1995 年，陈思和与李辉策划了第二套丛书“火凤凰文库”，由远东出版社陆续出版，共二十四种，以老一辈知识分子的著作为主。其中著名者有：巴金《随想录》、贾植芳《狱里狱外》、沈从文《从文家书》、张中晓《无梦楼随笔》、于光远《“文革”中的我》等。

① 刘涛：《书、书店、丛书、出版——陈思和教授访谈录》，《南方文坛》2011 年第 2 期，第 62 页。

这套丛书展现了老一辈知识分子的风骨，抗衡了文化市场流行的软性读物，实践了知识分子的出版理想。[①]

1997年,陈思和又推出“火凤凰青少年文库”(十五辑共九十种),由海南出版社分两批出版。该丛书内容涵及古今中外，有传统文化、古典文学、现代文学、外国文学等。对于青少年认识、学习经典文化有极大助益。

2001年，陈思和与贺圣遂联袂主编“火凤凰学术遗产丛书”，由复旦大学出版社推出，包括陈子展《诗三百解题》、潘雨廷《易学史发微》等五册。潘雨廷先生（1925—1991）乃世外高人，其主要成就在易学与道教，为了应对时代形势，走出了“科学易”之路。1949年后，上海、杭州等地集中了一批不得志的老先生，譬如熊十力、薛学潜、唐文治、杨践形、马一浮、周善培等先生，潘雨廷先生即跟从诸位先生学习。潘雨廷先生在彼时年少且无名，故能躲过历次劫难，厉而无咎，1978年形势好转，他方出山，受聘于华东师范大学。《易学史发微》乃潘先生易学名作，读此或可窥易学大体，陈思和使其面世，功莫大焉。

另外，陈思和尚主编过其他几套丛书，均有很大的反响，此不一一述及。

2003年4月，陈思和接受上海市作家协会党组委托，出任《上海文学》主编，历时三年有余，2006年7月辞去主编职务。《上海文学》是国内文学界名刊，创办于1953年，在80年代一度引领文坛，其声势与声望均愈于《收获》，王安忆《小城之恋》、阿城《棋王》、韩少功《归去来》、马原《冈底斯的诱惑》等都始刊于此。对此，我曾采访过陈思和，他说：“去《上海文学》不是我主动要求。那时这份杂志陷入困境，欠了半年的工资，当时的主编去大学当教授了，这份杂志于是就搁在那里没有人管。其实当时很多人想管，大约是最后为了平衡，就想请一个外面的人来管。外来的和尚好念经嘛，于是把我请过去了。其实，当时我的亲人和朋友们都不同意我

① 参见金理《陈思和学术年谱》，第128页。

去做主编，或担心我的身体状况，或觉得这是是非之地。1990年以来，我一直在探讨市场经济时代知识分子应该如何发挥其作用，也有意关注了教育、出版以及人文学术思想的传播，我觉得就是这三位一体构成了知识分子的理想岗位。”[①] 据此，大致可以见出陈思和主编《上海文学》的志向。

陈思和主编《上海文学》时，提出了新的办刊方针：“走通两仪，独立文舍。”“走通两仪”意谓走通国内东西部，也走通中西。陈思和不希望《上海文学》成为“上海的文学”，于是接任主编之后连续去了宁夏、甘肃等地区，策划了西北青年作家小说、广西青年作家小说、甘肃小说八骏、河南作家小说专号等。陈思和又放眼世界，注重国外优秀小说的翻译，相继发表了奈保尔的《波西米亚》、拜耶特的《森林里的怪物》、卡弗的《柴火》、雷肯的《海》等。陈思和不仅希望《上海文学》成为中国读者了解西方文学的窗口，亦希望西方读者借此可以了解中国文学，杂志与法国人文之家基金会合作中法作家对话会，即是为此。“文舍”借用了沈从文的话，沈从文将文学看作人性的神庙，“文舍”即神庙，“独立文舍”意思是要以独立于市场的审美精神来办《上海文学》。

另外，陈思和与王德威教授共同主编《史料与阐释》《文学》等大型刊物，此不一一赘述。

六、教育行政

2001年，陈思和出任复旦大学中文系主任，兢兢业业，至今长达十二年之久。陈思和对复旦大学中文系感情深厚，他在此学习、工作、成长，中文系培养了他，他也反哺中文系。科举制度废除之后，读书人退出权力中枢，大致有三个流向：或从事写作，譬如鲁迅；或从事教育，譬如蔡元培；或从事出版，譬如张元济。但若在“化民成俗”角度理解为政，无论从事写作、教育、出版亦是为政，

① 刘涛：《书、书店、丛书、出版——陈思和教授访谈录》，第62页。

他们欲以此培植民族元气，开创时代新风，只是与直接从政有方式之别而已。陈思和从事写作、教育、出版，此是其间接“为政”；出任系主任则可谓直接“为政”。

十二年间，陈思和主要从两个方面展开工作：引进人才，加强学科建设；改革教学，培养人才。陈思和改革成绩卓著，复旦大学中文系实力倍增，2007 年中文学科被评为国家一级重点学科。在他卸任时，复旦大学中文学科在全国排名列于前茅。

陈思和积极引进人才，加强学科建设。2001—2012 年，陈思和前后为复旦大学中文系引进了五十二名教师（后因诸种原因，有四名先后离开），他们或名满海内外学界，或为学科领军人物，或为专业顶尖人才，他们融入复旦大学中文系，做出了各自的贡献。复旦中文系引进裘锡圭先生为首的团队，成立复旦大学出土文献和古文字研究中心，建立了一个学科高地，由此复旦中文系古文字专业一跃而为国内前茅；引进张汉良、杨乃乔的团队，提升了比较文学学科；引进著名作家王安忆，建立文学写作学科和创意写作的专业硕士学科；引进陆扬、王才勇等，巩固了文艺学学科的领先地位；引进袁进、栾梅健、段怀清等近代文学专家，在近代文学和通俗文学领域恢复了中文系原有的传统；引进郑土有等老师，建设了民间文艺学科；引进刘大为、刘晓南、陈忠敏、龚群虎等专家，在修辞学、音韵学、应用语言学等领域夯实了学科基础。裘锡圭先生团队从北京大学而来，张汉良教授是从台湾大学来，刘晓南教授从南京大学来，黄蓓、白钢、刘震、陈忠敏、龚群虎等从法国、德国、美国、新加坡等学成回国，他们来自四面八方，把国内外名校的优良学风带入了复旦中文系，影响了学生和老师，大大丰富了复旦中文系原有的传统。在陈思和担任系主任之前，复旦中文系已经有八十多年的历史，机构繁复，中文系、语文所、古籍所处于三足鼎立的格局，系所之间、党政之间难免有很多矛盾。陈思和上任后，提出了“中文学科”这一富有弹性、意象丰富的概念作为经营目标，来整合三家单位，自引进裘锡圭的团队以后，又建立了出土文献及古文字研究中心，由原先的“三足鼎立”过渡到和谐共赢的“四维并举”（王水照语），中文系真正进入了风调雨顺、蒸蒸日上的大好局面。在学科建设方面，陈思和打破陈规，在国内第一个聘王德威教授为中文学科的长江学者讲座教授，搭建起复旦—哈佛的学术平台，走国际合作的道路，复旦大学中文系学科建设也取得了长足的进步。[①]

昔年，蔡元培曾有一希望，若是中国能够大学生满街走，该是多么美好的社会。今天高等教育日益普及，但也日益沦为职业教育，大学生确实满街走，但社会似乎并无极大改观。陈思和对此或有较深感触，于是他积极展开教学改革，提倡精英化教育，意在培养人才。2001 年，陈思和上任伊始，即加强本科基础教学，强调学生应以读原典为主，中文系课程设置由是一变。原典精读课涉及古今中外各种基本典籍，譬如有《论语》精读、《庄子》精读、《史记》精读、《世说新语》精读、《说文解字》精读、鲁迅精读、沈从文精读、韦勒克《文学理论》精读、索绪尔《普通语言学教程》精读等。授课者皆为复旦中文系名教授，他们下到大一课堂之中，带领同学们细读原文。我在复旦读书时，曾去听过大部分精读课，确比浮泛的概论课或文学史课收获更大。此后，陈思和以此为基础，主持编纂了“中国语言文学原典精读”系列丛书，获教育部优秀教学成果一等奖等。此一系列课程及中文系获得教育部精品课程、国家级优秀教学团队等称号。近几年，在甘阳、刘小枫等人的推动下，国内也掀起“博雅”教育热潮，他们的灵感得自于芝加哥大学思想委员会开展的“Liberal Education”，于是中山大学、中国人民大学等也积极提倡阅读原典。而陈思和主导之下的教学改革，早一步就引领了风气。

从 2010 年开始，在陈思和主导之下，复旦大学中文系以比较文学与世界文学专业为试点，开始实施研究生精英化培养。2010 年，陈思和写了一篇文章《比较文学与精英化教育》（《中国比较文学》2010 年第 1 期），提倡比较文学应该进行精英化教育。后由杨乃乔

① 参见《复旦大学中文学科大事记（1925—2010）》及《2001—2012 年中文系行政班子述职报告》。

执笔写成《复旦大学比较文学与世界文学专业硕士与博士生精英化培养规划》（《中国比较文学》2010 年第 1 期），可谓比较文学进行精英教育的宣言，此计划拟订了详细的比较文学研究生的培养方案，明确提出比较文学专业的精英教育特质，强调硕博连读，取消硕士生论文写作，延长博士生学制（四年），设定多种外语教学（包括古希腊语、拉丁语、梵语，以及多种欧洲语言、东亚语言的学习），古汉语和古典典籍的训练等。此项教育计划实施以来，得到了复旦中文系学生的大力支持，也广受社会好评。

2012 年 9 月 26 日写就于曲阜孔子研究院

初刊《传记文学》2012 年第 12 期

陈思和学术思想概述

——《陈思和文集》前言

陈国和

陈思和先生是当代人文学科领域最有影响力的学者之一。他提出许多富有创见的理论话语，如民间文化形态、战争文化形态、潜在写作、先锋与常态、共名与无名、世界性因素等，有效地拓展了学术研究空间。同时，陈思和先生一系列丰富的研究成果又推动了这些话语建设的实践和发展。正因为有了像陈思和先生这样一批学者孜孜不倦的努力，我们学科才有了建构本土话语体系的可能，才有了文化自信的基础。

《陈思和文集》共分七卷。前三卷为当代文艺评论，第四卷为现代名著文本细读，第五卷为巴金研究，第六卷为文学史研究，第七卷是散文与回忆录。承蒙陈思和先生的信任，要我协助他编辑文集。在通读他四十年来全部文字的基础上，我想写一点对陈思和先生学术思想的介绍。

一、独立的批评观

《文集》的前三卷即《告别橙色的梦》《营造精神之塔》《在场笔记》，是陈思和先生的文艺批评结集，对应的时代分别为1980年代、1990年代和21世纪，涉及的门类除了文学创作还有话剧、影视、书法、绘画、戏曲等领域。陈思和先生在从事批评工作之初，就很明确地厘清了文艺批评与文艺创作之间的关系。他认为，文艺创作与文艺批评并不是谁依附谁的关系，而是各成体系，彼此感应，共同发展。“批评的存在，作为一种创作的对应物，作为一种创作信息的反馈，对创作起着感应的功能。但从宗旨上说，它无求于创作。它只有在独立的自身体系中才能寻到自己的目标，确立起真正的自信来。”批评不仅仅是为了诠释和阐发作家隐含在作品之中、文学之外的意义，也不仅仅是为唤起或分析读者阅读文本时的个人经验的联想，“文学批评的对象是文学、文学家以及文学作品，批评家是借助于文学形象来发议论，阐述自己的人生观、哲学观与审美观的”[①]。批评是一件严肃而丰富的工作，是以自己的美学追求和理论表达形式，感受时代的脉搏、烛照人们的心灵、繁荣文学的事业。陈思和先生在1980年代中期开始思考创作与批评的关系，非常诗性地表达两者之间“就像一条道路两边的树”，两者都有自己的成长环境，各自成为系统，“批评家和作家都是面对了当下的实际生存环境，都是当代社会生活的参与者”。“我想应该让批评家与作家站在同等的起点上进行对话，他们同时面对世界，只是用不同的方式来表达自己的感受。”

强调文艺批评的独立地位，在当时显然有拨乱反正的意味。与“五四”时期的圈子批评形态不同，从1950年代开始，一直到1980年代前期，文艺批评家一般都是宣传部门、文化机构的领导官员，文艺批评享有权力话语的地位，能够轻易决定创作的命运。这类批评往往遮蔽了生活的丰富性，抑制了创作的活力，仅仅成为一种国家文艺政策的准绳。1980年代中后期以后，文艺批评家的身份发生分化，高校文科师生队伍逐渐成为文艺批评的主力军。但是随之而来的市场经济大潮（包括在文艺批评领域出现的收视率第一、票房决定艺术、娱乐至死、红包批评等现象），使部分文艺批评掉入了资本意识形态的陷阱。面对这种尴尬的处境，我们才发现陈思和先生提出的独立的文艺批评理论主张的现实意义。

当文艺批评与文艺创作的关系置放在更为广大的时代背景下，

① 陈思和：《批评的位置》，《当代作家评论》1985年第3期。

陈思和先生又提出“批评与创作同构”的理论主张[①]，认为批评与创作对于时代而言是一种同构关系，鼓励批评家“做同代人的批评家”[②]。一个时代有一个时代的文学，时代的审美精神变化了，表达时代生活的方式及其感受方式也会相应发生变化。1980年代寻根文化之所以能产生深远的影响，一方面缘于作家敏锐的思考和艺术的创新，另一方面也缘于同代批评家的及时跟进。陈思和先生从1980年代就开始有选择地跟踪阅读、批评研究同代作家，对莫言、王安忆、张炜、阎连科、贾平凹、张承志、赵本夫、余华、严歌苓和林白等进行了长达二三十年的跟踪式评论，充分表现了“研究者对当代作家的爱和知”（陈骏涛语）。这些作家当时大多还处于创作的探索期，风格还不稳定。陈思和先生那时也还是一个意气风发的热血青年。他与这些作家互相观照，同步成长。如今这些作家和满头白发的陈思和先生都成为当代文学史上的重要人物，成为中国历史文化传承中不可或缺的连接环节。文艺批评不仅仅与创作同构，而且与时代同行。优秀的文艺批评家一定是同代人的批评家，或者说，就是这个生活于兹的时代的批评者。一方面，作家以他们真挚的写作实践，对中国社会的发展形成较为稳定的独立见解，以形象的创造深刻地反映当代中国的真实社会画面；另一方面，评论家见证时代的发展与变迁，努力用文字记录自己对这个时代的文学心得。他们用自己的劳动共同建设和维护文学的生态环境。

二、实践的方法论

从1980年代中期开始，中国理论界狂轰滥炸般地引进西方文艺理论新观点和新方法，西方文艺理论几乎主导了中国当代文学的批评倾向。但陈思和先生没有趋之若鹜随大流而呼风唤雨，他在从

---

① 陈思和：《批评与创作的同构关系：兼谈新世纪文学的危机与挑战》，《当代作家评论》2012年第3期。

② 金理、陈思和：《做同代人的批评家》，《当代作家评论》2012年第3期。

事文艺批评之初就不断警醒自己：每一种批评理论和方法都存在着两面性。每一种批评理论都不过是批评家手中挥舞的手电筒，是为了照亮黑夜的灯光，但任何灯光都有局限性。“当自己不能成为灯的时候，只能借助于各种人造的灯，不断地更换，也是一种超越。”他嘲讽那些生搬硬套外国理论的现象是“死死握住一盏灯就沾沾自喜，以为获得了太阳”。即使是太阳也有黑点，洞见也许就是某种偏见。作为一位有担当的批评家，最应该做的就是整合自身的文化资源（用陈思和先生的话来说，文艺批评就应该在批评实践中发现问题、提出问题和解决问题，批评实践永远是文艺批评第一性的资源）。来自中国古代和现代的文艺理论，来自东方西方的文艺理论，都是文艺批评第二性的文化资源，是用来服务于批评实践的。文学创作的多样化和越来越个人化的创作现象为批评家提供了多元选择的可能性。但究竟要怎样建立具有主体性的文艺批评？怎样构建具有在地感的文艺批评？那是文艺批评工作者所面对的挑战。“我也许只能在许多灯里面挑选一种，作为一个批评家的装饰。但我终究希望能获得心中的灯，我想说，我就是灯。”①

陈思和先生刚从事文艺批评不久就说“我就是灯”，好像有点年少轻狂，但更像是一种宣言，一种自我鞭策。他从来没有简单地套用西方理论来阐释中国文学现象，也没有用中国文学创作的例子来证明西方理论的普适性，他始终是在文艺批评与学术研究的实践中努力寻找适合中国文学现实的话语方式。《文集》第四卷为《名著新解》，是对中国现代文学作品的解读和阐发。陈思和先生强调“文本细读”的批评方法：“细读是一种方法，通过细读，培养不讨巧、不趋时、实事求是、知难而上的治学态度，以及重感受、重艺术、重独立想象的读书技巧。”提倡文本细读，“绝对不是轻视理论，相反，它要求能够融会贯通各门类的专业知识，精通并打通中西文

① 陈思和：《灯的故事》，《青年批评家》1985 年 9 月 25 日，第 18 期，原名《我与批评》。

学的界限，综合起各种经验来阅读一个文本”[①]。陈思和先生在分析文学经典作品时，采取文本细读的分析方法，试图以平和的批评态度，客观的批评立场，达到准确的批评效果。

文本细读从学术渊源上可以追溯到西方的新批评，但是陈思和先生在提倡文本细读的治学方法时，却是针对学术领域弥漫着西方理论的主导倾向——这种倾向导致了部分研究生严重忽略阅读文本，照搬一知半解的西方理论，结果出现大量博士生论文中的“双生”（理论夹生，作品陌生）现象。陈思和先生指导博士论文始终反对那种人云亦云、腾云驾雾，以致不知所云的治学态度，强调学术的资料性、准确性和创新性，要求学术论文建筑在大量作品阅读的基础之上。由于他深入地提倡阅读文本和分析文本，在长期的批评实践中总结出一套具有非常鲜明的个人印记的细读方式，即“直面作品”“解读经典”“寻找缝隙”“关注原型”等。陈思和先生身体力行，从文学名著出发，对《狂人日记》《雷雨》《边城》《生死场》《子夜》《倾城之恋》等文学史上的经典做了鲜活的分析，以此来证明文本细读方法的普适性。

文本细读在陈思和先生的文艺批评实践中是一以贯之的方法。尤其是他对当下文艺作品的解读，如对《坚硬如水》《秦腔》《兄弟》《生死疲劳》等作品的分析，都体现了文本细读的魅力。而且，他在批评中强调文本的重要性，但并不轻视理论的探索，他没有就文本谈文本，而是在深入解读文本中提出了一系列新的视角和理论，如民间文化形态、法自然的现实主义、怪诞现实主义、恶魔性因素等，这些理论都是在细读张炜、贾平凹、余华、莫言、阎连科等人的小说文本时发现并加以提升的。这些视角和理论不仅有效地阐释了单个作家或作品，更主要的是，对作品的细读所获取的见解，涵盖了当下文学走向，成为把握、分析当下纷繁文学现象的关键词。陈思和先生的文本细读不同于西方英美新批评的技术性、工具性的僵化

① 陈思和：《文本细读与比较研究》“主持人语”，《当代作家评论》2007年第1期。

模式，而是沐浴着生命的感动和浓郁的人文关怀，以当下的立场发掘文学作品的文学性和审美性，从“细读文本出发，解读文学作品，提升艺术审美性，认识文学史的过程和意义，实现‘细读文本’作为主体心灵审美体验的交融与碰撞，回到文学之所以为文学的文学性上来”①。现在，文本细读的研究方法已经得到了许多学者不遗余力的推崇，陈思和先生则开启了这种方法论的先河。

三、整体观的文学史视野

《文集》第五卷《巴金的魅力》、第六卷《新文学整体观》收录了陈思和先生早期的研究成果：他的第一部学术著作是与李辉合作的《巴金论稿》，紧接着就是独立完成的《中国新文学整体观》。陈思和先生在回顾自己的治学之路时，曾做这样的评价：“《中国新文学整体观》决定了我的学术研究的基本经纬。一是把20世纪中国文学史作为整体来研究，不断发现文学史上的新问题，并努力通过理论探索给以新的解释；二是关注当下文学的新现象，关注中国新文学传统与现实结合发展的最大可能性。20世纪中国文学史是我的学术研究的经，当下文学的批评和研究是我的学术视野的纬。”②陈思和先生是从研究现代文学开始进入学术界的，以后又转入当下文艺批评，所以他在批评方法上，有一个同代批评家很少具备的更大的学术背景。

陈思和先生最初的学术训练是在贾植芳先生指导下研究巴金，在研究过程中他接触了大量的西方无政府主义文献、俄罗斯民粹派文献以及俄国文学和西欧文学，这些必要的阅读和搜集资料，再加上他在进大学前接受的学习马列和国际共运史、西方哲学史的教育，构成了陈思和先生最初的知识背景。因此在巴金研究的论文里，他

① 陈思和：《文本细读在当代的意义及其方法》，《河北学刊》2004年第2期，第109页。

② 陈思和：《三十年治学生活回顾》，《当代作家评论》2009年第3期。

与李辉一开始就不是封闭式地研究巴金作品，而是从思想外围（人道主义、无政府主义、恐怖主义、民主主义等）以及文学的参照（俄国文学和西欧文学）入手来解读巴金、分析巴金，当时得到了不同凡响的效应。《陈思和文集》没有收录陈思和先生的比较文学研究成果，但是我们在巴金研究的论文和文学史研究的论文里可以看到他对我国早期比较文学研究的开拓性贡献。

陈思和先生更大的学术贡献在于20世纪文学史研究。他是“重写文学史”的发起者之一，早在1988年就提出“要写个人的文学史”[①]。他认为研究者不仅是研究文学史，同时也是在创造文学史。这里的“创造”不是指无中生有地编造文学史，而是“把现代文学史从人为的三十年时间限制中解放出来，让它延伸到今天以至未来，使现代文学成为一门未完成式的开放性学科”[②]。现代文学之所以不同于古典文学，主要在于开放性和世界性。“中国新文学的整体观”“岗位意识”“民间文化形态”“战争文化心理”“潜在写作”“共名与无名”“世界性因素”“文本的隐形结构”“先锋与常态”“殖民地与半殖民地的双重变奏”等概念，都是陈思和先生在研究文学史过程中提出来的，这些概念相继进入文学史研究领域，作为新的研究视角来探讨复杂鲜活的文学史现象。通过这些“命名”，陈思和先生建立起新的中国现代文学史的历史架构，并逐步形成了一个自主的文学史话语体系。举凡这些理论或概念的提出，都成为中国现代文学和文艺批评不能绕开的问题，而现代文学（特别是当下文学）也就有了自己学科的新概念与新范式。

陈思和先生这样解释“个人的文学史”：“文学史是研究者对一个历史时期的文学现象进行梳理和整合，它包括对文学现象的诠释、褒贬和取舍，这完全离不开研究者个人性的艺术感受和主观把握。文学史只有成为个人的研究工作，表达个人对时代、历史和文学的真知灼见，展示研究者个人的人格魅力，才有可能使这门学科

① 陈思和：《要有个人写的文学史》，《文艺报》1988年9月24日。

② 陈思和：《关于现代文学研究的一封信》，《文艺争鸣》1997年第3期。

体现出真正的自由精神，文学史才会有一个蓬勃的前景。”[①] 每一位研究者对文学史的描述都是一次“重写”，其中蕴含着知识分子对社会、人生、自我和理想的诉求。但是，唯有研究者的精神丰富性才能决定学术研究的个人性的真正含义，做到个人性的研究并不是一件容易的事情。陈思和先生的学术贡献主要体现在他的一整套具有鲜明特色的文学史理论话语创新之中，以此建构起中国 20 世纪文学史的独特阐述。

陈思和先生这样解释“整体观”的研究方法：一方面将 20 世纪中国文学纳入世界文学发展的总体框架中来考察、辨析；另一方面，则将 20 世纪中国文学作为中国古代文学向中国现代文学转变、过渡和发展的过程加以考量。“整体观”的研究方法有着宏观的世界文学视野，紧贴中国古今的流变，扫描 20 世纪的中国文学，在纷纭繁杂的文学史现象、文学潮流以及作家作品中梳理文学脉络，聚焦古今演变。这种研究方法“与其说是力图沟通中国现代文学与当代文学的鸿沟，还不如说是试图用一种新的研究方法来重新认识新文学史上的某些既定的偏见”，“站在今天的理论高度来重新认识、评价以往的文学现象，并在历史的观照下，推进当代文学以至文化的进步”[②]。整体观研究在纵向上突破了近代文学、现代文学、当代文学人为分期的限制，在横向上则将少数民族文学、港澳台地区文学、海外华文文学以及各种文艺门类和文艺形式，都纳入文学史研究的视野，拓展了文学史的整体空间。

四、新文化传统的坚守

当然，我们所面对的不是一部单纯的文学史，而是包含了现代知识分子追求与探索的精神史。

---

① 陈思和：《关于现代文学研究的一封信》。

② 陈思和：《方法·激情·材料——与友人谈〈中国新文学整体观〉》，《书林》1988 年第 7 期。

陈思和认为，所谓的新文化传统："一是知识分子的民间岗位的确立；二是坚持由鲁迅—胡风延续下来的独立批判立场。"[①] 新文化传统并不是僵死的概念和教条，而是指在知识分子学术实践与社会实践中形成的比较固定的思想观念。陈思和先生以学术研究、出版传播、教书育人等文化方式参与社会实践，试图将学术、出版、教育、思想探索与学术研究融为一体，彼此贯通，将自我塑造为一位具有社会担当、人文情怀和忧患意识的知识分子。这种人生的追求源于鲁迅、胡风、巴金和贾植芳等现代知识分子的一脉传承。

《文集》第七卷破例收录了一组怀人纪事的散文，以及陈思和先生回忆自己少年时代生活的《土中蛹》第一部《1966—1970：暗淡岁月》。在这些怀人纪事的散文里，陈思和先生一一写出了在人生道路上给以他深刻影响的人物："巴金先生是我的人生道路上的又一位导师。我常常想，贾植芳先生是我人生道路上的精神父亲，如果没有贾先生的榜样，我可能一辈子也不会成为一个自觉的知识分子。而巴金先生却似我人生道路上的北斗星座，他也许没有与我说过许多教诲的话，但是他就那么默默地坐着，给了我无限的想象力。他曾经的信仰，他晚年的著述，他沉默的心灵，不断地提升我的思想和境界。我多次阅读《随想录》，不断揣摩他在沉默中的深意，精神上的领悟无法用语言来表述。还有，因为研究巴金，我又有缘结识了毕修勺和吴朗西两位先生，他们都是无政府主义的信仰者，又是实践者，用他们朴素的生活行为践行自己的理想，教会了我如何安心于平凡的人生，而又努力做出了不平凡的业绩。人生啊，也许只要有一个这样的伟大良心做精神指导，一生都会幸福，何况我在青年时代能够遇到这么一群智慧老人的厚爱，命运女神对我是何其眷顾！"[②] 除此以外，陈思和先生还满怀深情地写出了他对郑超麟、匡互生、梁披云等一批当年的理想主义者的由衷敬仰，写出了他对

① 王晓明、陈思和：《知识分子的新文化传统与当代立场》，《文艺争鸣》1997 年第 2 期。

② 陈思和：《陈思和文集》第 5 卷自序。

人生道路上的益师良友——章培恒、曾华鹏、钱谷融、潘旭澜、李子云、周介人、褚钰泉等知识分子的缅怀。其实，有了这个知识分子群像的塑造，陈思和先生的学术人生道路才被落到了实处。

陈思和先生在“生命开花”的时光与巴金相遇，然后巴金的影响伴随一生。陈思和先生以巴金的生活史和创作史为基点，从“人格的发展”来研究 20 世纪中国知识分子道路的艰巨性和复杂性。他一直思考巴金作为一名信仰无政府主义的作家，在现代中国社会的发展中为什么能走在思想和创作的前列，成为当代知识分子的代表。晚年巴金是当代文化史上一个极为复杂的巨大存在。他有所坚持，有所沉默，保持了良知的力量。“巴金与鲁迅基本上属于两代人，鲁迅对新文学的贡献整个都是原创的，他的创作活动构成了新文学发展的先锋精神和原动力；而巴金则是鲁迅为代表的‘五四’先锋精神的继承者和实践者，在以鲁迅为核心的五四新文学运动的推进中，他发挥了别的作家不能取代的独特的作用。”[①] 以鲁迅为代表的“五四”精神传统通过巴金为中介，传递到陈思和这一代学人的身上。

鲁迅通过胡风为中介，其精神传统又在“七月派”作家、学者贾植芳身上发生了深刻的影响。贾植芳先生“坦坦荡荡的一生”，给陈思和先生更为深刻和直接的影响。从某种意义上说，贾植芳的人生经历和思想历程代表了中国新文学的发展、现代知识分子追求和抗争的历程。巴金的“人格力量”、贾植芳的“德行”，都是新文化传统的重要组成部分。陈思和先生正是站在这样的精神传统之下，寻求自己在当代社会中的批判立场和表达方式，反思新文化传统，同时也重新阐释新文化传统。

1980 年代是知识分子激情燃烧的岁月，他们活跃于“广场”，迷信于现代性的神话，忽视了自身的“岗位”建设。1990 年代以来，随着市场经济的兴起，大众文化推波助澜，人文知识分子精神状态普遍低迷，找不到自己的价值和安身立命之所，而原来设置在计划

① 陈思和：《从鲁迅到巴金：新文学传统在先锋与大众之间——试论巴金在现代文学史上的意义》，《文学评论》2006 年第 1 期。

经济体制下的人文社会学科发生了相应的分化。有些人文学科失去了往日的光环，在市场经济体制下左支右绌、进退失据。人文学科的内在价值受到怀疑，很多学者在资本的幻象中随波逐流，放弃自身的责任和使命，人文知识分子的精神状态萎靡不振。在人文精神大讨论中，大家都不得不思考“我往何处去”。陈思和先生从不回避当下面临的困境，直面知识分子颓靡的精神状态和迷茫的价值取向，直面“血淋淋的现实”，他从新文化传统中吸取现实战斗精神，学术研究和实践成为他的安身立命之处。

陈思和先生所强调的中国新文学的现实战斗精神是“鲁迅—胡风”传统的一脉，这是一种为呼唤现代文明、为改变落后现状而紧张地批判社会现实、热忱地干预当代生活的战斗激情。这种战斗激情为鲁迅等先行者所开创，为胡风等后继者所延续。鲁迅、胡风基本上属于两代人，但是他们都是广场型知识分子的杰出代表，他们通过自己的创作和文学批评履行现代知识分子的社会责任，成为广场上叱咤风云的猛士。“鲁迅—胡风”传统是新文化传统中最为重要的部分。但值得注意的是，无论鲁迅还是胡风，他们对社会黑暗势力的斗争，都是严格地坚持在自己的专业岗位上进行的。社会责任感的价值体系与学术专业化的价值体系相结合，才是新文化传统的核心之所在。[①] 陈思和先生的导师贾植芳先生是这一传统的模范传承人。但是陈思和先生对“五四”文化传统局限性的分析也是入木三分。“新文化的倡导者们在扬弃中国封建文化的过程中，始终没找到民族文化的根本力量”，“没有复活古代文化的积极的生命内核”，“五四”新文化就会在“文化源流上无根可依，于中国于西方都没能抓住并弘扬其文化的根本精神”，在思维方式上“造成两种定势：一是政治为本，二是主义为大”[②]。前者导致“政治为本”

① 陈思和：《我往何处去——新文化传统与当代知识分子的文化认同》，《文学理论研究》1996 年第 3 期。

② 陈思和：《“五四”与当代——对一种学术萎缩现象的断想》，《复旦学报》1989 年第 3 期。

的权力崇拜，后者则“强调主义的整体性而忽视问题的具体性”，这使得学术价值在当下社会日益萎缩。

陈思和先生在浮躁的时代情绪中，不仅反思了“五四”新文化传统的不足，而且坚持用“庙堂”“广场”“民间”三大文化空间理论来梳理20世纪中国知识分子价值取向演变脉络，重新描述现代知识分子的命运。他将这一转型期的知识分子的价值取向概括为三种意识：“失落了的古典庙堂意识、虚拟的现代广场意识和正在形成中的知识分子的岗位意识。”[①] 陈思和理性分析了庙堂意识的失落命运，揭穿广场意识的虚妄性，凸显了民间岗位意识的重要性。这种解读体现了当代知识分子在人文精神失落时代的自我定位，更像是一种文化价值上的自我拯救。这里的岗位有两重意义，“第一层意义是知识分子的谋生职业，即可以寄托知识分子理想的工作”；第二层意义是“知识分子如何维系文化传统的精血”，知识分子不是一个社会的经济概念，而是一种文化价值体系的象征，代表了人类社会中最高的文化层次。[②] 这也是源于陈思和先生对周作人等知识分子精神传统的创造性继承。“鲁迅、胡风、巴金一路的知识分子对我有吸引力，周作人、沈从文、老舍一路风格也让我喜欢。”[③] 陈思和先生多次表现出对周作人的偏爱，对周作人说的与其像野和尚“登高座妄谈般若，还不如在僧房里译述几章法句”深表赞赏。[④] 民间岗位理论的提出，为精神日益萎缩、行为进退失据的知识分子重新定义安身立命的价值规范提供了可能，为当下左冲右突，积极寻找精神出路的知识分子提供了理论依据。

① 陈思和：《试论知识分子在现代社会转型期的三种价值取向》，《上海文化》1993年创刊号。

② 陈思和：《试论知识分子在现代社会转型期的三种价值取向》。已收《陈思和文集》第1卷。

③ 陈思和：《三十年治学生活回顾》。

④ 陈思和：《现代知识分子岗位意识的确立：〈知堂文集〉》，《杭州师范学院学报》2004年第1期。

陈思和先生从巴金研究进入现代文学研究（1978—1981），从中国新文学整体观研究进而倡导“重写文学史”（1982—1989），从现代知识分子价值取向研究进而开拓话语空间、主编丛书杂志（1990—2000）等社会实践，从关注当下文学现场参与新世纪的文学、文化建设（2001—　），吸引陈思和先生的永远是那些与当代生活、当代文学有着密切关联的文化现象。他认为：“一个知识分子，如果对当代生活没有激情，没有热望，没有痛苦，没有难言的隐衷，那么，他的知识，他的学问，他的才华，都会成为一些零星而没有生命力的碎片”；“文学研究虽然不同于文学创作，但在冷静的学术研究背后，仍然需要精神上的热情的支持”。[①]

陈思和先生不是一位躲进书斋、皓首穷经的学者，他倡导的知识分子的民间岗位意识不是要放弃知识分子的社会责任，而是重新寻找对社会履行责任的方式。陈思和先生推崇的贾植芳、巴金、毕修勺、吴朗西等知识分子晚年都坚守在民间岗位上，他们“安心于平凡的人生，而又努力做出了不平凡的业绩”。寂寞、坚韧而又脚踏实地地在自己的岗位上发挥社会良知的作用，这显然有对抗资本意识形态的当下意义。陈思和先生将“人文精神”贯穿于文学史研究，明显具有对社会现实批判的诉求，具有抗衡文化颓靡的目的。陈思和先生通过对文学史深入的认识，坚守一个文学史家身在民间岗位而又自觉承担当代知识分子“守先待后，薪尽火传”的社会责任。当我真正走近陈思和先生，让我感动的不仅仅是他对文学史材料的熟悉，也不仅仅是他理论创新的勇气，更是他面对当下知识分子遭遇的各种现实困境表现出来的勇气和责任，这是他对人文精神的守护和开拓。因此说，这部七卷本的文集要把陈思和先生的学术精神与实践行为都囊括进来，是很困难的。

另外，由于篇幅的原因，陈思和先生还有许多理论成果没有收

① 陈思和：《方法·激情·材料——与友人谈〈中国新文学整体观〉》。

入《文集》，如有关比较文学、世界华文文学的研究成果，数量庞大的读书笔记、古体诗词、序跋杂文，陈思和先生在出版和教育领域的实践经验也没有涉及。同时，以我的才气和资质无法完全把握陈思和先生的学术精髓，无力精准地阐释陈思和先生的知识体系，在先生多次鼓励之下，我忐忑不安勉力为之。这固然有无知者无畏的勇气，同时也有些私心：在收集、阅读、选择陈思和先生文章的过程中，我可以回忆先生平时对我的教导，思考我们学科的一些基本问题。于是就有了如上的一些体会。

2017 年 5 月 23 日

初载于《陈思和文集》第 1 卷，广东人民出版社 2017 年版，第 1—15 页

上海文艺版《中国新文学整体观》序

郜元宝

陈思和师每本新书出来，都认真签好名送我。他是我本科班主任，现在又做了同事，大家认识，算起来已经有十七个年头了。他先后送给我的著作近十本，其中我知道他尤为重视《中国新文学整体观》，这是他全面研究20世纪中国文学史最初的收获（此前还有和李辉合著的单个作家研究即《巴金论稿》），学术品格也由此奠定。以后所出各书，或谈现代，或论当前，或重写文学史，或探索知识分子道路，都可说发端于此。我得到这本书也有十多年了，虽然经常翻阅——有时只是看看，有时因为正在思考某个问题，忽然想到他已经谈过，便找来参考——但从未打算关于它专门说些什么。这大概便是先儒所谓“百姓日用而不知”吧。

我读大学时，适逢中国现代文学史教学即将发生重大转变但实际转变又尚未到来的微妙关口，大学课堂里，学生对这门将变而未变的课程的忍受，则快要接近临界点了。现代文学史为中文系必修课，老师是极负责任的，但其授课实在不能引起我的兴趣。契诃夫小说《没意思的故事》形容课堂沉闷，说一只苍蝇飞进来，也会闷死的。我就在这种气氛中听现代文学史课，一年下来，毫无收获，本科毕业时遂断定自己和现代文学无缘，决定“搞理论”了。如果没有思和师等“第五代批评家”，如果不是他们从各自研究领域出发，既刷新了一门学科，又波及并深深影响当代中国人文学科许多其他方面，我至今或许还在那儿“理论”吧。《中国新文学整体观》对青年学生挣脱教科书束缚，换一种全新的眼光去接触文学史实体，有解放发蒙之功。要我讲它当时或以后的意义，我想说意义首先就在这里。

80 年代以前中国现代文学学科的性质，确实反映在大学教科书和沉闷的课堂气氛中。新中国成立后，一项重要工作就是编史，通过编史以确立新政权在意识形态上的合法性与绝对权威。文学史正是这种编史工作的一部分，教化的目的决定了其全部工作无法超越教科书式“宏大叙事”。只从政治利益出发叙述文学发展，而不是追求文学史本来面貌的完整呈现，这种偏向在现代文学研究界尤为严重。

由于历史的机缘，“第五代批评家”被推到冲破这种教科书式文学史框架的前沿。他们首先否定人为的“当代”“现代”划界，进而拆除现当代中国文学与传统文化和西方影响的障壁，填平大陆和台港澳地区文学的鸿沟，提倡“打通”，即把“五四”至今的文学在时空上视为整体，找出其间真实的发展脉络。

《中国新文学整体观》集中体现了这种新的文学史观念，全书十个部分（其实是十篇长文），谈论的都是从“五四”到当代贯穿性的文学问题。对此作者在“后记”中有这样的解说：

> 新时期文学无论在文学理论还是在文学创作方面所达到的成就，不仅远远超越“十七年”文学的水平，在总体上也已接近，甚至在局部已超出了“五四”新文学的水平。但是新时期文学的产生又决非偶然，表面上，它是从“四人帮”所造成的文学废墟上生成的，从更为内在的意义上说，它始终没有离开过自“五四”开始的新文学的传统。诚如艾略特所说的，“一种新艺术作品之产生，同时也就是以前所有的一切艺术作品之变态的复生”。新时期的文学创作中每一次对既有成就的突破，除了有横向的外国文学的借鉴以外，常常又是过去被“左”的路线所压制的“五四”文学传统的“变态的复生”。我们从高晓声笔下陈奂生身上看到了阿 Q 的影子，从张洁小说的女性形象中读出了莎菲女士，王蒙等人的意识流小说、舒婷等人的朦胧诗，以至最近活跃文坛的

“文化寻根热”，几乎都能够从文学史上找到其源流。这决非为了证明文学史上“古已有之”的光荣，也决非抹杀我的同辈人探索的创新意义，它只是告诉人们，今天的探索并没有割断历史，也不是什么旁门左道的野狐禅。它是文学发展的一种正常反映，是对前人未竟的探索的继承和发展。

这只是对他的工作的简略说明。全书关于具体问题左右逢源、点面结合的许多精彩论述，比一些基本的理论概括，像“中国新文学发展的两种启蒙”等，要更丰富、更细密得多。但基本想法，确实就包含在这段简略的说明里。

北京的陈平原、黄子平、钱理群三位将打通后的研究对象称作“20 世纪中国文学”，思和师则根据自己的体会，提出“中国新文学整体观”。一以时间标识，一则沿用既有的学术概念，即从和 20 世纪中国文学攸关的现代白话文中拣出使用频率极高的“新”字来命名。表面上，大家都强调整体研究，似乎无甚差别，其实是有所不同的。这不同越到后来变得越清晰了。简单地说，前者着重廓清文学史外围各种人为界限，竭力扩张研究领域，后者则以更具历史性的语感，提示其所关注的重心，乃是打通之后文学史整体框架中“新”形态亦即现代性的社会意识与个体精神之流变。或者说，前者更倾向于鼓励文学史外部研究，后者强调的是文学史内部研究（我并不按韦勒克的定义使用“内部”“外部”概念）。前者设想一种无限放大的文学史，其逻辑的必然，是要推出无所不研、无所不究或为研而研、为究而究的纯学术的文学史。这显然是一种理想状态的历史学图景。后者的目的，却只是想抓住他认为首先最应该抓住的文学中所表现的现代性精神意识的主干，“直指本心”，因而其研究工作在范围上反而是有限的，即更加内敛的。这从《中国新文学整体观》十篇论文的选题可以清楚地看出来。

最初的“打通”着眼于政治界限，这好理解。但界限不只在外，而已深入人心，实非简单的时间隔阂，所以并不那么容易仅仅通过拉长时限来“打通”。“20 世纪”作为单纯时间概念，并不利于标识，虽然其主体确实发生于这个时间阶段，然而其根源与影响绝非刚好始于本世纪之始而终于本世纪之终的文学史实体的流动性和开放性。20 世纪中国文学和 19 世纪以前中国文学的差距，尚可做此截然划分（当然仍旧有许多讲不通的地方），可到了 21 世纪，“20 世纪中国文学”的问题，难道就马上自动取消或转变了吗？随着新世纪脚步的逼近，“20 世纪中国文学”的概念确实已经日益显出尴尬来了。

更重要的是，如果不从内部，不从文学所反映的精神意识的主干着眼，单在时间上“打通”，很可能又只是呼应特定时期的政治需要，从而造成又一种被动呆板的学术，本质上仍然和以自由为最高理念的文学无缘。

政治视界对文学的干扰，因为蒙了新观念、新方法之名，甚至比过去走得更远。比如有一段时间，为破除文学史对“五四”传统的简单化叙述，排他性的所谓从鲁迅至左联的发展主线有意按下不表，大家转而竭力搜求以往被忽略的作家作品，先是海外发起的“沈从文热”“钱锺书热”“张爱玲热”，种种热点研究，确实“发现”了一个久被遗忘的文学天地。后来更细致了，周作人、废名、林语堂、梁实秋、施蛰存、梁遇春、林徽因等，所谓“被鲁迅骂过”或与鲁迅文学圈子无关的人，纷纷被“发掘”出来，有的甚至成为一时之显学。年轻的研究者只好往更底层深入挖掘，小作家研究蔚然成风。但与此同时，所谓鲁迅传统本身倒被压缩到“鲁迅研究”专业领域，在重构 20 世纪中国文学史的呼声中，反而对它很少去做相当的重新“发现”与重新阐释的工作。事实上这项工作远没做好，更不用说已经完成。不仅如此，为了强调以往被压抑的文学，一些研究者想当然地将所谓从鲁迅到左联的主线虚构成历史上实有的压抑者，称之为“五四”以来的主流文学，而将“重新发现”的文学定位于主流以外。例如张爱玲的成就，据说就在于她成功地回避了喧嚣飞扬的主流，触及人生的底层，展示了个体生命的实感空间。进行这种论证时，张和“五四”无可抹杀的血缘关系就被撇在一边了。这样的研究不仅无法理解张氏小说特别是她后期作品激烈批判现实的态度和深刻广大的人类之怜悯，也无法说明作为整体的“五四”文学精神的丰富流变。凡此种种，说明本来意在“打通”的文学史重写工作，因为只强调在时间空间上对原本残破的历史图景的拾遗补阙，强调对旧的文学史叙事的拨乱反正，忽视了与此同时对内在整体精神意识的沉潜含玩，照样有可能人为地造成文学史深层新的分裂和板块漂移（再比如许多研究者注重海派京派的分野而很少论及两者的相同或相通）。这或许是“以改革而胎，反抗为本”的一切思潮学术概难免除的弊端吧。

思和师在这种学术气氛中开始自己的研究，但他似乎一开始就意识到拨乱反正可能导致的过犹不及，所以在以“中国新文学中的……”为题的系列论文中，一再强调所论问题本身的开放性，一再申明自己仅仅是截取流动不居的历史长河的某一河段、某一支流，一再强调他的工作并非求大求全的“史的研究”，而仅仅是“史的批评”，是以批评的眼光，勾勒新文学整体精神的流变，所以他的研究，虽然都只取某个横截面，却真正能够让你顺着不同横截面与新文学整体精神意识的有机联系，由局部想象全体。例如，他不仅把“现实主义”“现实战斗精神”“现代反抗意识”单列上、中、下三篇，组成一题，以示重视，其他各篇重点叙述某一贯穿性文学思潮，也时时可见与上述三篇的内在联系。因为密切关注了各种思潮内部的复杂构成，所以更有说服力地显示出不同的思潮间盘根错节的整体性关联。他努力彰显的是“五四”至当代文学对相似乃至相同问题既有差异性又深具同一性的应对策略（“整体观”“共名与无名”用意即在于此），绝不人为地再搞什么划疆而治，自我封闭，往往一篇文章，就带动我们对20世纪中国文学发展全过程进行思考。

这样做的前提，是始终紧扣文学本身，并非无所不议，无所不谈。他心目中的“重写文学史”，绝非单纯时间延伸，叙述量激增——此弊当时和现在均未引起足够注意——而是通过超越局限的整体观，切实把握被历史遮没的活泼跳跃的文学之心。《中国新文学发展中两种启蒙传统》关于“启蒙的文学”与“文学的启蒙”之区分，是这种研究取向在理论上的一种自觉。强调文学研究的中心是文学，是文学所展示的心灵史，这也是对中国新文学发展中实际包含的有关文学本质的自觉的再自觉。类似意见，在他后来关于比较文学研究、20世纪中国文学的“世界性因素”、王国维鲁迅比较诸文中，都有极到位的引申。研究文学，就是研究文学中反映的心的波动，“内部研究”的意思，首先就应该指这个吧。本来，拉长时限拓宽疆域，就是为了超越一偏之见，更充分地感受一时代情感想象诸形式，更有效地把握一时代的心灵史，以及它与社会生活其他方面的彼此作用关系。如若不能，则拓宽无效，拉长也无益。所以后来许多研究者上溯晚清直至古代，横向比较纵贯欧美，他反而兴趣不大了。他对比较文学方法的大胆质疑（即认为如果没有对心灵之间的沟通和激发的实际体会，无论比较研究，还是影响研究，落脚点都将很不牢靠），绝非逞臆而谈，除了因为在王国维、鲁迅、钱锺书等人那里找到了强有力的理据，更主要的，还是出于他作为文学史家对文学可贵的直觉。

1994年，“人文精神”讨论得很热烈。记得某天，一个与此有关的小型聚会散后，我们沿着闹哄哄的乍浦路往回走，他突然说起，许多搞现当代文学研究的人纷纷转向文化史、思想史领域，这未必走得通。当时在路上，话题未能展开就滑过去了，但他的想法我大致是知道的。他强调的是“重写文学史”不能丢开文学，不能将文学史以新的名义再次降为其他研究的辅助工具。正像文学有其他意识形态不可替代的功能一样，文学研究也有其他人文科学研究所不能替代的长处。从文学史本身可以汲取思想史、文化史领域或许不容易汲取的精神资源，这，是他的确信，也是被《中国新文学整体观》以及他的众多同行类似的工作所证明了的。

70年代末至今，中国的思想解放，中国人文乃至社会科学日新月异的发展，始终从现当代文学研究领域获取最初的灵感和基于人心深处的力量支撑，这一不争的事实，现在却需要反复提醒，才能被健忘的人们所记起了。表面上，这好像是现当代文学研究界不被重视的悲哀，实际上，我宁愿将这看作是中国人文社会科学有可能在今后走向新的歧途的一个征兆。我真的很怀疑，一个对文学创作与文学研究缺乏应有的兴趣与敏感的人，是否还能在其他人文社会科学领域进行高质量的耕耘。

多年亦师亦友的交往中，我对他印象最深的不是学识之广博、驾驭材料之娴熟，甚至首先也不是许多人反复强调过的文字表达上的明快畅通，而是他始终能够保持独立的个人对文学清新质朴的敏感。为了依从最初的判断，他可以抛开运用自如的学术语言，直说其自信而模糊的印象。这好像有些拙直，实则体现了他冲破名词障、话语障的真正文学的冲动。

小而言之，这是对文学的固执；大而言之，是对生命、对历史的虔诚。他始终避免对文学现象做简单化理解，总是力图展现其丰富复杂的原生态与差异面。看他论现实战斗精神、浪漫主义、忏悔意识与文化寻根意识诸篇，你可以感到表面的理性下面，喷涌着的是发自文学深处更具决定性的生命热情，并非徒然用一根理性的丝线将散席流珍编织起来。历史叙述的动力，“史的批评”所追求的“整体观”，不是建筑学之设计安排，而是心心相印的豁然贯通。

他始终以最大热情，关注20世纪中国文学中现实主义与现实战斗精神以及如他后来所说的现代反抗意识，将此视为新文学与现实之最高关联，亦即新文学的精神原点。但他深悉这一文学流向的复杂构成与命运遭际。所谓现实主义、现实战斗精神、现代反抗意识，就是他根据历史发展的脉络，对“五四”时期提出的“为人生”的文学总理念的差异化表述。所以，当有人将这一具有丰富差异面的文学总理念虚悬起来，作为先验标准或者什么“正宗”时，他首先意识到的是它有被孤立、僵化、绝对化的危险。他自己很少在批评中僵硬地将他心目中的新文学宝贵传统当作预定铁律，横扫一切，因为“战斗”“反抗”的传统并非排他性的。在“五四”一代人的意识中，“战斗”“反抗”，有着非常深刻的哲学体认，比别的名词更具丰富的包容量，只不过愈往后，这种丰富性就愈显稀薄了，以至于“战斗”“反抗”的传统，就像学术批评领域另一个名词——批判——所指示的传统，至今还是一个有待分析的成问题的概念。思和师的工作，有许多就正是在于阐释这一文学传统在不同社会语境中的差异化表现，所以他对表面和此一传统距离甚远的作家尤其是青年作家的探索实践，宁取宽容心理，客观地看他们做得怎样，再从中体会他们面对现实的态度。

关注某个崇高理念无限繁多的差异化呈现，我以为这正是文学史研究必须具备的一种文学的自觉。严格地说，这已不是“研究”，而是研究的外衣包裹着的深刻的批评精神。

他深入研究了浪漫主义所依据的个体自由理念与现代中国文化之本质性抵触。浪漫主义在中国的一再受挫，被他上升到心灵史的高度来把握。那篇长文最后对人类心灵必须拥有“亿万万个红太阳”的召唤，几乎和其理性隐忧一样强烈。吃透了中国现代浪漫主义的本质，依此观察当代文学中的浪漫倾向，他的判断就显得比较客观了。

他一再论及新文学发展中的忏悔意识，对“忏悔的人”不等于“人的忏悔”相当警觉。他后来写过两篇专讲鲁迅“骂人”的随笔，认为其特色就是夹带着一股无可宣泄的怨气，似乎随口道出，却实在讲到了点子上。好人长久地忍受委屈，他要么郁郁而死，要么就默默将一切在心底化解、升华，从而有可能比一切的好更好，比一切的正义更正义；在长久的忍受中，好人比并无委屈的别人，更实际地站到了“此在”生存的根基上，更真切地聆听到以沉默的方式自远而近到来的良心的呼唤：这正是鲁迅“人的忏悔”所包含的非宗教的宗教情怀，是“五四”所谓“人的发现”在文学上结出的精神果实。所以，思和师对新时期文学中“忏悔的人”的遗憾，实际上就是批评当代文学中的人格退化现象，即日本伊藤虎丸氏所谓勇于正视身内身外的现实，勇于承当一切的真正自觉的“个”的缺失。他后来推崇王安忆《叔叔的故事》，也是有感于敏锐泼辣的女作家对一代“忏悔的人”不留情面的责难深获其心。他并没有将这部才气勃发的中篇纳入有关“忏悔意识”的历史叙述框架，但超越名词的心理攸同，不更可贵吗？

《中国新文学整体观》写于1985年至1986年。两年多时间连作八篇长文，对上下七十年文学史去芜而取精，删繁而存要，实属不易。各篇彼此呼应，相互补充，已初具一部毁弃旧轨创制新范的文学史雏形（他站在“批评”的立场并不承认是在写文学史）。后来台湾出版增订本，又有增补，原先的研究更丰富了。这还反映在1988年开始的编年体文集中（至今已出七本）。此类后续文章，有《当代文学创作中的文化寻根意识》（1986）、《当代文学观念中的战争文化心理》（1988）、《当代文学创作中的生存意识》（1990）、《当代文学中的颓废文化心理》（1991）、《民间的浮沉》（1994）、《民间的还原》（1994）、《试论转型期中国知识分子的三种价值取向》（1993）、《共名与无名》（1996）等。另外关于新历史主义、七十年外来思潮通论、比较文学方法、编写中国20世纪文学史几个问题等文，也很重要。将他继《中国新文学整体观》后近十年持之以恒、锲而不舍的工作贯穿起来，整个20世纪中国文学的内在发展脉络昭然若揭。他清理旧账开辟新境的气魄识力，独标一格，而集文学史家和文学批评家素质于一身，真将“现代”“当代”浑然贯穿一气。后出的文章，我希望这次新版都能编进去，以见其思想之全，也便于读者省览，就不细讲了。

他近年倾力研究转型期知识分子三种价值取向以及民间问题，整体观式的研究更趋深化。对此学术界议论较多，似乎疑问也不少，这里不妨照我个人理解，略说几句。

《试论知识分子转型期的三种价值取向》从历史角度，即从20世纪中国文化转型的特定背景，考察知识分子的自我定位。既然谈“转型”，就不得不说明原来那个“型”即知识分子传统价值规范是什么——他概括为“庙堂意识”。讲知识分子传统价值规范，都离不开中国哲学文化至高无上的概念即“道”。但何谓“道”，又言人人殊。这篇文章中心不是谈“道”，却与“道”有关。庙堂意识，就是他理解的知识分子传统之“道”，其特点是知识者借世俗权威向社会推行自己的主张，同时君王也并非外在于知识分子所执之道的他者，而是这个道演化出来的世俗代言人，他不仅要体现道的意志，而且须接受有道之士监督教训，否则就会被判为无道的昏君、庸君或暴君。知识分子道统和君权相互依存，根据是同一个“道”，其世俗文化之象，就是“庙堂”。与之相对的是民间，即主流意识形态以外的生存世界，它当然不完全脱离庙堂，但也有相对独立性。有庙堂意识的知识者都具相当的民间意识，一旦不能在庙堂行道，即退而在民间守道。走通庙堂、道统和民间，出处用藏圆融若化，这是传统之士的理想。但中国20世纪政治、经济、文化乃至整个社会结构都发生巨变，“庙堂”拆除，与之相联的知识分子道统以及庙堂的补充形式即民间，也都今非昔比，这就渐渐出现了介乎庙堂和民间的广场。广场是庙堂和民间的替代品或曰现代转型。某种程度上，“广场意识”也正说明传统知识者的旧梦尚未醒来。

这在1989年的《“五四”与当代》一文中已有所触及。现代思想学术的总趋势是抛弃传统，学习西方。“广场意识”是现代中国知识分子向西方启蒙主义文化传统学来的近似于模仿伦敦海德公园的一种试验。他们幻想有个空旷无比的广场，可以俯瞰众生，向他们布道，在庙堂之外，不借助君权，单凭知识分子自身建立新的南面而王的位置。五四运动即现代知识分子在这条道路上第一次也是最辉煌的一次努力，这种努力正建立在虚拟的广场意象上，所以根基不稳，注定要失败。近代欧洲文艺复兴，是在反抗中世纪教会压抑的同时继承并复兴西方传统文化精髓。文艺复兴创立的一套新价值体系，经几百年积累发展，才渐渐演化为思想领域的启蒙，再演化成政治大革命。欧洲人走了一条渐进的道路。五四新文化运动一向被称为中国的文艺复兴，但其主要内容是打倒旧文化，不是为了复兴这个一开始就被宣判死刑的传统。从康梁变法到辛亥以至胡陈革命，传统固然也曾一再被提起，但都是为了替当下变革寻找依据，是片面的“请出亡灵”。中国现代文艺复兴的轨迹和它所模仿的西方原型恰好相反，这就不可能为现代中国知识分子创设一个真能安身立命的新传统，其政治文化实践，也因此而缺乏强有力的价值依托。本来进退有据的庙堂和民间又不再接纳，文化人这才特别迷恋虚妄的广场。虚妄的广场上，无人会追究你的知识价值，这就容易使文化人轻易以“知识分子”自许，获得空洞的自我满足感。广场上从来不缺乏激情的泛滥，这激情鼓舞着文化人，但也掩盖了他们在更本质的知识价值层面的无知。“广场意识”的问题就在于它颇能使文化人自欺欺人，最终导致知识—政治—民间彼此隔绝互不沟通的分裂局面。

因此今天首先必须认清知识分子的价值到底何在，然后确立自己的岗位，发挥所能发挥也应该发挥的作用。这是从虚妄的广场撤退出来以后唯一可做的事情。岗位意识，是知识分子在当代社会的自我划界，即从广场激情中还原出本我。岗位首先指知识分子谋生职业，尤其指可以寄托他价值理想的一份工作。“五四”仅仅为知识分子延续了一个道义传统，当然有其可贵处，但不能停留在单纯的道德信念、人格力量或气魄承担上，而必须落实到普普通通的工作岗位。教育、出版，尤其是当代社会知识分子两个最有可为的经营领域。其次，岗位意识还包括知识分子更深的使命意识：维系文化传统的精脉。知识分子不只是简单的社会经济存在物，他还是文化价值体系之象征，代表全民族思想文化最高水准。人类历史最辉煌的篇章不就是知识分子文化史吗？他们在充满暴力和灾难的历史进程中别塑一个精神王国，与冷酷的世俗权力和卑琐的动物本能抗争，继绝存亡，薪尽火传，这，才是知识分子的事业，是他一刻也不能放弃的岗位，舍此来谈知识分子问题，就没有什么意义了。

“价值取向”云云，好像纯属思想史范围，但他的表述，不仅多取材于文学史，更经常从一再被遮蔽的文学本体汲取灵感。《鸡鸣风雨》封面有这样的话：“本书以政治权力话语、民间文化形态和知识分子的精英意识为三大板块，重新整合抗战以来的中国文学史。”所谓“三大板块”，和他对转型期知识分子价值取向的思考密切相关，其中文学中的“民间”，又是触发他理解全部问题的关键。但他有关这些问题的思考，早在《中国新文学整体观》中就已经开始了。比如“民间”，在本书的头两篇论文即《中国新文学史研究的整体观》和《中国新文学发展中的启蒙传统》中，就是一个经常出现的关键词，用以指中国新文学的“多重矛盾”相互缠绕往复循环所造成的整体格局中一个极其重要的环节。实际上，他已经深入分析了中国的民间生活世界和民间文学在从“五四”到当代的文学演进过程中所扮演的重要角色。进入90年代，他把自己的思考又向前推进一大步。对这一问题的论述，是他整体上研究中国新文学发展的设想中必然包含的一个重要课题，这和90年代海内外学术界骤然而起众口咸谈但似乎至今也没有谈出个所以然来的所谓“市民社会”话题，虽有一定联系，但其间的区别也许更为明显。

“民间”指20世纪中国社会已经出现的一个现实文化空间，它和国家概念相对，在权力中心以及主流文化边缘存在和发展。抗战前，“民间”至少包含三个层面：旧体制崩溃以后散落民间的传统文化信息；新兴商品市场孕育的都市文化；农民固有的文化传统。此外，一部分坚守传统文化的知识分子退居民间，在“五四”以后新文化以及政治文化之外另立宗派。不过，这一时期，民间文化基本上是相对静止的沉默者。胡适、陈独秀一辈新文化运动推行者和政治意识形态的冲突，占据了舞台中心，双方都忽视了民间文化世界（他们和民间社会非文化的联系属于另一回事）。抗战爆发，民间文化突现出来，无论沦陷区、国统区还是共产党领导的敌后抗日根据地，民间文化和政治意识形态以及知识分子新文化的关系都趋于紧密，相互间的矛盾也日益明显，延安政治意识形态、知识分子同民间文化特殊方式的融汇，则造成了他先前讨论的“战争文化心理”，它对抗战以至“文革”的中国大陆文化的制约和影响有目共睹。

民间首先是国家权力控制相对薄弱的领域存在的一个生活世界，它保存了农民自由活泼富于野性的生活方式，能够比较真实地反映社会的生活面貌和底层人民精神情绪。尽管民间是一弱势的生活形态，但毕竟有其相对独立相对稳固的历史，往往能够在一定程度上为主流文化所接纳，并深深地渗透其中。比如，《迎春花》描写一切为了前方的根据地农民，在响应政府号召积极支援前线的同时，也保留了农民固有的基本生活要求和生活理想。这两个方面不能同时解决，就会发生极大的矛盾，那群农村妇女对村支书和民兵营营长江水山的猛烈围攻，是一个典型。其次，自由自在是民间的基本美学风格。民间是自由人性永恒的来源，这不用多说。再其次，民间既具哲学、宗教、文艺和习俗传统，用政治术语来说，必然是民主精华和封建糟粕并存，这就构成了它藏垢纳污的特点，很难做简单价值评判。《民间的浮沉》还举了三个例子，延安时期对旧秧歌和旧戏曲的改造、赵树理道路以及“文革”样板戏，具体阐述抗战到“文革”三十年意识形态和民间文化之间的相互渗透和彼此冲突呈现的复杂样态；特别分析了《沙家浜》《红灯记》《林海雪原》《锻炼锻炼》《创业史》《铁道游击队》等过去时代的文本，把上述问题概括为民间文化在所有这些意识形态色彩浓厚的作品中形成的“隐形结构”，加以深入细致的描述。《民间的还原》等文，则将这种分析框架推广到“文革”以后的当代新时期文学。

无论谈知识分子在当代的定位，还是谈文化的三水分流，论述的基地都是文学，都是努力从文学史研究切实地提出有关思想史文化史的描写模式。这一点我恐怕讲得太多了吧。

有人说他注重宏观梳理，对具体作家、作品、语言文体或别的细微现象着墨无多，这是误解。当代作家像王蒙、张炜、王安忆、张承志、莫言、叶兆言等，他都写过不止一篇文章，提出独到的看法。现代作家如王国维、鲁迅、周作人、胡风、张爱玲，也都有专论，不用说用功最深的巴金了。笔者近年对白话文问题突发兴趣，以为他可能没有研究，但一谈之下，才知他早有成竹在胸。他的文学史首先是已经完成的历史架构，更包括他对一些个别现象的深入阐发。后者显示的历史见识，绝不逊于宏观有形的架构。中国的懒人们责人总是甚严，且总以为别人好为名义，勒令人家把工作做得十全十美，好让他们来清点。也真有老实人秉承旨意，拼命做去，以致上当的。现在许多出版社趁商业炒作“文学史”热，纷纷向他索稿。我知道他一直在为文学史的事操心，历年给复旦本科生和研究生开课用的讲稿不知修改了几遍，拿出来就印，未尝不可，但他总感到应该给读者更多新东西。这愿望越强烈，新的研究进行得越顺手，原来设想中的体例就越容易被打破，文学史也就只好一拖再拖。我觉得对他自己来说，这绝非坏事。如果在已有论著基础上速成两卷文学史，并不困难，但那样一来，他就必须放弃对当前文学的跟踪和更有趣的个案研究，加紧劳动，将已有的东西重写一遍，牺牲创造，方便懒人——真的将懒人所需的弄出来了，照懒人老例，恐怕又要有进一步要求吧。对学者的这种催促，正是思想界长期不活跃、文化长期粗鄙化的重要原因，其中包含的“十景病”“看客心理”“差不多论”，先就应该启蒙的。

思和师称他的方法为“史的批评”，“史的批评”不等于弄出一本文学史著作供懒人躺在上面休息，而是自由独立并富于敏感性的心灵在历史材料的浩瀚大海上漂泊、寻觅、历险。这是无尽头的过程。他说“史的批评”不等于“史的研究”，那意思上面已做了简略的介绍——当然只是我个人的体会。“史的批评”，其实就是开放式的“史的研究”，是打破线性时间限制之后，在整体联系的框架中，对具体文学现象的自由解读。他熟悉现代文学史，但更多的气力还是花在当代，这正是他自由读史的一种方式。他喜欢在当代心灵的重演中揭开文学史之谜，此种“倒卷帘法”，和杨义、王富仁、钱理群、陈平原诸位有所不同，即不是预先设定某个历史范围来研究历史，而是自由地走进无处不在的历史。

新文学是未定之数，是开放体系，因为文学凭以发生的心理本体，即 20 世纪中国人悲喜交织的精神探索，远未停息，因此任何将它定格之后再行专业化学术处理的做法（姑且就称之为“史的研究”吧），都有可能因为过于强调学术研究的超然品格而远离了文学本体。

一些更年轻的博士生因自觉历史知识欠缺，渴望沉入史料，我看他总是给以充分尊重和理解，但他也自有其确信，即以为过去的东西并非都是黄金，不以当代眼光分析鉴别，不用当代心灵体察玩味，任意串在一起，那只是资料长编，是“邻猫生子”的学问，不是历史。“历史即故实”是对历史莫大的误解，这种误解只会剥夺治史者的自由。他并不片面追求20世纪中国文学史研究领域的无穷放大，也无意通过对历史上某一重要文学存在的孤立强调，制造排他性的文学总理念。他的调子更低，只是在不断流动的文学长河的岸边踱步，偶尔灵感来袭，舀起一瓢水，又随即倒回河中。他整个的人，则隐没于河水日夜不息的奔腾喧闹中。历史学毕竟不是胃口好的人将一切既往打包过秤。历史学是治史者带一颗热爱此生的平常心，走进历史，就像他以同样的平常心，走进当下生活。历史和今天，就是在这样的心灵中走到一起来了。治史亦治心，文史即心史。治文学史，当有从自心发出的学术标准，更当有从自心发出的学术语言。倘若这标准这语言不合外在流行的什么理论、什么话语、什么规范，则大可无言地去舀历史长河的流水，像鲁迅当年对台静农说过的，甘心孑然自居于学林之外。

这是我读思和师文章经常想到的。这样想时，才又感到勇气的不足。

上海文艺出版社将再版《中国新文学整体观》，责编林爱莲女士要作者除做必要修订外，还要由别人写一篇万字长序。早春二月某天去思和师家小坐，他手里正拿着林女士的信，见我来了，便嘿嘿一笑，捉令作序，理由是：“反正我的书你都有，也都熟悉。”我作为老学生，没有理由推托，就把积年的零碎感想，有关于这本书的，有关于他后来许多文章的，趁此机会，拉拉杂杂一总写出来，以就教于思和师以及和他的著述有缘的朋友们。不敢言序。

1998年4月23日写于复旦

初刊《唯实》1999年第7期，题为《评〈中国新文学整体观〉》

怎样写一部开放型的文学史

唐小兵

陈思和教授新近主编的《中国当代文学史教程》（以下简称《教程》）是一部特意为高等学校教学而设计的普及型教程，其读者大致预定为全日制高校中文专业的本科生和专科生，以及非中文专业的本科生和成人教育的中文专业进修者。对于这样一个层次不尽相同的教学对象及其学习要求，主编在书的“前言”中有具体的分析区别，并且将其同文学史的构成和目的结合起来讨论，从而使这部教科书在组织和叙述上的独特创新之处有了翔实的理论来支撑。如此慎重地考察一本文学史的服务对象和预期效果，本身就已经可以说是一个突破，是80年代即已迫切提出的“重写文学史”的设想的具体实践和成果，同时也为20世纪中国文学史的写作提供了很多有益的启示。

根据陈思和的阐述，高校里现当代文学史的教学包括了三种对象和三个层面。三种对象对文学史的掌握要求，实际上形成由浅而深的三个阶段：首先是非中文专业的本科生和中文专业的大专生应该能“从审美欣赏的层面上领悟现当代文学的存在价值”，熟读若干经典性作品，初步了解一些作家背景和文学史框架；再深一步则是中文专业的本科生，除了熟读作品以外，“还需要掌握这百年来整个文学发展的过程及其经验教训”，也就是说，应当具有一定的概括性的历史知识；第三个阶段则集中在“精神层面上的学习、感受、探讨”，这是现当代文学专业的研究生应当“在专业学习的同时深入思考的问题”。相对于这三个阶段或者说文学史教学的对象，是文学史构成中所包含的三个层面，亦即其“作品、过程和精神三位一体的学科结构”：“如果没有第一层面的优秀作品，文学史将失去存在的基础；如果没有第二层面的文学史过程，文学史将建立不起来，而如果没有第三层面的文学史精神，文学史将失去它的活的灵魂，也不会有今天的生气勃勃的繁荣。”

基于这样一个对接受对象的分析，《教程》所自觉突出的一个特征便是对文学作品本身的注重，包括公开文学和潜在写作，以此来区别于以文学史知识为目的、以综述文学运动及创作思潮为方法的概念型大叙述，而这后一类的历史大说正是一般现当代文学史所驾轻就熟的普遍写法。但对作品的感性把握和欣赏，却又不能完全脱离了历史的环境和文学自身的演变，而是应该以一个动态的文学发展史为出发点，否则就不成其为文学史，无异于作品选读或赏析了。因此，在眼下这部初级教科书中，各个章节的起承便反映出这样一个既要突出作品本身又能传递文学变迁的意图：概括性的历史描述之后，便是对三五篇最能反映这段历史进程的具体文本的分析和解读。例如第十一章叙述“文革”后作家“面对劫难的历史沉思”，第一节介绍了大的时代背景，概论了作为文化思想史范畴的“归来者”一代，并且简明地将“反思文学”的内容和特征进行了归纳；此后三节分别概要述评了方之的中篇小说《内奸》、王蒙的短篇小说《海的梦》，以及公刘的两首短诗《哎，大森林》和《刑场》。全书二十二章，从1949年前后作家们“迎接新的时代到来”，到世纪末“理想主义与民间立场”的表达，均以这样一个方式写成；之所以编成二十二章，每章一律四节，是编者设身处地对课堂上当代文学史的实际讲授进度加以考虑的结果。

因此从形式结构上来看，这无疑是一本实用价值相当高的文学史教材，覆盖面既全面，同时又有侧重，特别是由于具体作品实质性地纳入，无疑给实践中的教和学两方面都提供了相对有弹性的阐释和引申空间，而这正是编写者所明确表示的另一个目的：以文学作品为主型的教材，因为作品层次和分析方法的双重多元性，“会给编写者和教学者带来某种不确定性的困难，但同时也带来了多元的阐释空间”。而对这种不确定性的认可和把握，正得以表现出编写者在选题、品评和综述这一系列活动中的主体性，或者如陈思和自己所说，“必然带有较多的主观色彩”。具体地说，“列入专节分析的作品不一定就是优秀之作，没有列入专节分析的作品也不一定就是不优秀之作”。在实际教学和阅读中，师生和读者不仅可以对同一部作品有不同的理解和阐释，甚至也可以自己选择另外一篇文本，小说也好，诗歌也好，放在同一个史的框架中观察。比如在综论“反思文学”这一章里，如果找了张弦的短篇《挣不断的红丝线》来读，会有什么效果？会引出什么样的新问题？与被选进的三位作家的作品形成什么样的关系？这样一种不确定性，或者说这样一个调动了阅读主体的能动性的开放型结构，正可以看作是以文学作品为主型的文学史的一大特征，同时，有意无意间也对这一文学史所必须包含的叙述成分直接提出了挑战，形成了张力。事实上，这最终可以归结为具体的文学作品与抽象的历史知识之间不可避免的参差龃龉。

对这样一个内在的张力，陈思和有明确的意识，除了指出文学作品的多义性和阐释的多重可能以外，还提醒读者这是一部体现了“个人研究成果和研究风格的”普及型文学史和学术专著，在“代后记”里更是直言这是“一部不全面、不客观、不深刻的文学史”，其目的更多的是使读者在读了这本书以后，对从1949年开始的中国当代文学产生兴趣，并且能为其进一步的阅读、学习和研究提供一些线索和方向。但这似乎并不是以作品为主型的文学史的全部意义所在。正是因为还没有，也不可能有一部真正全面、客观、深刻的当代文学史，才有必要写新的文学史；而从我们以上的介绍中，也可以看出这部文学史教程取得了可喜的突破，是深思熟虑后有的放矢之作。真正有意思的问题，在我看来，还在于这部文学史提供的阐释框架，是否可以最大限量地容纳不同层次的作品，是否有一个真正开放的叙述结构，使得读者不但能依此加深对既定作品的理解，还能举一反三，联想到其他文本并从中发现意义或者佐证。换言之，在繁复的文学现象和事后谱写的历史叙述之间，怎样建立一个互动、互补的表意关系？

由此我们必须进一步考察一部文学史的叙述内容，因为显然仅从形式上的分析并不可能帮助回答以上的问题，而在这一层面上，《教程》也有诸多可喜之处。尽管该书最初由不同的作者分头撰写，以致行文中除了偶尔的重复以外，文字风格上也未能完全浑然一体，但总的来说，全书论说生动清晰，语言活泼简洁，一扫那种四平八稳、排兵点将的文件体，有很强的可读性；尤其是叙述口吻平易近人，趋向史家的中立语调，摆脱了以往不分青红皂白地以“我党”“我国”身份自居的大一统叙述。（唯一的例外，也许是第62页末在讨论《红日》时不经意似的使用“我军”一词，从而未能有始有终地保持史家与作品的距离。）对若干五六十年代作品的介绍和解读，更是让人觉得耳目一新，例如胡风的抒情长诗《时间开始了》，茹志鹃的短篇《百合花》，梁斌的长篇《红旗谱》等。此外，全书积极地吸收并反映了近年新的学术成果（尤其是上海一批年轻评论家的近著），一些点到却未能充分展开的议题则很值得专业研究者的进一步留意：如中篇小说这一形式在“文革”后的兴盛，以及90年代纯文学和消费型文学及主旋律文学的共存关系等。而《教程》最让人兴奋之处，却在于编写者所悉心体现贯彻其中的主体性，在于陈思和明确“为这部文学史所规定的叙述角度”，也就是说，在于编者讲了一个什么样的关于当代文学在20世纪下半期嬗变推移的故事。

我们当然已经可以推测出这是一个喜剧性的故事，带有很大的肯定现时状态的成分。在“绪论”部分，编者将当代文学分期为三个阶段：从1949年到1978年是一个被“战争文化心理”所主导的阶段，虽然不无各类遭到挤压的潜在写作；从1978年到1989年是一个向“以和平经济建设为中心的文化规范”过渡的拨乱反正时期，“五四”新文学传统逐渐恢复，新的民间化趋向日益明显；1990年代则是一个仍在继续展开的阶段，迄今为止笼罩了现当代文学进程的“时代共名”强音，随着经济体制的转轨，社会政治理想的淡出，取而代之的是一个千姿百态、“无主潮、无定向、无共名”的“无名文化状态”；这样一个无名的年代，正是“个人立场”和“民间理想”得以表述和确立的时期。“九十年代以来，作家们从‘共名’的宏大叙事模式中游离出来以后，一部分在八十年代就有相当成就的作家都纷纷转向民间的叙事立场，他们深深地立足于民间社会生活，并从中确认理想的存在方式和价值取向。”因此，如果说当代文学史最终读来是一幕悲喜剧，其中心情节则是“民间文化形态”由抑而扬、由隐而显的起伏历程。

稍微知晓陈思和近年在文学史方面的研究成果的读者，自然能从《教程》的核心叙事中听到“民间的沉浮”这一富于启发性的大主题，或者说这样一个以长段历史时间为背景的宏观描述。运用在当代文学史的研究和写作中，“民间”所指涉的隐伏于现代国家意识形态和文化生产机制之下的集体无意识和历史沉淀，则给这一段常常是和社会政治生活密切纠缠的文学创作带来了耐人寻味的深度和意想不到的广度。在“前言”部分里，陈思和以词典的形式对“当代文学研究中的几个关键词”进行了定义，其中“民间文化形态”“民间隐形结构”“民间的理想主义”占了相当的篇幅，是对他本人近年学术研究的一个精要概括。而在书的最后一章，编写者再一次就民间的“非权力形态也非知识分子的精英文化形态的文化视界和空间”做出说明，强调这一范畴在不同的历史条件下有不同的意义和功能，比如说在五六十年代，当时代共名的强音似乎深入人心、震耳欲聋之际，正是民间形式无形间的渗入，“稀释了当时对创作干预过多的国家意志和政治宣传功能”，从而说明了为什么当时的一些流行作品，除了意识形态的支撑包裹以外，确有其深得大众喜爱的艺术魅力，例如喜剧片《李双双》、长篇小说《林海雪原》和后来的样板戏《沙家浜》里的“智斗”等。

显然，“民间隐形结构”这一概念，实际上是陈思和解读和补救五六十年代的一些文艺作品时所采取的批评方法，因为他主编《教程》的目的之一，便是让“这类被所谓‘时代主潮’所嘲弄的文学作品再生出新的艺术生命力”。对隐形结构的解读，必然要论及与其相对应的显形结构（或者说主流意识形态）并探讨其间的张力、共谋或妥协。这两者之间的关系，与弗洛伊德分析梦的文本时所区分的“明显内容”与“隐含内容”有异曲同工之妙；而通过隐形结构这一概念，陈思和所发掘的，可以说正是“革命现实主义与革命浪漫主义相结合”的抒情年代的无意识领域，从而将一个自信为全新的时代放回到其远未能超越的长段历史时空里去。“民间”这个解构性范畴所提示的，正是那个充满乌托邦遨想的主流文化，是怎样竭力要将整个社会的文化生活熔铸到一个理性与乐观的模式里。在文学或文化史的层面上，对“民间”形态的追寻，正可以帮助我们打开视野，重新整理当代文学，以及“五四”以降的现代文学深广的历史谱系和源流，而不是被这一文学传统为自身的正当合法而搭构的历史景观所局限。

因此“民间隐形结构”不仅指示出一道内容，更是表述了一种阅读方法，这种方法所体现的是一个开放型的历史意识和论述框架；而具体到文学史上，便导出陈思和所强调的“多层面”和相对于公开文学的“潜在写作”等关键词，因而极大地拓展了当代文学史的容量和阐释度。例如在该书的第一章里，编写者将三篇体裁风格各异的作品并置在一起，借以分别说明以胡风、巴金、沈从文为代表的三批作家在新中国成立之初所体会的喜悦、寻思和惶惑等不同的情绪感受，尤其以沈从文当时不可能发表的手记式散文《五月卅下十点北平宿舍》而推出“潜在写作”这一概念，为下文讨论《无名书》《缘缘堂续笔》《波动》等与时代共名文学背道而驰的作品做好了铺垫。

逍遥的“民间”因此可以说是《教程》在文学史写作上提出的最有贡献的观念之一，因为在此语境下其所认可的实际上是“现代性”或者说理性主义史观的消极他者，是现当代文学的积极主体既想遮蔽又不能摆脱，既不屑又无可奈何的相跟相随的阴影，一如陈思和所说，耐人寻味的是，在当代文学作品中，“落后人物和反面人物身上往往不自觉地寄托了民间的趣味和愿望”，因此显得更成功，也更生动。通过“辨认民间隐形结构”这样一个解构性的反读过程(例如对《林海雪原》《铁道游击队》中“五虎将”因素的讨论)，我们不仅可以使现当代文学成为一个有具体历史背景和成因的叙述对象，而且也让我们有可能构想现当代之后的文学，这也就是所谓“后现代”论述传统的功能之一，它让我们有余地来回顾甚至调侃俨然是大势所趋、不可逆转的“现代”。

表面上与“民间隐形结构”有某种亲缘关系的“民间的理想主义”，却没有这种批评方法上的意义，更多的是指认出一种积极态度，一种难能可贵的立场及追求。具体地说，90年代文学创作(甚至广而言之的社会文化)中的理想主义，在《教程》的编写者看来，已不再可能回复到五六十年代那一番天真热情，而必须在与犬儒主义、唯经济论和流行文化的对峙中显现出来，为此“不少作家与学者都转向民间立场，在民间大地上寻找和确立人生理想，表现出丰富的多元性”。但此处的多元性，并不完全等同于“民间隐形结构”所揭示的多层面或潜在状态的写作，而毋宁说是量的意义上的多样化；时代共名之后的无名状态，则不妨说是一种众声喧哗的“复名”现象。《教程》最后几章所论及的“个人立场”“新的写作空间”“民间立场”便说明了这一点；对若干作品的分析，也相对而言更多地注重其所透露的精神气质和思辨倾向，如史铁生的散文《我与地坛》和张承志的《残月》等。而在讨论海子、骆一禾等诗人对“精神家园”的拓殖时，“民间”一词甚至有了一道大而无当的意味：“他们在诗歌里唱出了来自民间的麦地、草原、太阳、天堂、少女……”

对“民间”描述因而从隐形结构浮升为一类坚韧的理想与立场，同时也就意味着当代文学史的基本情节在某种意义上的完成或者转型，当然这样一个展开过程在《教程》中有着一系列和声变奏的衬托，如新文学“现实战斗精神”的回归、“新的美学原则的崛起”、

“生存意识”的聚集等。但随着90年代初社会转型和无名状态的到来，“民间”在《教程》最后的三分之一里具有更多的思想史上的意义，对文学作品的介绍和评价，由此相应地转变成对编写者所体认的文化价值和姿态的阐述，论述风格也由此显得比喻多于分析(诸如“民间大地”“民间的尺度”“立足于民间社会生活”等)。将“民间理想主义”作为“九十年代文学的最高成就”来肯定，带来的是对作品阅读过程的积极规范和引导。(事实上，“民间”在陈思和那里是一个极富启发性的辩证概念，其中“自由自在”与“藏污纳垢”的并行不悖，似乎就非“民间理想主义”所能充分涵盖。)由于具体作品的纳入而造成的文学史意义上的不定性和开放性，或者说“文本性”，在这一阶段实际上已不再是《教程》所力求传达的主要意旨。例如对余华的《许三观卖血记》的简短介绍，就一再强调其“民间文化背景”。从而有别于“传统知识分子精英立场”处理这类题材时有可能造成的包含了政治寓言的“社会批评性作品”。而民间立场的确立，使得余华在这部小说中“成功地挖掘出长期被主流文化遮蔽的中国民间抗衡苦难的精神来源”。简而言之，民间立场既是优秀作品的标志，也是其起因和方法。如果通过“民间隐形结构”我们得以挖掘出五六十年代某些症状性作品的历史无意识，那么在“民间理想主义”的光环里，我们目睹的是对90年代一些作品全面的导读。至此，《教程》完成了其由悲而喜的情节演绎，对一代文学的拆解，终于让位于从新一代文学中树立经典；而这最后的一幕，似乎和主编从一开始即将20世纪文学史和“中国知识分子”坎坷的精神命运联结在一起不无某种因果关系。就文学史的写作来说，这种论述方式上的转移，也许暗示着开放型的当代文学史进行到90年代时，有必要驻足回答一些亦新亦旧的问题：在这个嘈杂无名的年代里，还存不存在某类隐形结构？个人叙事立场的蜂起，是否已辩证地形成另一类共名？

显然，面对这样一个有意识地包含了编写主体“所规定的叙述角度”的文学史，我们不应该，也不可能以外在的标准来衡量其得失。

假若全然质疑“民间理想主义”的内涵或准确性，我们便很有可能因为问题的庞大而忽视了这部别具特色的文学史的真正意义。但《教程》由解构到建构的叙述过程所给予我们的启示则是，在一部真正开放的文学史里，除了引进文学作品本身和提供一套批评词汇以外，最重要的也许是阐明并实行一种阅读方法，让读者凭借这个方法，不仅能进入具体的作品，而且还能走向其他的文本，从而保持历史叙述的流动和切实。开放型的文学史因此是解构性的，是拆而不是搭的文学史，因为只有这样，才能阻止构成文学史的作品本身退缩为某项历史大说的注脚。

但这毕竟是理论，要拆要解构，总得有一个事先搭起来的对象，哪怕是幻觉也好。《教程》终于不得不建构一个理想立场，也许恰恰是因为关于 90 年代还没有一个搭得拢来的说法，这一段的文学还在展开之中，我们还无从反读起。对这一点陈思和也是一开始就有明确表述的，因此他描绘 90 年代的努力，是开创者的努力，是我们做进一步阅读和拓展的基础，而这正是开放型的文学史的目的。而换一个角度来看，《教程》的阅读方法的转变，也许暗示的是“当代文学”其实包括了两个大相径庭的历史阶段和文学风格，我们应该不再勉为其难地把它们放在同一个断代里去叙述观照。

1999 年岁末于海德园

初刊《读书》2000 年第 7 期

当代文学史写作：原则、方法与可能性

——从陈思和主编的《中国当代文学史教程》谈起

李　杨

“重写”当代文学史最便利也是目前最通行的方法是“续写”，没有时间下限的“中国当代文学”具有比“中国古典文学”和“中国现代文学”丰富得多的资源，但或许正是这一特点使“当代文学”始终无法确立相对稳定的学科规范。随着新的文学现象不断被新版的文学史收编，作为“当代文学”重要阶段的“十七年文学”“文革文学”则不断“缩水”，在各种版本的文学史中占有的比重越来越少，甚至在有的版本中变成了空白。然而，长达二十七年的“十七年文学”与“文革文学”的重要性不仅因为它们有着比“新时期文学”更长的历史，也不仅因为在这两个时期文学对社会的影响比“新时期文学”“后新时期文学”要强烈得多，还在于这两个阶段的文学对于“二十世纪中国文学史”写作的重要意义。如果将“十七年文学”“文革文学”“延安文学”视为一个不可分离的整体进行研究，或者进一步上溯到历史更长的“左翼文学”，那么，我们面对的实际上是20世纪中国文学中一个根本无法回避的文学现象。正是出于这个原因，无论是对于“当代文学”还是“二十世纪中国文学”而言，“十七年文学”与“文革文学”都具有不可替代的文学史意义。当代文学研究的结构失衡，一方面是因为研究者的意识形态偏见，另一方面——或许是更重要的一方面，是因为研究者缺乏在今天讨论这种文学方式的知识能力。正是在这个意义上，最近由复旦大学出版社出版的陈思和主编的

《中国当代文学史教程》（以下简称《教程》）由于在这个当代文学史的著名难题上做出的大胆探索引起了广泛的关注。《教程》集中体现了80年代风靡一时的口号“重写文学史”的提出者陈思和近年在20世纪中国文学背景上对当代文学史问题的思考，以“潜在写作”与“民间意识”两个全新的文学史概念完成了对“十七年文学”与“文革文学”的重新整合，并以此重构了当代文学史的基本构架。考察这些范畴对“当代文学史”乃至“20世纪中国文学史”的知识结构的冲击，辨析新的探索带来的新的问题，其意义将远远超越对一部文学史新著的评价。

一、“潜在写作”

“潜在写作”是《教程》用来“重写文学史”的一个基本范畴，它指称的是1949年至1976年间（也就是当代文学史上的“十七年文学”与“文革文学”时期）的一种“特殊现象”：“由于种种历史原因，一些作家的作品在写作其时得不到公开发表，‘文革’结束后才公开出版发行。”[①]《教程》认为这些作品“真实地表达了他们对时代的感受和思考的声音。这些文字比当时公开发表的作品更加真实和美丽，因此从今天看来也更加具有文学史的价值”[②]。在这一原则下，被称为“潜在写作”的作品如胡风、牛汉、曾卓、绿原、穆旦、唐湜、彭燕郊的诗，张中晓、丰子恺的散文，以及“文革”中的黄翔、食指、岳重、多多的诗，赵振开的小说等，都第一次大规模进入了文学史的视野，新的文学资源极大地改变了当代文学史的面貌，正如《教程》的前言所指出的：

① 陈思和:《试论当代文学史(1949—1976)的“潜在写作”》,《文学评论》1999年第6期，第104页。

② 陈思和主编：《中国当代文学史教程》，复旦大学出版社1999年版，第30页。

> 以往的文学史是以一个时代的公开出版物为讨论对象，把特定时代里社会影响最大的作品作为这个时代的主要精神现象来讨论。我在本教材中所做的尝试是改变这种单一的文学观念，不仅讨论特定时代下公开出版的作品，也注意到同一时代的潜在写作，即虽然这些作品当时因各种原因没有能够发表，但它们确实在那个时代已经诞生了，实际上已经显示了一个特定时代的多层次的精神现象。以作品的创作时间而不是发表时间为轴心，使原先显得贫乏的五六十年代的文学创作丰富起来。[①]

应当承认，“潜在写作”的进入，的确使我们看到了一部面目一新的当代文学史。然而，我们在领略“潜在写作”给文学史带来生机时，也同时面临着这种新的文学史方法带来的新的问题，尤其是这种方式对文学史写作的一些基本原则所产生的挑战。由于“潜在写作”都是在“文革”后才获得正式出版的机会，因此这些作品的真实创作时间极难辨认。《教程》按照“作品的创作时间而不是作品的发表时间”来进行认定，也就是说，按照这些作品正式出版时标示的创作时间来确定其文学史意义，显然过于简略地处理了这个对文学史写作而言非常重要的问题。

被称为“潜在写作”的作品的写作、传播、出版的过程都极为复杂，对其创作时间的辨析很难一概而论。目前我们已知的这些作品至少可以分为三类，一类作品曾以手抄本形式广为流传，作品发表的时间往往不是由作者本人提供，如“文革”中流行的食指的诗[②]，“白洋淀诗歌”中根子（岳重）仅存的两首诗《三月与末日》《白

① 陈思和主编：《中国当代文学史教程》“前言”，第 8 页。

② 食指的几首代表作如《相信未来》《命运》《疯狗》《这是四点零八分的北京》等都曾在“文革”中广为流传，这些作品从 1979 年开始在一些刊物出现，1980 年《诗刊》1 月号上正式发表了他的《相信未来》与《这是四点零八分的北京》。

洋淀》亦可以归入此类。[①]这一类作品较为可信，但此类作品在“潜在写作”中数量很少；第二类作品也曾在一定范围内流传，“文革”后由作者本人修改正式出版，如张扬的《第二次握手》、赵振开的《波动》、靳凡的《公开的情书》等作品可归入此类。[②]这些作品在70年代末期至80年代初期正式出版，时代的反差不大，但这些作品出版时已经经过了作者不同程度的修改，我们很难仍将其视为“文革”时期流传的原作；与第一、二类作品不同，第三类作品则完全没有“地下”传播史，至发表之日没有任何见证者，我们只能从这些作品正式出版时由作者本人或整理者标明的创作时间来确立其“潜在写作”的身份。“潜在写作”中的大部分作品都是这种真实性几乎无法认定的作品，而且正是因为其真实性无法辨析，此类作品至今仍被源源不断地“发现”——或者被源源不断地“创作”出来。（有人认为这种对历史名望的追逐是一种“操作历史”的行为，“同作品相比，围绕着作品，最终偏离作品，直指历史和现实地位的后现代爆炒具有深远的战略意义，诗人被这种市场经济中的成名规则熏陶成了从媚俗到领导时尚的阴谋家”。）

这并不仅仅是《教程》遇到的问题，或许是有感于当代文学史资源的匮乏，近年来，在当代文学史的研究和写作中，一直存在一种与《教程》类似的以这种“未正式出版物”重构文学史的努力，“潜

① 根子（岳重）曾被称为白洋淀的“诗霸”，但流传下来的“白洋淀诗歌”仅两首，分别为《三月与末日》与《白洋淀》，《三月与末日》有多多保存的手稿，《白洋淀》由上海作家陈村保存，1985年交湖南《新创作》发表。

② 张扬的《第二次握手》的写作始于1963年，后多次修改，手抄本曾在湖南、北京流传，作者曾因此入狱，1979年7月经作者重新修订后由中国青年出版社正式出版。赵振开（北岛）的《波动》写于1974年，曾以手抄本形式传阅，1976年修改，1979年再次修改后出版单行本，1981年2月在《长江文学丛刊》第1期正式发表。靳凡（刘莉莉，即刘青峰）的《公开的情书》，初稿完成于1972年，曾以手抄本和打印本形式流传，1979年经作者修改后，发表于北京《十月》。

在写作”“地下文学”的发掘引发了持续的热情，缓解了我们的“文学史焦虑”，然而，对致力于以这些“潜在写作”来改写文学史的研究者而言，这些作品的真实性却始终是一个无法回避的问题。我们不妨以“潜在写作”中具有特殊意义的“白洋淀诗歌”为例。近年来，“白洋淀诗歌”的发掘与研究似乎已经成为当代文学史研究中最激动人心的事件。随着“白洋淀诗歌”的文学史与思想史的意义被不断发掘出来，人们惊讶地发现与“白洋淀诗歌”达到的人性与艺术的深度相比，80年代初红极一时的“朦胧诗”不过是浪得虚名，而80年代中期出现的“现代主义”诗风也只是向“白洋淀诗歌”的回归。被埋没的诗歌英雄和他们生长的土地引发了持续的激动与敬意。白洋淀成为诗人、寻梦者、怀旧者、文学史家、汉学家和旅游者的圣地，一次又一次不同国籍的人士踏上了寻访朝圣之旅。在1994年春天由一家著名的诗歌刊物组织的由一大批著名诗人与诗评家参加的寻访活动中，人们接受了一位老诗人的提议，决定以一个诗意化的名称“白洋淀诗歌群落”来为这段历史命名，因为“群落”这个概念“描述了特定的一群人，在一个特定的历史时期，一个特定的区域内，在一片文化废墟之上，执着地挖掘、吸吮着历尽劫难而后存的文化营养，营建着专属于自己的一片诗的净土”（宋海泉《白洋淀琐忆》）。有诗人干脆将“白洋淀诗歌”更形象地命名为“诗歌江湖”，通常出现在武侠小说中与朝廷、政治对立的“江湖”概念，再度使“明眸皓齿”的白洋淀变成了诗歌的故乡，它不仅如同沙漠绿洲与空谷足音那样填补了十年“文革文学”的“空白”，更重要的是它的存在，象征出一个黑暗幽晦的年代里文学的反抗与力量。

在“白洋淀诗歌”的三位主要诗人根子、多多与芒克中，多多是影响最大的一位。早已辍笔多年的根子的诗歌多已散失，而从未被“埋没”的芒克在诗坛一直影响有限，因此，真正被重新“发现”的诗人是多多。多多的“白洋淀诗歌”包括《啊，太阳》、《当人民从干酪上站起》（1972），《告别》（1972），《无题》（1974），《夏》、《秋》（1975），《夜》（1973），《黄昏》（1973），《致太阳》

（1973），《黄昏》（1974），《乌鸦》（1974），《玛格丽和我的旅行》（1974），等等，这些诗歌对现实的冷峻批判以及波德莱尔、本雅明式的抒情风格不仅使“十七年文学”“文革文学”黯然失色，而且使新时期风头正劲的“朦胧诗人”心悦诚服，人们不得不惊叹在一个蒙昧的时代诗人的想象力以及超越现实的力量。1988 年，多多被授予诗歌奖，理由是：“自 70 年代初期至今，多多在诗艺上孤独而不倦的探索，一直激励着和影响着许多同时代的诗人。他通过对于痛苦的认知，对于个体生命的内省，展示了人类生存的困境；他以近乎疯狂的对文化和语言的挑战，丰富了中国当代诗歌的内涵和表现力。”第二年，多多在一篇题为《被埋葬的中国诗人（1972—1978）》的文章中表达了对当代文学的强烈不满：“我所经历的一个时代的精英已被埋入历史，倒是一些孱弱者在今日飞上了天空。”从此以后，多多成为“白洋淀诗歌”最重要的代言人与阐释者。

迄今为止，还很少有研究者注意到（或不愿意提到）这些给多多乃至“白洋淀诗歌”带来巨大声誉的诗歌第一次与读者见面是在 80 年代中期。1985 年，“北大五四文学社”为出版内部刊物《新诗潮诗集》向多多征集诗歌，多多提供了这些分别注明了创作时间的“白洋淀诗歌”；随后，这些诗歌又在 1988 年漓江出版社出版的诗歌专集《行礼》与 1989 年出版于香港的诗集《里程》中与读者见面，这两个正式版本中的“白洋淀诗歌”又有了新的改动。[①] 包括《教程》在内的所有对多多的评价依据的都是这些 80 年代中期以后的版本，而多多的这些“白洋淀诗歌”是否真正创作于这些诗歌所标示的时代却缺乏有力的证据。我们在大量有关“白洋淀诗歌”的回忆文章

① 毕业于荷兰莱顿大学的柯雷（Maghielvan Crevel）以研究多多诗歌闻名，虽然他并没有关注多多诗歌的版本问题，但他对多多不同时期诗歌的梳理，仍使我们再度意识到这些问题的存在。在《多多诗歌的政治性与中国性》一文中，他指出多多发表于老木编选的《新诗潮诗集》的几首重要诗歌与《里程》“略有不同”，而《里程》与《行礼》“两种版本很不一样”。

中，在最权威的“地下文学”收藏家赵一凡为我们留下的宝贵材料中，在80年代以前集中发表过“白洋淀诗歌”的一些诗歌刊物中，都没有找到这些重要的“白洋淀诗歌”。[①] 对于文学史的写作而言，多多的这些诗歌到底作于70年代前期还是80年代中期绝不是一个无关紧要的问题。虽然发表这些诗歌的80年代中期距“白洋淀诗歌”时代并不十分遥远，但文学语境已经有了翻天覆地的变化。如果我们始终无法证实这些“白洋淀诗歌”的真实性，我们又如何能赋予一种或许并不真正存在的文学以“文学史地位”，虽然这种文学无论在人性的深度还是在艺术的深度上都更真切地表达了我们对那个时代的想象与希望。

多多的诗歌并不是一个极端的例子，选择多多诗歌来讨论“潜在写作”的真实性完全是因为多多诗歌乃至“白洋淀诗歌”对于“重写文学史”的重要性。事实上，几乎所有的“潜在写作”都存在类似的“版本”问题。以批判“文化大革命”为主题的长篇小说《将军吟》1980年由人民文学出版社正式出版，但从作家莫应丰的回忆文章中我们却得知小说创作于1976年10月以前，在《将军吟》的结尾中我们也看到作者的题字：“一九七六年三月四日至六月二十六日冒死写于文家市”。这样，对《将军吟》就会有两种不同的评价方式，如果从它的出版日期判断，它应当属于“新时期文学”的范畴，在“新时期文学”中，《将军吟》这样的作品很难获得较高的文学史评价；如果我们将其视为“文革”时期的作品，《将军吟》

① 一些关于多多诗歌的回忆文章更加深了这种疑惑，宋海泉在回忆文章《白洋淀琐忆》中提及：“毛头（即多多，引者注）对自己的诗改了又改，精雕细琢。很多作品发表时同我当年看到的已大不相同。”多多的另一位朋友周舵在《当年最好的朋友》一文中也表达过这种为好朋友写回忆录的困惑：“是要真实，还是要朋友，你必须二者择一。”这篇文章对多多的回忆似乎包含了许多隐衷。还有诗人说，收集到著名诗人多多写于1972年的短诗《当人民从干酪上站起》震惊之余又不得其解，因为70年代的绝大多数中国人都没有见过“干酪”，更谈不上“从干酪上站起”了。

在当代文学史上的价值就不应被忽略……

需要指出的是，我们对“潜在写作”的真实性的辨析，并无意于进行一种道德的批评。事实上，对作家而言，如何确定作品的创作时间根本与道德无关，不断修改自己过去的作品常常是艺术家的通病——大多数艺术家并无意为文学史创作作品。而且，更进一步的问题在于，尽管我们无法确认这些作品的创作时间是“真”的，我们也同样无法证明这些作品的创作时间是“假”的。

我们相信将诗歌奖授予多多的理由是非常充分的，甚至我们也无意否认多多是中国当代诗坛不可多得的优秀诗人，对于崇尚艺术永恒的批评家而言，真正伟大的文学创造的文学性是超时代的，这些作品到底完成于何时并不重要。然而，文学史的写作却与此不同。对作品语境的确认历来是文学史最基本的工作之一，按照福柯的“重要的不是话语讲述的时代，而是讲述话语的时代”的“知识考古学”原则，在不同时代讲述的“话语”的文学史意义将迥然不同。因此，我们在这里讨论的只是一个纯粹的“文学史问题”——也就是说，只有当我们尝试以文学史的方式来考察这些作品时，作品的真实创作年代与版本才可能成为问题。

二、“民间意识”

“民间意识”（有时又称为“民间文化形态”“民间隐形结构”等）是《教程》中的另一个关键词，它的重要性不在“潜在写作”之下。如果说“潜在写作”的出现补充和丰富了“十七年文学”与“文革文学”的写作，那么，“民间意识”则是对“十七年文学”与“文革文学”原有经典作品的重读。《教程》的作者这样解释所谓的“民间意识”：

> 所谓艺术的隐形结构，是五六十年代文学创作的一种特殊现象。当时许多作品的显形结构都宣扬了国家意志，如一定历史时期的政策和政治运动，但作为艺术作品，毕竟不是一般意

义上的宣传读物，由于作家们沟通了民间的文化形态，在表达上自觉或不自觉地运用了民间形式，这时候的民间形式也是一种语言，一种文本，它把作品的艺术表现的支点引向民间立场，使之成为老百姓能够接受的民间读物。这种艺术结构的民间性，称作艺术的隐形结构。[①]

……这种自民间文化而产生的“隐形结构”不但在京剧里能发现，在芭蕾舞样板戏里同样能发现；不但在戏曲作品里体现出来，而且在五十年代以来比较优秀的文学作品中都存在着，成为主流意识形态以外的另一套话语关系。[②]

……有没有注入民间的艺术精神往往成了那个时期艺术创作能否取得成功的关键。[③]

正是依据这一原则，在对“十七年文学”的解读中，《教程》突出了“十七年文学”中作为“民间文化的代言人”的赵树理小说的意义，同时也对根据李準小说改编的电影《李双双》评价很高，认为它蕴含的民间艺术的隐形结构“超越了时代的局限，成为艺术生命长远的一部优秀喜剧片”[④]。《教程》还认为《铁道游击队》《林海雪原》都是“利用传统的民间文化因素来表现战争的成功之作”[⑤]，尤其是《林海雪原》，“在人物性格配置上受到了民间传统小说的‘五虎将’模式这一隐形结构的支配”[⑥]，在结构布局上，则“带有明显的‘两军对阵’的思维模式”[⑦]。出于同样的理由，直接体

① 陈思和主编：《中国当代文学史教程》，第 49 页。

② 陈思和：《民间的浮沉：从抗战到文革文学史的一个解释》，王晓明主编《批评空间的开创——二十世纪中国文学研究》，东方出版中心 1998 年版，第 231 页。

③ 陈思和主编：《中国当代文学史教程》，第 51 页。

④ 陈思和主编：《中国当代文学史教程》，第 51 页。

⑤ 陈思和主编：《中国当代文学史教程》，第 65 页。

⑥ 陈思和主编：《中国当代文学史教程》，第 65 页。

⑦ 陈思和主编：《中国当代文学史教程》，第 66 页。

现民间精神的《刘三姐》《阿诗玛》等少数民族文学作品在《教程》中也占有了重要的位置，《教程》中单独设置了一个独立的章节“多民族文学的民间精神”进行论述。这一原则同样贯穿在对“文革”主流作品样板戏的解读中，《教程》认为“真正决定样板戏的艺术价值的，仍然是民间文化中的某些隐形结构”[①]。如《沙家浜》的角色原型，“直接来自民间文学中非常广泛的‘一女三男’的角色原型”,《红灯记》和《智取威虎山》则暗含了另一个“隐形结构”——“道魔斗法”。因此，《教程》总结道：“在‘文革’文学中，由于主流意识形态是以阶级斗争理论来实现国家对政治、经济和文化各个领域的全面控制，民间文化形态的自在境界不可能以完整本然的面貌表现，它只能依托时代共名的显形形式隐晦地表达。但只要它存在，即能转化为惹人喜爱的艺术因素，散发出艺术魅力，从而部分消解了主流意识形态的僵化、死硬与教条。民间隐形结构典型地体现了民间文化无孔不入的生命力，它远远不是被动的，在被时代共名所改造和利用的同时，处处充满了它的反改造和反渗透。”[②]

由于注意到了主流意识形态与民间意识的差异，《教程》中的这种民间意识视角的确使我们看到了一些被我们长期忽略的文学史要素，然而，对民间意识的这种独立性的过分强调带来的一种新的危险，就是对民间意识与主流意识形态之间同构关系的忽略，以及因过分强调民间意识的稳定性而忽略了民间意识在近现代中国变化与发展的过程。在《教程》的分析中，作为“隐形结构”存在的“民间文化”或“民间意识”，无论在“十七年文学”还是在“文革文学”中都具有稳定不变的形态，这种“民间文化”的理解显然受到著名人类学家雷德菲尔德关于“大传统”与“小传统”的理论的影响[③]，然而，雷德菲尔德对两种文化的分析并没有忽略其内在的联系——“两种传统并非是相互独立的，大传统与小传统一直相

① 陈思和主编：《中国当代文学史教程》，第 168 页。

② 陈思和主编：《中国当代文学史教程》，第 168 页。

③ 陈思和：《民间的浮沉：从抗战到文革文学史的一个解释》，第 212 页。

互影响及连续互动”[1]。事实上，“民间文化”作为一种意识形态，历来是特定的经济基础的产物并随着经济基础的变化而改变着自己的形态。《教程》中讨论的“民间”，是一种“与当时意识形态发生直接关系的，仅仅是来自中国民间社会主体农民所固有的文化传统”[2]，然而，中国农民的这种文化传统并不是“固有”的，它与农民在古代社会的经济地位、生产方式、土地制度息息相关，当然也随着这些条件的变化而不断改变着自己的形态。20世纪的“民间”与传统意义中的“民间”并非完全同一，即使是在“十七年文学”与“文革文学”中我们见到的“民间”也呈现出不同的风貌。

在《教程》的分析中，无论在“十七年文学”还是在“文革文学”中，“民间意识”都是以“隐形结构”的方式外在于政治的“显形结构”。这种民间意识与主流意识形态的对立是值得辨析的。因为从30年代即已开始并延续到50年代的使“耕者有其田”的土地改革在某种意义上可视为对传统的回归——同时也是对民间伦理的回归。平均地权不仅曾是中国农民的持久愿望，同时也是中国封建社会结构稳定运行的必然要求。“十七年文学”的经典作品《红旗谱》就生动地记录了农民朱老巩因反抗地主冯老兰对四十八亩公田的侵吞而结下世代血仇的故事。平均地权不仅仅成为历代革命家的理想，也成为包括孙中山与共产党在内的现代革命的目标与口号，因此大多数农民会将实现了自己土地梦的革命视为“自己的”革命。在这一时期，主流意识形态与传统民间意识是紧密融合在一起的，近代以来被不断中断的传统民间意识得到了回归与修复。孟悦在一篇对歌剧《白毛女》的分析中就曾经使我们清晰地目睹了民间意识与主流意识形态共谋的过程。[3] 在《白毛女》叙事开始的地方，出现在

① Robert Redfield，*Peasant Society and Culture.An Anthropological Approachto Civilization*，Chicago:Uni.of Chicago Press，1956，pp.70–71.

② 陈思和：《民间的浮沉：从抗战到文革文学史的一个解释》，第218页。

③ 孟悦：《〈白毛女〉演变的启示——兼论延安文艺的历史多质性》，唐小兵编《再解读：大众文艺与意识形态》，牛津大学出版社1993年版，第68页。

观众眼前的是一个以亲子和邻里关系为基本单位、混合传统伦理亲情的和谐的民间社会，这一体现了民间理想的和谐的民间社会随着黄世仁的出现而土崩瓦解，黄世仁以一种秩序的破坏者的身份出场，以一系列的恶行冒犯了一个体现平安吉祥的乡土理想的文化意义系统，而共产党的到来则使被破坏的民间文化——民间意识形态得到了修复，喜儿重新回到了人群中，秩序的破坏者受到了惩罚。在这样的叙事中，“旧社会把人变成鬼，新社会把鬼变成人”的主题建构的是“新社会”的合法性，这里的“人”是一种传统意识，它的合法性是无须证明的，需要证明的是“新社会”——一种新的政权形式。这种政治伦理化的修辞绝不仅仅出现在《白毛女》之中，事实上，它已经成为这一时期文学的基本修辞手段，在《王贵与李香香》中，我们看到了类似的结构，“反革命”总是意味着对秩序的破坏，而“革命”则意味着秩序的修复与回归。可以毫不夸张地说，在这样的叙事中，政治的合法性是通过对民间意识的认同与回归获得的。在“十七年文学”中，我们同样清晰地看到这种“显形”而非“隐含”的民间意识，被《教程》视为集中表达了民间意识的《林海雪原》《铁道游击队》一类的作品并不是边缘性的作品，无论就其对社会的影响，还是就其对主流意识形态的表现而言，这些作品都是不折不扣的主流文学作品。此类小说的大量流行，说明“民间意识”在“十七年文学”尚未结束其历史使命。[①]

土地改革之后即起的从互助组、初级社到高级社、人民公社的农村合作化运动的确形成了对传统民间意识的冲击，然而，以此断言主流意识形态与民间意识的分庭抗礼同样显得证据不足。公社化运动彻底改变了传统民间意识的经济基础，铲除了传统民间意识的

① 近来不少学者开始关注“十七年文学”中一些充满传奇性的“革命历史题材小说”与传统小说的关系。李陀在1991年提出了“革命通俗文学”的概念；1986年由牛津大学出版社出版的黄子平《革命·历史·小说》一书对这一问题有比较系统的阐述；董之林在1999年第5期《当代作家评论》上发表了文章《“新”英雄与“老”故事——关于五十年代革命传奇小说》；等等。

土壤。人民公社的主要内容就是包括土地在内的生产资料收归为集体所有，它带来的一个直接后果就是农民家庭的生产职能荡然无存，而在《李双双小传》中反映的农村公共食堂甚至尝试取消家庭的消费功能。失去了生产功能与消费功能的家庭已经成为一个空洞的能指，血缘甚至地缘都不再是个体的意义所在，现实中的家庭被“民族—国家”这个想象的共同体所取代，建立在土地私有制基础之上的传统民间意识分崩离析，作为经济集中体现的政治必然创造出与自己相适应、为自己服务的民间意识，政治内容在创造着与自身相适应的修辞形式。“文革”主流文学的代表样式、“自《国际歌》以来无产阶级革命文艺最最光辉的成果”——“样板戏”就是这种全新的内容与形式的结合，京剧特有的程式化、脸谱化、符号化的特征为“文革”主流意识形态的表达提供了有效的形式。《教程》从京剧《沙家浜》《红灯记》《智取威虎山》等作品中分离出“一女三男”与“道魔斗法”等“民间”模式，认为样板戏的艺术价值正是这些“民间隐形结构”体现的，事实上，京剧“样板戏”的民间意识绝不仅仅是以这样隐含的方式存在。在某种意义上，戏曲，尤其是集中国戏曲大成、在清代取代文人化的昆曲成为中国第一大戏种的京剧是最为典型的民间艺术，当然也是典型的“民间意识”的承载体，不管我们是否愿意看到和承认这一点，“民间意识”与“主流意识形态”在这里再度融合为一个不可分割的整体。

“民间意识”之所以在《教程》中占有极为重要的位置，是因为《教程》的作者为“民间意识”赋予了“自由”的本质：“自由自在是它最基本的审美风格。民间的传统意味着人类原始的生命力紧紧拥抱生活本身的过程，由此迸发出对生活的爱和憎，对人生欲望的追求，这是任何道德说教都无法规范，任何政治条律都无法约束，甚至连文明、进步、美这样一些抽象概念也无法涵盖的自由自在。”[①] 显然，“民间的传统”或作为一种传统的“民间”是否真正具有超历史、超语境的自由本质，或者说“民间”是否能真正独

① 陈思和主编：《中国当代文学史教程》“前言”，第12页。

立于主流政治——或者说，民间艺术作为一种“形式”是否与不同时代的“内容”没有关联，这显然都是我们想象“民间”的关键。以最有代表性和最具形式感的民间艺术——京剧为例，传统京剧曲目基本上都是以忠孝廉节这些基本道德观念与君臣父子这类尊卑贵贱的伦理方法为基本内核的，这些道德原则通过反复的程式化处理，使观众不知不觉地接受教化，属于京剧“形式”范围的脸谱、服装、音乐无一不显示价值判断的意义。当观众日复一日地沉醉于京剧的程式——形式时，他不断领略的其实是形式蕴含的道德原则。“不关风化体，纵好也徒然。”高则诚在《琵琶记》中“副末开场”中的这两句话形象地说明了京剧的这种意识形态本质。因此，虽然京剧不属于“诗文”那样的传道教化的正统文化范围，但传统民间文化从来就是中国封建文化的重要组成部分。尤其是明清以降，随着市民文化的兴起，民间文化在儒家文化中占的比重越来越大，虽然文人文化总是强调它的异端性，但事实上，民间文化从来没有发展出超越儒家文化的能力，它的所有运作都是在中国传统文化这个固有的框架中进行的，成为封建文化的重要补充；而在现当代，“民间意识”也始终没有真正外在于主流意识形态，无论是在“十七年文学”还是在“文革文学”中，“民间意识”都始终与主流意识形态相辅相成，不可分离，成为主流意识形态不可分割的组成部分，当然也就不可能被分离为两个世界或两种结构进行阅读——正如在《教程》中被不断引用而又被不断背离的马克思的名言所指出的：“任何一个时代的统治思想始终不过是统治阶级的思想。”

三、“本质论”与“知识考古学”

在《教程》的开篇，作者希望这部新的文学史能够“打破以往文学史一元化的整合视角，以共时性的文学创造为轴心，构筑新的文学创作整体观”[①]。由于在中国当代文学史写作中所谓的“一元

① 陈思和主编：《中国当代文学史教程》“前言”，第7—8页。

化视角”主要是指“十七年文学”与“文革文学”的写作，因此，重写这两个重要时期的文学史就成为包括《教程》在内的所有新版当代文学史的共同目标。正是由于这个原因，“潜在写作”与“民间意识”成为《教程》中最重要的概念，它们支撑起了“十七年文学”与“文革文学”的基本构架，成为这两个重要阶段的文学史意义的新的生长点，体现出《教程》作者寻求更完整的当代文学史结构的努力。然而，正如我们在以上的分析中指出的，由于这两个概念难以克服的问题，《教程》作者希望实现的“新的文学创作整体观”并没有真正完成。仔细分析《教程》的结构，我们不难发现“潜在写作”与“民间意识”在《教程》中呈现的一种“互文性”——它们都是作为这两个时期的主流文学的“他者”存在的，按照作者的理解，恰恰是“潜在写作”与“民间意识”这两种文学方式在主流文学之外，保存和传播了文学的薪火，保留了被主流文学“中断”了的中国新文学的“两个传统”[①]——“潜在写作”保留了“五四文学”的传统，“民间意识”则保留了“民间文学”的传统。显然，不管是否形成了自觉意识，作者在这里预置了一个潜在的模式，即“非文学”—主流文学与“真文学”—潜在·民间写作的对立模式。这种对文学史的认知方式无疑仍是一种典型的“二元对立”的方式。

指出作者陷入“二元对立”立场多少带有一些讽刺意味，因为“二元对立”（或称为“一元论”）是作者在整个《教程》中不断批判与解构的范畴。[②]《教程》作者在“前言”中解释“多层面”这一概念时，曾表达了自己对文学史的理解：

① 陈思和主编：《中国当代文学史教程》，第 7 页。

② 《教程》“绪论”指出 50 年代文学观的一个重要缺陷是“二元对立思维模式的普遍应用”（见《教程》第 6 页），《教程》还认为这种“在当代各类创作中都是存在的”二元对立模式其实是战争文化的产物，“战争形态使作家养成了‘两军对阵’的思维模式，因为战争往往使复杂的现象变得简单，整个世界被看作是一个黑白分明、正邪对立的两极分化体……这种由战场上养成的思维习惯支配了文学创作，就产生了‘二元对立’的艺术模式。”（见《教程》第 57 页）

> 以往当代文学史的研究者常常用一元的视角切入文学史，也即根据当时的国家意志下的时代共名来规范文学，传统的当代文学史在叙述五六十年代的文学时，不管其艺术感知力的高低，都一律以当时占主导地位的文学作品作为其时代的代表作，而当时被忽略或者被否定，甚至是没有发表的作品，一概进不了文学史。所以讲散文就只有歌颂性的散文，讲诗歌也只有颂歌型的诗歌，似乎离开了这些流于时代表层的作家作品，当代文学史就无从讲起……但如果深入一步去看文学史，情况就不一样了。在那个时代里，其实仍然有作家们严肃的写作和思考……而这些被时代的喧嚣所淹没的声音，恰恰充满了个人性和独创性。这同样是时代的声音，而且更本质地反映了时代与文学的关系。①

《教程》对“传统的当代文学史”的批评无疑是非常中肯的，正是因为不满于这种“一元文学史”的武断与粗暴，“重写文学史”才成为文学史研究者的共同追求，然而，问题在于，被《教程》用来替代这种“一元文学史观”的新文学史观是否真正具有摆脱这种“一元的视角”的能力?

如果对文学史的重写只是“将被颠倒的历史重新颠倒过来”，将“边缘”与“中心”进行置换，新旧两种文学史的差异是非常有限的。就如同我们过去对历史进行“唯物主义”分析时总是过分强调“统治阶级”与“劳动人民”的对立一样，过分强调“主流意识形态”与“潜在写作”和“民间意识”的对立常常使我们忽略在同一个社会结构中生存的“统治阶级”与“劳动人民”、“主流”与“民间”之间相互依从的关系。应当指出，对于“潜在写作”与“民间意识”的纯粹性，《教程》的作者并非全无疑惑，在《教程》的一些段落中我们也不时读到对相关问题的清醒论述，然而，《教程》

① 陈思和主编：《中国当代文学史教程》“前言”，第11页。

的基本结构决定了思想的限度，当《教程》从一开始将“潜在写作”与“民间意识”放置在主流文学的“他者”位置上时，两种文学的二元对立关系就已经不可改变了。《教程》对“潜在写作”与“民间意识”的认同是以对“主流文学”的否定为前提的。在《教程》的“前言”中，作者曾表示“以往的文学史是以一个时代的公开出版物为讨论对象，把特定时代里社会影响最大的作品作为这个时代的主要的精神现象来讨论”，因此“在本教材中所做的尝试是改变这一单一的文学观念”[①]，应该说作者的目标部分得到了实现。《教程》的确使我们看到了许多被从前的文学史边缘化的东西，然而在这些历史的盲点浮出水面的同时，许多我们曾经熟知的文学史现象竟然又在不知不觉间沦入历史苍凉的雾霭之中，成为文学史上新的“失踪者”，我们因之失去了“把特定时代里社会影响最大的作品作为这个时代的主要精神现象来讨论”的可能性。在《教程》的“后记”中，作者坦陈《教程》中没有对一些“比较复杂，需要重新认识和解读的重要作品”如《创业史》《青春之歌》《红旗谱》等进行细致的讨论[②]，显然，在《教程》中，这些曾经是非常重要的“十七年文学”的经典作品被忽略了。虽然文学作品的发行量与社会影响力不是衡量一部“杰作”的标志，但对包括在五十年当代文学史上发行量最大的长篇小说《红岩》在内的许多曾经引起广泛社会反响、参与塑造了数代中国人灵魂的作品熟视无睹，这样的文学史很难说具有真正“完整的”文学史意义，我们完全可以将其理解为另一种形式的“空白论”，如果这种“盲视”并不是文学史的写作者的主观选择，那么就一定是写作者采用的文学史方法存在问题。

《教程》在分析“十七年”小说《红日》时曾论及一些战争小说面临的一个非常重要的难题，即“能不能打破简单化的‘二元对立’艺术模式写出反面人物的复杂精神世界”[③]，《教程》认为这一点

① 陈思和主编：《中国当代文学史教程》“前言”，第 8 页。

② 陈思和主编：《中国当代文学史教程》，第 434 页。

③ 陈思和主编：《中国当代文学史教程》，第 59 页。

对战争小说的成功非常重要，事实上，我们也可以将此视为对一部优秀的当代文学史的要求，这一原则要求我们的文学史在充分关注非主流文学的价值时，能够打破简单化的“二元对立”思维模式，写出“十七年”与“文革”时代的主流作家或主流作品的“复杂精神世界”，要实现这一目标，应当首先形成方法论的自觉意识。

当代文学史存在的这些问题并不仅仅与文学史观有关，它是建立在一元论或本质论基础上的历史观的再现。在这一点上，近年兴起的后现代主义提供了很多富有启发性的“他山之石”，其中福柯在思考“人文学科的批判哲学”时提出的“知识考古学”方法尤其值得关注。在对人文学科历史的把握中，福柯所关心的主要是某些特殊类型的话语，但他关心的既不是这些特殊话语本身是否具有真理性，也不是如何去整理和寻找那些被证明为具有真理性的特殊话语的规则，他关心的是如何在不考虑话语“对”与“错”或“是”与“非”的前提下，研究某些类型的特殊话语的规律性以及这些话语形成所经历的变化。他把这种话语研究和分析的方法称为“考古方法”（archaeology）——譬如说，如果一位考古工作者在考古发掘中发现了一本2000年以前的天文学著作，那上面说地球是方的，考古学家不应因为这本天文学著作对地球的形状做了错误的陈述（因为它明明是圆的——椭圆的）就放弃对它的研究，考古学家要问的是这句话在某时某地的出现意味着什么，他想了解的是这样的表述如何表达了这个时代人们想象世界与认识自己的方式——在福柯看来，任何话语都有它自己的规范概念和论述范围，有它自己认可的对象和方法，这一切决定了它自认为具有某种特定的“真理性”，“知识考古学”所需要发掘的正是那些因年代久远或因为想当然而从我们的视野中消失的认识机制。

尝试以“知识考古学”作为当代文学史的一种写作方式，意味着我们将拆解那个已经进入我们潜意识的，其实完全受控于我们当下价值标准的文学/非文学的二元对立认知方式，我们的研究对象将不再是那些以今天的观点看来是“真实”的文学作品，而是那些在当时被称为“文学”与“经典”的文学作品。对文学史的研究者来说，这些作品的价值不在于它是否符合今天的“真实”，也不在于它是否具有我们今天理解的“艺术性”，而在于这些作品在某时某地的出现意味着什么，生活在某时某地的中国人为什么要如此想象世界和自身，这种方法将致力于还原历史情境，通过“文本的语境化”与“语境的文本化”使文学史的研究转变为一个时代与另一时代的平等对话，这不是荒诞地力图否定相对确定的真理、意义、文学性、同一性、意向和历史连续性，而是力图把这些元素视为一个更加深广的历史——语言、潜意识、社会制度和习俗的历史的结果——而不是原因。这种方法不仅可以成为我们讨论“十七年文学”与“文革文学”的方法，同时还适用于对“新时期文学”与“后新时期文学”的研究，它意味着“80 年代文学”将被放置在“80 年代语境”中进行讨论，同样，“90 年代文学”也将在“90 年代语境”里进行把握——而不是采用我们通常运用的方法，以建立在“五四文学”基础上的一种被非历史化与高度抽象化的意识形态标准或文学立场研究和把握任何一个时代的文学。或许只有这样，我们期待了很长时间的“二十世纪中国文学史”的写作才可能真正由理论变为现实。

非常遗憾的是，我们在这里探讨的仍然只是一种“更好的”理论的可能性，在对中国当代文学史的研究中，关于“如何写作当代文学史”的文章远远多于真正的文学史实践，这似乎进一步印证了钱锺书先生的一句名言：“理论是由不实践的人制定的。”或许正因为这个原因，我们应当对陈思和主编的《中国当代文学史教程》的写作实践表示由衷的敬意——这种敬意不仅仅针对这些新完成的文学史所解决的问题，同时还应当针对在这些文学史写作中所暴露出的问题。

初刊《文学评论》2000 年第 3 期

当代文学史写作的新思路及其可行性

——对于两个理论问题的再思考

王光东、刘志荣

学科研究的进展离不开两个条件：一是对新材料的发现，一是对于已有的材料做出新的理解与阐释。在很大程度上，这二者是相辅相成的，新材料的发现导致新的研究视角、研究思路与理论模式的出现，而新的研究视角、思路与理论模式也常常会导致对以往视而不见的材料暗角的再发现。在当代文学史研究领域，这同样是学科进展的必要条件。陈思和主编的《中国当代文学史教程》（以下简称《教程》），在这两个方面所进行的探索引起学术同仁关注的同时，也引出一些很有意义的争议性意见。争议的重点集中在这本文学史在整合20世纪50至70年代的文学发展时引进的两个重要观念："潜在写作"与"民间"，正如有的批评者所指出的："考察这些范畴对'当代文学史'乃至'20世纪中国文学史'的知识结构的冲击，辨析新的探索带来的新的问题，其意义将远远超越对一部文学史新著的评价。"[①] 鉴于问题的重要性，这也促使我们对这两个新观念引出的当代文学史写作的新思路做进一步的阐明与思考。

一、"潜在写作"：文学史视界的拓展与材料的真实性问题

"潜在写作"的提出，是为了说明当代文学创作的复杂性，即

① 李杨：《当代文学史写作：原则、方法与可能性——从陈思和主编的〈中国当代文学史教程〉谈起》，《文学评论》2000年第3期。（已收入本书——编者注）

有许多被剥夺了正常写作权利的作家在特定的历史时期，依然保持着对文学的挚爱和创作的热情，“他们写作了许多在当时客观环境下不能公开发表的文学作品”[①]。不可否认，提出“潜在写作”的概念，是与研究者对以往当代文学史单一的性质感到不满，并希望有所改变的理论预设分不开的。但也应该看到，这种理论预设之所以能够产生，与材料的积累也是分不开的。正是由于《从文家书》、《傅雷家书》、丰子恺的《缘缘堂续笔》、张中晓的《无梦楼随笔》等散文，胡风、牛汉、曾卓、绿原、穆旦、唐湜、彭燕郊、黄翔、食指、芒克、根子、多多等人的诗歌，以及无名氏的《无名书稿》、赵振开的《波动》等小说在“文革”后陆续问世且引起关注，构成了“潜在写作”的概念以及相关的理论预设得以提出的资料背景。“潜在写作”现象，在世界文学范围内也有不同面目的存在。中国古代文学史上绝大多数文学家在其身后才有诗文集刻印行世，外国文学史上一些作家生前甚少发表作品，或者在写作的当时不被承认，作品难以面世，但在身后或时过境迁，作品获得面世的机会并产生很大影响的也比比皆是，著名的如卡夫卡的例子。对于这些写作年代与发表年代差别较大的作品，文学史的研究一向有两种思路：依据作品问世与作家被重新发现的时间来讨论，注重的是其对新时代的意义；将之放在写作的年代来讨论，注重的是文学史发展的复杂性，因为这些在写作的年代难以面世的作家或者与时代风气格格不入，或者具有相当的超前性，而不被自己的时代所接受，因而将其还原到写作的当时进行研究往往能发现被主流遮蔽的暗角与新的潮流的先声，从而发现其生活的时代的文学状况的复杂性与多元性。从成功的文学史写作的实践来看，两种思路向来并行不悖，而且往往相辅相成，并取其长。在《教程》的写作之中，实际上贯穿的是第二种思路。这种思路在文学史写作中实际上是相当普遍的，例如陶渊明身后相当时间才有昭明太子为其编集行世，他产生广泛的影响一

① 陈思和主编：《中国当代文学史教程》“前言”，复旦大学出版社1999年版，第12页。

直要到唐宋，但在文学史上，一般却将他放在他所生活的年代来讨论，并不以编集或者产生影响的年代为依据。如果说陶渊明生活的年代，因为文学生产方式的不同，还不存在所谓“公开发表”的问题，那么我们可以举与当代中国相似的苏联文学史的例子，阿赫玛托娃等诗人在斯大林时期写作的诗歌，也常常放在其写作的年代来讨论，而不必放在解冻时代后其作品有了公开面世的机会的年代才加以讨论，类似的例子还有很多。这些在古代文学研究与外国文学研究中已经形成的文学史写作惯例，运用到中国当代文学史研究中之所以会引起新奇与疑虑，其实很大程度上与文学史研究者习惯于过去的以在写作的时代公开发表的文学材料为依据的思维定式有很大关系。

不过对“潜在写作”的概念提出质疑的最尖锐意见并不针对这个研究思路，即使批评者也承认“新的文学资源极大地改变了当代文学史的面貌”，“‘潜在写作’的进入，的确使我们看到了一部面目一新的当代文学史”。质疑的中心集中在“潜在写作”的资料的可靠性问题上，评论者指出，“我们在领略‘潜在写作’给文学史带来的生机时，也同时面临着这种新的文学史方法带来的新的问题，尤其是这种方式对文学史写作的一些基本原则所产生的挑战。由于‘潜在写作’都是在‘文革’后获得正式出版的机会，因此这些作品的真实创作时间极难辨认”“对致力于以这些‘潜在写作’来改写文学史的研究者而言，这些作品的真实性却始终是一个无法回避的问题”[①]。如果我们的理解无误的话，这里所说的“对文学史写作的一些基本原则所产生的挑战”，指的正是对“潜在写作”的真实创作时间的辨认问题。对于严谨的学者来说，这确实是需要认真面对的问题。由于 1949 年至 1976 年中国的潜在写作的特殊境遇，不存在苏联那样广泛的地下文学作品在国外出版的历史，也没有像捷克那样的“桑米兹德”式的地下出版现象[②]，写作时间与发

① 李杨:《当代文学史写作：原则、方法与可能性——从陈思和主编的〈中国当代文学史教程〉谈起》。

② 参阅［捷］克里玛《布拉格精神》，崔卫平译，作家出版社 1998 年版，第 54—57 页。

表时间的不一致确实给辨认“潜在写作”的写作时间带来很多障碍。但在这里需要对具体作品进行具体的分析，对部分作品的存疑不能否定潜在写作的整体思路的可行性。在对作品的创作时间进行辨认时需要认真地分析与归类，在这方面，我们想就目前所掌握的“潜在写作”资料的流传、保存与发表方式（不限于《教程》中分析的作品）谈一点看法。

在中国当代文学的“潜在写作”中，有一类作品是断无疑义的。这一类作品，或者在其写作的年代里已经广为流传。前者如根子（岳重）与食指的诗歌，“文革”之中就在知青之间广为流传。根子的一些作品，如著名的长诗《三月与末日》，有多多保存的原稿遗留，另一首《白洋淀》，则有上海作家陈村在当年广泛流传时的手抄本，发表在 1985 年的《新创作》。因为根子早早搁笔，“文革”之后与文坛甚少联系，其作品的重新出土多由别人发掘，且有原稿为证，所以很少有人怀疑其写作的真实性。[①]食指的诗歌也因为在当时知青之间广为流传，比较普遍地为大家所承认。像这样的确凿无疑的“潜在写作”作品其实非常多。一般来说，作品发表越早，写作时的见证者越多，作品的真实性就越可靠。但也不尽然，较晚发表的作品如果是依据作者的原稿或者较早的抄件整理面世的，也基本上可以断定是确实的。大体上，我们认为确凿无疑的作品，都有作者遗留下来的当年的文稿或者别人的抄件，作为最直接的物证。就我们所见，至少可以列举以下一些作家的作品，如《从文家书》、《傅雷家书》、张中晓的《无梦楼随笔》、黄苗子的《北大荒家书》、贵州诗人哑默“文革”时期的日记等日常性的写作，以及陈寅恪 1949 年之后的旧体诗，穆旦、蔡其矫等写作于“文革”后期的诗歌，无名氏的《无名书稿》中的后三部半《金色的蛇夜》（续集）、《死的岩层》、《开花在星云之外》、《创世纪大菩提》，丰子恺写作

① 李杨先生在文章中说根子的诗歌保存有两首，这一点是不确切的，除上文提到两首诗外，根子至少还有一首诗《致生活》是现在可以读到的，该诗刊于《中国知青诗抄》（中国文学出版社 1998 年版）第 51—58 页。

于“文革”后期的书信、旧诗和散文集《缘缘堂续笔》，朱东润的传记文学《李方舟传》等。较年轻的诗人中黄翔、依群（齐云）、芒克、多多、北岛、舒婷等写作于“文革”中的诗作至少一部分也有直接、间接的证据证明是可靠的。

这些作品的保存与面世又有几种情况。第一种情况是作者辞世之后由家属或者其他整理者依据作者的遗稿进行整理或发表，像沈从文、傅雷、张中晓、陈寅恪、穆旦、丰子恺、朱东润等的作品，都属于这一类状况。《从文家书》由沈虎雏编选、收信人沈夫人张兆和亲自审核，《傅雷家书》由收信人傅聪、傅敏亲自编订（在后来也出版了手稿本），书信一般都有写作日期，其写作年代，是断无疑义的，只是内容可能有所删节。张中晓的三本笔记原稿写作于一些旧账本和学生练习本上，在“文革”中被抄去，“文革”后作为抄家物品发还，由其父亲与弟弟保存，通过胡风夫人梅志，辗转由路莘整理出部分内容作为《无梦楼随笔》出版，原件至少有梅志、何满子、耿庸、路莘见过，虽然经整理已非原件规模，但基本内容也只是有顺序调整，或有删无增，应该说发表出来的部分也是可靠的。[①]陈寅恪的旧诗，据陈流求、陈美延撰《陈寅恪诗集》后记云，系依据1978年和1987年从有关方面取回的“文革”中抄走的遗稿整理，其余的则依靠其父亲的故旧及其后代的大力相助，“如吴雨僧伯父的女儿吴学昭先生极其热忱，从吴伯父劫后残存的日记和信函中，寻觅到相当数量的诗抄及有关资料”[②]，其资料来源也相当可靠。穆旦的遗作系“诗人逝世后，家人整理遗物时发现或友人于信中抄出”，丰子恺的潜在写作也有原稿可查，在“文革”中写作的“一包包的文稿、画稿，藏之箱底，传之后世，以待将来重见天

① 参阅梅志《青春祭——记张中晓与胡风》、何满子《〈无梦楼随笔〉的诞生》、路莘《张中晓和他的〈无梦楼随笔〉》，这三篇文章作为附录收录于《无梦楼随笔》，上海远东出版社1996年版，第125—156页。

② 《陈寅恪诗集》，清华大学出版社1993年版，第179—181页。

日”[①]，朱东润的《李方舟传》的写作不但有直接的见证人，而且系依据其遗稿整理出版。这些作品整理发表时，或者原作上注明写作日期，或者有当时写作的见证人，原作者已经作古，他人也没有可能作伪写出他们具有鲜明独特风格的作品，其“潜在写作”的确凿性是断无疑义的。即使其中的个别作品系年存在小的疑问，要而言之，绝不妨害其属于1949年至1976年中国文学中的“潜在写作”的范围。第二种情况是原作者仍然在世，但当时的写作保留有原稿。如无名氏的《无名书稿》的后面几部，全部完成于1960年，“文革”中被抄走，因法官李木天的关照原样封存，1978年10月发还原稿，作者在朋友的帮助下抄写、复写后以几千封信寄往海外，由其亲属帮助于1982年至1984年在香港和台湾出版。最初的原稿在公安机关有案可查，抄写、寄发、接收以及出版，在海峡两岸及香港都有不少见证。从其出版过程来看，最早的一本《金色的蛇夜》（续集）出版于1982年12月，而无名氏于是年12月19日方才离开大陆，经香港至台湾定居，这几部书每部都有几百页（其中《创世纪大菩提》近千页），绝无在短时间内重新写作的可能。而且据作者函告，原稿仍保存在大陆朋友家中，其“潜在写作”的确实性也是毫无疑问的。属于这类作品的还有蔡其矫先生60至70年代的诗歌与哑默先生的“文革”日记，后者的日记虽未完全公开出版，但承作者好意，将1965年至1976年全部十五本日记原件寄给我们参考，蔡其矫先生60至70年代的诗歌也有保存的原来的笔记本作为最直接的证据。[②]健在的作家中保存有原稿的“潜在写作”肯定比我们这里列举的要多得多，在此处，我们出于审慎考虑，仅仅列出我们确知无疑的几种。第三种情况是原作者的作品抄本由别人保存，在“文革”后由保存者提供，方得以面世，或者原作发表较早，在写作的当时又有一些见证人。前一种例如依群（齐云）、芒克、北岛、舒婷等写作于“文革”后期的一些诗歌，都有当年别人保留下来的抄件作为直接的物证。

① 丰一吟等：《丰子恺传》，浙江人民出版社1983年版，第172页。

② 蔡先生的这些笔记1999年11月初刘志荣赴京访问时曾承见示。

以赵一凡为例，“他不仅收集和抄录过赵振开（北岛）、姜世伟（芒克）、栗世征（多多）、岳重（根子）、郭路生（食指）、孙康（方含）等人的诗，《九级浪》《第二次握手》《芙蓉花盛开的季节》等地下小说，还保存有大量的哲学、政论作品。其中的《出身论》曾为遇罗克事件的平反提供了有力佐证”。赵一凡的收藏大部分不幸失散，但他的朋友还是抢救出来有关的资料。如果当事人的回忆可信的话（事实上也没有理由不相信，因为采访者与受访者都是“文革”时期地下写作的局外人），至少这些“文革”时期的诗作半数以上是可靠的。对于这些诗作的具体篇目，后来“多方寻访”得到并复制了这批仅存的、一再劫后余生的物证的人，应该最有发言权。我们虽然还没有见到原件，但如果依据收录20世纪70年代地下诗歌的书作为插图提供的部分影印件，至少在70年代文学中有不可或缺的地位的北岛的名篇《回答》、芒克的名篇《天空》、舒婷的作品《致杭城》、多多的诗作《北方的土地》等，都有赵一凡抄录并收藏的抄件或者作者的原稿作为物证（比如马佳写于1973年7月的一首诗的手稿），保留下抄件或者原稿的作品应该还很多。类似的例子还有依群的名作《巴黎公社》，其手稿为诗人芒克收藏。黄翔的名作《火神交响曲》，我们已经见到了1978年10月21日再版于贵阳的油印本，其中的《火炬之歌》标明的写作日期为1969年8月15日，在哑默的日记原件中1969年8月18日条，已经有“《火炬之歌》—— 一首好诗”这样的记载，且曾经在“野鸭沙龙”黑夜聚会中朗诵，有很多亲历的证人，至少这一部分的写作年代是没有疑问的。①

当代文学的“潜在写作”的另外一种特殊的保存方式是因为环境的恶劣，写作者无法将之记录下来，只有凭借记忆力，将之保存在记忆之中，等到环境允许，才将之记录下来。这一类作品一般是

① 黄翔自述：“原稿先后收藏在蜡烛、竹筒、胶靴、米桶缸和故乡牛棚历年经雨水淋坏的茅屋顶上，后取出时已水渍斑斑，濒于腐烂。”见黄翔《黄翔：狂饮不醉的兽形》，天下华人出版社1998年版，第637页。原稿不知是否仍然保存，但应当有“文革”中的抄件存世。

比较短小的诗歌，我们可以举郑超麟、胡风在狱中的旧体诗与彭燕郊的散文诗为例。人的记忆当然不是没有一点误差的，但大体上，这类作品的写作也比较可靠，梅志回忆“文革”开始后，收到聂绀弩的信，要求将他的诗稿烧去，这时胡风安慰她说：“你放心，这些诗他会记得，因为是用心血写成的。”[①]这可以为这些作品的保存方式的可靠性提供一个注脚。（在国外也有类似的凭借人的记忆保存诗歌的例子，例如阿赫玛托娃的组诗《安魂曲》及其他一些诗篇就是凭借其密友们的记忆保存下来的。[②]）同时，这些诗稿被记录下来，并不是在作者平反复出，地位与声望渐渐恢复的时候，而是在仍然遭受困厄的年代之中。例如郑超麟在狱中的1959年至1968年写作了共四百多首旧体诗词，这些诗词于1968年被抄走，到1972年作者在狱中的处境稍微改善，改为严密管制后就开始追忆，历十余年始追忆出八十四首。又如1955年至1965年胡风在狱中写作几千首诗歌，因为无法笔录，只好每日默诵一遍，在反复默诵之中将之在记忆之中保存，为便于记忆，还独创了“连环对体诗”的形式，而当作者在1965年改为监外执行，出狱返家之后就开始抄录，到1966年在成都抄完。现存的胡风这一阶段的诗歌是依据保留尚未散失的抄录件整理的，应该说也是比较可靠的。至于出狱后至“文革”爆发这一阶段的《流囚答赠》，发表时胡风已经辞世，没有来得及修改，全部系整理者从原稿中抄出，就更为可靠了。彭燕郊作于胡案被囚时的散文诗，“当时无法笔之于书，只能每个自然段用一个语词代表，以帮助记忆，获释后逐篇默写一遍，也算万幸，居然保存下来”[③]，发表时也有获释后抄录的原稿作为依据。

在中国的“潜在写作”中，有一类作品在公开发表时作者曾经或者可能有所修改，但修改的幅度不大，仅限于字词的层面，其

① 《胡风诗全编》，浙江文艺出版社1992年版，第480页。

② 参见阿曼达·海特：《阿赫玛托娃传》，蒋勇敏、朱宵鹏、袁晓芳译，东方出版中心1999年版，第131、132页。

③ 彭燕郊：《夜行》，山东友谊出版社1998年版，第248页。

写作与发表出来的作品，仍然是可信的，如绿原、曾卓的诗歌。这些作品不但在作者复出不久就发表面世，而且很多保留有当初的原稿可以作为对比。例如，绿原的“潜在写作”，现在发表的有十五首，数量确实有限，大多写作于1955年至1962年因胡风集团案被隔离期间或1966年至1976年“文革”期间，作者坦承：“这两个时期对我来说，还有重要得多、严重得多的事情要做，写作只能是非常偶然的几次。”“其所以想写，可以说出于一种现在看来很不明智的习惯，即为了自我排遣而不惜冒一定的风险。一旦心血来潮，就在纸片上，笔记簿上，或者给家人的信中把它描摹下来，句不成句，段不成段，就匆匆搁笔扔在那儿，从来不曾完整成篇过。”“到1980年平反以后，在朋友们的鼓励下，才从留下来的笔记簿和家信中找出略具规模的几篇发表过。”这些从笔记与家信中找出来的诗作，其来源是相当可靠的，而且有原来的“笔记簿”和“家信”作为比照的对象，如果有修改，其修改的幅度依据原件也可以查考出来。绿原先生在回答我们的函问时说：“除了这15篇，其他一些诗料式的东西，或者融入后来的正式作品中，或者因时过境迁而被废弃掉，都算不上‘潜在写作’了。”[①]这显示出诗人自己对待这些潜在写作的态度也非常严谨，绝对没有任何含混模糊的地方。曾卓的“潜在写作”数量比较多，收录在《曾卓文集》中的就有几十首诗歌和十篇散文，其来源也非常可靠。据牛汉叙述，1981年6月中旬他们见面时，曾卓就“随身带来了二十多年来默默写出的厚厚一叠诗稿。……在已经翻看得卷了边的诗稿中，我第一次读到了他的《悬崖边的树》《我期待，我寻求……》《有赠》《给少年们的诗》等几十首诗。”[②]原稿牛汉先生曾经过目，属于50至70年代“潜在写作”的范围是没有疑义的。

对作品的第二种修改是虽然有大的调整，但限于删减与极少的增加，修改仍然保持了原来作品的整体面貌，改动仅仅是在技术层

① 以上均引自绿原1999年11月10日致刘志荣信。

② 牛汉：《一个钟情的人——曾卓和他的诗》，牛汉《学诗手记》，三联书店1986年版，第78页。

面，是为了使诗作的表现力更加尖锐与集中，诗中的情绪、运思方式，却仍然是在进行“潜在写作”时特殊的环境中才可能有的。因为整体上的思想与构思并没有改动，这些发表出来的作品仍然可以作为相当可靠的材料。这方面我们可以以牛汉写于咸宁干校时的诗作作为例证，虽然后来发表时作品经过修改，但精神风貌、思维方式与特有的情绪，并没有大的改变。例如他的名诗《华南虎》，最初有一百行，后来吸收绿原应“尽力凝练”的意见，在1979年整理誊清时，“删去枝枝蔓蔓的东西，剩下不到五十行”，在1983年编集时，“在文字上做了少许改动”，“结尾添了两行”：“还有滴血的，／巨大而破碎的趾爪！”[①] 诗作中除删掉的诗句是为了使表达更加凝练之外，添写的诗句也仅仅是为了使诗中的情绪更加醒目，而诗歌中那种困厄中不屈的生命意识则是构思的当时与写成的原作中本来就有的，诗作中形象化的思维方式也没有大的变化。在掌握了作者的修改的情况下，依据发表的文本来讨论牛汉最初写作时精神上的特点与运思的特点，还是可以达到比较准确的层次的，只要研究者尽可能注意到其文本的相异性。牛汉一向认为：“任何一首真正的诗，都是从生活情境中孕育出来的，离开产生诗的特定的生活情境是无法理解诗的。”[②] 他的这些诗作也可以做这样的理解。这些诗歌的写作，也有见证人，与牛汉一起在干校劳动的绿原在为牛汉集中收录这一时期的诗作的诗集《温泉》[③] 序中写道：“说来惭愧，我那时往往被安排和他一起劳动，因此往往有机会成为他的那些新诗的第一个读者。”[④] 所以这些诗作的写作是确实的，发表出来的文本，基本内容是可信的。对于“曾在一定范围内流传，‘文革’后由作者本人修改正式出版，如张扬的《第二次握手》、赵振开的《波动》、靳凡的《公开的情书》等作品”，也可以作如是观。虽然我们看到

① 牛汉：《我与华南虎》，《学诗手记》，第98页。

② 牛汉：《我与华南虎》，《学诗手记》，第99页。

③ 绿原：《活的诗》“代序”，《温泉》，上海文艺出版社1984年版。

④ 绿原：《活的诗》“代序”，《温泉》，第3页。

的已经不是"'文革'时期流传的原作"，但正因为它们在"70年代末期至80年代初期正式出版，时代的反差不大"，作者的思想变化也不大，它们仍然可以看作是与原作相当接近的文本。[①]

真正引起人们关注的，也是批评者最有力的证据，是那些经过大的改动，在思想与艺术上有很大改变的作品。例如聂绀弩的旧诗，在较早的手抄本《北大荒吟草》与后来的《散宜生诗》等集子中有相当的改动，许多甚至是重作，但正因为是重作，所以很能引起论者的注意，也会引起"潜在写作"的研究者的警惕。聂绀弩的旧体诗，也有较早的抄本，根据《聂绀弩诗全编》的编者后记："甘弩的旧体诗自编为集子的，最早应当是手抄本《马山集》。时为一九六二年，也就是他从北大荒回到北京的那一年。""其次是一九六三年手抄本的《北大荒吟草》，收七律四十三首，把《马山集》中有关北大荒的集中在一起，再补上后来的作的若干首。"[②]虽说聂绀弩"文革"前的写作散佚不少，许多是作者补作，而且由于作者对原作不满，对保留下来的许多诗篇做了修改，但《北大荒吟草》似乎存世，所以论者（例如徐城北）才有可能引录其中的三首与后来发表的诗篇进行比较。另据李世强回忆，聂绀弩托李世强夹带新旧诗稿出狱，时在1975年夏天。[③]这样，聂绀弩后来发表的诗作仍然是有据可依的。如果要将聂绀弩的旧诗列入"潜在写作"的范围内进行研究，首先需要做的工作就是对这些较早的版本的发掘，我们希望能够看到对

① 这在对比50至60年代作家们纷纷修改1949年以前的旧作的情况时就更为明显。50至60年代作家们伤筋动骨式的修改，与随着时代的剧烈变动作家们的思想有很大的变动（或者是为了适应时势）有关系。在70年代末至80年代初发表出来的这些"文革"中流传的小说，正因为其作者是比较先觉者，新的时代变化与其原先的预期是一致的，其思想保持了一定的稳定性，所以可以认为在作品中不会出现大的思想与情感基调的变化。

② 罗孚：《〈聂绀弩诗全编〉》"后记"，《聂绀弩诗全编》，第531、532页。

③ 李世强：《夹带诗稿出狱》，《聂绀弩诗全编》，第523、525页。

像聂绀弩这样的作品进行汇校的版本出现，将会有利于早日澄清一些聚讼纷纭的问题。这在很大程度上也是这类改动较大的作品共同面对的问题。

有的批评者将多多“文革”时期的诗作作为典型的例证来说明“潜在写作”研究难以确实的例子，甚至由此引出对“白洋淀诗歌”乃至整个“潜在写作”的质疑。但多多的诗歌，其写作也有很多的见证人，除白洋淀知青文学圈子中的芒克、根子、林莽、宋海泉等人之外，在北京的“地下沙龙”也有相当的影响力。多多后来发表的写于70年代的作品，其实当时在圈子内就有一些读者与抄录者，并产生过一定的影响，并非没有一个流传的过程。而且，多多的作品应该也有原稿保留，从我们上文已经提及的赵一凡保留的多多的手稿《北方的土地》来看，其风格与多多发表的其他写作于70年代的诗作是一致的，这是对多多很早就形成的那种“对现实的冷峻批判以及波德莱尔、本雅明式的抒情风格”[①]最有力的证明。同时，值得注意的是，所有的多多的朋友以及其他“地下沙龙”的参与者，对其作品的真实性以及当年那种现代抒情风格都没有提出质疑。[②]多多的手稿现在至少还有部分保留，他的“潜在写作”是否属于有大的修改范围尚要存疑。我们期待确凿无疑的材料有一日面世会使之真相大白，在此之前，我们宁可对之持比较谨慎的态度。但由多多的诗歌引发对白洋淀诗歌的质疑，则显得多少有些让人意外，即

① 李杨：《当代文学史写作：原则、方法与可能性——从陈思和主编的〈中国当代文学史教程〉谈起》。

② 李杨文中一个注释所引用柯雷文章只能证明多多这些诗歌在发表之后进行了修改，不能看作对最早的版本的质疑；宋海泉的回忆“毛头（即多多——引者注）对自己的诗改了又改，精雕细琢。很多作品发表时同我当年看到的已不大相同”，说明的是多多在当时就有的一种写作态度；周舵《当年最好的朋友》里对多多的微词与“隐衷”针对的其实是多多的生活中的一些表现。从中都看不出对多多70年代的作品的质疑，相反，两人都承认多多当时就具备那种“理性”“现代”的抒情风格。笔者为此专门电话采访林莽先生，他记忆中当年读到的多多的诗歌与后来发表出来的作品的抒情风格是一致的。

使撇开多多不谈，其中根子、芒克、林莽、宋海泉[1]等人的作品是确实无疑的。如何理解白洋淀诗歌群落是见仁见智的问题，所谓“庙堂”与“江湖”的“双城记”顶多只是对如何理解、如何叙述这段历史的质疑，而不能改变一些已经存在的事实。

因为“潜在写作”的特殊写作方式与保存方式，研究者对之采取比较谨慎的态度，这是可以理解的，但因此因噎废食，否定“潜在写作”研究的可行性，则是没有必要的。事实上从我们现在搜集的材料来看，大部分“潜在写作”是可信的。即使撇开在发表时有可能经过大修改的作品不谈，仅仅从确凿无疑的材料和仅有少许改动的作品出发，我们已经可以发现，中国当代文学中 50 至 70 年代的“潜在写作”现象是绵延不绝的，也贯穿了文学史的发展过程。《中国当代文学史教程》选取的“潜在写作”材料，除极个别存疑之外，都属于这类确凿无疑或者经过少量修改、整体上比较可信的材料，将之整合到当代文学史的研究之中，是一件顺理成章的事情。即使从严谨的学术态度出发，对某些材料的真伪持存疑的态度，但毕竟，确凿无疑的材料为数不少，也可以支撑起“潜在写作”的研究框架。对于改动较大的作品，确实存在一个“版本”问题，但也不是毫无线索可循，这需要研究者对较早的手稿、抄件、版本的寻访与发掘。“潜在写作”的研究提上议事日程并没有多久，我们希望越来越多的严谨务实的研究者参与这项工作，能够使之更为切实可靠。

二、“民间”与文学的深层结构

如果说，《中国当代文学史教程》引进“潜在写作”的思路是注重于对新材料的发现，而引进“民间”的思路则注重在一种新的理论视角下对旧有的材料进行重新解读。由于《教程》鲜明地突出了陈思和个人研究风格，书中类似的偏重“重读”的理论观念还有“战争文化心理”“共名与无名”等，与“民间”的理论视角共同支撑起文学

① 林莽的作品仍然保留有当年的手稿，宋海泉的诗歌由赵振先提供手稿。

史的框架。但因为“民间”是批评者的另一个质疑中心，所以我们在这一节也就仅仅回答对这方面的疑问，不做其他方面的引申与阐述。

《教程》引进“民间”这个思路包含两方面的意义：一是站在90年代的文化立场上，对以往的文学史现象进行新的阐释，通过强调即使在表面的一元文化现象背后仍然存在着深层结构的多元精神，来打破以往文学史研究过分强调50至70年代时代精神为一元性的叙述假象，但突出民间文化因素等多种精神互动共生的联系，更重要的意义是为营造当下精神之塔注入新的生命活力。如陈思和所解释的：“90年代一开始就瓦解了知识分子在80年代建构起来的启蒙传统，进而出现了商品经济下的消费文化以及与此相关的种种意识形态。这个变化给知识分子提出了两个任务：一是如何在社会转型而带来的新的文化规范形成之际，及时总结80年代启蒙话语的局限性，及时汲取90年代的文化精神，并通过自己的专业研究反映出时代的信息；二是如何对商品经济下的消费文化保持警惕和应有的批判精神，并根据新的文化特点来继续发扬‘五四’知识分子的现实批判传统，其中也包括了原有的知识分子的启蒙传统。这个时代向知识分子提出的任务的复杂性就在于原来的某种稳定性的传统价值观念已经失去了独立发挥作用的可能，只有在充分吸取各种价值（包括其自身的对立价值）以后，才能在当下新的空间重新营造多元的互动的新价值立场。90年代的知识分子中间发生的多次争论热点，都与营造这种多元互动的新价值立场有关。”[①] 民间视角的提出，也当作如是观。二是以国家意志制约下的文学现象、知识分子精神传统的承传以及民间话语对文学的渗透这三条叙述线索为主来解读经典文本，在它们既对立又相互联系的关系中，求得对当代文学复杂形态的描述：“当时许多作品的显形结构都宣扬了国家意志，如一定历史时期的政策和政治运动，但作为艺术作品，毕竟不是一般意义上的宣传读物，由于作家们沟通了民间的文化形态，在表达

① 陈思和、张新颖：《关于中国当代文学史的几个问题》，《当代作家评论》1999年第6期。

上自觉不自觉地运用了民间形式，这时候的民间形式也是一种语言，一种文本，它把作品的艺术表现的支点引向民间立场，使之成为老百姓能够接受的民间读物。这种艺术结构的民间性，称作艺术的隐形结构。”[①] 这一民间立场贯穿于整个《教程》的写作中，特别是对五六十年代和“文革”时期公开发表的作品的解读中，我们看到了被长期忽略的一些文学要素。

那么，对民间的强调是否会带来一种新的危险——就是批评者提出的，对所谓“民间意识与主流意识形态之间同构关系的忽略”。应该说，这一设问是有充足理由的，因为“任何一个时代的统治思想始终不过是统治阶级的思想”。其实这也是《教程》的编写者所一再提醒读者的。在分析赵树理的小说创作时，《教程》的编写者明白地指出：“也许并不存在着一个纯粹的‘民间世界’，也没有一个纯粹的民间文化形态……民间总是以低调的姿态接纳国家意志对它的统治、渗透和改造，同时它又总是从漫长岁月的劳动传统中继承并滋生出抗衡和消解苦难、追求自由自在的理想的文化品格，而且，民间也不是一个完美的概念，它是一个包容一切被侮辱与被损害的人们的污秽、苦难、野蛮却又有着顽强生命力的生活空间，有关这个空间的文化形态，又总是能够比较本色地表达出下层人民的生活面貌和情绪世界。五六十年代的文学创作强烈地体现着国家意志和时代共名合流的意识形态，民间文化形态并不是作为这些意识形态的对立面，而只是作为一种艺术补充出现的，只有当两者发生激烈冲突、民间立场遭到全面否定的时候，它才会被迫以破碎的或隐形的方式曲折地表达自己的声音。”[②] 正因为民间不是作为国家意志的对立面而只是一种艺术补充，所以这一因素才可能在当代文学史上发挥很大的隐形作用，也正因为它是以破碎的形态而不是

① 陈思和主编：《中国当代文学史教程》，第49页。（收入本书时补注。——陈思和）

② 陈思和主编：《中国当代文学史教程》，第40页。（收入本书时补注。——陈思和）

完整的形态出现，所以民间所含有的独立性因素总是含混不清地寄生在主流话语中，曲折地体现出来。《教程》在强调民间的独立性时，没有故意忽略“同构的关系”的前提。在50至70年代文学创作中，主流意识形态与民间之间的关系是非常复杂的，赵树理作为一个具有民间立场的作家，以知识分子的良知和对农村真实、复杂生活的体验，写出了像《锻炼锻炼》这样的作品，从中可看到像“吃不饱”“小腿疼”这样普通的农民也有着无奈的辛酸和悲凉。民间传达出的这种复杂暧昧的声音在赵树理的笔下虽然是破碎、曲折和隐形的，但却有着深刻的真实。《教程》对后者展开重点分析，并不是没有看到前者的同构关系，而是在已经公认的前者关系中突出了被忽视的后者，因为后者更能体现赵树理创作的民间意义。赵树理曾说自己的小说要“老百姓喜欢看，政治上起作用”。他所说的起作用，不仅仅是利用通俗方法将国家意志普及远行，也包含了站在民间的立场上，通过小说创作向上传递民间的声音。这种接近于民间生活本相的声音正是他的小说的魅力所在，试想在赵树理的小说中如果没有这种民间的声音，那么他的小说还有什么艺术价值可言呢？他怎么会一而再，再而三地受到主流意识形态的批判，以至在“文革”中丧命？由此，《教程》的编者才认为：“有没有注入民间的艺术精神往往成了那个时期艺术创作能否获得成功的关键。”①

批评者所提出的另外一个问题是民间之所以在《教程》中占有极为重要的位置，是因为《教程》的编者为民间赋予了“自由”的本质，然而民间的传统或作为一种传统的民间是否能真正独立于主流政治之外是值得考虑的。批评者认为，现当代历史中的民间始终没有真正外在于主流意识形态，无论是在“十七年文学”还是在“文革文学”中，民间始终都与主流意识形态相辅相成，不可分离，成为主流意识形态不可分割的组成部分。这样的阐述从现代知识分子的启蒙传统来说是有一定道理的，但照我们的理解，《教程》提出民间

① 陈思和主编:《中国当代文学史教程》，第51页。（收入本书时补注。——陈思和）

的自由精神问题，是从一种审美精神出发的，却没有将民间的现实空间是否具有独立自在的问题列入讨论范围，因为在现实中不言而喻的现象是不需要再提醒读者的。民间是个很复杂、可以在多种层面上给以阐释的概念。它的含混、丰富、包容性质为多元解释提供了有效的可行性。如对民间是否具有自由自在的精神（不是本质），我们可以从“现实的自在民间生活世界”“具有审美意义的民间文化空间”“知识分子的民间价值立场”三个层面来尝试着讨论。

从现实的、自在的民间生活世界的角度看，民间的弱势地位决定了它不可能具有很大的独立自由空间，但是承认现实的严酷性并不等于可以否定民间存在着向往自由的本能。只要不将民间世界简单地视为铁板一块，充分考虑地域的复杂性和多元性，就不能否认民间传统或传统中的民间尽管在启蒙话语里被一再描述成愚昧、麻木和精神奴役，但同样它也生生不息地保存着对非观念形态的自由的本能向往和追求。而且，越是在现实世界中不存在的东西，越是容易在文化心理上产生神圣的强烈的向往，这在大量民间文化艺术的表现中可以找到证明。尽管在民间话语里的“自由”与知识分子启蒙话语里的“自由”可能不尽相同。

从审美的意义上说，民间的这种对自由的追求过程与艺术的自由精神是一致的。不管在何种历史时期，不管民间与国家意志之间的关系表现为一种什么样的形态，艺术的自由品性是不可能消失的，艺术创作中一旦消失了对美、自由的追求，艺术也就难以称其为艺术了。同样，正如陈思和所认为的，自由自在是民间最基本的审美风格，正是强调了民间在追求自由过程中所体现的审美精神。一般来说，美感只有在追求的过程中才会产生，而不是在已经存在的甚至凝固僵化的形态里。中国河南农村民间艺术——唢呐，它的高亢嘹亮，不正是生命力极度压抑以后爆发的对自由的向往吗？城市里灯红酒绿的场所很难容纳这种来自田野的生命呼号。在一个生命力普遍受到压抑的文明社会里，民间对自由境界无拘无束的向往（并不是实现）只能是通过审美的形式来表现，所以民间往往就是文学艺术产生的源泉。从文学史的角度来分析民间文化形态的特性时，我们当然要考虑民间在特定的具体历史时期向往和追求自由的审美精神，考虑民间与艺术之间的这种无法被具体时代所制约的关系。很显然，这种文学的、审美意义上的民间，与社会学意义上的现实民间世界虽有关系但又不能完全等同，是另外一个文化空间。

从知识分子的民间价值立场而言，民间自身所具有的自在的自由生机，有可能通过知识分子这一中介环节，转化为一个自觉的自由艺术世界。这种转换过程也必然包含了知识分子自由精神的自觉或不自觉的投射。反过来，知识分子在学而优则仕的传统价值向现代社会的知识多元价值转换中，尤其是身处难以表达自我的环境中，自觉确认民间立场也是自由精神无法回避的中介场所。这是一个复杂的当下精神重建的问题，本文不准备讨论。仅就文学史的角度来说，从民间自由精神出发重读文学史的经典文本，目的是追问艺术魅力从何而来。这种追问不仅打破了一元化的文学史阐释框架，还进一步发现了在特定的时代背景（20 世纪 50 至 70 年代）下知识分子与国家意志、民间之间的复杂关系，以及在这种复杂关系中体现出来的自由意志。以当代文学史的老舍为例，在某个特定时代环境下，老舍的创作心境是不自由的，这在他创作于 20 世纪 50 年代的大量戏剧中可以体味一二，但在老舍的话剧《茶馆》与自传体小说《正红旗下》里，一种舒缓自如的空间使他的文学天才发挥到淋漓尽致的程度，这样的空间是什么？很显然，对老舍这样的作家来说，当时的环境不大可能允许他的主体性通过“写什么”的层面来体现，但是在“怎么写”的层面上他仍然成功地体现自我。而这种体现的自觉通常只能借助于民间的文化空间，也许这也是当时知识分子向往自由表达的可行性通道。

三、面对历史的复杂意识与文学史的多层次结构

引进“潜在写作”与“民间视角”这两个概念，是希望通过对

当代文学史上一些早已存在的重要现象的再发现与再解读，重构出当代文学史的复杂面目。在这里，“潜在写作”的思路虽然注重对新材料的发现，“民间”与其他一些重要观念则注重对经典文本的再解读，但实际上这两个思路的偏重点也有交叉的地方，例如在提出“潜在写作”的概念之后，一些过去习惯于被放在新时期文学中讨论的作品，在还原到写作年代的语境之中，获得了新的意义；而在“民间”理论的烛照下，一些被忽视的文本也被重新发现。虽然说“潜在写作”与“民间”是《教程》的重要观念，但这并不是说《教程》没有贯穿其他一些思路，例如1949年至1976年文学中经典作品的解读，并不是都依靠“民间”的理论视角，例如对《时间开始了》《红日》《百合花》《红豆》《组织部新来的青年人》《望星空》《关汉卿》等作品的解读就因为具体作品而选择了不同的理论视角。忽视了这一点，将《教程》中比较醒目的创新观念（如“潜在写作”“民间”）误解为《教程》的全部思想，就容易将之假想为与“公开文学”或者“主流文学”构成二元对立的预置模式。实际上，这部文学史最核心的观念是“多层次”，在这一观念底下，注重的是作家对时代的多层次反应，在这里，不论是“潜在写作”，还是“公开文学”“主流文学”或带有浓厚民间色彩的文学作品，共同构成考察“作家对时代的多层次反应”的材料，在材料的择取上突出的也是“多层次性”，没有厚此薄彼的意思——批评者之所以会产生“厚此薄彼”的印象，可能与这部文学史本身是一部“以作品为主型”的初级教程，重视材料的典型性而不拘泥于过去公认的“经典作品”有关（实际上这些“经典作品”在各章的绪论中都有所论述，仅仅是因为在重点分析的作品中没有论述才会给别人留下忽视这些作品的印象）——如果在评价上显得与以往不同，那也仅仅是从艺术的深度、力度、表现力出发，评价的标准，自然有争辩的余地。批评《教程》仅仅是“将被颠倒的历史重新颠倒过来”，从而陷入“一元文学史观”，显然有很大的误解的成分。如果不限于个别语词的争辩，从《教程》的整体构思来看，“潜在写作与公开发表的创作一起构成时代文学的整体，使当代文学史的传统观念得以改变。这也是时代‘多层面’文学的具体内涵”[①]，这一思路还是贯彻了下来。《教程》为体现这一思路，特意设立了“对时代的多层面思考”一章，这一章讨论60年代的文学，在表达时代的多层次性时，着重比较了几类作家对时代的不同感受：一类是时代的抒情，一类是现实的讽喻，一类是私人性话语。前两类作品都属于公开文学的范围，但已经表现出对时代的不同态度，后一类有公开文学，也有潜在写作，例如丰子恺的《阿咪》那样的小品与张中晓的《无梦楼随笔》那样的札记随笔。实际上，潜在写作也有并非对时代采取批判态度的写作，例如胡风狱中诗歌所显示出的复杂心态，更极端的例子如李英儒“文革”时在监狱中创作的《女游击队长》体现的是前一个时代的主流意识，但在“文革”中由于“主流”的变迁，它又成为“非主流”的作品。我们可以看出，不论是潜在写作还是公开文学，面对时代的态度都是复杂变化的，它们汇合在一起，共同构成时代文学的多层次性。从民间概念来看，与之对应的不仅有“主流意识形态”这样的观念，而且也有“知识分子的启蒙传统”这样的概念，这一领域至少由三个概念构成，而在具体的创作中它们又有着复杂的关系与变化。从《中国当代文学史教程》的编写实践来看，运用“潜在写作”“民间”及其他相关概念进行文学史的多元构架虽然是一种尝试，但也表明这种研究思路是可行的。

由此引导我们思考一些文学史研究的理论问题。文学史写作自然要尊重已有的文学作品与现象的存在，但这些已有的现象同样包括“潜在写作”与“民间”。由于人们对文学史的观念不一致，也就会产生不同的研究思路。文学史的研究自然需要发掘“那些因年代久远或因为想当然而从我们的视野中消失的认识机制”[②]，但要

① 陈思和主编：《中国当代文学史教程》“前言”，第12页。（收入本书时补注。——陈思和）

② 李杨：《当代文学史写作：原则、方法与可能性——从陈思和主编的〈中国当代文学史教程〉谈起》。

绝对客观地还原历史，还原一种“从我们的视野中消失的认识机制”是不可能的，因为任何文学史的研究者都有自己的期待视野与理论预设，以“知识考古学”的提倡者福柯来说，他的理论冲动就离不开对现代西方文明的反抗。在文学史研究中引进“知识考古学”这样的思路是有益的，但“考古”的范围也不应该限于一个时代占据主流地位的话语，而更应该考掘那些陷于边缘，或者被遮蔽的暗角中隐藏的文化信息，福柯不就是从一些不被人注意的暗角——“癫狂史”“监狱史”“性史”的研究考掘西方文明的知识型的转换的吗？同时，文学史的研究实际上是作为对一种特殊的审美艺术的研究，任何研究者都避免不了主观价值判断的介入，“在文学史中，简直就没有完全属于中性‘事实’的材料”[①]。文学史的写作总会有价值判断在里面，一旦有写作者的价值判断，就无法绝对客观，或者说，就无法完全还原历史情境，无法完全将“80年代的文学”放置在“80年代语境”中进行讨论，也无法完全将“十七年文学”与“文革文学”放在它们“各自”的语境中来讨论。《教程》提出的“对时代的多层面思考”的理论预设已经消解了原来规定的时代语境的先验性。我们承认文学史的研究应该转变为一个时代与另一个时代的对话，愿意保持对“非历史化与高度抽象化的意识形态标准或文学立场”的高度警惕，并且也致力于“历史地理解历史”，但与此同时也应该清醒地认识到我们不可能摆脱自己今天的价值立场，在对自己不可避免的限制保持清醒之后，一个时代与另一个时代的“平等”对话才有可能，尤其我们面对的是自己置身在其流变之中的活的当代文学史时更是如此。

初刊《文学评论》2000年第4期

① [美]雷·韦勒克、奥·沃伦：《文学理论》，刘象愚等译，三联书店1984年版，第32页。

“民间”的浪漫传奇

——兼论文学史修撰中的叙事问题

郭洪雷

历史（history）是故事（story）。不管是他的（his）历史，还是她的（her）历史，或者是文学的历史，只要结为文本，就不可避免地沦为一个故事。正如克罗齐所言：“没有叙事，就没有历史。”[①]凡试图以历史话语对人类发展的某一阶段做综合的、整体的把握，一种叙事与修辞的冲动就会进入历史叙事的文本之中。过去，我们更多的是把历史叙事当作要去描写的一组历史事件的“镜像”。随着话语意识的增强，人们看到任何历史叙事都同时具有两个指向的符号系统：一方面指向历史话语刻意描写的一组“事件”，它构成了历史叙事的再现层面；另一方面指向某种故事类型，为了揭示历史的结构和连贯性，叙事者往往在无形中把那组“事件”故事化。这一指向构成了历史叙事的表达层面。

陈思和主编的《中国当代文学史教程》（以下简称《教程》）是提出“重写文学史”以来写得比较成功的一部当代文学史。其成功之处在于，它为我们提供了一种“想象”中国当代文学史的方式。本文以《教程》为个案，探讨在文学史修撰中存在的叙事问题，并通过对《教程》的情节线索、情节模式和叙事策略的分析，来揭示“民间”概念的意识形态内涵。

① 转引自海登·怀特:《当代历史理论的叙述问题》,《后现代历史叙事学》,陈永国、张万娟译，中国社会科学出版社 2003 年版，第 127 页。

一、知识分子悲剧与“民间”传奇的纠缠

陈思和提出的“民间”的概念，贯穿《教程》始终。对于“民间”，他在论述知识分子对它的认识过程时，曾经有过一个形象的比喻：“然而，这次不同了，战争唤起了民众的力量，知识分子不但清楚地感觉到了那个庞然大物蠢蠢欲动的喘息、炽热的体温和强烈的脉搏，而且分明意识到它背后一片尚未可知的世界。”[①] 细读《教程》，在其叙事的表达层面上，讲述的就是这个“庞然大物”的故事，这个“庞然大物”的浪漫传奇。

虽然就整体而言，《教程》是一部以文学作品解读为主的文学史，但什么样的作品能够作为情节的构成因素进入文学史叙事，取决于叙事本身的情节线索。在叙事的开端，恰恰需要交代线索，选取人物、角色，设置故事的整体格调。《教程》在叙事表达层面的运作，决定了其再现层面的整体格局。这也是历史叙事不同于“编年史”之处。“编年史”按照自然时间流程安排“事件”，而历史叙事则要把那些事件转换成一个“景观”或发生过程的诸要素，“一般而言，这个景观或过程具有一个可变的开头、中间和结尾。把编年史变成故事的这种改造是通过对编年史的事件加以描写而实现的，有些是根据初始动机，有些是根据终极动机，还有些是根据过渡性动机加以描写的”[②]。

通观《教程》不难发现，知识分子的悲剧命运和“民间”这一“庞然大物”传奇经历，构成了并行其间、最终走向合流的情节主线。明乎此，就能够理解为什么胡风和沈从文被摄入当代文学史的开端。胡风的《时间开始了》，似“寓言”一般触发了当代文学史的开端。

① 陈思和：《民间的浮沉：从抗战到“文革”文学史的一个解释》，《陈思和自选集》，广西师范大学出版社 1997 年版，第 201 页。

② 海登·怀特：《〈元历史：19 世纪欧洲的历史想象〉之前言：历史的诗学》，《后现代历史叙事学》，陈永国、张万娟译，中国社会科学出版社 2003 年版，第 374 页。

虽然该诗存在着诸多不足，但作为开端，它具有出人意表的修辞效果。作为当代中国文学史最大历史冤案的受害人，他在诗中越是以胜利者自居，越是真诚地表达对领袖的亲近和钦佩乃至狂热的崇拜，叙事的反讽效果越是强烈，这个典型人物身上所凝聚的悲剧色彩越是浓厚。这样，贯穿全书的知识分子悲剧命运这条线索的基色就被设定了。同样，沈从文也是这样一个肩负着叙事功能的角色。而《教程》对这种叙事功能的揭示，是通过对《五月卅下十点北平宿舍》这篇手记的解读完成的。文本诠释具有多样可能性，陈思和之所以回避这篇手记与《边城》的互文性，执意阐发“民间”作为“道路”的暗示性，就是因为从历史叙事的角度，他让这一角色承担了多方面的叙事功能：一是沈从文身上隐含了知识分子归于“民间”得到拯救的“神话”，为两条情节主线的合流埋下伏笔；二是沈从文是陈思和所提出的“民间岗位意识”的典范，从而揭示了民间历史叙事的伦理纬度；三是这篇手记“应该是这股潜在写作之流的滥觞”[①]。这样，当代文学史中，陈思和强调的“潜在写作”现象，在历史叙事的开端就有了明确的交代。可以说，从这两个人物的设置上，我们见到了叙事者鲜明的“初始动机”。

站在当代文学史开端的还有巴金，这一点也许没有引起人们的足够注意。之所以将巴金摆放其间，是因为在他身上潜藏着陈思和当代文学历史叙事的意识形态功能，在后面对“民间”的意识形态分析中，我们还要做具体论述。

“序幕”如此，被陈思和称为“本世纪文学舞台上的一道庄严神圣的落幕”[②]的结尾也同样如此。陈思和在绪论中谈到20世纪90年代文学时指出：“在材料的安排上，80年代末和90年代初的作品也有不少互用现象。这是因为90年代文学作为一个新的文学阶段的特征尚未完备，如果说，80年代是一个在文化上拨乱反正的过渡

① 陈思和主编：《中国当代文学史教程》，复旦大学出版社1999年版，第30页。

② 陈思和主编：《中国当代文学史教程》，第13页。

时代，90 年代才渐渐显现出新的文化活力和特点。”[①] 这样的解释显然不够充分，甚至不构成因果关系。这里的真正原因是，依据传统的叙事—阅读心理，通过材料的重新整合、编排，要为《教程》营造一个完整而富有意义的结尾。依自然时间顺序撰写的编年史“事件”（这里指一种理想状态），本无所谓“庄严神圣”，一旦以对历史进行“诗意”把握的“终极动机”进入历史叙事，“意义”就会在材料的互用中自然生成。这样，也就不难理解，为什么海子这个 80 年代末就已死去的诗人，能够在当代文学历史叙事终结处出现，因为“他早期的抒情短诗更加体现出对民间理想的追求”[②]。这位被认为是“为诗歌殉葬”的诗人，能够“点缀”历史落幕时刻的“庄严神圣”，能够说明知识分子追求的“理想”在“民间”的重新绽放。这样，在精神层面上，知识分子悲剧命运与“民间”传奇的合流，不但合规律而且合目的。同样道理，曾撑起精神旗帜的小说家张承志被“滞后”处理，《教程》选取 1985 年发表的短篇小说《残月》，通过“杨三老汉”这一普通回民，不但挖掘出人的潜在的精神能量，而且阐明“民间”将成为精神“最终的寄寓地”。

在《教程》文学史叙事的终结处最引人注目的是张炜。他的长篇小说《九月寓言》被称为“20 世纪中国文学的殿军之作”，原因是“它所描写的一组发生在田野里的故事，具有极其浓厚的民间色彩”[③]。它“通过对大地之母的衷心赞美和徜徉在民间生活之流的纯美态度，表达出一种与生活大地血脉相通的，因而是元气充沛的文化精神”[④]。《教程》非常强调小说中的这段文字：

无边的绿蔓呼呼燃烧起来，大地成了一片火海，一匹健壮的宝驹甩动鬃毛，声声嘶鸣，尥起长脚在火海里奔驰。它的毛

① 陈思和主编：《中国当代文学史教程》，第 11 页。

② 陈思和主编：《中国当代文学史教程》，第 365 页。

③ 陈思和主编：《中国当代文学史教程》，第 374 页。

④ 陈思和主编：《中国当代文学史教程》，第 367 页。

色与大火的颜色一样，与早晨的太阳也一样。“天哩，一个……精灵！”

就文本构成而言，这段文字不仅仅是一段引文，它是《教程》叙事文本重要的构成部分。其意义不仅在于这是一段诗意盎然、元气淋漓、境界纯美的“寓言”。就像人们不禁想起的《凤凰涅槃》一样，它以隐喻的方式，书写了世纪之交知识分子在“民间”大地上的涅槃“神话”。知识分子悲剧命运与“民间”传奇这两条情节线索，在一片“庄严神圣”的“神话”气氛中水乳交融，“精英”最终在“民间”蜕变为“精灵”。

二、“民间”传奇叙事的情节模式

就文学史修撰而言，依照不同的目的，叙事可以被用来描写一个环境，分析一个历史进程，还可以用来讲述一个故事。一般而言，历史叙事往往在再现和讲故事的表达两个层面上同时运行，而历史事件一旦进入表达层面，它就会被还原为某些“想象”话语中常见的情节模式，例如，诗史式的、民间故事式的、神话式的、传奇式的、悲剧式的、喜剧式的等。

那么，在具体的历史或文学史叙事中，情节模式究竟是由什么因素决定的？海登·怀特在论述历史叙事的句法规则和策略时认为，历史不仅是关于“事件”的，“而且也是关于这些事件的关系网。关系网并不直接存在于事件中；它存在于历史学家反思事件的脑海里。它以历史学家所处的文化中的神话、语言、民间故事、科学知识、宗教、文学艺术中所承认的关系模式而存在”[①]。简言之，历史叙事的情节模式是由叙事者所厕身其间的文化决定的。从前面的分析可以看到，《教程》对当代文学史的叙述，也是在再现和表达两个

① 海登·怀特：《作为文学虚构的历史本文》，张京媛主编《新历史主义与文学批评》，北京大学出版社1993年版，第174页。

层面上进行的。就叙事的表达层面而言，之所以将两条情节线索分别称之为悲剧和传奇，一方面是由特定历史时期所允许的叙事策略，不同的叙事视点决定的；另一方面，是由叙事者的文学经验，对当代文学史的理解，特别是为“民间”书写浪漫传奇的叙事目的决定的。在此基础上，我们就能够总结出《教程》的两个基本情节模式：一个是对应于“民间文化形态”的“转机”模式；一个是对应于“民间隐形结构”的“寄生”模式。前者是主导模式，它是连通悲剧和传奇的关键；后者是辅助性的。

“转机”模式：这一模式在叙事中表现为，随着某个叙事符号的出现，主人公的命运会发生根本转变，它是构成传奇叙事最为本质的原因。在《教程》中，“民间”和“大地”无疑就是这样的叙事符号。《教程》对沈从文命运的叙述，就显示了这一模式的威力。虽然相对于胡风他当时的境遇更为艰难，但是由于他本能地发现了“民间”，不但命运得到拯救，还成就了自己的一番事业。“转机”另一方面的表现是，作家只要能深入“民间”，不管是“乡村民间”还是“都市民间”，他的创作就会得到升华。“其他如莫言、王安忆、李锐、韩少功、陈忠实等作家虽然表达的民间理想均不相同，但由于他们自觉地把个人立场与民间立场很好地结合起来，所以能在个人视角下展示出多元的社会场景和价值体系。他们的创作达到90年代文学的最高成就。”[①] 这段文字典型地表现了这种“转机”的传奇性。[②] 用“民间”和“大地”作为产生转机的叙事符号，是由它们在人们的文化“想象”中，身上所凝聚的力量决定的。研究者对民间文化形态的“藏污纳垢”有不同的理解，但它不可否认的积极意义在于，大地的“污垢”是培植“原始生命力”的“腐殖质”。正是大地“污垢”中蕴含的养分，使知识分子得到浇灌，使他们的命运出现“转机”。

“转机”模式还揭示了民间文化形态的“大地性”。郜元宝在

① 陈思和主编：《中国当代文学史教程》，第367页。

② 陈思和：《民间的浮沉：从抗战到“文革”文学史的一个解释》，第207页。

对比意识形态和民间世界时就触及了这一点："比起意识形态的流行性、悬浮性和聒噪性，民间世界就显得永恒、沉稳和缄默。意识形态是呼啸而过却不知止于何处的风，民间则是万古无言却始终在场的大地。"[①] 陈思和在与人讨论张炜创作时也指出了这一点："在《九月寓言》里，大地的象有了完整的文化依托，也就是我所指的民间文化形态。民间是一个含混丰富的概念，包含了许多内容，大地的概念自然有其本然的意义，但在这部小说里它与民间的概念有了某种契合，这契合处就是人不是在政治平面上行走，也不是在文化平面上行走，而是在大地上行走的。"[②] 不过，陈思和更为看重自己提出的"民间文化形态"。土地几乎在任何话语形式中，都是作为"诗意"的形象出现的。就文学创作而言，大地是民间的基本意象。它沉默无言却又孕育着世间所有的语言。"民间"从大地中涌出，又复归于大地。"民间"的文学是大地深处的声音。接近大地意味着获得生命的滋养，获得飞腾的想象，获得对生命最本真的把握。文学史叙事中，"转机"的力量便来源于此。大地"神话"普遍存于世界各民族文化之中，古希腊神话大地之子安泰的故事就是如此，只要他脚踩大地，就力大无穷，不可战胜，除非你将他凌空拔起。《教程》中"转机"模式虽然复杂，就形式而言，与安泰神话同构。它使《教程》书写的"民间"传奇，获得了最基本的叙事驱动力。

"寄生"模式：这一情节模式在传奇叙事中是表现叙事中角色生命力顽强的一种重要模式，它往往以寄生于"对手"身上的方式来实现。这种模式主要对应于陈思和提出的"民间隐形结构"。在《教程》中，这一模式更多的是在文本诠释层面上产生的。正如陈思和所言，民间隐形结构"往往由两个文本结构所构成——显形文本结构与隐形文本结构。显形文本结构通常由国家意志下的时代共名所决定，而隐形文本结构则受到民间文化形态的制约，决定着作品的

① 郜元宝：《中国当代文学中的民间和大地》，《文学世界》1995年第1期。

② 陈思和、张新颖、王光东、张炜：《民间的天地带来了什么》，《文艺争鸣》1996年第6期。

艺术立场和趣味"[①]。他更多的是从积极意义上肯定这一文本现象。"民间"生命力之强大，即使在极端压抑状态下，它也能无孔不入，甚至转化为一种形式"寄生"下来。但是，如果我们从"文本的历史性"出发，这一模式是不能进入到作者意愿层面的。所以强调它的寄生性，就在于这一模式往往以"寓教于乐"的形式达成与国家意志的共谋。

当然，一个复杂的文学史叙事，其情节模式也不是单一的。例如，《教程》除上述两种主要模式之外，还有"隐身"模式，因篇幅所限，此处不再做具体论述。

三、对"民间"的意识形态分析

一种历史叙事的意识形态维度，反映了历史学家就历史知识的性质问题所进行的伦理思考，同时还包括渗透在历史研究中的当下之思。"所谓'意识形态'，我指的是为在现在的社会实践世界中采取某种立场并按照这个立场行事（要么改造世界，要么维持它的现状）所需要的一套规定；这些规定伴随着声称'科学'或'现实主义'之权威性的论证。"[②]在一个具体的历史叙事中，叙事者经常对他们所论的事件进行情节建构，并且，必然选取其自身文化能够承认的情节模式进行建构，或神话或传奇，或悲剧或喜剧。既然文学史事件是经过"研究"才进入历史记录的，那么，文学史的叙事者就有在文化提供的情节模式中进行选择的自由，并通过这些情节模式赋予事件以不同的比喻意义。叙事者可以讲述关于同一组事件的许多不同的故事，而不违反叙事再现层面上的真实性标准。所以，面对同样的一段中国当代文学史，有的人可能把它想象为建构为诗史，有的还可以目之为闹剧。当然，《教程》讲述的是传奇。

① 陈思和主编：《中国当代文学史教程》"前言"，第 13 页。

② 海登·怀特：《〈元历史：19 世纪欧洲的历史想象〉之前言：历史诗学》，第 393 页。

正是在这里，在把特定的情节模式投射到特定系列的文学史事件和文本时，出现了文学史叙事的意识形态本质问题。也就是说，这里对文学史叙事的意识形态分析，必须建立在叙事的表达层面上，而非再现层面上。从中我们能够看到中国知识分子“寄托”传统的本来面目。

那么，《教程》书写的“民间”传奇，表达了叙事者怎样的伦理思考呢？“民间”传奇的意识形态内涵究竟是什么？这当然要从“民间”概念的产生背景说起。

“民间”概念的产生具有双重背景。

一方面，它是陈思和学术思考的产物。他认为在当代文学史上，沉默的“民间”是由战争激活的，“战争给了民间文化蓬勃发展的机会”[①]。这一学理背景最容易引起人们注意。另一方面，就是陈思和“民间”概念产生的时代背景。20世纪80年代末90年代初知识分子共同面临着角色认同的危机，这是他们在进行任何学术思考时谁都迈不过去的“门槛”。一方面，他们要重新思考自己的生存策略；另一方面，“不平则鸣”的士人传统，决定了他们总是要以自己的方式去寻求“理想”的栖息地、“精神”的避难所。1991年，陈平原出版了《千古文人侠客梦——武侠小说类型研究》——一本在他学术生涯中略显突兀的书。行文中间，陈平原不时表现出对古人畅快的“仗剑行侠”人生境界的追慕，哀叹当今人们徒能“坐而论侠”。如果说在当时的境况下，陈平原发现了“江湖”，那么，陈思和则发现了“民间”。在面对过去的学术思考中，寄托当下之思，是中国知识分子旧有的传统。正是基于生存焦虑的当下之思，使得“民间”凸显在陈思和的学术视野中。其实，这是中国传统知识分子的一种本能反应，过去曰“山林”“田园”“江湖”，现在叫“民间”。它们被士人想象为理想的自由之地，精神的寄寓之所，生命的逍遥之乡。虽然践行者少，吟诵者多，但在他们对自己进行人格虚构时，这些接近大地的精神意象从未缺场。90年代，陈思和积极

① 陈思和:《民间的浮沉：从抗战到“文革”文学史的一个解释》，第201页。

参与发起了关于人文精神的讨论。就本质而言，这次讨论是知识分子出现角色认同危机之后所进行的关于“我们能做什么”“我们怎样做”的伦理思考。与王晓明呼喊“敢死队”的激进态度不同，陈思和选择了“民间”的坚守，他称之为“民间岗位意识”。他认为“作为群体的知识分子应该在民间找到自己的工作岗位，通过自己的渠道来传达人文理想的声音”[①]。所以，他非常强调学统，强调“守先待后”“续命河汾”[②]。

经由90年代的社会转型，学术视野的调整，在《教程》中，“民间”从知识分子的生存策略转换为文学史的叙事策略，在叙事的表达层面上表现出来。前面的分析明确了陈思和的伦理思考，那么，它的意识形态内涵又是什么呢？这一点，我们得从《教程》文学史叙事的情节模式选择中见出。

在文学史叙事中，我们通过其所讲故事的种类，来理解它的意义。故事的种类是由叙事者对情节进行编排，以及他投射于其中的情节模式决定的。在叙事过程中，如果叙事者提供的是悲剧的情节模式，他便以一种方式“解释”这个故事；如果他把故事建构成传奇，他便以另一种方式进行了解释。情节编排是把一系列历史事件编成一个故事，通过逐渐展开而使其成为一个特殊类型的故事。正是在具体类型的故事所包含的“解释”中，意识形态义素便自然流露出来。

通观《教程》，它所演绎的知识分子悲剧和“民间”的浪漫传奇，参考陈思和对“民间”所做的理论阐发，我们就会发现，《教程》所反映的意识形态内涵是：无政府主义与保守主义的混合。当然，我们并不是在这里说陈思和是一个无政府主义者或保守主义者；我们是说，《教程》所选取的情节模式，对历史事件和文本所做的情

① 许纪霖、陈思和、蔡翔、郜元宝：《人文精神寻思录之三：道统学统与政统》，《文艺理论》1994年第5期。

② 隋代大儒王通隐居河汾讲学，守先待后，使传统文化如汾水之流从自己身上流淌过去，发扬光大。见陈思和《知识分子的民间岗位》，《天涯》1998年第1期。

节编排，以及在想象的潜在动机中，隐含了这种倾向和因素。这样的解释是不能与现实对照凿实的，否则，极易产生一种“反讽”。如果那样，也就意味着剥夺了知识分子进行伦理思考最基本的空间。对于中国当代知识分子，无政府主义、保守主义、激进主义或自由主义都是比较敏感的字眼。在学理的层面上，这些意识形态立场应该被理解为对维护或改变社会现状之可行性所持的不同概念；对改变社会现状的取向和促成这种改变所用的手段的不同构想。只有这样，以学理的客观追求消解意识形态话语本身所隐含的现实压力，我们对历史叙事中意识形态内涵的分析才会更为从容。

将《教程》所反映的意识形态内涵概括为无政府主义与保守主义的混合，主要基于以下两方面的原因。

首先，无论是“民间”概念本身，还是传奇的叙事模式，都与无政府主义有着天然的亲合性。“民间”无论是作为文化形态，还是作为价值立场，都表现为对主流意识形态的拒绝与排斥。它所具有的边缘性、自由性和“藏污纳垢”无不显示出与主流意识形态的格格不入。而传奇的叙事模式，在本质上表现为一种自我认同。传奇中的主人公通过对经验世界的超越、战胜和最终从这个世界的解放，象征性地达成自我认同的本质。它是善战胜恶、美德战胜罪恶、光明战胜黑暗等虚构与想象的形式化，人最终超越了他由于堕落而被囚于其中的世界。无论是拒绝还是解放，都表现为通过否定主流意识形态的方式达成自己的意识形态功能，而这正是无政府主义的本质规定性。

其次，陈思和通过对中国现代无政府主义历史的考察，为其接续了“民间岗位意识”的血脉，从而也就找到了无政府主义与保守主义连通的现实基础。他在《巴金的意义》一文中认为：“无政府主义是一种思想上的乌托邦，任何乌托邦的最终目的都是不能转化为具体政治行动的，正因为它无法实现，所以只能通过其精神力量融化到人们的具体日常性的伦理行为中，在人生的岗位上，点点滴滴地发挥着作用。”[1]陈思和是巴金研究专家，巴金又是20世纪中国文学史上无政府主义的代表。陈思和这样的理论转换，显然是基于当代知识分子价值立场的思考。一方面显示了在“民间”无政府主义作为一种边缘意识形态存在的现实性；另一方面，也为他所宣扬的“民间理想主义”找到了精神上的“父亲”。这也就让我们明白了前面留下的问题，在第1章中，巴金与胡风、沈从文一起，作为《教程》文学史叙事开端的主要人物，承担着重要的功能——昭示着《教程》“民间”传奇的意识形态之维。

初刊《陕西师范大学学报》2005年第3期

① 陈思和:《巴金的意义》,《谈虎谈兔》,广西师范大学出版社2001年版,第311页。

走出民间的沼泽

李新宇

20世纪90年代的文学是多元的。但是，在这多元构成中，知识分子精英话语的迅速分化和由此导致的民间话语的膨胀毫无疑问是一种整体倾向性的存在。作家纷纷走向民间，理论为之推波助澜，民间话语成为时髦。然而，只要我们稍微睁一下眼睛，就会看到，那并不是一片鲜花盛开的金牧场，而是一片危机四伏的沼泽地。因此，对于文学的民间化趋向，需要的不是欢呼，而是足够的警惕。

一、世纪末文学的民间化倾向

80年代结束之后，走向民间的倾向已成为相当普遍的存在。新写实小说以写普通人的生活琐事和人生烦恼以及价值取向上与民间大众的贴近领风气之先，比较彻底地实现了小说叙事话语的民间化。先锋小说在进入90年代之后迅速发生分化，大多不再以探索和创新为努力方向，而开始向传统的审美意识和表现手法回归，努力写作大众喜闻乐见的作品。80年代的一批中坚作家纷纷躲避崇高，直面世俗，到民间去寻找精神的憩栖之地。晚生代以各种新特色引人注目，但考察其价值与审美意识的构成，却很容易发现他们的种种表现往往都是以迎合市民心理为指归。其他文学样式更不必说，报告文学自进入90年代之初就开始以政治秘闻和大人物轶事吸引读者，散文除少数之外已经多是“婆娘式”的无聊絮叨，电视剧以观众为上帝，当然以观众的审美趣味为编导原则……

这种民间化的走向是全方位的，也是多层次的。

首先，在艺术表现形式上，90年代的文学整体的运动趋势是向传统回归。我们知道，明确的语言和有头有尾的故事可以使读者感觉轻松，全知的叙述视角可以使读者免去思考的劳累，简单的结构和明确的因果关系更易于大众读者阅读。于是，作家们开始更多地运用传统的叙事方式。在新时期之初，传统叙事方式曾经被富于革新精神的作家抛弃，使之成为守旧的象征。先锋小说家曾经以探索为宗旨，使小说形式结构一步步走向复杂化。然而，进入90年代之后，传统的叙述方式重新受到作家青睐，先锋小说家也很自觉地开始反省自己，背离探索的初衷和先锋的使命而开始使用传统叙事方式。余华的《活着》和《许三观卖血记》就是一个突出的标志。它向我们透露的信息是先锋作家终于走出象牙塔，把创作定位于民间大众，它使我们看到这个时代的作家是如何为了获得更多的读者而在形式上努力地迁就和适应大众。

其次，是知识分子精英立场的放弃和大众立场的获取。如果仅仅是语言和形式上的变化并不重要，那不过意味着作品的通俗性。90年代文学呈现给我们的绝不只是这些，而是作家观照生活的角度和立场的民间化。作家们放弃启蒙主义立场，不再以启蒙导师自居，纷纷响应时髦批评的号召，不再居高临下，不再自以为比读者更高明，而是开始与大众站在同一地平线上体验和表现大众的生活。这种变化被一些批评家看作文学的进步，因为据一种解释说，在过去的几十年中，我们的作家在观察生活和表现生活的时候，总是习惯于站在知识分子的精英文化立场上。时髦的批评认为，站在那种“陈旧的”立场上看生活，民间往往是封建的、保守的、落后的，民间的人物往往是阿Q或者陈奂生，他们成了精英知识分子同情和改造的对象。好像这一切都是无法容忍的。90年代的文学好像要彻底结束这一时代，创作和理论的宣言很像是“知识分子统治文坛的现象再也不能继续下去了”。

所以，进入90年代之后，在纷纷远离政治意识形态视角的同时，作家们也匆匆远离知识分子精英话语的立场。90 年代的中国作家没有几个人愿意从权威意识形态的视角来观照生活和表现生活，同时，从知识分子精英文化视角来观照生活和反映生活的作家也越来越少，多数作家正在努力获得大众的立场和与他们平行的视角。

再其次，是在价值观念层面上向民间大众价值的认同。大概已经不需要举例证明，人们早已经熟悉池莉等人的新写实小说完全认同普通市民的情感态度和价值观念的事实。他们写小人物的人生烦恼，写他们对生活无能为力，写他们不得不承认现实并在夹缝中委琐生存的种种无奈。然而，与启蒙主义文学完全不同的是，创作主体对他们只有“哀其不幸”而不再有“怒其不争”。从新写实小说开始，到 90 年代的新状态和新市民文学，在这一点上大同小异。在新都市文学中，几乎到处都可以看到一种生存大于一切的价值观念。活着成了唯一的目的，为活着而活着，没有比活着本身更高的价值。因此，为生存而采取的各种行为都有其存在的理由。在一些作品中，金钱成了支配一切的杠杆，理想精神和人格追求在它的面前已经不堪一击。仿佛进入市场去为自己的生存而进行各种搏杀就应该把一切精神价值和人格操守通通踩在脚下。因为精神的支柱是那么软弱无力，而用金钱编织起来的世俗世界是那么美好。大量作品表现了一种市民社会的生活方式与价值选择。一群又一群的作家通过生动的形象和逼真的细节告诉我们乌托邦式的人文理想失落的必然性和民间世俗价值的天经地义。

在各种理论的支持之下，在大潮的裹挟之中，一种新的现象已经特色鲜明：写市民者认同市民价值，写农民者认同农民价值，写下岗工人者满足于表现对下岗工人的同情，写乡镇干部者竭力为乡镇干部辩护，写城市痞子者认同城市痞子，写卖笑女郎者满足于做卖笑女郎的传声筒。面对当代生活中的阿 Q 们，世纪末的中国作家不再像鲁迅那样哀其不幸并怒其不争，而是既不承认他的不幸，也不认为他有什么“不争”，甚至往往把他看成智者，看作生活的榜样，因为只要离开讨厌的知识分子的那一套价值观念，换个角度看阿 Q，他是那样潇洒，又那样机智，并且善于调节内心的不平，总能找到自我宽慰之路，他的生存哲学正是90年代许多中国人正在发扬光大而且应该进一步发扬光大的哲学。

在新都市文学中，一篇又一篇作品都在向人们解说着几种观念：市民经济的准则不能不承认，但最好能给爱情留下点诗意，可是生活就是这样，一切都无可奈何，“爱又如何？”“仅仅有爱情是不能结婚的”。人不可能在幻想中生存，你想过自尊的、清闲的、远离经济大潮的生活，但世界不可能让你顺利地完成你的设计。人首先就是要活着，活着就需要钱，有了钱还需要性的满足，无论如何，理想主义者是可笑的，清高和坚忍无法与经济大潮抗衡，最后都要知道日常生活的真谛。1996年被热情赞美和倡导的所谓“现实主义冲击波”虽似面对现实生活，却不再有现实主义文学所应有的批判精神，那些作品中的乡镇干部、工厂厂长，被着意表现的是他们的艰难。虽然也展示着时代生活中的矛盾和问题，但更多的是对人物的理解，甚至腐败现象和种种污浊也得到了充分的理解和同情。作家们反复告诉我们的是，“大家都不容易”，“他们也是人”，干部也是人，是人就难免腐败，贪官污吏有什么值得指责的，将心比心，你难道就不自私？乡长也有老婆孩子，他不贪一点，老婆孩子吃什么？这种“理解万岁”的确是相当民间化了。

如此种种，展示着大面积的民间化走向。大群作家对世俗情怀采取了理解与认同的态度。一些作家完全放弃了知识分子立场，不再以知识分子自居。一些作家虽然仍然站在知识分子的立场上，但也已经放弃了指点迷津的叙事方式。他们不再通过自己的创作而教化民众或者唤醒民众，似乎他们已经明白，知识分子不应该要求每一个人都能够站起来，艰难地为追求主体的确立与生存环境抗争。而且，知识分子已经“死”了，人已经“死”了，近代关于人的全部理想都是知识分子虚幻的梦。

面对文学大面积向民间滑动的景观，有人为之欢呼，有人兴高采烈，或积极推动之，或立即追随之。走向民间，成为世纪末文坛的热景观。

二、历史的教训：民间一片沼泽地

回顾20世纪中国文学发展的历史，民间话语并不是什么新鲜的事物。新文学已经一次次走向民间，留下来的却是失败的教训。

严格说来，五四新文学运动是精英知识分子的文学运动，它显示着现代知识分子话语的辉煌胜利。所以，在“五四”文坛上，虽然也有关于“平民文学”“民众文学”的讨论和“到民间去”的口号回响，但是，新文学的开创者们倡导白话文，倡导通俗化，目的在于使新文学更好地承担启蒙的使命，因而不可能为通俗而牺牲掉启蒙之目的。然而，“五四”高潮过后，一些年轻的知识分子激进而浮躁地寻求超越，开始对“五四”新文学乃至新文化进行批判和否定。他们从政治革命的角度出发，开始重新思考个人与群体的关系，由推崇个人转向推崇群体，由要求作家做大众的引导者转向要求作家做大众的崇拜者。他们开始否定“五四”、抵制欧化、放弃启蒙、走向民间。他们高呼：“你们要把自己的生活坚实起来，你们要把文艺的主认定！你们应该到兵间去，民间去，工厂间去，革命的漩涡中去！”（郭沫若《革命与文学》）创造社和太阳社发起的革命文学运动的主要内容之一就是走向民间，走向工农大众，他们要努力“接近农工大众的用语”，要反映劳动群众的生活，但是，这不是主要的，最值得注意的是他们当时所强调的就是努力获得大众的意识，彻底放弃知识分子的立场而站到大众立场上去。正因为这样，他们才要求作家做大众的留声机器。继之而起的左翼文艺运动更明显地要求民间的立场，以反对个人主义和小资产阶级倾向的名义否定知识分子的精神独立，要求他们彻底地放弃自我而进入民间话语空间。瞿秋白在《普罗大众文艺的现实问题》《“我们”是谁？》等一系列文章中反复强调的就是向大众学习，改造知识分子自我而彻底地获得大众的立场和大众的意识。为此，他尖锐地批评知识分子作家轻视群众和只愿意做群众的先生而不愿意做群众的学生的态度。

这样做的文化结果是有目共睹的。他们否定“五四”精神，否定知识分子的现代启蒙主义，走向民间，迎合大众，貌似以激进的态度对“五四”新文学进行再革命，事实上却是让新文学回到民间旧文艺的水平，让五四新文学运动所否定的旧内容、旧形式东山再起，在客观上完成着被“五四”冲击的旧文化的复辟。从“革命文学”运动到左翼文艺运动，新文学付出的艺术代价也是有目共睹的。走向民间大众，获得大众意识和民间话语，并没有使文学产生出更优秀的作品，而是带来了艺术水平的普遍降低。30 年代初的左翼文艺运动搞得轰轰烈烈，优秀作品却寥寥无几，就是一个有力的证明。

抗战开始，文学开始更大规模、更大面积地走向民间，“民间旧形式的利用”是一个象征性的标志。在民族形式的讨论中，五四新文学再次受到批判和否定，民间的民族形式得以弘扬。也是从这个时期开始，文学的民族化问题被突出强调。民族化和大众化是相互联系的，民族化必然导致大众化，大众化也必然导致民族化，而在现代中国的历史上，民族化与大众化往往意味着对现代化的抵制和消解。所以，民间旧形式的利用意味着走向民间，同时也意味着走向传统，意味着对“五四”文学精神的彻底的背离。悲剧性的现代文学历史告诉我们，当时能够认识到问题严重性的只有胡风。当向林冰等人强调继承民间传统形式时，他坚决反对那种认为“五四”新文艺“割断了历史的优秀传统，割断了人民大众的联系”的论点，坚决反对“民间文艺为中国文学的正宗”的说法。也只有他看到了“五四”新文艺在实践和理论上“不但和古文相对立，而且也和民间文艺相对立”（《论民族形式问题》）。然而，胡风的结果却只能是完成自己的悲剧形象。此后几十年的时间里，在政治的作用下新文学的发展一步步走向民间，一步步向大众认同，放弃启蒙精神，迎合大众的思想感情，其结果不仅是艺术水平的降低和概念化、公式化、标语口号化作品的盛行，也不仅仅是以民间的传统文化排斥西方进步文化，而且直接导致了作家主体性的泯灭和知识分子话语的丧失。强调思想改造，知识分子努力使自己的手变成黑的，使自己的脚上也沾上牛屎，使自己的思想感情与劳动大众的思想感情取得一致。这一切与后来“臭老九”的命运，与仅仅因为上过几年中学就必须到农村去接受贫下中农的再教育的知青上山下乡运动，与知识分子地位的沦落，都与走向民间的道路密切相关。

从 40 年代到 70 年代，作为民间状态的文化终于战胜旧有的国家权威话语而占据了统治地位。有些人把这一结果看作是“五四”的一个结果，看作是中国知识分子引进西方文化的一个结果。但事实并非如此，应该说，它是民间文化战胜知识分子文化的一个结果，是传统文化战胜西方文化的一个结果。它既战胜了知识分子所倡导的西方文化，又战胜了国家权威意识形态，是民间的一个辉煌胜利。1957 年，知识分子话语试图重新走上前台，但政治运动的作用迅速扼杀了这种企图。继之而来的是“大跃进”民歌运动迅速巩固了民间话语的中心地位。

清理 20 世纪文学发展的线索，我们不难发现，五四新文化运动高潮过后的半个多世纪里，文学发展过程中一直存在着民间话语和知识分子话语的冲突和对立。这二者的关系是复杂的。民间话语的每一次膨胀都伴随着与政治力量的联合，民间话语的每一次胜利都伴随着知识分子话语的失败。文学每一次走向民间，都是从知识分子自觉的追求开始，而以无可奈何的惨败告终。在 20 世纪文学史上，民间化的过程也就是民族化的过程，民族化的过程也就是非西方化的过程，非西方化的过程也就是否定“五四”新文化的过程，也就是一个传统旧文化回归的过程。文学走向民间的历史，也就是文学失掉自身的历史，也就是精英知识分子话语失落的历史，同时也是现代化经历严重挫折的历史。

回顾中国知识分子和新文学刚刚走过的泥泞路，面对民间话语在世纪末的再次膨胀，我们有什么理由把走向民间看作金光大道?

三、民间不是伊甸园

一些作家和批评家之所以对民间话语表现出极大的热情并且对其大力张扬，一个很重要的原因在于对民间文化的误识。在不少人的眼里，民间展示着各种伟大之处，比如：它活泼、新鲜、富于生机；它远离权威话语而自由自在；它对权威对传统的消解力量；等等。于是，它成了边缘化的知识分子可以栖身其中的精神家园。

然而，只要我们认真考察，就会发现这种种认识都是值得怀疑的。

早在寻根文学时期，一些作家就表现出对民间文化的特别偏爱。他们认为，我们民族文化之精华更多地保留在中原规范之外，因而去寻找与传统规范不同的文化形态，纷纷走向民间，采写民风民俗，以期从中发掘充满生机的民族文化。一些作家对荒原峡谷、深山大漠文化状态的描写也是对民间文化进行探寻时向着更为远离规范的民间的一种延伸。以民间文化丰富和发展传统文化，以规范以外的文化补充甚至取代经典所载的规范文化，对于重铸民族文化来说，也许是有益的。但是，应该注意的是：民间文化并非是充满生机的，恰恰相反，它往往容易保存更多的陈旧与腐朽。不错，在历史的演变中，占统治地位的规范文化在发展和流变，而民间文化却变化缓慢，出现了一些与规范文化不同的东西。但是，这种不同之处却不一定富于生机，而往往是更为陈旧的、过去时代的统治阶级的意识形态，是已经被当下时代抛弃的旧时代的规范文化。

现代中国历史发展的特殊情况更进一步地造成了知识分子精英文化与民间大众文化的差异。我们知道，中国的闭关锁国状态之所以被打破，中国现代文化之所以产生，不是由于本土的催生，而是由于外来的冲击。被动现代化已经是国人的共识。几千年的历史已经证明，无论深山大漠还是传统的乡村和市井，都无法自发地产生现代文化，中国的现代文化是在对外开放中产生的。但是，由于伴随西方文化一道进入中国的是西方列强的大炮，它所给予这个民族的屈辱感导致了普通民众对现代文化也像对枪炮一样怀有强烈的抵触和反抗。而且愈是民间，愈是从事小生产的农民，这种抵触心理愈为强烈。这就使得现代文化与民间文化格格不入，很难在民间有生存的空间，而传统旧文化则能够在民间保存完好。

因此，对于今天的中国来说，民间的则意味着传统的。走向民间，则意味着走向传统和丧失现代性。

对民间的热情还来自另一种思考：民间是国家权力控制相对薄弱的领域，保存了相对自由活泼的形式，能够比较真实地表达民间世界生活的面貌和下层人民的情绪，就文化形态而言，它能够回避政治意识形态的思维定式，似乎老百姓总是能够用民间的眼光来看待生活现实，保留着古老乡土的那种半原始的自由状态。我以为，这种认识对民间文化的自在状态和独立品格是夸大了的。应该看到，民间话语与权威话语之间，民间文化和政治意识形态之间，联系是非常密切的。它总是不自觉地打着权力话语的印记，根本无法回避政治意识形态的思维定式。看一看农村那些传统观念的自觉维护者，看一看农村那些极左政治的留恋者，看一看今日大众的实际的思想状态，这一切都应该是很清楚的。

民间化的推动者们所描绘的“自由自在”的民间是不存在的。从表面上看，也许民间文化呈现着某种边缘性与自主性。事实上，它的自主性并不那么大，从历史上看，正统、道统对民间的统治是严密周到的，民间文化在价值层面上不过是正统与道统的民间版本。从现实层面上看，农民的生命状态并不比知识分子舒展，因为他们更多地维护着套在自己脖子上的精神枷锁。民间文化事实上也在非自身力量的影响下发展着。不同之处是它的发展比较缓慢，给人一种无论风云如何变幻我自岿然不动的幻觉。它的一个重要的特点是一锅大杂烩中煮着全部的自发的生机和几千年的全部陈旧和腐朽。然而，生机是微弱的，腐朽却因为长期发酵而气味特别浓烈。它是权威意识形态的天然载体。正如前面所提到的，这个载体的一个突出特点就是它的保守性。如果要寻找过去时态的权威意识形态，民间是最好的保存场所。它的确有其两面性，承载着几千年传统积淀的同时表现着男欢女爱等生命自由意志。然而，只要我们认真考察我们的时代的实际，就不能不发现，那种自由意志在民间已经非常微弱。在今日之中国，对生命自由的争取的意志力量已经不主要表现于民间，而是表现在知识分子之中。真正的民间已经成为各种陈旧观念的旧货场，生机已经死灭，活着的只有基本生存欲望。

在20世纪中国的现代化进程中，最具有历史意义的冲突发生在传统与现代之间。这一冲突又往往最集中也最尖锐地表现于权威话语与知识分子话语的冲突。在这种冲突中，必须注意的是民间话语与政治权威话语往往结成联盟。这种联盟是牢固的，也是持久的，因为权力话语与民间话语之间的矛盾仅仅是政治上的，而在文化基础上，二者之间是相同的。知识分子话语却因更多地承载了外来文化和更多地体现着现代性而成为异己。因此，不可过分看重民间的反抗力量，民间话语中的政治内容的确有时是反对权威意识形态的，但是，正如农民革命的领袖与他们所反对的皇帝在价值观念层面上的同构一样，民间话语与权威意识形态话语也没有质的不同。

一些作家和批评家之所以对民间投以青睐，原因在于把民间当作知识分子最后的家园和安身立命之所。很多人把民间的概念理解为与权威意识形态对立的空间，认为它是一个包容了知识分子的空间。他们感兴趣的是与“官方”相对的民间。所以，他们认为民间文化空间可以成为一些知识分子疏离政治意识形态后所选择的栖身之所，在那里知识分子可以找到自身的新价值。这就使他们必然地对民间空间给予积极的支持，并且积极参与到民间化的推进中。一些人没有意识到民间对知识分子自身本性的拒绝这一事实。他们在一个被扩大了的虚幻的民间文化空间中寻找知识分子的位置，在孤独的感觉中寻找精神依靠以缓解内心的孤独和恐惧感。中国文人缺乏独立坚守的能力，总想寻找某种依靠，民间话语空间的发现使他们感觉如同发现了新大陆，特别是又与大众站在一起，更使他们因为感觉身处巨大的群体中就不再孤独。然而，只要保持一份清醒，就不会那么踏实。

有两个层次上的问题是需要注意的：第一，眼下的民间已经不是知识分子在内的空间，它是非权威的，同时也是非知识分子的。这一点上，民间化的倡导者们表述得非常清楚，不了解这一点，而认为自己既然边缘化就理所当然地属于民间。这是一种非常可怕的疏忽。第二，民间不是知识分子的伊甸园。从某种意义上讲，民间话语和知识分子话语既互相渗透又互相拒绝。它们都是边缘话语，但二者之间关系复杂。民间话语具有极大的包容性，知识分子可以在其中栖身。但是，如果没有清醒的意识，如一些批评家所倡导的那样彻底放弃启蒙立场，就很容易在其中被同化。知识分子作家在讲述民间话语时，的确能够以前所未有的姿态逼近生活的真实，并且从中获得某种民间的生机。但是，这却是一种冒险，因为如果没有强大的自我，如果没有精神立场的坚定性，投宿于民间的知识分子是无法于第二天早晨走出客店的。中国文人大都不具备这种强大的自我，也缺乏精神的坚定性，当他们走向民间时，就很容易对民间价值有更多的认同，并且由于这种认同而导致放弃自己的批判姿态和精英立场。而这种放弃也就是对现代性使命的放弃，也就是对知识分子自身本性的放弃。事实上，现在的文学已经如此。

中国作家一个严重的问题是找不到自己的精神定位。我们的确需要精神家园，但这个家园绝不在民间。不是依附于权力，就是依附于民间，这是中国知识分子的悲剧。走出民间的沼泽，建立知识分子自己的话语空间，才是当务之急。

初刊《粤海风》1998 年第 5 期

在现代性的紧张中重读陈思和的“民间”

韩振江

一、民间的介入：与政治意识形态的紧张

“在传统的中国文化里，庙堂与民间是一个道统两个世界，既相对立又互相依持，但到了20世纪，知识分子文化从庙堂游离开去，借助西方文化价值取向自立门户，即存于庙堂与民间之间的广场。”① 因此，陈思和是在政治意识形态、启蒙知识分子传统与民间文化形态三者之间的张力关系中界定“民间文化”的。

陈思和认为，“民间是与国家相对的一个概念，民间文化形态是指在国家权力中心控制范围的边缘区域形成的文化空间”，因此这种农村与都市的流行的通俗文化传统在抗战前是被压制的。② 抗战前，中国的文化冲突主要是国家政治意识形态与知识分子所维护的“五四”以来的自由民主与个人主义的新传统的对立。抗战爆发，毛泽东在1940年代提出了“民族形式”的概念，引发了国统区与延安的部分知识分子关于民族形式的论争。胡风、丁玲、王实味代表了启蒙知识分子的新文学传统，认为民间文化是前现代的体现了封建意识形态的文化因素，唯有“五四”开创的启蒙文化传统才是民族的形式，应成为革命文学的主流；向林冰、陈伯达、艾思奇等人则认为民间文化是民族形式的中心，未来的文学应该由人民大众的

① 陈思和：《民间的还原——“文革”后文学史某种走向的一个解释》，《文艺争鸣》1994年第1期。

② 陈思和：《民间的浮沉——从抗战到“文革”文学史的一个尝试性的解释》，《上海文学》1994年第1期。

民间文化担当中国文化的主流。毛泽东的《在延安文艺座谈会上的讲话》结束了关于民间文化地位的论争，“知识分子为农民服务的措施，已经不再是知识分子是否应该抛弃五四新文化传统的问题，而是要把屁股坐到农民文化的立场上来。标准完全变了，农民文化标准作为抗衡新文化传统标准的武器被正式使用”①。中共在延安整风之后，逐渐树立了以毛泽东思想为核心的新的政治意识形态。在陈思和的当代文学史观念中，政治意识形态是一种指向“救亡”的民族国家的政治力量，作为一种政治的宏观权力和微观的权力叙事而存在。1937 年，这种政治意识形态在抗日救国运动中表现为以共产党为领导的“救亡图存”的现代性诉求；1942 年毛泽东《在延安文艺座谈会上的讲话》发表之后，它又表现为一种企图渗透和通过民间文化形态和文学形式而达到政治目的的意识形态诉求和文化领导权的大一统的要求。解放区文学的发展实践了毛泽东提出的文学为工农兵大众的文学思想，只不过这一路程是在“旧瓶装新酒”的改造模式下进行的。至此，政治意识形态开始了改造民间文艺的历程，例如对文学、秧歌、戏曲等的改造活动。陈思和认为：“赵树理是个典型的民间文化正统论者，他始终是把‘五四’新文化传统与民间文化传统对立起来，认为新文化不及民间文化。”正是这样的作家与作品反映了政治意识形态对民间文化及其审美风格的介入，通过《锻炼锻炼》中的“小腿疼”和“吃不饱”委婉地抗争着主流意识形态，而他的文学成就则更多地获益于民间文化和艺术形式的滋养。新根据地与解放区文学在毛泽东的“文艺为大众，文艺深入生活”的思想指导下获得了繁荣，这样就为新中国成立时文艺界的知识分子的“甄别”立下了有别于“五四”启蒙文学传统的新革命文学传统和准则。

1949 年新中国成立之后，规范文学审美形态和文化制度的政治意识形态在与民间形式、民间文学的结合中取得了许多成绩，而这

① 陈思和：《民间的浮沉——从抗战到“文革”文学史的一个尝试性的解释》，《上海文学》1999 年第 1 期。

一时期的启蒙文学传统则受到了一定程度的遮蔽和压抑。不过，在陈思和看来，“十七年”文学之所以赢得读者和有某种艺术成就，主要是民间文化对政治意识形态的一种干涉，彰显了民间文化的魅力，例如《山乡巨变》中的盛佑亭、《创业史》中的梁三老汉、《林海雪原》中的栾超家等。在“文化大革命”中，政治意识形态演化为了直接的、不加掩饰的政治与文学的等式，文学的内容与形式都变成了政治斗争的场域，知识分子的新文学传统与民间文化都受到了重大打击。1978 年，一个新的时代开始了，政治等于文学的观念退出了历史舞台，政治意识形态与文学又变成了隐喻的关系，政治上的拨乱反正一变成为文学领域的“我控诉”的呐喊，“知识分子的命运与政治的命运如此紧密地交织在一起……新时期文学得以顺利发展的因缘之一，就是它借着一种政治力量反对了另一种政治力量。这种政治与文学的默契配合，自然是两相情愿的”[①]。1992 年改革开放大踏步前进，社会急速转型，在审美自律和文学主体性等理论的催促下文学逐渐逃离了政治的规训，开始了文学作为文学场的自身规律的演变。民间作为一种隐形结构存在于新时期的文学创作中，从“文革”中的地下写作、寻根文学、知青文学，到当代的莫言、贾平凹等，民间文化一直作为一条或显或隐的红线贯穿于陈思和的当代文学史之中，有之则谓之优秀，反之则艺术成就值得商榷。

陈思和在过去单一现代性的历史维度中引入了民间文化的维度，无疑深化了对当时文学史现象的思考和分析，同时也展现了历史如其所是的内在复杂性。民间文化在政治意识形态与启蒙知识分子传统的张力中才成了一个文学史“问题”。换句话说，陈思和引入的民间文化与政治意识形态的紧张关系替换了启蒙知识分子的新文学传统与政治意识形态的紧张关系。这样我们可以把陈思和的文学史观念理解为“启蒙知识分子传统／民间文化与政治意识形态的

① 陈思和：《民间的还原——“文革”后文学史某种走向的一个解释》，《文艺争鸣》1994 年第 1 期。

对抗”。

二、民间的岗位：启蒙的另一种言说方式

如果说民间概念的介入“还原”了文学史的复杂性，那么探求陈思和的“民间”概念提出的时代语境，则有可能还原当代思想史的复杂性。在陈思和的当代文学史中，启蒙知识分子的新文学传统大概是一个文化母体，政治意识形态与民间文化在这一标准下才可以看清楚自身的特点。

在他看来，启蒙知识分子传统是一种与政治意识形态存在紧张关系的体现了启蒙现代性的文学传统。这一传统缘起于 1915 年的新文化运动，科学与民主成为启蒙民族和大众的关键词语。启蒙运动不仅产生了启蒙的政治理想，即民主、个性与自由，而且产生了推演和宣传这种启蒙理性和政治理想的文学即启蒙文学。与此同时，在这两者的互动中知识分子由文以载道的士大夫传统演变成了文学为人生的启蒙知识分子立场，新文学的“广场”传统得以确立。如同当代文学史续写了现代文学史一样，陈思和的文学史观念也承继了李泽厚的“启蒙与救亡”的变奏观念。或者说抗战前的历史，充满了启蒙与救亡的双重紧张。启蒙在“五四”时期如火如荼，不过由于帝国主义的干扰、异族日本的入侵，启蒙的声音逐渐被救亡图存的要求所压倒和掩盖。“七七事变”之后，共产党适时地提出“抗日救国”的纲领，民族的救亡图存成为第一位的迫切任务，这样启蒙知识分子在鲁迅逝世之后，虽然仍在国统区遵循着为启蒙而奋斗，呼唤着民主、自由，但是社会文化的主流已经移动到了远离城市的延安。在陈思和的文学史中，以毛泽东文艺思想为主导的政治意识形态下与民间文化合作的解放区文学，实际上是排挤了胡风、巴金等人的“五四”启蒙新文学传统。在“文革”之后，新时期借着批判“封建主义复辟”的暴虐，重新呼唤人性、人道、人学，“五四”启蒙的新文学传统在 1980 年代才在“归来派”手中重新续接起来，

因此 1980 年代文学被称为新启蒙主义文学。

在 1990 年代，社会转型加速，市场经济所带来的消费主义意识形态的负面影响逐渐显露。“市场经济本来是八十年代启蒙知识分子呼唤的理想之一，但当市场真正来临的时候，启蒙者自身却成了可怜的祭品。于是围绕着怎样看待市场社会、知识分子何以重建自己的尊严，发起了一系列的论战：1994 年由王晓明等上海知识分子在《读书》杂志首先发起了人文精神大讨论。”[①] 陈思和作为“人文精神”大讨论的发起者之一，痛感人文精神的失落和知识分子地位的边缘化，他提出知识分子要放弃进入庙堂权力中心的冲动，退守民间，坚持知识分子的民间岗位。这一民间的立场和知识分子的岗位意识并不是如李新宇所认为的“放弃启蒙，拥抱民间”，而是一种知识分子与主流政治意识形态保持批判距离的新话语空间。陈思和认为，1980 年代的知识分子与庙堂过于接近，甚至与当时政治“改革派”有某些“合谋”关系；在新的市场经济来临之后，知识分子的身份发生了转变，由过去的“立法者”转变为有自己专业知识和文化资本的社会“批判者”。由是，他借陈寅恪晚年事迹说明知识分子要有在民间坚守“广场”的批判岗位，不轻易与政治意识形态认同，即“在政治权力之外，建构起自成一体的知识价值体系，并在这价值体系内实践并完成现代知识分子对历史对人生以至于对文化的责任和使命”[②]。因此，转型后的现代知识分子定位是“独立精神、自由思想”。这样看来，陈思和在市场经济冲击下和人文精神失落中提出的“民间以及民间的岗位”，实质上不仅不是堕入民间、放弃启蒙，还是在权力之外借民间立场而对政治意识形态与社会发出批判声音的学理化的现代知识分子的启蒙方式。或者说，陈思和对民间的阐释和坚持，实际上是对“五四”以及 1980 年代启蒙思想的另外一种表达方式。如此看来，在启蒙知识分子的新文学

① 许纪霖、罗岗等：《启蒙的自我瓦解：1990 年代以来中国思想文化界重大论争和研究》，吉林出版集团有限责任公司 2007 年版，第 13 页。

② 陈思和：《知识分子的民间岗位》，《天涯》1998 年第 1 期。

传统与政治意识形态之间介入民间文化的意义在于打破了启蒙现代性单一文学史叙述线索，增加民间这一抗衡政治意识形态的另一个叙述视角。换言之，民间文化是同一个启蒙知识分子传统所操持的另外一套叙述话语而已。正如王光东认为的，陈思和的“民间”并不意味着一种与现代性无关的文化形态，而是知识分子“在民间状态获得独立、自由，不受外在规范制约的个性精神”，因此“知识分子与民间精神之间的联系不是一种启蒙精神的放弃，而是启蒙思想的具体化、实践化”[①]。

陈思和的当代文学史是启蒙知识分子传统／民间文化传统与政治意识形态的或明或暗的抗衡关系，明的是启蒙的新文学传统的压抑与民间文化的被利用，暗的则是新文学作为地下写作存在与民间隐形结构在文学文本中起作用。就其坚持以知识分子启蒙精神介入民间来讲，他依然是秉承一种启蒙现代性的文学观。如果从中国现代性角度来看，民间文化不仅是一个边缘化的文化空间，而且是现代性得以实现的必经之途径，或者说是一个现代性内部的传统因素。

三、民间的空间：现代性的敞开和增补

启蒙主义文学观念的基本依据是对中国实现现代性之路的判断和选择，那就是启蒙的现代性。现代性与民间的空间的紧张纠葛自从启蒙现代性开启之日就已经存在，而在中国的续发现代性中越发变得充满张力。如果说某些当代文学史并没有把民间作为启蒙现代性的一个实践空间而给予应有重视的话，那么陈思和的文学史重写则在这一视角下充分展示了现代性与民间的张力关系。

中国现代性从晚清到当代走过了它近百年的历程，其中五四新文化运动无疑是中国现代启蒙的源头。陈独秀、胡适、鲁迅等一代启蒙知识分子为了反对封建主义、帝国主义，提出了启蒙的目标即

① 王光东：《民间与启蒙——关于九十年代民间争鸣问题的思考》，《当代作家评论》2000年第5期。

“科学与民主”。这一目标在鲁迅的笔下特别是在《狂人日记》《孔乙己》《故乡》《在酒楼上》等名篇中得到了充分的阐释和发挥。不过，启蒙现代性的主体是知识分子群体，虽然也提出了启蒙民众、到民间去的口号，但是大多数最底层的劳工阶层在某种程度上还是被忽略的。在“五四”时期的文学实践中，农民、工人等底层民众也曾出现在启蒙文学的形象序列中，但是多数都是在知识分子的启蒙立场烛照下显现了民间空间中封建主义的蒙昧和无知的一面，而较少地关注和挖掘民间和民众中的积极的体现主体性的一面。鲁迅的《阿Q正传》中，阿Q被杀头时那最后即将明白的“一眼”就说明了农民作为现代性的主体力量和民间作为现代性的实践空间遭到了某种程度的遮蔽。后来兴起的乡土文学，周鲁彦等人依然在按照鲁迅等“五四”启蒙者的眼光来看待落后的乡土中国，作品中书写了麻木的、蒙昧的农民，害人的迷信活动等。在水村酒郭的乡村书写中，启蒙者与农民、理性与迷信、进步与落后、独醒者与庸众，一一对位，作家延伸了知识分子的启蒙视角去阅读乡土中国、农民和民间形式，于其中农民不具有主体位置，只能被知识分子所言说。然而，在三四十年代的文学中，废名、沈从文则抛弃了启蒙者的俯视视角，而采取了认同农民和民间的视角，写出了讴歌乡村淳朴诗美的文学作品。这一民间艺术的认同视角不仅对文学形式和审美风格进行了有益的拓展，而且也是对启蒙主义视域下文学空间的一种增补。陈思和则把“民间”视为一个启蒙现代性内部的充满张力的增补传统而存在。民间在启蒙现代性中，不仅成了一个重要的文化空间，更重要的是成为一种实现现代性的实践领域。

不同于孙中山的资产阶级革命中对民间、农民和乡土中国的“忽视”，在新民主主义革命中民间的空间得到了空前的重视。现代性作为现代因素介入了中国农村的权力秩序，支持农村中的被压迫的贫农和中农，激发他们对封建秩序的反抗，联合广大工人及其他民众的力量，以达到完成中国化的现代性必要条件的实现，即建立新的现代中国。在现代性实践过程中，政治意识形态与民间形式在《红日》《创业史》等革命文学中有了一定程度的结合，或者说意识形态通过改造民间形式获得了新的言说方式，也产生了新的意识形态效果。不过，与此同时也显现了民间作为相对独立于政治之外的文化空间与政治意识形态的不一致性。例如，陈思和分析赵树理的“问题小说”对现代性介入民间秩序中发生的矛盾的描写、《林海雪原》中杨子荣与栾超家形象的对比、《创业史》等描写农村合作化道路的小说中对“中间人物”的关注，这些都意味着现代性遭遇农民—民间之后产生的悖论性困境。1949 年之后，现代性与民间—农民的矛盾也没有得到解决。这种矛盾也反映在了文学创作中，比如高晓声的《李顺大造屋》《漏斗户主》《陈奂生上城》等小说。进入新时期，启蒙知识分子与政治意识形态在反思“文革”的停滞基础上，在启蒙现代性的路上的再次携手合作，产生了新时期文学的繁荣。王蒙等“归来者”纷纷拿起了笔书写自己和共和国的曲折历史。同时，民间形式作为一种相异于鲜明意识形态写作的隐性写作也融入了反思“文革”的大潮。在“反思”视域上，民间文化形式与新时期的新启蒙主义是目标一致、相辅相成的。继“伤痕”“反思”文学重申人的价值和尊严之后，寻根文学再次把目光投向了民间，民间成为知识分子的另外一个言说的文学空间。其后，孙犁、汪曾祺、贾平凹等更是继承了沈从文等对民间的认同视角，以清新秀丽的笔触深入农村自然的原生状态，展现了农民作为现代性批判之维度的存在价值。

1980 年代后期，改革开放、发展经济成了社会的主流意识形态，启蒙现代性与经济的现代性加速发展，民间空间在现代性实践中再次彰显了尴尬的存在悖论和现实的矛盾。随着农村改革的结束，城市改革的持续推进，经济发展中人们发现城市与乡村的矛盾跃入了现代性紧张的视野。共和国不得不面对城市工人的工业化与农村农民的传统经济和生产方式的矛盾。从西方现代性实现的内部来看，工人与农民的矛盾也是现代化的一种内部必须解决的矛盾。新中国的现代性历程也体验了这一阵痛，工人与农民的紧张就成为在社会主义公平与公正遮蔽下的潜在的对立了。他们不仅有着现代性生产关系中的经济抗衡，而且还有着工人所体现的启蒙现代性的文化与农民所依附的传统文化之间的文化领导权的抗衡。在当代文学史中，路遥的《人生》《平凡的世界》，贾平凹的《浮躁》等作品就描写了横亘于城市现代性观念与乡村的民间文化空间之间的巨大落差和矛盾，初步探讨了民间作为启蒙现代性内在紧张的增补而存在的价值。在1990年代，随着现代化社会的真正到来，启蒙现代性所呼唤的市场经济真正到来之际，以市场为主导的消费主义意识形态对农民和农村进行了一种主动选择式的压抑。不过，在当代文学创作和研究中，陈思和所提出的民间文化和民间隐形结构依然是一个鲜活的文化坐标，它不仅作为一种文学传统留存于文学创作和批评之中，更作为一种文化空间和文化现代性的维度而存在于启蒙现代性历程之中。

总之，陈思和的民间概念并不侧重于说明什么是真正的民间文化，而重点在于知识分子以启蒙的姿态进入民间，让它成为再度言说启蒙话语和启蒙精神的人文空间。这种显现为民间视角的启蒙主义文学观念是在现代性历程中的内部紧张的敞开和对现代性空间的增补。

初刊《当代作家评论》2010年第4期

民间的诗学
——陈思和学术理想的一种读解方式

杨位俭

虽然距离陈思和教授提出文学研究的“民间”范畴已过去十多年，不过我仍然必须小心谨慎地处理“民间”这个语词的历史化和抽象化问题，其中的原因固然与“民间”语词本身的概念漂移有关，但更重要的则是因为有个声音一直在提醒我：支撑“民间”语词出场的那些重大关切至今不仅没有消隐，反而日益强烈。在问题的初始阶段，我们似乎可以这样认为：当“民间”这个语词降临的时刻，它必定意味着一种特定话语修辞的出场，这种判断固然没错，可是失之笼统和狭隘，并且很容易滑入相对主义的陷阱，因而变成一个无关痛痒的“对象化”问题，规避掉“民间”范畴在知识分子问题上的切己性和语境化关联。不过这种判断也可以有一点贡献，它至少可以让所谓“泥沼”“误读”之类的诘问迅速消散，因为执念于“民间”与所谓实体对象之间裂隙的争论注定只是一种没有结果甚至没有意义的修辞游戏——假如我们不把这种争执习惯性地理解成所谓“符号争夺”的文化政治，那么它至多算一个烦琐而无聊的“技术”问题。

总结陈思和所提出的“民间”范畴，大概有以下三个值得注意的标示性问题指向或知识范式转型特征。

第一，在转型期知识分子的多元价值取向中，陈思和析取了一种“岗位意识”（这可以算是后来“知识分子民间岗位”或“民间立场”的前身）。这个“岗位”之说并不能被“专业知识分子”／“公共知识分子”之类的区分所解释，而是在现代中国特定的文化语境和知识分子道义使命的直接关涉中凸显与“庙堂”“广场”式行动逻辑的明显区别，在这里具有文化转向特征的“庙堂”“广场”“民间”的三分方式已经明确，而庙堂既为“旧梦”，广场也已显“虚幻”[①]，所以具有民间特征的“岗位意识”对知识分子而言似乎是一个未来可能的选项。在这个论述中，陈思和想确立“知识分子在民间”这样一种理想的学术人生路向，但是在当时特定的语境下，知识分子“民间岗位／立场”还是很容易被解读成反抗或逃避政治权力的一种方式，这种立场从一开始就处在两面夹击之中：如果是以文化权力（如所谓“文化领导权”）的方式来反抗政治权力，则会强化权力逻辑的支配，使“文化”内涵很容易被政治修辞所同化，在这种情况下，知识（学术）的价值就不可避免地带有依附性和功利化色彩；而若以疏离于世俗权力的方式来维护知识（学术）的独立，则又会被指责为知识分子的主动逃避和自我贬黜，那么“民间”之于“广场”的路向优化似乎只是呈现在它的边缘性和知识分子的自省能力方面。很显然，这个“岗位意识”还应该具有更明晰的界定方式和价值指向。

在陈思和的“岗位意识”构成中，“我”首先是一个知识分子，只不过“我”更愿意做一个民间知识分子，这是文化转型期知识分子自我定位方式之一，它所针对的是知识分子自身身份的潜在焦虑。陈思和首先对知识分子的社会责任与学术责任进行了拆分，“我以为一个知识分子应该分清自己的社会责任与学术责任。社会责任驱使我们对社会上发生的一些事件表明自己的态度，以人类的良心来抨击不义，促使社会进步；学术责任则要求我们在本职工作上成为佼佼者，坚持学术高于政治、文化大于社会的原则，维护学术的独立性与科学性，这是并存不悖的两种使命”[②]。维护并小心翼翼地

① 陈思和：《论知识分子转型期的三种价值取向》，初刊《上海文化》创刊号（1993 年 11 月），见《陈思和自选集》，广西师范大学出版社 1997 年版，第 178 页。

② 陈思和：《“五四”与当代——对一种学术萎缩现象的断想》，初刊《复旦学报》1989 年第 3 期，见《陈思和自选集》，第 168 页。

建设知识分子的专业根基、学术独立性和人文传统是知识分子民间性的自我确认方式，也是社会文化行动的基础，与其说“岗位”隐含了逃脱权力逻辑控制的意图，不如说是针对现代中国知识分子“政治为本，主义为大”的思维定式做出的自觉反动。陈思和不大可能完全反对“广场意识”，但是他不主张没有知识基础的空泛和虚拟的“社会文化关怀”，反对那种由知识匮乏和思维简单化所导致的文化浮躁和人格偏执——“乞求有一种新的主义来一个纲举目张，这也是当代学术萎缩的证明之一”[①]；“五四传统留给我们的是使命感和正义感，但这只是构成知识分子的行为准则，我们还应该有知识分子自己的东西，包括知识传统和人文传统。如果这些东西没有搞清楚，光有使命感和正义感也是无力的”[②]。在陈思和的“岗位意识”中，更为内在的“知识传统和人文传统”是比社会政治、经济概念更高的文化层次，它不屈从或迎合任何功利或权力的逻辑，也不可能是书斋式的自我逃避，“如果仅仅理解作认识了广场的虚妄而退回书斋去做学问，那不仅是理论上的退却，还是人格上的萎缩”[③]。在《论知识分子转型期的三种价值取向》篇末，陈思和转述了路德维希《德国人》中一个使人“心潮起伏，呜咽不已”的理想文化传承图景：文明的“戒指”在韩德尔、格鲁克、海顿、莫扎特、贝多芬、舒伯特之间代代传承，这七位大师在世俗生活中没有一个不是困顿厄难、备受耻辱的，但是他们却在人类社会充满暴力与残酷的历史进化过程中，坚持一种区别于“冷酷的世俗权力”和“动物本能”（拜物和市侩取向）的文化生存方式，继绝存亡，薪尽火

① 陈思和:《“五四”与当代——对一种学术萎缩现象的断想》，第167页。

② 张汝伦、王晓明、朱学勤、陈思和：《人文精神寻思录之一——人文精神：是否可能和如何可能》，初刊《读书》1994年第3期，见《中国新文学大系（1976—2000）第一集·文学理论卷一》，上海文艺出版社2009年版，第609页。

③ 张汝伦、王晓明、朱学勤、陈思和:《人文精神寻思录之一——人文精神：是否可能和如何可能》，第609页。

传，塑造了一个异彩夺目的精神王国。他说，这“才叫作知识分子，才叫作知识分子的文化传统”[①]。

第二，将民间限定在文学史描述的范围内，总结出一些具有民间性审美特质的“民间文化形态”（包括文化构成形态和文化实践方式）。在论述的过程中，陈思和提出这个“民间”：（1）是在国家权力控制相对薄弱的领域产生，保持了相对自由活泼的形式，能够比较真实地表达出民间社会生活的面貌和下层人民的情绪世界，“有着自己的独立历史和传统”；（2）自由自在是它最基本的审美风格，它也往往是文学艺术产生的源泉；（3）对其做出简单的价值判断比较困难，“藏污纳垢”是它的独特形态。[②]在这个论述中，“民间隐形结构”是最有意思的方法论创新，很多论者是以是否“存在”来质疑“民间隐形结构”，这实在是一个大大的误会。而事实上“隐形结构”之有无既要看文本信息的复杂性，更取决于阅读主体对文本多维度的阐释能力，这对习惯了以“现代性”和政治权力视野来阅读的读者来说不失为另一种维度的“启蒙”。我不敢确定陈思和是否受到结构主义符号学和人类学的直接启发，至少在阐释方法上我们可以发现一些类似的踪迹。如果从这样的方法论背景来理解，关于“民间隐形结构”和“民间文化形态”（包括文化构成形态和文化实践方式）——是否限定在文学史的框架内已无关紧要——的各种质疑都可以由“实存”层面抽离而转移到符号象征体系及其阐释方式上来。如果意识到文化的表述性存在和象征性关系，就可以消弭现实、虚构、想象、历史、神话之间绝对的认知界限，那么基于阅读主体而建构的阐释就成为一种当下性的“真实存在”——或者从一种相对保守的意义上来说，发现被惯常叙述所遮蔽的深层结构就是一种检验、反思、纠正当下的知识文化状况的主动出击方式。

举例来说，陈思和曾以赵树理小说中“小腿疼”“吃不饱”等

① 陈思和：《论知识分子转型期的三种价值取向》，第 180—181 页。

② 陈思和：《民间的浮沉：从抗战到“文革”文学史的一个解释》，初刊《上海文学》1994 年第 1 期，见《陈思和自选集》，第 207—208 页。

一些农村“落后”妇女典型来阐述民间的意义[①]，有论者颇不以为然。究其原因，一是因为赵树理本人未必有赋予这些落后形象以“曲笔”的主观意图；二是因为懒惰、自私、撒泼这些恶习在面对“公理”时自然不值得同情；三是说即使有民间，经过了一百多年来社会动荡和现代改造，有没有所谓的民间传统也还是个问题。其实我感觉知识领域的论争很多时候是忽略常识基础的，或者说是另一个经验维度的缺失导致了习惯性的“视而不见”。赵树理有没有使用“曲笔”无关紧要，关键只要这是一个复杂的文本：“小腿疼”“吃不饱”等在合作化的舞台上登场亮相，而我们就是观众，如果暂时把我们的价值预设抽离，那这部戏就可以作为一出“罗生门”来看——每个人都在自己的角度讲述这个事件的不同版本（要是让观众给表演打分的话，估计“小腿疼”的得分要比干部杨小四他们高，因为后者总是把领袖和政府抬出来压人，“小腿疼”一人单挑众人毕竟还是有些英雄气概，这是旁话，此处按下不表）；如果非要做出价值判断，那就变成了观众之间历史认知和经验语境的差异问题了，其实我倒不认为观众之间到底有多大差异，因为“大跃进”那段历史还不是太遥远，当代人多少也该知道发生了什么样的疯狂和悲剧，那大家的分歧到底又在哪呢？其中一个重要原因是，有关历史的表述经常操纵了历史认知的逻辑让它变成了抽象理念的化身，而历史经验却往往被轻松遗忘，所以有些人就会基于所谓的历史“大势”，将具有现代性特征的集体化生产方式当作必然性结果，在这样的前提下，与小农经济相关的伦理人情——无论是主动还是被动——都应该向这个方向转化。然而事实上，除了流氓和痞子以外，类似“小腿疼”“吃不饱”等“有私心”并且“顾家”的农民几乎没有一个真的不愿意劳动，但是如果他们觉得参加集体生产有可能使自己的既存利益受损，那么就会产生“怠惰性”的抵抗反应，这在农村合作化和人民公社期间是一种普遍的情况，也是导致集体化生产效率低下的重要因素之一。“小腿疼”“吃不饱”这些不太中听的绰号

① 陈思和：《民间的浮沉：从抗战到“文革”文学史的一个解释》，第213页。

本身是政治权力话语和乡村集体话语的命名和身份给定，他们“落后”价值的认定是在与那个预置的“明天”图景的对照中完成的，而且施暴者也有意识地操弄了乡村舆论，今天的观众只要稍微转换一下话语系统并在“主位”叙述中适当容纳“客位”的声音，这些“落后”的农民身份可能就会具有截然不同的生存意义，在这些小人物身上我们还是应该能读出一种孤立和辛酸的味道。然而我并不想在审美层面上赋予这些小人物以过度的意义，因为这样会规避掉生存价值这一尖锐问题，在私与公、个人与集体、世俗与神圣等一系列矛盾性的参照中，其实我们还是迫切地希望公共性理想与超越性普世价值能够深入人心，而且甚至也愿意选择以合作化道路来作为将来农村的变革选项，但是恐怕大部分农民不可能接受以暴力强制和整体剥夺的方式进行变革，相对于各种强迫的方式，能否“采取尊重的平等对话而不是霸权态度”（陈思和语）是民间立场更为关心的尺度，因为熟洽的协商与整体性强迫总是有区别的，民间与政治的相合相离自有分寸，而最后赵树理“由（乡村）伦理而及政治”的世俗理想构筑的“民间立场”的破产，恰恰说明自在的民间传统和政治意识形态强制不能相容的根本所在。其实往往被质疑者所忽略的是，所谓的“民间传统”总是一个被动呈现的语词，它是一系列抵抗性的文化碎片——在面对主流意识形态的排斥、知识系统的否定和历史的选择性遗忘时——一种脆弱的组合方式，从“垄断的知识”的反面来说它是常识性的和守成性的；从“进化”的强迫意义上来说，它是不可逆转的过往和无法升华的冗余沉淀，在现代性文化语境中，“民间”和“传统”的联结意味着在时间和空间两个位次上的价值贬黜，如果不能从总体性方法论入手展开知识分子现代迷失的自我反思并建立一种更广阔的人文关怀，语词或者文本意义的分歧其实无关痛痒，我想陈思和关于文学史的民间性梳理以及“隐形结构”所包含的深层关切或许就在这里。

第三，在清理“知识分子民间岗位”和文学史的民间性阐释之后，仍然还有一些棘手的问题。作为一个谨慎的学者，除了“民间立场”具有知识分子的“主观预设”特征之外，陈思和一直将“民间”范畴严格地限定在文学史、审美意义和“文化形态”这样的学术范围内来讨论。比如他在不同的场合提出，“‘民间’是一个多维度多层次的概念”，“本文从描述文学史的角度出发，发现其与当时的政治意识形态发生直接关系的，仅仅是来自中国民间社会主体农民所固有的文化传统”[①]。“我在这里使用的民间概念，包含着两个层面的意思：第一是指根据民间自在的生活方式的向度，即来自中国传统农村的村落文化的方式和来自现代经济社会的世俗文化的方式来观察生活、表达生活、描述生活的文学创作视界；第二是指作家虽然站在知识分子的传统立场上说话，但所表现的却是民间自在的生活状态和民间审美趣味，由于作家注意到民间这一客体世界的存在，并采取尊重的平等对话而不是霸权态度，使这些文学创作充满了民间的意味”[②]。作为一种历史性的回溯和“还原”，“民间文化传统”、特定的审美精神取向或者民间性话语的分析和阐释构成了“民间”意义在场的基本方式，但为了避免给人以这样一种错觉：“民间”意义的发现须有赖于文学这个基础场域（一种宽泛意义上的文化表述）以及有选择的文化观照对象（比如农村和农民更符合这种阐释对象的条件），陈思和提出了“自在的民间文化形态”一说——“民间文化形态不是在今天才有的文化现象，它是一个历史的存在，不过是因为被知识分子的新文化传统长期排斥，因而处于隐形状态。它不但有自己的话语，也有自己的传统。”[③]不过，一般说来，“民间文化形态”属于表象的体系，它与现代文化的想象性塑造过程其实无法截然分开，在不同的主体预设之下和变动的文化矛盾中，民间的边界也是在不断漂移的，那么脱离开特定主体指向的“文化形态”，只能从符号、表征和想象等“能指”层面入

① 陈思和：《民间的浮沉：从抗战到“文革”文学史的一个解释》，第207页。

② 陈思和：《民间的还原：“文革”后文学史某种走向的解释》，原载《文艺争鸣》1994年第1期，参见《陈思和自选集》，第237—238页。

③ 陈思和：《民间的还原：“文革”后文学史某种走向的解释》，第240页。

手来进行清理；而话语和“隐形结构”则属于文化的更“深层”位置，它们既可能是隐匿在表象背后的制约因素，也是需要通过文化文本被阐释的对象。这样一来矛盾就凸显出来了，即使是从文化阐释的角度来看，“自由自在”和“藏污纳垢”共同构成的“民间”范畴仍有无法自洽之处——“自由自在”和“藏污纳垢”是不太容易兼容的预设指向，它们之间甚至可以构成范式的互诘并可能导致命题原意的自我消解；但是陈思和也不可能完全接受文学史的民间性因素（如民间话语）是研究者的主观臆造这样一种判断，至少通过他的梳理，现代中国文学的发展史的确呈现了更丰富的面貌，民间显然不会是哪一个人可以随便臆造出来的，也就是说，民间意义的呈现仍然具有广泛的“现实”基础，只不过这个“现实”基础也有可能是“藏污纳垢”的状态，而由“藏污纳垢”所滋生出的往往并不是自由。所以，在“民间”范畴的不断拆解过程中，如何使阐释／表述主体（如知识分子、作家）——透过文学性文本或者文化表述——既有效容纳又不至于完全替代那个被想象和阐释的“他者”主体，是一个绕不过去的问题，或者说，“民间”范畴最终在“民间何在”“民间何为”这一点上遭遇到了统合的难题。

这倒提示我们，若要完整地理解陈思和的“民间”范畴还是不能把知识分子的“民间立场”和文学史的“民间”阐释截然分开。在叙述上弥补这种裂隙有很多种方式，比如以“认同”和“同构”来说明知识分子和民间“主体”（如农民）之间的关系，以具有民间情怀的作家替代知识分子的位置，以民间的多层次性和多义性来瓦解民间“主体”的单一认知，等等。但我以为，与任何单向度的民间想象或者预设明显不同的是，陈思和的“民间立场”隐含了一个更为准确的判断：民间并不可能有一个单一的可被概括的主体或者实体，如果有主体，那也应该是多元混沌的共生主体，是多层面和共时性的历史文化主体，所以知识分子“民间立场”的姿态投射的不仅仅是对所谓民间主体的尊重，而更多的是复归民间主体的多元性和文化关系的不确定性，也恰恰是在这个意义上，民间的生存世界无论对于政治权力还是对于知识权力而言才可能具有自由自在的性质，因为尽管现代社会并不大可能存在完全超出政治文化操控的生存形态，但是类似“藏污纳垢”式的混沌的民间显然无法被清晰地纳入理念图解的方式——它既无法完全进入现代政治体制，也不可能完全被现代传播体系或知识语言转译，它以自己的沉默隐而不待，它以自己的沉默保持疏离和反抗。在这个意义上，民间也可被视为一种对过于清晰的文化理论叙述的反动，正如陈思和所言，民间“是任何道德说教都无法规范，任何政治律条都无法约束，甚至连文明、进步、美这样一些抽象概念也无法涵盖的自由自在”[①]，它不仅具有区隔性的“文化形态”或者理想性的“审美”呈现等不同面相，而且还应该包括那些未曾洞明的、荒谬、肮脏、不可理喻的“现实”，事实上，混杂和混沌才是集体生存的本相——“现实总是超出我们的能力”，而知识的使命往往就是在混沌世界中通过认知的层层深入建构进一步行动的策略，只是这个过程与“约定的真理”还有一段距离而已。因此，经由“民间岗位”所确认的学术理想释放出一种知识分子自我解魅的冲动——“认清广场的虚幻也即认清知识分子在现代社会里高人一等的不可靠”[②]。在这里，知识分子将狂妄转给了真理（和道德）的独裁者，自己退而成为真相的守护者——这或许才是民间知识分子和“岗位意识”的基础语义，这是一种主体退隐民间的方式，正如上文所述，这个“退隐”并不是“主体的降解”，而是文化主体的多元呈现和文化伦理的重构，它重新界定了知识和文化的本义。

对现代学科理论和思维定式的钳制保持适当警醒，对当下知识状况和文化表述逻辑唤起充分的自觉，是民间性学术定位的合法理据。因为文化表述本身依然投射了“现实生活”中的矛盾纠结，或者说文化表述也是一种“建制性现实”，知识分子同样需要对

① 陈思和：《民间的浮沉：从抗战到“文革”文学史的一个解释》，第 207 页。

② 陈思和：《论知识分子转型期的三种价值取向》，第 178 页。

这些已经内化于知识结构自身的问题保持适当的警惕，如果知识分子“他者化”的民间想象与知识权力、政治权力是同构性的，这无疑是对民间生存意义的累加式褫夺，并加剧文化表述系统的严重失衡。南帆在理解陈思和民间范畴时也提出了相近的看法：“政治是一种权力体系，知识同样隐含了另一种权力体系。民间是双重权力体系的承受者——承受不仅意味权力控制的对象，同时，承受还包含了对于权力的冷漠、疏远、鄙夷、抗拒。”[①] 问题就在这里：即使我们把不同的民间“他者”想象都处理成文化主体间的伦理预设，那么在不同的预设之下，结果也是迥然有别的。但是我们不能在“预设”的问题上过度纠缠，以免陷入无谓的意气之争，在面对共同的文化问题时，知识分子仍然应该以坚实的知识方式来选择介入的途径。作为知识分子身份危机的显性层面，是社会对知识价值的强烈质疑，脱离开习惯的功利与道义路径，更具蛊惑力的“资本”逻辑乘虚而入，知识何以“自为”与“自明”的焦虑日趋扩散，但从人文学科知识本身来说归根结底还是一种存在的表述性危机。按照利奥塔的说法，元叙事已不再能把握 20 世纪晚期的复杂性，现代化和全球化造成了身份的碎片化，任何叙事都只能告诉我们现实的一小部分，有没有一种“普遍性”知识可以宣谕永恒的真理？答案还没有完全明朗，但我们已“普遍性”地陷入失望，这或许意味着一种知识范式的终结和蜕变：从“整体性迷恋”转向部分的真理；将无法穷尽的历史荒谬性与主体在场的历史确定性相互参照；将无限的生活世界（基础场域）与有限的专业性研究（民间岗位）均作为不可或缺的有机部分纳入认知建构的框架。虽然不确定性不需要任何形式的确证——民间的价值也不依赖知识分子的确证，但知识分子有义务告诉世界被隐匿的真相，并且提供更有价值的精神生活方式，尽力来揭示

① 南帆：《民间的意义》，初刊《文艺争鸣》1999 年第 2 期，见《中国新文学大系（1976—2000）第二集 · 文学理论卷二》，上海文艺出版社 2009 年版，第 492 页。

某些秩序的荒谬并推动精神意义上的民间敞开。它希望在共同生存的图景下提供无法预见的文化可能性与生存意义，事实上这种学术路径并非完全按照“后（post）”学逻辑展开，而更多的是基于现实文化困境展开的突围行动方式，对当代知识分子而言，如何有意识地摆脱现代理论话语及各种意识形态的操控，立足本土复杂的生存经验来解释并解决我们的社会文化问题是一个紧迫而切己性的问题。

重新探究陈思和的民间性学术理想，他对本土文化“基础场域”复杂性的尊重和多元文化主体间伦理关系的重构应是首要之义，这强有力地回应了他对知识分子民间岗位的期许，其中包括思想过程的开放性和知识分子个体文化实践的有限性两个向度的谨慎结合。如果能够初步解除道德和政治范式的功利性蛊惑，知识的价值在民间的意义上就同时获得了敞开，但是对于知识分子来说，民间意义的发生和发现还是必须通过主体在场的途径而实现。这个“民间”是“我在民间”与“民间在我”的理想统一体，也就是说，只有那种具有主体反思和文化建构能力的知识分子“在场”的民间才可能符合陈思和学术理想的期许，这应该才是“民间”范畴、“民间立场”与“认知和行为主体”统合的关键。既然“民间”为知识分子提供了太多的情感投射和文化想象，它已经不可能仅仅满足于被呈现为一种“事实”，而必须是一种经由特定精神关怀所照亮的“事实”；它也无法完全游离于“价值判断和审美批判”，正相反，一种“事实”之所以能够浮出历史地表，恰恰是因为它表征了不同的历史叙述方式及相应的史观。柏拉图曾画过一幅阴暗的画，画面上是人类面对客观世界的墙站着，瞪眼望着由背后一团犹如太阳的火投到那墙上的闪烁不定的影子。诺思罗普·弗莱认为这无法被确定是“历史的影子”，“因为我们借以望见影子的唯一的光乃是我们自身内部的普罗米修斯之火”，“这些影子的实体只能存在于我们自己身上，而历史批评的目标，正是我们常常比喻的某种‘自我复活’”。[①] 无论是对于文学历史的“重新发现”，还是基于知识分子使命的主体反思，那种具有诗性气质的理想冲动始终潜隐在陈思和学术思想的深处，它不仅照亮了历史中的晦暗之处，而且也“复活”了知识主体的真实价值。这让我想起陈思和曾经多次重复的一句话：“我终究希望能获得心中的灯，我想说，我就是灯。”[②]——这盏“灯”莫不就是他孜孜以求的历史批评和自我发现的“普罗米修斯之火”？

在陈思和最近有关“土改叙事”的审视过程中，我似乎更清晰地发现了他坚硬的民间理想内核。虽然文章通篇没有几个“民间”语词，但此时的民间构造与指向则更为精细：相较于历史化的民间性叙述连缀，以及“民间何在”“民间何为”的执念，在这个命题中陈思和提出了更隐匿、卷入的社会文化结构更复杂因而也更具有文化反思意味的暴力及其书写问题。《六十年文学话土改》明确地涉及了“作为文学的历史”与“作为历史的文学”的复合领域，这个尝试虽然目前还没有达到罗兰·巴特“在历史与小说之间没有根本的界限”之类的解构限度，但是通过对历史建构中“诗学逻辑”的揭示则进一步巩固了与“隐形结构”相关的方法论基础。文章中有这样一段话颇值得注意：“如果仅仅是信仰与实践阶级斗争理论，还不至于必然会导致暴力土改，因为和平土改同样是为了消灭地主阶级，实现耕者有其田。……所以只有文学才能来承担这一份历史书记官的责任，只能靠作家用虚构的形式、想象的方法以及审美的特点，来保留一份真实的社会历史的档案。”[③]

① ［加］诺思罗普·弗莱：《批评的解剖》，陈慧、袁宪军、吴伟仁译，百花文艺出版社 2006 年版，第 511 页。

② 陈思和：《陈思和自选集·自序》，广西师范大学出版社 1997 年版，第 7 页。

③ 陈思和:《六十年文学话土改》,此文曾在2009年6月上海大学举办的“中国当代文学六十年国际学术研讨会”上交流。后刊于香港岭南大学学报《现代中文文学学报》第 9 卷 2 期（2009 年）。

艺术以更“真实”的方式呈现了历史怪诞的一面（只可惜正式出版的此类作品少之又少，所以陈思和要更多诉诸“潜在写作”的文本），与此相反，无论是历史档案和作家文学都不同程度地隐匿了疯狂和残暴的血腥印记。陈思和对于历史“真实”显然有自己独特的标准，与任何单向度和对象化的民间价值判断不同，他在记忆、虚构和想象的相互渗透的历史文本中，指出民间以其无所不在的能量参与了土改历史的书写，同时也被深刻地“选择性”遗忘。所以在这个意义上可以说，经由陈思和对土改叙事的再叙述，“普罗米修斯之火”照亮了历史的不堪之处——如果叙述从遗忘开始，这大概是一个足可以自我明证的民间诗学方式，它昭示了一种抗拒并刺破任何阴暗界域的倔强面向。今天我们对民间暴力的反思，如果再单纯拘囿于权力政治的框架可能会加重暴力发生机制的错误解读，而人性的超越性预设一旦与特定的发生结构脱离又不免脆弱不堪。无论如何，这个时代仍然亟待人文知识分子能够正视民族历史的阴暗之处，重建主体在场的人性叙述，给自己和众生以善的指引。但强调“民间在我”绝不是一个尼采式的哲学命题，它不仅不具有狂妄和僭越的因子，相反却具有大地的谦卑、包容、冷静与生长力，其中还是不免关涉知识的祛魅能力、主体关怀的深度以及人文精神的高度，这正是陈思和一贯坚持的知识分子民间学术理想的路向：既不盲从世俗权力的逻辑，且能坚持独立自为，若以坚实的知识基础承托精神的担当，民间情怀也可化为人类光明的力量。因此，只有在这三点各就其位时陈思和的“民间”才可能被廓清——知识的祛魅能力（专业性）、民间式的自我定位（对多元文化主体的尊重）与超越世俗权力的精神理想（人文价值的自觉在场）相辅相成，铸成了“三位一体”的“民间的诗学”；也只有在这里，作为修辞和语词使用的“民间”才可以悄然退场，引号式的沉重枷锁才可能被撬动，他所提倡和构建的真正的民间状态才能最终得以自由自在地敞开。诗者向往“无辩”，这才是自由自在的本真样态，是知识分子退隐民间时的灵魂暗语，所以我才断定民间在陈思和这里不大可能是实证性的方法论体系，也并非完全由“民间文学史”这个建构路向所限定，而是一种总体性诗学形态。对于这一点我没有能力来加以系统地详论，只能触碰些许闪烁的思想光华，在某个细微处激起情感的共鸣，尤其在面对一些共同的文化命题时，更能受到一些关键性的启发。

初刊《当代作家评论》2010 年第 4 期

“潜在写作”的命名与当代文学史研究空间的拓展

郭冰茹

“潜在写作”是陈思和教授在1990年代提出的关于文学史研究的几个重要概念之一，它和“民间文化形态”“民间隐形结构”“共名与无名”等构成了陈思和学术思想的基本方面，也构成了《中国当代文学史教程》的文学史观、基本框架和其他相关论述的核心观点。

陈思和最初使用“潜在创作”来指称那些“在当时客观环境下不能公开发表的文学作品”[①]，后来将这一概念改为“潜在写作”[②]，这样一来，其研究对象就包含了“虚构”与“非虚构性”作品。由于1949—1976年“非虚构性”的写作大量存在，而这些作品也更原生态地保留了知识分子写作时的思想状态，因而这一改动更能体现陈思和的文学史观和这类作品的文学史意义。在深入辨析“潜在

① 陈思和主编：《中国当代文学史教程》“前言”，复旦大学出版社1999年版，第12页。

② 陈思和在《当代作家评论》之“无名论坛”撰写的“主持人的话”中说：“本专栏第一期发表的《试论〈无名书〉》中，我提出了当代文学史上存在着‘潜在创作’的现象，文章发表后有不少朋友对这个现象感兴趣，并且提出了进一步的意见。如张新颖建议我将‘潜在创作’改为‘潜在写作’，理由是许多书信日记随笔等作品在当时并不是以创作为动机的，因而它们不是带有虚构性的作品。这个建议很好，由‘创作’到‘写作’，我们对这一类文学史现象的概括就更广泛，也更有普遍性。”（《当代作家评论》1999年第3期，第50页）

写作”概念时，陈思和特别强调“尽管没有公开发表，因而也没有产生客观影响，但它们同样反映了那个时代知识分子的严肃思考，是那个时代精神现象的一个不可忽视的有机组成”[①]，而只有当我们将“潜在写作”还原到它们的写作年代来考察时，那种“万马齐喑”的时代假象才有可能被更为真实的“时代精神的丰富性和多元性”所代替。也正是在这一前提下，他将“潜在写作”引入了文学史研究的框架之中，以对“潜在写作”的关注和梳理打破惯常使用的“一元视角”：“以往当代文学史的研究者常常是用一元的视角切入文学史，也就是根据当时主流意识形态的立场来规范文学，传统的当代文学史在叙述五六十年代的文学时，都一律以当时占主流地位的文学作品作为其时代的代表作。”另外，值得注意的是，陈思和仔细区分了“潜在写作”和“地下文学”的概念。我们当然不能否认“地下文学”在最初用以分析“文革”时期文学创作的有效性，但这一概念在使用时缺乏严格的学理界定，又相对指称“文革”时期的创作，因此未能作为贯穿当代文学史不同阶段的有效概念，当陈思和用“潜在写作”代替“地下文学”后，研究就不局限于“文革”时期的创作，而是在整体构架中讨论1949—1976年的文学史。[②]由是，“重视这种已经存在的文学现象，才能真正展示时代精神的丰富性和多元性；

① 陈思和:《试论当代文学史(1949—1976)的“潜在写作”》,《文学评论》1999年第6期，第105页。

② 陈思和在《中国当代文学史教程》的“绪论”中指出：“在‘文革’前和‘文革’当中，中国大陆的当代文学一直存在着潜在的创作，包括历次政治运动中被剥夺了写作权力的知识分子，仍然在用笔表达内心的理想之歌和感情世界。”“尽管他们的个人遭遇、思想倾向和创作风格并不一样，但仍然保持了一种连贯的知识分子精神。这些创作文本在当时的环境下是不可能发表的，但仍然保留了一个时代弥足珍贵的文学声音，至于它们是‘文革’之前还是在‘文革’期间创作，其实并没有实质性的区别。如果从这样的角度来考察文学史的话，‘文革’前和‘文革’中的文学仍然可以看作是一个较大的文学史阶段。”(《中国当代文学史教程》，第8页)

文学史著作研究潜在写作现象，也同样以还原某些特殊时代的文学的丰富性与多元性为目的”[①]构成了“潜在写作”的基本内涵以及文学史写作的学理基础。

尽管学界对文学史论述中如何处理“潜在写作”现象不无争议，但必须承认，陈思和主编的《中国当代文学史教程》和相关研究，在很大程度上改变了我们对中国当代文学史的既有认识，他也因此成为当代学界少数几个能够创新文学史理论和文学史写作模式的重要学者之一。在论述之外，陈思和在2005年集中主持编辑出版了十卷本“潜在写作文丛”。这套文丛既是对《中国当代文学史教程》的补充，也促进了当代文学学科的史料建设工作。而在“潜在写作”概念提出以后，一些研究者运用这一概念重新分析了1949—1976年的中国当代文学现象；胡风、牛汉、曾卓、绿原、穆旦、彭燕郊、张中晓、丰子恺、沈从文等一批作家的“潜在写作”均受到重视。此外，刘志荣以“潜在写作”为核心概念完成了博士论文，也成为《中国当代文学史教程》之外另一部能够反映这一概念核心思想的专题著作。

或许可以说，在陈思和教授的影响下，近十年来，“潜在写作”在许多研究者那里成为中国当代文学史研究中的一个有效概念。因此，我们可以将“潜在写作”这一概念的意义与审视中国当代文学史研究与写作状况联系在一起讨论。

1990年代以后，关于中国当代文学学科建设的问题备受关注。虽然学界已经习惯使用“中国现当代文学”这一概念，也有众多的以“二十世纪中国文学”为框架整合叙述“中国现当代文学”的著作，但“现代”与“当代”的分野依然非常清晰。1980年代中期以后，“中国现代文学”成为一门成熟的学科，而当代文学研究的活力集中体现在关于“八十年代”的文学批评之中，对“十七年”和“文革”时期的文学研究则相对缺乏。1990年代以后，文学研究呈现学科化

① 陈思和：《试论当代文学史（1949—1976）的“潜在写作”》，《文学评论》1999年第6期，第105页。

1980年代学术思潮的延伸和变化。

之所以把“潜在写作”概念的命名以及在文学史研究中的运用视为“重写文学史”的延伸，是因为贯穿其中的是打破文学史叙述“一元视角”的学术理想，以及发现被主流意识形态遮蔽或者扭曲的文学史的另外一面，这是80年代以来中国现当代文学研究的主要特点之一。作为“重写文学史”的主要倡导者之一，陈思和显然看到了当年“重写文学史”在揭示遮蔽、重构文学史面貌之后仍然存在的文学史观的偏狭问题。在讨论“潜在写作”时，陈思和反思了自己的学术思想，“我是在完成了《中国新文学整体观》那本小册子以后逐渐意识到当时对‘五四’传统的理解存在着狭隘性”，“重写文学史是以‘20世纪文学’为理论背景的，它与‘五四’新文学的启蒙传统有相当密切的关系。因此我们在讨论文学价值时，自觉或不自觉地依照了80年代正在逐渐复燃的‘五四’启蒙传统。具体地说，我们是以知识分子的独立精神所能够达到的程度来衡量文学价值，而这种对独立精神的理解又隐含了三四十年代的左翼知识分子的战斗精神，即对社会现实与生存环境的批判的可能性”。对此，陈思和进一步追问：“对于那些不是以直接的社会批判形式出现的文学作品，它的独立精神的价值标准如何体现呢？还有，当一部艺术作品存在于世，除了作家的主观思想倾向的自然流露以外，它的艺术因素能不能，进而是如何起积极的作用来纠正，或稀释作家的主观意图？这些问题在80年代的启蒙传统下是很难被解释好的。”[①] 这样的追问，仍然坚持的是“五四”启蒙文学价值观，但拓宽了对“独立精神”的理解，因而也对当代文学史的内在结构有了重新认识的可能。在这样的理论视野中，那些非直接的批判社会的作品，或者说“潜在”地体现了“独立精神”的作品被纳入文学史研究的视野之中。从这个意义上说，陈思和提出“潜在写作”，不单纯是创造一个概念，而是在80年代学术思潮基础上进一步调整文学史观的结

① 陈思和、张新颖：《关于中国当代文学史的几个问题》，《当代作家评论》1999年第6期，第15页。

果。他想“补充对新文学传统的理解”。“因此，在描述当代文学（尤其是50年代到‘文化大革命’结束）时，我特意引进了民间隐形结构与潜在写作两个概念，使当代文学成为一种多层次的精神现象。这与80年代提倡的‘20世纪文学’与‘重写文学史’是不一样的。”[①]

以“民间隐形结构”和“潜在写作”为核心概念的文学史观改变了中国当代文学史的面貌。在《中国当代文学史教程》中，著者一方面叙述了国家意志影响下的当代文学创作；另一方面，又注意到了当代知识分子传统的复杂性，即在当代文学史的发展过程中，“五四”新文学的传统仍然若隐若现地存在着，并支配着知识分子对社会责任和文学理想的追求。这一复杂性反映在部分作家因为“民间隐形结构”艺术手法的运用，在为主流意识形态服务的同时，曲折地传达出真实的社会信息，体现了富于生命力的艺术特色。“潜在写作”无疑是若隐若现的“五四”新文学传统中的一支。当“潜在写作”概念引进之后，当代文学史的内在结构被重新认识，文学史的叙述模式也因此被打破。

我们现在需要进一步讨论的是，究竟如何来看待“潜在写作”作为精神现象和文学史现象的丰富性与复杂性。因为，当“潜在写作”被纳入文学史研究的整体框架之后，只有揭示出这两种丰富性与复杂性，其意义才能得以呈现。

陈思和对“潜在写作”的价值判断十分明确：“‘潜在写作’的相对概念是公开发表的文学作品，在那些公开发表的创作相当贫乏的时代里，不能否认这些潜在写作实际上标志了一个时代的真正的文学水平。潜在写作与公开发表的创作一起构成了时代文学的整体，使当代文学史的传统观念得以改变。这也是时代‘多层面’文学的具体内涵。”[②] 可以说，陈思和对“潜在写作”的认可构成了他对中国当代文学史基本的价值判断，由此也确立了《中国当代文

① 陈思和、张新颖：《关于中国当代文学史的几个问题》，《当代作家评论》1999年第6期，第16页。

② 陈思和：《中国当代文学史教程》“前言”，第12页。

学史教程》的基本面貌。在这本文学史著作中，无论是对作家作品的遴选与解读，还是对文学史复杂性的体认与阐释，都与这一基本的价值判断相关。

关于1949—1976年的“潜在写作”，《中国当代文学史教程》中涉及的作家作品有：被视为“潜在写作的开端”的沈从文手记式的散文《五月卅下十点北平宿舍》；被视为50年代“潜在写作”的代表作的绿原的《又一名哥伦布》和曾卓的《有赠》；作为“私人性话语”被视为当代文学史上的“一座道德文章的丰碑”的张中晓《无梦楼随笔》；“文革”时期丰子恺的《缘缘堂续笔》；曾卓、牛汉、绿原、穆旦及唐湜、蔡其矫、郭小川等人的诗，以及更为年轻的食指、根子、多多等人的诗和赵振开的小说等。在《试论当代文学史（1949—1976）的“潜在写作”》中，陈思和对“潜在写作”做了类型的区分和论述，与《中国当代文学史教程》互为补充。

当“潜在写作”被置于文学史叙述的整体框架中时，陈思和着意突出其与主流话语的对应（非对抗）关系，这种在差异中突出“潜在写作”之意义的处理方式值得我们注意。比如在辨析“潜在写作”与“地下文学”两个概念时，陈思和说：“由于‘地下文学’这个词比较流行，很可能使人们对当代文学史上的‘潜在写作’做出望文生义的理解，即认为凡是不公开的写作，尤其是被剥夺了写作权力的知识分子的秘密写作，其一定是与现实政治处于对抗性的立场。使用‘地下文学’一词正是包含了这样的理解。”但是，“中国当代文学史上的潜在写作不应该是俄罗斯‘地下文学’的翻版或者分支，从词义上说，潜在写作的含义远较地下文学宽泛得多。潜在写作的现象，是在任何时代任何国度里都可能发生的”。作家在当时的创作之所以成为“潜在”有三种原因：“一是与某个时代的风尚不相符合，作家出于某种私自的考虑，不愿意立即披露这些作品”；二是“因为与国家政权和社会制度处于自觉的对立状态，作家通过创作来表达政治上的不同声音，所以这类潜在写作的意义仅限于创作过程，一旦完成创作，就往往将作品转移到国外去发表”；三是“作家的身份受到限制，或者是失去了公开发表作品的自由，他们的创作不一定与国家政权或者现实社会制度处于自觉的对立立场，有的只是抒发个人的情愫，有的甚至表现出对主流意识形态的一定程度的迎合”[①]。从这一辨析来看，用“潜在写作”代替“地下文学”，是将写作与现实的关系从“对抗”转换到“潜在”，这一转化显然是重要的，否则只是着眼于“与现实政治处于对抗性的立场”的创作，又很容易陷入新的“二元对立”的思维模式中。

以《试论当代文学史（1949—1976）的“潜在写作”》为例，陈思和在论述中力图呈现主流叙述之外多重“潜在写作”的表达形式。被看作“当代文学史上第一批潜在写作者”的是“一批习惯于传统文化模式写作的知识分子”，他们因“40年代末中国政治体制的大变革造成文化发展上的革命性裂变”[②]而退出文坛。当他们不再为发表而进行写作时，他们本身因文学观念、对世界的感知方式和表达方式的不同所创作的风格不同的作品就构成了“潜在写作”的丰富层面，在文学史研究中也构成了对当时公开发表作品的有益补充。因而，当公开发表的作品受到既定叙事成规的限制而只有一种声音、只有相同的主题和概念化的情节和人物时，“潜在写作”的丰富性使得“潜在写作的发展趋势与公开发表的创作的发展趋势成反比，即在政治运动越来越紧迫地压抑文学创作的过程中，公开发表的文学创作在不断地萎缩，而潜在写作却在不断发展和繁荣，品种越来越齐全，写作者的队伍也越来越壮大，尤其到了‘文革’后期，潜在写作的成员已经从老一代作家向年轻一代作家过渡”[③]。

---

① 陈思和:《试论当代文学史(1949—1976)的“潜在写作”》,《文学评论》1999年第6期，第108页。

② 陈思和:《试论当代文学史(1949—1976)的“潜在写作”》,《文学评论》1999年第6期，第106页。

③ 陈思和:《试论当代文学史(1949—1976)的“潜在写作”》,《文学评论》1999年第6期，第107页。

与公开发表作品的单一主题相比，“潜在写作”作为精神现象和文学史现象的独特价值被揭示出来，从而也呈现了中国当代文学的丰富性与复杂性。在揭示“潜在写作”的价值时，陈思和谨慎地处理了“潜在写作”与“现实”的复杂关系。比如，在谈到《无名书》时，他说，“无名氏是当代文学史上一个境遇非常特殊的作家，他是与文坛与社会断绝了一切关系，处于隐居状态下写作的。但即使如此，《无名书》也没有直接对现实批判的挑战性，他所提倡的社会理想也仅仅是文化意义上的探索与想象”，并且进一步指出，“在有些非常私人化的写作文本里，作家与现实政治不和谐的精神指向也是隐藏在晦涩含混的抽象层面之上”。他以陈寅恪为例，说明“他在现代中国政治与学术之间自觉划定了知识分子岗位的范围，建构起现代学术与现行政治权力及政治体制平行互不侵犯，而非对抗性的关系模式”。张中晓及其《无梦楼随笔》是陈思和推崇的作家作品，在此之前，张中晓从未进入文学史。陈思和认为，“张中晓的《无梦楼随笔》可以说是潜在写作中最尖锐的文本，他本人在胡风一案所牵连的知识分子中，也是最具自觉批判意识的思想家，但《无梦楼随笔》的反思性语词都是限定在历史经验和哲学思想领域里做抽象议论”，“如果说这些文本具有现实对抗性的自觉意向，那也只是停留在文化（包括历史与哲学的）的抽象层面和美学的感性层面上”。至于50—70年代的“潜在写作”，陈思和同样认为“一部分作家因为文化美学领域的自觉卫道构成了与现实相对抗以后，仍然回避了现实政治层面上的对抗”；而另外一些作家的独立人格与政治理想主要表现为对艺术个性或独立审美意识的追求，“艺术境界里充沛着张扬个性的魅力和生命不屈服的元气，但其与现实政治的对抗性却被淡化或者悬置”[①]。从《中国当代文学史教程》以及其他相关论述来看，陈思和比较多地强调“潜在写作”与“现实政治”的“非对抗性”的一面，这与他对“潜在写作”的总体认识有关，

① 陈思和:《试论当代文学史(1949—1976)的“潜在写作”》,《文学评论》1999年第6期，第108—109页。

他试图在“非对抗性”的层面上突出“潜在写作”对“现实政治”的超越，从而揭示出“潜在写作”所具有的思想意义与精神价值。

陈思和如此认识“潜在写作”与现实的关系，正是他纠正对“五四”传统理解偏狭的一种努力。他从“潜在写作”“民间隐形结构”等方面呈现中国当代文学史的丰富性与复杂性的同时，又以“独立精神”作为一种价值判断来审视各种创作，而“独立精神”并不只是体现在对现实的直接批判之中。要打破“二元对立”的思维模式，自然就需要摆脱在与现实对立的关系中论述文本价值的习惯方式。事实上，作家作品的文学史意义并不是因为与现实的尖锐对立才可能实现，而是在于作家自我精神和审美意识的独立。当这种独立性蕴藏于“潜在写作”中，一旦公开发表，其精神与审美的意义也就和那个创作时代形成巨大的反差和补充——我们由此才有可能讨论那个时代的丰富性与复杂性。

我们在讨论到“潜在写作”的精神价值时，需要与中国当代思想史相连接，而如何将“潜在写作”经典化同样也需要一个时间过程。“潜在写作”对作品在创作完成时未发表而后来必须公开发表的限定自然涉及界定“潜在写作”的另一个问题：“潜在写作”的创作时间。事实上，这一问题后来也引起了学界的讨论。[①] 而与“创作时间”相关的另一个问题是，我们如何兼顾“创作时间”和“发表时间”

① 李杨教授对此曾经提出一些质疑。“由于‘潜在写作’都是在‘文革’后才获得正式出版的机会，因此这些作品的真实创作时间极难辨认。《中国当代文学史教程》按照‘作品的创作时间而不是作品的发表时间’来进行认定，也就是说按照这些作品正式出版时标示的创作时间来确定其文学史意义，显然过于简略地处理了这个对文学史写作而言非常重要的问题。”李杨以“白洋淀诗歌”为例，认为：“如果我们始终无法证实这些‘白洋淀诗歌’的真实性，我们又如何能赋予一种或许并不真正存在的文学以‘文学史地位’，虽然这种文学无论在人性的深度还是在艺术的深度上都更真切地表达了我们对那个时代的想象与希望。”（《当代文学史写作：原则、方法与可能性》，《文学评论》2000 年第 3 期，第 53、55 页）

之间的“时间差”对文学史论述的影响，因为“潜在写作”公开发表以后产生的影响与发表时的语境不无关系。此外，有一些“潜在写作”，比如穆旦、食指、北岛、根子、多多等人的诗在完成后也曾经在一定范围内传抄，我们又该如何看待“传抄”在当时的意义？另外，还有些作品，比如毕汝协的《九级浪》是“文革”时期十分重要的一个手抄本，但它一直未能公开发表，我们又该如何对它加以定位和讨论？“潜在写作”中有些文本，如张扬《第二次握手》，其主旨与五六十年代的时代精神并无大的不同，但和“文革”的“现实政治”构成了冲突，我们又该怎样来看待这类作品在当时的传播以及在“文革”结束后的影响……这些都表明，“潜在写作”的丰富性和复杂性仍为我们留下了巨大的讨论空间。

初刊《当代作家评论》2010年第4期

一言何以成新说
——关于文学史理论“共名”与“无名”的学习札记

金　理

一、对“共名”与“无名”理论的提出与基本面貌的描述

“共名”与“无名”是一对专指文化形态的相对立的概念。按照提出者陈思和教授的阐释[①]，所谓共名，是指时代本身含有重大而统一的主题，知识分子思考问题和探索问题的材料都来自时代主题，个人的独立性因而被掩盖起来。20世纪文学史的发展过程中，共名的文化状态占绝大部分，它们多半是知识分子在实践社会理想过程中创造或者自觉参与创造的。这种创造形式随着各个历史阶段知识分子对时代的不同职能而改变：有时是知识分子对时代主题的抽象提炼和概括，如“五四”时期提出“民主”与“科学”和“反封建”“个性解放”等命题；有时是客观历史环境规定了时代主题，然后由知识分子提出来，如抗战时期的“民族救亡”；也有些是国家制定的文艺政策让知识分子响应和执行，如60年代的“阶级斗争理论”等。文学史的经验证明，共名文化状态对文学创作的影响是复杂的。共名不但概括了时代主潮，而且可能成为作家表达自己社会见解的主要参照。不管艺术能力高低，只要通过对时代关键词的阐述，都有可能创作出被时代认可的流行作品。但共名制约作家的创作时，只

① 以下对共名与无名的概念说明与理论阐释，参见陈思和《共名与无名》，收《陈思和自选集》，广西师范大学出版社1997年版；《研究90年代文学的几个概念的说明》，收《谈虎谈兔》，广西师范大学出版社2001年版。

能以抽象的观念为先导，如过多地接受共名制约，充当时代精神的“打工者”，创作难免发生概念化的弊病。我记得胡风在共名时代中就敏感地觉察到共名对创作的“吞没”：“文艺家和这伟大的事件相碰，他底精神立刻兴奋起来，燃烧起来，感到时代要求一下子把他吞没了进去，使他达到了一种无我状态的安慰，觉得个人的主观精神性格再也没有什么特殊的意义。于是，飞来了种种的政治号召，他立刻被这些号召本身吸住了，觉得每一个号召本身都是抗战内容的全部，变成了它们的直接的传布者，没有想到政治号召应该通过他底主观的认识或主观的融合而取得更深广的内容，更丰富的生命。”[①]所以，在共名状态下，“个人的主观精神性格”与作家精神劳动的独创性可能会被掩盖，作家的个人性因素（个人的精神立场和审美把握）不能不与共名构成紧张的关系。一种情况是，作家把对时代某种精神现象的思考熔铸到个人独特的经验中去，或者说以作家对时代敏锐而强烈的个人感受，包容以至消化共名，即胡风所谓以主观精神的发扬来参与、丰富时代主题。这一类作家需要特别顽强的个人性。还有一种情况是，作家拒绝认同时代共名，有意回避时代主题，以强烈的个人因素摆脱时代共名的限制，在创作里完全是表达个人性的生活经验、审美情趣和精神立场。但这也是相当冒险的艺术追求，如果作家个人化的艺术感召力不足以抗衡共名，就可能被时代大音所淹没，或者长期排斥在社会公众可能接受的视野之外。

与共名相对立存在的，是无名状态。所谓无名，则是指当社会进入比较稳定、开放、多元的时期，人们的精神生活日益变得丰富，那种重大而统一的时代主题往往拢不住民族的精神走向，于是出现了价值多元、共生共存的状态。在现代文学史上，无名文化状态出现的时间非常短暂，如 1930 年代有“京派”文学、南京官方“民族主义”文学、上海左翼文学、海派都市文学、大众消费文学以及东北流亡文学等多种文学并立的格局，这些文学思潮之间虽然也互相

① 胡风：《文艺工作的发展及其努力方向》，《胡风全集》第 3 卷，湖北人民出版社 1999 年版，第 175 页。

冲突和激烈斗争，但始终不能使文坛统一成一种共同声音，这种格局就有点接近“无名”文化状态。

由于国家文艺政策的制约，以及作家们社会理想的相对统一，1990 年代以前的中国当代文学创作基本上被各种时代共名的主题所贯穿，如社会主义革命、“文革”、批判“文革”、改革开放等，1980 年代的“伤痕文学”“反思文学”“改革文学”等基本上都是依仗着强大的时代共名而产生。但随着 1990 年代初知识分子精英集团的瓦解与商品大潮的冲击，曾经弥漫在 80 年代改革开放共名周围的二元对立思维模式逐渐发生改变，意识形态争斗逐渐淡化，整个社会文化空间日益开放，文化的共名状态开始涣散，为那种更偏重个人性的多元化的无名状态所取代。1990 年代文学出现无主潮、无共名的现象，几种文学走向同时并存，表达出多元的价值取向。如宣传主旋律的文艺作品以政府部门的经济资助和国家评奖鼓励来确认其价值；随着大众文化市场形成，群众性多层次的审美趣味分化了原先国家主流意识形态和知识分子各自所提倡的单一的艺术标准；纯文学创作则以圈内行家认可和某类读者群的欢迎为标志……由于无名状态拥有多种时代主题，构成相对多层次的复合文化结构，才有可能出现文学多元走向的自由局面；各种文学思潮和写作现象逐鹿文坛，但谁也占据不了主导性地位。而作家的立场也发生变化，从共同社会理想转向个人叙事立场。

共名与无名理论，陈老师最早在 1995 年为上海文艺出版社出版的《逼近世纪末小说选》(卷二)所写序言里提出，文收《犬耕集》；后来以“这两种状态下的文学创作现象为考察对象，对百年来的中国文学发展规律做一些讨论”，形成论文《共名与无名：百年中国文学管窥》，刊于《上海文学》1996 年第 10 期，文收《写在子夜》《陈思和自选集》等；此后在《试论 90 年代文学的无名特征及其当代性》《简论抗战为文学史分界的两个问题》等文章中又有所发挥、深入。上述理论的提出过程引发我兴趣的是，对 1990 年代文学的解读成为 20 世纪中国文学史研究的“触媒”。

这些年来，1990年代文学日渐沦为尴尬、可有可无的文学史“余数”。以前它曾被作为“一个伟大文学时代”（80年代）风光不再的“陪衬”；近段时期，曾被指责为非文学的“十七年”文学甚至“文革”文学都引发越来越多人从文化政治、社会实践等角度去探究的兴趣，而90年代文学则被认为退缩、保守……可能在惯常的文学史叙述观念中，文学史应该是由伟大作家和伟大作品（或者重大事件）组成的、不断推陈出新的大链条，而1990年代当然没有贡献鲁迅、茅盾、沈从文等级别的大师，没有引起“轰动效应”的巨著，一百年后甚至五十年后的文学史著述中，它可能成为一笔带过甚或忽略不提的空白——这并非危言耸听，“中国文学史”不是经常这样处理古代某一历史时期吗？那么，一个文学的平庸时代是否具有被文学史书写的意义？[①] 中国传统书画论关注“无画处也有画”，未曾着色的飞白处可能正隐藏着莽莽苍苍的水色云天。关键是看研究者如何理解和阐释，说到底，文学史研究离不开文学史理论观念的突破，每一次文学史的写作，可能都需要重新建立若干价值标准。陈思和坚持编选多卷本的《逼近世纪末小说选》，并在此过程中提出“无名”理论，正是在时代本质之类的神话渐次被打破，连以往研究者津津乐道的思潮、流派、风格等术语也似落花流水、不攻自破的境遇中探究、保存文学提供的多种可能性，“不嗤之以鼻地对待90年代文学，哪怕面对的都是相当混乱和暧昧的文本，也能够从具体的文本里提升出倾向性的精神因素”[②]。文学的多种

① 我们可能都记得史学家黄仁宇那部影响深远的《万历十五年》，有意思的是此书英文名叫 *1587: A Year of No Significance*，直译就是“一个没有重要意义的年头”。

② 陈思和：《世纪之门谈“无名”》，《山花》2001年第2期。与其他研究者相比，陈思和对1990年代文学评价不低：“很多人对90年代的文学看得比较低，但我不这么认为。学术上我认为90年代是进入一个低谷，但是在文学创作上我不这么认为。”“继本世纪初现代小说打破了传统程式以后，世纪末小说所具有的‘各式各样’特点同样也打破了现代小说自身的程式化，使小说的生命力在文学与社会之间的无数次魔方式的演变中经受住了考验。”参见陈思和、邵宁宁《知识分子的岗位意识与人文情怀——陈思和先生访谈录》，《甘肃社会科学》2007年第2期；陈思和《跨越世纪之门——〈逼近世纪末小说选（卷一，1990—1993）〉序》，《不可一世论文学》，人民文学出版社2003年版，第166页。

可能性不过是世界万象的一个断片，探索它们的存在，不仅仅是为推动文学史研究的进展，更是知识分子努力在当下精神世界里有所发现的一种企图。文学在1990年代并不辉煌，恰如“乱云飞渡”，看似乱象驳杂，但“其实是一个过渡，是一个积累。这个积累将来就有可能孕育出能够站在个人的立场上看社会，再把眼光重新回到社会，回到一个不再是按照某一国策或者某一意识形态，而是按照自己的立场上来表达的作家……90年代总的来说我认为走向还是对的……”①

二、无名状态中的知识分子立场

从自身的疑惑开始说起吧。当知识、思想、文学乃至信仰遭遇一个共名的合理化、系统化的总结失效之后，在一个碎片四散的世界中，知识分子是否已无所作为？

根据陈思和的研究，“从大陆的文学史发展来看，只有30年代前半叶有过繁复多元的文学无名状态；而在90年代的前半叶，又似乎出现了类似的状态”。不妨就这两个时期稍做讨论。在30年代，国民党当局曾试图用“三民主义”来统一文艺作品，即将其所解释的“三民主义”打造成压倒一切的共名。当时梁实秋写了《论思想统一》：“我们要思想自由，发表思想的自由，我们要法律给我们以自由的保障。我们并没有什么主义传授给民众，也没有什么计划要打破现状，只是见着问题就要思索，思索就要用自己的脑子，思索出一点道理来就要说出来，写出来，我们愿意人人都有思想的自由，所以不能不主张自由的教育。”②梁实秋显然是体会到了无名状态的特质，“没有什么主义传授给民众”，换句话说，就是不相信还有任何“主义”可以辖制思想自由、整合出众所认同的时代主题；

① 陈思和、邵宁宁：《知识分子的岗位意识与人文情怀——陈思和先生访谈录》。

② 梁实秋：《论思想统一》，《新月》第2卷第5期，1929年7月10日。

也不愿意接受主流文化所炮制、给予的对生活的解释，而选择在具体处境中对问题“用自己的脑子思索”并表达。按照陈思和的研究，在1930年代的无名状态中，知识分子有如下几种选择：一部分自觉认同小范围的社会理想和时代的局部主题，在多元化的格局中找到自身的岗位来履行社会使命，如巴金；一部分彻底摒弃外在于生命的文化价值，甚至以生命来肉搏虚无的黑暗，如鲁迅；有的走向民间寻找新的价值和朴素新鲜的气象，如沈从文、老舍。这三类知识分子的价值立场都不模糊。还有一类在王纲解纽之后躲入自己的园地，看似与时代隔绝，其实仍然在从事思想文化建设，如周作人所谓“在僧房里译述几章法句”[①]。梁实秋的取向似在上述第一种和第四种之间，厕身于胡适派学人群以《新月》等刊物为阵地表达自由主义的理想，但同时予人的印象又总是避居雅舍书斋经营纯美精致的文字，在小天地里流连忘返。但保持个人性并不意味着可以隔绝时代环境，不常以金刚怒目示人也并不是放弃批判的使命。1930年代的文学花开多枝，各种思想潮流风起云涌，知识分子的选择与姿态也各有所据，“但其中有些属于知识分子内在的共同性并没有消失”[②]。

再回到1990年代的语境中。“90年代的文化思潮产生于两个来源：80年代末知识分子精英文化在不断膨胀中暴露出自身不可克服的缺陷和客观环境导致了精英文化的大溃败。这以后是稳定压倒一切的政治气氛和市场经济迅速发展引起的社会经济体制转轨，知识分子在计划经济体制下所居社会中心的传统地位随之失落，向边缘化滑行。”[③]在此背景下，作家们在创作里放弃了全知式的启蒙立场和意识形态的执着态度，通过相对主义来纠正80年代创作中精英

① 参见陈思和《共名与无名》，《陈思和自选集》，第148—152页。

② 陈思和：《“无名”状态下的90年代小说——答〈小说界〉编辑问》，《豕突集》，汉语大词典出版社1998年版，第285页。

③ 陈思和：《变化中的叙述与不变的立场——〈逼近世纪末小说选(卷二，1994)〉序》，《不可一世论文学》，第171页。

主义的偏执。但这并不意味着对自身岗位责任的自觉放弃，也不必夸大知识分子人文精神被现实力量摧毁后产生的妥协情绪。

以 1990 年代两股主要的创作力量为例，走向民间的作家们不待多言，他们融个体生命入广袤野地，以此抗衡历史的惰性与现实的压力；而置身于社会边缘的新生代作家则很难得到负责的理解。记得陈思和曾用“低姿态飞翔”一语来把握韩东与朱文小说在叙事上最显著的特点。这与 1980 年代现代派小说强调人的精神活动，甚至脱离生活处境抽象地描写精神世界，是不一样的；但与 1990 年代新写实小说完全排斥人的精神活动，将精神消融于日常生活也有所不同。新生代作家鲁羊认为小说的价值是“行走在现实泥土之中的人内心的一种飞翔的愿望”[①]，这恰好揭示出“低姿态飞翔”的两个向度。在我看来，所谓的“低姿态”，首先是指回到现实生活的直接存在，和生活本相纠缠在一起。当代生活以急剧变化甚至夸张的姿态奔腾向前，没有人能够抓住它的本质，新生代只有选择漂流在表象，而所谓的“本质”——例如社会的本质、时代发展的规律，甚至指向未来的希望等——统统不可靠。这本就是无名状态中最真实的感受。另外，虽然“行走在现实泥土之中”，但并没有泯灭内心“飞翔的愿望”；虽然是与生活本相纠缠在一起的“低姿态”，但“飞翔”终究意味着一种精神活动，而没有放弃对人性以及生存意义的探究，当然这种探究并非凌空高蹈的想象，而是深植于个体生命的血肉真实之中。他们对主流价值和世俗社会的拒绝，也不妨理解为某种自我精神拯救的企图，以世纪末式的自我放纵来表达知识分子失落了话语中心地位以后的自负和孤傲。在个人与社会之间的紧张关系中描绘出一代人渴望自我确立的艰难境况，这是韩东与朱文小说的重要主题。优秀的文学创作往往强调个人性，但这未必是指脱离社会与时代，尤其在无名状态中，更应该尝试通过个人化的精神劳动来包容、表达巨大的社会信息和时代信息。我觉得，所谓“个人”，所谓“私人”，都与生命的具体性紧密关联，不是一个形而

① 鲁羊：《天机不可泄露》，《钟山》1993 年第 4 期。

上的抽象个人，而是一个生气淋漓纠结着生存欲望和困惑，无法将他从所置身的周围事物的复杂关系中抽离出来，因而才试图通过独异的精神感受和审美方式来为自我的生存寻找可能性的现实个体。这就如尼采说思想者并不是“纯粹的求知者”，而必须“切身地对待他的问题，在其中看到他的命运、他的需要以及他的最高幸福”[①]。在这个时代里，无论再怎么自居“边缘”，再怎么沉湎于“私人生活”，只要作家“切身地对待他的问题”，认真地感受世界，那么他的文字中总会折射出时代、环境的力量，以及与这力量相碰撞，生发出心灵深处的欲望与感受。这些“碎片”中的心灵信息，暗藏着向现实社会提供的、属于自己的那一份思想表达，因而也就履行了自己对时代所承担的那一份职责。

对于以韩东、朱文为代表的新生代，陈思和钟爱有加，《逼近世纪末小说选》中多次选入，各卷序言中也不惜篇幅地加以解读，这与一般的评论意见是拉开距离的，“我之所以不强调小说里的放浪形骸因素，也不是看不到，只是觉得这些因素对这些作家来说并非主要的精神特征。‘无名’的特点在于知识分子对某种历史趋向失去了认同的兴趣，他们自觉拒绝主流文化，使写作成为一种个人性的行为。但个人生活在社会转型过程里仍然具有自己的精神立场”[②]。在“放浪形骸”中提取出含藏其间的锐气，这多少得冒一点火中取栗的风险，“我愿意把这些作品中一些隐约可见的创意性因素发扬出来，愿意看到这一代作家潜藏在自己内心深处的真正激情被进一步发现，而不愿意看到一些似是而非的理论去助长新生代创作中的平庸倾向”[③]；“说得坦率些，在多元的世纪末的文学语

① 尼采：《快乐的知识》，转引自周国平《尼采》，上海人民出版社1986年版，第46、47页。

② 陈思和：《“无名”状态下的90年代小说——答〈小说界〉编辑问》，《豕突集》第285—286页。

③ 陈思和：《碎片中的世界与碎片中的历史——〈逼近世纪末小说选（卷三，1995）〉序》，《不可一世论文学》，第195页。

境里，我更企望看到的正是那些从个人性叙事立场中提升的知识分子的现实战斗精神”[①]。陈世骧先生曾这样描述优秀的文学批评者：“他真是同感地走入作者的境界以内，深爱着作者的主题和用意，如共同追求一个理想的伴侣，为他计划如何是更好的途程，如何更丰足完美地达到目的。……他在这里不是在评论某一个人的作品，而是客观论列一般的现象，但是话尽管说得犀利俏皮，却决没有置身事外的风凉意，而处处是在关心的负责。”[②]摒去那些非主要的精神特征和“平庸倾向”，而“共同追求一个理想的伴侣”，这是真正“关心的负责”，“为他计划如何是更好的途程，如何更丰足完美地达到目的……”

文学叙事中体现出强烈的个人化倾向，并不意味着文学就此已完全放弃了对时代与社会的承担。同样，知识分子置身于时代的无名状态也并不意味着放弃精神探索而遁入无所不可的虚无之地，不过是原先来自思想钳制的单方面压力转化成市场等多方面的压力，分散和减轻了压力凝聚点所产生的沉重，但也可以说是陷入了精神依据和物质保障的双重困境。知识分子只有切身感受到困境中的压力，才能警惕时代共名赋予的假象或后现代理论的肤浅操作所制造的自由神话，才能产生出真正属于自己的独立思考和精神探索。甚至毋宁说，只有当一方面文化困境催压着知识分子，另一方面“把肉麻当潇洒，视怯懦为幽默”等自欺欺人的行径大行其道之时，才真正淬炼出真实而紧张的思考与探索。知识分子在90年代无名状态中的境遇大致如此：从精英主义的自我迷恋中走出来，不再依循共名来认识世界，转而以个体的生命直面人生，用独特的心去感悟民间天地的磅礴元气，他勇于身受无涯旷野中的压力和惊恐，勇于在种种随波逐流和消极虚无主义之间“自别异”，最终“选择出自己”，

① 陈思和：《“何谓好小说”的几个标准——〈逼近世纪末小说选（卷五，1997）〉序》，《不可一世论文学》，第252页。

② 陈世骧：《〈夏济安选集〉序》，《陈世骧文存》，辽宁教育出版社1998年版，第194、195页。

由此成就属于自己的独立思考和精神探索。这是否可视作知识分子在无名状态中的“辩证法”：敢于越出“自我同一性”的樊笼，在与“他者”的劈面遭遇中最大限度地“失掉自我”，以便最大限度地收获更为丰富的自我规定的勇气和信念？其实在提出无名状态的那一序言中，陈思和开篇讨论的首要问题即“知识分子批判精神的再凝聚”。我想这是有苦心的，如果沧海横流中不坚守上述“不变的立场”，那么无名状态未必就自然允诺出百花齐放、自由独立的人文环境。不再依照共名发表看法，失去统一认同的参照，这其实给知识分子的发言带来更大困难，个人所要承担的责任有时也超出负荷。鲁迅在无名状态中身历过“横站”的孤独和肉搏虚无的惊心动魄，所以他会心地洞察到：独一无二的共名虽然消散了，人们的认识趋于纷繁，但这未必就能顺理成章地引导出“多元化”。鲁迅将人们讽刺第二次鸦片战争中清军败将叶名琛的名联“不战，不和，不守，不死，不降，不走”修改为“似战，似和，似守，似死，似降，似走”，因为前者“无主意，不盲从，不附势，或者别有独特的见解”而使自己陷入危险的境遇不符合中国行为主体的选择策略，后者的“‘骑墙’，或是巧妙的‘随风倒’”在中国“最得法”[①]。“有宜于专吃的时代，则指归应定于一尊，有宜合吃的时代，则诸教亦本非异致，不过一碟是全鸭，一碟是杂拌儿而已。”[②]“杂拌儿”最能活画出无名时代中随波逐流的“弄潮儿”们的嘴脸，“没有一定的理论，或主张的变化并无线索可寻，而随时拿了各种各派的理论来作武器”[③]。时代共名消散了，但释下重负的片刻轻松不过是包裹在无名状态外面的表象，无所依据的赤身摸索、各自为战并不就意味着可以放下内心操守而玩起种种无可无不可、“借名”、“盗名”以谋私的游戏。“我们既不能说，既然是‘无名’状态就不再需要

① 鲁迅：《我来说“持中”的真相》，《鲁迅全集》第 7 卷，人民文学出版社 2005 年版，第 58 页。

② 鲁迅：《吃教》，《鲁迅全集》第 5 卷，第 329 页。

③ 鲁迅：《上海文艺之一瞥》，《鲁迅全集》第 4 卷，第 304 页。

鲁迅式的知识分子的社会批评和文化批评，也不能说，既然人性应该自由发展就不需要对人性本身负有监督和批评的责任。”[①] 在无名状态中坚持知识分子立场，具体来说就是，既维护来之不易的、在主流话语之外表达个人声音的自由，也别举着自由的招牌作践自由，不应放弃良知和批判。就前者而言，即深刻认识到除去个人立场之外，任何凌驾于个人之上的社会责任感都是空洞的；就后者而言，就要求知识分子在中心消散的荒原跋涉时，将中国士人“慎独”的自省传统与“五四”新文化的战斗精神结合起来，以形成自我监督的良知（“不盲从，不附势”、不“骑墙”）和践履社会责任的岗位。具体对作家和批评家而言，就是“不能为了维护这样的多声部创作局面就抹杀了艺术的标准和良知的作用”[②]。当然，这里的“良知”已不同于思想观念的简单演绎或权力系统廉价的预约订购，而必得通过极其真诚、艰苦和个人化的艺术创造性劳动来展现。

三、整体观方法论的支持与活力

共名与无名的理论概括，最先得自于对 1990 年代个人化叙事立场的考察，然后再结合文学史现象提出来，进而“对百年来的中国文学发展规律做一些讨论”。很明显这是陈思和“整体观”方法论的研究成果，“从文学史的发展中寻找这些新的创作现象的存在依据和依据新的创作因素来重新解释文学史构成中一种互动的关系”。陈思和曾多次议及受惠于李泽厚对不同代际中国知识分子的划分与论述，“在大四准备写毕业论文时，我一度就想用李泽厚划分中国现代知识分子的方法来研究中国新文学史，但终因没有形成系统的方法而中止，直到 1985 年在‘方法论’的推动下，才开始完

① 陈思和：《“无名”状态下的 90 年代小说——答〈小说界〉编辑问》，《豕突集》，第 282 页。

② 陈思和：《面对逼近世纪末的中国文学——答〈读书人报〉记者问》，《豕突集》，第 276 页。

成《中国新文学研究整体观》，从方法论的角度来描述新文学史”[1]。这是孕育整体观的机缘之一。而整体观研究的目的与旨要，仍然是试图通过对20世纪文学史的研究来探讨中国现代知识分子的道路和命运。具体到《共名与无名》一文，处理的正是知识分子在实践社会理想过程中与时代精神的关系问题，以此为参照，来探究知识分子在当下的社会定位、价值取向和工作岗位。2001年，该文收入《中国新文学整体观》一书的修订版，自然顺理成章。

随着后结构主义思潮的发展，文学、文化的“历史规律”被视作站不住脚，文学史和文化史的整体性往往被当成一种不可能、不受欢迎的研究对象。北美学界自1980年代以来文学范式的变迁强化了一种对整体性消失的共识，这一共识激励以异质性和片段化为标志的研究，追求他者性和非连续性。在这样的知识氛围中，整体观方法论的活力与可能性如何体现？这自非笔者学力所能置喙。不过，包括整体观在内的文学史理论本就不追求放之四海而皆准的规律，陈思和早就指出过：“在文学史理论领域里，任何带有统一‘结论’性质的企图都是徒劳的，它的目的应当是建立多元的、丰富的文学史空间。”[2]这点已毋庸赘述。通过对共名与无名理论的学习，我感觉到：拒绝“纪念碑式”的研究（“‘纪念碑式的’文学史提供了一种‘天才和杰作的游行表演，它所提出的思想、写作风格和创造性脱离社会现实，从而使文学脱离语

① 陈思和：《中国新文学整体观·绪论》，《中国新文学整体观》，上海文艺出版社2001年版，第13—14页。

② 陈思和：《“20世纪文学史理论创新探索丛书”导言》，《献芹录》，复旦大学出版社2009年版，第281页。文中还指出：“文学史作为一种研究类型，呈现的是研究者对于文学发展规律的探究成果，文学发展只能在现实社会环境中进行，所以没有一成不变的文学发展规律，也没有普遍适用的文学发展规律。文学史总是在文学事实已经存在的前提下，考察文学的产生机制、运行机制、传播机制以及它自身价值的辨识与确立。”

境'"[①]）而不断将理论语境化（从 1990 年代这一"非纪念碑"的文学年代中发现文学的多样性）；尤其是通过传统与当代的不断沟通、互释和重新梳理，可以建立起描述文学史的途径。张英进在谈到历史整体性的重构时说："对话论的概念拒绝实证主义的客观性，把主体性还给史学家和读者。通过'主体间的'（intersubjective）对话论关系，过去和现在进行互动对谈，总体和碎片形成一种辩证的关系：'文学史从人类经验到的主体间的整体中发现的现象，是通过对文献、作者所处的环境和过去的阅读和描述才得以建构的。'"所谓"过去和现在进行互动对谈"正合乎整体观的旨趣："中国新文学史是一个开放型的整体，唯其开放，所以作为一种文学史而没有时间的下限，它将在不断的文学实践中不断发展和自新；唯其是一个整体，所以任何一种新的文学因素的渗入都会引起整体格局的变化，导致对以往文学史现象的重新理解和解释。"[②]

可举一例说明。陈思和在《共名与无名》一文中曾考察左翼文学的生存环境："左翼文艺运动其实是政治运动，它始终处于半地下的活动状态，许多左翼刊物都出不了几期即被取缔，许多左翼作家或遭逮捕枪杀，或被迫亡命海外，它在文学上的影响毕竟有限……"通过"对文献、作者所处的环境和过去的阅读和描述"得出 1930 年代的无名特征："那个时代的知识分子有可能信奉任何一种思想学说和政治思想：三民主义、马克思主义、民族主义、自由主义……各种社会思潮共同构成了 30 年代的多元文化格局，但没有一种学说和理想能成为民族精神走向的凝聚点。"揭示无名特征就意味着提出如下质疑：当时的左翼文化思潮是否能像五四新文化运动那样，制约整个时代精神，拢住整体文化走向？如果确实无法做出肯定性回答，那么就有必要重新描述文学史的图景：过去的文学

① 张英进：《历史整体性的消失与重构——中西方文学史的编撰与现当代中国文学》，《文艺争鸣》2010 年第 1 期。本节对相关问题的介绍，主要依据此文。

② 陈思和：《中国新文学整体观·绪论》，《中国新文学整体观》，第 14 页。

史以左翼文学运动为30年代的主流和加以浓墨重彩的描述中心，以与左翼文学的关系亲疏来划分革命文学、进步文学、自由主义文学和反动文学，即以虚拟的共名来评价作家作品，使得京派、海派、小品文等大量文学现象无法进入或者只能被歪曲地进入文学史。所以有必要把无名状态下丰富多元的文学史场景重新描述出来。以上的研究路径，显然不是提供封闭的认识模式，而是在“过去和现在进行互动对谈”中激活了对话的可能。

以共名和无名的理论解说来整体性地考察20世纪中国文学发展，大到文学史分期，小到某一阶段的文学特征或具体作家的创作风貌，都会导出颇具生长性的话题。比如，如何理解共名状态与二元对立的思维模式？陈思和认为：“二元对立的思维特征是知识分子建构时代共名的基本方法，用共名来概括复杂的生活现象，就必然把复杂的生活简化成几个概念（时代共名），然后以此为标准划分出两极阵营。”[①] 这段话曾让我一度难以理解：如果有二元存在，且其中的任何一元都无法勾销对方，无法消解对方的有效性，那么如何能指称它们统一于共名，而不是无名状态中的共存？刘志荣显然与我有一样的困惑，他进而以“五四”为例，当时有学衡派、玄学派等存在、活跃着，他们的声音与新文化运动一方“提倡科学与民主”的声音处于竞争、交锋的状态，并不消隐，所以用“启蒙”“提倡科学与民主”的主题“很难涵盖已经表现在公开层面上的这一阶段文学、文化、历史的复杂性”，由此推出：1917—1927年这一阶段不能被看作共名，而是无名状态。[②]

这是一个值得考辨的问题。双方其实都意识到了“五四”时期激进与保守之争，歧异在于，刘志荣认为学衡派、玄学派是无名

① 陈思和：《试论90年代文学的无名特征及其当代性》，章培恒、陈思和主编《开端与终结——现代文学史分期论集》，复旦大学出版社2002年版，第156页。

② 参见刘志荣《抗战爆发：中国20世纪文学史上的重要分界线》，《开端与终结——现代文学史分期论集》。

状态中多元并存的一方“名”的代表，而陈思和则认为他们是共名状态下二元对立中的一元。其实我觉得无名状态中多元并立的一种“名”和共名状态下二元对立的一元是存在很大差别的：前者是各说各话，有时互不搭界，即便有冲突，但这样的多声部也不会形成集约化；后者尽管意见不一，却同在一个舞台上，面对共同的议题而交相驳难，共名产生的凝聚力把大多数议题都聚拢到同一论域中。我的想法是，对于共名的认识可以再细致一点，有的共名和价值立场结合在一起，比如反清、抗战，甚至成为知识分子良知的评判标准；有的共名却不一定显示鲜明的倾向性，而是提供一种将人们的注意力都吸纳进去的论域（共名状态中并非一定不存在与共名构成差异的“名”，只是这样的“名”不处于论域之内只能是隐退的状态）。关于1917—1927年这一阶段中的共名主题，陈思和在《共名与无名》一文中归纳为“启蒙、提倡民主与科学”，而五年后在《试论90年代文学的无名特征及其当代性》一文中则归纳为“启蒙、民主与科学、白话文”，这一修订我觉得是恰当和必要的。同样，我们可以把1980年代的共名状态理解为以“改革开放”为中心议题，划定论域，在各个领域内派生出二元对立：思想领域的解放／保守、政治领域的改革／僵化、对外政策的开放／自闭、学术领域的创新／传统、经济领域的市场经济／计划经济、生活形态的自由活泼／守旧古板，文学艺术观上则是“文学回归自身”／“文艺为政治服务”……

“五四”时期，学衡派主要人物的西学素养恐怕还超过新文化阵营中的很多人；而张君劢敢于“菲薄科学”，打出的旗号都是倭铿、柏格森，这份自信也是西来的。不论是激进保守之争，还是科玄之战——借用罗志田先生的话说——“在在均是西与西战”。学衡、玄学派诸人之所以和新文化运动一方构成二元对立，是因为他们都围绕着共同的主题（科学、白话文）在演说、辩论，尽管意见相悖（提倡或反对）、态度不一（激进或保守），但都处在共同的论域内。“五四”时期的新文化运动可以用陈思和的说法，理解为一种含有先锋因素、仍处于生长状态的力量，它和学衡派、玄学派等取向不同的派别，一起围绕着时代主题，以交锋角力的姿态，辩证地推进着社会思想文化建设。同样重要的是，之所以双方能同台唱戏，是因为他们有竞争性的话语资源与平等的对话能力。刘志荣认为："共名状态的产生，来源于知识人与权力者对于'时代主题'的建构，这种建构借助权力获得了某种本质论的意义，它才能对其他声音形成有效的压抑。"这当然是对的，不过，对"权力"的理解应更加开放，它不一定来自政权、集团或暴力机关等实体，而可能是不那么实在但同样强大的思想权势或话语权势。当知识人与这样的权势结合在一起的时候，就好像打开了一柱强光，照亮了舞台；不与此或没有能力与此结合的人则只能退出舞台，渐渐隐没在暗夜中。比如新文化运动中的林纾就是典型的失"势"者，虽曾是"介绍西洋近世文学的第一人"[①]（不过这已是新旧之争事过数载，心境已较为平和的新文化运动主力胡适"追赠"林纾的定语），但其翻译多是隔靴搔痒的功夫，"桐城护法"的那句"吾识其理，乃不能道其所以然"，让胡适等新文化诸人一再取笑、鞭挞，其实倒老老实实地点出了林纾自身"失语"的尴尬，舞台上的那套话他说不来，如何理解、表达、议论甚至驳难共名论域中的那些话题，他无所取径。后来欲借助"伟丈夫"的政治外力，适足说明在话语权势一面林纾已一无所有。

在"五四"时期，知识分子和共名是互倚互塑的关系：知识分子参与建构了共名，共名也为知识分子提供了表演舞台。共名设定、规范了知识分子的论域，也搭建了传扬其声音的舞台。共名状态中当然有逸出上述论域、没有能力"登台献演"的人，他们的声音就被压抑了。学衡派、玄学派都是共名状态下二元对立中的一元，他们可以和新文化派围绕着白话文、科学等时代共名一较短长，他们占有自己的阵地，发出自己的声音，即便后来被打入另册，但在当时的境遇中仍然是有竞争力的一元；而林纾既无梅光迪们的新学养，也无张君劢们的自信心，无法和占据舞台中央的胡适、钱玄同等形

① 胡适：《五十年来中国之文学》，《胡适文集》第 3 卷，北京大学出版社 2013 年版，第 190 页。

成对话（附和或反驳都无妨，关键是形成有效对话），其个人因素与立场又不足以抗衡或突破共名，于是只能渐渐隐没。在科玄之战的最初，张君劢“不过在学校里随便讲演”[①]，而丁文江却一再表示张的讲话“决计不能轻易放过”[②]，几次同张晤谈，重视程度可见一斑；而对林纾，胡适直到晚年仍然表示只是“不堪一击的反对派”[③]。一个是共唱对台戏的劲敌，一个是被赶下舞台的失势者，其间的认同天差地别。相较而言，知识人在无名状态中的生存空间就宽阔一些。左翼文艺思想在1930年代初起时确实有很新鲜的吸引力，当时以施蛰存、穆时英等为核心的小团体一度不甘落伍地加入其中，出版内容左倾的刊物，策划“科学的艺术论丛书”，创作普罗小说，但很快“就知道是失败了”，“并不是我不同情于普罗文学运动，而实在是我自觉到自己没有向这方面发展的可能”[④]。尤为典型的是穆时英，他的创作一度被左翼评论家钱杏邨等视为普罗文学的丰硕成果与范本，但是当《上海的狐步舞》等散发着都市糜烂光芒的小说横空出世后，左翼文坛之人瞠目结舌之余又群起攻之……也就是说，对于由左翼话语所搭建的新兴舞台，施蛰存、穆时英等人既无能力也不愿意厕身其中。但他们并没有像“五四”时期的林纾一样淹没在时代大音之下，走入历史暗影中；相反，他们以《现代》杂志为发言阵地，尤其是在创作上以“新感觉派”为标识成为海派都市文学中重要的一股力量，在相对繁荣多元的格局中争奇斗艳。境遇不同的重要原因就在于，当时的左翼文化思潮不能

① 梁启超：《人生观与科学》，《科学与人生观》，辽宁教育出版社1998年版，第126页。

② 丁文江致胡适（1923年3月26日），《胡适来往书信选》（上），中华书局1979年版，第188—190页。

③ 唐德刚译注：《胡适口述自传》，华东师范大学出版社1993年版，第165页。

④ 施蛰存：《我们经营过三个书店》，《北山散文集》第1卷，华东师范大学出版社2001年版，第317页；施蛰存：《我的创作生活之历程》，《施蛰存散文》，浙江文艺出版社1999年版，第124、125页。

像“五四”时的共名那样，设定统一的论域，制约整个时代精神。

四、“史的批评”与“理论的不透明性”

近日读到毕光明抱怨研究对批评的挤压：“这是一个学术凸显、思想淡化的时代。当代文学研究在上世纪90年代后，学术性慢慢强化起来，这是一个进步。曾经当代文学是被别人看不起的学科，走到今天应该说是和现代文学不相上下，当代文学研究的学术化值得肯定。但是我们也看到它带来的问题，那就是文学评论研究对当下文学与现实的介入性淡化了，我们现在很难看到像上世纪80年代那么活跃的有思想的批评家。现在有个现象，有些学者看不起批评，在文学领域形成了新的等级制：研究比批评要高一个等级。但我看现在学院派出了问题，特别是博士生的培养，很多远离了我们当下的文学，没有文学现场感。”① 这当然不是无的放矢。但在另一个方面，大量追踪“即时”的文学现象的批评，因其随意性，确实损害着当代文学的学科自律。我也特别赞同程光炜的意见：“在诸多‘现象批评’中，有些项目由于被认为是一项被批评家个人‘发现’的最新成果，让人产生急于攻占的欲望，那么在这一过程中，‘历史’的重要性就势必降低，为‘当前’所取代，甚至有可能完全被遮蔽。如在‘新世纪文学’的讨论中，这种现象就比较普遍。在一些批评家的文章中，‘新世纪文学’被认为是‘全球化’、‘外国资本’和‘跨国公司’一手包装的东西，他们也许没想到，就在上世纪二三十年代，出现在上海的‘新感觉派小说’‘左翼文学’等等，也可以用同样的话语形态、批评方式称之为‘新世纪文学’的。至少在学理上，这种联想大概不会犯错……凡作家‘新作’出来，或‘新现象’涌现，当代批评都要‘跟踪’‘描述’，这应当是当代文学

① 朱小如：《文学批评期刊的现状与问题》，《文学报》2010年2月11日。引文来自“第二届全国当代批评期刊建设与当代文学走向学术研讨会”上毕光明的发言。

的学科任务之一。不过，在这一过程中，也有一个如何将对象尽量‘沉淀’的必要，即，不仅把它当作‘从未出现’的现象，同时也当作是一个‘曾经有过’的现象，用‘历史’眼光将它解剖，照出纹路肌理，揭示其内在关联。”[①] 以上不厌其烦地引录原文是想表示：这两方面意见都值得我们重视，提醒我们注意寻觅批评与研究的兼善两全之道。

熟悉陈思和著述的人都能体会到他文章中将“历史”与“当代”浑然贯穿的气象：他对文学史的研究，总是先在当下的文学现象中发现问题并产生解释的欲望，然后以整体观的视野考校文学史，再从“史”的角度审视当代处境。《共名与无名》让我们再次领略了上述鲜明的特点。从 1990 年代的文学现场中提出问题，同时以整体观的方法来“沉淀”，“照出纹路肌理，揭示其内在关联”。这样一种路径——以置身现场的鲜活的批评感受和问题意识来导源、激活学术研究，再以整体观“回视”文学史做潜心、细致的、“历史性”的检讨、反思，最终通过“过去和现在进行互动对谈”来完成文学史考察——陈思和称其为“史的批评”：“它要求把批评对象置于文学史的整体框架中来确认它的价值，辨识它的文学源流，并且在文学史的流变中探讨某些文学现象的规律与意义……批评者必须把文学史作为批评对象的参照系，在两者之间寻求批评的张力；或者在文学史的宏观研究中阐释具体的文学现象和理论现象；或者以具体作品的特殊价值来强调它的文学史意义。”[②] 于其中是否可触摸到沟通批评与研究的可能性？陈思和自称“一直在文学史研究与作家作品批评的两端徘徊”，“徘徊”的姿态，恰可见出一个自由独立、对具体时代中具体问题有丰富敏感性的心灵，在历史长流中寻觅、历险……

陈思和在《共名与无名》中对相关的文学史理论与命题做了

① 程光炜：《当代文学学科的认同、分歧和建构》，《文学史研究的兴起》，福建教育出版社 2008 年版，第 6、15—16 页。

② 陈思和：《中国新文学整体观·绪论》，《中国新文学整体观》，第 14 页。

精彩演绎，但从我作为学生的阅读感受来说，体会更深的是这一理论的诞生过程（本文的标题借自复旦大学胡中行教授给陈思和的赠诗，内有“一言屡屡成新说”[①]之句，何以陈思和的文学史理论与研究每每予人新意，每每创造出新的理论假设来解释文学现象？在理论自身的基本面貌之外，我想跟其产生路径与具体过程是有密切关联的），或者说更吸引我的是，如何通过把握“理论的不透明性”来学习，即“把理论回置于特定思想脉络、其所由之产生的特定知识、理论格局、历史实践处境中加以反复体会才能认识和体会的部分”[②]。我想这可能也来自陈思和文学史理论自身的特质：他并不止步于从理论圆融、自洽的认知承诺来概括文学经验，更切要的是，他的文学史理论和历史、现实间发生着一种“拖泥带水”的深刻扭结，他以内在于时代的观察为媒介，企望通过上述扭结来萃取出主体对现实的理解，而不是从文学史与现实中随意掠取片段来证成此种理论的威力。唯有以内在于历史和现实的真问题为媒介而助产出的理论认知，才能在我们对自己历史和现实的理解上镌刻下印痕。我之所以更珍视通过“理论的不透明性”来学习，是因为由此方能把握一个活生生的头脑和心

① 陈思和：《三十年治学生活回顾》，《当代作家评论》2009 年第 3 期。

② 关于“理论的透明性”与“不透明性”的辨析，见贺照田论述：“大部分影响、塑造人们的历史、社会实践的理论论述都具有双重性，一重是凭对诸观念、命题意义的直接分析和详绎这些观念命题间的关联关系等，便可获得的、可直接因之帮助我们认识和理解相关世界的部分；一重是只有把理论回置于特定思想脉络、其所由之产生的特定知识、理论格局、历史实践处境中加以反复体会才能认识和体会的部分。为了讨论的方便，我们不妨把前者称为理论的透明性，后者称为理论的不透明性。”贺照田：《当代中国思想论争的历史品格与知识品格》，《当代中国的知识感觉与观念感觉》，广西师范大学出版社 2006 年版，第 45 页。

灵在“批评缺席”[①]的喧嚣声中，如何于理论与现实之间尝试、摸索创造性分析的经验，从而培养我们自身更有效地面对那些无法被既成的理论储备所容纳的世界……

2010年2月27日写，4月2日改定

初刊《当代作家评论》2010年第4期

① 有趣的是，正因为对无名状态的特质有深刻体察，陈思和对“批评的缺席”之类的说法不以为然：“这种抱怨背后的社会心理相当复杂，既有权力者对批评失控的恼怒，有知识分子对文学批评与时代‘共名’传统姻缘的追怀，也有批评自身在新的文化状态下的不适应。”“人们之所以感到批评的缺席，只是表明了关于批评的传统观念没有改变，一种陈旧的批评观念仍在作祟，那就是片面地以为批评必须与话语权力形态结合在一起，希望树立起批评的权威意识，使批评成为主宰舆论导向的力量，对文学创作构成某种威慑作用。”参见陈思和：《“无名论坛”之一：关于无名时代的批评》，《牛后文录》，大象出版社2000年版，第213—214页；陈思和：《个人经验下的文学与所谓“冲击波”——〈逼近世纪末小说选（卷四，1996）〉序》，《不可一世论文学》，第214页。

兵家得势，文艺从命

——浅谈陈思和“战争文化心理”说

胡传吉

而今，“严谨”两字俨然人文研究领域内通奉的尚方宝剑，此剑一亮出来，马上能叫后生晚辈动弹不得。不少后生晚辈为了迁就这“严谨”二字，不得不练就一身写“类八股”的好本领，以求各路神仙大发慈悲、高抬贵手。所谓类八股，即类同于八股，但又很难达到好八股的水准。好八股，通常在做到言对事对、整齐划一、规矩谨慎、滴水不漏之余，又能露出才来不显唐突。而类八股，则通常不求有功但求无过，求学与做人，常陷不得已的分离。

上述比拟，如以“严谨”框之，可能会显得轻浮不当。但若作为一种现象描述，则不算为过。“严谨”自是学术研究的基本要求之一，不容亵玩，我无意去质疑“严谨”的正当性。我只是由此去思考内心的一些疑问。比如，所谓的“严谨”，在人文学科的研究里，是不是放之四海而皆准的唯一标准？而“严谨”本身，它的度又在哪里？等等。

假如说，文艺是表达这“天下”及“宇宙”的方式——更确切地，假如说文艺是对生命的感应、对时空的叩问、对不知的想象、对命运的挣扎、对永生的奢望等，而这时空无限的“天下”及“宇宙”，有你我看得见的生命，亦有你我看不见的生命，那么，这“天下”及“宇宙”又岂是“严谨”二字可以穷尽的？而即便是严格意义上的自然科学，其“严谨”也并非时时周全。许多的科学结论，只能正确一时，而很难正确万世。像天文学，在河外星系及大宇宙观念出现之前，“地心说”“日心说”都曾经严谨过，但并非永远正确。可见，这“严谨”在自然科学那里，也是有其时效性的。某些结论，在这一阶段是严谨的，但到下一个阶段，它就可能不再严谨，但是，“严谨”有其时效性这一事实，反而无损科学的伟大精神。恰恰是科学的推陈出新，对生命之顽强留下庄严写照：人类虽有限，但却从未放弃过对极限与无限的追求。

无论是人文还是科学，我们都能举出例证，“严谨”并非放之四海而皆准的唯一标准。“严谨”一定非常重要，但它不成其为绝对而唯一的标准。“严谨”只是有针对性的、在某一方面的自圆其说，而不代表绝对正确——古今智者、圣人之说，此岸诸多严谨学说，无一堪称是绝对正确，但这无损智者与圣人的伟大。可惜，痴愚者偏偏要将严谨与正确这两者混为一谈，“严谨”之被改造为不容有驳的尚方宝剑，也就不难理解。

将“严谨”当成绝对而唯一的标准，对文艺表达及其研究，尤其伤害巨大。文艺及其研究，既然要面对“天下”“宇宙”，就当容得下感觉及感性，再往高处说，即是要容得下精神、灵魂层面的探讨。如果人文研究以“严谨”乃至“科学”为名，排斥感觉、感性、精神、灵魂等的话，不仅是对研究及科学本身的窄化，说得严重一些，那就更是对生命本然状态的某种否定。包括当代在内的文艺研究[①]，对感觉之事敏感、对生命之事执着，但又因身处人文科学行列，时刻受“严谨”之咒语念叨，处境尴尬。按变异后的“科学”观来理解，尤其是当代文艺研究，并不是一门万无一失的稳当行当。这一学科，实面临困局，钻研于其中，真如行走于刀锋：一方面，语言要向被本土异化了、狭窄化了的“科学”有所交代；另一方面，语言又须探寻生命及存在的意义价值。面对此解剖学与精神学交织之困局，语言要怎么样做，才能得以两全？！

这两难的格局如何破解？一些人文学者对此有探寻。陈思和教授，乃省察者之一。

① 此之“当代”，乃一种说法，“当代”本身并不稳定，有流动性。

陈思和在回顾其治学生活时，曾述及自己学术研究之出发点及立足点，“《中国新文学整体观》决定了我的学术研究的基本经纬。一是把20世纪中国文学史作为整体来研究，不断发现文学史上的新问题，并努力通过理论探索给以新的解释；二是关注当下文学的新现象，关注中国新文学传统与现实结合发展的最大可能性。20世纪中国文学史是我的学术研究的经，当下文学的批评和研究是我的学术视野的纬”[①]。理论与批评并行，史记与史论结合，理性与感性各不轻慢，重言重事，高屋建瓴之下，又不失个人性情。陈思和不拘一格但又极为踏实的治学方法，为破解人文学科之两难格局，提供了一些可行性高的思路。

天资聪颖者，肯在学问上使笨功夫的，必有大成。德厚仁宽者，即处乱道恶世，亦能开辟大气象。陈思和每每投石问路——尤其是这一“问”，几乎都能开一代学问之风气。“问”得恰当、准确、独特，这“路”才有章法可循。如战争文化心理、潜在写作、民间文化形态、中国文学的世界性因素、90年代文学的无名特征等，既能激发争议，也能开创新路。

陈思和之“战争文化心理”说[②]，即为一改俗见之“问”，概《当代文学观念中的战争文化心理》之旨意，可以“兵家得势，文艺从命”八字喻之。

打破常规的时间划分法，会发现更多的问题。

作者将“战争文化心理”的生发定于前后40年的时间，“从一场全国范围的民族自卫战始，到一场全国范围的内乱终，我认为抗战爆发—1949年后—‘文化大革命’这40年是中国现代文化的一个特殊阶段，是战争因素深深地锚入人们的意识结构之中，影响

① 陈思和：《三十年治学生活回顾——陈思和三十年集序》，《当代作家评论》2009年第3期。

② 本文所涉陈思和“战争文化心理”说，主要引自《当代文学观念中的战争文化心理》，见陈思和《中国当代文学关键词十讲》，复旦大学出版社2002年版。

着人们的思维形态和思维方式的阶段”。“战争文化心理”是系列战争的结果。如果说辛亥革命的结果是“封建帝制的崩溃和西方民主体制的尝试，它为中国现代社会开拓了一种新文化规范”，那么，之后抗日战争的结果，则是“民族积极性的高扬，并对中国当代文化规范的形成产生了极为深刻的影响”，“战争文化心理”自此渗入各类语言体系。这个时间段的划分，比之 1942 年之后或 1949 年以后，恐怕能更充分地解释毛泽东与当代的关系。“毛泽东思想作为一种意识形态的最后形成，正是抗战以后逐渐发生变化的文化规范的产物。换句话说，抗战形成的中国战时文化需要有一个像毛泽东那样既有丰富的战争实践经验，又了解中国国情，具备把各种实践经验上升到哲学和政治学高度，使之普遍化的能力，并能够利用权力不失时机地改变文化走向的天才人物作为它的代言人，正如“五四”新文化选择了鲁迅、胡适等人作为它的主要代言人一样。”这前后四十年，正好是枪杆子得势并逐渐掌握权柄的四十年。

当兵家由古代来到现代，决胜之计术没变，但经过主义的改造，兵家被赋予正当性，革命道义上居社会正统。毛泽东创造性地改变了兵家的内涵，兵家由“术”一跃为“道”：“服役”一变为“志愿”，“王师”一变为“红军”“人民解放军”，“笔杆子”一变为“枪杆子”，“书童”一变为“红卫兵”，等等。在现代激进者有意唤起人们对儒家道统礼法、保守无能者的厌憎及仇恨之后，兵家披着现代诸主义的外衣，强势崛起，文艺、文化先后向兵家示好，以解救国之忧，以求自由之路，1938 年之后，这一趋势更明显。这四十年的时间（甚至可以往前推至 1927 年，约五十年的时间），正是被仁义礼智信等体系压抑之下的兵家异军突起的重要阶段。这个结果，与其说是兵家改变了时势，倒不如说是时势选择了兵家。“战争文化心理”说，将时段推至 1976 年前后，正好说明“战争文化心理”对社会生活方方面面的强力渗透，也因而，我们能理解为什么现实中的硝烟炮火停歇之后，革命的“犯上作乱”之激情仍然久久不能平息。

书生与兵家比试武艺，自是一败涂地。文艺与统帅较量兵器，更是不堪一击。文艺、文化为兵家激情及魅力打动之际，没来得及清晰地辨别其中的利害关系，没来得及为自己的独立与自由做充分申辩，仓促之间，最后落入“从命”之尴尬处境，时代并没有给文艺太多的选择。事后说法，多以指责“左”论、“政治工具”论为主，并借此为文艺喊冤叫屈，许多论说，看似合情合理，但实际上仍不得要领。将责任完全推诸“左”“政治”的做法，所取思路，仍然是“平反”思路，此种做法，不得要领之余，甚至可能落为权力自辨之托词。

相形之下，“战争文化心理”说胜在有问有答，且每能切中要害。

为什么类似的文艺说法，在瞿秋白手中难以发力，而到了毛泽东手上，即有“飞龙在天”之“造”势？[①]“如果就理论的系统性、缜密性和对马克思主义文艺理论原著的熟悉程度而言，瞿秋白并不在毛泽东之下。可是为什么直到毛泽东的《在延安文艺座谈会上的讲话》发表以后，这些思想才在实际生活中产生重大影响，成为一个时期的文艺指导方针呢？……毛泽东的独特贡献，是在于他以军事家的思维方式来总结共产党在文化理论方面的集体经验，使文艺变为战时革命事业中一个切实有效的组成部分。”为什么勇直虔诚如胡风，却落下“反革命”的悲惨收场？人们只顾纠缠于冤与不冤的逻辑，却看不到胡风与兵家的根本分歧，当知识分子由社会的改造者变为被改造者之后，精英与大众的关系颠倒，“胡风提倡的现实主义真实论，必然有悖于被战争强化了的文学完全意识；胡风提倡人格力量和主观战斗精神，必然冲犯了战争培养起来的高度集体主义原则；胡风强调了对‘精神奴役法’、对‘民族形式’的鞭辟入里的批判，也冲犯了战争中崛起的主体力量农民的精神状态”。为什么“打响了”“有突破”“猖狂进攻”“反围剿”等战争术语会广泛用于文学批评及日常生活？为什么许多知识分子会心甘情愿地接受1949年之后的新格局？为什么1949年之后的人心格斗丝毫不亚于1949年之前的兵戈相向？如果看不到兵家之顺势崛起，看不到兵家成圣的雄心，看不到兵家在民间的变异，就很难理解并应答

① 参见《易·乾》。

前述诸多问题。

“战争文化心理”与古之兵家渊源深厚。“虽然有人赞美我们的民族酷爱和平、讲究中庸、具有非战的传统，虽然也有人批评传统文化的束缚造成了我们民族的孱弱、保守和超稳定的文化结构，以致缺乏开拓进取精神，但有一点似乎很少被人注意到，中国文化传统中始终掺有古代兵家思想因子，重视兵法和战术的研究。它渗透在各种学术思想之中。老子的学说，是在哲学的境界上体现出这种思想因子；法家以及一部分儒家的学说，则反映了政治领域中的兵家思想。它们除了在国内的无数次民族间的战争和政治力量间的战争中得到至美的体现外，同时还常常从人事斗争、权术较量、政治倾轧、宗派之争中隐约地体现出来。”近代精英辈出，其中不乏运筹权术、计谋的高人能者，但唯有毛泽东深刻领会并适时实践了兵家的最高责任——“兵者，国之大事，死生之地，存亡之道，不可不察也”[①]。“战争文化心理”说对兵家现代崛起的发现及阐述，得掌毛泽东得胜的关键。“战争文化心理”说之独到前瞻，就在于论说者重回传统，细究因果，不将“当代”或“古代”当成是孤立的阶段，无论转折多么剧烈，前后总系因缘结果，古代走到当代，恐怕更多的是分裂而不完全是断裂。

人文习俗传承力之强，大概已超出我们的想象。“战争文化心理”说里提到的，兵家思想“常常从人事斗争、权术较量、政治倾轧、宗派之争中隐约地体现出来”，即为兵家思想在各阶层的肆意发挥，习俗、人事里，人文传承更为隐蔽难察，也更为久远。由此，我想到刘再复近年重回古典的举动：不奉古典为绝对美好，而是既阐发其伟大，亦批判其弊端，更直言《水浒传》与《三国演义》，“一部是暴力崇拜；一部是权术崇拜”，“五百年来，危害中国世道人心最大最广泛的文学作品，就是这两部经典”[②]。陈论兵家，刘批

① 《孙子兵法·始计篇》。

② 刘再复：《双典批判：对〈水浒传〉和〈三国演义〉的文化批判》，三联书店 2010 年版。

双典，有不谋而合之妙。学人辨析传统对今人的影响，发人深省。究竟什么是传统？传统的现代命运如何？传统是否也有好有坏？这些，需要梳理、辨别、厘清，否则，我们就既无法理解当代，也无法理解古代。

陈思和每能以小问题进入大局，依其文本细读法，更是能以微现宏，时时有意外收获。“战争文化心理”说，虽只涉约40年的时间，但能见时代大特征，能观时局大趋势。其法其见，可掌控大局，亦不失小节。

陈思和对中国现当代文学的热情之深、关注范围之广、包容度之大，令人讶异，举析“战争文化心理”说，远不足以概其新见新识。陈思和，就其个人写作趣味言，他偏好古典诗文，旧学根基也厚实，其天分资质，不到吾辈妄言。有此根基，却肯全副身心地投入如此不稳当、不甚讨好的新学问，实在是用心良苦。

余曾于士人近代遭遇入手，尝试揣度陈思和良苦用心。

中国不乏士人，但乏对“当局”[①]的判断力、决断力。晚清几多士人，意气风发者、愤慨激昂者、老成圆滑者、以身殉道者、持守儒道者、力推西学者，应有尽有，但没有多少士人，能对“当局”做出准确而及时的决断。晚清之错失良机，陷国族于无底深渊，立国立族之想，纠缠至今，前途仍难得共识，若真论责任，身居高位、承政奉官之士人，实难辞其咎。回到这治学上，对当代人文现象、艺术表达的判断与解释，说到底，还是对此时、对“当局”的判断，虽无法做到句句精准，但直面“当局”，本身即是破除“当局者迷”这一咒语的努力。正是过于依赖于事后反应，当我们身处“当局”时，才会一迷再迷。对“战时”深入考察，可解左右之争后面的迷茫，可澄清政治与权力、兵家与文艺的区别。重观士人近代悲情没落史，我愿意得出这样的看法：包括陈思和在内的一些人文学者，他们投身于“当代”这一流动性大、风险性高的学问中，称得上是对“当局”的即时担当与决断。这种担当，不见得能扭转世风、破除恶声，更

① 此“当局”，取自“当局者迷”的“当局”，非政治意义的“当局”。

不见得能解“当局者迷”，但坦荡躬行，总比完全放弃积极些。义无反顾，致力于当下人文精神重建，何尝不是面向历史的沉痛反思。

像本文重点谈及的“战争文化心理”说，即是对“当局”之大手笔的判断。“战争文化心理”说，虽出发于划时分段，但又能打通时代隔绝。论说者舍俗见及成见，撇时髦新奇理论，直探兵家虚实，力解文艺、军事、权力、人事之纠葛，旁逸斜出，抓住问题要害，试析时代特征，得出不同寻常的见识。陈思和所提出的潜在写作、民间文化形态等理论，已有青年学人深入拓展，但此“战争文化心理”说远未得到学界重视。“左”论、“政治工具”论，为文艺简单叫屈申冤之声不绝于耳，兵家之起事成圣、颠倒阶层、改造世界等雄心壮志，则普遍为世人所忽略。“战争文化心理”说，更可启发诸多问题及思考点，如兵家在当代得势之缘由，当代大局到底是因对传统的取舍还是全然否定所成，兵家在传统文化中所处何种地位，传统在当代到底是分裂还是断裂，中西方同时迎来“现代的敌对习惯”，何以西方没有“阶级斗争扩大化”等思想难题，悬而未决。同时，与战争相关的文艺创作，更是浅薄兼公式化、二元对立化，本土作家远未触及战争中人类的痛苦、激情、不安、壮志，战争作为人类冲突最重要的基本形态之一，远未得到本土作家的重视。许多有关战争的作品，尚停留于控诉与歌颂的本能及驯化反应上。控诉时，无法把握战争的复杂性；歌颂时，会导致英雄主义模式的确立。如陈思和言，“这种英雄主义和乐观主义基调的间接后果，是社会主义悲剧的被取消”。于文艺理论，于文艺创作，陈思和之“战争文化心理”说均有重要启示。

对照士人近代沦落往事，细研陈思和学问志趣，大致能解陈思和良苦用心。对“当局”做出判断，总结过去经验，亦是对未来的忧思。“当代文学观念中的战争痕迹在新的文化背景下虽然渐渐地隐去，但并没有彻底消失，在许多方面，如批评意识、思维习惯、对社会的看法与评价中都自然地流露出来。我们认识它是为了改变它，以适应新的文学阶段的到来”——仅以“战争文化心理”说为例，已可略观陈思和之志趣，他对国族前途、人文前景的寄予，不可谓不深切。

陈思和之高见远识，得益于史记与史论并行之法、研究与批评契合之路，此法非陈思和首创，但他能笃行不倦。我以为，行此法此路，对古典文学的当代研究亦有善意的提醒。古典文学之精深博大，本不亚于欧洲文学，像《红楼梦》，绝对当得起“伟大”二字。但在今天，某些“严谨”之学过于倚重狭窄化了的实验手法，排斥生命感觉，原本是与生命处处相关的学问，却落得个与生命处处无关的田地，实在令人扼腕。像王国维、陈寅恪、钱锺书等文史大师，其考据、训诂、记忆之功，可谓上上流，虽“隐居”“深藏”，但不“放言”（舍置不言），每言必关生命之事。可见，严谨如考据、训诂，亦并非容不下“独立之精神，自由之思想”。后来人将此“严谨”改造成绝对的、排他的、可量化的僵化标准，促造谨小慎微之学风，可叹。

《易·乾》有“文言”解道，“君子学以聚之，问以辩之，宽以居之，仁以行之”。撇开个中“大人”“君德”“御治”等诵辞及训义不提，这“学”与“问”两字，放到今天，仍大有文章可做，“宽”与“仁”两字，又无不是对“当局”的用力。有大聪明之人，肯放下身段，勤使笨功夫，必得大收获。按余愚见，陈思和教授，依“学以聚之，问以辩之”之道，承旧学亦启新路，将学术伸展至学问，为破解人文学科研究困局，提供不绝的灵感，同时，亦为生命及存在，写下庄重的尊严。

初稿于1988年4月

修改于2002年9月5日

初刊《当代作家评论》2010年第4期

“常态与先锋”：现代文学阐释模式的重建

吴晓东

陈思和先生在北大举办“‘五四’文学：在先锋性与大众化之间”这一讲座时，我有幸在场聆听，当时隐约感到这一讲座蕴含了一个大的问题。读罢吴福辉先生对这一讲座稿的回应文字《当新旧文学界限的坚冰被打破》之后，这种感觉似乎明朗化了：陈思和先生的讲座以及吴福辉先生的回应所触及的，是如何重新寻求中国现代文学的阐释模式与框架的问题。我看重的正是陈思和的话题中所包含的建立新的阐释范式的可能性。吴福辉先生也正是敏锐地捕捉到了这种可能性，并期待这种可能性进一步完善。他不满足于把问题视野仅仅局限在“五四”文学，而认为陈思和提出的是“牵涉到现代文学研究‘整体性’‘全局性’的一个看法”。吴福辉的文章力图把话题集中在关于“常态与先锋”的阐释模式上，进而把这一模式拓展到对现代文学的整体阐释上。我的看法与吴福辉先生相似：“常态与先锋”的阐释框架已经蕴含了一种生成库恩意义上的新“范式”的潜能。

现代文学的既往解释史可以看成是解释范式的更迭史。既有的一些现代文学阐释范式，诸如新与旧、传统与现代、本土与西方、精英与大众等，都隐含着一种二元论的模式，在面对复杂化的文学历史原初图景时渐渐损耗了解释的活力，不可避免地要走向僵化，直至丧失理论的有效性和历史的解释力。尤其是一度占据统治性地位的“新与旧”的解释模式，更暴露出诸多的问题，而随后出现的

"传统与现代""本土与西方""挑战与回应"等模式，也都或多或少遗传了"新与旧"模式的历史基因。它们共同的问题是在文学的历史图景中划出了一道裂痕和缝隙，从而建构了一种二元化图式，在这种二元论结构中凸显的是一种对立和断裂，而缺乏整合文学史叙事连续性的理论视界。

从这个意义上说，"常态与先锋"的解释模式中最值得关切的维度是"常态文学"的构想。它与文学的先锋性维度之间形构出的并不是一种断裂性的二元模式，而是一种互为依托和相辅相成的动态格局。"常态文学"揭示了文学在传承和演化的历史过程中相对恒定的一面，从而把文学史的视野拓展到了一个新与旧的阐释框架远不能涵盖的空间。诸如晚清的各种各样的文学类型正是以常态文学的形态渐进到现代文学之中，并进而在整个 20 世纪的文学历史流程中或显或隐地发挥着结构性的作用。这种"结构性的作用"表明，难入"五四"以来现代文学法眼的所谓"旧文学"其实构成的是更"常态"的存在。陈思和的历史分析显示出，那些被命名为"现代人"的审美心理、意识形态，以及被命名为"现代文学"的叙事模式、话语类型，其实都有赖于相对恒久和稳定的文学历史经验的内在支撑，而这种结构性的支撑有可能成为任何一个时代的文学底座。因此，"常态文学"的视野为我们重新揭示"新与旧"等二元论模式所遮蔽的文学史图景，提供了新的可能性。

陈思和的讲座由此也解决了我近几年来难解的一个困惑，这就是王德威先生在"没有晚清，何来五四"的思路中所展示的"被压抑的现代性"的文学史叙事对"新与旧"模式的冲击以及带给现代文学研究界的困扰。现代文学研究者一直寻求一种合理化的回应方式，以应对王德威在新的历史叙事中对晚清现代性的重构。在已有的诸种回应中，要么把中国文学的现代性推溯到晚清，进而被王德威的解释视野吸纳；要么拒斥晚清的现代性，而依旧强调"五四"文学的全新品质。除却学科话语权的争夺外，其实背后一如既往的是晚清和"五四"哪一个才真正具有现代性的新旧之争，隐含的依旧是一种历史进化论式的旧有逻辑，从本质上说仍没有逃脱新与旧的既有范式。而这个论争如放到“常态与先锋”的问题视野之中就容易解决了：晚清文学其实正是以某种“常态”的形态进入“五四”历史阶段并在此后的文学历史进程中继续发挥结构性的功能。这种常态文学的视角无疑有助于在文学史叙事中弥合晚清与“五四”之间的历史裂隙。

“常态与先锋”的阐释框架在解释历史中常态文学这一维度的时候显示出了有效性和解释力，譬如讲座中谈到晚清的言情、武侠、推理等小说类型在“五四”之后并没有消失，而是依然以常态文学的形态进入现代文学史，即是这一阐释模式最具解释力的一部分，从而显示出一种长时段的眼光和跨越历史时空的洞察力。但是当把武侠和推理等晚清小说形态作为一种常态文学的历史演化推及20世纪50年代以后，认为“十七年”的革命历史题材的小说“充满武侠小说的因素”，并在《国庆十点钟》《秘密图纸》《羊城暗哨》这些“反特”“惊险”电影中回溯传统中的公案、侦探小说等类型，就多少忽略了“变”的因素。尽管陈思和先生在文章中也强调：所谓的常态文学，是“以常态形式发展变化的文学主流。它随着社会的变化而逐渐发生文化上的变异”，但我依然想表达对这种阐释模式所隐含着的把“常态文学”的维度本质化的一点疑虑。

这就涉及了“常”与“变”的关系问题。从某种意义上说，所谓的常态也是非稳定的，是一种变化中的常态。尤其进入现代文学时代，这种常态的非稳定性，更与现代性本身的特征密切相关。有研究者指出：“现代性是对‘它性’与变化的承诺，它的整个策略由以差异观念为基础的‘反传统的传统’所塑造，这使它无法忍受无限的重复和‘乌托邦的厌烦’。现代性与对重复的批判是同义词，这就是为什么只能用一种悖论的方式来谈论现代传统。”[①] 在这个意义上，“常”寓于“变”，“变”的维度构成的是真正的常态，

① 汪晖：《韦伯与中国的现代性问题》，王晓明主编《批评空间的开创——二十世纪中国文学研究》，东方出版中心1998年版。

这也正是现代性的常态。进步、变革、求新是现代性理念所拟设的社会发展的必然趋势。文学的历史进程首当其冲地打上了这一理念的烙印。

文学的历史是一个被各种新的权力关系和话语方式不断建构的过程。对文学史的解释模式也同样处于不断建构的过程中。当陈思和看到文学史阐释把"五四""作为文学史的制高点，像灯塔一样"，"所以在这个灯塔的照射下，很多与之无关的东西都被推到了暗影中，没有得到应有的认识"，这种理解是符合历史语境的。但是当陈思和认为"那些与'五四'传统没有多大关系的创作，就算是新文学的创作往往也被忽略。如钱锺书的《围城》，20 年前的现代文学史里是没有的，是不被重视的……这跟'五四'的标准有关。我们是以'五四'的标准来衡量，《围城》不在这个标准和范围内"，也同样可能忽略了文学史在新的社会和政治语境中的"变"的常态性。姑且不论《围城》在问世的当时是否完全逃脱了"五四"的光照，即便这部小说的思想和观念与"五四"完全背离，《围城》之所以不被后来的文学史留意，真正的原因也应该到新中国成立后新的政治和历史阶段中去寻找，而与"五四"标准的关系即使存在，也只能是次要因素。

按库恩在著名的《科学革命的结构》一书中的说法，诸种理论和解释模式之所以能够成为学科"范式"，"在于它们共同具有两个基本特征"：其一，"它们的成就空前地吸引一批坚定的拥护者，使其脱离科学活动的其他竞争模式"；其二，"这些成就又足以无限制地为重新组成的一批实践者留下有待解决的种种问题"。①

一个新的范式的创生，重要的指标是它能否提供足够的解释空间的开放性，是否可以"无限制地"为后来的"实践者留下有待解决的种种问题"。从某种意义上说，新的范式并不追求理论的完备性和解释的完满性，衡量它的标准更是有效性和解释力，这才使一

① ［美］托马斯·库恩：《科学革命的结构》，金吾伦、胡新和译，北京大学出版社 2003 年版，第 10 页。

个新范式不会在它创生的同时就走向封闭。这也决定了任何一个范式都有它无法触及的视野以及无法解释的问题，衡量的关键是看它是否具有生长性和可能性。吴福辉先生所重视的，恐怕也正是“常态与先锋”这一解释模式的生长性和可能性吧。

初刊《中华读书报》2006 年 6 月 15 日第 004 版

作为文学关系研究范畴的“世界性因素”

宋炳辉

自20世纪80年代以来，陈思和在中外文学关系研究领域提出的一个最有影响力的“关键词”，大约就是“中国文学的世界性因素”了。这个核心概念在他三十多年的学术生涯里，在中国现当代文学的研究与批评实践中，经作家个案研究、文学思潮研究和文学史叙述等多个层面的同时展开和不断推进，在陈思和的个人学术话语中可能已经成为最具范式意义的概念。它在体现陈思和的个人学术创构及其特点的同时，对中国现代文学特别是中国比较文学学术的启示意义也日渐显露。这日渐显露的过程，伴随了三十年来国际文化格局和中国文学学术语境的变迁，更是他在学术实践中持续思考与探索的收获。在我看来，这个过程几乎贯穿了他至今的全部学术历程。

作为“文革”后第一批科班出身的人文学者，陈思和的学术生涯起步于中国新文学研究刚刚开始摆脱僵化政治意识形态的束缚而走向学科独立的时期，也是比较文学作为一个独立学科被再次引进，并逐步建立学科体系的时候。虽然一开始是以20世纪中国文学和当代文学批评为自己的志业，但比较文学的学术方法和视野，无疑对他的20世纪中国文学研究有着重要的启发意义，而他的文学学术工作，从一开始就在中外文学关系研究和现当代作家个案研究两个方向同时展开。前者是与贾植芳一起，承担“外来思潮流派理论在中国现代文学史上的影响”课题研究，后者即是现代作家个案研究和当代文学批评。对西方文艺思潮、作家作品和创作方法在20世纪中国的译介及其影响资料的全面清理，使他充分感受到中国现代文学复杂多元的外来文化和文学资源，从而使其对中国文学创作的阐释建立在开阔的世界文学视野之上。关于陈思和的当代文学批评，这里不具体展开，但有一点可以肯定，他在当代批评界持续发挥的影响，除三十多年来所倾注的热情与心血外，还取决于其批评视野的世界文学与中国文学现代转型的二维参照意识，而作为个案的巴金研究[①]就是从整理作家原始资料开始，其论述框架是从思想文化和文学表现手法两个方面清理作家创作和中外思潮，特别是西方人道主义、无政府主义、欧美恐怖主义和法国民主主义等西方文化思潮，以及法、俄等欧洲文学间的复杂关系，其中无政府主义、恐怖主义等被国内学界长期回避的话题的引入，大大拓展了既有的学术视野与格局，为巴金研究乃至整个现代文学学术带来一股清新之气。

在此基础上，《中国新文学整体观》是陈思和在新的学术语境下对20世纪中国文学研究的整体反思。它立足于20世纪中国文学的发展，从中西交流角度梳理西方文学思潮在中国的命运，辨析中国作家如何基于本土立场，主动汲取外来文化养料，从民族文学传统转型的需要出发进行创造性转化。这一研究角度固然出于20世纪中国文学学术变革的需要，但也是比较文学研究在中国现代文学研究中的具体实践。它以“中国新文学中的××”为论述框架，探讨中国文学在西方文学和文化思潮影响下，对西方近现代现实主义、浪漫主义、现代主义等文学和文化思潮所做出的回应、借鉴和创造性转化，从而体现中国文学从近代向现代的转变过程。最早构思写作于80年代初，陆续发表后成书于1987年的《中国新文学整体观》，不仅在中国现代文学学科内引起广泛关注和得到肯定，也在1990年贵阳举行的中国比较文学第三届年

① 陈思和、李辉：《巴金论稿》，人民文学出版社1986年版。

会上获比较文学优秀著作一等奖。[①]我至今还记得当时追踪阅读这些论文时的兴奋之情（当时我并不把它们当作比较文学研究看待），它们为我这个青年学子展示了中国现代文学丰富的资源背景，也呈现出一幅多姿多彩的国际文学交流图景。现在回想起来，我最初关注比较文学，并把早期对中国现当代文学的兴趣逐渐扩大至比较文学领域，这些文章起了重要作用。但他很快就对这种论述方式表示出警觉和不满：中国文学中的什么什么，会不会又成为一种新的套路呢？当时我并未真正从学理上理解这种自我质疑的内在含义，只是隐约猜想，大约就在他酣畅淋漓地写作这些文章，并在陆续发表后引来许多肯定和赞扬的同时，已经伴随了对中外文学关系研究的立场与方法的进一步思考。这种猜想在不久后他发表的相关文章中得到了证实。

陈思和以“新文学整体观”命名而出版的著作至今有五个版本。他对这个书名或者命题应该是有特别感情的。而他的许多学术工作又都可以与这个命题形成不同层次的逻辑关联。我想，它固然是直接针对中国现代文学研究而提出，但鉴于20世纪中外文学关系研究兼具中国现代文学与比较文学两个学科的性质，陈思和围绕这一命题所做的论述、修订、调整和丰富等一系列工作，正体现了他在中外文学关系研究领域的持续思考。因此，结合他的相关论述来观察这种调整与变化，不妨也作为理解其“世界性因素”研究范畴形成、展开及其内涵的一个途径。

在1987年《中国新文学整体观》出版之后的二十多年里，陈

① 此次评奖设荣誉奖和著译、教材、工具书等各三等奖，荣誉奖得主为钱锺书、季羡林、金克木、杨周翰、王佐良、王元化、方平、赵瑞蕻等老一辈学者，其中除方、赵的著作涉及现代文学之外，其余著作都属古典时期的中外文学关系研究。而在十部一等奖著作中，有五部属现代中外文学关系研究领域，当时国内比较文学界的学术热点由此可见一斑。

思和相继又有台湾版[①]、韩文版[②]、上海修订版[③]和作为“20世纪文学史理论创新丛书”之一的“续编”版[④]问世。每次新版，陈思和都有程度不同的修订补充。比较起来，后两版调整更多一些。上海文艺出版社的修订版增加了关于文化状态、战争文化心理与民间文化形态等章节的内容，而“续编版”变化最大。与初版相比，《新文学整体观续编》完全是一部新著了，不过最后仍以“新文学整体观”来命名，说明其论述对象和核心命题仍是陈思和一以贯之的，若从与比较文学的关联性来看，这里我最关注的变化是，他把自90年代初以来有关中外文学关系研究的一系列思考，终于正式纳入“新文学整体观”的命题构架之中了。

在我的理解中，对陈思和而言，这一“纳入”并非轻而易举，而是伴随了长期反复的考量。这种反复的压力，首先来自问题本身的复杂性：它不只是一个理论问题，他也不愿意仅仅在理论推演和假设的层面上给予“解决”；压力还包括所面对的学术语境的特殊性，这种特殊性不仅指三十年来国际国内学术文化的变迁，更意味着如何在全球化语境下寻求中国学术文化的价值立场与话语方式；困难当然还包括这种思考在理论表述上的难度：我注意到，他在相关问题上的一系列表述，似乎远没有直接论述中国现代或当下文学创作时那么收放自如。记得多年前，他曾因一本讨论新世纪文学的书名，引来无端又武断的酷评。陈思和在气质上并非放诞幽默之人，类似“不可一世”这样的多义性表述，是他平时并不多见的幽默外露，这种话语表达的放松当然来自对研究对象的熟悉和自信。但在有关中外文学关系研究的表述中似乎不曾看到，相反倒是“一些想法”“随便谈谈”“几点思考”“思考与探索”之类的低调与谨慎的表述。

① 陈思和：《中国新文学整体观》，业强出版社1990年版。

② 韩文版《20世纪中国文学论》，是朴宰雨在台湾“业强版”基础上编译，由韩国青年社1995年出版的。

③ 陈思和：《中国新文学整体观》（修订版），上海文艺出版社2001年版。

④ 陈思和：《新文学整体观续编》，山东教育出版社2010年版。

不过，其中的问题意识和试图寻找解决可能性的指向是一贯的，也并不刻意掩藏话题的锋芒，甚至一开始就包含了对比较文学这一外来新兴学科现状的带有根本性的质疑和反思。就在《中国新文学整体观》获首届比较文学优秀著作奖的那次贵阳会议上，他以《关于比较文学的一点想法》[①]为题，对比较文学在中国的展开提出了一连串的“困惑与疑难”，包括对这一学科的“哲学基础”“基本世界观”“完整认识论”的根本性追问，对西方比较文学理论家的大胆质疑，对当时国内学科现状中存在的工具化倾向的怀疑，等等。笔者入行较晚，无缘参加那次贵阳会议，但今天重读这篇篇幅不长的发言稿（发表时还经过文字修改），仍可感受到这种质疑和追问的尖锐程度，想象着当年那种宽容而充满生气的学术研讨氛围和作为开放学科的生气活力，油然心生一种向往之情。问题是，当年的这一连串的质疑，至今仍然不乏其有效性和针对性。

我想，陈思和带有根本性的质疑，来自对中国文学在世界多元文化语境中的价值追问，特别是与西方文学有着无可回避的诸多直接关联的中国新文学，其在本土悠久传统与西方强势文学面前，在世界文学中的地位与价值到底应该如何评估？“如果这个世界把华文写作排除在它的原创领域外，仅仅把它视为西方文学的接受者和派生物，那只能说明这个世界文学本身的不完整与不合法。”[②]这种文化价值立场对陈思和而言是带有根本性的。但是，我把这段他在几年后发表的关于韩少功《马桥词典》之世界性因素分析中的表述提前引在这里，是出于对陈思和学术思想的整体理解角度的考虑。就陈思和而言，这种表述并没有出现在更早开始的关于中外文学关系研究的理论探讨中，我想对此他是有所考虑的。在学科理论的探讨中，价值立场与学术方法固然无法决然分割，但又无法相互替代。

① 陈思和：《关于比较文学的一点想法》，初刊《上海文论》1991年第6期，后收《鸡鸣风雨》，学林出版社1994年版，第191—200页。

② 陈思和：《〈马桥词典〉：中国当代文学的世界性因素之一例》，《当代作家评论》1997年第2期。

学术方法中存在的问题如果积重难返，当然不仅是方法与技术层面的问题，而且需要从方法背后的价值观念和逻辑前提中寻找原因；但在学术方法的讨论中，如果仅仅停留于价值立场的直接表态，有时反而会妨碍问题的进一步深入。因此，这一思考在《关于比较文学的一点想法》一文中的最初表述是："中国文学这一元素加入国际比较文学的总体背景上去以后，原来西方人赋以的整个世界观都将应该有所变化，如果中国的学者无法在这一基本点上给比较文学学科任何一点补充与修正，那中国文学至多是为他人提供几件新鲜的研究材料，别无他用。"[①] 这种表述，其实已经包含了价值追问的含义，但又是针对中外文学关系研究的当代语境，包括比较文学的学术传统和国内外研究的现状而提出的。

直到三年后，他才从这一立场出发，直接提出了以"世界性因素"来替代中外文学关系研究中的"外来影响"概念的主张。[②] 它既然是在关系研究领域提出的新概念，就必然带有研究方法与范畴的意义，但若完整理解陈思和这一概念的真正含义，我想还得结合他之后的一系列相关论述和具体研究，其中包括面对比较文学学科的传统理论与方法角度的质疑，以及针对 20 世纪中外文学关系研究中的创作个案与文学思潮流变的具体论述。换一句话说，陈思和的"世界性因素"范畴本身，就是在理论性批判与具体研究的展开中逐步显示其含义的。

从话语发生的具体语境看，"中国文学中的世界性因素"命题是针对中外文学关系研究的普遍现状而提出的，后者习惯上以"中国现当代文学是在外国文学的影响下发展起来的"为理论前提，又以外来影响线索的"实证"作为研究方法。表面看来，两者间各有依恃：一方面，大量外来思潮是中国新文学区别于传统文学最明显的特点，而实证方法又有其"科学性"作为担保；另一方面，外来

① 陈思和：《关于比较文学的一点想法》，《鸡鸣风雨》，第 194 页。

② 陈思和：《20 世纪中外文学关系研究的一些想法》，《中国比较文学》1993 年第 1 期。

影响的特征确保了实证研究的材料与对象，对影响线索的考据反过来更证实了外来影响的大量存在。两者上下呼应，互为证据。要打破这样的逻辑链条，必须在方法论与文化价值立场两个方向同时用力。

需要直接面对的首先是体现科学性特征的实证研究方法。尽管陈思和多次声明，“世界性因素”并非针对外来影响的实证研究，而是针对中外文学关系研究提出的，“其最终目的是将中国20世纪文学史置于世界性的格局下展开，建构起一个20世纪中国文学与世界对话的学术平台”[①]，但在许多相关表述中又一再以实证研究为辨析对象。这看起来似乎有些自相矛盾，也是引起相关争论的一个重要原因。问题的复杂性在于，外来影响的确是中外文学关系的一部分，又是最基础最直观的一部分，而且在当时已经积累了为数不少的学术论著，无论是国别文学界还是比较文学界，对这种研究路数多有倚重，但对这种方法的阐释限度和理论前提却少有进一步的追问。所以，实证研究本身虽然在理论上并非“世界性因素”的针对对象，却又不得不是这一研究新范式得以施展的入手处。作为新时期最早系统地进行外来文学影响历史研究的学者之一，陈思和当然不否认外来影响在20世纪中国文学中大量存在的事实，不否认它对中国文学的重要性，也不在一般意义上否认传播与影响事实考证的价值。文学关系中的实证研究之所以成为“世界性因素”理念的直接处理对象，正在于它越界筑路，把这种一般意义上的学术方法扩大至中外关系研究中对文学创作的价值评判领域。

说到底，“一个由文本资料组合起来的大事年表至多只能揭示出外来文学影响的‘线路图’，却很难揭示出作家创作的真正‘心路图’”[②]。文学关系除了事实上的种种联系（包括文字与非文字的传播交往史实）之外，更重要、更深层的关系是与生存处境相关

---

① 陈思和：《〈20世纪文学史理论创新探索丛书〉总序》，《新文学整体观续编》，第29页。

② 陈思和：《随便谈谈》，《中国比较文学》1998年第1期，第53页。

的精神与审美创造之间的差异共存关系，这种“关系”在文学文本的创造与阐释实践（批评与研究）中同时展开又相互激发。因此，不要说影响事实的勾勒本身在技术上有其限度（有关影响的文字记载在完整性、统一性和可信度等方面永远无法臻于完备），退一步说，就算能够完整勾勒出20世纪外来影响的所有线索，也无法完整地描述中外文学的所有关系内涵，更无法以这种“线路图”式的现象描述替代和涵盖以“心路图”为特征的创造性的共存关系。因此，以外来影响的实证研究取代文学关系研究的方法，其在逻辑上存在的问题，是把文学创作发生的命题得以成立的“必要条件”等同于或取代了“充分必要条件”；把只能证明文学关系的部分或某一层次的内容（传播、译介及影响）看作文学关系的全部；把20世纪外来影响（尽管是明显繁复）的事实存在，夸大至20世纪中国文学发生发展的逻辑起点；把20世纪中国文学的一个（尽管是明显的）特点看作它全部的、根本性的内在特点；把20世纪中国文学从传统中更新再生与外来影响的传播影响这两个现象的并列共存关系，完全归结为因果关系。

而这种思维逻辑上存在的问题之所以长期得不到清理，除了人文科学研究中的科学主义倾向，即在方法上过于依赖自然科学与社会科学之外，更主要的是全球化时代主流话语的笼罩影响之故。而这就是陈思和需要面对的另外一种阻力，也是“世界性因素”范式在价值观念上真正的针对性所在。“中国现当代文学是在外国文学的影响下发展起来的”这一结论背后，正是以对第三世界现代化的发生及其创造性的基本判断为前提的，它完全以文明进程的先后等同和替代对不同文化的特点与创造性的评价。这种时代观念的流行恰逢20世纪80年代比较文学重新引入中国。作为一种旨在打破闭关自守、促进国际文化交流对话的新兴学科，其总体学术倾向正与时代启蒙文化所主张的引进西方现代文化的观念暗合，因此“影响发生说”几成不证自明的权威命题，从而把20世纪殖民文化影响和现代性的全球普及，西方强势文化对第三世界文化的覆盖和影响等中西之间的“血缘上的纠葛”，把“中外文化杂交中产生出某些具有外来影响因素的艺术想象”，解释成“暧昧的私生子”，“仿佛没有西方文学的‘种子’，中国这片土地上就会寸毛不长”[①]。如此，中外文学关系的核心与深层问题，即世界文学背景下各民族文学的创造性实践及其成果间的共存关系，就这样被压抑、遮蔽为单纯的影响关系了。

正是在这个意义上，陈思和为了凸显主体创造性因素，有时也把世界性因素解释为中国作家的创造力本身。因为“深深陷于世界文化和文学信息旋风中的当代中国文学创作，它的独创性并不是以其是否接受过外来影响为评判标准的，而是以这种影响的背后生长出巨大的创造力为标志”[②]。但在更正式的表述中[③]，他把世界性因素定义为一种研究视野和研究方法，即指“在20世纪中外文学关系中，以中国文学史上可供置于世界文学背景下考察、比较、分析的因素为对象的研究，其方法上必然是跨越语言、国别和民族的比较研究”[④]。这里所说的“可供置于世界文学背景下考察、比较、分析的因素”，当然包含了——但远远不止于传统影响研究视野下的“外来影响”部分，而所谓“方法上必然跨越语言、国别和民族的比较研究”，正是他的“中国文学中的世界性因素”的重点与实质所在。它不仅意味着中外文学关系研究在立场与方法上对外来影响的实证研究的超越，也超越了比较文学理论中对传统影响研究的修

① 陈思和：《新文学整体观续编》，第310页。

② 陈思和：《〈马桥词典〉：中国当代文学的世界性因素之一例》，第38页。

③ 在1993年的论述中，他还有这样的表述：“新文学的文本中多大程度上容纳了‘世界性因素’。这种因素不仅表现了外来影响的成分，更主要的，是包括了一个中国人对世界的接受与反馈，并且在世界同类现象的参照下，研究其自身的形态特点。”见陈思和《20世纪中外文学关系研究的一些想法》，《中国比较文学》1993年第1期。虽然其重点落在“在同类现象参照下研究”上，但仍可以对“世界性因素”做传统的对象化理解，后来他显然放弃了这种略带含混性的表述方式。“理论表述的难度”由此可见一斑。

④ 陈思和：《新文学整体观续编》，第298页。

正即“影响/接受研究”，也进一步修正和超越了一般意义上的平行研究理论及其研究范式。

对陈思和而言，这种研究范式的反思、探索和建构，并非来自单纯的理论思考，更来自中外文学关系的具体研究。他从最初的巴金个案中深切感受到作家与各种西方思潮间的复杂关系开始，又在新文学整体研究中引入西方文艺思潮为参照，梳理与整合中国现当代文学的流变脉络，但又不满于这种参照下的比附式阐释。在整体观的最初论述中，他就已经注意阐发中国新文学思潮与创作的独特性内涵，并在之后的批评和研究实践中，随着论题的展开又做出进一步推进和调整。比如，对西方浪漫主义参照下的中国新文学论述，他更多地在现实文化处境与作家的想象力、文体方式等具体层面上展开，考察时代文化压力下作家的精神气质。又比如在西方现实主义思潮的参照论述中，他用一个比创作方法更具涵盖力的“现实战斗精神”来概括新文学中的文学现象，而所涉及的作家作品则明显超出了一般文学史论述中关于现实主义作家划分的限制，由此把原本在西方现代主义参照下对新时期“现代派文学”及其现代传统的追溯，即当代文学中的“现代反抗意识”与“现实战斗精神”联系起来，作为中国知识分子现代精神传统中关注现实命运的一个整体。再如中国新文学中的“忏悔意识”，陈思和的论述揭示了鲁迅等中国优秀作家在西方人文主义和现代反叛文化传统参照下的双重内涵的完美结合，这在《中国新文学整体观》一书的最初版本中本来独立成章，后在修订版中又归入“中国新文学发展中的现代主义”的论题之下。[①] 从20世纪末开始，陈思和在关于韩少功《马桥词典》的独创性、冯至十四行诗的世界性因素，特别是通过余华、张炜、

① 这种调整在1990年台湾版、2001年上海修订版中都有体现。2001年版变化较多，所增加的第3、4、5、6章对中国新文学文化状况的整体考察内容，因不直接针对中外文学关系问题，这里不做展开。但该版新增的最后一章“中国新文学发展中的外来影响”，则不妨看作2010年续编版要旨的预告。

阎连科等当代作家创作中的“恶魔性”呈现等一系列论述中，不仅“世界性因素”的概念内涵逐步显露，其作为研究视野与方法的范式意义也得以渐次成形。既然中国文学的发展包括文学的当代阐释都已经无可争议地处于全球化的格局之中，那么它的创造力核心与外国文学的关系就不可能只是被动地接受或单向接受前提下的主体性“微调”，它已经成为世界文学多元格局中的具有丰富内涵（其本身也是一个多元化的文学构成）的一元，无论在“忏悔意识”“现实反抗意识”“现实战斗精神”等文学观念，恶魔性等文学母题，十四行诗或词典型小说等文学体式，还是文学的审美方式上，它都在自身运动中形成了一系列创造性特征，而且不管其与外国文化是否具有直接的影响关系，都是以特有的面貌、特有的元素加入世界文学之中，成为世界多元文化与文学的内容。而他有关“五四”文学先锋性的论述，是在世界文学平台上，参照西方现代先锋文学运动的兴起及其特性，从而在更宽阔的视野中分析它与其他中国文学潮流、文学传统之间的关系。我想，这一论述的意义除了在中国文学史古今演变和中国现代文学多元并存的意义上所提供的新见之外，也是将“世界性因素”这一研究范式从作家作品及其主题的个案研究、文学传统的纵向流变，拓展至一个文化大转型时代内部，在更开阔的背景下对各种文学力量及其存在方式间的关系进行重新探讨的成功尝试。

从梳理外来影响史实，到在西方文学思潮参照下整体考察中国新文学发展流变，再到在世界文学背景下对中国新文学中的文本个案、文学主题和文学思潮进行跨语言、跨国族的比较研究。如果从中外文学关系的研究视野去看待陈思和三十多年来的学术路径，似可以分辨出其学术实践在价值立场和方法上的这样一条轨迹。在这一轨迹背后的支持和推动力量中，当然包括对比较文学／民族文学学科的理论反思，对自己的相关论述在前提与方法上的警觉，但更重要的是对 20 世纪新文学发展状况与主体精神传统的悉心体察。在陈思和那里，所有理论问题的提出都基于鲜活的文学发展现场，都来自对文学史的具体考察，而“世界性因素”这一概念的提出，内涵的渐次清晰和阐释效应的逐步显现，正来自他具体而宏观、理性而敏感的文学阐释实践，来自他对中国文学主体创造性及其价值的领悟，这种创造性及其价值必须在世界各族文学平等与完整的对待中才能得到有效的阐释。由此可以在价值立场与方法视野相统一的意义上，理解他对“世界性因素”所包含的两种研究视角的解释：它不仅包容和超越了外来影响的实证研究，同时也反思和超越了影响／接受研究和平行研究所包含的“世界—中国”的二元对立方式，后者把对等的文化价值立场和主体的完整性分割在不同的研究方式中，无法真正揭示中国文学如何“以自身的独特面貌加入世界文学行列，并丰富了世界文学的内容”[①]，如此“世界性因素”在中外文学关系研究中的范式意义也由此得以呈现。这一从中外关系中形成的研究范式，也为全球化语境下展开中国文学研究、在世界多元文学生长和流变中阐发与提升中国文学的世界意义，找到了一种新的切实的可能，它不是一味居于国别立场强调民族文学的特点，不是在中外二元对立的关系中理解中国文学的世界意义，而是把中国文学的创造性包括在外国（主要是西方）文学启发下所呈现出来的创造性成就，在开放和平等的世界文学视野中加以阐释，阐释其如何增进了世界文学内涵，丰富了世界文学谱系。在这个意义上，陈思和对“世界性因素”概念的核心内涵及其范式化阐释，即它“不反映对象的品质，只反映讨论方法的视野”[②]“中国与其他国家的文学在对等的地位上共同构建‘世界’文学的复杂模式”[③]等判断，也给我们在新的文化语境下展开世界文学命题的探讨，为重新认识民族性与世界性的辩证关系，提供了实质性启示。

三十多年来，尽管陈思和对比较文学的学科前提到研究方法有着一贯的思考，新世纪以来，又在提倡大学普通人文通识教育的同

① 陈思和：《新文学整体观续编》，第 296 页。
② 陈思和：《新文学整体观续编》，第 297 页。
③ 陈思和：《新文学整体观续编》，第 296 页。

时，倡导比较文学的精英化人才培养理念，并在复旦的学科建设中进行大胆实施，但在很长一段时间内，他一直谨慎地把自己限定为一个中国现代文学学者，在比较文学的各种学术会议上，他常说的一句话就是“我本质上是做中国现代文学的”。不过，随着对“中国文学的世界性因素”内涵阐释与方法轮廓的逐渐清晰，他对自己的比较文学学科身份似也有了新的理解。在2006年回顾有关“世界性因素”的思考与探索时，他把自己所从事的专业概括为20世纪中国文学史和20世纪中外文学关系，“换句话说，也就是在中国现代文学和比较文学两个学科中间穿行”，而且是“一直在寻找两个学科之间的融合点，使彼此成为一个从方法论到本体论都是完整为一的整体学科”。[①] 这种自我表述上的变化也许不大为人在意，但我认为，这正是他对中外文学关系研究的立场与方法的思考趋于明朗和系统的一个表征。

2011年4月3日写于望园阁

初刊《中国比较文学》2012年第2期

① 陈思和：《我对20世纪中国文学中的世界性因素的思考与探索》，《中国比较文学》2006年第2期，第9—15页。

学科之外，整体之中
——陈思和的台港澳暨海外华文文学研究

颜　敏

若从1979年3月《上海文学》刊载聂华苓的《台湾轶事》算起，中国内地的台港澳暨海外华文文学传播与研究至今已有三十多年的历史，经过几代人的经营努力，涌现了一批批具有影响力的著述成果，逐渐走上了系统化和学科化的道路。作为中国现当代文学研究界的大家，陈思和先生在该领域也留下了独特的印记。一方面，他的相关研究成果不可谓不丰硕，影响力不可谓不大，从1980年代末至今，他共撰写了专题论文以及随笔札记达七十篇，指导硕博士及博士后完成“台港澳暨海外华文文学”的课题报告近二十篇，与台湾学术出版界合作出版各类丛书数达两百本以上。另一方面，他又谦称自己的研究带有“偶尔为之”的性质，与世界华文文学这一学科体制保持了距离；从他灵动而又充满学术锋芒的文学批评之中，还可以察觉他对内地有关世界华文文学的学科定位、研究方法等问题的质疑和思考。这种不同于专门研究者的“游”的姿势以及带有反思性、探索性的研究，能给我们带来怎样的启示？是否敞开了内地台港澳暨海外华文文学研究的另一可能路径？本文试图对陈先生有关台港澳暨海外华文文学的传播与研究加以清理，从而提升出一些可供借鉴的研究理念与方法。

材料第一、思行合一的研究基点

我们一直都认为，资料问题之所以曾困扰着中国内地的台港澳暨海外华文文学研究，是因为囿于早期不够开放的大环境；但在出版传播、文学交流已足够多元自由的今天，为什么早期形成的“有什么研究什么”的被动姿势仍在延续，为什么我们还在集中关注那些熟悉程度高、材料较齐全的作家作品而无法进一步拓展研究视野呢？这说明，资料问题的解决除需依赖大环境的改变之外，还需研究者自身的高度自觉。在此，陈思和的实践很值得借鉴，作为一个文学史家，他坚守材料第一的原则，但他深知材料不会自动出现，而需研究者自觉付诸行动。事实上，从 1980 年代末开始，在台港澳暨海外华文文学研究领域，他做的首要工作是搜集一手资料、引荐作家作品和推动内地和台港澳暨海外的文学交流。早在 1988 年，陈思和为了完成与贾植芳先生合作的国家项目“外来思潮流派理论在中国现代文学史上的影响”，特意前往香港收集资料，为了了解 19 世纪四五十年代香港文学的发展情况，他不是翻阅一两本概述性的文学史，而是选择搜集整理当年比较有代表性的文学期刊，在四个月的时间里，从大学图书馆到私人书房，从书店到地摊，凡是有隙可寻的地方他都去过了。正是凭借深入文学现场打捞一手资料的苦功夫，陈思和比其他内地学者更早地形成了对香港文学的清晰认识。如针对香港都市文学的消费功能，他最早提出了“现代读物”的概念；在清理香港现代主义风格的文学期刊与美元文化渊源的基础上，他指出美元文化对香港文学的影响并不全是负面的，客观上也刺激了香港文学的发展，为西西等新生代作家的崛起提供了发展空间。从 1991 年到 1997 年间，为了理清从日据时期至今的台湾文学的发展概貌，他还前往台湾，以及日本多次访学，访学期间复印了大量的文学期刊和文学作品，搜集回来的各类书籍资料将他的书房都堆满了，仅为做好这些资料的编目工作就耗掉了半年多的时间。即便如此，当他在 1990 年代末提笔撰述《中国当代文学史教程》时，仍未敢将港台部分纳入论述框架，在他看来，资料的获取是基础，但对资料进行整合消化就更需功力了，在没有弄清楚台港澳文学发展的全貌之前，在没有从思路上厘清内地文学与台港澳文学的关系之前，他是不敢随意下笔的。[①] 相比内地学者编撰的动辄数十万言的台港澳或海外华文文学史著作，我们不能不为他的严谨而感叹！

如果说他前往港台海外搜集资料主要是为了解决个人研究中的问题，那么引荐作家作品、着力推动内地与台港澳暨海外文学交流等活动则试图为他人研究铺路搭桥，功莫大焉。从 1989 年到 1990 年代中期，陈思和在“北上广”等地的文艺报刊上刊出了一系列短小有趣的读书随笔，主要推荐各类新书新著，陈先生谦称为“自己的书架”，但这些文章既是一个酷爱书本的读书人写的贴心感性的阅读札记，又是一个视野开阔的学者在浩渺书海中为普通读者所做的导游，其中有关港台海外的引荐文章就有近三十篇，这些书札都近乎作家的小传，所介绍的新锐作家和重要学者，如王祯和、林燿德、西西、龚鹏城、小思、郑明娳等在内地现已广为人知，当年人们却知之甚少，陈思和凭借先觉者的敏锐眼光，引荐其人其文并详细注明出版社、出版时间等信息，方便研究者查找，也附带做了资料整理的工作。而他关注推荐的台湾文学先驱如王尚义、吉铮等，至今还未引起内地学者的重视。尤其他对声势浩大的台湾“新世代小说大系”的着力引荐。“新世代小说大系”共十二卷，由台湾作家黄凡、林燿德主编，希代出版社 1989 年出版，主要呈现了 1949 年之后的台湾新锐作家十二类题材的代表作，从中可窥视当代台湾文学发展的趋势和全貌，但当时内地研究者并未注意到这一文学潮流，更谈不上研究了。陈思和与其弟子张新颖在《天津文学》《文汇报》等刊物连续发出多篇文章，对这一套大系做了极为详尽的引荐和初步的评价，的确为其他研究者提供了可靠的线索和参照系。

陈思和从来不认为学问只在书斋里，他认为真正的学问最终要促成人与人之间互动和谐，他的台港澳暨海外华文文学研究是强调

① 此观点参考 2012 年 10 月 12 日笔者与陈思和的一次访谈。

思行合一的，为此，不妨清理一下他在内地与台港澳暨海外文学交流中的独特姿势和重要贡献。陈思和先生所在的上海复旦具备得天独厚的地理位置，从1970年代末开始，就陆续成为不少海外作家学者访问的第一站，有此平台，陈先生也有更多机会和不少一流的台港澳暨海外华人学者作家建立联系，但凭借人格的魅力，他与这些学者作家除了学术上的来往外，在生活中也建立了朋友般的深厚情谊，这也为复旦师生开展华文文学研究提供了人脉、资料获取等方面的便利。作为一个善于与人沟通合作的学者，早在1980年代末，陈思和已尝试与台港澳暨海外学者在学术研究和出版传播领域展开广泛合作。1988年，他和台湾作家林燿德曾筹划联合建立一个两岸青年作家联谊会，虽然没有实现，却打通了两岸新锐作家的交流渠道；1989年，他和香港中文大学教授周英雄合作撰写了《七十年外来思潮影响通论》一文，这篇由两人各取所长、分工合作而成的长篇论文首次将内地与港台地区作为整体来论述，显得视野开阔、丰厚扎实。1990年起，他又和台湾业强出版社总编辑陈信元开始了长达十五年的亲密合作，两人策划主编了几套大型丛书，在台湾推出了两百本以上介绍中国现代文学的传记和文学著作。进入新世纪，作为在台港澳暨海外都很有影响的文学批评家，陈思和更加频繁地介入文学交流活动之中，积极参与了世界范围内一些重要的华文文学评奖活动。2002年起，他和王安忆两人连任马来西亚《星洲日报》“花踪世界华人文学大奖”终身评委。2006年起，又成为香港浸会大学“红楼梦·世界华文长篇小说奖”的决审评委。特别值得一提的是，他担任《上海文学》主编期间对台港澳暨海外作家作品的重视，《上海文学》推出了不少专号专栏和新人新作，进一步激活了杂志作为台港澳暨海外文学交流平台的功能。我想，对视学术如生命的陈先生而言，频繁参与这些文学活动，一定会缩减其著书立说的时间，却体现了其学术生涯中一以贯之的实践品格。

如果说学术重“立言”、交流重“立行”的话，那么教育则是既可立言又可立行。陈思和先生曾经坦言：“我就是喜欢教书，带学生。教育不是为现实服务的，而是为二十年后的现实服务的。……我在大学教书，做《上海文学》的编辑，都是出于自己的兴趣，不违背我的信仰和原则。”[①] 在台港澳暨海外华文文学研究领域，陈思和也注意扶掖后进，鼓励学生克服资料的困难，去研究他们感兴趣的作家，要求他们信守“材料第一、思行合一”的基本原则。为了搜集资料和贴近研究对象，更为了真正以心和本土以外的世界交流，研究台湾的一定要去台湾走走，研究南洋的一定要去南洋走走。照他的话来说便是“我们的研究最终是为了促进交流，不是为了学术而学术”[②]。循此治学路径，他所指导的博士、博士后张新颖、李娜、王小平、白杨、陈少华、庄伟杰等既成为该领域颇有影响的学者，又在台港澳暨海外的文学交流中做出了贡献。

学科之外、整体之中的独特视野

陈思和谦称自己在台港澳暨海外华文文学研究领域是“偶尔为之”，但他对这一研究领域的诸多现象与问题，尤其是对其学科化趋势有着深刻的反思。在他看来，“所谓‘学科’是教育系统人为制定的某种教育体制，涉及资源与利益的分配，当然也涉及学术的盛衰，但对于真正的学者或知识分子来说，并不会影响他的理念的实践与学术的热情”[③]。学科的出现最初是为了推动学术研究的进程，但因涉及资源和利益的分配，积习一久，就容易出现画地为牢、各自为政的封闭性思维，从台港澳、海外到世界华文文学的学科化进程之中，研究边界的划定和固守，某种程度上也使得其研究成果

① 陈思和：《我的治学道路与当代学术的发展》，《中文自学指导》2006 年第 4 期，第 13 页。

② 此观点参考 2012 年 10 月 12 日笔者与陈思和的一次访谈，访谈近期会正式刊出。

③ 陈思和：《新世纪文学的学科含义》，《文艺争鸣》2007 年第 12 期，第 2 页。

难以产生更大的影响。君子不器，真正的学者自能看出学科之类的制度局限，这当是陈思和与该学科保持距离的原因之一。但在我看来，更重要的原因还在于他看到了这一学科的研究对象和研究方法都处在摇摆不定的状态中，尚未形成学科应有的学理逻辑。在与该领域知名学者刘俊的一次对话中，他通过分析其双重归属对其学科性质进行了解构："从它（世界华文文学——引者）所依附的二级学科来看，本身就包含了两种不同性质的学科：从台湾文学、香港文学、澳门文学与中国大陆的文学之间关系而言，它理当是属于中国现当代文学的一部分，尤其在港澳回归以后，单列的香港文学、澳门文学已经完成了历史的意义；再者，国家之间的文学联系正在被越来越重视，如世界各国的华文文学，甚至华人、华裔的文学，这显然属于世界文学的范畴，就中文系的学科点而言，它属于比较文学及世界文学的学科点。世界华文文学的范畴内同时存在着两个学科的内涵是客观存在的，因此，它有着跨学科的性质和意义。"[①]

但对于该领域学科化的质疑是否意味着陈思和否定其重要价值呢？恰恰相反，在陈思和的整体观中，台港澳与海外华文文学是必不可少的。其重要性首先源于他拓展研究视野的自觉追求，他说："20世纪中国文学史是我的学术研究的经，当下文学的批评和研究是我的学术视野的纬，在这纬度上我尽力扩大研究领域，对台港文学、世界华文文学、中外文学比较，甚至外国文学等，我都尽可能地去学习，逐渐扩大自己的研究领域。"[②]其次则是解决文学问题的内在要求所致。面对各区域文学间勾连分和的复杂现实，我们已经不能仅从单一区域文学经验出发，而是必须充分注意到某一思潮或文学现象在不同时空中的流变轨迹。如对"现代主义在中国"这一问题的完整认识，就不能只关注当下的大陆经验，而内地与台港澳要放

① 陈思和:《学科命名的方式与意义——关于"跨区域华文文学"之我见》，《江苏社会科学》2004 年第 4 期，第 94 页。

② 陈思和：《三十年治学生活回顾——陈思和三十年集序》，《当代作家评论》2009 年第 3 期，第 161 页。

眼两岸多地，理清从“五四”时代的内地、1950 年代的香港、1960—1970 年代的台湾，到 1980 年代的大陆的完整过程。正因为整体观并非人为的设想，而是基于文学事实的理性认知与科学方法论，陈思和必然会重视台港澳暨海外华文文学的存在，承认其重要价值。

那么，“学科之外，整体之中”的视野下，陈思和的台港澳暨海外华文文学研究的独特性是什么呢？一方面，有了学科之外的游动视点，他的相关研究就去除了建构宏大体系与话语的压力，呈现出更为灵动的个人叙事姿势。从研究对象的选择来看，他多以兴趣为指向，充分关注那些另类的、新奇一点的、具有先锋性的作家作品和文学现象。春江水暖鸭先知，凭借敏锐而准确的审美感觉，陈思和游走在台港澳暨海外华文文学的世界中时，便能率先采掘出一些“宝石”，让内地读者眼前一亮。早在 1980 年代末和 1990 年代，他便对西西、林燿德等自觉追求形式创新的作家加以关注；新世纪初任《上海文学》主编期间，他又着力推荐虹影、童若雯、朱天心、朱天文、骆以军等擅长文体实验的新锐作家；他还是内地率先关注港台的自然写作、科幻小说、同性恋小说、现代读物、都市小说等文学现象的学者。而在表达形式方面，他也善于量体裁衣，根据对象和场景选取适合的体裁。纵观他有关台港澳暨海外华文文学研究的几十篇文章，其中既有短小精悍的序跋、轻松率性的通信、娓娓道来的阅读札记，也有气势恢宏、深入研析的专题论文，滴水成河的同时也蔚为大观。

另一方面，整体之中的宏观视野，则让陈思和善于在文学史框架中准确定位作家作品和文学现象的审美价值与历史地位；从方法论角度而言，作为在比较文学领域颇有建树的学者，他习惯在古今中外的参照系中提出观点和问题。因此，他有关台港澳暨海外华文文学的研究文章，即便是个性文字，也能一语中的，发人深思。有关香港诗人羁魂的评述中，他从香港文化的冲突性出发，看到了诗人之于时代的意义：“香港是一个处处涌起文化急剧冲突的社会，个人，特别是知识分子，都会自觉地在这冲突中寻找一种位置，选取一种描述香港的角度，我们在羁魂的诗中看到，诗人所关注的正是这一种落后与先进、愚昧与进步、传统与现代，甚至东方与西方的冲突，他拾取着这冲突所爆出的火花，去点燃诗的灵感。”[①] 在研究台湾左翼作家陈映真时，他不回避作家对西方现代主义的横向接受，但更注重分析纵横交错的视野中作家对“五四”以来左翼文学的继承与创新：“如果我们把20世纪中国文学史在海峡两岸的演变过程视为一个整体，那么，要确认陈映真的文学史地位，标志性的高度就诞生在这个拐角上：在台湾文学的特殊环境下，五四新文学向左翼文学的转轨，由后来者陈映真推向了一个高度。纵向发展上，陈映真是赖和、杨逵以来的台湾文学最优秀的左翼继承者；横向发展上，他是第一个通过自己的独特个性的艺术创作，把海峡对岸的鲁迅的生命气息透露出来，他与鲁迅的同构关系中，完成了他对鲁迅小说的呼应，也是向主流在大陆的五四新文学理想的呼应。”[②] 即便是面对全新的文学现象，陈思和也善于深挖其与各类文学传统的关联，从而指出作家创造性的基础与意义，如对张系国科幻小说的精辟论述就建立在这一参照视野上：“从《星云组曲》到《城》三部曲，张系国科幻创作的当代意义主要表现在以下两个方面：一是他力图改变以西方高科技的资本主义文化为背景的科幻故事叙事模式，尝试着将科幻与中国传统文化背景结合起来，使威尔斯式的人文精神东方化。……二是他力图拒绝以恐怖、怪诞、机关布景等来刺激读者胃口的通俗手法的介入，努力将科幻小说的想象力同‘五四’新文学的人文传统结合起来，在中国新文学的传统里开创了科幻的新品种。”[③]

“学科之外，整体之中”的独特视野，使陈思和对台港澳暨海

① 陈思和：《试论香港诗人羁魂的诗》，《鸡鸣风雨》，学林出版社1994年版，第244页。

② 陈思和、罗兴萍：《试论陈映真的创作与五四新文学传统》，《文学评论》2011年第1期，第66页。

③ 陈思和：《创意与可读性——试论台湾当代科幻与通俗文类的关系》，《鸡鸣风雨》，第219页。

外华文文学的思考与解读，往往能够深入肌理，发常人所未发，又有大的气场和视野，从而使他能准确把握到台港澳暨海外华文文学的总体特征及价值——诸如跨文化的视野、文化融合的意义、复合性的表达方式等。他在《上海文学》的《海外华文文学专号·编后印象》里对此有清晰表述：“在这里，时间与空间都被特殊处理了，换句话说，被一种文化的心理情结所克服与超越。所以，这两题小说之间似乎有一个过程，从单一的中国经验过渡到超越了时空隔离的跨国文化复合经验。”①

不可否认，台港澳与海外华文文学一旦成为整体观里的成分，也为他研究中国内地文学带来了足够丰富的参照系。仔细梳理其学术的轨迹，还能发现他早期不少思路观点受到港台与海外作家学者及其论述的影响。在他写于20世纪八九十年代的论文中台港及海外著述已作为参考文献频繁出现，可见其学术活力的源头之一。1999年版的《当代文学史教程》序言中则明确指出了台港文学的存在对当代中国文学研究的重要意义，还单列一节呈现海外新移民文学给当代文学带来的活力和启示。2003年版的评论集《不可一世论文学》的书名也含有对台湾同名丛书的借鉴和致敬。至于他最为核心的思想——整体观和世界性因素等论述体系的萌发与成熟，与他率先和台港澳暨海外建立常态的文学交流应是直接相关的。

直面创作、温暖不隔的文本细读

在陈思和看来，既然台港澳暨海外华文文学作为独立学科的合法性悬而未决，学者们与其为建构学科体系而耗费太多口舌与精力，不如先做些个案研究和史料整理的工作，先将重要支点一一稳固之后再进行宏大的文学史叙事。这样的理念已经落实在他的研究之中，他的台港澳暨海外华文文学研究多为个案研究，常以文本细读的方

① 陈思和：《海外华文文学专号·编后印象》，《上海文学》2005年第6期，第2页。

式切入作品、发现问题、生成概念并对创作产生直接的推动力。

由于一些文本审美性的缺失，内地的台港澳暨海外华文文学研究逐渐形成了文化诗学或文化研究的套路。这类研究不是说完全没有价值，但循此思路，很多作品就成为某种社会学理论的例证，远离了文学本身，也难以对创作起到推动作用。陈思和一向主张捍卫文学的自律性和审美性，反对将文学文本作为社会学的材料，也反对套用西方的各种时尚理论。他的台港澳暨海外华文文学研究以窥探艺术的奥秘和审美的独特性作为终极目标，由此避免了一些内地研究者缘于人情或意识形态考虑而出现的“捧杀”或“棒杀”思维，秉承了一种更为客观的学术态度去进行文学批评。或可说，陈思和的文本细读，是在理想的经典范式之下对作品进行的症候式阅读，在分析文本思想艺术成就的同时，也毫不保留对作品瑕疵和问题的看法。但这种症候式的批评之所以不是简单的否定与肯定，重要原因在于他善于换位思考，能从作家的创作动机和技巧的角度去读文本，如同庖丁解牛一样，不是以先验性的概念理论强行植入，而是通过寻找文本已有的缝隙和路径慢慢敞开作品的内涵与形式之美，好比高明的剪纸者，创造了作品却并不破坏纸张本身的质地和完整性。正是在这种理解之同情的基础上，陈思和的文学批评才能给人淋漓尽致之畅快，既有力度，又不生硬。严歌苓是美国华文文学的翘楚，也是内地研究者的关注重心，但不少论述都在所谓中西文化冲突、对话、融合的视野中去定位其小说的价值，陈思和也很欣赏她的小说，但数篇批评文章的着力点都是其小说的审美价值。他在剖析严歌苓小说叙事方式、情节构造、思想意识上的独特性时，往往指出了问题所在。如解读《人寰》时，从叙述者语言角色和身份意识的关联出发，陈思和看到了小说弥散着阐释者的魅力：当叙事者“用她的西方式话语不知轻重地把这个故事重新叙述了一遍，终于使它面目全非时，人性的深刻袒露也就在这超越了伦理的是非界限中完成了”[①]；但他同时指

① 陈思和：《人性透视下的东方伦理》，《台湾文学选刊》1998年第8期，第25页。

出，当严歌苓用西方式眼光来讲述这段中国男人间的精神史时，实际将之放在“以人性的快乐为宗旨”[①]的后现代文化刀锋下进行简单化的解构，这样反而遮蔽了故事原本包含的复杂多义性。从情节构造来看，陈思和认为《人寰》的整体构造和结尾布局都是有缺陷的，以弗洛伊德理论作为线索来展开叙述，以女孩心理疾病的治愈作为完美结局，不但陷入好莱坞的思维俗套之中，而且叙述逻辑也显现不合情理之处。当陈思和以这样细腻深入的文本细读方式介入到作家的创作之中时，他的文学批评就不仅仅对同行学人有方法和思路上的启迪，也会对作家的创作直接产生影响。

陈思和对于批评和创作的关系，自己曾有过这样的评述：“批评的存在，作为一种创作的参照系，作为一种创作信息的反馈，对创作起着感应的功能。但从宗旨上说，它无求于创作。它只有在独立的自身体系中才能寻到自己的目标，确立起真正的自信来。”[②]在他看来，批评虽然是创作的感应和参照，但绝不是创作的附庸，而是自成体系、自有目标，正是批评的独立性使得它可以对创作产生影响和推动。陈思和的文学批评一向直面创作，对当下的作家作品有及时迅敏的回应，在创作界已有较大的影响力，但必须指出的是，他的批评既有与作家角力的一面，又有惺惺相惜的一面，也就是说，他比一般高高在上的批评家更能够深入作品和作家的心灵世界，他的批评也更能够得到作家的认可，由此才可形成批评和创作互动的良好氛围。在台港澳及海外华文文学领域，陈思和这一温暖不隔的批评思维同样凸现出来。在对象选择上，如前所述，他倾向于选择自己特别感兴趣的作家作品，这种基于兴趣的选择说明研究主体和客体间有着内在的一致性，因而解读文本的过程便成为批评家洞察自身生存处境、释放自身生命能量的过程。台湾作家童若雯的小说《金枕头》是一篇颇为奇幻诡异、晦涩难懂的先锋小说，写

① 陈思和：《人性透视下的东方伦理》，《台湾文学选刊》1998 年第 8 期，第 26 页。

② 陈思和:《文学批评的位置》,《当代作家评论》1985 年第 3 期，第 32 页。

了一个人到中年的落魄男人和母亲的亡灵在晚班公车上邂逅对谈后又黯然分手的奇遇，一般读者难懂其意，但陈思和联系自己的生存经验发掘出诸多情绪，敞开了小说的意旨：“我自己人到中年，也属于疲惫不堪、臃肿痴肥的男人一族，但我从没有想象，也不敢想象我面对母亲的亡灵将做怎样的倾诉，因而读到此篇，真是心中之声与思念之泪齐飞，民间日常生活的艰辛被发挥得淋漓尽致，进而也使得结尾部分两人各携一只金枕头的象征意味深长。”[①] 这样的批评过程如他所总结的那样是“一步步探索下去，既探索文本的潜在意义，其实也是探索自身生命中的某种激情和奥秘”[②]。从表达形式来看，陈思和的批评文章也很有特色，他饱含深情的笔墨，流畅平实的表述，在批评界的影响可与晚清梁启超的性情文字媲美。当前不少面对台港澳与海外华文文学的批评文章，正因缺少这种近情、入情的思维而显得面目可憎，味同嚼蜡。

必须指出的是，陈思和这种情理兼至的文本细读并非与理论隔绝，它同样也能生成概念，初显理论的形态。那么文本、批评和理论如何建立关联呢？陈思和的思路是，因为每一作品都是有差异的存在，故不能机械套用西方的理论，而应根据作品的特点选择合适的研究思路，进而提出问题、生成理论。1992 年在对香港作家梁凤仪财经小说的解读中，他从出现在超级市场门口书架上的袖珍书谈起，通过分析梁凤仪小说的题材、人物形象、情节结构、思想立场、出售方式等特点而提出了“现代读物”这一新颖和富于概括力的概念，认为读物的功能是“帮助人们在现代社会更适宜地生存。这种‘帮助’也是多方面的，它可以是实用性的生活指南，也可以是消闲性的精神消遣。它不乏真知灼见，能令人深思，令人感动，但其终极

① 陈思和：《食书的女人》，《献芹集》，复旦大学出版社 2009 年版，第 7 页。

② 陈思和：《文本细读与比较研究·主持人的话》，《当代作家评论》2007 年第 2 期，第 77 页。

目标，是有利于自身及其对象在现代社会中的生存”[①]。这一概念颇具概括力和解释力，对出现在文化消费市场上的形形色色的文学或泛文学文本的意义和地位做出了清晰鉴定。当然，当陈思和将文本细读方法运用于本领域时，也让一些问题凸显出来。文本细读的方法，若如他所总结的那样，是“直面作品、寻找经典、寻找缝隙、寻找原型”四大原则的实践过程[②]，那我们首先要做的工作就是挑选精品，台港澳暨海外华文文学涉及面极广，延续时间达百年以上，这必然对批评家的知识结构提出了挑战，没有足够的了解，难免出现以偏概全的情况。其次，文本细读自然对作品的艺术水准提出了较高要求，但除了台湾文学外，其他区域华文文学的艺术水准都是偏低的，如此，由于审美技巧的缺失，台港澳暨海外华文文学也可能处在“整体”的边缘位置。

鉴于陈思和在中国现当代文学研究界的重要位置和突出成就，他对台港澳暨海外华文文学的关注与介入，无形中也提高了边缘华文文学的影响力，让主流和边缘有了对话和整合的可能性。当他以细腻深情的笔调向读者传递这些作品的审美价值时，无疑为内地读者了解台港澳暨海外华文文学起到了很好的引导推荐作用。作为与作家坦诚交流的对话形式，他的文学批评能够快速到达作家面前，为作家所接受，从而对创作有直接的推动。作文如做人，陈先生温情宽容的人格魅力、独树一帜的论述成果，兼之上海复旦的资源优势，使得其文学批评成为一种建设力量，为推动华文文学走向世界做出了贡献。

初刊《南方文坛》2013 年第 3 期

① 陈思和：《现代社会与读物——致程乃珊，兼谈梁凤仪的作品》，《通俗文学评论》1993 年第 1 期，第 23 页。

② 陈思和：《文本细读在当代的意义及方法》，《河北学刊》2004 年第 2 期，第 113—116 页。

本土性、生长性、知识分子性

——关于陈思和的文学批评

张清华

接受这个任务，是很有些不自量力的。因为要想在这样一篇短文中，以我的学力来阐解一位重要学人的批评工作，或者更直接些，来谈论和评价一位贡献卓越的批评家，真是谈何容易。但是我仍接受下来了，不是源于勇气，而是源于私心——因为这个过程也是一个反思和提升自己的过程，一个促使自己重新思考当代文学批评的一些基本问题的过程，可以借此比照和清理个人的思想空间。所以，与其说是一项面向读者和研究对象的工作，还不如说是一项面对自己的工作。因此也有释然之感，即便无法谈透对象，至少还有一些心得吧。

“重写文学史”“新文学整体观”“当代文学中的战争文化心理”“两种启蒙传统”“忏悔意识”“庙堂—广场—岗位意识”“民间—文学史视角、隐形结构”“民间还原”“共名与无名”“先锋与常态”……也许我应该循着这样一些关键词，来按图索骥，老实地谈一谈它们的意义和内涵。没有哪位当代的批评家能够像他这样，提供出这样多概念，这样多神合着当代中国的历史与文化现实的、完全本土性的、丰富有效的、有着内在整体性与生长性的范畴与语汇。其中的任何一个概念，都值得深长思量、细细地探究一番。但是最终我还是决定要整体性地谈一谈，因为在我看来，它们的内在精神即是一个统一的整体。何况文字的限制也使我不可能细分它们，还是笼统一些，拉开距离一些，或许会看得更清楚一点。

一

俄国思想史家尼·别尔嘉耶夫在评价别林斯基的时候，曾毫不吝啬地赞美他“是最卓越的俄罗斯批评家”，其理由是，“他是唯一具有艺术接受能力和美感的俄罗斯批评家”。显然这是从“专业”角度的一种至高评价。请注意，别尔嘉耶夫用了“唯一”一词，可见他对这样一个能力的肯定是多么苛刻。然而，他同时又说，“对他来说，文学批评只是体现完整世界观的手段，是为真理而斗争的手段”[①]。与这个最终的目的比起来，前者又不过是一个前提罢了。文学批评必然，也必须是“为真理而斗争”的手段。在一些人看来，这样一个说法也许已经过时了，因为它不那么顾及“文本”和“专业”，不那么“学理”和学术化，但是它却是真正作用于一个时代的思想，作用于一个知识分子的使命和理想。所以，别尔嘉耶夫称别林斯基是“19 世纪俄罗斯思想史最核心的人物之一”。

某种意义上，也许是因为有了别林斯基这样的批评家，19 世纪白银时代的俄罗斯才涌现出了那么多伟大的创作家，他们互相心领神会，息息相通，一起创造出了属于他们的时代。可以说，他们是彼此为对方而生的，同时又是共同为了自己的民族和时代而生的。可是在现代以来中国人的语境里，“批评家”这一概念，却常是一个不那么受待见的词汇。确实，我们也有鲁迅这样的特别广义而卓越的“批评家”，但遗憾的是缺少在精神上可以与他并驾齐驱的“创作家”。也许是因为这一点，鲁迅似乎从来不承认他自己就是一个“批评家”。精神上的不对等，使他面对对象几乎无不是在“批评”，在抨击和斥责，甚至这一词语出现在他笔下的时候，也多数是带了揶揄口吻的，或者至多是在揶揄一番之后，换了个严肃的口气，“我们要”——“几个坚实的、明白的、真懂得社会科学及其文艺理论

① ［俄］尼·别尔嘉耶夫：《俄罗斯思想》，雷永生、邱守娟译，三联书店 1996 年版，第 57 页。

的批评家”[①]，这样的要求也许很高，但也是一个起码标准，因为在他看来，那时做批评的人大多不过是“靠了一两本‘西方’的旧批评论，或则捞一点头脑板滞的先生们的唾余，或则仗着中国固有的什么天经地义之类”，“到文坛上来践踏”[②]一番罢了。更有后来者的李健吾则干脆义愤地说，“一部杰作的仇敌，往往不是读众，倒是同时代的批评家”[③]。

这大约是包含了自省和牺牲精神的说法了，因为在现代中国确实还有那么几个包括他们在内的好的批评家，做着“精神界战士”或者“清道夫”式的工作。至于“当代的批评家们”——截至1980年代以前——那无疑就是应该羞赧汗颜的了。许多年中所谓文学批评，不过是充当了拙劣的文化打手或者间接杀人的棍子罢了。不要说“杰作的仇敌”，便是小花小草也是要来践踏的。这中间的悲剧何止百计，有几篇批评也就有几场大小不同的悲剧了。几乎是从80年代起，才渐渐有了一点审美的和“非庸俗社会学”的批评。

冒着简单化和绝对化的嫌疑拉杂说了这么多，其实是为了找一个“原点”，即批评的使命和批评家的身份问题。在我看来，在当代中国的社会语境中，真正有资格从事批评活动的，必须是那些怀着知识分子理想和身份自觉的人，他（她）应该是以一个知识分子的标准及其“合适的最低限度”来要求自己的批评家。这样说有点啰唆，意思是，他首先必须认同自己的知识分子使命——像别林斯基那样，把自己的批评实践变成体现自己知识分子的“完整世界观”，从而变成“为真理而斗争”的一部分；同时他要立足于自己的“岗位”，通过具体而琐细的专业工作来实现其人文的目的。他既不是

① 鲁迅：《二心集·我们要批评家》，《鲁迅全集》第4卷，人民文学出版社1981年版，第241页。

② 鲁迅：《热风·对于批评家的希望》，《鲁迅全集》第1卷，人民文学出版社1981年版，第401页。

③ 李健吾：《现代中国需要的文学批评家》，郭宏安编《李健吾批评文集》，珠海出版社1998年版，第18页。

一个单纯专业和技术意义上的“掉书袋”，同时又不仅仅是一个斗士；或者说，他只能介乎两者之间——是在一个职业的、有敏感的“艺术接受能力”和“美感”的读者与研究家，和“为真理而斗争”的知识分子之间——的那么一个角色。

这样说仍然有概念化的危险和嫌疑。但陈思和的批评工作使我坚信，他非常智慧地做到了这一点，而且，他事实上也一直是在追求着这样一种身份认同。对于一个当代知识分子来说，传统的血液在他身上仍然起着，并且最终起了决定性的作用。1994 年或者稍后，我差不多是同时读到了两篇重要的文章——其重要的程度在我看来，也许是 1990 年代以来最有思想清理和角色认同意义的文献了，这就是陈思和的《知识分子在现代社会转型期的三种价值取向》[①]，诗人欧阳江河的《89 后国内诗歌写作：本土气质、中年特征与知识分子身份》[②]。说它们重要，是因为它们的作者都以敏锐的嗅觉，意识到了一个不可回避的现实问题：在急剧变化的时代面前，传统的使命如何延续？自身的角色如何定位？文化现实怎样解释和应对？他们正是不约而同地从“知识分子身份”和“价值取向”的调整、体认和确立的角度上，做了睿智而且在今天看来仍然正确的解答。在启蒙主义角色的合法性受到否定、激进社会变革的思想推动者的身份失效之后，怎样在严重的飘浮与失重感、灰暗的挫折感中振作，重新寻找人文知识分子安身立命的价值背景？陈思和的解释无疑是最富远见卓识的，他把 20 世纪中国知识分子的历史境遇归结为“经历了一个由古典士大夫型向现代知识型转化的过程”“旧的文化价值体系随同旧制度崩坏而流失民间，新的文化价值体系几经聚散仍未成形”，在这样的境遇中，现代中国知识分子在精神历程与价值

① 该文见《犬耕集》，上海远东出版社 1996 年版，文后标注写作时间为“一九九三年一月”，初刊《上海文化》1993 年创刊号。

② 最早是从某家民刊上读到该文，该文末标注写作时间为“1993 年 2 月 23 日完成于成都”，见欧阳江河《谁去谁留》，湖南文艺出版社 1997 年版。

取向的变迁中，便依次经历了三种意识形态："失落了的古典庙堂意识、虚拟的现代广场意识和正在形成中的知识分子的岗位意识"。从依附于体制与道统的"庙堂"，到由启蒙运动所派生出来的"广场"，这是现代中国知识分子思想意识与文化身份的一次重大的蜕变。但特别值得注意的是，在评价这一转变的时候，陈思和并没有给出一个"80年代式的"激情澎湃的正面肯定。基于深沉的历史教训，他说，这其实是"庙堂意识在现代的借尸还魂"，而由于历史给定的局限和知识分子自身的认识欠缺，他们的任务并未完成，所以致使"新文化运动并没有在科学和哲学上继承文化传统"，而成了"一场政治革命的补课"，其轨迹便成了"辛亥革命→启蒙任务→新文化运动"这样一个逆向过程。基于此，他几乎是否定了这个"空中广场"在现代以来中国的现实性。

这样一个解释无疑具有深远的意义：即便是考虑到与特定文化情境的耦合关系，我也仍然认为其中充满了一个当代知识分子的忧患与胆略——所谓"风雨如晦，鸡鸣不已"，陈思和也正是在这时期策划了他的"火凤凰文丛"，推出了他自己的《鸡鸣风雨》——他将如何鸣叫，鸣叫什么？他不仅基于对现实的回应，更基于对自身传统的重新审视，他可以说是痛定思痛地看到了现代以来中国知识分子的根本性欠缺，由此思考出一个自己应该归属的精神脉络。对这个时代的知识者来说，最需要的不是舔舐创伤、自怨自艾的悲情乃至悲壮，而是踏踏实实地重新承担起"学术责任与社会责任"，重建他们的知识与价值体系，以避免巨大的历史责任最后陷落于流沙浮尘般松软的根基之上，现代中国变革中的诸多失败，无不是基于这样一个未建立、未完成的文化根基。也正是在这样一个历史逻辑上，陈思和提出了他的"岗位意识说"。他这样解释这个岗位意识的含义："在普通的工作岗位上坚持人文理想，还只是……最表层的部分"，其深层含义则是"维系文化传统的精血"，"不管社会多么腐败与堕落，只要真正的知识分子在，文化的精血就不会消亡"[①]。

① 陈思和：《知识分子在现代社会转型期的三种价值取向》，《犬耕集》，第15页。

“真正的”——这是一种预言吗？我意识到，这是一种内心的砥砺，一种鲁迅所说的“韧性”，一种自我的期待。我想，找到了这个原点，解释他在 1990 年代以来的批评活动，那些充满思想的生长力与暗在张力的批评概念，也就找到了一个关键的入口、一把钥匙。而类似“民间价值”和“民间隐形结构”这样在 1990 年代以来最具有人文与历史辐射力、最具有文学史意义的概念，也便找到了解读的起点。

二

作为 1990 年代中国文学界最有影响力的批评家，陈思和提出了这个年代最富生长性和辐射力的批评概念。这些概念基于它们与时代之间敏感的回应与互证关系，不但迅速拓展出当代文学研究与批评的新的话语空间，还有效地矫正了以往的文学史价值尺度，以及文本评价的审美视域，为新语境下的当代文学批评注入了思想动力。更直接些说，他当之无愧地成为这个时代最主要的“人文性批评话语的生产者”——请留意，我用了“人文性批评话语”这样一个词语，是为了区别于其他盛行的诸如“西方理论型的”“技术性的”“文本批评的”或“文化批评的”话语，尽管它们之间并不存在截然的鸿沟和界限。

富于“生长性”的概念的与众不同在于，它是有生命的，不断弥漫延展的，包含了综合性的隐命题，有敏感的隐喻性。正如李泽厚用“启蒙与救亡的双重变奏”这样一个命题清理了 1980 年代许多纷乱的学术歧路一样，陈思和很早注意到了一个“新文学整体观”的问题。这也许注定了他将会在这样一个宏观的结构性思路上，提出他的一系列富有连续性和内在统一性的学术概念与批评范畴。1985 年，他提出了中国新文学的发展与世界文学总体态势之间的两种状态——“同步态”与“错位态”的问题，以此来作为检验新文学发展向度的宏观标尺。他还从考察“构成主体”的角度，将新文学的作家群体按照时代和类别分成了互相联系着的六种。[①] 这时他显然已经注意到从新文化的结构要素、新文学主体的文化处境出发，来考察新文学整体的历史迁延。尽管这时代可资利用的思想资源还相对贫乏，此文也还算是他青年时代的锋芒小试，但有关新文学的若干框架性和背景性问题，已顿然变得开朗起来。稍后，他又从启蒙主义传统的源流与衰变过程来考察新文学的一种演变规律，这仍然是“整体观”的延伸和体现，他提出在新文学最初就存在着“启蒙的文学”和“文学的启蒙”两种向度，它们彼此接近但又不同，由此衍生出了“为人生”和“为艺术”的不同的价值方向，也最终引发了新文化阵营内部的分化。[②]

现在看这些早期的文字，可以清晰地看到陈思和对“当代”的逐步接近与介入的过程：首先，在找寻整体和关节性问题的同时，寻求有效的路径方法，然后才逐渐弥漫至当下。无论是对新文学中的“现实主义”“浪漫主义”“启蒙主义”思想内涵的挖掘，还是对“忏悔意识”的解释，其目的大约都在于清理“现代性价值”在新文学中的浮沉与显隐，探究启蒙思想精神在不同历史逻辑中的起伏消长。这样的宏观视野和整体眼光，首先是帮助他获得了清晰的历史维度，同时也获得了介入当下的坚实背景和思想依据，并且使这些批评工作最终具有学术与实践的双重意义。这里或许用得着韦勒克和沃伦的说法，他们曾批评那些无力参与，也不愿参与当代性批评的“学院派学者”，“他们宣称要等待‘时间的评判’，殊不知，时间的评判不过也是其他的批评家和读者……的评判而已”，由此他们说，“文学史家必须是个批评家，纵使他只想研究历史”[③]。

① 陈思和：《中国新文学研究的整体观》，初刊《复旦学报》1985年第3期，《陈思和自选集》，广西师范大学出版社1997年版，第10—11、2—3页。

② 陈思和：《中国新文学发展中的两种启蒙传统》，初刊《中国现代文学研究丛刊》1990年第4期，见《陈思和自选集》。

③ ［美］雷·韦勒克、奥·沃伦：《文学理论》，刘象愚等译，三联书店1984年版，第38页。

或者我们还可以反过来，一个优秀的批评家也必定具有史家的眼光。陈思和可以说是一个范例，从他在1990年代的著述中，我们可以看出他的“文学史”与“批评”两种工作之间的互补，甚至“互相派生”的关系。事实上，这也是1990年代的文学研究之所以变得更加成熟和重要的一个原因，因为这代学人的出现，文学批评获得了日趋完整的历史视野和更为丰富综合的研究方法。

这使他随后的批评实践就兼有了思想史意义与文化诗学意味：他厘清了新文学发展过程中民间文化同主流意识形态、精英知识分子意识形态三者之间的此消彼长的关系；令人信服地清理和解释出了抗战之后文学走向的历史原因，并使之不但成功地解决了一个“问题”，还成为一个富有实践意义的“方法”；作为批评概念与多重的理论范畴，“民间理论”在1990年代产生出了无可比拟的生长性，众多作家作品的文化意义、人文内涵因之获得了敏感的阐解；“共名”与“无名”则成为他解释新文学的发展运动规律，并历史地解释当下文学状况的新的思想理路……在所有这些概念的衍生过程中，我们可以清楚地看到它们“自然生长”的线索，这正是具有“生命”的理论范畴产生和运变的特征，它们不是拥挤呆滞的、稠密坚硬的块垒，而是奔流而下的思想之溪。

在上述范畴中，我以为“民间理论”的诞生有着至为重要的原点与纽结意义。首先，它隐喻出这个年代知识分子的价值背景和文学本身的微妙的转折调整，但同时又没有在特定语境下，将其单纯予以理想和诗意化的解读。相反，陈思和深入地解释出了它作为历史范畴的全部复杂性与多面性，使学界对现代以来文学与主流意识形态、与民间世界的互动关系的认识达到了一个前所未有的高度，使这一困惑了几代知识分子，曾让多少人为之心驰神往、为之激奋着迷的文化与价值范畴，获得了一个真正的历史与理性的认识。只要稍微回顾追问一下新文学的历史，我们就会疑惑，“五四”时期最初的“人的文学”理念，是如何变成了“文革”那样的意识形态概念的？这不是一个突变的过程，而是一个渐变的过程，“人的文学”→“为人生的文学”→“为无产阶级人民大众的文学”→“为工农兵服务的文学”……其中的历史由来，可谓至为复杂纠结，它隐含了知识分子的现代性话语同民间意识形态、与政治意识形态之间“悲剧性”的胶合与矛盾。是这种纠结同特定的政治环境与时代的文化逻辑之间的互相作用，导致了这样一个衰变轨迹。陈思和对这个历史线索的解释是最接近内核的，而把这一问题作为理解20世纪中国文学历史演变的入口，也是一个最为有效的“整体观”。

但陈思和的批评工作的高度，又从来不是建立在大而化之的悬浮与武断之上，他的细腻的阐解与条分缕析，使思想的传达变得绵密而结实，使他的观点得以落到实处。也许在这一点上他还带有人们想象中的“海派”学人和批评家的典型特征，细腻和洞察幽微显示了“上海”或者“南方”作为文化地理因素与背景在他身上的折射。他对抗战以后“五四”传统逐渐式微，民间文化形态重新浮出，最终又被革命意识形态所规训同化的这个过程的解释是如此精细和耐人寻味，他对大量红色文本，甚至“样板戏”中所隐含的“民间隐形结构”的离析，堪称是一个实践的范例。这个“发现”的意义在我看来，甚至要比“民间理论”本身的现实意义还要大。作为方法，隐形结构的分析不但对于革命文本是有效的，对于所有文学作品都同样适用——在最近的一篇谈论余华的《兄弟》的文章中，我又看到了这个视角的精彩发现：宋凡平对于李兰的“恩人”式的帮助加爱情、李光头与宋钢之间先手足后乱伦的关系模式背后，所隐含的是弑兄娶嫂，加“哈姆莱特式的复仇”的隐形结构，“小说以宋凡平的‘杀父娶母’始，到宋钢因为发现林红与李光头的私通而自杀为结局，如此对称的隐形叙事模式，居然完全无意识地潜隐在《兄弟》的文本结构内部，不能不令人暗暗称奇”[①]。“民间隐形结构”衍生出了更具有广泛意义的“隐形结构”分析。可以说，在1990年代以来文学研究与批评所建立的深度中，这样的方法具有根本性的意义。他可以说是重新“复活”了大量特殊时代的文本，赋予了它们

① 陈思和：《我对〈兄弟〉的解读》，《文艺争鸣》2007年第2期。

以新的生命——在文学的审美属性失去了现代性精神根基的时代，是民间文化形态支撑了它们。而蛰伏的民间文化结构作为一个可以不断复活的元素，在新的思想视野的激活下，它们又会重新绽放出内部的生命光彩。

如果再细加推敲，还可以看到陈思和之后和更为晚近的批评工作，同他前期工作的内在统一性。《关于人文精神的独白》《上海人、上海文化和上海的知识分子》《民间和现代都市文化》《现代都市通俗小说与民间立场》《知识分子进入都市民间的一种方式》《当代都市文学创作中的民间形态之一：现代读物》，[①]《共名与无名》等陆续发表于1990年代中后期的大量文章，还有对文学史写作中"潜在写作"价值的关注，对这类作品的钩沉与关注，无不是基于他对三足鼎立的文化格局中知识分子的历史与现实处境的思考，以及在这样的价值关系之上，对大量文学现象的深入的思想透视。它们与前面的几篇具有纲领性意义的文章，构成了互相印证与解释的关系，可以看成是他的批评思想在走向实践过程中的自动绵延与弥漫。

三

实在地说，1990年代以来并不存在批评话语的匮乏问题，相反，一切最复杂和时髦的西方现代理论，都在90年代次第涌入了中国。80年代未来得及完成的理论上的引进工作，在90年代基本上全部实现了。现在看来，这个年代文学批评的成熟和文学研究的"专业化"，也显著地得益于这些"接轨性"的工作。单就理论和方法而言，中国的知识界从来没有像90年代以来这样渐次齐全而至综合。但在这个基础上所产生的批评话语，却有着非常明显的问题，即它的本土性、现实有效性、"文本及物性"则常常陷于缺失和被质疑中。在这样的背景下来看待陈思和的批评实践，其意义就更加显著。某种程度上，现代以来人们关于"海派"和"京派"知识分子的一

① 这些文章均见《犬耕集》，上海远东出版社1996年版。

个想象，也是因为他和这时期上海其他具有人文气质的学人的工作而出现了一个小小的颠覆。居然是上海这个一直有着特殊的外来文化背景、带着半殖民地符号与印记的城市，在当代担负了更具有本土性的文化工作，这不能不令人思考其中的奥妙。但在陈思和那里，文化的责任感与认同意识，并不仅仅来源于对“文化地理意义上的上海”的追寻，他的“空间理解”的基础，仍然是“历史血脉”的传承。在这方面，他的《上海人、上海文化和上海的知识分子》[①]一文也有着精神入口的意义。他认为，从半殖民地的身份延续下来的物质化和市民性的上海，“充其量只是地域性的上海文化”，而正是这一个城市中，还充满着另一种由知识分子创造的“自我批判”的精神，有着一种“通过不断的自我批判来激活自己的生命活力，使之生生不息、除陈纳新的文化”，由此他指出，正是这样的原因1930年代的上海成了全国的文化中心。而这个结果的内部，就是“庙堂文化与知识分子文化相脱离的时候”，上海在文化上的崛起，正源于这样一个契机。

显然，“庙堂文化与知识分子文化分道扬镳”的当代隐喻性是不言而喻的。我隐约地感觉到，作为一个置身于上述的“知识分子传统的上海”背景下的一个后来者，地域性身份与本土意识、知识分子的责任感与90年代的特定语境、文化批判与文化认同，在陈思和的批评思想与实践中有了一个精神的汇聚，这是一种隐秘的激动与激励。这样一个传统与精神气脉的寻索和梳理，给他带来了强烈的暗示和推动。一切并非都是基于偶然，为什么是上海而不是别的城市？当北京最新锐的批评家们忙于将批评活动与理论“国际化”的时候，上海的批评家们却如此明显地选择了本土化的理论背景与话语方式——这样说有明显的以偏概全的嫌疑，但总体上确实存在着类似的对比。可能的解释是，90年代的上海作为中国市场化程度最高的地区之一，其文化的某些边缘部分的“非意识形态性”也最强，

① 陈思和：《上海人、上海文化和上海的知识分子》，《上海文化》1994年第4期。

也就是说，知识分子的文化自觉及其同“庙堂情结”所拉开的距离也最显著，现代中国知识分子的批判性精神传统的显形也最充分。因此，他们所表现出的本土性倾向也就越明显。

在这个意义上，“本土性”不是一个一般的价值肯定，而是一个现代知识分子对精神血缘的追随与认同。毫无疑问，本土性具有“历史”和“地理”的双重意义。它使人文性精神传统的彰显得到了最有力的支撑，而这种对“五四”以来现代知识分子的精神寻找，又使得陈思和的文学批评具有非常可靠的传统资源，有了具体可感的历史依据——而不是仅仅从现代西方寻找价值的背景与依托。用最简单的话说：因为有了本土性，才使得其工作的知识分子性变得强烈和有效；因为本土性，其批评概念和思想才有了如此强劲的生长性，反之亦是。它们是互为依据、互相支持和“派生”的。而且，他的文化地理意义上的“上海的本土性”，也得以扩展为具有文化批判精神的“当代中国的本土性”。就像他的“民间隐形结构”可以扩展为通用的“隐形结构”批评一样，也许它曾经得到来自“结构主义”或者“解构主义”的某些启示，但它最终却是一种真正有效的、朴素而有普遍生命力的本土性批评实践。

还可以回到前面所提到的若干关键词，可以肯定地说，在陈思和个人的批评词典中，没有什么语汇不是朴素的本土产物，从“庙堂”到“民间”，从“共名”到“无名”，具有纽结意义的词语都是非常中国化的。另一些似乎是舶来的词语，“启蒙主义”“忏悔意识”“广场”“岗位”“隐形结构”等，也早已在语义上实现了本土性转换。他很少使用比较玄虚的形而上学的概念，更不会强行把本土的文学现象套上外来的理论衣裳。可以说，他的批评的学术深度从来不是靠玩弄新潮理论与艰涩概念来获得的。类似“共名与无名”这样的学术概念，也已完全脱出了玄学的语意，它们传神地概括出新文学历史的两种交替出现的时代，特别是因此而解释了当下——无名时代虽然失去了共同的主题、精神价值的普遍认同，但对于文学创作来说却并不总是坏事。还有最近的“先锋与常态”[①]的说法，也非常朴素而切近地解释了文学运变的规律，它可以说是有效地“缓解”了人们对文学现状的某种价值焦虑。

对于批评“对象”，他也同样表现了本土性的偏好。90年代以来他对许多更具有乡土背景的作家的关注，对于那些体现了乡村主题、大地属性或者传统色调的作品的推重，同样都是他的本土价值观的具体体现。这些作家和作品的意义，也由于他以及他所带动的许多上海批评家的有力的阐释，而产生了更广泛和积极的影响。

限于篇幅，许多问题不能在此展开了。总体上，陈思和的文学批评工作还有很多突出的特点，除了其人文性、生长性和本土性，他的思想性与审美性、实践性与精神性等的统一，也非常值得推崇。某种程度上可以说，因为他和他所带动的上海批评家的卓有成效的工作，1990年代以来中国的文学批评在走向学院化、学术化、专业化和国际化的同时，保持了与社会、与艺术、与当代文化实践的更有机的联系，从而具有更为积极的、有创造活力的良性生态。

初刊《渤海大学学报》2007年第3期

① 陈思和:《先锋与常态——现代文学史的两种基本形态》,《文艺争鸣》2007年第3期。

略谈“文本细读”

里　波

我们不认识他那闻所未闻的头颅，
其中眼珠如苹果渐趋成熟。但
他的躯干却辉煌灿烂
有如灯架高悬，他的目光微微内注，

矜持而有光焰。否则胸膛
的曲线不致使你目眩，而胯腰
的轻旋也不会有一丝微笑
漾向那传宗接代的中央。

否则眼见肩膀脱位而断
这块巨石会显得又丑又短
而且不会像兽皮那样闪闪放光；

而且不会从它所有边缘
像一颗星那样辉耀：因为没有一个地方
不在望着你。你必须把你的生活改变。[①]

这是奥地利诗人里尔克创作的一首十四行诗，名为《远古阿波罗裸躯残雕》，绿原翻译。这首诗写于1908年初夏，写的是巴黎卢

① 《里尔克诗选》，绿原译，人民文学出版社1996年版，第353页。

浮宫里的一个古希腊阿波罗雕像。在此两年前，里尔克给法国著名雕塑家罗丹当过一段时间的秘书，因此他那段时期的创作深受罗丹的影响，收入这首诗的诗集《新诗集续编》就被他献给了罗丹。里尔克撰写《罗丹论》，评价罗丹的雕像气韵贯通，每一部位都有生命在盈漾；他的这首诗亦是。许多行都不是完整的一句，而是在行末戛然而止，如第 1 节第 2 行，德语原诗用一个茕茕孑立的单词 Aber（含义表示转折）结尾，绿原的翻译信达雅，用一个“但”字突兀而立，犹似雕像的残缺；可这个字实在太巧妙，它的含义不在自身，而是超越自身界限，要求扩展、补充与想象，于是，看似中断的气韵却生动绵延，然后流转到下一行，犹如复活了雕像完整的生命。

从诗的内容来看，里尔克把他的思想直接表达了出来，那时的他还不像后来创作《杜伊诺哀歌》与《致奥尔弗斯的十四行诗》时那样神秘晦涩。那个雕像无头、无四肢，但诗人从躯干的光芒与令人目眩的曲线，想象并看见了一座完美的阿波罗雕像，宛如亲见阿波罗神，这样就产生了一种对视：通过“你”的看，雕像获得了完整的生命；雕像活了，它望着“你”，把灼灼生命流注给“你”，仿佛在说：“你必须把你的生活改变。”这既是一种创作的本真经验，也是一种阅读与批评的本真经验。

这个“你”首先是指诗人。人称“你”暗示了一种客观的视角，即摒弃诗人的个人性，指向其诗人身份，因此这是一个诗人与阿波罗雕像面对面。阿波罗在古希腊神话中是太阳神，太阳象征神圣、美、光明、希望，阿波罗因此是诗神，也是预言神。作为诗神，阿波罗自然眷顾诗人，诗人于是从残缺的雕像能够看见光辉灿烂的阿波罗，进一步说，诗人从任何残缺的艺术品都能够看见美的光芒，推而广之，只要诗人与诗神之间的这种天然的亲缘性存在，诗人从变动不居的生活就能够看到和谐，从零碎混乱的现实也能够看见和谐的美，由此进行的创作将把生活改变，但不是改变诗人自己个人的生活，而是改变他作为一个诗人生活其中的现实，其中也包括读者。

这个“你”因此也指读者，确切地说，是诗人在邀请读者。诗人以其创作体验告诉读者：每个文本，哪怕有残缺、有缝隙甚或有败笔，其背后都有一个完整的艺术世界，阅读就是去想象、去激活这个世界，同时也是在丰富自己的生活，以及完善身边破碎的世界。

这种种改变将展现诗神之为预言神的另一面，因为美好的文学艺术会带给人类美好的理想、光明与希望。

阿波罗之为诗神与预言神的神话形象、人称“你”的巧妙运用，让这首诗在我心中成了一首关于文学创作、文学批评与文学阅读的纲领诗，里尔克将它排在诗集的开篇，也显示了它的重要性。为此，我想以解读这首诗来作为对陈思和老师的“文本细读”的一点理解。

不必去考证陈思和的“文本细读”与英美新批评的“细读”是否有关联，“影响”研究早已被他自己用“世界性因素”所取代。我长时间阅读陈思和的书，感觉陈思和的生命场仿佛有一个“黑洞”，能量巨大，吞吐能力超强，所有的一切，他看到的、听到的、读到的、经历的，都被吸进那个“黑洞”里，然后吐出来的东西，独具个人特色，尤其是带着那个“黑洞”的原生态的生命信息，这一点让人很容易把他辨识出来，他的文字与思想有着那种大地的温厚与生命的温暖。比如，关于“五四”新文化传统：

> ……我们的路只能从脚下的那片土地上走起，这就是20世纪以来的若有若无的新文化传统。尽管没有四书五经作为我们的经典教条，但我们能在前人歪歪斜斜的脚印里感受其生命遗留下来的体温，鼓舞自己继续走下去，而且走得更好。（《我往何处去》）

比如，关于比较文学，他要探寻“比较”的“精神基础”，却从法国比较文学大师艾田伯的“比较文学是人文主义”，一步就追溯到了人类的生命基因的同一性，他这样说：

> ……在文化差异之上，还存在着更高的生命遗传物质的同一性。生命基因的同一性制约着我们的千差万别的精神世界。……而文学，则是最贴近生命的精神现象，与一切理性形态的学术著作不同，优秀的文学艺术都是直接从个人的感性出发，表现出生命冲动的原生态。（《作为学科的比较文学之精神基础》）

关于文学批评，他在《中国现当代文学名篇十五讲》（以下称《十五讲》）里以“文本细读的意义和方法”开讲，认为文学——无论创作、批评或阅读——的最高境界是“生命的开花”。前年，他在《南方文坛》举办的青年批评家培训班上讲解“文本细读的几个前提”，谈到了自己心仪的三个理论：萨特的存在主义、弗洛伊德的精神分析以及无政府主义。在他身上，生命、文学批评、社会实践，这三者如此唇齿相依，这让他的“文本细读”不同于英美新批评派所追求的技艺精湛的细读，而是充满了浓厚的人文情怀，让人总是有那么一种感动。

所以，陈思和的“文本细读”，虽然是作为一种方法提出来的，但作为四种方法之首的“直面作品”，即抛开一切相关的评论与先见，用自己的心灵直接去感应作品内在的生命韵律。陈思和这里用了“作品”一词而不是“文本”。我指出这一点，是想到了西方结构主义与后结构主义对“文本”与“作品”的区分。不过对这两个概念，陈思和没有明确区分，常常是比较随意地混用，但正因为如此，当他把“文本细读”的第一步称为“直面作品”而非“直面文本”时，这种下意识的用词里，在我看来，恰好暴露了他的一种很古典的文学观与批评观。“文本”（text）从词源上讲是编织物的意思，其经纬与纹理是可以解析的，因此“文本”可以“细读”，属于方法论的范畴；但是在他这里，“文本细读”的出发点是作品，那是把作品当成一个感性的整体，落脚点也是作品，那是窥探作品的绝对完美的“象”，犹如里尔克从阿波罗雕像看见了光辉灿烂的阿波罗神一样，陈思和在《文本细读的几个前提》中谈及作品背后的“象”

与“艺术真实”时，也以雕像为例来说明。

“文本细读”需要从作品出发，那么，感性的“第一印象”就很重要，然后再是细读文本，分析自己的“第一印象”从何而来，最后达到对“第一印象”的更深理解，这同时也是对自己的一个更深的认识，一种感受自己的真实经验。一个朦胧的直觉或印象如种子发芽长大，不仅丰富了自己的心灵世界，更让自己真实感受自己的内心世界，感受“生命的开花”。伽达默尔关于诠释学这样说：“诠释学经验的全部尊荣——包括历史对一般人类知识所具有的意义——对我们来说就在于：诠释学并不是把要解释的东西简单地归置到我们熟识的东西之中”，即不是把作品归置到我们自己已有的知识框架内，“而是在直接转向文字流传物中获得一种移动和扩展自己视域的真正可能性，并以此在一种根本深层的度向上使自己的世界得以充实”①。这一“不是……而是……”，正是陈思和提倡“文本细读”的初衷与追求，与里尔克面对阿波罗雕像所感到的“你必须把你的生活改变”异曲同工。百年前诗人的创作体验，半个世纪前哲学家的理论阐述，到今天，陈思和以其自身的文学批评实践，将他们所说的都落到了实处。

除了“直面作品”，陈思和还提出了“文本细读”的另外三种方法——“解读‘经典’”“寻找缝隙”“关注原型”。其中，“解读‘经典’”与“关注原型”对阅读者的学识提出了较高的要求，而“寻找缝隙”却与活泼的思维、好奇心和想象力以及敏锐感觉有关，从陈思和提倡“文本细读”的初衷来看，似乎应该排在四种方法的第二位。陈思和所说的“缝隙”与里尔克诗中的雕像的残缺一样，指向的是一个完整的艺术世界与艺术形象，所以，缝隙需要去填补，残缺的需要去想象。这种情况下的“缝隙”与“残缺”具有一种指示性，但是否还有另一种可能性，即“缝隙”“残缺”的意义就在其自身？比如，在新旧社会交替之际或社会转型期可能会出现一种

① 伽达默尔：《真理与方法：哲学诠释学的基本特征》（下），洪汉鼎译，上海译文出版社 2004 年版，第 632—633、504 页。

价值真空？陈思和是一个建构型的学者与批评家，思维活跃且缜密，但在分析中国知识分子在现代社会转型期的价值取向时，建构出来的却只是庙堂、广场、民间“三分天下”的价值形态，这不仅是20世纪中国知识分子的整体群像，具体到个人也不例外。比如，周作人，给我印象很深的是，陈思和在解读周作人的《知堂文集》时，是从周作人的一首诗《过去的生命》开始，诗歌描写三个月的生命过去了，没有留下一些痕迹，生命中的空白对周作人来说很有意义，弥足珍贵，意味着生命的蜕变与精神的成长。这种生命中的空白或缝隙也需要去寻找，就周作人而言，陈思和是找到了。

陈思和就“文本细读”提供了四种方法，但这四种方法不是解读文本的法宝，收在《十五讲》里的文本分析，有些根本就没有运用这些方法。可见解读文本并没有一定之规，不过“直面作品”大概应该是牢记在心的。陈思和对自己十三四岁阅读巴金的《憩园》时的那种感动刻骨铭心，因此知道“直面作品”的重要。“直面作品”是陈思和现在的提法，那时的他心里只有感动，“感动”可以说是“直面作品”的第一信号。从陈思和对“直面作品”的种种解释如“不带先入为主的偏见”“清空自己头脑里的各种条条框框和各种习惯束缚”“百无禁忌”“忘我”来看，要真正做到“直面作品”，实在太难。孩子纯洁，心灵对万事万物敞开，感觉敏锐；可一旦长大，社会化了，身处各种各样的条条框框之中，要想剥离这一切，放空自我，达到“忘我”的境界，谈何容易？但我想，如果我们从陈思和的这些解释回到他年幼时的阅读体验，那么，对“直面作品”的理解会有云开雾散之感，那就是：感动。文字既有解蔽之效，也有遮蔽之弊。对陈思和的“直面作品”之说，也需要“直面”才能深得其意。

感动是人最直接的一种前意识的生命感受。人在意识到自己感动时，感动已经发生了。感动是人的生命之根被触动，然后波及生命之树上的枝枝叶叶。何为“生命之根”？可以想象一棵树。树向上长，根却在地里，根在地里扎得越深，根系越发达，越能吸取土中营养，大树越有可能耸入云霄；人与树一样，昂头仰望天空，双脚却站在大地上，人的生命因此也是扎根大地的，大地承载包容了全部人类与世间万物的生命与生活，一个人的感受之敏锐与生命之丰富，就取决于其生命之根的状态。孩子的生命之根稚嫩，再加上孩子的世界里没有明确的主客体之分，与万物浑然一体的生命状态让他们的生命之根最易被触动，其波动将逐渐形成他们的情感、意识、思想，构成生命之树的主干枝叶，是人的生命的外在表现。长大成人，逐渐失去那种物我不分的前意识状态，却发展了一个个人性的“我”，此时，生命之根越深越发达，内在的生命就越广博越敏锐，能如海纳百川，亦能惺惺相惜；外在的生命之树就越繁茂越高耸云霄，能穿透种种框架、束缚与成见，而创新己见。

举一个外国文学的例子，我感触非常深。荷马史诗《奥德赛》第 19 卷第 386—475 行，描写奥德修斯漂泊十年后终于回到了自己的家，家人相见不相识，老保姆给他洗脚，发现了他脚上的伤疤，才认出了他。[①] 这个细节，最早被亚里士多德解释过。亚里士多德把“发现”与“突转”视为故事情节的两个成分，因此他看重的是伤疤这一标记引出的发现，即奥德修斯的身份被发现，认为伤疤的发现导致了剧情的突转[②]，因为随后奥德修斯又将脚上的伤疤向两位仆人展示，明示自己的身份，以获得他们的帮助，为接下来杀灭求婚人做好了准备。同样这段描写，到了奥尔巴赫的笔下，成了西方文学中最早的现实主义描写：荷马把“洗脚这一祥和的家庭场景”嵌入了英雄奥德修斯的“伟大、重要、崇高的返乡情节之中”[③]。还是这一细节，在我国的荷马研究专家陈中梅那里，又被解释为西方认知史上连接秘索思（mythos）与逻各斯（logos）的一个中继点：

① 可参见荷马《奥德赛》，陈中梅译，译林出版社 2003 年版，第 625—631 页。

② 亚里士多德：《诗学》，陈中梅译，商务印书馆 1996 年版，第 16 章，第 118 页。

③ 埃里希·奥尔巴赫：《摹仿论——西方文学中现实的再现》，吴麟绶等译，商务印书馆 2014 年版，第 1 章“奥德修斯的伤疤”，第 1—29 页，引文见第 27 页。

秘索思相信神示与预兆，逻各斯相信理性与逻辑，伤疤是一个标记，却又是显见的诉诸感性的，其作为认知依据则成为人类认知从神秘到理性之间的一个过渡。[①] 通过这三种阐释，同一个细节描写居然在西方诗学、西方现实主义文学史、西方认知史上均占有了一席之地，不由让人感叹经典的巨大魅力，惊叹这三人非凡的阐释功力。他们的不同阐释源于不同的视角，不同的视角反映了他们各自不同的关注点与兴趣点，而这种不同极具个人性。他们都是学者，但他们无疑都具有批评家的禀赋，即王尔德所说的个性与敏锐丰富的感受力。[②] 亚里士多德从纯美学的角度而非道德角度分析艺术，写了欧洲美学史上的第一部《诗学》；奥尔巴赫“信手拈来”一些片段，品读解析，就完成了一部从荷马到普鲁斯特的西方现实主义文学史；[③] 陈中梅发掘了秘索思的那片神秘莫测的领域。[④] 王尔德认为最好的批评家是一个艺术家，最高层次的批评是一种艺术，而学者的

① 陈中梅：《〈奥德赛〉的认识论启示——寻找西方认知史上 logon didonai 的前点链接》，《外国文学评论》2006 年第 2 期，第 65—79 页；陈中梅后又分析了奥德修斯的妻子的实证意识，为了确认奥德修斯的身份，她诱使奥德修斯说出他们睡床的机关，参见此文续篇，载《外国文学评论》2006 年第 4 期，第 86—100 页。

② 这两点被王尔德认为是一个批评家最重要的素质，参见王尔德《作为艺术家的批评家》，杨慧林译，赵澧校，见赵澧、徐京安主编《唯美主义》，中国人民大学出版社 1988 年版，第 164、174 页。

③ “信手拈来”是奥尔巴赫自己的用语，见奥尔巴赫《摹仿论——西方文学中现实的再现》，“结语”第 655 页。奥尔巴赫受过语文学的专业训练，解读文本自有一套，但韦勒克认为，奥尔巴赫还具有艺术家的禀赋，即具有“个人洞察力（与）艺术想象力”。关于《摹仿论》他这样说：“奥尔巴赫凭借毫芒不差的审美触角摘选了这些令人印象深刻而有代表性的段落，并且敏感而又力透纸背地细细品评。”这一评价可谓相当之高。（雷纳·韦勒克：《近代文学批评史》第 7 卷，杨自伍译，上海译文出版社 2005 年版，第 203、194 页。）

④ 陈中梅：《Μύθος 词源考》，陈思和、王德威主编《文学》，上海文艺出版社 2013 春夏卷与秋冬卷。

研究就大为逊色。在他看来，很多学者大概一辈子就在文献中摸爬滚打，可到头来还是拾人牙慧，不过是“换一种形式去重复别人放在他嘴里让他说的东西”①。所以，为了避免这种不堪，学者也要有批评家乃至艺术家的禀赋，如此才能穿透汗牛充栋的各种文献，让作品再生出活泼的生命力。20世纪初，资讯与文化交流远不像现在这样发达，但“五四”时期对西方文学与思潮的介绍与引进却如火如荼，虽显粗糙，精髓却在，一个很重要的原因就是那些人很多都有独特的创作能力，如茅盾、郭沫若、鲁迅等，他们从自己的创作禀赋出发，对西方文学与思潮有种特别的敏感，心领神会。现代文学史上的一些著名批评家如李健吾、唐湜也是作家诗人。而以上列举的三位学者，也证明了批评家或艺术家的素质对研究的重要性。创作—批评—研究，我以为是最理想的一种状况。陈思和老师既是一个学者，也是一个批评家，研究与批评相映生辉，他欣欣然于此，也得益于此。

实在是被奥德修斯的那个伤疤迷住了，我突发奇想：陈思和老师在解读《雷雨》《倾城之恋》等作品中发现的缝隙、经典与原型，

① 参见王尔德《作为艺术家的批评家》，第163—164页：“想真正理解莎士比亚的人，就必须理解莎士比亚与文艺复兴和宗教改革的关系，与伊丽莎白时代和詹姆斯时代的关系；必须熟悉旧的古典形式与新的传奇精神之间，锡德尼、丹尼尔和约翰逊一派与马洛那更伟大的儿子一派之间争权夺霸的斗争史；必须知道莎士比亚所吸取的素材，莎士比亚使用这些素材的方法，16至17世纪的戏剧表演条件，这些条件在当时受到的限制及其摆脱限制的机会，以及莎士比亚时代的文学批评及其目的、形式和准则；还必须研究英国语言的变化、无韵诗和押韵诗的种种发展，研究希腊戏剧，研究《阿伽门农》的作者与《麦克白》的作者之间的艺术联系。总之，必须把伊丽莎白时代的伦敦同伯里克利时代的雅典结合起来，以了解莎士比亚在欧洲戏剧史和世界戏剧史上的真正地位。……批评家确实可以是一个解释者，然而有些解释者只是换一种形式去重复别人放在他嘴里让他说的东西……”王尔德所说的研究者的“惨状”，大概每一个研究者都会深有感触。

能否像奥德修斯的那个伤疤一样，也是一个宝藏呢？或者像一颗美丽的钻石，不同的人去切割，光彩会各异。那样的话，作品的美不断散发出来，这大概是陈思和作为一个文学工作者最感欣慰的了。

个性帮助一个人建构其知识框架与审美习惯，形成其独特的批评与研究视角，表现为一种批评个性或学术个性；但这些都是人的生命的外在表现，是生命之树上的枝叶。构成这一切的根基是个人的生命之根。如果生命之根健壮发达，个性独特而强烈，就越有活力不断自我突破，突破自己已有的知识框架与审美习惯，发掘新的知识与新的美，里尔克所说的“你必须把你的生活改变”也含有这层意思，我想，这也是文学研究的最大魅力。

创作是个人性的，批评与研究也应该具有个人性。常见一些文本分析，丝丝入扣，技艺精湛，堪称范本，但总觉得少了点什么，大概就是少了解释者自己的一种生命感动。当然，这种客观研究不是不好，但文学研究不似自然科学研究那样讲究客观与精准，所谓“研究”要求的是逻辑严密、思维缜密，并不是要排除研究者个人的主体性。文学艺术创作与研究的对象与主体，归根到底是人。逻辑性与主体性并不矛盾。巴赫著名的《哥德堡变奏曲》不仅以高度的逻辑性与精致的结构令人叹为观止，还充溢着虔诚的信仰与热烈深邃的情感，可谓人类心智的巧夺天工的旷世之作。加拿大钢琴家古尔德在二十三岁录制这部作品时，在录音间随音乐翩翩起舞，不能自已。这是他第一次录制唱片，就以其独特而卓越的技巧与感染力，一举奠定了他诠释巴赫作品的不朽地位，也让巴赫的这部杰作大放光彩，他向人们展示，抽象艰深的逻辑理性与丰富热烈的内心情感在巴赫的音乐中完美地融合为一。这种古典的文艺观，与巴赫的音乐和古尔德的演奏一样，经久不衰。陈思和在《文本细读的几个前提》的开头，不是把文本细读比成拆解机器零件，而是比成医学上的人体解剖，那肯定就是有血有肉的。

说到底，陈思和的“文本细读”追求的是生命与生命的交融。他从不讳言自己对萧红作品的喜欢，那是一种怎样的喜欢？只要读一读他对萧红的《生死场》的分析，就会懂得。萧红的《生死场》，书名惊心动魄，作品更惊心动魄，而陈思和的细读，把生命、美、爱，甚至萧红的文体都追溯到生命的原生态——“生死场”，可谓是窥探到了《生死场》的惊心动魄的最深处。相比之下，他对冯至的《十四行集》的解读可能会让人感觉有点太“实”。《十四行集》有二十七首诗，陈思和一首不落地进行解读，还把二十七首诗看成由六大乐章构成的一个整体，分析其内在结构，这就导致这一讲的篇幅很长，是书中其他各讲的两倍还多，但如此细致的解析，有点遮蔽了二十七首诗歌背后的那个“象”。陈思和解读这部诗集的出发点是“世界性因素”，探讨冯至如何把里尔克的影响中国化。里尔克是20世纪初著名的德语诗人,后期诗歌玄妙,追问和思考爱、生、死等人类最本质的生存问题，而冯至不同。陈思和认为，冯至把里尔克的玄妙哲思“置于中国抗战的背景之下”创作了《十四行集》。这个观点很精彩。这种碰撞，不单单是中西文化的碰撞，更值得深思的，是诗人与现实、文学创作与抗战现实的碰撞。20世纪的中国知识分子，无论作家还是学者，在这类碰撞中都走得一路坎坷，伤痕累累。陈思和从研究巴金起步，一步一步地在那几代知识分子的“歪歪斜斜的脚印里”感受他们的“生命遗留下来的体温”，情之切切，不离不弃，他们的生命气息已经融入他的血液，成了他的生命底色与学术基调。所以，即便陈思和没有把二十七首诗歌背后的那个抗战时期的知识分子的“象”清晰呈现出来，但他在字里行间不时有所表露，如他在第一首十四行诗里就看出了“生命／爱情／家国的多重意象”，在他的分析里，这首诗里还出现了“创作”这一意象，冯至在诗集的开篇就建构这多重意象，不仅为这组诗集“拉开了颇为雄壮的序幕”，也书写了那个时代的知识分子的大“象”。

陈思和追求个人性的批评与研究。20世纪中国文学史上的作家作品那么多，他关注的就那一批；当下的作家作品层出不穷，他关注的就那几个。他曾用道路两旁的树来比喻创作与批评的关系：它们拥有同一条道路，即同时面对当下生活；枝叶与枝叶会有相碰与感应，批评家与一些作家因此会趣味相投、情投意合。[1]但我想，像陈思和这样对作家作品的选择性关注，与其说是枝叶与枝叶的相碰与感应（枝叶毕竟还是生命的外在呈现），不如说是根与根的相通与感应。但这不是说他们的生命之根真的连在一起，而是说他们的生命都扎根于同一片土地，因此会有相通与感应。佩特有一句话说得特别好："在各个时期都有一些杰出的艺术家，都能创造出一些杰出的作品。他（批评家——引者）要提出的问题永远是：在谁的身上体现出时代的动荡、才能和情感？使之得到提炼、升华和鉴赏的场所何在？"[2]时代的动荡、才能与情感首先触动作家的生命之根，优秀的作家能使之在作品中得以提炼与升华。陈思和所关注的，就是这一类作家的作品。仅看《十五讲》里各讲的标题，对此就会有所领会。它们大多不是描述性的，而是判断性的，如："中国新文学的第一部先锋之作：《狂人日记》""现代知识分子岗位意识的确立：《知堂文集》""现实战斗精神的绝望与抗争：《电》""新文学由启蒙向民间转向：《边城》""启蒙视角下的民间悲剧：《生死场》""民间视角下的启蒙悲剧：《骆驼祥子》"，等等。只有抓住了作品所表达的时代精神，才会如此断言。陈老师在解读沈从文的《边城》时说了一句话，可引以为据，他说："我把巴金的《电》与沈从文的《边城》放在一起讲，并不是因为这两部作品出于巧合同时诞生，而是因为它们的并置包含了文学史的一个分界，新文学到1930年代发生了新的变化。"由于对时代有深刻的理解，因此慧眼独具，识别先知先觉之杰作。陈思和对20世纪文学的研究如此，对当下文学的批评亦是。1980年代思想解放运动，他研究巴金，研读《随想录》；80年代末之后，知识分子经世济国的热情与理想受挫，

① 陈思和：《批评与创作的同构关系：兼谈新世纪文学的危机与挑战》，《昙花现集》，上海人民出版社2015年版，第45—65页，尤见第49—53页。

② 佩特：《文艺复兴》，李燕乔译，丰华瞻校，赵澧、徐京安主编《唯美主义》，第72页。

市场经济大潮涌起，他推崇王安忆反思前辈知识分子精神史的《叔叔的故事》，赞赏张炜转向民间自由书写的《九月寓言》；进入新世纪，市场经济渗入农村，他震撼于贾平凹描绘中国农村发展之天命的《秦腔》……

写到这里，我忽然想起了柏拉图的那个著名的磁石比喻。在对话《伊翁》里，苏格拉底用磁石链条比喻神赐灵感的传递过程。他把缪斯比作磁石，缪斯先赐予诗人灵感，诗人得以写出美丽的诗句，诵诗人再从诗人得到灵感，得以声情并茂地把诗人的诗歌吟诵给观众。批评家其实就是诵诗人的角色，他与作家之间也要有心灵的共鸣，才能深得作品之神韵与精髓。不过，缪斯是没有了，有的只是脚下的这片土地以及土地上的人民与生活，中国现当代文学都是从这片土地生长起来的，“体现和包容了知识分子的巨大的精神探求动力”（《文本细读的意义和方法》）。自“五四”以来的“为艺术”与“为人生”的两种启蒙传统，不仅并行不悖，而且互为依存。所以，陈思和提倡阅读作品，背后是有一种精神追求的，那是一个崇高的目标：融入知识分子的人文传统，弘扬知识分子的人文精神。在此意义上，他的“文本细读”就不仅是一种方法，而且是对“五四”以来的两种启蒙传统的一种承传。

初载《陈思和文集》第四卷《名著新解》附录，广东人民出版社2017年版，第530—542页。

“细读”、经典与人文精神
——以陈思和学术思想为中心

黄　平

一、作为教育理念的“细读”

2002年，《文汇报》以“原典精读”为重点，聚焦陈思和教授在复旦中文系所倡导的文学教育革新：

> 课程改革，是陈思和任系主任以来最出彩的动作。这也可以说是二十多年来我国大学中文系教育的第一次大手术……教育改革围绕“原典精读”展开：一二年级通过对一批典籍名著的文本细读，让学生回到最基本的东西：感性和审美。这二十门原典课程是：《论语》、《庄子》、《诗经》、《楚辞》、《史记》、《世说新语》、《马氏文通》、《说文解字》、《文心雕龙》、唐宋诗词、四大古典小说、鲁迅作品、周作人散文、胡适文存、巴金《随想录》、中国新诗……[①]

无论是研究者还是陈思和本人，谈及“细读”，往往在“文本细读与文学史教学”[②]中予以理解，以这次教育改革为范例，将“细读”视为一种“技能训练”，以此把握文学的美感，达致人格的养成。

① 周毅：《陈思和做“官”》，《文汇报》2002年6月11日，第11版。

② 陈思和：《文本细读在当代的意义及其方法》，《河北学刊》2004年第2期，第109页。

罗兴萍在《文本如何细读——陈思和文学评论的特点》一文中，梳理了陈思和的这次“细读”实验：“他出任中文系主任的第一件改革，就是大刀阔斧改革本科生教学课程体系，把文学史和文学概论课程都推迟到二、三年级，压缩基础课程学分，安排优秀教师去一年级为新生讲授中文系原典精读系列课程，推广扎扎实实的读书风气。他以身作则，自己开设通识课‘现当代文学名著选读’，年年开设年年爆满，成为复旦大学通识教育的核心课程。现在，陈思和领衔的复旦大学中文系原典精读系列课程成为国家优秀教学团队和国家级精品课程，文本细读的风气也成为复旦大学中文系的一个品牌。”[①] 在“原典精读”推行多年之后的一次访谈中，陈思和自己也谈到了这一点：“文学教育就是阅读，细读，精读，让中文系的学生学会阅读，学会感受，然后学会分析和表达自己的感受。这是中文系学生的技能训练的重要标志。这项工作我自己正在实践中，现在还不是总结理论经验的时候，但我想，通过文本细读的课程实践，会逐渐培养出这样能力的学生来。”[②]

这种“原典精读”的教育理念，和哈佛大学堪为典范的“核心课程”计划非常神似，2006年复旦大学推出首批五十门“通识教育核心课程”，中文系引领风气，起到了重要的作用。新世纪以来中国大学一直讨论如何建设世界一流大学，大多是泛泛的议论，缺乏的正是陈思和这种“原典精读”的实践。只要对当下大学文学教育稍有了解即会发现，这一以“细读”为标志的教育方式的转变，对于中文系教育乃至于中国大学教育变革都十分重要[③]，如何估计亦不过分。以往的文学教育囿于将“文学”与“社会”机械对应的偏

① 罗兴萍：《文本如何细读——陈思和文学评论的特点》，《文艺争鸣》2009年第7期，第94页。

② 陈思和、邵宁宁：《知识分子的岗位意识与人文情怀——陈思和先生访谈录》，《甘肃社会科学》2007年第2期，第62页。

③ 在笔者有限的视野里，法学方面有复旦大学邓正来先生所主持的“原典精读”。这一教育理念如果推广开去，对中国大学教育意义深远。

狭理解，轻视具体作品，注重知识与理论的学习。不是说知识与理论并不重要，而是在具体的教学中，知识与理论不加反省地以教条的方式呈现，反而丧失了知识性与理论性。这种自误误人式的文学教育，使得中文系学生除了死记硬背下一些干瘪、可疑的“知识点”之外，在具体的文本面前常常瞠目结舌，找不到一种有效的解读方式。更为糟糕的是，一些入学的时候灵性十分的学生，经过了四年填鸭式的教育，不进反退，这种“教育”对其成长苛刻一点讲反而是一种拖累。

对于纠正既往文学教育的弊端而言，“原典精读”是非常有效的方法。在陈思和学术思想的脉络中予以把握的话，他之所以提倡细读经典，可谓其来有自。“细读”之于陈思和，不仅仅意味着研习原典的教育理念，更代表着其治学方法与学术精神。对于陈思和来说，学术研究、文学教育、出版传播三位一体，共同构成了现代知识分子的“岗位”：“我一直在探索一种学术、出版和教育之间的融通方式，我对这三个领域都有强烈的兴趣。”[①]不过，和陈思和所提出的“民间文化形态”“潜在写作”等重要概念相比，“细读”往往被视作一种“技术性”的策略，相对关注较少，这方面值得进一步研究。而且，由于学界普遍习惯从“主题”等宏大视角讨论作品，强调的是引申出来的“结论”，对于“细读”一直缺乏足够的重视。在这个意义上，陈思和的“细读”尤其有现实针对性，他的学术实践本身就值得“细读”。

二、作为治学方法的“细读”

就陈思和的治学方法而言，不同时期所提出的不同观点背后，一以贯之的是对研究对象的细读，比如作为“重写文学史”具体成果的《中国当代文学史教程》，正是通过“细读”实践了“重写”。

① 陈思和、黄发有：《传承人文薪火——陈思和访谈录》，《渤海大学学报》（哲学社会科学版）2007年第3期，第13页。

纵览陈思和1980年代以来的批评文章，这方面的特点同样如此，如张清华所分析的，“他的细腻的阐解与条分缕析，使思想的传达变得绵密而结实，使他的观点得以落到实处”[①]。对此，陈思和本人亦有明确的方法论上的自觉，“文本细读是治学的一种方法、态度。拿到一部作品你能不能分析它、能不能读出你自己的感受要靠文本细读”[②]。

陈思和“细读”的治学方法，一般被认为是“新批评”在大陆学界的体现，“对照陈思和文本细读的实践来看，他与西方的新批评似有默契”[③]。笔者就此看法略有不同，用一个比较流俗的句式来表达的话，可谓既是“新批评”，又不是“新批评”。

就相同之处而言，陈思和的“细读”与“新批评”在以下几个方面基本一致：细读作品、消解“反映论”的弊端以及革新文学教育。细读作品，通过文本分析推出结论，一般被视为“新批评”最鲜明的特色，在宽泛的意义上学界基本将“细读”等同于“新批评”。尽管今天看来这近乎是一个“常识”，“新批评”之后的各个流派比如后结构主义、西方马克思主义批评等同样有很好的基于“细读”的批评实践，但是对于长期受到政治意味浓郁的庸俗化“文学社会学”困扰的大陆学界而言，“新批评”当之无愧是“新”的。不言而喻，“新批评”之所以在1980年代一度成为“显学”，正在于它的理论主张背后，消解“反映论”的弊端这一现实针对性，“1984年，刘象愚等人翻译的韦勒克和沃伦所著《文学理论》在三联书店出版，这是新批评中文译介历程上的标志性事件。《文学理论》在一定程度上体现了新批评‘本体论批评’的主张，它将文学研究分为考察作品外部联系的外部研究和探求文本内部意义和结构的内部研究，

---

① 张清华：《本土性、生长性、知识分子性——关于陈思和的文学批评》，《渤海大学学报》（哲学社会科学版）2007年第3期，第25页。

② 陈思和、黄发有：《困境中往往隐藏着生机——陈思和访谈录》，《当代作家评论》2009年第3期，第173页。

③ 罗兴萍：《文本如何细读——陈思和文学评论的特点》，第94页。

强调内部研究的中心地位，这与马克思主义的反映论大异其趣”[①]。在这个意义上，“新批评”势必提出不同的文学教育主张[②]：“新批评在英语世界曾以深刻改变了文学教育著称，正如乔纳森·卡勒所言：‘新批评的影响在许多方面是有益的，特别是在文学教学上’，新批评‘解放’了‘从某种较早的文学研究模式中产生出来的老一辈人’，经过新批评革命，‘即使是那些缺乏学术功底的最平庸的学生，也能对文学作品的语言和结构进行有效评价。’”[③]

不难发现，“新批评”以上几个方面的特征，在陈思和的学术思想中都有出色的体现。然而，陈思和的“细读”与新批评的“细读”，也存在着鲜明的差异性，笔者认为这种差异更值得重视。众所周知，“新批评”的理论并不看重“作者”与“读者”，带有比较明显的文本中心主义倾向，在极端的意义上倒是类似德里达那句名言：“文本之外，并无他物。”比如作为“新批评”最有创见又最富争议的两大观念即“意图谬见”“感受谬见”，非常犀利地以文本为中心划定文学的疆界，“意图谬见在于将诗和诗的产生过程相混淆……感受谬见在于将诗和诗的结果相混淆”[④]。

不过，陈思和对此的看法迥然有别，“我不赞成把文本细读看作是与作家主体和社会客体都无关的纯技术形态”[⑤]。在他看来，“细读文学作品的过程是一种心灵与心灵互相碰撞和交流的过程。我们阅读文学，是一种以自己的心灵为触角去探索另一个或为熟悉或为

① 赵毅衡、姜飞：《英美“新批评”在中国“新时期”——历史、研究和影响回顾》，《学习与探索》2009年第5期，第202页。

② 值得注意的是“新批评”也是学科建制的产物，和西方大学现代意义上的文学教育的兴起与完善密切相关。

③ 赵毅衡、姜飞：《英美“新批评”在中国“新时期”——历史、研究和影响回顾》，第204页。

④ 威廉·维姆萨特、蒙罗·比尔兹利：《感受谬见》，黄宏熙译，收赵毅衡编选《“新批评”文集》，百花文艺出版社2001年版，第257页。

⑤ 陈思和：《文本细读的意义和方法》，《中国现当代文学名篇十五讲》，北京大学出版社2003年版，第10页。

陌生的心灵世界。我这里所指的心灵世界，包括两个主体：一个是作家的主体，即作家在创作的背后应有一个完整的理想境界，是作家对作品应达到的境界的期待；另一个是读者的主体，即读者对阅读的作品所期待的一种理想境界。但文学作品本身是一个自在的客体，它既不可能完全等同于作家的主体期待，也不可能完全重合读者的主体期待。文学阅读的过程也正是这样三个元素的互相融合与冲突的过程"[①]。在这里，陈思和一方面尊重作品相对独立的客观性，一方面强调"作者"与"读者"的重要性，把三个元素归结于"心灵"即人性本身。显然，这已然和原教旨意义上的"新批评"判然有别。

真切把握陈思和所理解的"细读"，最好的材料自然是他几十年来大量出色的批评文章，2003 年结集出版的《中国现当代文学名篇十五讲》则是这类研究成果中代表性的著作。在"导论"性质的第一讲"文本细读的意义与方法"中，就方法的层面而言，陈思和将"细读"梳理为四种方法：直面作品、寻找经典、寻找缝隙、寻找原型。这可以视为陈思和自己对"细读"的一次理论总结。

就直面作品而言，作为"细读"的第一步，陈思和强调的是搁置以往的成见，不是从评论出发，而是从直面作品的感受出发来阅读作品，他在这里强调的是"心灵"的重要性："既然阅读是一种个人隐秘感情世界的自我发现和自我保护，那我们必须强调要直面文学作品，以我们赤裸的心灵和情感要求来面对文学。"[②]在此基础上，他将"寻找经典""寻找缝隙"理解为"技巧的分析"。"寻找经典"意味着寻找"文化传统中最根本的意象"[③]，即在"经典"作为文学资源的文化传统中写作，反之则流于"肤浅"，"五四新文学"的问题正在于此。"寻找缝隙"的说法，表面看来类似于后结构主义的"症候式阅读"，"我们在阅读文学作品的时候要学会寻找缝隙。文本不是笼统地讲故事，我们细读的时候要注意读出它

① 陈思和：《文本细读的意义和方法》，第 5 页。

② 陈思和：《文本细读的意义和方法》，第 11 页。

③ 陈思和：《文本细读的意义和方法》，第 13 页。

的破绽，读出作者遗漏的，或者错误的地方”[①]。然而，有意味的是，这种“症候式阅读”在陈思和这里不是“政治性”的阅读，不是通过文本的“缝隙”瓦解对应的意识形态叙述，而是基于“审美”的考虑。就此陈思和分析道：“我有一个信念，任何一部好的文学作品，背后一定有一个完整的世界……小说的背后有一个完整的故事，有一个完整的理想的模型，但是作家没有能力把这个模型全部写出来。”[②]“‘缝隙’里隐藏了大量的密码，帮助你完善这个故事。”[③]在此基础上，陈思和认为“再深入分析的话”就是“寻找原型”：“原型和经典不一样，原型指作品里隐藏着一个隐形结构，通常隐形结构来自民间的文化资源，反映了民间对于现实生活的习惯性理解。”[④]联系陈思和关于“隐形结构”等相关论述来理解的话，“寻找原型”意味着寻找艺术的一种“超稳定结构”，即在“战争文化心理”制约下的文学作品中寻找一种“潜在”的“文学性”。

从以上可见，陈思和对“细读”的理解，不能以“新批评”来概括。陈思和的学术思想在“新批评”一定程度影响的基础上，形成了自己独特的文论体系。这里有很重要的一点，似乎长久以来被忽视了：陈思和对“细读”的理解，既带有1980年代的时代印记，同时解决了1980年代“新批评”进入（或者说“重返”）当时历史语境所面临的理论困境。联系近乎被忘却的1985年肇始的“本体论”的讨论以及其后“主体论”的提出，可以看出，“对‘新批评’的援引，并不是为了‘新批评’自身理论谱系的展开，而是作为‘扫清道路’的‘理论武器’，服务于一个更高的理论目标——‘文学主体论’”[⑤]。当时存在着两种“本体论”——“新批评”意义上的“本体论”和“主

① 陈思和：《文本细读的意义和方法》，第15页。

② 陈思和：《文本细读的意义和方法》，第15页。

③ 陈思和：《文本细读的意义和方法》，第16页。

④ 陈思和：《文本细读的意义和方法》，第17页。

⑤ 黄平：《“文本”与“人”的歧途——“新批评”与八十年代“文学本体论”》，《当代文坛》2007年第5期，第56页。

体论”意义上的“本体论”，也被称为“形式本体论”和“生命本体论”[1]。换句话说，“新批评”以“文本”为区分“内部/外部”研究的标准，在“启蒙”的语境中，被转换成以“人”为区分“内部/外部”研究的标准，“内部研究”不再是文本细读，而是“向内转”，探索人的心灵世界。这诚然有其历史合理性，但是造成了一种分裂：强调“人性”，往往缺乏“细读”，流于“启蒙”的空疏；强调“细读”，往往回避“人性”，耽于“艺术”的唯美。

从1980年代的断裂处出发，陈思和对“细读”的理解，有效地综合了“本体论”与“主体论”的分歧与冲突，在这个意义上，这是真正扎根于中国问题的文学理论。略做概括的话，陈思和的“细读”是一种以人文精神为根基的“细读”，是一种陈思和式的“文学是人学”。这难以仅仅在方法层面上予以解释，归根结底，这种以人文精神为根基的“细读”，来自陈思和对学术精神的理解。

三、作为学术精神的“细读”

陈思和对“细读”独特的理论阐释，来自他的“细读”背后所依托的人文精神，“文学说到底是培养人格的”[2]。无论阅读还是批评，都与“人格”的养成密切相关：“为什么我总是把文学作品的阅读与人生的意义看得那么重要？因为这与人格的熏陶非常有关系，我自己切身的经验就是这样。”[3]“文本细读本来是文学批评的独立人格的展示，文学批评不是文学创作的附庸，批评者与创作者同样是站在生活的面前，以创作为对象来抒发对当下生存环境的

① 严昭柱：《论“文学本体论”》，《文学评论》1992年第1期，第62—75页。

② 陈思和、黄发有：《困境中往往隐藏着生机——陈思和访谈录》，第174页。

③ 陈思和：《文本细读的意义和方法》，第8—9页。

主体感受。”[①]

就此而言，比较有代表性的是陈思和对张爱玲的分析。有意味的是，陈思和并不是很看重张爱玲的写作，“其实我对张爱玲的小说并不推崇，我本人也不是‘张迷’”[②]。究其原因，“我以前不太喜欢读张爱玲的小说，就是因为感到这个女人太世故，文学是需要一点天真的，需要一点真性情”[③]。就此，陈思和将张爱玲和萧红做了一个有意思的比较：“有的学者批评我过去的研究中对张爱玲缺乏热情，我为什么要有热情呢？我承认我对萧红的热情肯定比对张爱玲多得多，那是因为萧红是在用生命血肉写下文字，而张爱玲用的却是白流苏式的小智慧来写作，我的热情从何而来呢？”[④]

可以看出，陈思和的“细读”背后，以“人文精神”为其价值标准。正是在这个意义上陈思和对张爱玲的部分作品评价不高，而在多篇文章中反复提到比较冷僻的无名氏的写作：“对于知识分子的那种忧世伤生的人文精神，张爱玲都回避了……1950年代初期，张爱玲在上海创作《十八春》和《小艾》，也有迎合当时主流意识形态的成分，在这方面张爱玲绝不是不懂世故，把她的创作与同一时期无名氏的创作相比较，就可以看出两者的区别，这也是小市民与知识分子在人格上的根本区别。”[⑤]同样的逻辑，陈思和很欣赏张爱玲表现了“精神悲剧”的作品：“但是她早期的小说实在是好，好就好在那看似松散的叙事笔法背后却包容了紧张的心理张力，历史的、文化的、审美的不同信息，都集中在文字背后的心理角斗场上奔腾

① 陈思和：《文本细读的意义和方法》，第8页。

② 陈思和：《〈郁金香〉编后感言——张爱玲小说的新发现》，《海藻集》，广西师范大学出版社2007年版，第352页。

③ 陈思和：《都市里的民间世界：〈倾城之恋〉》，《中国现当代文学名篇十五讲》，北京大学出版社2003年版，第353页。笔者补充一点，这里亦能看出巴金对陈思和文学观的影响。

④ 陈思和：《都市里的民间世界：〈倾城之恋〉》，第352—353页。

⑤ 陈思和：《都市里的民间世界：〈倾城之恋〉》，第351页。

冲突，平淡风格下面是非常壮观的精神悲剧。”[1]

可以说，在陈思和的学术思想中，对“细读”以及相关的“审美性”“文学性”等的强调，归根到底以“人”为中心，“美的境界”就是“人的境界”。“社会上很多庸人总是千方百计地诋毁文学的理想和美好的力量，嘲笑这是不切实际的空洞之论，但我要说，美本身就是人的生命构成的一部分，如果丧失了对美的感知能力，丧失了对好的伦理的自制能力，那么，那种生命形态我认为至少是极不完整的，也是极不美好的。”[2]

笔者几个月来重读了陈思和多年以来的大量著作，这一印象尤为深刻：陈思和视野开阔、新见迭出的学术思想背后，一以贯之的逻辑非常清晰。作为中国现当代文学领域标志性的学者之一，陈思和在近三十年来不同时期提出过多个重要观点，如新文学整体观、岗位意识、民间文化形态、战争文化心理、共名与无名、潜在写作、隐形结构、世界性因素等，核心因素是对“人文精神”的重视与捍卫。

在这个意义上，陈思和的批评和兰色姆、布鲁克斯、沃伦、维姆萨特等美国流脉的“新批评”不同，倒是更近似于以《细察》（*Scrutiny*）为代表的“新批评”的英国谱系，即阿诺德—利维斯的人文批评传统。尤有意味的是，陈思和这一代学人的处境，既类似于阿诺德时代所面对的大英帝国崛起所伴随的“煤与钢铁”对古典文化传统的冲击，又类似于利维斯时代所面对的大众传媒、流行文化对文学的淹没。[3]故而，类似于阿诺德以“诗歌是人生批评”来推动“文化、人性整体和谐、全面发展的完美”的理想，也类似于利维斯以细读经典捍卫“伟大的传统”的努力。陈思和的“细读”，其最终目的在于以人文精神为标准细读作品，以此追寻完整美好的人生境界。

---

① 陈思和：《〈郁金香〉编后感言——张爱玲小说的新发现》，第352页。

② 陈思和：《文本细读的意义和方法》，第19页。

③ 值得注意的是90年代初期的“人文精神大讨论”，无论历史境遇、宗旨或议题，和阿诺德等对彼时物质文化、拜金主义的批判很相似。

陈思和对作为学术精神的“细读”所捍卫的中国20世纪的“伟大的传统”有清楚的认识，他称其为“新文化传统”，“我个人对新文化传统的认识，基于两点：一是知识分子的民间岗位的确立；二是坚持由鲁迅—胡风延续下来的独立批判立场”[①]。梳理陈思和学术思想的师承脉络，这是一条“鲁迅—胡风、巴金—贾植芳”脉络延续下来的精神传统，以“人”为中心的“五四”精神传统，“1990年代我做的所有工作都是想实践一下在中国这样一个特殊现实环境下，知识分子应该怎么办？如何尽最大的可能来发挥自己的作用？这个问题简单说来，是一个专业的问题，是关于文学史的，在我整合文学史的过程中，期望能看到‘五四’这样一种精神传统的出现”[②]。笔者就此想起陈思和近二十年前的一句概叹：“人类历史最辉煌的篇章之一，不就是知识分子的文化历史吗？”[③]

2010年3—4月初稿

改定于“五一”长假期间

初刊《当代作家评论》2010年第4期

① 陈思和：《知识分子的新文化传统与当代立场——与王晓明的对话》，《新文化传统与当代立场》，山东教育出版社1999年版，第335页。

② 陈思和、黄发有：《给知识以生命——陈思和教授访谈》，《学术月刊》2000年第11期，第105页。

③ 陈思和：《知识分子在现代社会转型期的三种价值取向》，《犬耕集》，远东出版社1996年版，第16页。

雪泥不驻飞鸿影，留取铭心照胆肝

——《鱼焦了斋诗稿初编》读后及其他

王宏图

劳生了却公家事，闲坐窗前数落花

我们先来赏读一首名为《漫题》的七言律诗：

劳生了却公家事，闲坐窗前数落花。
初喜小园深绿意，且惊黑水映金霞。
十年罔识林蝉曲，一觉梦归槐蚁家。
但愿此心游宇宙，诗书漫读伴清茶。①

乍看之下，这首诗作颇富宋人的气象格调。虽然开头两句化用了王维《鸟鸣涧》“人闲桂花落，夜静春山空”的情韵意境，但综观全篇，占主导地位的则是清旷简远、流畅自如的笔调，字里行间流淌着宋诗的流风余韵：它将摆脱了烦冗公务后的惬意自在，人生如梦的感喟，驰骋天宇、自强不息的志趣，以及赏读诗书品清茶的闲情逸致熔铸为一体，精微细密地描摹出作者对于生命的多层面体悟。而它的作者并不是埋首于浩如烟海的故纸堆中的冬烘学人，而是以“新文学整体观”“20 世纪中国文学中的世界性因素”“民间叙事”“潜在写作”等新锐话语享誉学界的陈思和教授。他自幼在

① 陈思和：《鱼焦了斋诗稿初编》（线装本），漓江出版社 2013 年版，第 74 页。

外祖父指导下写作旧体诗词，成年后在繁忙的工作之余，与诗会友，觥筹交错间诗兴勃发，涉笔成趣，日积月累，蔚为大观，而《鱼焦了斋诗稿初编》则收录了其近年来的一些精粹之作。

旧体诗（包括五、七言律诗，绝句，以及各式古体诗）本高踞于中国文学的头把交椅之上，到了19、20世纪之交，它因难以适应时代的急遽变迁而孵化出得以充分体现现代人思想情感的艺术表现方式而日趋式微。其间，梁启超、黄遵宪等人曾倡导“诗界革命”，企图将“新思想”“新意境”“新名词”“新语句”等元素植入到“古人之风格”的旧框架内，使其重新焕发生机，但最终也无法扭转其颓势。[①] 五四新文学运动引入外国诗的形式之后，它更是被褫夺了正宗地位，被放逐到文学版图的边缘位置，文学史教程、专题研究论著以及批评文章也是绝少提及。然而，这并不意味着旧体诗在文化生活中的死灭。相反，百年以来，一大批忠实的拥趸者源源不断、乐此不疲地酬唱应和，而像鲁迅、郭沫若、郁达夫等新文学的先驱者也写下了众多广为传诵的诗章。平心而谈，作为数千年中国古典文化之树上结出的璀璨之花，它蕴含着那一业已衰败的伟大而辉煌的旧文化的众多密码，在诸多熟语陈规中折射出了知识阶层的集体无意识。另外，由于新体诗歌迄今没有成功地与传统诗歌资源进行有效的对话并进行创造性的转化，而作为中华文化血脉一支的旧体诗，凭借其“诗言志”传统的强大惯性，已成为现代文化人抒写内心情愫、互通款曲的重要载体。

回顾三十余年来的学术道路，陈思和曾有这样一番夫子自道式的概括：“我的学术道路大致有三个方向：从巴金、胡风等传记研究进入以鲁迅为核心的新文学传统的研究，着眼于现代知识分子人文精神和实践道路的探索；从新文学整体观进入重写文学史、民间理论、战争文化心理、潜在写作等一系列文学史理论创新的探索，梳理我们的学术传统和学科建设；从当下文学的批评实践出发，尝

① 有关这一问题，参看章培恒、骆玉明主编《中国文学史新著》（增订本）第2版下卷，复旦大学出版社2011年版，第529—534页。

试去参与和推动创作。”[①]诚然，从数百万字的理论、批评文字中，我们可以触摸到他密切追踪当代文学创作变迁、关注其发展趋向的那颗敏感而执着的心灵，体察到他对新文学传统和人文精神的捍卫和坚守，并为他在文学史写作过程中发众人所未发的胆识、勇气和洞幽烛微的才识而感佩——灵敏的读者无疑会透过这些抽象的理论话语，窥见陈思和精神世界的诸多侧面。然而，由于它们毕竟多是概念的推演与阐释，无法直接展示他的内心世界，而他创作的诸多旧体诗恰好为人们提供了一个绝佳文本，使人们得以相对完整地体察他的人格天地，了解它的发展演化轨迹。它不仅仅是其个人生活的写照，也成为三十余年来中国诸多文化人精神生态的范本。

钧陶万物心生累，笔走华年意别裁

回首当年整体观，谈文海上助波澜。
燎原一炬追周鲁，破茧千丝续马班。
东海从师游港九，南天会友识台湾。
雪泥不驻飞鸿影，留取铭心照胆肝。[②]

二十余年后，当陈思和增删旧日文稿，回忆起自己20世纪80年代投身波澜壮阔的文学复兴浪潮时，感慨良多，写下了上面这首诗。前三联再现了当年的文坛盛景，国门复开，作者得以远行香港，熏染在欧风美雨之中，并结识了来自台湾的诸多文化人，而海峡两岸暨香港的文学大图景在头脑中豁然孕育成形。尾联前一句袭用苏东坡《和子由渑池怀旧》中前四句之意，后一句则化用文天祥《过零丁洋》中脍炙人口的诗句“人生自古谁无死，留取丹心照汗青”。这堪称是一种奇妙的结合。苏轼的诗句“人生到处知何似，应似飞

① 陈思和：《编年体文集（一九八八—一九九九）新版后记》，《当代作家评论》2010年第4期，第13页。

② 陈思和：《鱼焦了斋诗稿初编》（线装本），第46页。

鸿踏雪泥。泥上偶然留指爪，鸿飞那复计东西”，将人生的虚渺不定、来去无踪的生存情状揭示得淋漓尽致，赫赫巨功伟业，最终都将消弭崩溃，归于虚无。但全诗并未因此陷入悲戚愁苦之中而不能自拔，展露出来的是老庄式的淡定从容、与时俯仰的气度，人生虽无常，但清风明月却能给人无穷的慰藉，人生的乐趣和价值也寄寓其间。而文天祥的价值取向则正好与之相反，体现出强烈的儒家入世精神。太史公司马迁在《报任安书》中所言“人固有一死，或重于泰山，或轻于鸿毛，用之所趋异也”对此做出了最好的佐证。在文天祥的心目中，人生固有一死，但精忠报国、坚守气节成了至高无上的价值，也是人生意义的源泉。肉体可以陨灭，但一个人的高风亮节将长留史册，彪炳千古，成为后世的楷模。显而易见，陈思和在此将两种貌似对立的价值取向集于一体，作为其追慕仿效的人格理想。它既延续了古代的人格理想，又烙上了鲜明的时代印记。

熟悉中国文化史的读者，对这一人格模式并不陌生，它是“达则兼济天下，穷则独善其身”这一儒道互补人生态度的体现。在明君当政、政治贤明之时，他们以义不容辞的道义责任心投身于政务，辅佐君主，力创国泰民安的盛世；而当奸臣当道、怀才不遇之际，纵情于山水自然之间，以求得身心的平衡和人生的乐趣。多少世纪以来，古代的士大夫阶层凭借这一进一退的生存策略，充裕自如地应对着各种危机困窘，一代代传承着中国古典文化的血脉。而到了19、20世纪之交，在西风东渐的冲击下，中国面临着“数千年未有之变局”，而以往一向行之有效的儒道互补的人格理想已无法有效地应对急遽变迁的社会环境，轰然崩塌下来。伴随着帝制的终结，士大夫阶层所有价值与人生追求的轴心荡然无存，他们在转型为现代意义上的知识人的过程中充满了各种物质上的困窘和精神上的折磨。鲁迅在20世纪20年代写下的那段文字典型地体现出了那一代知识人的精神面貌：“我沉静下去了。寂静浓到如酒，令人微醺。望后窗外骨立的乱山中许多白点，是丛冢；一粒深黄色火，是南普陀寺的琉璃灯。前面则海天微茫，黑絮一般的夜色简直似乎要扑到心坎里。我靠了石栏远眺，听得自己的心音，四远还仿佛有无量悲哀，苦恼，零落，死灭，都杂入这寂静中，使它变成药酒，加色，加味，加香。这时，我曾经想要写，但是不能写，无从写。这也就是我所谓‘当我沉默着的时候，我觉得充实，我将开口，同时感到空虚’。”[①]

鲁迅那代人所受的精神磨难，还只是现代知识人所遭受的浩劫的序曲。其后一波波的内忧外患更是将他们推入了无休止煎熬的炼狱之中。时至80年代，万象更新，但接踵而至的以市场为取向的经济改革所激发的社会震荡，又一次将他们推到了困窘无措、荷戟彷徨的境地。如何在儒道互补的传统人格基础上推陈出新，注入富于生命力的新鲜内容，为世人重新找回精神上的安身立命之所，铸造出一种新型的人格，成了文化人不容回避的重大挑战。从20世纪80年代后期起，陈思和便开始了对这一问题的探索。通过反思“五四”新文化传统的成败得失，他敏锐地觉察到，“新文化既然在文化源流上无根可依，于中国、于西方都没能抓住并弘扬其文化的根本精神，所以它要发展自身就不能不依附于社会的进步和健康的政治力量，不能不依靠不断吸取新的文化思潮乳汁，以不间断的实验与更新来刺激起文化的活力，造成一种文化繁荣的幻象。这在思维方式上就不可避免地造成两种定势：一是政治为本，二是主义为大”[②]。而它也是导致当代文化人人格偏执扭曲的一个重要缘由。为此，他提出知识者应厘清自己的社会责任与学术责任。在此基础上，通过梳理20世纪社会转型期知识分子不同的价值取向，他又提出了引起极大反响的“岗位意识”的命题。它最表层的含义是知识人有一份可以寄托其理想追求的职业，但它不同于一般的饭碗，“是因为它本身寄寓了人文理想”；正由于秉持着这份人文理想，他的功能也就不局囿于这单一的岗位，他应大胆无忌地发出声音，对社会上充

① 鲁迅：《怎么写——夜记之一》，《鲁迅全集》第4卷，人民文学出版社2005年版，第18—19页。

② 陈思和：《“五四”与当代——对一种学术萎缩现象的断想》，《脚步集》，复旦大学出版社2010年版，第98页。

斥的种种不公进行批评；能够做到这些，他已尽到了其学术责任与社会责任。但“岗位意识”还有更深一层的含义，即“如何维系文化传统的精血”，起到一个文化守护者的作用。[①]

至此，一种新型的人格理想跃然纸上。对文化价值的坚定守护，对社会问题的殷切关注，与儒家的入世关怀甚相吻合；而为学术责任与社会责任划定界线，不让后者无端地侵蚀前者，其实为现代文化人预留出了一片可供精神自由驰骋的畛域。它有着相当的自律性，不受政治风云变幻的肆意干扰。它虽与寄情自然山水的道家学说不能画上等号，但就赋予个体精神独立与自由这一点而言，与其有着某种程度的相通之处。在这一人格构成中，和往昔的士大夫不同，现代知识人是作为一个独立的个体出现的，他们不再依附于政治庙堂，不再将后者作为人生价值的枢轴。在陈思和的眼里，他们的文化创造，本身就禀有神圣的意义，“人类历史最辉煌的篇章之一，不就是知识分子的文化历史吗？他们在人类社会充满暴力与残酷的历史进化过程中，另塑一个温馨无比的精神发展王国，与冷酷的世俗权力抗争，与卑琐的动物本能抗争，继绝存亡，薪尽火传，这，这才叫作知识分子，才叫作知识分子的文化传统”[②]。在悼念恩师贾植芳先生之际，他更是通过对古人“三不朽”的重新阐释，对这一人格理想做了具体、通透的展示：“‘立德’表现为一个人能否为周围环境营造一种良好的氛围，通过提倡什么，反对什么来影响他人，并有能力将这种原则贯穿到自己的日常行为中去；‘立功’表现为一个人能够在自己的工作岗位上努力，做出显著的成绩，并以这样的成绩有益于社会的良好风气；至于‘立言’，在我看来，不过是‘德’与‘功’的注释而已，并非是最重要的，尤其是在一个学术传统与个人的社会行为相分离的时代。”[③]

① 陈思和:《试论知识分子在现代社会转型期的三种价值取向》,《脚步集》,第132、133页。

② 陈思和:《试论知识分子在现代社会转型期的三种价值取向》,第134页。

③ 陈思和：《我心中的贾植芳先生》，《脚步集》，第335页。

陈思和对构建当今时代知识人新型人格的不倦探索，本身就构成了其富有魅力的人格世界的一部分。在他重新编辑完十二卷编年体文集后，追想十二年前世纪之交的种种情景，写下了如下这首七律：

笔走龙蛇十二年，岁如幻象世如烟。
文章满纸陈心迹，风雨依窗袭梦眠。
两岸人前思食色，三生石上续世缘。
前行五载知天命，两鬓斑斑血艳鲜。①

细心的读者会注意到，陈思和以传统农历生肖动物命名的这套文集共十二册，他为每一本都撰写了一首七言律诗，它们涉及特有的时代氛围、论述的主题、文坛的热点与趋势，以及诸多让人难忘的体验感受。这首诗和前文所引的那一首恰好处于头尾。开篇那首将他青春的热情与憧憬，以及孜孜以求的人格理想表露得淋漓尽致，尾章则更多羼杂进了人生的感喟。孔子曾云“五十而知天命”，它标志了一种清醒的自我意识，一种对个体生命有限性的体认，对冥冥难测的天命的敬畏与顺从。但它并不意味着无所作为；相反，正由于正视到生命本身的界线和局限，人们将更加珍惜有限的时光，更加在短暂的时间内实现自己追慕守护的价值。不管是两鬓斑白，还是满头飞雪，生命的热忱依旧在燃烧，正如匈牙利思想家卡尔·波兰尼在其划时代的巨著《巨变》一书的结局所言：“顺从本是人类的力量和希望之泉。他接受死亡的事实，而在其上建立肉体生命的意义。他让自己笃信在肉身的死亡之外还有更重要的灵魂将会失去，并在其上建立他的自由。现在，他顺从于社会现实——它剥夺了他的自由。然而，人性又一次在极度顺从中爆发。不加抱怨地接受社会现实，将赋予人类不屈不挠的勇气与力量来除

① 陈思和：《鱼焦了斋诗稿初编》（线装本），第60页。

去所有可以除去的不义和束缚。"[①] 读着他的这些诗篇，陈思和的人生轨迹和生命激情清晰无比地展现在眼前。我又联想起了他钟爱的诗人冯至《十四行诗·十九》中那几行深情饱满又极富哲理的诗句：

一生里有几回春几回冬，
我们只感受时序的轮替，
感受不到人间规定的年龄。[②]

独舞广寒非止境，群山览小仰崔嵬

时光荏苒，步入新世纪后，陈思和的个人生活也发生了诸多变化，担任复旦中文系系主任长达十一年半之久，无论是任职时间之长，还是建树之众，都创下了纪录；其间他还受邀于 2003 至 2006 年间担任《上海文学》主编。这期间，赞誉美言不绝于耳，飞短流长也在所难免。2008 年 9 月，出于身体原因他决定放弃染发，毫无畏怯地将一头白发展露于世人面前，并吟成如下一首《白发吟》：

从此青春长别去，敢听白发唱黄鸡。
残花已报秋风早，蝉树何贪夏日西。
心事常牵诗与酒，头颅且悔坐中旗。
曾经不识愁滋味，对镜高声诵岳词。[③]

从艺术风格上看，这首诗颇富他喜爱的苏东坡的特点，格调

① ［英］卡尔·波兰尼：《巨变——当代政治与经济的起源》，黄树民译，社会科学文献出版社 2013 年版，第 426 页。

② 解志熙编：《冯至作品新编》，人民文学出版社 2009 年版，第 125 页。

③ 陈思和：《鱼焦了斋诗稿初编》（线装本），第 65 页。

豪健清雄，又夹杂着清旷简远的意境。首联起笔颇为雄奇，直接从苏轼《浣溪沙》“谁道人生无再少？门前流水尚能西！休将白发唱黄鸡”中点化而出。我们在古人诗句中常读到伤春悲秋之句，一派萧索悲凉的气象，作者在此毫不忌讳青春的逝去，白发苍苍仍可葆有生命的活力与激情。秋风瑟瑟，落花遍地，蝉鸣凄切，望之闻之确实会使人倍添伤感之意，诗酒做伴，往事勾起几多惆怅。在做了种种铺垫后，末尾笔势陡转，与首联呼应，并将全诗推向高潮。他曾经也像辛弃疾那样在不知愁滋味的时候为了写诗而强说愁，时至今日百感交集，但他并没有陷入“欲说还休”的迷惘，心头回荡的却还是岳飞当年领兵出征时写下的“怒发冲冠”的雄健之音：全诗至此作结，境界陡增上一个层次，一扫衰颓消沉之气。

显而易见，这一切绝不纯是诗艺的问题。从“诗言志”的角度看，有什么样的内心情志才会衍生出什么样的文字节奏。至此，陈思和已臻于一个崭新的精神境界，有如杜甫诗中所言“会当凌绝顶，一览众山小”。正由于有前文详尽阐发的人格力量做支撑，世间的种种扰攘、是非都显得那么微不足道，他攀爬到了精神世界的绝高处，尽管有时会感到清寒逼人，但吸引他的是“一览众山小”的宏阔眼界，以及向更高处进发的生命冲动。它既包蕴了儒家建功立业的价值追求，又有个人潇洒自在的享受陶醉，更有对现代知识人岗位的执着坚守。正因为有着这厚实宽广的精神底蕴，他才会发出“老来不觉知天命，心底宽宽便是仙”的歌吟唱叹。[①]

我自三十余年前进入大学校园后，便幸得思和师指点提携。数十年来，我已成了他走过的生命之路的见证者之一。我想用冯至《十四行诗·二十一》中的诗句作结，这不仅是对思和师诗作的阐释，也对我们共同走过的道路的追怀：

---

① 陈思和：《鱼焦了斋诗稿初编》（线装本），第63页。

暴雨把一切又淋入泥土，
只剩下这点微弱的灯红
在证实我们生命的暂住。[①]

2013 年 2—3 月

初刊《当代作家评论》2013 年第 4 期

① 解志熙编：《冯至作品新编》，第 127 页。

少年成长与学术姿态

——读陈思和的《1966—1970：暗淡岁月》

刘　俊

陈思和是我非常尊敬的学者。早在80年代中后期，我在叶子铭老师门下读研究生的时候，他已是名扬学界的青年学者，而我则刚刚走进中国现当代文学研究的大门。学生时代捧读陈思和的文章，大概是我们那一代青年学子共有的“学术经历”。陈思和的一些深具启发性的学术观点，也就成为我们那一代“后备学人”认识中国现当代文学非常重要的学术指南。现在我们都知道，陈思和非常注重对文学文本的细读，并常常会有独具慧心的发现——他自己也特别强调文本细读的重要性，可是在我看来，注重对文本的细致分析固然是陈思和学术研究的一个重要特点，但最具陈思和特点的学术研究，却是他的高屋建瓴的视野及其体系建构。早在20世纪80年代中期，陈思和就从研究思路和研究方法层面提出了“新文学整体观”，并在以后的岁月里相继提出了“民间”、“广场”与“岗位”、“共名”和“无名”、“潜在写作”、“当代文学观念中的战争文化心理”等一系列深具原创性的理论概念和研究角度，为深入解析和重新认识中国现当代文学提供了新的思路和方法，并由此在一定程度上带动了中国现当代文学研究的结构性变化。很显然，在从事中国现当代文学研究的众多学者中，陈思和应该是既注重文本细读又自觉追求观念更新和理论创新的一位——我对陈思和的尊敬，即源自他在学术上的这种既脚踏实地（注重文本细读），又追求高远（观念更新和理论创新）的“两结合”。

对于陈思和在学术上能够取得这样不凡的成就并形成如此独特的“风格”，我在佩服尊敬之余，也充满了好奇——面对他“呈现”的这些学术成果和学术姿态，我更想知道的是，这一切是如何形成和产生的?

《1966—1970：暗淡岁月》这本回忆性质的随笔集，也许并不能完全满足我的好奇心，可是它在某种程度上，已部分地回答了我的追问。

虽然书名为《1966—1970：暗淡岁月》，但陈思和在书中对过往人生的回忆，却并不只限于1966—1970这几年，而是涵盖了他的部分童年岁月。在代序《上海的旧居》中，陈思和以自己居住过的几处“老房子”为线索，简单地勾勒出他在1966—1970年之前的“前史”，并引出了他的父母、外祖父母、两个舅舅等家庭成员。这些长期与陈思和生活在一起的家人，在陈思和的成长过程中，对他影响甚大——影响有的是直接的，有的是间接的；有的影响于他的外在成长经历，有的影响于他的内在心理感受；有的对他知识谱系的形成至关重要；有的对他认识社会和人生作用强烈。这些来自家人（亲人）的种种影响，以及他以后在邻居、同学、老师等“社会成员”那里看到、听到和感受到的种种“人生阅历”，共同构成了他的少年成长史的重要内容。

1966—1970年的陈思和正值青少年时期，也正是神州大地“四海翻腾”“五洲震荡”的“文革”时期，在“文革”的历史洪流裹挟下，陈思和（及其家人）如同惊涛骇浪中的一叶扁舟，被卷入这个巨大洪流。在遮天蔽日的巨浪面前，个人无疑是渺小的，人生的暗淡几乎是必然的，《1966—1970：暗淡岁月》这部少年成长史就是以这样的历史洪流为背景写就的。

现在的年轻人大概已经不太知道“支边”(“支内”)、“批斗会”、“串联”、“学工”、“学农”、“上山下乡”、“文功武卫”、“公审大会”这些名词了，可是在20世纪五六十年代，特别是“文革”时期，这些却是人们耳熟能详的“时代最强音”。陈思和的父亲在陈思和刚学会走路的时候就去了西安——那是响应政府的号召“支援西北新型城市建设”（类似“支边”的“支内”），因此，在陈思和童年时期对他影响至深至巨的，是他的外祖父。外祖父来自旧社会的普通市民阶级，曾在英商公司工作过，能讲“洋泾浜”英语，旧学底子很好，这种既有“传统”根基又具世界眼光的综合，通过外祖父的“教育”和“熏陶”，在陈思和的身上留下了深刻的烙印，并对陈思和未来知识谱系的建立和学术眼光的养成，产生了重大影响。

陈思和笔下的外祖父在1949年以后的“新社会”可以说是个“另类”——他不再外出工作，坚持在家赋闲，最有兴趣的工作就是对外孙陈思和进行文化启蒙和文化教育，为了哄幼年陈思和吃饭。“他收集了一套画着《水浒传》人物的旧香烟牌子，一张张贴在窗下的墙壁上，每天喂饭的时候，就把我（陈思和——引者注，以下同）放在窗下，指着墙上的人物兴致勃勃地讲故事”，“就是在这样的寓教于乐的过程中，我三岁就成了《水浒传》专家，可以把一百零八将连绰号带姓名背得滚瓜烂熟”。这样的“学术训练”在陈思和的同时代人中大概也属“另类”，可是恰恰就是这种“另类”的启蒙教育，使陈思和很早就接触到了中国传统文化——这样的中国传统文化不仅包含有“知识”，更包含有“见识”：外祖父为陈思和“解读”的《水浒传》并不只是一百零八将姓名与绰号的简单罗列，在他将鲁达拳打镇关西与批判《海瑞罢官》联系到一起的时候（鲁达的目的就是要打镇关西，所以，镇关西讨饶也要挨打，不讨饶也要挨打，而且讨饶本身也是一种挨打的理由），在他将自己理解的宋江与晁盖／林冲两股势力之间暗潮汹涌的“博弈”分析给陈思和听的时候，历史与现实惊人的相似性和“同构”性，无疑使陈思和从外祖父“讲解”的传统“旧小说”中，获得了对现实“新社会”的某种“异乎”主流话语的认识。

获得对现实社会“异乎寻常”认识的另一个重要途径，是陈思和的舅舅。虽然舅舅是个普通而又“随便”的平庸市民，但他的有些见识，却具有超越“文革”时代的前瞻性，他曾不止一次地对外甥说：“你别相信现在‘革命’‘革命’叫得震天响，等过了这阵风，国家又需要文化科学，那个时候人才都荒废了，谁来搞文化建设？你应该目光放远点，抓紧时间多学点东西，以后就能派上用场了。”他断言“革命高潮以后一定是文化高潮，人家忙革命的时候你就埋头学文化，以后一旦国家需要文化时，人家什么也没有，你就可以发挥作用了”。舅舅的这些话，具有令人吃惊的清醒和深刻，使陈思和在外祖父的“另类”教育之外，获得了另一种有别于主流话语的“另类”——那是一种对未来充满个人规划的认识、判断和设计。

外祖父的“旧学根底、世界眼光、独立判断和怀疑精神”、舅舅的“未来观”，都对少年陈思和产生了重大影响，这些影响在“文革”的时代背景下，显然是一种与时代节拍不相符的“家庭教育”，在那个“公共领域”占绝对优势、个人“私领域”几乎被完全取消的年代，少年陈思和能获得这样一种在当时绝对属于“另类”的“家庭教育”，不能不说是他的幸运！

当然，在历史洪流面前，陈思和也不可能完全置身事外，躲进家庭私领域的“象牙塔”中。事实上父亲的“支内”、外祖父的失常、舅舅的坎坷，都是时代在他们家庭刻下的印记，而他自己幼年目睹和进入中学之后遭遇的一系列“社会事件”，则在“社会教育”方面，从另一个方面丰富和补充了陈思和的“家庭教育”。

父亲在青少年时期陈思和生活中的“缺席”就是时代造成的后果，而更大的后果则是父亲的“历史问题”（因爱好文艺，受朋友牵连，曾遭日本人逮捕）给少年陈思和带来的“隐忧”。“所谓隐忧，指的是一种心理。在内心里有一个不宜示人的隐秘，如果一旦公开，会给自己带来不可预料的麻烦，这是一个恐惧”，在“文革”那样一个“乱哄哄的乌合之众时代”，“恐惧会时时提醒你，你必须与众人的狂欢区分开来，与集体保持距离，这是我在‘文革’中精神成长的出发点，隐忧伴随我走向成熟”。正是这种“隐忧”，使少年陈思和在“面向社会”的时候，背负着只能深藏心底独自咀嚼的精神负担，而这种精神负担，在形成他内心隐忧的同时，也造就了他与时代主流相疏离、以理性思考为基础的怀疑精神。父亲的“历史问题”所带来的“隐忧”也许不是陈思和怀疑精神的唯一源头，外祖父对社会和人性充满睿智的深刻认识以及舅舅的“未来观”，或许都起了作用，但毫无疑问，“隐忧”在陈思和形成以怀疑精神为基础的独立意识和批判精神过程中起了决定性的作用。

由于有了怀疑精神，以及建立在怀疑精神之上的独立意识和批判精神，陈思和对“文革”时期的种种倒行逆施，也就有了自己的独立见解和是非判断。“在青少年时代，我既没有串联，也没有上山下乡”，虽然在中学时也和同学一起“走马路”（从而看到了市长曹荻秋被批斗），去看“公审大会”（见证了复旦前辈应功九被枪决），但他目睹到的这些人间悲剧（包括幼年时邻居方家两女儿遭到“斗争”），激起他的是同情（对邻居老方一家）、“耿耿于怀”（对曹荻秋）和“惊讶”（对应功九）这类不同于时代洪流的独特感受！而“独特”，对于日后陈思和成为一个学者，实在是一种太重要的基本素质。

少年陈思和的“独特性”，除了表现在对“四海翻腾、五洲震荡”的时代在内心保持距离并有自己的独立判断之外，还体现在他对文化学习的重视和自我规划上——这当然与外祖父的熏陶和舅舅的告诫有关，但显然也与陈思和自己的“觉悟”分不开。1969 年“文革”正热火朝天，那一年陈思和十五岁，却已“对学习文化知识有了自觉”，不但制订了自学计划，而且还自我励志：“我绝不辜负自己的年龄！”陈思和的自学计划不但包括中学课程中的语文、数学和英语，而且还感应着社会上对鲁迅的推崇和对毛泽东的崇拜，开始接触鲁迅的著作，并对毛泽东的诗词进而对中国传统旧体诗词发生了浓厚的兴趣——幼时外祖父的传统文化熏陶，至此似乎产生了某种文化记忆的回应，而从外祖父那里开始的英语学习，经过中学读书时对英语学习的坚持，此时已有了能阅读英语读物《青春之歌》的基础。

成长于“文革”时期的一代青年人，能像陈思和这样自幼就从画面（香烟牌上的人物画）上直观感受到中国传统文化经典（《水浒传》）的迷人，稍长又能获得亲人对中国传统文化经典（《水浒传》）“文本细读”的熏陶（并且还能跟亲人学唱传统京剧），进而激发起对中国传统文化浓厚兴趣的人，也许不多吧？即便有的人有“家学渊源”，从家庭中获得了对中国传统文化的认识和兴趣，可是同时能拥有打开英语世界大门便利的，应该为数更少了吧？而有了“中”“西”两方面的知识，却未必能获得因“隐忧”（父亲带来）“智慧”（外祖父带来）和“本能”（舅舅带来）而导致的怀疑精神、独立意识和批判精神——幸运的是，陈思和在青少年时代，同时获得了这三方面的“家庭”馈赠！

时代的“营养”也有，除了前面提到的目睹各种人间不幸、顺应时代的提倡阅读鲁迅作品和毛泽东诗词之外，看“批判电影”、读“红色经典”（那时当然没有这个名词）、着迷巴金（地下阅读），都是少年陈思和在“文革”时期获得时代赋予的“知识营养”（社会知识和文化知识）的途径，这些“营养”对陈思和研究中国现当代文学当然提供了极大的帮助——“在‘文革’初期的那几年里，文学作品被普遍禁止，但我还是在最混乱的时代里，读完了大部分当代长篇小说”——也许陈思和的同时代人也有机会在社会上汲取这样的“营养”，可是陈思和有前面的“家庭馈赠”做“底子”，他对这些社会提供的“知识营养”的汲取和接受，就有了不同于常人的“独特性”！

那时候陈思和非常迷巴金（虽然在电视中也看到巴金被批斗，在中学也接触到“无政府主义”的种种负面说辞），若干年后他成为复旦大学中文系的学生，“第一个选择，就是研究巴金的思想和著作”。陈思和对巴金《憩园》的阅读“体会”，早在中学时代就开始了，并因此被同学“笑说你都成了知识分子了，希望你成为未来的巴金”。在陈思和的学术生涯中，巴金是个非常重要的开端，并在某种程度上贯穿了陈思和学术历史的全过程，而他在复旦大学中文系读书特别是在读巴金著作时，又与贾植芳教授（既是现代文学的亲历者和参与者，又是比较文学专家）结缘，更使得这两位既正直又“文学”的一刚（贾植芳）一柔（巴金），以他们的为人风范和文学“形象”，在自觉不自觉之间，成为陈思和文学世界的指引者和精神上的“父亲”。

陈思和的《1966—1970：暗淡岁月》，为我们从他的少年成长史中寻索到他学术姿态的“历史背景”提供了依据，那就是：青少年时代传统与现代、中文与英文齐头并进的教育视野，使他能在日后的学术研究中具有深厚的文化根基、广阔的学术视野、中西比较的自觉意识；而建立在怀疑精神基础上的独立意识和批判精神，又使他能走出固化思维，努力进行观念更新和理论创新，从而在学术上不断提出自己的真知灼见和体系化的全新话语；至于“批判电影”和“红色经典”、毛泽东诗词和巴金小说，则为陈思和后来的中国现当代文学研究，提供了知识积累……毫无疑问，青少年时代种种因素的“合力作用”，为陈思和后来在学术上形成自己的独特姿态奠定了基础。

陈思和最终走上了学术研究的道路，成了学者而没有去当作家，但他心中其实也有过作家梦——在70年代中期，陈思和曾偷偷创作过一部长篇小说；在中学的时候，还有过自订的旧体诗词创作集《鲦濠集》，这些“创作实绩”表明陈思和不但心中有作家梦，而且还开手有过“创作实践”，尽管这些“少作”最后都没有留存下来，可是《1966—1970：暗淡岁月》却证明了陈思和确实是有“创作”实力的，是有着成为作家的潜质的。我们谈论《1966—1970：暗淡岁月》，关注的是陈思和少年成长经历与他成为学者后的学术姿态之间的关联性，其实就该书本身的“文学性”而言，也可圈可点。在这部可视为是“学者散文”的随笔集中，真挚温馨的情感、清畅内敛的文字、情浓笔淡的风格、苦中寓乐的幽默，都使这部随笔集既有知堂老人的清雅通达之风，也不乏鲁迅的犀利通透力道，而在“形象塑造”上，更是栩栩如生，活灵活现，在描写同学王琴瑛时，陈思和这样写道：

> 有一天不知为了什么，捣蛋鬼开涮起王琴瑛，不三不四地攻击她的长相，大家也习以为常，不当一回事。可是谁也没有想到，王琴瑛出人意料地站了起来，大喝一声：某某某，你说话干净点，当心吃耳光！还没有等大家回过神来，这个女孩已经一阵风似的跑过去，“啪”的一声，一记响亮的耳光震动了教室。整个教室肃静，顿时又炸开了锅，大家哄笑着把那个倒霉的捣乱鬼拖开了。

这段描写，有动作，有语言，有神态，有氛围，有描写，有评说，人物不但有个体，而且有群像，而用字之简练、干净、有力，十分精到，“整个教室肃静，顿时又炸开了锅”，这样的描写，比拙劣者用几百、几千个字来描绘这样一个场景，不知要高明有力多少倍！

陈思和的这本《1966—1970：暗淡岁月》，不但向我们展示了一个中国当代学者在青少年时期受历史洪流的裹挟而度过的青葱暗淡岁月，更向我们呈现了一个中国当代学者的学术姿态何以形成的“历史背景”（个人的和社会的），而这部作品本身的“文学性”，则使它与当代著名作家的散文创作相比，也毫不逊色！

这是我读完陈思和的《1966—1970：暗淡岁月》之后，个人的一点感受和判断！

初刊《书城》2015 年第 10 期

陈思和的现代文学作品授课

裴毅然

笔者执教现代文学作品选读课程积有十余年了，授课方法却一直“守着”从师长处学来的“三段论”，即作家生平、主题思想、艺术特点。如此循环往复，经年不变，成了一个扔不掉的套套。学生听而厌之不说，就连我自己也觉得这么讲很没劲。主观上不愿落此窠臼，客观上又很难摆脱相沿成习的授课范式。多年来，尽管一直企图在这方面有所作为，并在教学实践上有所动作，然囿于个人学养与自身水准，收效甚微，有心无力，感觉茫然。不想“满堂灌”，只能“满堂灌”。想想如此优美漂亮的文学，自己只能讲成干巴巴的几点几条，弄得学生一个个“败兴而归”，真可谓两相悲哀。

1997 年秋天，本人求学沪上复旦。随本科生一起听了该校中文系教授、博士生导师陈思和先生的中国现代文学作品课。最初只觉有点新鲜，再听下去，便生出一些感受。最后，不禁起意想写一篇东西。

首先，陈思和先生在授课形式上做到了摒弃“三段论”。他牢牢抓住作品文本这一关键，从学生阅读感觉入手，真正给了学生一条看得见摸得着的“走进文学”的途径。陈思和教授的课一般总是以提问开始。这样既可收迅速静堂之效，又容易让学生较快进入作品文本所提供的特定情境，同时又为教师的启发教学很自然地找到具体的切入点。

“这篇作品哪一人物或哪一章节给了您最深印象？”

“您最喜欢这篇作品的哪一部分？或者您最不喜欢作品的哪一

部分？”

顺着学生答问的思路，陈先生再一点点循迹而入，引向理性归纳。如从《狂人日记》谁为具体的迫害者设问入手，引出鲁迅小说从不直接写明确的对立面，读者也无法找到具体可打击之对象，从而揭示出改造中国文化的广泛、艰难与必要，并再往深里引出这一点正体现了鲁迅思考的深刻性及鲁迅较之其同时代人之超越性。由于先展示论据，再推出结论，自然“水到渠成”，铿然有力。

再如《狂人日记》讲到第四节“吃鱼”一节，陈思和先生在点明这一章是全篇高潮（引入血缘内容以表现“吃人”的广泛性）的同时，进而表述了文学作品的关键并不在于结论，而在于展示走向结论的具体过程这一文学的核心阐述。

在讲茅盾名篇《春蚕》时，仍然是从阅读感受出发。陈思和先生提问：“如果抽掉篇中劳动过程的描述将会怎样？”俟学生一一答问后，他再从民间形态、生活灵气与劳动欢悦等起讲，导出茅盾小说非常注重细节化这一重大艺术特点。并以茅盾《子夜》中吴家四小姐出走时，雨打湿了窗边桌上被遗弃的《太上感应篇》这一特写场景为有力佐证。他还十分形象地将茅盾小说比喻为苏州园林，一草一木一石一池皆藏用心。强调阅读感受，文学课程所涉及的许多形而上的观点便有了相当坚实的传授基础。

文学授课过程中，坚持作品文本第一，突出学生自己的阅读感受，并在产生了一定阅读感觉的基础上，再由教师做出某种归纳整理，上升到理性认识，提供已成定论的研究成果与自己个人的独立见解与看法。这不仅符合唯物主义从感性积累到理性归纳的认识论，也与高等院校着重培养学生独立学习与思考能力的教学旨归相吻。陈思和先生的授课也从方法上体现了教师乃课堂教学之中心。他以提问起手，自然要以答问为结。但要紧的是他的答问绝不是漫无边际的“太空散步”。他总是顺着学生的思路，一点点引向自己的既定轨道，并最终到达他的“陈氏车站”。如在分析郁达夫代表作《沉沦》时，陈思和教授先引导学生实实在在地感受作品中那股四处冲决奔突的“青春之性”，然后以如何看待全篇中占主导地位的“性之苦闷”与爱国主义思想内容两者之间关系设问，在学生热烈答问并提出各种看法后，最后再分析得出：《沉沦》中的爱国主义实在是郁达夫为自己的性失落与性苦闷随手扯来的一块时髦的遮羞布。众所周知，这一观点“火力”很足，至少目前还没上全国统一教材。但这正是陈思和授课魅力的集中体现：尊重自我感受，追求独立思考。这样，其实也在不知不觉中静静地为学生树立了某种榜样。

从理论上，我们都知道“不悱不启、不愤不发”的道理，但如何使学生“悱”“愤”却又总是缺乏切实可行的操作手段。陈思和先生则坚持严格要求学生，并贯彻落实自己的教学要求。以提问为主的启发式授课，必须建立在学生课前阅读准备之上。否则，提问与启发便失却了基础。本来，完成课前作品阅读是学生的本分，乃教学双方十分明确的一种定约。然由于相当一部分学生的偷懒，加之某些教师的无原则迁就，许多高校就硬是做不到这一点。笔者本人就曾这样迁就过懒学生，而由自己在课堂上毫无创造性地复述作品，以“代替”学生的阅读。陈思和先生则在这方面表现出决不向懒学生妥协的精神，听他的课，学生如不预先阅读作品，非但应付不了提问，而且必然会产生“已被同学落下一截”的失落感。虽说陈思和的授课已达到相当水准，但他也只是十分有分寸地限于“师傅领进门”，而不是大包大揽式的“师傅代修行”。分清教与学的界限，不让学生躺在自己身上睡懒觉，看来应成为一名教师合格标准之一。

毋庸置疑，文学教师必须具备广博的文史哲学养及政治、经济、社会学、心理学等其他众多学科的知识，才能从整体上准确把握与理解文学作品的历史意义与艺术特点。陈思和先生学养积厚，授课自然经天纬地包罗万象。但更要紧的是他能做到不枝不蔓运筹得当。如他从茅盾对老通宝的复杂感情，画龙点睛地引申出层次较深的文艺理论方面的观点：作家只有在对描写对象既批判又同情时，其艺术才华才能得到最充分最有依托的体现。又如对近年学界非议较盛的郭沫若，他从广泛掌握史料的基础上摆出自己的辩证分析："郭政治品德有缺陷，但却是一种可以原谅的缺陷。他只是紧跟，从不阳奉阴违，从不背后说毛泽东的坏话。所以郭的个人道德还是统一的。"再如讲到赋比兴，他认为赋是艺术最表层的东西，而"兴"则相当于艺术最高层次的象征。在具体解释象征一词时，他以白居易《琵琶行》与李贺《李凭箜篌引》为例，两诗互参对比，在论证李诗想象高阔空灵飘逸才高一筹的同时，自然而然地解释了"象征"一词。陈思和的授课旁征博引，知识与信息密集。他会从屈原自认为完美无瑕的"香草美人"，讲到东西方文化源头的差异，再从"五四"启蒙知识分子的局限讲到孙中山"知难行易"的名言，最后又归结到该堂课的主旨：鲁迅的深刻之处就在于高出时人，见当时启蒙主义者所未见，发其所未发——认为国民革命不可能一蹴而就。提高教师自身素养虽为老生常谈，然如何将自身所学剪裁得当地具体运用于课堂授习，却仍是一顷尚待高校同仁一起探究的处女地。我以为提高自身素养固然十分重要，但传授方法的掌握万不可小觑。剪裁得法，张弛有度，方能于有限之时间内驰骋纵横又不失方向。这是我听陈思和先生授课的一大感受。

陈思和先生授课过程中十分动情，其文学气质表露无遗。他会被《凤凰涅槃》中一泻而下的诗情深深感染，他会为郭沫若已具备文化巨人各方面素质却最后未得而痛惋不已，他甚至还会为远隔千年的张巡杀妾哺兵表示极大的愤慨，认为这是中国历史上最可怕的以冠冕堂皇的名义活生生地吃人，进而他还为时下一部反映安史之乱的电视剧竟将这段可怕的史实视为崇高的爱国主义而惊诧。课堂上教师的这种"动情"，对引导学生进入文学殿堂的重要性可谓不言而喻。由此，我想到成为一名合格的高校文学教师，其要求实在是多方面的。尽管我国目前已实行教师资格管理制度，但毕竟还十分粗放，处于刚起步的"初级阶段"。随着全社会对教师地位重要性共识的形成，教师各方面待遇逐步改善，对教师的甄选工作是否也应较大幅度地提高标准？"随便哪个和尚都可念经"的教育现象应该彻底成为历史了。

在传统教学思想中，教与学连着尊与卑。相对学生而言，教师乃是知识与真理的当然拥有者。自古以来，各朝各代的教师也非常习惯于给学生制定各种“标准答案”。然而，问题的另一面是标准则意味着对非标准的不容情地否定与扼杀，是对前进与创造（其一开始必然表现为非标准）的排斥与阻挠。特别针对文学这一非常错综复杂的意识形态现象，标准的界认本来就很难确立。因此非要文学教师为学生制定一套标准答案，实在是一件苦透了的差事。“以其昏昏，使人昭昭”，其可得乎？那日，陈思和教授课堂提问“周萍到底爱不爱蘩漪？”无疑，这是一个涉及《雷雨》两位主要人物性格分析的要害之一。学生发言踊跃，各式各样。有说不爱，有说真爱，有说始乱终弃，有说是恋母情结下的某种扭曲之爱。当时坐在课堂里的笔者，说实在顺着“标准化”的思路，自然也在心里存着某种期待，以为陈思和先生大概总会给出一种答案。不料，陈教授却没有给出“标准答案”，他仅说这个问题可任由同学各持“说法”，只要言之成理能用论据证明即可。对于这一“结局”，本人初觉惊愕，而后恍然。这里面实在包含了对某种十分重要的教学思想的思考。“为什么一定要给出标准答案呢？”陈先生下课后如是回答我的提问。这一反问，其实代表了新一代学者对传统教育思想的某种冲击与突破。确实，在一些难于定论之处，或对某些一时半会儿看不清的问题，不勉强求解，留下一点空白让学生自己去思索与填充，这在西方教育理论中早成“过去时”。可在我们这里，甚至在我这样自认为还不算落后者身上，竟还掸拂不去旧尘。思路到了这里，我不由得打了一个寒战：走出传统与习惯的定势实在太困难了。由此，我想到陈思和先生课堂教学方面的一系列亮点其实背后还矗立着更紧要的东西——改革了的教学思想。

正如陈思和先生在课堂上说的那样：“教育总是单方面的，只有对作品的原始感受才是整体与全面的。”我在撰写此文时也深有此感，觉得实在一下子说不清楚陈思和先生授课的各个方面。故而，我竟觉得有必要在此呼吁是否由各地教育行政部门牵头，组织高校教师听听全国各学科著名教授的公开课，让大家都进进山门沾点佛光。

初刊《中国现代文学研究丛刊》1998 年第 3 期

陈思和的出版信念与理论贡献

孙　晶

何清在《陈思和教授的人格理想和学术道路》一文中曾记述说："记得陈思和教授曾在一次学术讲演中说过：如果这商品经济大潮是一个'海'的话，我希望看到在茫茫商海中依然行驶着学术之舟和依然屹立着知识分子人文传统的'绿岛'。其言虽寥寥，意却明朗，它表明了一个当代知识分子在文化萧条学术不景气时代的心迹和理想。"[①]

陈思和教授从历史的深广度上考察知识分子的社会定位及价值表达，分析了处在文化转型期的知识分子的三种价值取向及其现实处境，论述了传统知识分子与现代知识分子之间的差异，提出了当代知识分子的"岗位意识"的著名论题。庙堂已废，广场不存，知识分子将何以安身立命？陈思和认为"岗位意识"的确立是现代知识分子的主要价值取向，他强调了知识分子独处的内省意识和良心自我驱使的重要性，指出岗位首先是知识分子以"知识"为价值取向的一份工作，它不只是一种谋生的手段和方式，是知识分子落实道德信念、人格力量的具体处所，更是知识分子赖以维系文化传统经脉的主要途径。他认为，"岗位"的"第一种含义是知识分子的谋生职业，即可以寄托知识分子理想的工作"，而第二层含义则是知识分子如何维系文化传统的精血，这是"更为深刻也更为内在的意义"[②]。

① 何清：《陈思和教授的人格理想和学术道路》，《复旦学报》1996年第6期，第105页。

② 陈思和：《知识分子在现代社会转型期的三种价值取向》，《犬耕集》，上海远东出版社1996年版，第13—15页。

这种对岗位的认同和岗位意识的确立，是现代知识分子对自我在社会中的一次准确定位，是知识分子的理性自觉，是对知识分子所承担的历史使命和现实责任的清醒认知。对于这种立足知识分子本位的精神操守，陈思和以自己的言行（学术观念和学术道路对民间岗位的建构）做了最好的注解。正如何清所概括的一样，陈思和在学术、出版、教育三个方面的工作实践，“证明了一个当代知识分子的价值存现，树立了一种新的人格理想的向度”①。

仅就出版来看，他以一个学者的身份去从事编辑丛书的工作，是知识分子面对商品经济大潮感到茫然无措时所进行的自觉探索，是对自己学术理想的积极实践。他以其成功的出版活动践行其出版信念，并形成了一个较完整的理论体系，对当代中国出版理论做出了独特的贡献。

一、出版是知识分子的安身立命之所

陈思和在《复旦学报》1993年第3期发表的文章《现代出版与知识分子的人文精神》中指出，“出版乃是知识分子实现自身价值的安身立命之地”。十年后，陈思和在接受《出版广角》特约记者专访时重申了这些思想，认为“编辑、出版是属于知识分子的岗位”。他把教育、出版等工作泛称为“知识分子的岗位”，这不仅仅指某一种职业，除此之外它还承担了另外一种功能，这种功能超越物质利益、生理利益，是一种达到精神追求的功能。

陈思和据此指出：“文化出版其实是文化工作非常重要的组成部分。有些编辑、出版家可能没写过什么著作，没有什么深刻的思想，但由于他的工作实践，使得知识分子的思想文化传播走向正常，

① 何清:《陈思和教授的人格理想和学术道路》,《复旦学报》1996年第6期，第107页。

我想这就是知识分子的岗位。”[①]

当然，陈思和也注意到，现实环境中的出版状况受制于许多因素，他认为出版形势“是紧迫的，也是复杂的”。同时还有市场的冲击，现代传媒的炒作，粗制滥造的流行读物的存在，都与出版作为知识分子的岗位这一性质相违背。对此，除了体制上的原因之外，陈思和更多的是从反省知识分子自身入手来思考这些问题。他认为，学术萎缩源自知识分子人格的萎缩，长期以来存在于学术界的两种思维定式是造成这种现象的根源，它们是政治为本和主义为大。而政治为本的思维危害甚烈，它把文化变革视为政治革命先声或舆论准备，认为政治变革是最彻底、最深刻的，而一切学术都必须为这变革服务，这样，政治标杆一统天下，使得学术研究只成为某种政治合理性的论证，而学术自身建设变得无足轻重。

他觉得知识分子不应低估自己工作的意义，更不应随便放弃自己的责任，在一个民族的文明发展中，他们理应寻找到自己的岗位并发挥别人无可替代的作用。“一个国家的民族有没有理性的反省精神，并不是看统治者如何作秀，而是看这个国家的知识分子的精神传统发扬到什么程度，在教育、学术、出版、传媒等知识分子的岗位上有没有将一个民族最优秀的思想文化保存下来和发扬下去，从而对社会及其统治者的某些非理性的趋向形成制约。”[②] 知识分子的岗位不是空中楼阁，它应当是知识分子的精神世界与社会现实之间的契合点，“要做一个现代知识分子首先要做一个现代观念的人，它的岗位应该是开放型的，应该在现代社会变动中找得到自己的立足点。著书立说、传播学说以及将这些学术成果通过现代传媒转换为社会财富，应该成为一个知识分子的工作系统”[③]。

① 金理：《思省学之源，和谨师之道——记中文系陈思和老师》，陈立民主编《我心目中的好老师》，复旦大学出版社2007年版，第157页。

② 陈思和：《犬耕集·自序》，第2—3页。

③ 陈思和：《回顾脚印》，《写在子夜》，上海人民出版社1996年版，第100页。

作为知识分子这一工作系统的重要一环，出版恰恰契合了陈思和研究中的“岗位”的两层含义，它既是知识分子安身立命、发扬理想的天地，又是文明成果得到积累、文化传统得以流传的重要载体。知识分子投身出版，于学术于出版都是相得益彰的事情，没有谁比他们更能通晓知识的真正价值与精奥，有知识分子的人文精神贯注其中，出版事业才不仅仅是个商业行为，而可以被纳入文化建设之中，成为国民精神发展、人类文明承传的重要渠道。因此，陈思和认为，教育与出版，是当代知识分子两个最重要的经营领域。这个时候，巴金显得尤为亲近，陈思和特别看重 1935 年巴金参加文化生活出版社的工作，他认为这是巴金人生的重要转折，至此巴金才找到了自己的岗位。

陈思和认为巴金的意义，首先是“向我们展示了现代知识分子对中国命运的多种可能的选择和尝试”；其次是启示“知识分子在社会现代化转型过程中如何寻求自己安身立命的岗位”，这种岗位不是“要放弃知识分子对社会的责任，而是重新寻找对社会履行责任的方式”，出版为现代知识分子提供了履行责任的可能。他觉得知识分子不能再守株待兔等待别人恩赐，确信“人文精神是要靠知识分子在具体的实践中逐步发扬的”[①]。

二、出版应该创造文化思潮，扭转文化潮流

在一次讲演中，陈思和教授谈及出版策略与文化思潮的关系时指出：“最好的出版家是创造文化思潮、扭转文化潮流的人，这样的出版社是原创型的出版社，所谓的品牌，就是这样创造出来的。”

他指出，中国的图书文化市场表现，基本是人为的结果。整个文学文化思潮发展也是人为行为。这种“人为”，推动着某种文化趋向的发展，甚至影响整个文化事业。一个国家的文化状态一般不

---

① 陈思和：《结束与开端：巴金研究的跨世纪意义》，《犬耕集》，第 87、89、90、91 页。

会有很大的反复和变化，而是基本稳定的，但是文化现象是不断变化的，那就是通过某些人的主动“炒作”，各界人士的推波助澜，推动了某种文化潮流。过一段时间，这种潮流又会被另一种潮流所掩盖。要认清文化潮流的发展，就必须看到，它正处于什么阶段，因为文化潮流一定有兴起、发展、繁荣的过程，最后是衰落。

与此有关的另一个问题是，有一种规律，即无论学术动向、文学动向，甚至是一些很严肃的学术思想，基本上都有对立面。就是说，有一个阶段，在强调一种倾向的时候，这种倾向就会压倒其他所有的倾向，好像成了一种主流发展，可是过了几年就会反过来，而且新的走向与前段日子的走向完全相反。所以，一个文化思潮的发展有几个特点：第一，这种发展变化是有人为的因素，是通过人的努力去推动的，并不是自然的、先验的或天上掉下来的；第二，这种发展变化始终存在由盛到衰的过程；第三，它的整体变化很可能是对立面的转化，很可能就是一种倾向变成另一种倾向。

联系到出版的现状看文学文化思潮，陈思和认为：“其实每一个编辑都可能成为一种出版思潮或学术思潮的推动者。尤其是在今天大量的文化思潮和流行文化面前，很可能一个点子、一种努力、一本书，就改变了整个出版界，并会使出版界朝另一个方向发展。”[①] 陈思和的这种出版人应该有所作为的思想与他关于知识分子安身立命、坚守岗位的信念是前后一脉相承的。他认为，从当代文化的发展或出版思潮的发展来说，每一个思潮的推动，总归首先有一批精英分子，一些聪明的人，他们可以是作家，可以是编辑、学者，总是会突然提出一些想法，会在整个文化思潮中一般人看不到的地方，制造出一个文化高潮或文化潮流。“这是现代出版很重要的概念：通过实践推动一种文化走向。”[②] 还有一类人，是跟风、跟潮流的，也算是聪明人。比较糟糕的是第三类人，等他们反应过来再去跟从

① 陈思和：《当代文化趋向与出版对策》，《海藻集》，广西师范大学出版社 2008 年版，第 244 页。

② 陈思和：《当代文化趋向与出版对策》，《海藻集》，第 244 页。

潮流时，市场已经趋于饱和。除此之外，陈思和还指出位于体制外和潮流外的一群人也是不可忽略的，他们是破坏这些潮流的因素。比如盗版者，或者是一些把整个文化市场搞乱的破坏性力量，这种破坏性力量在大的文化思潮流行时一定会出现。盗版书也可能将正版书压倒，盗版书到处流行，这也是潮流中可怕的东西，也是影响文化发展很重要的因素。

陈思和以余秋雨散文这样一个文化现象为例，生动剖析了文化潮流与出版创意的关系。在 20 世纪 90 年代初，文化市场、商业文化刚刚开始出现，许多人看到的是负面。但余秋雨不同，对于文化市场的确立和取代过去的计划经济，他看到的是阳面，意识到现代知识分子就应该走出书斋，与现代传媒结合，利用现代化的传播工具，把人文精神、人文思想传播出去。所以陈思和认为余秋雨是一个很了不起的学者，赞赏他敢于抛弃包袱，大胆地与传媒结合，主持节目、旅游、写散文……余秋雨散文的流行，也是跟大陆出现的文化热有关，文化热中当然不可能出现很高深的文化，因为是大众型的文化热，即在经济潮流中需要一点心灵和文化的安慰。据此陈思和认为，大散文的潮流虽然已经过去了，但余秋雨这样一种文化精神，或他自己直接从事的文化实践，却是成功的。如果余秋雨锲而不舍地坚持下去，他会在此基础上，把自己的产品精益求精，越做越好，也可能会在流行文化中产生出经典。如金庸的武侠小说，经过长期的市场考验，变成一种文类当中的经典。

实际上，在确认当代文化形势和出版策略的时候，首先要确认领先性，这一观念对每个编辑和出版家来说都非常重要。正如陈思和所强调的："最好的出版家是创造文化思潮、扭转文化潮流的人，出版过程中谁都没有注意的细节，通过有意识的选择，最后就造成了大的文化态势。这样的出版社是原创型的出版社，所谓的品牌，就是这样创造出来的。"①

① 陈思和：《当代文化趋向与出版对策》，《海藻集》，第 248 页。

三、现代读物与媒体批评都是现代传媒的组成部分

陈思和首倡“现代读物”的概念，认为“现代读物”与流行音乐、影视传媒，构成了当代社会大众文化三足鼎立的格局，因此出版社最应该关心的是“现代读物”。

根据对现代出版业的长期考察，陈思和把出版物分为三大类，即专业书、教科书和现代读物。专业书主要包括学术专著和有明确专业概念的行业用书，这类书永远不会畅销，它是一种学术积累。教科书有明确的目的性，发行渠道是自成一统的。“除了这两种图书外，可以把所有的书都归入一种新的概念里，我将它们定义为‘现代读物’。”①

现代读物的概念源于陈思和80年代对香港文化的一次考察，在他看来，出版社出版的百分之八十的书籍，都应纳入现代读物的概念里。陈思和认为，这是一个非常复杂的概念，值得深入研究。他指出，出版业将来全部产业化经营，意味着出版社出版的都是文化产品，必须进入市场销售。除了学术书籍有传承性（国外的学术著作由国家出资在高教出版社出版，也没有稿费，只标志一种学术传统），大多数书籍进入市场，都应视为现代读物。

现代读物首先是现代文化市场中的读物，必须进入现代市场炒作运作，带有商业性质。为何不称其为“书籍”而称“读物”？陈思和认为，读物是个中性词，即被人读的东西。读物也有很多层次，如果用现代读物的概念跟流行音乐、影视传媒相对比，它是最为抽象的，不纯粹诉诸人的感官，读物还是需要一定的理性思考态度。

他认为，在现代读物金字塔的最高层，是“精英读物”。学者也好，作家也好，出版家也好，如果把学术著作当作读物来做，也会做得很好。如果有可能，出版社就应该设法把严肃的、精英的著作转换为一种读物，被大众接受和承认。第二类就是“精致的读物”，即高档次的文学创作。第三类是“畅销读物”，也包括通俗读物，

① 陈思和：《当代文化趋向与出版对策》，《海藻集》，第249页。

如武打、言情类，等等。还有“实用读物”，如菜谱，养宠物、种花卉的图书。最差的是“粗俗读物”，包括色情、诈骗、星相、八卦等乱七八糟的东西。陈思和认为，对现代读物所谓整体性的认同和认知，我们今天在理论和实践上都远远不够。[①]

在陈思和看来，现代读物的运作与过去的图书出版也是不一样的，现代读物越来越突出策划的概念，它与媒体批评都是现代传媒的组成部分。“近几年来，批评家的批评越来越淡出评论界，而传媒对图书的评论越来越重要，而且这种重要性主要是通过炒作的方式来实现的。因为传媒本来就具有巨大的社会影响，所以这种批评很快成为当代批评界的主要现象。这种时候，我认为有必要分清什么是学院批评，什么是传媒批评，两种不同的批评方式造成了不同的批评功能。”[②]陈思和分析说，原来的图书出版是作家先写作，然后交到出版社，出版社运作出版，然后进入图书市场由读者选择，批评家作为读者将自己的想法反馈给作家。可是现在由于传媒批评的参与，这一运行程序倒了过来——批评家与书商结合，先设定一个他们自认为赚钱的题目，然后去约作家写作。著作还未出版时，传媒的批评功能已经具备了，已经开始对一个不存在的著作做出判断了，然后根据批评的内容来引导作家写作，然后再由出版社出版。出版社出版后给策划者、炒作者带来很大利润，而这些策划者中有一些就是我们的当代批评家。

陈思和这一思想与他早在 1993 年的《现代出版与知识分子的人文精神》中的出版理念遥相呼应，一脉相承。他分析了传媒批评的两种情况，一种是“批评家通过对图书市场的干预，利用传媒批评的影响来推动真正的学术工作发展与人文精神普及”；另外一种情况则是：纯粹地追求经济利益，一些批评家就在图书市场上混来混去，“最后知识分子责任感降低，人文精神失落了。本来是很不

① 陈思和：《当代文化趋向与出版对策》，《海藻集》，第 250 页。

② 陈思和：《在出版中贯穿人文精神》，《草心集》，广东教育出版社 2004 年版，第 278—279 页。

错的批评家，现在变成了书商一样”。陈思和提出传媒批评这个概念，不是简单地说它是好是坏，而是把它作为一种现象加以分析，以期引起大家注意。这一思想在图书市场化日益加剧的今天，无疑有着振聋发聩的警示作用。

四、出版关乎城市的文化品牌乃至民族文化的生存

2004 年 8 月 29 日，陈思和在《文汇报》发表题为《珍视城市文化的标志性品牌》的专论，呼吁人们重视出版物在城市文化格局中的作用。他以上海为例，认为高水准的文学期刊出版，是上海文化的优良传统，这样的传统值得珍视。

陈思和指出，在有关上海文化建设的议论声中，人们忽视了上海文学领域的两个闪光点：文学批评和文学期刊。“上海的文学期刊和文学批评，可以说，在全国的期刊与批评领域内占据了半壁江山的位置。”说到文学期刊，在文学期刊普遍遭遇艰难的时世里，上海的文化市场中以《收获》为代表的一批文学期刊以它奇迹般的成功和编辑个性，成为市场经济与多元文化结合而形成的一道颇为亮丽的文化景观。“在实践中，上海文学期刊的大胆革新和独特的个性化追求始终是它的无上风光。”[①]

其实，正如陈思和所言，每个城市都有其不同的文化环境和文化传统。“所谓的‘海派’是上海的国际化都市的文化环境吸引了全国的文学人才；并非本地文学人才的现成格局。当文学人才的流动受到限制以后，上海文学创作的发展也必然会受到限制。而文学期刊则相反，它恰恰能够利用上海的文化平台，汇聚起全国最优秀的文学人才的创作和思想才华，成为某一类集体的声音。”[②]

① 陈思和：《城市文化与文学功能——兼论上海城市文学品牌》，《海藻集》，第 256、257 页。

② 陈思和：《城市文化与文学功能——兼论上海城市文学品牌》，《海藻集》，第 259 页。

与文学期刊相关，在谈及出版的全球化话题时，陈思和则认为现在国内的出版界处在关键时刻，挑战和机遇并存。他说，在这种形势下，不能坐等国外的出版集团、跨国公司进入中国市场后再抗衡，那时已经来不及了，已经根本没有与人家平等对话和交流的机会。

巴金曾说，做出版，“只是为了替我们国家、我们民族做一点文化积累的事情……它们作为一个时代的记录，作为一个民族发展文化、追求理想的奋斗的文献，是要存在下去的，是谁也抹杀不了的”[①]。任何被侵略的国家，“垃圾”是不会消亡的，消失的是精英文化。所以陈思和认为：“今天我们并没有乐观的可能性。读者是中国的读者，市场是中国的市场，但将来文化还是不是中国的文化？”[②]在他看来，全球化在某种意义上不是平等的、国际的文化交流，而是强势文化吞并弱势文化，最先受到损害的就是国家的民族精英文化。显而易见，这是一个非常严肃的现实问题，关乎我们的民族文化将来如何生存的问题。这个问题已迫在眉睫，值得我们思而又思。

五、出版应担当守先待后、薪尽火传的文化使命

陈思和对巴金的出版思想做过深入的研究，而他以后具体的编辑活动也受巴金影响甚笃。

陈思和曾记述了与巴金老人的一次谈话，巴金说：“我当年编《文学丛刊》，就是靠着一股理想，那时也有人反对，说编这类书不赚钱，结果我还是编了，不但没赔本，还销得很好。这说明好书总是有人读的。”[③]在同一篇文章中，陈思和坦言他编丛书正是以巴金当年为榜样而努力工作的，同时，他也表明了新一代知识分子的志向：“以

① 巴金：《真话集·上海文艺出版社三十年》，《巴金全集》第16卷，人民文学出版社1991年版，第414页。

② 陈思和：《当代文化趋向与出版对策》，《海藻集》，第252页。

③ 陈思和：《作家余思牧和他的〈作家巴金〉》，《写在子夜》，第173页。

弘扬知识分子人文精神为宗旨，尝试着在商品经济大潮中实践知识分子的理想。”[①]

20世纪90年代，他和王晓明携手策划的“火凤凰新批评文丛”的编辑出版，显示了策划者的胆识和远见。继此之后，陈思和又与李辉策划编辑了“火凤凰文库”，真实地反映了知识分子在特定历史时期的人生经历和心路历程，旨在发扬知识分子的人文精神。除了“火凤凰新批评文丛”“火凤凰文库”“火凤凰青少年文库”“火凤凰学术遗产丛书”等“火凤凰”系列丛书外，陈思和还主编了诸如《逼近世纪末小说选》等大量丛书，在当今中国的思想文化领域和图书市场广有影响，堪称翘楚。通过出版活动进行思想文化传播，传承学术，进而张扬知识分子的人文精神，正是陈思和策划“火凤凰”系列等丛书的根本宗旨。正像他在谈到“火凤凰学术遗产丛书”时所指出的：“‘新批评文丛’是青年学者和批评家的书；‘文库’是中老年知识分子的书；‘青少年文库’是中学生的书，而这一套‘学术遗产’则是老学者的身后之书。从中学生到老学者，所有的图书都没有离开过学术的承传的编辑宗旨。”[②]陈思和说，他在编辑丛书时，“多少灌注了自己的一些思想”[③]。对此，周立民分析说：“丛书的出版也不是毫无目的或被市场所左右的，而是这一代知识分子利用市场经济所提供的契机来表达自己的思想，借此打破长期以来学术界定于政治一尊的狭隘局面，开辟出一个广阔的知识分子话语空间。要做到这些并非朝夕之功，然而无论如何陈思和与同仁们的努力不容忽视，这几套丛书也必将是这漫漫长途中一块重要的基石。”[④]何言宏则指出：“这些图书的意义又绝对不止于‘学

① 陈思和：《作家余思牧和他的〈作家巴金〉》，《写在子夜》，第173页。

② 陈思和：《写在“火凤凰学术遗产丛书”出版之际》，《草心集》，第151页。

③ 陈思和：《羊骚与猴骚》“自序”，上海人民出版社1994年版，第5页。

④ 周立民：《寻求知识分子的精神岗位——谈陈思和的出版实践及其意义》，《文艺争鸣》1997年第3期，第73页。

术传承’，这是它们远远不同于很多学术图书的根本特点，也可以说是陈思和出版实践的根本宗旨。”①

关于中国现代出版家，陈思和教授曾经说：“从张元济办商务印书馆到吴朗西办文化生活出版社，先后形成了三代出版家：第一代以张元济为代表，他基本上代表了旧传统士大夫向现代知识分子转化的一代，虽然筚路蓝缕开创了现代出版事业，但其从事的出版工作，仍然有意无意地贯穿了国家精神，这与蔡元培在开创现代教育事业的同时有意无意地体现了国家精神是同样的，他们都属于过渡的一代人物，较后的王云五、李石曾等也可属这一代人。第二代出版家可以从辛亥年以后逐渐出现的出版商陆费逵等人算起，‘五四’后崛起的赵南公、李小峰、张静庐等也属于此列，他们对社会思潮的发展有相当透彻的了解，对新文化运动也有感情，他们站在商人的立场投入新文化运动，在推动新文化的同时获取利润。这一代出版家多有两重性，在目标一致的时候有可能成为作家的朋友，为了商业利润也会与作家发生冲突。但这一代出版家在现代出版事业与现代文化市场之间建立了良好的机制，使出版直接与市场发生关系，体现出了现代知识分子的民间精神。第三代出版家则是二三十年代逐渐出现的一批参与了出版实践的知识分子，如邹韬奋（生活书店），叶圣陶、夏丏尊等人（开明书店），巴金、吴朗西（文化生活出版社），胡风（希望社），这些出版社大都办得很成功，既体现了知识分子的理想，又推动、繁荣了出版事业。当然不是说知识分子办的书店专爱赔钱，但他们的成功经验证明了，用知识分子的人文精神来进行社会实践是可行的。知识分子的民间岗位不是从天上掉下来的，也不是靠皇上恩赐的，当知识分子脱离了传统仕途以后，他们只能靠自己的实践来探索自己的价值取向所在，来重新梳理现代社会安身立命的新道统，而出版事业，正是知识分子不

① 何言宏：《陈思和教授的学术世界》，《渤海大学学报》（哲学社会科学版）2007 年第 3 期，第 34 页。

妨一走的道路。”[1]

正是基于这种历史的自觉，陈思和深刻认识到，知识分子在退出了启蒙主义的“广场”以后，如何在民间的岗位上确立自身的价值，实现自己守先待后、薪尽火传的文化使命，这是关系到中国文化在未来社会发展中的盛衰之业。作为一个知识分子，应坚守自己的精神家园，在自己的岗位上寄托和实践自己的人生信仰和人格发展。

“巴金等人的实践确实为我们这一代的知识分子提供了一条思路。”[2]像巴金一样，陈思和教授以自己的出版理念与编辑实践为当代知识分子如何在商品经济社会里安身立命提供了一个很好的参照，为现代知识分子坚持自己的人文理想和人格信念提供了一个极好的证明。

初刊《当代作家评论》2010 年第 4 期

① 陈思和为孙晶《文化生活出版社与现代文学》一书所作的序，广西教育出版社 1999 年版。

② 陈思和：《结束与开端：巴金研究的跨世纪意义》，《犬耕集》，第 90 页。

辑三：人生访谈

知识分子的新文化传统与当代立场

陈思和、王晓明[①]

陈思和： 我们今天想讨论的中国知识分子的新文化传统，只是指相对于古代士大夫的旧文化传统而言，并不以“五四”为时间和空间的局限，也不仅仅是关于“五四”以来有关新文化运动的专业知识。我们借用“新文化传统”这个词来重新解释20世纪以来中国知识分子所走的道路，及其价值取向和人文精神。关于中国知识分子有没有这个“新文化传统”，可能海外的学者比较难以理解，知识分子所面对的问题应该是人类共有的问题，为什么中国知识分子偏偏有个“新文化传统”？我想这个问题只能从中国当代知识分子所处的境况出发方能理解，这也就是我们所要说的“当代立场”。今天知识分子面对社会转型，要探讨自身的处境、价值取向以及他们的精神劳动与社会发展的关系，只能以过去（20世纪以来）所走过的道路为参照系，先总结过去走的路对不对，有什么经验教训，才能弄明白今天应该坚持的立场。有一些海外学者，也在反省“五四”与中国传统的关系，反省20世纪知识分子的“激进主义”道路，这同样也是一种对“新文化传统”的反省和总结，不过与我们所处的环境不太一样，思考问题的方式和结果也大不一样。

我们讨论“新文化传统”，同前两年讨论“人文精神”所面对的境况是一样的，不过是讨论的问题范围更具体一些。1990年代以来，中国知识分子面对的困境大致来自两个方面，一是由于众所周知的原因导致的知识分子精英文化的崩溃，这种崩溃暴露出许多知

① 王晓明，“重写文学史”发起者之一，当时是华东师范大学中文系教授。

识分子自身的问题，引起我们深刻的思考；二是市场经济推动了社会转型，原来计划经济体制下的知识分子在市场面前经受了新的考验，并促成了新的分化，这就使一部分要坚持知识分子立场，并履行知识分子使命的人，不能不从反省中重新思考什么是“当代立场”，即知识分子与这转型中的社会将构成怎样一种关系。

所以，我们讨论“新文化传统”的问题，立场是当代的，着眼点却是从近代以来知识分子道路开始。这包括两个问题：一、我们怎样反思这百年来的知识分子传统？二、我们应该怎样来重建“新文化传统”？

王晓明：讲到反思这百年来的知识分子的思想历程，我常会想到这么一个比喻：有这么一户人家，住在一幢孤零零的大房子里，世世代代按照祖宗传下来的方式生活着，随着时间的推移，这家人内部逐渐产生出一种对这生活的不满：这生活太死气沉沉，把脑子都搞坏了，应该想一个办法，来改变这个生活……凑巧的是，就在这种不满公开爆发的同时，这幢房子旁边又搬来了一户人家。这邻居来势汹汹，先是要求访问，遭到拒绝后就用力拍门，甚至接连破门而入，将花园踩得乱七八糟。这引起了全家人的恐惧，他们的全副心思都转移到了那入侵者身上，从翻阅家传的古训，到亦步亦趋地模仿邻居。在全力去对付那邻居的过程中，他们原先对生活现状的不满也逐渐发生了变化，先前是“这样过下去是没有希望的”，现在变成了“我怎么就挡不住邻居”！他们还因此乐观起来，因为他们相信能很快将那邻居的全套本领都学到手，一旦学到了手，就能打败他，甚至叫他跪下来叩头……

可以看出，19 世纪向中国的士大夫／读书人同时展示了双重的危机：一方面是中国社会和文化制度自身的衰朽，另一方面是外国殖民势力的侵犯。与此对应，士大夫／读书人的危机感也包含着两种极不相同的成分。一个可以称为广义的社会性的危机感，它最初产生于龚自珍那一代人，其中龚自珍的感受尤为深切。他觉得，社会人心已经败坏，优秀的人才难以出现；不但朝廷上看不到人才，江湖中同样没有人才；而这人心和人才的败坏，正说明那些从根本上维护社会的价值观念已经失去效力，社会的运转已经丧失了确定的精神依据了。这是针对整个传统的社会生活模式自身的衰朽而产生的，它尤其强烈地表现为对文化意义的丧失的忧虑；外来侵略的威胁当然也刺激了这种危机感，但它的反应却并不止于产生亡国的恐惧，而更多的是由于发现传统文化无法在新的世界格局中提供民族和个人生存所需要的意义，而加深了对“文化重建”（“转换”）或者说“意义再造”的复杂性和艰巨性的理解。因此，这是一种广泛而全面的危机感，它很少包含乐观的因素，倒每每会引人发出“狂澜难挽”的喟叹。另一个则可以称为狭义的政治性的危机感，它基本上是被那种“瓜分”的恐惧刺激出来的，因此，它内在地含有一种注重社会生活中的表层性因素（诸如器物、制度等等）的倾向，而往往容易忽略那些无形的深层性因素（诸如文化心理、价值认同之类的精神性因素）。到了19世纪晚期，士大夫/读书人的危机感逐渐聚集到社会政治层面上。人们普遍担忧的“亡国”“亡种”，主要就是指国家权力的丧失；而种种变革的不断受阻，更使改良派和革命党都坚信问题出在政治层面。而且，它还因为内在的紧张性而容易助长一种自我激励乃至不愿意正视时势的阴暗面的倾向。在这种意义上，这可说是一种趋于具体而较为狭隘的危机感，一种极容易滋生乐观和轻信的危机感。

在我看来，在整个19世纪，随着时间推移和各种内外因素的刺激，中国士大夫/读书人的危机感走的正是一条日渐狭窄、日渐具体，不断被“坐实”，最后集中到社会政治层面上去的变化道路。也就是说，那后一种危机感逐渐推挤和改造前一种危机感，到19世纪末，它已经明显占据了士大夫/读书人的危机意识的中心位置。

陈思和：这种危机感不但对19世纪士大夫阶层的精神状态产生过重大的影响，而且一直延续到20世纪，在中国现代知识分子的形成过程中，深刻地熔铸了他们的深层意识。过去学术界讨论过的“启蒙”和“救亡”双重主题，其实都是由这种危机感派生出来的。究其原因，20 世纪以来中国继续遭受列强的欺侮，甚至发生了因列强入侵而引起的战争，这只是一个方面；还有更深刻的原因，是中国现代知识分子从 19 世纪的士大夫阶层转化过来，保留了士大夫传统的思维方式和价值取向，他们把自己的价值观念与国家权力带来的利益自然地联系在一起。在以前的士大夫文化里，道统、学统和国家权力是一致的，天下之道通过学术传统来体现，而国家权力的意识形态实际上就是士大夫文化，三者有机地联系起来，构成了古代士大夫的传统。士大夫的学术范围是笼统的，它不分专业，无论人文学科还是自然学科都是一个学术整体，并通过政治活动来实现其价值。我把这种价值取向称为“庙堂意识”。还有另一条道路，20 世纪以来，传统的庙堂崩溃了，知识分子离开了庙堂以后，仍然保留了士大夫阶级的忧患意识和以天下为己任的传统。君位可虚可废，但士的阶层不可虚不可废，所以他们自觉地搭建了一个“民间庙堂”，发挥他们议政参政、干预国事、批判现状、唤起民众等作用，并以这种自觉的现实战斗精神为一种价值取向，我把它称为“广场意识”。这种意识在形态上有点接近现代知识分子的特点，但它的内容仍然是士大夫式的，依然是为国家设计各种方案，论判各种政治模式是否有利于中国的现代化，总是希望有一种新的“道统”来一揽子解决中国的问题。我觉得从“庙堂意识”转向“广场意识”，虽然标志了知识分子在社会转型中向现代型转化，但仍然是不彻底的转化，其价值取向问题没有得到根本的解决，立场仍然是庙堂型的。冯雪峰过去用过一个比喻，说是“门神”。这个门神就贴在庙堂的门上，大门关上的时候，门神就在外面的广场上，大门一开，他就挤了进去——虽然还是在门口。

王晓明：的确，19 世纪产生的那种普遍的危机感，作为一种心理情绪，和中国士大夫经国济世的传统非常契合。更重要的是，它拥有社会乃至个人生活中触目可见的大量政治、经济和军事现象的直接支持。因此，在很大程度上，危机感就像是当时中国社会最肥沃的一片精神土壤，经过它的反复作用之后，有一些思想种子就这么异常粗壮地生长起来了。

首先是一种注重对抗性的世界/国家观念。19世纪晚期中国社会知识系统转换的一个重要方面，就是原先那种四方蛮夷、中州独尊的“天下”观念的破产，越来越多的人知道了中国不过是世界许多国家中的一个，而且和欧美、日本相比，中国还是一个弱国。这种基本的世界图景的改变，在强烈震撼士大夫精神习惯的同时，又将一个更大的问题推到他们面前：如何理解这些域外强国与中国的关系？从魏源开始，一直到王韬，许多人都采用中国春秋战国时期诸侯国之间关系的模式来理解西方强国与中国的关系，而断言这基本上是一种互相争斗，最终导致一国独霸的对抗性关系。19世纪晚期，虽然也有少数对西方了解较多的人（如马相伯、严复）试图纠正这种说法，但那种中国遭奴役，而一旦变革，又将可主宰世界的看法却愈益普及，康有为、梁启超等人在这方面起了极大的宣传作用，而严复的《天演论》则在较深的思想层面上起了相同的作用。到20世纪初，这种强调现代国家关系中对抗性因素的看法已经非常牢固，甚至使一些知识分子在观察和理解西方国家的关系时，也格外注重对抗性的一面。我觉得，这种注重对抗性的看法对现代中国文化人的影响非常深刻，直接制约着他们对宇宙和人生基本法则的理解，影响到他们对人与人、思想与思想、文化与文化之间关系的基本判断。我相信，20世纪初以后日渐发展起来的那种西方文化不可兼容的论断，其思想根源也正在这里。

其次是一种历史“进步”的“规律”的观念。19世纪中叶以前，中国士大夫信奉的历史观念，基本上是一种混杂着“沉沦”的历史描述和复古的历史理想的循环论。但是，到19世纪末，受那种政治性危机感所含的乐观倾向的刺激，从康有为开始，许多人又用各种采自域外的思想材料，相当迅速地构造出一个历史是不断进步的“规律”来。它既符合了摆脱危机的普遍愿望，又能够消除人们对现状的悲观看法，它甚至还可以支撑那种中国必将迅速富强并称霸的信念（康有为就是以此游说光绪皇帝）。它就像一个现代“天命”那样高悬在人们头上，使那些担心亡国或者社会崩溃的人感到宽慰。不用说，这种笃信“历史规律”的意识对20世纪中国人的文学和文化观念具有非常深远的影响，例如由《新青年》创刊而展开的新文化运动，其核心的文化理念即建基于此。

再其次，则是一种把社会、国家、民族之类的集体性事物看得至关重要的观念。中国古代的文化传统中，历来有重社稷、轻个人的一面。但当19世纪下半叶社会知识系统的全面转换开始以后，有一些人以各种方式强调个人生命的意义（章太炎、王国维皆是例子）。然而，随着那种被“瓜分”的忧虑日渐严重，以及由此引起的狭隘的民族主义情绪广泛蔓延，一种重新将国家、民族之类的集体性事物看得至高无上的观念就又流行开来。1920年代以后，在文化观念上，这种重集体轻个人的思想依然发挥着深刻的作用。“五四”时期至1930年代许多人对“国民精神”“国民道德”之类的强烈关注，就是突出的例证。

与此相应，则又有一种在社会、政治变革的意义上特别重视文化、艺术和思想作用的观念。中国本来就有“诗教”的传统。到19世纪下半叶，随着对国家政治的关怀日益强烈，士大夫／读书人从自己的角度出发，很自然就会夸大文化、艺术和思想的宣传效用。单就文学、艺术而言，从清末的戏曲改良、诗界革命和小说界革命，到1917年的“文学革命”运动，种种借助文学艺术上的“运动”来推进社会和政治变革的努力，始终没有停止过。从康有为建立“强学会”，到陈独秀创办《新青年》，他们建立起一整套借思想文化以革新政治的行动模式。直至1920年代初，对思想、学术和文学艺术的那些非政治性、非实用性价值，知识分子大体上都还是忽略的（并非不知道）。

当然，在危机感的土壤上，并不是只有这四种思想的观念才是粗壮的，其他还有不少。但是，我愿意特别强调这四种观念对近现代思想文化变迁的重要作用。如果说清末民初三十年间，经过康有为、严复和陈独秀、胡适这两代人的努力，在一部分文化人中间，确实形成了一套以救世为宗旨，以欧美和日本为榜样，深具乐观意味的思想话语，那么，由于1920年代以后中国社会内外环境诸种因素的持续作用，这套话语还逐渐生长为一个新的文化传统的主干。

陈思和：晓明所概括的四种思想观念，是20世纪文化发展过程中最普遍的四大支柱，也是支撑知识分子“广场意识”的四大支柱，我们在研究20世纪的知识分子和中国文学史时，许多问题都可以从这四个方面去寻找原因。譬如为什么在整个20世纪文学思潮演变中，总是受到现实环境，特别是政治环境的制约？为什么作家总是企图寻求一种最能代表时代特征的艺术样板来构筑文学的“主流”？为什么不同的文学思潮、派别、理论主张之间的论争，总是迅速地演化成对抗性的冲突，欲置对方于死地而后快？还有，为什么文学艺术自身的价值，虽然自王国维时代就开始被强调，但总是很难得到充分的发展？晓明还有一个观点也很重要，他研究20世纪文学史得出一个结论，认为自1920年代后，凡以各种方式突破了这四大思想观念的种种制约，从比较单一的状态走向多样化的文学创作，才是有价值的文学。

我还想补充一点，就是所谓“新文化传统”，它不是一个僵死的教条，而是指知识分子实践中逐渐形成的比较固定的思想观念，它本身是发展的；既然新文化传统是发展的，除了体现在主流方面的思想观念以外，它还包括自身产生出来的对立面，即反对它、突破它的反叛因素。传统是靠不断产生反叛因素，容纳反叛因素来推动自身的发展和蜕变。何况中国现代知识分子的转型到现在，不过是百年来的历史，根本不能形成一个完整的传统，刚才所举的四大思想观念，我只能说是新文化传统在形成初期所残留的旧式士大夫的精神痕迹。所以，清算了知识分子转型中价值取向的虚妄性，直面20世纪以来知识分子精神上的种种缺陷，并不是要取消知识分子的现代传统，消解知识分子自身，而是希望更好地清理自己的传统，认识自己在当代的立场。

王晓明：这里还应该加上一句，这些年中国内地一直在讨论一个问题，就是什么是知识分子？有人认为知识分子是一个过时的概念，在所谓的“后现代”社会里，根本就没有知识分子这一说，至今还抱着想做知识分子的念头的人，是落伍的人，应该“集体自焚”。如果事情真是这样，那当然不用再讨论这些问题。但是面对社会的“转型”，确实还有许多人愿意去做一个知识分子，去发出自己的声音，对社会履行批判的使命。这就产生了一个问题：启蒙立场过时了，精英意识消解了，知识分子是否仍然应有自己的立场？仍然有自己的传统？

陈思和：有人在指出知识分子从政治中心退向边缘的事实时，就有一个潜台词，好像知识分子“边缘化”，也就是说话没有人听了，所以与常人无异。但我认为“边缘化”是相对政治权力的“中心”而言，知识分子与“庙堂”的分离，不仅使知识分子失落了原有的士大夫地位，同时也意味着“庙堂”自身的转变，政治权力中心的一元价值体系也在发生变化。知识分子如果成功地建立起多元的价值体系，那么，政治权力也仅是社会多元价值系统的一元，无所谓中心，也无所谓边缘，知识分子离开中心不一定是消极的，也能够转化为积极的立场。

现在人们一谈知识分子的“新文化传统”，就会自然想到五四新文化运动中强烈的反传统情绪，想到启蒙主义的立场，想到1930年代左翼文艺运动的种种论争，再接下去就是1950—1960年代的大批判等，觉得现在好容易天下太平了，大家可以安心地去赚钱了发财了，你们又出来讲知识分子传统，讲“人文精神”，岂不是“逆”历史潮流而动？这里有多重的误解：一种是把代表权力的意识形态与知识分子的运动混为一谈；一种是将过去官方对“五四”新文化传统的解释与新文化传统本身混为一谈；还有一种是对新文化传统中的“庙堂意识”和“广场意识”的局限与新文化运动中知识分子的实践混为一谈。这多重误解使知识分子的当代立场变得非常暧昧，你想对社会上的某些现象提出批判，马上就有人来责问：你有什么资格来批判？这话过去是官方说的，用“小资产阶级按自己的面貌改造世界”来打你，现在是由自己也曾是知识分子的人来说，自己先把自己的立场抽去了。

所以，针对知识分子对自身传统缺乏认真反省和清理，许多思想观念、语言概念都与权力注释混淆不清的状况，我想引入一个相应的概念：民间。我说的民间，与西方学术界讨论的 civil society 不一样。狭义地说，民间是与国家权力相对的一个概念，民间文化形态是指国家权力中心控制范围的边缘区域形成的文化空间，有着自在的传统。一种广义的“民间”，即泛指知识分子的非庙堂立场，知识分子离开庙堂后，在民间建立自己的专业知识的价值系统，形成一个与庙堂既不相通也不相斥的民间的知识分子岗位。这种知识分子的民间道路，本来也是新文化传统的构成之一。我常常想，19世纪末到 20 世纪初的时候，社会转型给知识分子提供的机会是相当多的。1898 年维新运动失败，康、梁的改良主义的庙堂意识受到挫折，谭嗣同用流血祭奠了中国知识分子的激进主义道路，这似乎一向被人看作是新文化传统的主流。但是在另一面，就在戊戌变法之前，张謇在 1895 年《马关条约》以后，就喊出了实业救国、教育救国的口号，并且身体力行地转向地方建设的实践。变法失败后，张元济被革职永不叙用，他干脆离开庙堂参与创办商务印书馆，站在民间的岗位上，为中国的文化事业做出了杰出的贡献。办实业、办教育、办出版，都是民间性的岗位，同样有知识分子用武之地，从文化积累发展的长远观点看，比在广场上叱咤风云的知识分子主流更有建设性的意义。但长期以来，这样的民间道路是被遮蔽的。

王晓明：知识分子走民间道路，仍然是知识分子。张元济他们办商务印书馆也好，办纱厂也好，办大学也好，都不过是一种手段，他们有自己的一个立场，这个立场实际上是在他离开庙堂之前，用现在的话来讲，下海经商之前，就已经确立。康有为、梁启超在北京变法最热闹的时候，张謇到北京去拜访康有为，回来就说，康有为这种做法是要失败的。张元济亦有相同的看法。这就是说，他们当时就已经形成了他们日后坚持的那个立场。所以，他无论做什么事情，做官也好，不做官也好，都万变不离其宗。他是在实践他那个信念。今天的中国知识分子，如果想做一个知识分子的话，首先就要有一个独立的批判的立场，并且有实践这个立场的自觉。这是在中国做一个知识分子最困难的地方。比方说，有些人本来就没有独立的思想和独立的立场，他写小说写得不好，就为自己辩护说：现在环境不自由呀，所以我写得不好。可是等到环境好一点了，他可以放手创作的时候，他也没有写出好的小说来。现在又有人说，作家因为太穷，所以写不好小说，应该先下海，等发了财，无后顾之忧，就能写出好小说。我很怀疑，这些人到底会不会写出好的作品来。我觉得关键的问题不仅是要有一个独立的经济能力，更重要的是要有一个独立的思想能力，而这就是我们说的立场。

正因为我们今天自觉到立场的欠缺，所以就要努力重建立场。而这包含了两个层次：一层是要有个人性的立场，如果现在大家都说一个声音，不管这个声音对还是不对，都是很可怕的，作为一个知识分子，首先应该有个人的立场。另一层的意思是，这种个人的立场并不仅仅是情绪性的东西，它是对某种精神价值的明确的认定，而这个认定，往往扎根于一个传统，一个你自己梳理出来的传统。你怎么理解这么一种传统，就成为你的价值认定背后的依托，所以，重写文学史，寻思人文精神，重新来梳理近代历史，都是希望通过这个梳理，然后慢慢地，看有没有可能通过这些方面的共同努力，形成我们个人对于某一种精神价值的认定。有了这个认定，才有可能做一个知识分子。

陈思和：晓明已经把新文化传统和当代立场的关系讲得很清楚了。我们的学术研究工作，本来就是站在当代社会思潮的旋涡当中，寻求自己的批判立场和表达方式。正是从这个出发点，我们批判反思新文化传统；也是从这个出发点，企图重新解释新文化传统，来完成我们自身的立场建设。当然，对传统如何理解，完全是个人的问题，根本没有定于一尊的东西存在。我个人对新文化传统的认识，基于两点：一是知识分子的民间岗位的确立；二是坚持由鲁迅—胡风延续下来的独立批判立场。关于这些方面，我们还将做进一步的研究。

初刊《文艺争鸣》1997年第3期

知识分子精神与“重写文学史”

陈和思、杨庆祥[①]

杨庆祥：陈老师，您好！我的博士论文主要是研究“重写文学史”，想借此机会向您请教一下当年的有关细节以及近年来您对相关问题的思考。在此之前我对钱理群老师进行了一次访谈，主要是谈“20世纪中国文学”的有关问题，成文大概一万五千字。上海的“重写文学史”，您和王晓明老师是最重要的当事人，知道的情况应该是比较多的。

陈思和：你为什么选择“重写文学史”做你的博士论文选题？

杨庆祥：最近几年中国社会、政治、经济的转型，对文学史的书写重新提出了挑战。所以这个时候回头去检视二十年前的事情，我觉得能够发现很多的问题。最近《文艺争鸣》专门开了一个专栏，温儒敏和栾梅健主持的，也在开始反思和探索相关问题，刊发了一系列文章。自从1980年代提出“20世纪中国文学”“重写文学史”等相关话题之后，对其研究的文章很多，我记得《南方文坛》上有专门的栏目讨论这个话题，比如旷新年等人的文章。但在我看来，这些文章多局限在学科范围内，纠缠于理论和理论的演绎之中，对“重写文学史”的历史性和复杂性处理得不够。我更愿意将1980年代的“重写文学史”理解为一个历史事件，一个在特定的历史时刻发生的思潮。我觉得仅仅从理论方面谈比较虚，没有什么建设性。我想做实一点，做细一点。我更想从中获得一种历史性来。

① 杨庆祥，当时是中国人民大学中文系博士研究生。

陈思和：你这个想法很有道理，“重写文学史”确实不是什么理论话题，而是一个历史事件，是在 1980 年代语境中生成发展的。

杨庆祥：那我先从您的学术道路谈起吧。您个人的经验、知识结构毫无疑问会对您的学术研究方向产生很大的影响。我记得您也是 77 级的大学生，和陈平原他们都是一届的。您之前一直是在上海吗？那一段时间您在上海的生活和阅读的经历可以谈谈吗？

陈思和：我从小是在上海长大的，当时我没有下乡。在 1970 年代中期，大概是 1974 年，我在淮海路街道图书馆里工作，是属于街道下面的一个小集体单位。当时街道的权力很大，每个街道下面有文化馆和图书馆，归属于街道的宣传组，当时叫“政宣组”。我的组织关系就在这个图书馆，其实我去的时间并不多。1974 年，街道里有一个组织叫作理论队伍，属于政宣组领导，主要任务是辅导居民学习马列主义毛泽东著作，实际上是配合政治运动写宣讲文章，到居民中间去宣讲。大概到了 1975 年之后，我就在街道团委里面做点工作。

我经常在上海卢湾区图书馆（现为黄浦区明复图书馆）里面读书，那是一个非常好的图书馆，它的前身叫鸿英图书馆，是黄炎培办的，有很多藏书。1950 年代后，鸿英图书馆有一部分图书并入了卢湾区图书馆。他们还办了一个油印杂志，叫《图书馆工作》，发表一些卢湾区的工厂企业单位工人读书的情况，包括一些政治学习方面的情况。开始我在那里看书，然后和图书馆政宣组的人员熟了，就参与他们杂志的编写，不是写稿子，仅仅是编校、打印等。卢湾区图书馆里有很多老先生，他们在“文革”当中作为有“问题”的人被批判，后来都被安置在图书馆。这批老先生的学问功底都非常扎实。我与他们关系很好，印象比较深的有两位老先生，一位姓黄，一位姓阮，他们的古典文学修养都非常深厚。

1974 年以后，因为政治运动的需要，全国从上到下要求工人，或者比较底层的人学习历史和古代文献。上海卢湾区图书馆这方面工作做得特别好，他们成立了一个书评组，其中有一个人是上海拖拉机厂的工人，当时读了一些有关曹操的书，写了为曹操翻案的文章，说曹操是一个法家。当时说“法家”，就是正面人物的意思，“儒家”是反面人物的意思。《文汇报》上发表了他的文章，他现在用的笔名叫米舒，那时他用的是另外一个名字，叫曹晓波。当时他很红，工人学历史也能搞研究，就成了典型，曹晓波当时就是我们书评组出来的。卢湾区图书馆书评组就很有名了，表明工人也可以学历史嘛。图书馆很多历史书都开放，我们书评组的人都能读。我在书评组里面身份很特殊，因为他们都是工人，而我中学毕业后没有工作，等于是社会闲杂人员，只是在图书馆里帮忙打杂。这个书评组经常请一些大学老师给我们上课辅导，我印象中有我们复旦大学很著名的老师，来给我们辅导怎么阅读《红楼梦》。另外还请过华师大的老师，当时他们有一群研究西方文学的老师，也来给我们讲课。“文革”时候有一个说法，叫“开门办学”，就是大学不能仅仅在教室里上课，也要到社会上去办学。所以他们就找到了卢湾区图书馆这个点，经常来开讲座、开研讨会等，所以我们还是受到一点教育的。我在那段时间读了很多书，包括《史记》《三国志》等，我主要是读历史，正史野史都读。

另外，当时刘大杰先生在主编一本西方文艺思潮史，和图书馆书评组一起编写，我没有参与，但我因此读了很多西方文论，不过“现代派”的没有读，读的都是古典的。后来，我们参与了中国古代文学的评法批儒活动，卢湾区图书馆申请了一个评法批儒的项目，是写唐代诗人刘禹锡传，我写过其中一部分。当时那些老先生，“文革”里都受过批判，有顾虑，他们愿意提供资料，帮我校正，还跟我讨论问题，但是他们不愿意去写。还没有写完，“四人帮”就粉碎了。

杨庆祥：我记得上次采访钱理群老师，他谈到他在贵州十年阅读了大量的书籍，和您的情况有些相似，这些阅读经历其实可以算得上是一个学术的“准备期”了，比如您以后对文学史研究的兴趣可能就和这个时候读了大量历史著作有关系。1977 年您考上复旦大学，可以说人生发生了一个很大的变化，一种严格意义上的学术之路也就开始了。您能谈谈这方面的情况吗?

陈思和：我在那个淮海街道图书馆工作，行政上是归街道，业务上是归卢湾区图书馆。那时我的最大心愿就是能到卢湾区图书馆工作，我在那里工作了好几年。但是我的组织关系是在街道里，当时我所在的图书馆是小集体所有制。卢湾区图书馆是全民所有制，是国营单位。那时候编制是很严格的，如果你是在小集体编制里，终身就是小集体编制，不能跨到大集体编制，更不能跨到国营编制，这个身份是不能跨越的。当时只有一个出路就是考大学，所以 1977 年恢复高考以后，我就做了一件顺应社会潮流的事情，考上了复旦大学中文系。上了大学后，我马上觉得自己知识欠缺太大了。所以我对复旦大学是终生感激的，我的人生路是复旦大学造就的。也不是说它教给我什么知识，而是它教给我一个人、一个知识分子应该做什么事，有什么担当，有什么责任感，都是正面的；另外一个就是治学方法，怎么找资料，怎么从资料中得出理论。我们当时在“文革”中学习理论，都是先有观点，比如先告诉你儒家是反动的，法家是进步的，然后你再去读书，按照这个思路去走，你先有观点再把理论带出来。在复旦大学读书期间，这种治学方法彻底纠正过来了。老师们给我的最大教育就是必须从史料出发，必须大量阅读史料再去寻找和发现问题。我当时听历史系的课，一个老师就说，我们研究历史的人不问什么是真理，只问什么叫“真”。这是有道理的。历史研究就是把真相找出来了，就承认它，找不出来就不承认它，就是说我们每个人不能保证我们说出来的是真理，但是我们每个人都会相信真。这个治学方法对于我来说很重要。我觉得理论在史的观念里面是非常重要的，但是现在的问题是，老师总是叫你们先去学理论，最流行什么你先学，学会以后用这个东西去解读材料、解释材料，弄到最后，你不知道是证明这个理论（理论也不要你证明，外国人早证明了）还是去解释史料，你和史料是非常隔膜的。所以，我的观点是你先不要论，先讲史。要在历史当中产生你的感觉，产生你的问题，然后再去学习理论，解释你心中的疑惑。首先要有疑惑，因为往往你先读理论就没有疑惑了，陷在理论体系里面就不存在疑惑了。而从史料出发，你就会有大量的疑惑产生。

杨庆祥：您说的史料问题，宽泛地讲是一个治学的基本准则。不过在新中国成立后的人文社科研究中，“论”与“史”的关系，不仅仅是一个学术理念的问题，而关涉写作者的“阶级立场”和“政治倾向”，所以对“史”的强调实际上也是对当时文学史编撰原则的一种“拨乱反正”。您当时和贾植芳先生来往很密切吧？我看过贾植芳先生全集中的日记部分，您在里面出现的频率很高。贾先生是现代著名的作家和理论家，他的治学理念应该对您有很大的影响吧？

陈思和：贾植芳先生就是我的导师！不是一般的老师。贾先生治学要求很严格。我和李辉最初写了一篇关于巴金的文章，送给贾先生看，贾先生当时还在资料室做资料员，他看了之后就说不对，因为我们写文章是根据1958—1962年出版的《巴金文集》十四卷。贾先生说，研究巴金不能用《文集》，因为那是解放以后出版的，巴金都改过了，必须找到初版本，才能够还原巴金真实的思想状况。后来我们从头开始一本一本地找巴金的初版书，并且校对，就是看里面到底改了多少。当时贾先生给了我们一本美国学者奥尔格·朗关于巴金的书，书名是《巴金和他的著作：两次革命中的中国青年》，是一本英文书，我们读了这本书后，发现里面有很多东西是我们不知道的。于是我们就根据这本书里面的资料，一篇篇地找到原始资料，这样就花了很多时间。这个工作给了我非常大的影响，就是要从史料出发，从实际出发，来形成自己的疑惑，然后找理论解释自己的疑惑，这样就提升了自己的研究能力。

第二个影响就是作为一个知识分子的人格力量，这个不是谁都能学得到的。我就是有幸恰恰碰到这个机缘。刚才讲的治学方法，一般老师都会教，很多老先生做训诂，都会教的。那时“文革”刚刚结束，知识分子都被批判过，心有余悸，不敢说话，说也是支支吾吾的。只有少数老先生敢出来说话，复旦大学有几位敢于直言的老先生，这是非常难得的，贾植芳先生就是其中的一位。我碰到贾先生是我人生的一个转折点，是他让我知道应怎么做人。贾先生是“胡风集团”的成员，我们进学校的时候，他头上还戴着“反革命”的政治帽子，还在资料室工作。贾先生是这样一个人，表面上他非常热情，你如果不跟他深入相交，就根本看不出他内在的冷峻。我是后来跟着他时间久了，感到他心底里是有鲜明原则立场的。这是表面上看不出来的。贾先生对“五四”传统非常认可，“五四”传统对他们来说是很具体的，“五四”就是跟着胡风，而胡风就是跟着鲁迅，鲁迅就是“五四”精神，他们脑子里面的这根线很清楚。我们现在讲“五四”，像讲古人一样，讲李白杜甫一样，是过去的事情，但是对他们来说，是他们亲身经历的事情，他们是很有选择能力和判断能力的。贾先生他们对“五四”的这种认同感，对胡风的感情，都是非常清楚的。他让你知道一个知识分子是如何对这个社会有所担当，这个在“五四”以前是没有的。“五四”以前我们只有士大夫阶级，士大夫阶级如果要对社会有所担当，首先要做官，有了权力以后才能有担当，在村里做个教书先生是不行的。古代知识分子通过政治的渠道，获得一定权力，进入了庙堂，进入了朝廷，他才有担当。“五四”创造了一个新的知识分子的群体，这个群体凭他们的知识、凭他们在社会上的一种职业，就有力量对社会说话，能够批判社会，能够推动社会的进步。知识分子在“五四”是一个特殊的阶层，有特殊的话语权。在这之后，知识分子一直把自己定位在既不是官方庙堂的士大夫也不是普通老百姓的这么一个不上不下的位置上，或者说一个阶层，这个阶层一批批地培养我们所谓的“五四”新文学的精神接班人。他们可以批评政府，抗拒权力，批判民众，指导民众，他们代表着一个新的知识力量，比如马克思主义、各种社会主义、民主与科学等新观念。这种情况在今天，某种意义上，我认为是消失了。因为今天接受西方的东西不再特别，你接受，别人也接受。今天的社会已经失去了当时的那种条件，但是这种“五四”精神一直延续下来，融入我们今天的社会生活，变成了一种精神资源。我们今天有很多人不承认“五四”是一种新传统，一讲传统就是孔子、庄子，其实我们今天的生活在很大程度上是受“五四”传统影响的，比如我们的白话文，我们写文章、说话、演讲都用白话文。

杨庆祥：1980 年代实际上是一个“知识分子话语”占据主流地位的时代，从某种意义上说，当时的中国现代文学研究同样也受到这种话语的影响。我记得您早期的学术研究领域应该是中国现代文学，后来怎么转到当代领域，并提倡起“重写文学史”来了？我记得您在一篇文章中提到 1984 年的“杭州会议”对您影响很大，让您觉得应该对当下发言，是这样的吗?

陈思和：对于为什么会出现“重写文学史”，这首先要考虑到学科的沿革。我们学科原来只有现代文学，只有三十年，时间就是从“五四”到 1949 年，具体说就是 1919 年到 1949 年，前面稍微延伸到 1915 年陈独秀办《新青年》。到了 1960 年代，学界就认为新中国文学已经成气候了。所以，在“文革”前，就搞了一个当代文学大纲，指 1949 年以后大概十多年的文学，把《创业史》《青春之歌》当作尾巴附在后面。到了“文革”以后，就建立了一个当代文学的学科，时间范围起于 1949 年，后面没有下限的，到“文革”结束时候是三十年。当时叫作“前三十年”和“后三十年”，设了两个学科，很多学校的教研室就是这么设置的，就是前面一个是现代文学教研室，后面一个是当代文学教研室，但是复旦大学没有这样分。当代文学学科在“文革”以后力量越来越大，现代文学学科反而有点萎缩了，因为它被“前三十年”限制死了，而当代文学学科是不断地发展，所以很多人就转到当代去了。

我当时做的是现代文学研究，主要是研究巴金。但是巴金的很多创作延续到了 1949 年以后，这是一个问题。第二个问题是《巴金论稿》是 1986 年出版的，但写作主要是在大学读书期间，写完以后接着要写毕业论文，我就想换个题目，最早想研究“鸳鸯蝴蝶派”，研究通俗文学。我当时认识一位老先生郑逸梅，我受了他一点影响，后来发现我不大喜欢这方面，就放弃了，但换题目已来不及了，我就把《巴金论稿》里面的文章做毕业论文。当时还有一个人对我影响很深，就是李泽厚。李泽厚有本《中国近代思想史论》，影响非常大，这本书后面有个后记，写了六代知识分子相互交替的现象，我受他的影响，把李泽厚的这个六代知识分子的观点移植到文学史上面，写六代作家的演变。这篇文章我一直到 1984 年才写完，给《复旦学报》，1985 年登出来了。正好那时在北京开“青年学者创新座谈会”，我在会上发言的时候主要就谈了这些想法。后来我就写了《中国新文学整体观》，老钱他们当时正在搞“20 世纪中国文学”，我的“整体观”某种意义上和他们的想法是相同的。但是樊骏老师说，我跟他们不一样，因为我的格局比较小，我是从“五四”开始的，老钱他们是从整个 20 世纪出发的。我那时的想法比较简单，我还是比较认同“五四”的，我不大喜欢通俗文学，觉得不好看。我的想法是从贾先生那里来的，贾先生认为“五四”就是鲁迅，鲁迅以后就是以胡风和巴金为主，恰好这两个人都是我研究的对象，我的文学史观实际上是这样建构起来的。

杨庆祥：您和王晓明老师主持并倡导“重写文学史”的主要目的是什么？

陈思和：当时我们俩共同的想法就是消解 1949 年作为划分文学史的界限，一些老先生跟我们的想法也是一致的。这种消解的办法就是把前三十年和后三十年打通，这两个阶段的文学拼在一起，就出现很多问题。当时，当代文学研究方法是模仿现代文学研究方法，现代文学研究方法是模仿古代文学研究方法，基本就是做年谱、找资料，研究一个个作家，现代文学研究是这样，当代文学也这样研究。但是这样做有很大的问题，这些当代作家的创作成果都不好评价啊。我们中文系 1979 级有一个学生叫赵祖武，写过一篇文章，题目好像叫《一个不容回避的历史事实》，当时发在《文艺论丛》上，主要就是说“前三十年”文学成就大于“后三十年”，认为“后三十年”是不行的，这个文章发表出来以后遭到了猛烈批判。赵祖武胆子大，敢说很尖锐的话，如果当时他的这篇文章受到了支持，他肯定会发展成为一个很好的学者。但是因为遭到批评，学界就有意疏离他，毕业的时候，把他分派到上海郊区的一个旅游学校，慢慢地他就离开这个专业，去搞红木家具收藏了。

杨庆祥：那么您对“前三十年”和“后三十年”的看法呢？

陈思和：我也觉得是这样，但我是根据史料来的。我们和老钱他们都认为“五四”文学肯定比 1949 年以后的文学好，我们主要是描述，把近七十年的文学整体来看，就看出 1949 年以后的文学如何被政治权力所控制，成为政治工具。这是我们的基本思路。

杨庆祥：当时为什么把《重写文学史》的专栏放在《上海文论》？

陈思和：当时的情况是这样的：《上海文论》是一个理论刊物，由上海作家协会和上海社科院文学所联合主办的，主编徐俊西原来是我们复旦大学中文系的党总支书记，调到社科院当文学所所长，后来又当上海市委宣传部副部长，这个刊物就是他当文学所所长的时候主编的。有一次他把我和王晓明找过去，商量怎么做一个关于文学史讨论的栏目，我们就讨论通过了《重写文学史》专栏的设想，我们的想法很简单，就是希望实事求是地从材料出发，实事求是地剖析一些作家的问题。开始这个栏目主要是王晓明和《上海文论》编辑部主任毛时安编的，我当时在香港，1988 年我在香港待了四个月。我们把专栏的方针商量好后就去约稿，我约了我的学生宋炳辉，他写了一篇关于柳青的研究文章，晓明也约了他的同学戴光中谈赵树理的文章，这是第一期。第二期我记不住了，好像也是约的。后来就是自发来稿，我和王晓明的工作就是每一期我们写一段“主持人的话”，通过这种方式就把我们的观点谈了。当时想法也很简单，因为当时研究当代文学的一些老师把现代文学的研究方法拿来研究当代，要树立大师，把一些作家吹得很高，但是事实上，这些作家的作品里面都有很大的时代局限，显然这样吹捧出来的文学史禁不起考验。比如说新中国的农村题材小说，当时家庭联产承包责任制已经证明以前的农村政策是不对的，实践是检验真理的唯一标准，那么，为什么还要吹捧明明是错误的合作化政策、人民公社政策呢？这里就有一个“真”的问题。“大跃进”都饿死人了，为什么没有一个作家写“大跃进”饿死人，却在作品里歌颂“大跃进”呢？这里最直接的一个问题就是作家有没有良知。你到底是跟着政策走还是根据底层百姓的实际状况走？其实当时作家是很清楚那些情况的，他们不是不知道当时农民的生存状况，是不敢说真话，还要昧着良心说假话来欺骗读者。所以这个时候根本谈不上什么真实，谈不上什么良知。

杨庆祥：专栏里面还刊发了一些现代文学方面的文章，比如对《子夜》的重评。

陈思和：那是后来，起先主要是针对1950、1960年代的作品，后来因为影响大了，我们希望得到更多的支持。因为我们是重写文学史嘛，原来的文学史就是王瑶先生他们写的，当时编辑部怕得罪老先生，就去北京开了个座谈会，结果老先生非常支持，王瑶先生、唐弢先生，包括我们的老师贾植芳、钱谷融、徐中玉都站出来支持，那么我们就放心了。

杨庆祥：王瑶曾经批评过“20世纪中国文学”的提法，说他们不提左翼文学，那他有没有批评过你们的一些想法？

陈思和：没有，后来他写了篇文章《文学史要后来居上》，还是很支持的。不过严家炎先生有一些看法，当时专栏发表了王雪瑛的一篇文章《论丁玲的小说创作》，严家炎是研究丁玲的专家，他觉得这篇文章写得不客观。这种情况肯定会有的，包括戴光中那篇写赵树理的文章也不是太客观的。只不过我们当时是为了表示一种倾向，为了强调一个方面，其实我们对赵树理、对柳青都很尊重，他们都是被“四人帮”迫害死的。但我觉得我们对待他们的创作要实事求是，要看到他们的处境、他们的困难，包括他们受到的局限，这很正常。

杨庆祥：我记得蓝棣之的那篇《一份高级形式的社会文件》影响不小，当时钱理群他们在《中国现代文学研究丛刊》上面也刊发了一篇汪晖的关于《子夜》的文章，这样你们是不是就形成了一个“南北呼应”的局面？

陈思和：老蓝这篇稿子是自己投来的，还有一个小插曲。蓝棣之是我们的朋友，可是他没有把稿子寄给我和晓明，而是直接寄到编辑部，留了电话。我们都没有看到这份稿子，不知是哪位编辑处理审稿，觉得文章里有些地方要修改，就给老蓝打电话说了意见，老蓝很生气，说蓝棣之的文章还需要修改？那个编辑很惶恐，就来问我谁是蓝棣之，我赶快出面打圆场。老蓝就是这样的人，他用这样的方法支持了我们。当时我们在办《重写文学史》专栏的时候，老钱他们在《中国现代文学研究丛刊》上办了一个《名著重读》的专栏，意思差不多的，也是对文学史的重新评价，但是我们的《重写文学史》的名字响亮，被大家记住了。北京学界比我们尖锐得多，当时《文学评论》有一位老编辑叫王行之，写了一篇文章叫《我看老舍》，发表在《文艺报》上，对老舍的讨论非常深入，文章也写得好。他们都是比较有权威的学者，我们这里的作者大多数是年轻教师和学生，我们的专栏里，蓝棣之、范伯群属于最有权威的专家。到了 1980 年代末，在北京开了一个“反自由化”的座谈会，当时康濯就发难说上海那个“重写文学史”是资产阶级自由化，还有一批人，主要是与徐俊西就“典型”问题进行过论战的人，都跟着起哄。后来我们就发了个专号，把 1989 年 6 月《上海文论》整期全包了，把当时手头的积稿全部用掉，同时我和王晓明做了一个长篇对话，把我们的立场阐述得更加清楚。

杨庆祥：你们当时比较强调“审美原则”，是不是受到康德的“审美无功利”理论的影响？在我看来，“重写文学史”对“审美性”的理解实际上是比较偏狭的，专栏里面的很多文章完全把“审美”等同于“非功利”，甚至极端强调“形式”和“怎么写”的问题，有一种类似于“新批评派”的“作品中心主义”倾向。

陈思和：这是从恩格斯那里来的。恩格斯早就提出了评价文艺作品要用历史的、审美的观点，不要用党派的观点。另外一点是，我们还是强调鲁迅的传统的，要有担当，不喜欢纯美学的东西。所以我们提出既要历史的，也要美学的，这两个是不能分离的。历史的，就是你要把所有的作家还原到当时的历史环境下去考察；所谓审美的，就是文学有它的特征，它的社会性、政治性都是通过美的方式来表达的。

杨庆祥：我觉得您后来的《中国当代文学史教程》实际上是“重写文学史”的一个延续和实践的成果，是不是这样？

陈思和：“重写文学史”是一个实践性的东西，所以你把它定位为一个事件，我认为是有道理的。当时“重写文学史”引起很多反响，有人提倡重写古代文学史，甚至有人提出重写音乐史，影响很大。虽然 1989 年以后不再提那些口号了，但实际上并没有中断。

杨庆祥：我看了您近年来的一些文章，您始终还在思考文学史的相关问题。现在回头看当时的“重写文学史”，您觉得有哪些是值得称道的地方，有哪些是不太满意的地方？

陈思和：二十年过去了，当时的文章在学理上看是很浅的，但是我觉得我们的立场是对的。“重写文学史”只能是两个标准：第一就是良知和道义，我们要有良知，要说真话，不能指鹿为马；第二是要从史料出发，一切都要从材料出发，从当时的实际情况出发。这两点，我也一直坚持下来了。

杨庆祥： 您还提出了“民间”“庙堂”等一系列概念。

陈思和： 当时理论上是欠缺的，我提出这些概念就是要弥补理论上的欠缺。这些概念是可靠的，但必须依靠大量的史料来说明。

杨庆祥： 实际上，你们这个“重写文学史”走得还是很远的，钱老师他们提出的“20 世纪中国文学”后来就没有继续研究下去了。

陈思和： 他们主要是只有老钱一个人在坚持研究现代文学，黄子平的太太是外籍的，他就跟他的太太出国去了。陈平原转到近代甚至古代做学问去了。

杨庆祥： 我以前写过一篇研究“重写文学史”的文章——《审美原则、叙事体式和文学史的“权力”》，发表在《文艺研究》上。我在那篇文章中提出了一个观点，我觉得“重写文学史”其实与 1980 年代的“先锋文学”和“先锋批评”在上海的兴起有一定的关系，一来您和王晓明老师当时都是上海新批评的圈内人，另外当时“先锋文学”的批评标准（如形式分析、叙事学、语言学等）也对文学史观念产生了影响。您怎么看待这个问题？

陈思和： 这两者之间没有必然的联系。“先锋文学”我是关心的，1984 年杭州会议后，我们有点反感传统的现实主义，喜欢西方现代主义的创作，所以比较注意莫言、韩少功等人。“先锋文学”越到后来越对我产生影响，但不是马原、洪峰的那种先锋文学。我最近提出了“五四”以来的文学史上的“常态”和“先锋”两种文学状态。

初刊《当代文坛》2009 年第 5 期

八个会议，一个时代

——陈思和口述20世纪80年代参与的学术会议

陈思和、周明全[①]

周明全：我在几种很重要的文学史，以及很多作家、批评家的回忆文章中发现，八九十年代的文学会议，虽然没有现在这么频繁，但质量都很高，几乎决定了现当代文学的发展范式和方向。作为晚辈，我想请教一下，为什么80年代的文学会议会有那么大的影响，这和国门打开，西方文学思潮涌进有关，还是有其他原因？

陈思和：20世纪80年代是思想异常活跃的十年。那时候好像还不流行学科的概念，但已经有了许多学会。学会的年会在那个时候也是思想交锋的场所，一般都在高校里举办。同时还有一些民间自发的会议，如一两个杂志社，甚至几个青年教师也能发起一些会议。那时候很少像现在那样，发言者在会上拿了稿子念，大家都希望在会上自由发表自己的观点，引起争论，扩大影响，有些论点甚至可以影响到整个学术发展的趋向。这种自由的精神，争论的风气，对文学、学术发展起了很好的导向作用。一个会议上提出一些新的观点，马上会引起争论和反响，然后就传播开去，然后再发表在杂志上。所以，当时的刊物在学术影响传播上还是第二步，第一步是学术会议。

总体上说，西方文学理论思潮的引进，对1980年代思想解放运动产生过极大的推动作用，但是主要的原动力还是在于时代本身走到了这一步。长期的文化专制主义严重窒息了中国思想空间，当

① 周明全，当时是《大家》杂志主编。

人们从“文革”的黑暗中走出来，迫切需要有一个思想觉醒的过程。在当时恢复了人的自觉，摆脱了人云亦云、不敢独立思考的精神奴隶状态以后，人们对于自由发表自己的思想观点，有着急切的渴望。我认为当时思想解放运动是改革开放的前提，也是邓小平所说的，要“换脑子”。脑子不换，再多的钱，再多的权，都不可能把中国人带到改革开放的轨道上去，也不可能导致生产力的大发展、大飞跃。

但是具体到当时的学术会议而言，西方文学理论思潮的影响并不严重。当时人们主要还是从实际出发，面对拨乱反正的现实，需要清理学术领域长期以来被遮蔽、被歪曲的种种问题。大家畅所欲言，或者引起争论，或者引起思考，或者引起反感，都是正常的，从生活实际状况出发的。如果从历史发展来看，1950 年代以来，开会这种形式成为人们的政治生活日常的一个重要形式，过去有这么一句话：国民党税多，共产党会多。用会议形式来传达高端领导层的政治意图，来带动普通群众进行学习和贯彻，实行思想教育等，都是常见的工作方式。拨乱反正就是从中央召开务虚会议开始的。所以人们对于会议的期待，包括对上面精神的领会、小道消息的传播、民意的测验以及思想观点的发表，都是有特定意义的。80 年代的学术会议在这样的历史背景下发展起来，在思想解放运动中就显得非常重要。

周明全：现在的学术会议，会上你好我好，会下称兄道弟，还要发红包拿酬金，所以真正有质量的会议不多。我之前听几个前辈批评家说，他们 80 年代参加学术会议，会上都是剑拔弩张的，抢话筒是常态，总想用自己的观点压倒对方。在 80 年代，在会上压倒对方，提出有见解的观点，能一炮走红。是这样吗？

陈思和：是这样的。会议形式的重要性在人们的政治生活中逐渐减弱，是发生在 20 世纪 90 年代。由于众所周知的原因，人们已经失去了开会的热情，对于会议所要传达的精神普遍感到厌倦，与会者说话也往往是言不由衷的，不能够像80年代那样畅所欲言。结果开会都成了朋友聚会，不同观点的人不愿意在一起进行思想交锋，谁也不想说服谁。所以在90年代，小型的对话就流行起来。当时关于人文精神的寻思，关于一系列作家的研讨，都是小型的对话构成的。开年会都成为换届选举会，人们对新鲜观点的渴望已经不存在了。

到了后来市场经济风气流行开来，文学批评也成为一种有偿的劳动，甚至是被某种利益所左右，比如，为了评奖做宣传，为了票房造势等，学术让位给利益，开会的意义就越来越淡化了。

周明全：你觉得80年代的文学会议最大的特点是什么？

陈思和：真诚，还有对自由精神的追求。其实当时的会议也是有很多陷阱的，也有人在会后打小报告，对发言者进行陷害。当时很著名的复旦大学哲学系“七君子事件”，就是在桂林的一个会议上发生的。但是因为社会风气正，人心所向思想解放，反对一言堂和文化专制主义，所以大家都极为真诚地参与会议，讲出自己心里所想的话，那就有价值。我不是说真诚讲出来的话都是正确的话，当然不是，但是因为真诚，他的话就有价值。

周明全：你个人认为，80年代最重要的文学会议有哪些？

陈思和：你是说文学界吧？全国性的会议当然是全国四次文代会、五次文代会以及第三届青创会，都是有重要影响的官方会议。中等规模的会议，主要在1985年以后，当时刘再复担任了社科院文学所所长，他提出了一系列新的学术观点，并且有意识地通过组织学术会议来传播这些新的思想观点。我记得1985年到1986年先后在扬州、厦门、北京等地都开过影响深远的学术会议，主题都是推动文学理论的“新方法”。你说的西方文学思潮的影响，就是在那个时候开始的。到了1986年的10月，在北京举行的新时期文学十周年的大会，刘再复的风头就有点下降了，他遇到了挑战。当时有更加年轻激进的青年学者崛起，发表了更加激进的观点，也引起了更加激烈的争论。还有一种规模更小的会议，都是一些圈子性质的会议。但因为是小范围的，讨论的话题更加集中，意义也更加突出，比如大家一直在说的1984年底的杭州会议等。

周明全：上次在珠海听你讲起，说自从引进西方学术会议的机制，很多学术会议就没有了交锋和碰撞，越开越没意思了。这种转变是从什么时候开始的？

陈思和：就是指现在那种通行的学术会议形式。也是20世纪90年代开始的。那倒是真的接受了西方学术会议的影响。开始是我们去香港、台湾参加学术会议，就发现这种会议形式与内地的完全不一样，有点像一种小圈子的游戏。每个学者被安排上台做十分钟的报告，如果超时了，主持人就要用钟“叮当”敲一下，给以提醒。后来还规定要用PPT形式，结果发言者就被安排到讲台的边上去了，人们对着空荡荡的讲坛看着PPT一闪而过。交流也被限定为讲评人的角色，似是而非地评价一番。听众被限定为一两个问题，都是无法深入讨论的。我感觉，这种形式的会议只是完成了一个被规定的游戏，思想交锋是不存在的，学术交流显然是被庸俗化的，不能说发表的论文都无甚价值，但是在这样一种被规定的情境下，学术观点也是无法充分展开讨论。事实上，在这种风气下，学术会议上发表的论文，如果没有公开发表，发言者也是不希望别人继续讨论和引用自己的观点，因为还有保护知识产权的问题。连发言时间也要充分计算好，每一位代表的发言时间都必须一样，否则就是不公平。你想，大家都在这么斤斤计较的螺蛳壳里做道场，怎么会有思想的力量和学术的力量？不幸的是，这种所谓的国际游戏形式很快就传入中国学术界，也成为我们现在学术会议的主要形式与规范。

我这么说也不是要否定现在的会议形式，因为它已经被大家所接受，而且成为国际上学术交流的通行模式。但是说起为什么现在的学术会议影响不如80年代的，那么，会议形式也是其中一个原因。

学术会议的形式大于内容。我听到一个笑话，某办会人传授他的经验，说办一个会，关键就是要拍照，只要把领导、名流都排好座次，“咔嚓”一下都照进去了，会议就算办好了。

1. 1982 年海南第二届中国现代文学年会

周明全：1982 年 5 月，潘旭澜先生安排你代表他去海南参加第二届中国现代文学年会。大会专题发言中，有王瑶《从现代文学的发展看“讲话”的历史意义》、李何林《中国二三十年代文艺的总结和其发展方向——纪念〈在延安文艺座谈会上的讲话〉发表四十周年》、樊骏《近年来的中国现代文学研究工作》、唐弢《从香港中国现代文学研讨会谈到我的一点看法》、马良春《由美国研究中国现代文学的一些情况想到的几个问题》、林非《近年来鲁迅研究的收获以及我们面临的问题》等。你对谁的发言印象最深刻？

陈思和：1982 年 5 月，我留校不久，才几个月。那时海南岛属于广东省的一部分。中国现代文学学会第二届年会在那里举行，潘旭澜先生是学会的理事，当然作为代表。但他不准备去参加会议，让我代表他去。这是我第一次参加全国性的学术会议，而且到那么远的地方，充满了好奇。那次会议参加者有很多名流，现代文学研究老一辈的学者，我都是在那次会议上看到的，如王瑶、马良春、李何林、唐弢、樊骏、吴宏聪、陆耀东、吴子敏、陈瘦竹等等。会议主办单位是海南大学，老画家卢鸿基在那里工作，卢鸿基是胡风的朋友，所以那个会上有不少“胡风冤案”的当事人，上海的耿庸、何满子都去了。贾植芳先生没有去，但他写了信，把我介绍给他的朋友。我第一次认识何满子他们不是在上海，而是在海南。潘先生也为我写信给马良春，他信中说让我代他参加理事会，可以旁听。但是我去了以后没有提出来，只是礼节性地拜访了一下马良春老师。

你刚才列举的那么多大咖的发言，我已经记不得了，好像我就没有听。因为我迟到了一天，所以，许多重要发言都没有听到。我印象比较深的是黄修己老师的发言，那时候他很年轻，穿了一件嫩黄的T恤衫，在小组会上侃侃而谈，内容是讲赵树理与文艺大众化问题，观点很新颖，很引人注目。另外还有一个发言我也留有印象，好像是讨论田间的诗算不算七月派。发言者是谁已经忘记了，这个题目我后来向潘先生汇报时提到过，潘先生说，田间怎么不算七月派呢？他熟练地背诵了田间的好几首诗，还分析了这种句法都是七月派诗所特有的。我对此留下了深刻的印象。

周明全：会议的主题是纪念毛泽东《在延安文艺座谈会上的讲话》发表四十周年，你提交了《毛泽东文艺思想是党的集体智慧的结晶》，意在强调毛泽东的文艺思想是发展变化的，而不是“凡是派”认为的一成不变。这些前辈对你的发言如何评价？

陈思和：其实这篇文章不是我个人的观点，以后我没有把它收入个人的文集。但文章是我写的。这里有个背景，在思想解放运动中有人写文章重新评价毛泽东的《在延安文艺座谈会上的讲话》（以下简称《讲话》），态度都是很温和的。《复旦学报》发表了一篇文章，认为《讲话》曾经在抗战中产生过很大的作用，但到了新时期，应该把它看作是一个历史文献。这个观点是得到编辑部赞同的。但是发表以后，马上就受到有关方面的批评，认为这是“资产阶级自由化”的言论。那时候（1982年初）我刚留校不久，我的同班同学张兵分配在学报编辑部当编辑，他把我找去，与编辑部的几位老师一起开会讨论应对办法，结果是让我写一篇文章继续讨论《讲话》的意义，正面来阐述我们（编辑部）对“《讲话》是‘历史文献’”事件的回应，文章观点也是大家一起讨论出来的，主要是王华良老师的观点。他坚持认为《讲话》是毛泽东文艺思想的一部分，而毛泽东文艺思想也不是毛泽东个人的思想，而是中国共产党许多领导人长期实践后逐渐形成的马克思主义文艺思想，是集体智慧的结晶，只是用毛泽东个人的名字命名。这里就涉及早期共产党人萧楚女、瞿秋白、张闻天等人的文艺观点，也联系到1949年以后中共关于文艺工作的指导方针，也包括了周恩来、陈毅等领导人的思想观点，文章最后落实在邓小平在四次文代会上的祝词，也就是要体现出这是一个完整的中共领袖们把马克思主义文艺思想与中国革命实践相结合后产生的集体智慧结晶。这当然也是指被实践证明是正确的部分。我对这个问题以前没有关注，也没有特别的兴趣。但是我对编辑部老师们的意见是赞同的。于是写了这篇论文，在《复旦学报》第3期上发表了，刊出后还被北京什么报刊转载过。当时因为海南会议的议题与《讲话》相关，我就趁便复印了七十份，自己带过去。后来作为大会论文发到代表们的手里。我没有发言。有些代表看了文章后与我私下交流过。

周明全：三十多年过去了，你现在如何看待自己当时的发言？又如何理解毛泽东的《在延安文艺座谈会上的讲话》？

陈思和：因为这篇文章的观点不是我自己研究得出的，所以后来也没有去反省这个问题。不过我是赞同这篇文章的观点，才会把它写出来，即使到了现在，我还是觉得“文革”时期搞个人迷信无限突出毛的个人成就而贬低党的集体领导，是不好的。所以，把毛泽东文艺思想解释成中国共产党的集体智慧结晶，是马克思主义与中国实践相结合的过程中不断发展、不断变化甚至需要不断修正的意识形态，还是比较合乎事实的。不过我还是要说明，这不是我的个人观点，更不是我现在的认识水平下的观点。

周明全：这是你第一次参加全国性学术会议，这次会议给你最大收获是什么？

陈思和：现代文学学会的年会，使我有机会面对面地感受到学界前辈的音容笑貌和他们不同的风采。在这个会上我还认识了一批与我年纪相仿的朋友，如广东的陈剑晖、刘钦伟，《中国现代文学研究丛刊》的编辑廖宗宣，海南的散文家黄宏地等，我后来在该《丛刊》上发了几篇研究巴金的论文，与廖宗宣的提携有关；我在《海南日报》上也发表多篇散文和读书随笔，也是在黄宏地兄的帮助下发表的。会议的收获一方面是在学术视野上，无疑是能够得到开拓；另一方面是能够结识一些志同道合的朋友，这也很重要。

2. 1984 年杭州会议

周明全： 1984 年 12 月杭州会议前，有哪些“伏脉”？

陈思和： 关于杭州会议，谈论的人已经很多了。我以前也说过的。那次会议是小范围的，而且基本上形成一些朋友圈。那次会议不是年会，也不是官方会议，而是两个杂志编辑部举办的一部分批评家和作家的对话。讨论的主题是如何面对当时文学创作中出现的一些新现象。所谓新现象，所指的主要有：贾平凹在《钟山》上发表了一组作品《商州初录》，文体介于小说与散文随笔之间；张承志在《十月》上发表了中篇小说《北方的河》，突出了文化的意象；还有就是阿城在《上海文学》上发表了中篇小说《棋王》，大约还有一些，如郑万隆在《上海文学》上发表了短篇《老棒子酒馆》，李杭育发表了一组葛川江系列的小说，等等。这些作品的共同点是：淡化了当时的主旋律——如文学作品要表现现实政治斗争，批判“文革”，批判“四人帮”，歌颂和推动改革开放，歌颂农村的新经济政策，揭露社会现实的各种矛盾等，更加强化了文化、怀旧、传统等元素，从文化层面上而不是在政治层面上进行批判，或者未必是批判，更多的是超越现实层面。

当时这类作品也不是横空出世的，之前已经有类似的变化。譬如汪曾祺、邓友梅与后来冯骥才的小说，已经有这方面的倾向；诗歌方面有杨炼等人在努力开拓文化意境，视觉艺术上也出现了罗中立的《父亲》和陈凯歌导演的《黄土地》等，是具有整体性的风气变化和艺术创新。更值得指出的是，这次会议所讨论的作家都是青年作家（知青作家），他们中有很多人是伤痕文学的参与者，后来都自觉地从伤痕文学走出来，转向了文化寻根。

周明全：《上海文学》在其中发挥了什么作用？李子云的办刊

方针是什么？遭遇了哪些压力？

陈思和：具体的会议酝酿过程我不太清楚。据我所知道的，这次会议与李庆西的努力分不开。好像起初是杭州的《西湖》杂志举办李杭育、徐孝渔的作品研讨会，邀请了上海评论家吴亮、程德培参加，他们发表了一些比较新的观点，与李氏兄弟结成好朋友。是他们商量了要举办一个会议讨论小说创新问题。李庆西是浙江文艺出版社的编辑，黄育海也是，浙江文艺出版社也参与了办会，还附带了一点要求，想编一本小说词典之类的书。但是与会者对这个建议没有兴趣，大家议来议去都不得要领，后来也没有进行下去。但是会议却意外地成功。《上海文学》杂志上发表了《棋王》《老棒子酒馆》等作品，并且有很强的批评家群体，因此举办这个会的态度肯定是积极的。上海作协党组领导茹志鹃也去参加了。李子云是《上海文学》编辑部的主要负责人之一，她理论造诣很深，年轻时当过夏衍的秘书，与老一辈文艺界领导有很深的关系，与作协现任领导如冯牧他们关系也很好。所以在上海文艺界她是比较特殊的文艺理论家。在此前，政治上有过一场所谓“清除精神污染”的运动，也是从文艺界开始发起的，《上海文学》上有些作品也受到指责。李子云还是有压力的。1985 年的文化寻根思潮可以看作是对“清污”运动的反弹，也可以看作是对“清污”运动的妥协。20 世纪 80 年代文学是在与种种极左路线的斗争中发展而来的。伤痕文学是第一波文学高潮，对应了反思“文革”和批判现实，但随着压力，紧接着崛起的“反思文学”，转而学习西方现代主义文学技巧，产生了现代主义的文艺思潮，又随着“清污”运动批判现代主义和人道主义，文学创作又不得不向民族文化传统转移，于是产生了文化寻根的文学思潮。1984 年底的杭州会议就是在这个背景下举办的，可谓是得风气之先。

周明全：现在很多人理解为是 1984 年底的杭州会议使“寻根文学”成为一个文学流派，但我看你在《杭州会议和寻根文学》的文章中说，杭州会议并没有对寻根命名，或者提出类似宣言的倡议。那么，后来为什么会有这样的误解？

陈思和：“清除精神污染”的主要矛头对准了人道主义和现代主义，杭州会议是在这个背景下举办的，当时讨论的时候还没有真正意识到寻根的意义，但是围绕《商州初录》《北方的河》《棋王》《老棒子酒馆》等一批作品，大家都关注到以下几个方面：1. 为西方现代主义正名；2. 为小说形式的实验与探索正名；3. 强调民族文化里包含了可以与西方现代主义沟通的基因。讨论这些问题时，许多人的思想空间被打开了，产生了焕然一新的思路。阿城、郑万隆、李杭育等作家都强调了他们的创作与地方文化的关系。至于文化寻根的口号则是在会后才被提出来的，主要是阿城、韩少功等相继发表了鼓吹文化寻根的文章。两者当然是有关系的，但也是不自觉的。谈不上误解，还是事出有因的。

周明全：你在《中国当代文学史教程》的“文化寻根意识的实验”一章中说，“文革”后的文学史进程中，1985 年是很重要的一年。这个重要，主要体现在哪些方面？

陈思和：主要是文学的观念发生了变化。中国五四新文学运动以来，文学被理解为一种为人生而斗争的工具，即鲁迅所说的“遵命文学”。后来就被狭隘地解释成为革命政治服务，进而又演变成为替政权服务的工具，到“文革”时期达到登峰造极的地步。“文革”结束后，人们在反思教训时，还是沿袭了原来的思路，如伤痕文学、反思文学、改革文学等创作思潮，仍然是依据为现实政治服务（后来改为为社会主义服务）的原则来进行写作的。但从 1985 年开始的寻根文学思潮则强调了文学创作与文化传统的关系，写作慢慢摆脱了为现实政治服务的枷锁，逐步恢复人性的写作、审美的写作、文化的写作，作家也开始真正沉入到民间日常生活中去寻找创作的材料，书写普通中国人的故事。这种思潮到了 90 年代，就形成了民间写作的创作主流，涌现出一批像贾平凹、莫言、余华、张炜、张承志、王安忆、韩少功、阎连科等真正的优秀作家，这都是与文化寻根思潮分不开的。

周明全：你认为1985年文化寻根意识的崛起，是在政治和文化的多重关系下直接带动了文学艺术的实验，唤起作家、艺术家对艺术本体的自觉关注。

陈思和：是的。如果要追根溯源的话，新文学运动从一开始就存在了两种启蒙，一种是思想启蒙，文学是思想启蒙的外化形式，鲁迅、茅盾为代表的为人生的文学，基本上是这样一个传统；但还有另一种启蒙传统，即美学的启蒙，现代美感通过新文学的形式给以充分展示，培养了现代人的现代审美意识，鲁迅在现代美感形式的创新方面也做了许多工作，但也有更多的作家偏重此道，如废名、沈从文的小说，周作人对现代散文小品形式的开拓，等等。寻根文学思潮更多的是吸取了废名、沈从文、周作人的传统。

周明全：西方学界把1913年称为“现代主义的摇篮”，因为欧美艺术发展到1913年的时候，音乐、绘画、科技、哲学、数学、文学，乃至性学与优生学都出现了现代主义思想动向，艺术中的新观念与日常生活的变革同时并进。我发现1984年杭州会议之后，1985年初韩少功等人迅速展开了“寻根”运动，而这一年文学、音乐、绘画、电影确实都呈现出了新奇的面容。你认为杭州会议与“85新潮”之间是否有关联？

陈思和：总的来说，是水到渠成，大势所趋。中国文学发展到1985年就必然涌现出这样的变化。这不是杭州会议有意倡导的。但是杭州会议的参加者们，对于这样的变化大势是有了足够的思想和艺术上的准备。杭州会议是一次预习性的会议，让与会者感受到了时代已经发生变化，继而他们创作了像《爸爸爸》《女女女》这样的作品，是有关系的。“85新潮”是在一批理论家有意识地推动、鼓吹下开展起来的，其中刘索拉、徐星、莫言、余华、马原等都是在这段时期涌现出来的，他们与杭州会议没有直接关系，但是有间接的影响。

周明全：你在《杭州会议和寻根文学》中说，你当时的发言主要是结合五四新文学运动初期的现代主义思潮，说了几点想法：一是西方现代派文学不是现在才传到中国来，而是在一次世界大战以后就陆续传进中国，当时激进的作家如鲁迅、郭沫若、茅盾、田汉等都介绍过现代派文学，接受过其影响，这说明西方现代派文学对中国的影响主要还是进步的；二是在20世纪初的时候，东西方文化都在发生裂变，都在抛弃自己的传统而吸取对方的文化营养，中国反思传统打倒孔家店，日本强调脱亚入欧，都在吸取西方的文化营养来壮大自己和改变自己，而西方现代派文学也是在反对自己的文化传统，吸取了东方文化的营养，如美国意象派诗歌吸取过东方俳句的形式，斯特林堡等作家也吸取了东方神秘主义的文化，等等。结论是我们的创作应该自觉融汇西方现代主义意识与中国民族文化的传统因子，两者可以是相通的。与会者如何看待你的观点？

陈思和：这个发言是我正在写作的一篇文章，就是《中国新文学发展中的现代主义》，当时还只是一个简单的想法。因为“清污”运动对西方现代主义文学的围剿，主要的批判口径都说现代主义文艺是反动的，反映了西方资产阶级作家的绝望颓废。但是我读了一些西方作品并没有这种感觉，相反，感到现代主义文学在思想批判方面极为尖锐深刻，像卡夫卡的小说、萨特的剧本，多好！如果说现代派的绝望，也是针对了西方资本主义社会异化的绝望，我们为什么要害怕？我那时候跟随贾植芳先生做一点西方文学思潮在中国的传播和影响的研究，所以我就提供了一点材料，证明我的想法。没想到我的发言引起了很多与会者的支持和讨论，因此我受到鼓舞。写成文章发表后，又一次受到朋友们的鼓励和赞同。其中李陀对我的支持最大也最热烈。

周明全：你是在杭州会议后开始写《中国新文学整体观》的，是杭州会议给你的灵感吗？你说自己“找到了一条介入当下文学创作的路径”。这条路径是什么？

陈思和：应该不是。杭州会议只是给我打开了思想空间。当时我已经在写作《中国新文学发展中的现代主义》，但还没有形成系列论文的想法。真正影响我的应该是厦门会议，那个会议上开始大张旗鼓地鼓吹文学研究的“新方法”“新观念”等，促使我想到了用整体观来贯穿和指导20世纪文学史的研究。

3. 1985年4月厦门大学文艺理论研讨会

周明全：1985年4月，你参加厦门大学举办的文艺理论研讨会。我看资料，这个会是由《上海文学》编辑部、厦门大学语言文学研究所、福建《当代文艺探索》编辑部、天津的《文学自由谈》、北京的《文学评论》联合发起的，当时一起参与的发起者辽宁的《当代作家评论》后来退出了。还记得当时哪些人参加了这个会吗？

陈思和：发起单位有哪几家我不了解。但我觉得当时起主要作用的是厦门大学的林兴宅老师，背景是中国社科院文学所。刘再复先生担任了文学所所长，这是社科院文学所历史上最为活跃的时期，在学术界的影响也是空前绝后的。刘再复先生出版了《性格组合论》的理论专著，发表了《论文学的主体性》等文章，在学术界引起轩然大波，全国学术界都开始响应。刘先生的理论主张是从提倡文学研究新方法开始的。具体地讲，在当时被概括为“三论”，大约是“系统论”“信息论”“控制论”，可能还有其他什么“论”，我记不得了，都是自然科学和计算机的术语，用科学的概念来解读文学作品，重估文学的价值。林兴宅老师大约是最热烈地响应了刘再复的倡导，他连续发表《论阿Q的性格系统》《论文学艺术的魅力》等论文，都是讨论了文学的不确定效应，被很多人誉为“文学批评的新方法”。刘再复没有出席这个会议，但社科院文学所有很多人都参加了，《文学评论》杂志社也有很多编辑参加，陈俊涛老师在会上首先宣读刘再复的贺信，这也是学术会议经常有的形式。因此，在我的印象里一直以为这个会是社科院文学所参与举办的。至于《当代作家评论》退出的事，我不清楚。1984 年是理论热，很多省市先后办起了文学理论刊物。这又是一个题目，也值得研究。我记得，除了《文学评论》外，福建的《当代文艺探索》、甘肃的《当代文艺思潮》、山西的《批评家》、沈阳的《当代作家评论》、长春的《文艺争鸣》、山东的《文学评论家》、陕西的《小说评论》好像也是那个时候办起来的。还有好多。那些理论杂志的主编和编辑，我应该都是在那个会上认识的。

周明全：当时厦门大学语言文学研究所的林兴宅提倡新方法论，在会上的发言《论阿 Q 的性格系统》引起了广泛关注，据说很多的发言都把矛头指向了他，与会者为何要把矛头对准他呢？

陈思和：林兴宅老师是唱主角的，他做了主题发言，但是引起很多人的质疑，那时候学术会议形式很自由，没有像现在这样发言都是事先安排好的，谁想发言就主动举手，然后就上台讲话，所以会出现抢话筒的现象。如果一个人在台上啰里啰唆讲不完，就会有性急的人上去抢他的话筒。大家说话也没有讲稿，都是即兴的。记得那天讨论得很激烈，大家主要是质疑自然科学的概念能否解释清楚文学艺术的规律，林兴宅老师舌战群儒，最后把马克思也搬出来了，证明哲学与数学在最高境界上是相通的。但是不管道理上是否讲得通，大家心里很明白，提倡新方法的真正动机就是要颠覆“文革”以来在理论领域占统治地位的庸俗社会学的理论方法、阶级和阶级斗争的理论方法。对于新方法的批评来自两个方面，一种是认为提倡新方法不成熟，有很多问题，还不如回到原来的传统去；还有一种认为提倡新方法是不成熟，但通过争论和批评，可以逐步完善起来，何况不管新方法是否成熟，我们都不能再回到 50 年代到“文革”时期占主流的教条主义和文化专制的时代去。历史已经证明不能再开倒车了。

周明全：你同意林兴宅的观点吗？

陈思和：我当时也不怎么赞同林兴宅老师的观点。他强调新方法有点走偏锋。那时候人们都喜欢用一些情绪的而非逻辑的修辞来表达理论问题。尽管从立场和正义性上说，他们的理论言说是能够获得大家的理解和赞同的，但是就理论逻辑本身而言，破绽很明显，很多论点是站不住脚的。在拨乱反正的特殊环境下，他们的理论观点顺应了时代的需要，受到大家欢迎。如果社会是正常地发展，他们的理论也是会被后来者用更为缜密和严谨的逻辑所取代，但是方向是对的，可以进一步发展的。他们有点像“五四”初期的新文学的提倡者，起到一种思想先驱者的作用。可是80年代中国政治文化的变化实在太快，一切理论都无法有从容的条件去反思、质疑和讨论，80年代末之后，一切探索性的思想理论都走到了尽头。李泽厚、刘再复包括林兴宅等都是人文知识分子的优秀代表，他们在思想理论领域的可贵探索都没有完成，在今天的环境下来重新省思这些理论，自然是有很多有待于进一步优化的空间，但是在当时反对教条主义和庸俗社会学的历史条件下，他们的影响是非常大的。我也是读了李泽厚的很多理论著作，慢慢成长起来的，我在学术研究中深受他的影响。当初确实有很多人不满意林兴宅提倡的理论观点，也包括用“三论”来阐释文艺规律。我记得当时我发了一个言，具体说什么已经忘记了，总之是不同意简单化地用“三论”来解释文艺现象。我发完言下来，周介人就对我说：“我听了你的发言，就放下心来了。真担心他们一窝蜂地狂轰滥炸新概念。”我想周介人的态度也是当时很多人的态度。

周明全：你自己说在厦门会议上受到时潮鼓励，结合自身文学研究经验，写出了《新文学研究中的整体观》的论文。这文章是会后写的吧？

陈思和：对哦，我当时在厦门会议上原来准备的发言就应该是

《新文学研究中的整体观》。那篇文章发表在《复旦学报》1985 年 5 月第 3 期。文章的写作时间应该是比较早。我是写好了拿去厦门大学做发言的。但是在会场上受到当时气氛的感染，我就没有读这篇论文，而是做了批评林兴宅观点的发言。后来在北京万寿寺召开的青年学者创新座谈会上，我才发表了这篇论文的一部分。但是写《新文学研究中的整体观》时我没有写一本书的想法，也没有把整体观当作方法论，是在厦门会议以后，“新方法”铺天盖地，我才比较自觉地使用了整体观作为我研究文学史的方法。

4. 1985 年 5 月“现代文学青年学者创新座谈会”

周明全：1985 年 5 月，你参加了现代文学学会在北京万寿寺举办的“现代文学青年学者创新座谈会”。在会上，你以“整体观”为题发言，和黄子平、陈平原、钱理群的联合发言“论 20 世纪中国文学”遥相呼应。与会者如何评价你的“整体观”？

陈思和：我当时只是回应“20 世纪中国文学”的观点。1985 年的万寿寺会议是一个比较重要的会议。这是现代文学学会举办的，王瑶先生住在医院里，开幕那天气喘吁吁地从医院跑到会场，好像还穿着医院里的病人服。他说了什么话我都没有听清楚（他的山西方言与贾植芳先生的山西方言很不一样），不过还是受到了很大鼓舞。那次会上活跃着一批青年学者，主要就有钱理群、陈平原和黄子平提出了“论 20 世纪中国文学”，王富仁也是很活跃的，他是李何林的弟子，北京还有一个群体是唐弢先生的弟子，蓝棣之、刘纳等都很活跃。上海的参加者有我和许子东、王晓明，还有宋永毅、曾小逸，应该还有其他人。老钱他们提出了“20 世纪中国文学”后有很大反响，接着他们的论文发表在《文学评论》上，他们又以“三人谈”的形式在《读书》杂志连载他们的讨论系列，在学术界产生了巨大影响。我的发言正好是回应了他们的文学史观，其实“20 世纪文学”就是一种“整体观”，是反对把近代、现代、当代文学割裂开来的。

周明全： 赵园先生把黄、陈、钱三位合著的《论“20世纪中国文学”》与你的《新文学史研究中的整体观》称之为1985年度“最有分量”的两篇论文，说这两篇论文意味着中国现代文学研究的转型，同时也开启了1980年代中后期现代文学研究的新方法。但是到了90年代，“20世纪中国文学”与“整体观”中新启蒙主义观点开始被质疑。你能谈谈其中的原因吗？

陈思和： “20世纪中国文学”与“整体观”当时都是作为方法论提出来的，但是新的概念必然包括新的文学史观。20世纪80年代新启蒙被提出来重新作为思想界的旗帜，也是在特定历史条件下的话语。“20世纪中国文学”与“整体观”都是主张打通中国现当代文学史，把20世纪中国文学视为一个完整的文学史过程，从宏观的发展的角度来看文学史，对一些局部现象可以看得更加清楚，对于文学繁荣期和枯竭期的划分也比较清楚。两者之间还是有些细微的差异，我更主张用发展的未知的态度去看待这部文学史，什么意思呢？就是我认为文学发展到未来会是什么样的形态，我们是不可知的，而且以前的文学形态究竟如何理解，也是处于不断变化中的，远未到盖棺定论的时候。整体观的意思就是一个开放的文学发展体系，在下一刻所发生的未知的变化，会导致我们对以前文学史的认识发生改变，这就是后来我们提倡重写文学史的思想前提。譬如说，1989年以后的文学发展，我们在80年代根本无法预知，但是90年代就出现了民间形态的创作，而且成为蔚然大观。这倒过来使我们对于寻根文学的认识有所改变，以前评估是不足的；还会导致对沈从文、废名等人的创作意义的重新估价。90年代都市文学的发展，卫慧、棉棉等一批追求物欲的创作出现，随之对张爱玲以及30年代新感觉派海派创作进行了重新评价。随着90年代新左派的崛起，对于30年代左翼文艺的评价也会发生变化，一切都没有定论的，文学史是必须重写的，不断重写，才能适应学科的发展。

周明全：1980 年代，有三部很重要的文学经典被翻译过来：韦勒克、沃伦合著的《文学理论》，特里·伊格尔顿《二十世纪西方文学理论》，佛克马、易布思合著的《二十世纪文学理论》，对你们提出打通近、现、当代文学的"整体性"研究方法的探索，是否产生过影响？

陈思和：对我没有什么影响。我在方法上主要还是受到李泽厚的影响。其实我青年时学习马克思主义的辩证法，对我的思维训练很有好处。它让我的思维不会执在某一点上停滞不动，一切都在运动中，运动的每一刻都可能既"是"又"不是"，等等。这些思维方法对我影响极大，在我以后的理论研究中也表现出来了。你上面所列举的三种西方理论著作，韦勒克那本我比较喜欢，后来我当了中文系主任，还把它推荐给"文艺概论"的任课教师，请他带领学生做经典细读。另外两种我都翻看过，但对我没有什么影响。

5. 1985 **年底长江三角洲的文学研讨会**

周明全：1985 年底，在杭州九溪举办了长江三角洲的文学研讨会，你在会上做了关于王安忆《小鲍庄》的发言，对王安忆的作品的跟踪式阅读即从这个时候开始，此后，王安忆是你长期关注的作家。除了王安忆，张炜、莫言、贾平凹、余华等，都是你长期关注、研究的作家。莫言 2012 年获得诺贝尔文学奖，你还作为陪同者一起去瑞典领奖了。你和这些作家互相砥砺、互为激发，长时间共同成长，已成为文坛佳话。你是如何评价这个会议的？

陈思和：这个会议现在大家提到的不多，但我觉得还是挺重要的。从 1984 年底的杭州会议以后，寻根文学、实验文学以及其他稀奇古怪的文学创作都出现了，一批青年作家获得了大家的认同。如刘索拉、徐星、残雪、马原等，莫言和余华差不多也是这段时间发表了代表作，文学的实验性一下子打破了原来所谓现实主义的一统天下的局面，现代主义的技巧方法与传统文化的结合，使原来受到压制的西方现代派文艺畅通无阻地进入文艺创作领域，而且受到追捧，不断有敢于打破常规的新作家出现，并且受到关注；文艺理论的新方法和“三论”也打破了原来教条主义和庸俗社会学批评方法一统天下的局面。文艺创作获得了前所未有的繁荣。长江三角洲的文学会议是由上海作家协会、浙江作家协会、江苏作家协会联合主办的，从某种意义上看，是1984年底杭州会议的扩大和后续，因为加入了江苏作家协会，来了一批江苏的青年作家，我就是在这个会上认识了赵本夫。好像原来杭州会议的很多人都来了，李陀等都参加了。

由于这一年来文学创作有了大繁荣的迹象，所以会议开得比较热烈，提倡各种新见解也是理直气壮。因为作家来得多，会议气氛一直比较热烈活跃。那时候开会风气很好，会议很少围绕作家讨论具体的某部作品，而是作家、评论家一起面对整个文学大势发言、探讨。作家也绝没有在会上宣传自己的作品。你刚才提到我在会上谈王安忆的《小鲍庄》，并不是讨论《小鲍庄》，而是在发言讨论新潮作品时我所举的例子，其实有好几个评论家在发言时都谈到了这部作品，我发言结束后，很多人都表示赞成，李陀还说，《小鲍庄》都快成了“小学”了。换句话说，这个会议是新潮文学的观念得以普及的会议。最近刚刚去世的作家沈善增，那时候刚在《上海文学》上发表了一篇短篇《黄皮果》，他也参加了会议，那时候他还不会气功，一门心思走文学的道路。他在会上听了别人发言后对我说，原来你们讲的“新潮”就是这样的，我在《黄皮果》里早有了。不久以后他主持了上海作协举办的青创班，就把我们这些人找去做讲座，要我们“狂轰滥炸”，把学员原来头脑里的条条框框全部轰毁，他认为这样子才能写出新的“自我”。他这样做是对的，后来孙甘露、金宇澄、阮海彪等一批新人就脱颖而出了。

周明全：你多次强调，要做同代人的批评家。你如何定义同代人？

陈思和：大约就是在这个时期，《当代作家评论》约稿，要评论家谈谈文学评论的功能，那个时期这类题目特别多，我就提出了一个看法，作家和批评家应该是同一条文学大道两边的树，他们不纠结在一起，但互相关照，互相感应，共同来建设文学。我就是在这个意义上讲批评家和作家的关系。同代人当然不是指代际，而是指生活在同一个时代、环境、面对相同问题的作家和批评家，彼此之间更容易了解。当然年龄也是重要的，比如现在要我去解读网络文学，我就不行，虽然也是同一时代的，但生活环境毕竟不一样。

周明全：这几年，以代际来划分作家和批评家，遭到了不少人的批评，你如何看待代际的划分？

陈思和：任何概念和方法都是有自我限制的，不能无限制地放大，变成放之四海而皆准的真理。其实代际在一定范围内考察文学现象是有效的，只是你不能绝对化地套用，形而上学或者教条主义就不对了。大约从杭州会议到九溪的长三角会议期间，《上海文学》编辑部理论组周围的一批青年评论家队伍就形成了，大约也是在这个时段，吴亮和程德培调入上海作家协会理论研究室，蔡翔调入《上海文学》负责理论编辑，周介人升任刊物的副主编，是上海青年评论家最活跃的全盛时期。理论刊物《上海文论》也是这个时期创刊的。我记得参加杭州会议的上海青年评论家是吴亮、程德培、蔡翔、许子东、宋耀良和我，还有南帆。北京的青年评论家是黄子平和季红真。参加厦门会议的上海青年评论家还有毛时安、杨文虎、邹平、夏中义、魏威和朱大可。那次好像程德培没有参加。长江三角洲会议，再加上李劼。其他还有谁，我一时想不起来了。可能殷国明也参加了。也就是说，到了1985年底，上海的青年评论家的阵营已经形成了，而且彼此间关系也都很好，大家有争论，但关系很好。这就是与代际有关的，有代际就有共同语言。学术界也一样，1982年海南会议还没有太多的青年学者，到了1985年的万寿寺会议，老钱、平原、赵园、王富仁他们都参加了，上海许子东、王晓明和我等就形成了一个学术群体，彼此关系一直很好，可以说都培养了一生的友情。

当然也不是所有的会议参加者。青年学者与青年评论家是两个圈子，彼此交集的大约有黄子平、许子东、王晓明、李劼和我，北京的青年学者除了黄子平以外，基本上不研究当代文学。把这两个青年学人的群体结合起来成为一个大的组合的，是浙江文艺出版社的李庆西和黄育海，策划了一套“新人文论”。这套丛书在三十年前显赫一时，三十年后重新出版了一次，显然雄风不再，真正是廉颇老矣。

6. 1986 年海南青年文艺批评家会议

周明全：1986 年 5 月，去海南参加批评家郭小东、陈剑晖等举办的青年文艺批评家会议，几乎全国的青年批评家都到会了。我看了名单，上海除了你，还有许子东、吴亮、蔡翔、王晓明、毛时安；广东的郭小东、陈剑晖、殷国明、张奥烈、陈志红；北京的张陵、李洁非；福建的南帆、林建法；湖南的陈达专；辽宁的刘齐；新疆的周正保；军队的陆文虎；甘肃的管卫忠、屈选；等等。这些人都是当年很活跃的青年批评家吧？这是“文革”后第一次这么大规模的青年批评家会议吗？这么多青年批评家在一起，很好玩吧。

陈思和：对我们来说，是有点好玩。因为这是广东的几个青年评论家自己组织的会议。对我们很有吸引力。1986 年算是“文革”结束十年，那时候也算作“新时期文学”十周年。全国各地开过很多类似的学术会议。复旦大学中文系在那年 5 月份也举办了一个新时期十年的会议，主要是请了复旦的校友来参加，据说也是盛况空前。但是我没有参加复旦举办的会，而是选择去海南参加青年评论家的会议了。这也可以说明“代际”的吸引力。

周明全：会议的主题是“我的批评观”，似乎与厦门会议有着延续性，讨论的重心从“文学批评和研究的方法”转向了“文学批评和研究的观念”，从方法到观念的转变，其中的契机是什么？

陈思和：你说得对，这个会是厦门会议的延续。郭小东、陈剑晖参加了厦门会议，然后他们就打算在海南岛举办一个青年文艺评论家会议。因为人数多，规模大，他们也是第一次办全国性的大会，办会者的辛苦是可以想象的。大家都是青年人，也不太在乎物质条件。我只是参加者，具体的会议讨论情况已经记不得了。留下来的全是关于玩的美好记忆。故事很多，今天这种场合就不说了。以后会有人慢慢回忆的。我记不清“我的批评观”是不是当时的会议主题，好像是有个出版社来约稿，要编一本由青年批评家集体合作的书，书名是《我的批评观》。

周明全：我看当年参加会议的陈骏涛先生说，海南的青年文艺批评家会和1985年的厦门会议一样，在中国当代文学批评史上，应该可以留下一笔。你认为，“留下一笔”主要指的是什么？

陈思和：那应该去请教陈骏涛先生。陈先生也参加了海南会议吗？他当时是《文学评论》的编辑，负责当代文学方面的。陈先生是复旦中文系毕业的，是我的学长。他似乎应该去复旦参加那个“新时期文学十年”的会议的。你还应该请郭小东、陈剑晖写这个会议的回忆，他们都是直接办会者。

周明全：这个会议达成了什么共识？你主要做了哪方面的发言？

陈思和：没有要求共识，也没有太多争论，都是青年人，一跑到海南岛都性情放开了。我的发言内容忘了，大约也是随便说说的。收到《我的批评观》里的文章是后来约稿了才写的，不是会议发言稿。

周明全：我看这个当年的青年批评家阵营中的很多人，后来坚持从事文学批评和文学研究的也不是很多的，这和改革开放后文人纷纷下海有关吧？

陈思和：是这样的，就像马拉松赛跑，跑到最后的总是少数。20世纪90年代是一个大动荡的时代，人文学科几近崩溃，大批人才流失、出国、改行……而且从事人文学科研究的人员，本身是需要有人文理想来支撑起精神维度的，一旦理想丧失了，这条道路就很难坚持下去。

7. 1988 年“现实主义和先锋派”研讨会

周明全： 1988 年 10 月，参加《文学评论》编辑部和南京《钟山》杂志在无锡太湖边上举办的“现实主义和先锋派”研讨会，讨论了新写实小说。我看名单，上海有你，吴亮、李劼、毛时安；江苏的王干、丁帆、费振钟、汪政、黄毓璜；广东的陈剑晖、陈志红；北京的朱向前、李洁非、曾镇南、吴方；福建的南帆；天津的汪宗元；陕西的李星；武汉的於可训；辽宁的许振强；河北的刘润为；等等。80 年代“先锋派”在文坛的冲击力很大，但同时，“新写实小说”也一下火热起来，当时批评界是如何看待这两股思潮的？

陈思和： 文学理论总是滞后的。“85 新潮”后不久，寻根文学开始衰落，先锋派文学已经崛起，代表作家有莫言、残雪、余华、马原等，仍然坚持了实验性的创作；但另一面，寻根文学内部所包含的一些美学原则，如写小人物、尊重传统文化、写日常生活等特点，又派生出一种更新的创作思潮，就是以池莉、方方、刘恒、刘震云等为代表的新写实小说。新写实与先锋文学是文学实验的两个极端。我个人觉得，新写实小说的文学史意义似乎更大一些，到了 90 年代直接推动了一部分作家的民间创作。在 1988 年秋天的太湖会议之前，我们还经历了中国社科院文学所举办的新时期文学十年的研讨会和 1987 年初中国作家协会举办的全国第三届青创会。那几年政治上也发生了一些微妙的变化。这对文学创作都是有影响的。太湖会议原来的主题是想讨论先锋文学与传统现实主义的理论关系，但是事实上大家似乎更加关心的是新写实主义的创作。那时候还没有“新写实”的明确提法，王干提出“后现实主义”，也有的说是“新写实主义”，说法不一。印象中先锋文学似乎已经过去了，讨论没有展开。

周明全： 我看了《文学评论》编辑部李兆忠的会议纪要《旋转

的文坛》。当时王干（《文艺报》）试图用“后现实主义”这一概念来概括那时出现的类似刘恒、刘震云和方方这批作家创作的作品时，你是反对的。你建议大家多谈些具体创作，而且最好从叙述的角度，而不要光从概括的角度来谈论。你把文坛上风行的“主义热”归结为一种“主义情绪”。你认为所谓的“主义”，应当来自不同的人生观、世界观和不同的社会基础，在中国事实上并不存在这样一种条件，因此也就不可能有那么多的“主义”同时存在。我很认同你的观点，但问题是，我们现在的文学史，几乎都是以思潮的命名来书写的，你如何看待？

陈思和：其实新时期早期文学思潮命名都是来自作品文本的某些特征。如“伤痕文学”“反思文学”“朦胧诗”等，但是随着1985年提倡方法论以后，西方的文学理论概念术语涌入中国，覆盖了学院里的学术研究话语。这以后，反而使研究者逐渐失去了概括文学创作的能力。研究者只想套用西方话语，用西方理论术语来概述中国的文学现状，从好的方面说，希望在国际学术平台上与西方学者对话，向西方推荐中国文学，从消极的意义上说，基本上只是追随西方理论话语，用中国的文学作品来证明西方理论的正确。所谓“先锋”的理论就出现了这种偏颇，很多学者对西方的先锋主义理论也没有弄明白，对中国作家作品的先锋阐述也是漏洞百出。但这种风气逐渐蔓延到高校，一度占了主流的位置。台湾香港高校里也是这样，台湾的文学理论课程过去都设在外文系，不在中文系，而在中国大陆，中文系的教授们和评论家可能连西方理论究竟是怎么一回事也没有搞清楚，就开始乱套概念，这在90年代以后博士生论文写作中是非常普遍的毛病。我当时与王干讨论的问题，大约也是指这种流行的学风。我希望把这种风气拉回到文本研究中去，但是没有什么作用。这就导致了以后的文学批评失去了概括文学创作的能力。

周明全：当下很多人说现今批评界没有八九十年代的批评界那

样的命名能力和概括能力了，是不是和西方思潮自身的衰落有关？

陈思和：正相反。是因为我们的理论界多年来匍匐在西方话语面前不敢创新，亦步亦趋，结果失去了在文学实践面前创新话语的能力，养成了华而不实的不良学风。

周明全：你在会上做了题为《自然主义和生存意识》的发言，把新写实小说与西方自然主义的某些特征联系起来做了考察。是基于什么样的思考？

陈思和：我那篇《自然主义和生存意识》的文章是会后重新写的，是王干约稿。在太湖会议上我大约做了一个类似意思的发言，我的意思是我国的现实主义文学本身不是西方的现实主义，而是社会主义现实主义，也就是在描写现实的背后，受制于一个更高的政治使命，这样的现实主义实际上是违背现实真实的。新时期拨乱反正以后，文学背后的政治使命淡化、弱化以后，所谓的现实主义反映社会本质的特性被证伪，那么，现实主义创作方法就还原到追求客观的表象真实；作家的主观感情（爱憎）被消解，那么，就还原到所谓“零度创作”等的说法；还有，文学为人生的现实战斗精神被取消，文学热衷于表现日常生活，那就是从为人生退回到为生存（食色）。这些特征必然是回到西方自然主义文学的范畴。不过我并没有否定自然主义文学，我喜欢西方左拉、莫泊桑这样的自然主义作家。

周明全：这个会给你最大的触动是什么？

陈思和：那个时候，让人眼花缭乱的新时期文学似乎已经快走到头了。整个文坛从揭批“四人帮”、控诉“文革”的“伤痕文学”开始，发展到大力批判社会保守势力与官僚体制，推动改革开放的“反思文学”“改革文学”，而“寻根文学”异军突起，立刻分化为先锋文学、现代派文学以及新写实文学，新写实小说里又派生以王朔为代表的下层市民文学等，再随着市场经济的推动，大众通俗文学也开始在地面涌现。原来文学传统中的许多元素已经被慢慢地消解了。新时期文学批评与文学理论没有缺席，一直在跟踪文学创作，及时发出声音去批评，推动文学创作的进步。那时候几乎没有功利性的文学会议，没有为某个作家造势的会议，更没有那些发红包、为资本老板打工的文学会议。批评家的劳动价值和自我价值以及尊严都被充分体现出来。

8. 1989 年《人民日报》文艺部举办的研讨会

周明全：1989 年 1 月，在苏州参加《人民日报》文艺部举办的研讨会。会议期间，东道主安排了一场对话，你和高尔泰、雷达、王晓明讨论了文学的价值。当时主要讨论了什么？

陈思和：苏州会议是我在 80 年代所参加的会议中自认为规格最高的一次。我这么说，是不包括全国文代会之类的大会。我指的是，苏州会议把当时一线的重要作家都请来了。王蒙、李国文、从维熙、张洁、谌容、蒋子龙、高晓声、陆文夫等，应该还有很多作家，我一时想不起来。这么多重要作家与我们面对面地讨论文学创作问题，而且那时候开会往往一连好几天。评论家邀请不多，在这个会议期间，《人民日报》文艺部的高宁又搞了一个会中会，让雷达、高尔泰、王晓明和我做一个“四人谈”，谈当时的文艺创作的问题，没有设主题，但是我们的对话反映了那个会议中讨论的一些问题。那篇讨论稿后来根据录音整理出来，发表在《人民日报》文艺版。我把它收录在编年体论文集《笔走龙蛇》里，你可以去找来看一下。

对话里有些争论。主要涉及文学的价值问题，是启蒙文学所强调的思想启蒙，还是更需要强调审美艺术。我是主张后者。雷达和高尔泰更强调前者。这是我第一次面对面地与雷达、高尔泰谈文学，而且谈得很尖锐。可惜这也是唯一的一次。90 年代以后，我们严肃地讨论文学问题的机会就很少了。

初刊《大家》2018 年第 3 期

做同代人的批评家

陈思和、金　理[①]

金理：陈老师，刚刚读完您的《批评与创作的同构关系》。本来我担心完成这个访谈的差事对我而言可能有点无话好说，现在倒觉得确实有很多想法准备和您交流。这篇讲稿回顾了文学史和批评史，结合了您自身的批评实践经验，当然重点是回到新世纪的现场，分析了症结，也表达了某种希望。您提出创作和批评的同构性，依据是两者呈现的都是对当下生活的理解。我在想，对生活的感受和理解是千人千面的，这里不存在正确与否的问题。以前我们经常会围绕着真假的价值判断做文章：哪种生活是本质的、典型的，符合正确世界观的；哪种生活是现象的、表面的，不值得进入文学。现在看来，所谓对生活的理解，不存在准确不准确的问题，批评家要判断的是作家对生活的理解是否真诚，其感受是否新鲜、细腻、具有穿透性。我想起胡风在他的批评文章中经常喜欢在“感觉”与“感受”这样的字眼后面加上一个“力”字，创造出“思想力”“感觉力”这样的词。一方面强调这种力量的实体性，往往能刺穿教条、概念的空壳而抵达活泼的具体事物与流动的生活世界；另一方面强调这种力量发生的动态性，主体与生活世界突进、化合的过程。是不是应该这样来理解？

陈思和：你说的“哪些生活是可以表现，哪些是不可以表现的”，这种观点现在基本上不存在了。过去所谓的“现实主义”要有一个前提，就是生活有本质，世界有本质，什么是“本质”呢？我们不

① 金理，当时是复旦大学中文系青年教师。

知道，是有话语权的人告诉我们的。按照当时社会主义现实主义的理论，社会生活的本质一定是从低级到高级的发展，从不完善的社会到理想社会的发展。如果揭示了这样一个发展过程和规律，那就是本质。如果不按照这个理想的发展去描述，那就是非本质。举个例子，过去我们表现改革开放，改革开放当然是由权力者决定的，它的理论是代表着未来的发展方向，中国只有通过改革开放才能达到理想境界。也就是说，所有文学作品都必须反映改革开放好的一面，这样才有利于达到理想境界，要是揭露改革开放中不好的一面，那就是改革开放的阻力，不利于改革开放，就要批评；而有利于改革开放的一定要支持。这个就是本质论。所以，你看 1980 年代写改革开放的文学作品，一定是塑造改革开放中的英雄，不利于改革开放的，都是坏人，都是官僚主义者、落后群众，等等。那么这样的小说在现实生活中有没有“真实性”？确实在某些地方可能就是这样的，但这是否意味着代表改革的都是对的？反对改革的都是错的？我想很难说。改革开放是不是一定会带来理想的结果？我们没有把握，连邓小平都说这是“摸着石头过河”，既然是摸着石头过河，那就肯定有成功的、失败的，肯定有正确的、错误的，改革开放有可能在政策上出现问题，只有在实践中才得以纠正。但是在那个时代，作家只有站在支持改革开放一边，他的小说才具备本质性，批评家才会支持他。比如，蒋子龙写《乔厂长上任记》，大家都支持他，为什么？不是支持蒋子龙，而是因为他写的改革开放最有力度。过去我们的认识都是在这样一个大前提下进行的。

可是到了 1990 年代，这个大前提崩溃了，就是说，现实主义的本质论这样一个大前提崩溃了。以张炜为例，张炜笔下对现代化建设的描写，往往是消极的，比如建立高尔夫球场啊，造楼房啊，土地兼并啊，在张炜眼睛里这些东西都给人民带来灾难。曾有人批评张炜，说他是一个保守理想的体现者，看不到社会进步的力量。但是今天我们不会这样说。当然，只有改革开放才能推动中国进步，这一点没问题，但是在改革过程中会带来许许多多负面的后果，那么这些负面的东西我们怎么去评价？在过去我们没法处理，文学作品在面对复杂生活时是失语的。再比如农业合作化，在 1950 年代是被确定为本质的，因为代表了走集体化道路的理想，最后要达到共产主义，消灭私有制，这是代表理想、代表本质的。在当时所有写合作化运动的作品都不能写消极面，如果写农民不愿意加入合作化，就得不到好评。这也就是人们为什么都喜欢《创业史》，因为《创业史》最坚定地支持合作化，它直接把消灭私有制当作理念提出，评论家都喜欢，这个喜欢不是针对小说本身，而是小说体现出来的理念与评论家接受的理念是一致的。如果当时有个作家深入生活，发现农民并不欢迎合作化，或者合作化有很多问题，那么情况就复杂了。赵树理后来的作品为什么得不到好评？因为他从生活实感出发，发现现实并不是那么回事，可能他也支持合作化，但现实中他觉得合作化产生的问题很严重，挫伤农民积极性。赵树理把这样的问题表现出来，评论家就失语了，因为赵树理的小说不符合社会发展的本质论。但是这种本质论在 1990 年代以后就慢慢被扬弃了。新世纪以后，近十年来我觉得情况又出现了很多变化，主旋律的标准越来越模糊。模糊的标志，就是茅盾文学奖接受了贾平凹的《秦腔》和莫言的《蛙》，这些作品可以被接受，就可以看出主旋律的批评立场也在变。这个变化带来另外一个后果，就是作家的主体性突出了。现在我们判断作家对生活的看法，已经打破了本质论的前提，作家不再需要表达这个社会的本质是什么，作家可以站在自己的立场去表现，用多元的方法去理解和表现社会生活。这种情况下，作家的多元性和个人性为批评家提供了选择的可能。

1990 年代以前不是这样的。那时作家都只能写同一种社会本质，或者意识形态规定只能写这样的本质，批评家也只能用这个“本质”去衡量文学作品。我在读大学的时候，文艺理论课还是在灌输这样的观点。之前我在卢湾区图书馆工作，学写评论，第一个要考虑的就是到底是歌颂还是反对。你掌握了这个标准，其实作家也掌握了这个标准。作家介于生活与理性当中，他要贯彻理性，但必须借助生活，一旦面对生活，就看到五花八门的东西，要把五花八门的东西统摄到一个理性当中去，实际上是很困难的。生活的丰富性远远大于本质。当时的批评起到一个不好的作用，就是将生活溢出本质论的多样性都当作消极的，用削足适履的方法来规范文学创作。我说 1980 年代最大的问题就是批评家都是官，都是权力者。这种情况在“五四”时候是没有的，到了 1950 年代以后才有的，那时候批评家几乎都是宣传部的、作协的官员，“文化官员”。他去管理和指导创作，批评就成了至高无上的了，决定着创作的命运。

这个问题在 1980 年代后期，从我们这一代评论家开始发生了转变，导致这种转变的很大一个原因是批评家开始聚集在高校，他没有指导文学的权力，他除了指导学生就没有什么其他权力，这种情况下，批评家有了选择批评对象的可能性。当作家对生活的理解和批评家对这个生活的理解发生共鸣的时候，他们就会结成一个圈子。吴亮有一篇很有影响的文章《论圈子文学和圈子批评家》，就是谈圈子批评。当时北京的主流批评家，比如《文艺报》周围那些主流批评家，多少都负有一点指导全国创作的使命，而上海的批评家，主要是一批围绕在李子云、《上海文学》周围的非常活跃的年轻人。北京的主流批评家认同上海批评界的活跃、尖锐，但是他们最担心的就是批评的圈子性。作为回应，吴亮就写了那篇文章，意思大概是所有的批评家都有圈子，不是在这个圈子就是在那个圈子。你不可能包揽天下，唯独由你来指导。这就说明吴亮这样的批评家与北京主流批评家的立场已经不一样了，后者只有一个立场，你如果站在这个立场上，不管是具体哪个人，表达出来的意思是一样的，立场是一致的。可是 1980 年代文学不断分化，开始多元了，标志就是寻根文学的出现。当时不仅是保守派反对，主流批评家反对，包括一些作为知识分子良知的代表，也不赞同。认为这批青年作家都不关心国家命运，都在搞那些古老的文化痕迹，在这些人看来都是落后的东西。同时还有所谓先锋小说，马原们出来了。还有那批所谓的现代派，像刘索拉、残雪出现了。于是文学分化了，再沿用以前的文学标准是拢不住了。先锋文学，肯定会有先锋文学批评家去阐释它，没有先锋文学批评家去阐述，这个先锋就会被淘汰。比如余华，关于余华的第一篇评论出自张新颖，其他的批评家还在观望。因为审美方式和文学取向都不同，即使是优秀的批评家，他也不会去批评审美方式与价值取向不同的作家。有些批评家就选择寻根文学，但选择寻根也不一定选择先锋。那个批评家喜欢残雪的作品，他就讨论残雪。喜欢残雪的不一定喜欢阿城。因此，1980年代后期批评家开始分化了，这其实是一个好事，看上去批评家的功能是减弱了，但其实是对的，因为减弱了以后，批评家自己对于生活的理解就贯通起来了，他有创作作为依据，本来模糊的、理念化的东西就变得实践化了。比如说借助寻根文学，就可以阐述自己对于文学或者文化的看法。我觉得作家是介于理性与生活当中，批评家是介于理性与审美当中，就是说他也要进入到文学作品中才能开始审美，否则他就不是文学批评家，而可能是另外一种，哲学家或者思想家。所以我觉得，只有当文学变得多元，批评才能多元。文学变得多元的前提是生活变得多元，用本质论去解释生活的大前提崩溃了，文学就开始相对自由，相对个性化，这也就让批评有了选择的可能性，让批评变得多元。1990年代以后，分野非常清楚，有些东西是不需要批评家的，比如通俗文学，通俗文学有大量读者去追随，它是不需要批评家去阐述的。但是知识分子的文学、学院派的文学、先锋文学，需要不同的批评家去阐释，学院里不同的审美方式可以对不同的文学进行分解。我一直认为1990年代文学取得的成就要高于1980年代。所谓“批评缺席”其实是伪问题，就是说统一的批评家没有了，批评的权力中心没有了。但是从多元性、自由性、个性来说，1990年代以后的批评其实更有力。

金理：您基本上做了一个当代批评史的回顾。不过回到当下，文学批评的状况似乎不让人满意，不仅是圈外人“炮轰”，批评界内部人士也觉得并不乐观。

陈思和：为什么我们今天还是感到批评很寂寞，我觉得这个问题倒是与我们今天的教育体制有关。今天的文学批评力量主要产生在学院里，但是，文学还是在生活中，作家还是在生活第一线，与生活发生关系，才写出作品。这两者的认知又发生冲突。在1980年代，比如我们这一代，当然我们的工作也是在学院里，但是学院对我来说只是上上课，我的很多兴趣和活动都不在学院里，我在社会上。那么我与作家是同时面对生活的，他们在探讨的生活的很多问题，比如说三农啊，改革啊，这些对我来说，是一样关心的。但是今天不同了，一是学院体制越来越僵化，让学院里的批评家把主要精力都放在学院里，学院的墙已经把批评家和社会隔离开了。批评家的主要身份是教师，主要任务是教育学生，他的教育方法必须要因循教学体制的规定。这个可能对北大、复旦这样的学校还影响不大，对地方上的院校是一个很大的限定。因为老师不可能在课堂上讲一套，在外面表述一套。如果一个老师写文章非常尖锐，对揭露生活的作品非常赞赏，可是他在课堂上限于课堂纪律，必须讲一些教材，而这些教材可能是没人听的，那么这个老师在学生面前就会失去信任感。现在老师为什么没有像以前那么高的威望，我觉得这是一个非常大的问题。当然复旦一般不会出现这种情况，但其他地方学校就很难说。二是现在把教师所有精力都扯到科研项目上，做项目表面上看跟文学研究没有什么本质上的不同，还给你钱，你也可以把你的思想记录进去。但这其实有很大的问题。因为文学批评和文学研究是不一样的功能，文学研究是研究相对稳定的东西，文学批评是研究和生活同步的东西，所以文学批评要求对生活的变化有一种敏感，而且这种敏感是借助同时代同样敏感的文学表达出来。这个东西我们一般是没有办法归到项目里、归到科研当中去的。你要做研究，你必须是面对过去。为什么我们的当代文学研究会和现代文学联系起来？当时搞“20世纪中国文学”，搞“新文学整体观”，把当代文学和现代文学甚至近代文学联系起来，一讨论就是百年文学，就是这样。就是说一定要找一个已经被历史实践证明的过去来作为研究对象，因为比较稳定嘛。如果你现在研究一个网络文学，它可能过两天就淘汰掉了，还没经过时间检验。所以要做一些比较稳定的研究，一定要避开当代的东西。现在大量博士生以及留校青年教师，他们对生活中出现的问题不敏感，大量精力都放在历史上。你看博士生宁可研究什么红色经典，其实根本没什么好做的，但是为什么要做？因为这些东西稳定。如果面对现实，他必须要自己判断，而这种判断多半是不成熟的，可能会发生问题。所以我觉得做研究是不能面对现状的，他一定是要做一些被历史肯定的东西；但是文学批评相反，一定要联系现实，文学批评如果老是关注过去的东西，这个批评永远没有力量。当个批评家，和当一个老师、一个学者，其实是两回事。我们大学里做当下文学的，包括我自己在内，还有你，我们身上兼着两种功能，不是一种功能。就是说，我们自己要有意识：我做学术研究就是做学术研究，做批评就是做批评。这两个有关联，但是功能不一样。今天在我看来，高校里百分之九十以上的老师，都在往学者上面靠，他把文学批评也当作学者的功能了，而不是批评家的功能。所以你看现在要追求的是在权威刊物上发文章，在权威刊物上发文章不可能是发当下文学批评，一定是发学术研究性的东西。还有做项目，做大项目，往往就是做有定论的东西。为什么我们二十年来研究生制度发展得非常快，全国建立了那么多硕士点、博士点，培养了那么多专业队伍，可是我们的批评越来越寂寞？这与教育制度有关系。

当然从另一方面来说我们的教育制度也不错，从培养学者的角度来说，当然是要培养他们比较稳定的、严密的思维。可是培养一个批评家就完全不同。今天批评的标准已经不是由“文化官员”来选择，而是和同时代的文学共生的，如果批评标准不多元，文学创作、文学批评就不会发达。比如说进入一个常态文学，常态文学不需要批评家，就是现在通俗文学、网络文学什么的。现在生活出现点什么现象，可能会出现一点批评，或者网上一些读者、一些粉丝捧捧啊，写点读后感啊什么的。这样文学当然也可以慢慢演进过去，好的东西大家会选择，不好的东西会淘汰，但是我并不认为这是一个繁荣的文学状况。如果说文学发展的流程中有突变，有先锋文学的出现，有一些对社会有推动力量的文学现象、文学思潮出现，就需要有批评家在里面起作用。

这就需要我们回到“五四”。为什么“五四”现在看起来还那么生气勃勃？因为“五四”根本就没有指导一切的批评家。比如《新青年》，《新青年》的批评家周作人写《人的文学》，他也不是笼罩全国，我们现在写文学史把他描述成笼罩全国了。当时对他来说，身处一个先锋团体，这个小团体一定要发表一些“怪论”的，一些尖锐批评别人、标新立异的东西。“五四”在当时就是一个先锋文学，一些批评家呼吁起来的，然后有创作接着跟上。你看，为什么先锋团体里的小说家、诗人、剧作家，往往自己都是批评家？他要把自己的理论宣传出去，要发表宣言，因为当文学要发生激变的时候，批评会比创作更重要。一般艺术家自己发表宣言，多半都是乱七八糟的，理论不行；可是如果这个团体有好的批评家参与，那么所参与的这个思潮就会变成大思潮，就会对生活、文学产生很重要的影响和推动。我们现在为什么总是很怀念1980年代的寻根文学？寻根文学就是批评家和作家共同参与建构的，杭州会议上批评家和作家坐在一起讨论。我们现在没有这种情况了，现在开一个作品讨论会，作家孤零零坐在那里，听周围一群批评家胡说八道。当时不是这样，当时开会作家和批评家在一起，作家提出大量的创作经验，谈论他们怎么发现、怎样理解，提出很多想法，提供给批评家，批评家根据作家提供的内容就产生了自己的想法，再反馈回去，不是事先准备好稿子念一念的。阿城当时发言如何写《棋王》，就直接触动了批评家宋耀良，宋耀良提出东方意识流啊，东方思维啊，是与作家有感应的。作家有感性的东西，讲不出理论，而批评家调动起知识积累，把这些感性的东西上升到理论去阐述。我印象非常深，当时杭州会议上，作家先发言，阿城、陈建功、李陀……然后是批评家，南帆、宋耀良、鲁枢元……现在这种作家和批评家亲密交流的文学气氛没有了。这与1980年代的圈子批评消失有关，批评圈子被否定了，你就必须站到大的立场去对社会发言。好像小圈子就是那样一伙人，我觉得这是一个误导。在今天要活跃文学，还是要恢复这种小圈子的力量。你要承认批评是有局限的，批评不是包打天下的，批评家要把自己的审美理想通过作家的创作来发扬，然后阐释出来，被大家承认，可能这个作家后来就变成大作家了。当时左翼运动没什么著名作家，就只有茅盾、丁玲几个，除此之外都是小青年，可当时批评远远走在创作的前面，当时的批评家瞿秋白、冯雪峰、胡风，一路下来。胡风批评张天翼的创作，张天翼也没有被批倒，反而越来越好了。胡风还评论艾青，艾青那时还关在牢里，也是一个年轻人，可是后来就变成大诗人了。包括田间、沙汀、艾芜，当时都有不同的批评家在鼓励他们，他们慢慢就成名了。当时沙汀、艾芜从四川来上海，放在今天就是一个“海漂”，或者说是一个流浪艺术家，他们给鲁迅写信，鲁迅发表了《关于小说题材的通信》，一下就把他们抬起来了。

我看现在的作家非常寂寞，为什么寂寞？因为得不到知音。作家并不希望批评家只说好话，但问题是没有知音。小说写出来没有反应。一般的读者只有喜欢不喜欢，讲不出理论，无法帮助作家去提高。这个提高和所谓的批评家高于作家、指导创作是不一样的。作家创作的时候，还不清楚自己的创作可能会达到一个什么样的高度，但是如果有一个好的批评家，和作家志同道合，他就会给作家指出理想的图景应该是怎么样的。那对作家是一个鼓舞。而这样一个我认为是和谐的关系失去之后，批评家和作家之间的联结就失去了，创作没法再发展。我觉得70后作家，一直到80后作家都没有得到好批评的关怀，或者说，没有得到批评的支持、批评的响应。原因还得归结于学院化。因为学院化，要求你做学者，做学者你不能面对不成熟的文学，你一定是面对成熟的文学，所以你看大量的博士生一研究就是莫言、王安忆、贾平凹……因为这些人已经变经典了，他们的作品被批评家不停地演绎，杂志也觉得讨论这些人有价值，吸引大家眼球，媒体也这么关心，我觉得这一代作家是被宠爱的一代作家。你可以骂他，骂他没关系的，骂也是一种关注，为什么不去骂那些大家不知道的人，要去骂大作家呢，就是这个道理。这些作家作为一个时代的审美标准已经被大家接受了，接受了以后才会让这么多人去演绎。反过来，如果你现在要用博士论文去研究一个70后作家，可能导师也会认为通不过，或者说这个作家没有典型性。所以我觉得，70后作家碰到的一个最大的悲剧，用悲剧可能夸张了，或者说碰到的一个最大问题，是他们得不到一些知音的批评家与他们共同去面对这个时代。作家是非常敏感的。你看1960年代出生的作家和1950年代出生的作家，他们受的教育是一样的，都是“文革”以后接受的教育，但是他们的生活经验不一样，他们表现出来的生活以及对生活的理解就不一样。莫言写“文革”，一下子就把“文革”前那种饥饿年代都带出来了。可是余华写“文革”时他还是小孩子，他写出来就是童年的记忆，与1950年代的作家就是不一样。可是到了70后作家，他们对生活的理解，他们对生活的批判，他们表达出来的经验得不到批评家的呼应，所以他们只能去模仿上一代作家，这样才觉得是深刻的。80后作家同样遇到这样的问题，最典型的就是张悦然，张悦然的小说被大家看好。很多人不选择韩寒，不选择郭敬明，就选择张悦然作为80后作家的代表，为什么？因为张悦然的很多经验是表达上一代人的经验，所以大家都认同她。张悦然的小说看起来比别人深刻，受到青睐，因为她所表现的经验和上代人有关系，寻根啊，写农村的那种愚昧啊。这些东西再加上现在的暴力啊，结合在一起，就容易被大家阐释。我当时编《上海文学》，这个感觉非常明显。韩寒也是，韩寒对当代生活的想法很尖锐，可是你看他写小说，他的《1988》，我关注了，觉得不深刻，为什么不深刻？因为他没有作为80后的感觉。那个故事放在“五四”，就是《春风沉醉的晚上》。作为一个80后的年轻人，他有新的东西，但是不强烈，没有带给他这一代人强烈的、自己的风格。当然我觉得这里面很重要的一点就是80后作家没有遇到批评家，只有“粉丝”没有批评家。韩寒的经验应该是和现在80后，或者说更年青的一代有关。他们能够理解韩寒，为什么《三重门》出来那么受欢迎？就是因为说出了许多这一代人心里的想法、欲望。可是没有一个批评家把他们这一代的这些想法、欲望用理性化的语言阐述出来。他现在自己也成熟了，开始学鲁迅，批判社会，大家说他好了，因为这个东西可以和上代人沟通。韩寒的博客比小说写得好，因为他的博客和我的经验能够沟通，他的批评很尖锐，实际上说到底，一方面韩寒成熟了，他的经验和上代人的经验沟通了，人的成长一定要和传统结合起来。但从另外一面说，他还是没有把他这代人的真正感受表达出来，去获得大家认同，很可能他有自己的想法，但这些特殊的东西可能就被湮没了。大家都不去注意，或者说大家不去挖掘那方面的东西。我看了你和李一编选的《新世纪十年小说系列·青春卷》，看了有点不满意，你们选的是不错，但是这个“不错”里面还是看不出新一代的东西，还是在迁就原来的审美标准。如果年轻人新鲜的东西得不到支持和褒扬，人慢慢就没信心，觉得表达这个东西不能够被大家认可，或者说不重要，慢慢地他自己也会觉得不重要。王安忆1980年代写雯雯的时候，很多老一代批评家很关怀她，但是也觉得她的写作经验太少，只写自己，小圈子，雯雯的天地太小，要跳出来。王安忆就很努力要跳出来，跳出来写写不好又写回去，有过反复的过程。你看现在，王安忆一直到写几个长篇，写来写去离不开她自己的天地，她骨子里属于自己的那片天地，从这片天地衍生出《长恨歌》，衍生出《天香》。

金理：您近期的文章都在围绕着“先锋”与“常态”展开，我的理解是，您是以自身的批评实践在新世纪召唤文学的“先锋性”，视其为文学发展的核心力量。而我觉得“先锋”的出现，是要“人力”和“天时”相配合的。它是在常态的文学上加上一鞭，这首先来自主观的能动，同时也要获得客观社会形势的支持。我记得章太炎、胡适都表达过这种意思，近代中国之所以“你方唱罢我登场”，原因之一是“中间主干之位”（“社会重心”）的不稳固、一直处于寻求过程中。胡适多次提及“历史上的一个公式”：在“变态”的社会国家里，政府腐败，干涉政治的责任一定落在少年的身上；相反，等到国家安定了，学生与社会的特殊关系就不明显了。也就是说，当变态的社会，学生运动、青年力量在社会生活，以及少年情怀、青春意象在文学中，均能大显身手、鼓动人心。像您提到的“中年作家”，他们的出道，正逢一个大转折过后百废待兴、重心重建的过程，这是历史提供的客观际遇，他们是这个过程的推动者、参与者，今天看来也是受益者。“五四”与“80 年代”都恰逢这种客观际遇。但是如您所说，从“文革”后到今天，中国社会结束持续动荡、骚动的“青春期”，逐步进入告别理想、崇尚实际的“中年期”。这样的局面是不利于青年人脱颖而出的。在一个无名时代里没有占据统治地位的力量、立场，在冲突之外更多的是妥协、合谋，甚或在看似轻松的环境中随波逐流、无可无不可，创作者往往意志消磨而难以聚敛精气，或如置身无物之阵难以找到掷出投枪的靶子。先锋精神能否最终被主流文学吸纳并扭转后者的发展方向（这是我们确认先锋成功的标志），这取决于先锋精神自身的能量大小，能在多大程度上刺穿主流文学坚固的肌体，并在其“井然有序”的内部引起震撼，是否能提供鲜活的、足够异质性的血液，以此起搏主流文学垂垂老矣的肉身。我的问题是，一方面在创作和评论中，我们都应该呼唤具备顽强战斗力与惊人预见性的先锋精神；但另一方面，我不知道作家、批评家能在多大程度上“反动”时代和环境施予的根本影响。

陈思和：在“常态”与“先锋”的关系上，“常态”是永恒的，是主流，“先锋”是阶段性的。但是在我看来，“常态”的文学是不能建构传统的。传统的成立当然需要漫长时间的积累，但是反过来说，一个源远流长的传统往往不是靠老师带学生带出来的。在“常态”当中，传统肯定是趋向没落的，会遭遇从盛而衰，比如孟子接孔子的衣钵，但孟子无法超越孔子。到什么时候会有转机？就是出现“对立面”的时候，传统的发展是通过“变异”来实现的，“对立面”用新的资源补充了传统。可能一开始会吵吵嚷嚷，但一个有生命力的传统最终会包容“对立面”，这个时候传统就发展了。张文江讲课时经常提到“偏得”，这个是有道理的，正常的传道授业，底下听讲的学生未必有出息，旁边一个马夫、烧火和尚随便听听听进去了，他根据自己的实践领会，结合了老师的传统，一“碰撞”就有新的东西产生了，这个新的东西再被传统容纳进去，传统就发展了。所以一个传统如果经过几代大师发扬，其中肯定有“变异”，这个“变异”有时候明显，有时候不明显。

这次我到意大利非常有感受，之前我一直很喜欢米开朗琪罗，我把他看作是象征人类文化的偶像，但是到了佛罗伦萨以后我发现米开朗琪罗不稀奇，古希腊古罗马的雕塑远远超过他的作品，那种裸体人像肌肉、人体比例的夸张，唤起对人、人性力量的信念。可是这种雕塑文化被基督教文化遮蔽掉了。中世纪的时候表现圣母，都要用衣服紧紧遮起来。文艺复兴时期从地下发掘出很多雕塑，那天我在那不勒斯看这些雕塑，就明白文艺复兴为什么发生在意大利。其实很简单。不是说文艺复兴的大师们凭空想象出人的伟大，而是看到了古希腊、古罗马贡献了那么多好的东西，于是在表现上帝、亚当和夏娃的时候也开始用古希腊、古罗马的方式来表现，比如米开朗琪罗的《大卫》，与古希腊的阿波罗雕塑一个样子，把人当作神来表现，非常大气。文艺复兴找到了依据，历史上就有那么辉煌的表现人体，对于米开朗琪罗那代大师来说，其实就是古代的传统召唤他这么做。于是文艺复兴和古希腊、古罗马有了对接，但是对于基督教文化来说这是裂变，文艺复兴是把宗教主题和古代的表现手法结合起来，比如说著名的西斯廷教堂的壁画。这种杰作不是直接继承传统，而是其间出现了裂变，中世纪否定了古希腊，而文艺复兴否定了中世纪。文艺复兴之后一路是“正”地下来，所以人的形象必然越来越渺小，甚至萎缩。现代主义表面上来说否定了文艺复兴以来“人”的主题，可这种否定，现在也成为西方文化的传统。

我们今天面对凡·高、马蒂斯，觉得这也是现代文化的主流，但这种主流初现时是以裂变的方式面世的。所以人类的演进不是像达尔文认为的那样遵照进化论按部就班，而是中间经过巨大的否定与裂变，这已经有科学根据了。人类的文化也是如此，否定过往，产生新的范式、新的艺术、新的经典，这些新出现的东西慢慢地又被人们和以前的东西结合起来，于是给传统带去了生命力。这是文化发展的规律。当然传统肯定不喜欢新变的东西，后者意味着对前者规范的否定，前者一定要压制后者，所以裂变的力量要强大，力量不大就被传统扼杀了，但被扼杀也会为下一次的裂变提供资源。比如说斯特恩的《项狄传》，一出来就被压制，当时的西方文化传统中就不允许有这种出格的因素出现，所以《项狄传》就寂寞地过去了。等到卡夫卡出来，他觉得《项狄传》很好，但卡夫卡也是寂寞地过去了。可是今天我们经过了现代主义才回过头去重新认识斯特恩、卡夫卡，两者也慢慢融合到西方文化传统之中。同样道理，“五四”也会容纳到中华文明传统中去，恰恰是“五四”批判传统文化提供了新的因素，这些新的因素今天也成为我们的传统。争取民主权利，强调科学精神，难道不是我们的传统吗？没有这样一种裂变的观念，我们的传统会越来越狭隘、僵死，不仅不会推动社会发展，而且会束缚、倒退。回过头来再看我们今天的文学。今天我们的文学是不是进入一个“常态”？“文革”过后，人心安定，慢慢进入一个秩序社会，商品经济、消费文化也出现了。市场经济一方面高度推动生产力发展，人的欲望也被刺激而生，另一方面也会给社会带来一些负面性的东西和动荡。这些都是被历史证明的，马克思主义就是在资本主义高速发展、社会大变动的时期诞生的。我曾经说过，中国是一条潜龙，潜龙勿用，躲在地下是不能动的，一飞冲天肯定会天摇地动。这种动荡怎么能用常态方式引起的变化来比附？关键是今天人的创造力被压制了。从人类历史来看，高速发展时期不会是一个“常态”社会。资本主义高速发展时期，浪漫派、批判现实主义、现代主义……一波又一波就产生了。今天这样的时代，一定要出现先锋，才能推动文化发展，同时将传统整合起来。如果“五四”新文化经过了一百年都无法和传统融合、连接的话，怎么来发展今天的文化？而文化又会反作用于时代，这是一个辩证关系。今天很多人倡导国学、读《三字经》，我认为都不对，会对社会发展产生束缚。今天你们这一代年轻人应该选择新的东西来研究、解读。

金理：我想起自己的一个经历。我一直想和朋友做一个栏目，当时把名字都想好了，叫《80后：新文本与新批评》，设想是找一批年轻的写作评论的朋友，以作家作品论的方式，一人一篇，来评论同龄人的创作。当时我们很兴奋，认真商定研讨和写作的对象，觉得这既是一次对文学的检阅，也是对自我生命的检阅。没想到本来有意向的刊物后来不了了之，我们自己也接触了几家刊物，都谈不下来。我想那些刊物的顾虑是：这是一个时髦的话题，但它具备研究的可能吗？在惯常的理解中，文学批评是文学史或者说经典化的第一道“滤网”，80后文学值得研究者积极地“跟进”吗？这些暂且不谈，我觉得有问题的是，有位编辑老师就告诉我：作家作品论的方式已经没意义了，这种方式无法进入年青一代的文学。但今天我有了一点信心，您在讲稿《批评与创作的同构关系》中提到《1988》里那个私生子的细节，进而和上一代创作中的“无后”现象做比较。甚至我想还可以用您的《中国现当代文学名篇十五讲》中的方式来考虑一下这个细节背后“托孤”原型的意义（在这个婴儿诞生的过程中哪几种力量牵涉其中）。我觉得这个看法非常新鲜。这其实是以您一贯倡导的“文本细读”的方法赋予韩寒小说意义。我之所以觉得新鲜，是因为在我看到的对80后文学的解读中，最多的就是文化研究的那种方式。避谈作品，而关注作品背后的新媒体、文学生产之类。所以我想这也造成了那种局面：我们往往以传媒话题、娱乐新闻、粉丝心态的方式去理解青年人，而也许已经有丰富的文学文本存在了，只不过我们不认真对待。

陈思和：你说得非常好，应该这样来做。当时我是在和李一讨论她的博士论文，提到韩寒小说中的这个细节，80 后还很年轻，他们对生命现象很敏感，不会像莫言、王安忆、贾平凹笔下出现畸形的“无后”现象。你刚才提到的很有意思，可能韩寒在创作时未必明确意识到，这里是不是有一个隐喻：新生命的艰难诞生。小说中还有一个细节：“我”叫那个女孩子娜娜站到窗户边，把阳光遮住，好让自己睡觉。等“我”醒过来时发现，从下仰望，那个站在床边被阳光穿透的女孩，像圣母玛利亚，当时我读到这里一闪念：这个女孩子是妓女，妓女像基督一样伟大，这里有同构性。小说中的孩子是私生子，父亲是谁不知道，而且注定其出生要经过很多坎，很多神话中都有这样的原型。我把这个隐喻理解为 80 后在想象一个新的世界。从这个角度去想，你就会觉得 80 后是很有力量的。韩寒小说中还有一个细节，写主人公小时候爬在旗杆上，眼睛往下看乌黑黑的一片人，人群中有个女孩子是他想象中的女朋友，后来这个女孩子的经历好像也很坎坷。韩寒在小说中为什么写这个细节，而且选到《独唱团》里发表？我感觉这似乎是对自我成长经历的一个隐喻：自己还很不成熟的时候被人们捧到旗杆上，高处不胜寒，非掉下来不可。我很鼓励你们这样做：志同道合的朋友聚拢，先放低架子，不要把自己放到一个比同代作家高的位置；然后根据学过的文艺理论，结合自己这一代的生命经验，进入文本的解读；用形象逻辑推理出艺术真实，这个艺术真实的境界可能是作家的创作还没有抵达的。我觉得优秀的批评家就要这样。

金理：我们这一代的年轻人应该关心同样年轻的新秀作家，而本质上，其实您提出的是批评的审美标准到了一个该更新的时候了；再沿用“中年作家”的规范可能会对新出现的审美精神、表达时代生活的新方式和感受产生遮蔽。

陈思和：每一代人感受时代都有自己的方式，也形成相应的独特表达。比如，我在解读卫慧、棉棉的小说时，发现她们有单亲家庭的背景，这在我们这代人身上是没有的。单亲家庭就会出现对父母的报复，于是迁怒于达·芬奇、贝多芬，于是审美的东西就出来。批评家如果不重视这些东西，时代的信息就没了。70后这代作家很可惜，没有批评家形成呼应，在后面支撑他（她）们，逐渐就被时尚的泡沫湮灭了。我鼓励你们年轻人做同代人的批评家。

2012年3月16日定稿于鱼焦了斋

初刊《当代作家评论》2012年第3期

学院批评在当下批评领域的意义

陈思和、梁　艳[①]

梁艳： 陈老师，我读了您很多著作，觉得您的身份有点复杂。20世纪80年代一批青年学者都云集在现代文学研究领域，但后来逐渐转移了立场，如钱理群转向思想批判，陈平原走上了纯学术的道路，王晓明转向文化研究，而您似乎一直没有离开现当代文学领域，但又一直照顾着两头：一头是文学史研究，一头是文学批评，您的专业偏重现代文学史研究，您提出的每一个文学史理论的新概念，都可以看作是您进入文学史研究的路径，但您又坚持在当下的文学批评中发出自己的声音，能不能谈谈您选择这样一种研究道路的动机和意义？

陈思和： 你提的问题很好。做一个学者和做一个批评家，两者其实有很不一样的地方。但是正如我在为上海文艺出版社编的《中国新文学大系（1976—2000）·文学理论卷》的导言里特意强调的，中国当代批评正在发生变化，这个变化首先表现在批评家身份在发生变化。1950年代以后，中国主要的批评家都是文艺政策的制定者和文艺工作的管理者，像周扬、张光年、陈荒煤等等，他们的身份或是政府部门官员，或者是重要报纸杂志的主编。一个在作家协会里从事理论工作的人，同时往往又是作家协会里担任领导工作的（像以群），或者在一个刊物担任领导工作（像冯牧），或者在出版社担任领导工作（像冯雪峰）。这意味着当时文艺批评与权力的关系非常密切，政策性非常强。文学批评的主要职能是阐述和贯彻国家

① 梁艳，当时是华东师范大学中文系副教授。

的文艺政策，用理论批评来引导文艺创作者的创作倾向。这样一个功能到1980年代以后慢慢发生了变化，尤其是1990年代以后，到现在差不多二十年了，文学批评和权力渐渐分离，于是就出现了新的批评家群体，主要来自高校。1980年代的批评家还是高校系统和作协系统并驾齐驱的，到了1990年代以后，文艺官员基本上退出批评家的职能，也就是说，现在的文艺批评的功能不再是以阐述文艺政策为主了，即使作协系统的批评家也很少是以官员身份指导文艺创作。那么，文艺批评更多的是承担了理论研究、历史反思和审美追求等工作，批评的重量就自然而然地转移到了学院里。

20世纪90年代以后，文艺批评领域出现了两大批评板块：学院批评和媒体批评。先说“学院批评”，因为高校健全了研究生培养制度，设立了博士点和硕士点，大量的研究生从这个系统中培养出来，他们既从事学术研究，又从事当代文学批评，这些两栖的学者主要来自文艺学和现当代文学的专业，也可能涉及一点比较文学，或者一部分海外回来的学者。这样的一种身份必然带来学术与批评混合的结果，这是构成我们当代批评的一个部分。再说“媒体批评”，媒体在本质上仍然受到权力的制约，但更多的是与市场经济、流行文化、时尚等因素结合。“媒体批评”中有非常优秀的批评，尖锐、感性、切中要害；媒体也会借助学院，请一些专家去发言，但更多的是通过媒体记者发表报道、访谈、时评等。但负面影响也有，如通过渲染八卦、花边新闻、打口水仗等制造各种噪声，又如新媒体汹涌而来，网络、博客、微博，一浪高过一浪，几乎制约了流行文化、热门话题、新闻事件的盛衰起落，看似很热闹，但是真正的学理批评的声音几乎被淹没，更不要说引起认真分析，深入思考。这就是噪声超过了批评。媒体制造热闹效应没有什么不好，但是这种效应与真正的艺术评价、经验总结、理论提升是两回事，不能混为一谈。媒体批评的好处是贴近市场，能够比较及时地反映一段时间内市场、读者或大众对文艺作品、文艺现象的反馈。但没有什么学理性作为基础，一般是即兴的，随风而逝，也不排除它背后有一些权力在操作，有些利益驱动起着决定性作用。若是这种情况下有学者加入了“媒体批评”，那么学者的声音也不属于“学院批评”。所以，对于“学院批评”，我觉得它的功能主要是体现在大学讲坛、研究生讨论、课堂教学、小型研讨会、专业杂志以及少数严肃的媒体理论版面。我们今天重要的工作还是要从事这方面的研究。

梁艳：“学院批评”，一般人理解的是学术研究，但是我觉得您的工作与纯粹的学术研究不太一样，您认为两者有区别吗？

陈思和：“学院批评”和通常我们说的学术研究是不一样的，但两者也不能完全分开。批评的立场是比较前沿的，针对当下的文学现象。比如我写了篇鲁迅研究的文章，阐述《阿Q正传》的新内涵，然后拿到学术会议上去宣读，或者在鲁迅研究的专门刊物上去发表，那不是文学批评，而是学术研究。批评应该是针对当下的。再比如我在讨论余华、阎连科的创作风格时，把“五四”以来包括《阿Q正传》在内的喜剧传统联系起来进行分析，分析当代作家创作的意义。这当然是可以归为批评范围。批评与生活同步发展，或者说，批评工作是为了创造当下文化的生态，支持文学创作，与创作一起来开创当前的文化事业。正常而健全的批评能够起到繁荣当下文学创作的功能。那么，“学院批评”好不好呢？那是不一定的，首先是从事学术工作的人（学者、教师、研究生）因为身居学院，往往与当下生活比较“隔”，加上一大套概念术语等，常常会把生动的文学创作变成一些教条、理念等，不但说不到点子上，反而歪曲文学在生活中的意义；又因为学院批评总有一种居高临下的姿态，教师的身份在无意间会转换为“教师爷”的身份，指点江山，激扬文字，仿佛是真理在握的样子，殊不知批评一旦丧失了同情的理解，就不能以理服人，批评的力量就会大打折扣。

一般来说，你从事学术研究可以坐稳书斋，在故纸堆里寻求真理，但是你如果要从事文学批评，不管是学院派还是什么派，都应该面向当下社会生活，你必须关注当代，你写文章也可以引经据典，但是目标很清楚，就是要解决当下文艺创作中存在的问题，发现问题、解决问题都是与当下社会生活分不开的。在学院里从事人文学科的人，常常轻视对当下的研究，有人认为，从事现当代文学研究不那么“学院”，为了弥补这一缺陷，有的学者就千方百计地使现当代文学脱离当下社会生活，使之历史化、经典化，以为有了“经典”，学科就站住脚了。这里就有一个怎样去理解现当代文学学科的特点、怎样激活学科生命力的问题。大家都知道，现当代文学作为一个二级学科是先天不足的，与古代文学、外国文学没法相比。从“五四”算起也好，从晚清算起也好，到今天也就一百年的时间。一百年时间不能够构成真正历史，在中国这样一个有悠久历史传统的国家里，我们讲《诗经》《离骚》，一讲都是两千年以上。而现当代只有短短一百年，过去唐弢说的“当代不成史”，今天的事情怎么说它是历史呢？所以“当代文学史”这个提法是自相矛盾的，别的学科的人会批评现当代文学没什么“科学性”，也许你今天研究的东西过了若干年就完全被淘汰了。但是再反过来说，我们人文学科都有这样一个过程的。有的学者认为研究两千年前的古希腊比较有意义，古希腊经过长时期筛选，该留下来的都留下来了，该淘汰的都淘汰了，对不对？但是这个两千年的过程，比如西方哲学发展的过程，本身就是一代代的“当代”研究者筛选保留下来的，因为首先有了“当代”，才有了古希腊哲学这门学科。哲学史也是一代代的当代哲学家的思想成果。古代文学也是这样，《诗经》《离骚》传到汉代，汉代就是当代，传到南北朝，南北朝是当代，所以“当代”与“历史”本身就有一个辩证的关系，越是接近研究本体的时代，研究所承担的责任就更大且重要。从晚清到今天，也就这一百多年的文学，但在未来的两千年里，就会一再有人讨论我们这一百年里留下了什么。这就是我们所研究的成果。文学史就是一代代的当代文学构成的，没有当代文学就没有未来。当代文学研究者的责任是对历史负责，对未来负责，其意义远在研究古代之上。我们的学科不是面对过去，而是面对未来的，我在课堂里讲到，我们学科的特点是有上限没有下限的，我们不知道将来会发展到什么状况，它永远处在变化之中。这个变化要我们一代代文学研究者，还有作家、批评家一起去推动。所以，我们这个学科本身具有跨越学科门槛的特点，它既是学术的，也是当下的，当代文学的批评家，某种意义上说他不是研究历史的人，但他是构成历史书写历史的人，他为未来的研究者提供材料。

梁艳：您在文学史研究中提出了许多新的理论概念，这些理论概念又反过来支撑了您的当下文学批评。如“民间”的概念，“无名”与“共名”的概念，既是对文学史现象的描述，又对当下文学创作有明显的引导和推动。我想问的是这两者在您的工作中是如何统一的？是否意味着学术研究和学院批评的结合？

陈思和：一般来说，学院批评的长处是比较少地受到市场功利或者流行思潮的影响，它可以从更加超脱的立场来评判创作现象，从更加开阔的学术视野来衡量作品的艺术得失，揭示创作内涵中比较隐蔽的意义。但这也不是绝对的。媒体批评基本上是感性的、印象的，与学术没有关系，但是学院批评是要有学术背景和相应的学科知识，只是必须应用得法，恰到好处，让学术背景自然地在批评中发生影响。难就难在做到这一点。我的专业学科是现代文学，这个学科的特点本身就是没有时间下限的，也就是说，从 20 世纪初开始到当下，直至未来，都是我们这个学科关注研究的对象，所以，当下文学批评属于我们学科的范围。它的研究方式不是纯粹学术的研究，而是必须联系当下，着眼于未来发展，并且肩负着推动当下文学创作的责任，这样就使我的学术研究和文学批评自然而然地结合在一起。我在 1980 年代提出过新文学整体观，就是要把新文学（从“五四”到当下的文学发展状况）作为一个整体来把握，在文学史的背景下对当下文学进行批评和评估。“民间”“无名”等概念也都是在整体观的意义上沟通文学史和当下文学创作。你可能注意到，这些概念首先是为了解决当下文学创作的问题，然后再返回过去从文学史经验里寻找其源头和源流，反过来再对文学史现象提出新的理解和阐释。后来我提出“五四”新文学运动为先锋运动的假说，也是着眼于当代的学术争鸣的。

其实批评也有“整体观”。我们“五四”新文学早期的文学批评家，做的批评就是前沿性批评，批评家与作家是同步的。创造社中郁达夫、张资平写小说，郭沫若写诗，当时还有成仿吾写批评。他的批评就是把创作社成员的小说意义阐述出来推广出去，把别的团体的作品说得很坏，以推动自己圈子的发展。这样的批评当时很繁荣，文学研究会的批评家就有沈雁冰，新月派的批评家有梁实秋，语丝社的批评家是周氏兄弟等。批评与创作是同步的，小团体的，我们称它“圈子批评”。新文艺批评开始是“圈子批评”。“圈子批评”后来慢慢就发展成了“政策批评”，就是站在文艺政策制定者的立场上阐释文艺作品，符合政策的就表扬，不符合政策的就批判。“政策批评”起先也是“圈子批评”，但那是从原则出发，比早先的小圈子意识要提高一些。1930年代左联时期已经出现了，按照苏俄的各种文艺政策来制定的中国文艺创作的原则，符合的就说好，不符合的就说不好。1949年以后这种批评更加权力化，走向极端。到了新世纪的今天，文艺批评逐渐进第三个阶段。其实“学院批评”在1930年代也有，但影响不大，像朱光潜、李健吾等，总体上分量很轻。所以今天我们再讨论“学院批评”，仍然是个新问题，它既不等同于“五四”到1930年代的“圈子批评”，也不等同于1949年以后的“政策批评”，第三个阶段大致上是从1990年代开始出现，到新世纪十年有了一定规模的发展，这二十年的中国社会实践决定了这个批评阶段的形成和发达。

梁艳：您早期的巴金研究是属于个案研究，但您虽然从个案研究出发，实际上要说的是一个背后的东西，提出新文学传统的问题，所以才有了《中国新文学整体观》；后来又用您的文学史概念来“重写文学史”，所以才有了《中国当代文学史教程》。在整个文学研究道路上，新文学整体观的作用是在什么地方？这样研究文学史观对文学批评有什么帮助呢?

陈思和: 是的，我是从巴金研究到新文学整体观再到“重写文学史”，这条线索也可以说是我的学术研究的道路，主要研究的是从“五四”到当代的文学史现象。但那正是我的文学批评的起点。这之前我也写过评论，1970年代末我在上海卢湾区图书馆做书评工作，就开始学习文学评论，这些批评文章简直就没什么意义，只是一个即兴的阅读意见；上大学以后还是这样。如《伤痕》发表了，我就表态支持《伤痕》，与那个时代的一般批评没有什么差别。我的学术道路是从进大学接受系统教育以后慢慢开始的。进大学那一年我二十四岁，这之前没有很好地上过学，也没有受过很多教育，对知识的追求第一是靠自学，第二是摸索，第三是受当时主流思想的影响，按葫芦画瓢似的，无非是这样三个方式。我进了大学以后才发生了很大的变化。当时的思想解放运动，把以前的很多疑团、错误都给以澄清、纠正和清洗。思想解放运动的过程当中，就我个人来说，研究巴金是一个特殊的起点。因为我在复旦大学学习和工作，我从事的文学批评就有了一个学科的背景。

你说得不错，我的学术道路是从巴金研究开始的。巴金在我心目当中，不是一个历史人物，也不仅仅是一个1930年代的作家。巴金与鲁迅不一样，鲁迅已经离我们很久远了，我们只能从他的著作里认识他。而巴金是一位活生生的当代作家，他的存在直接影响了我在思想、人生、写作等方面的成长。当时巴金写《随想录》，一篇一篇地发表，涉及我生活在那个时代的种种现象：我们怎么理解当下生活？怎么看待“文革”？怎么走向未来？等等。这一系列问题全是当代问题。激起我研究兴趣的正是巴金在当代社会生活中发生的重要影响。巴金对当下生活的解释、对未来社会的追求，都与我所要追求的认识是一致的，我研究巴金某种意义上也是在修正我自己的思路，向巴金靠拢，重新调整思路，让自己对当下生活做出一个新的认识。这个问题之后又产生了另外一个问题，巴金为什么能达到这样一个思想的高度？在我看来，巴金一直是走在时代前面的先驱者，“五四”后他站在反对封建专制的立场上，抗战时他站在抗战的立场上……“文革”以后，他还是走在思想界的最前面，反思“文革”，追求一个更高的理想境界。这使我对巴金的世界观产生了兴趣——是怎样的世界观决定了巴金晚年仍然处在战士式的奋进之中？我开始研究巴金时，不是研究《家》《春》《秋》，而是研究巴金早期的思想信仰、世界观，以及他对旧世界彻底否定、永远站在弱势群体一边的思想激情。这种思想和激情是哪里来的？这对我以后的人生道路起到了一个关键性的作用，也是我进行当代文学批评的主要动力。

新文学整体观的研究是从学科建设出发的。当时现代文学和当代文学好像是两个学科，很多高校中文系是把它们分成两个教研室，研究现代文学的人不涉及当代，研究当代文学的人也不了解现代。方法上也有不同，研究现代文学的人常常向研究古代文学的靠拢，编年谱啊，写评传啊，做综合研究的多；研究当代文学主要是评论作品，探讨作家风格，还要进行一些必要的争论，文章都是发表在报刊上。1984 年刘再复提倡新方法，兴起了一个潮流。我当时正在读李泽厚的《中国近代思想史论》，他提出的六代知识分子的框架很吸引我，我就想现代文学史是否可以看作一个整体，以六代作家为线索来综合研究，这样联系起来，所谓的“现代”“当代”就不分了。当时新文学运动才进行了六十多年，很多作家都是从现代到当代一直在写作，这样一联系，很多文学史现象就看得比较清楚了。我当时提出整体观也是着眼于方法论，有了文学史作为参照，研究者就可以更加全面地把握作家作品以及某些文学现象的发生。比如 1990 年代初中国社会开始实行社会主义市场经济，社会转型带来一系列新的社会问题，包括文学边缘化、作家的人生道路的重新选择，等等。当时很多知识分子都有惊慌失措之感，但是如果你有了现代文学史的背景，在 1930 年代中国不也是市场经济吗？作家们是如何生活的？鲁迅、巴金他们没有因为文学边缘化而去下海经商啊。前辈的写作实践、生活实践就给了我们很大的启示，要求我们更加准确地把握当下文学出现的种种现象。社会上很多现象看上去很新，其实太阳底下并没有什么新东西，而是以前以另外一种形态出现过的。

我以后的文学评论走的基本上是这样一条路。面对新的文学作品，我考察两个向度的问题：一是在中外文学史上有没有出现过类似的现象，通过比较研究来寻找文学史因素或者世界性因素，可以被我们今天引为借鉴，由此也考察当下作品在文学史的发展中有什么新的贡献；二是文本分析，通过文本细读来考察文本与当下社会生活的关系，揭示文本所隐含的丰富意义。第一个问题需要有比较丰富的中外文学史知识和联想，如我在张炜、阎连科的小说的讨论中引进了古希腊文学传统中的恶魔性因素之说，在余华《兄弟》的讨论中引进了巴赫金关于拉伯雷《巨人传》的民间理论，都是为了丰富当代中国文学的创作意义；第二个问题则需要有较高的文本解读能力。

梁艳：我读过您的《中国现当代文学名篇十五讲》和《当代小说阅读五种》，前者是对现代文学史上的经典名篇做文本细读，后者是对新世纪五位小说家作品的解读。您在这两本书里不拘陈说，标新立异，尤其是后一本书里，您对当代作家贾平凹、张炜、莫言、阎连科和余华都给以很高的评价，对一些引起争议的作品（如《兄弟》《秦腔》《生死疲劳》等）您都写过长篇论文给以力挺，而且产生了积极的影响。但也有人批评说，您这种批评其实是“过度阐释”，您怎么看这个问题？

陈思和：文学创作与文学批评互为因果。文学创作一旦产生，批评通过对创作的阐述来调整文学与生活的关系，同时这个理论也为创作家或接受或刺激，然后有更丰富的创作，这本来是互为因果的。这样一个过程很难说批评依靠创作还是创作依靠批评，两者是文学事业的两面，都是直面当下社会生活的。对批评家来说，他的工作主要是研究文学创作如何表述当下文学生活，他通过理论形态的研究，更进一步整合、扩大、强化文学在当代社会生活中的影响。本来，文学创作可能是个别现象，通过文学研究和文学批评，一个个个别现象变成了普遍现象，文学创作和时代的关系更密切了。

如果一部创作没有人去批评它，可能它就默默无闻地过去了，即使它很优秀也会默默无闻，对当代生活可能不发生影响。曾有一位朋友对我说，他发表很多中短篇小说，几十篇，但社会上没有反响，为什么没反响？他所发表的那些杂志肯定不是没有读者看，只是一般读者看了以后无法表达读后意见。没有反馈就等于没有影响，或者说，可能对个别人来说有影响，可是对于社会来说，作品的影响不大也不广泛，对时代更没有产生重大影响。这种情况下，批评的意义和功能就突出来了。有些作家很有影响，一般来说，都有很多批评围绕着他们而展开，他每发表一部作品都有人在阐述，有人在批评，或者有人说他好，有人说他不好，这批发出声音的人是读者中的重要分子，有社会影响力。他们说作品好与不好是无所谓的，关键是各种反馈意见使作品与社会的关系越来越密切，影响相随越来越大。我听过一个传说，澳大利亚有一位作家与一位批评家都很有名，可是他们之间关系不好，势不两立，作家写一部小说，批评家就写批评，把它说得一无是处。结果不是读者拒绝阅读这位作家的作品，而是这位作家的影响越来越大，后来获得了诺贝尔文学奖。那个作家叫帕特里克·怀特，中国出版过他的小说叫《风暴眼》，那位批评家的名字我忘了，在澳大利亚也是很有名的。这也就证明了批评能够拉拢创作和社会的关系。批评说好话还是说坏话并不重要，重要的是他说出来了，有声音了。有了声音以后文学与时代的关系就变得愈加密切了。作家也可以从反馈之中知道创作问题在哪里，应该如何改进。

但是这还不是主要的，更主要是批评家面对的不仅仅是作家，重要的是他用理论形态描述了当代生活。批评家也是站在生活前沿的，他要关注的首先是社会生活本身，他发表的看法也是对当下社会生活的认知，只不过批评家是通过阐述文学创作来表达他的意见。

如果是这样来理解文学评论，那么“过度阐释”也就不成立。当然，前提是批评家的阐述必须符合逻辑，言之成理。我觉得所谓“过度阐释”是说明一个批评家有可能从文学作品中看到了一些作家本人没有意识到的、没有看到的因素。作家创作是依靠形象思维，他可能并没有清楚地意识到问题的实质是什么，但是他通过艺术形象把一种感觉写了出来，只要是一个尊重现实、尊重心灵感受的优秀作家，他能够把许多他自己还没有清楚意识到的问题写出来，而批评家的责任是把作家处于朦胧意识下创造的文学元素加以理性阐述，使它产生出更大的社会影响。我在读大学的时候，特别喜欢读俄罗斯革命民主主义批评家，像别林斯基、杜勃罗留波夫的文章。别林斯基阐述果戈理，杜勃罗留波夫阐述屠格涅夫，这些作家都不很认同的，他们后来走的路和批评家预见的也不一样。可是文学批评是一种具有独立价值的文学形态，批评家通过阐述作家作品，发表了对生活的真知灼见，以及对社会发展的天才预见。

这个关系是一定要弄清楚的，弄清楚以后你再回过来看学院批评有什么好处。刚才我说的前提是批评本身的功能，与学院的学科背景没关系。但是我现在要说的学院批评，学院批评家在批评的时候，有一个学术背景在后面。比如他是文学史的研究专家。他会把中外文学史的背景与当下文学批评联系起来，或者他会引进一种外来思想、一种理论、一种视角、一种参照，来阐述文学作品的意义。很多人误解“学院批评”，总觉得“学院批评”有点过度阐释。比如说有些学者用西方理论解释中国的文学作品，就会引来指责，说你是盲目地搬用西方理论术语，对文学作品的阐述不符合“实际”，所以就是过度阐释了。这些指责看上去很理直气壮，但是在某种意义上反映了人们对批评的误解。学者应用西方理论应用得好还是不好，他对西方理论理解得对还是不对，这是可以讨论的。但是要求文学批评“符合”作品的“实际”，那就是说，文学作品存在一个绝对的标准答案，它可以制约批评，考量批评。这是很荒谬的。如果是这样来理解文学批评，那么，批评就成了学生做作业题，看他能不能写出一个标准答案。这样的话还需要文学批评吗？所以，文学批评不应该在符合不符合作品实际的层面上进行考量，而是应该考量这个理论和阐述本身对中国当下社会生活有没有意义。文学作品是由审美的语言构成的，语言本身具有多义性，审美性更是一种不确定的因素，这种特点决定了文学作品在每个读者的感受世界里引起的审美反应是不一样的，不可能只有唯一的“实际”。这本身就是一个不准确的标准。

不同的学术观点对社会生活有不同的解读方式和解读立场，因而产生了对文学作品的不同理解，这是很正常的。这样引起的争鸣好不好？我觉得是好的。不同理念引起的学术争鸣，比停留在“我喜欢”或“我不喜欢”、“它真实”或“它不真实”等层面上的争吵更有意思。正因为我对批评定位在这样一种意义上，所以我不怎么主张文学批评以居高临下的指责，或者用“骂”与“捧”（“表扬”是一种委婉的说法）来区分批评的意义。有人可能会认为，批评家应该天然比作家高明一些，应该以批评作家的缺陷和不足为己任。（我这里不讨论一些媒体批评以骂人来吸引读者眼球的做法。）我觉得这是过去“政策批评”遗留下来的心理误区，为什么批评家一定比作家高明呢？如果像过去那样，批评家是文艺政策的制定者或推行者，作家又是必须改造的“资产阶级知识分子”，那么这种说法是成立的；而今天的批评家和作家都是站在生活一线感受生活，理解生活，结论当然有所不同，也有艺术趣味的不同，互相争论是正常的，但争论应该是在艺术内涵的层面上各抒己见，在学术的层面上展开争论，而没有理由居高临下地判决这个作品“好”还是“不好”，“成功”还是“失败”。这种送鲜花还是扔臭蛋的二元选择，可以在网上使劲，但不应该由学院批评来做。至于我个人，我阅读的作品有限，阅读经验也有限，不可能对所有作品都发表评论，也不想对我不喜欢的作品去说三道四。我只是选择我所喜欢的，并且对有话可说的作品进行阐释，这个阐释本身就包含了我对历史的反思和对生活的批判，以及我自己在阅读作品中的一点艺术感受和审美心得。我把阐释作品看作是与作家的对话和交流。我愿我的阐释加盟于作家所描绘的艺术世界，在作品原有的意义之外，再添上我的理解和声音，以求作家与批评家共同来开发、推进当代文学的未来。

梁艳：我还有一个问题，今天媒体批评的声音几乎覆盖了社会，新媒体又越来越侵入大众阅读领域，纯文学、严肃文学都不可避免地被边缘化，您刚才说，学院批评的主要范围都是在学院里，它的声音如果不利用媒体来传播的话肯定是微弱的，几乎不为社会上的一般人所知道。那么这是否意味着学院批评也会越来越小众，也将会走向边缘？

陈思和：我不是这样认为的。首先，我们今天是着重讨论学院批评的来龙去脉和当前的意义，但并没有排斥其他批评流派的意思；其次，我也不否定学院批评通过各种媒体来发出自己的声音，我前面说过，学院批评也可以在少数严肃媒体的理论版面和相关版面发表自己的看法。媒体批评在今天的批评领域是起到重要作用的，尤其在对社会流行文化的引导等方面。而且，学院批评与媒体批评，说到底都是现代知识分子的传承人文精神的岗位，两者的特点不同，工作方式也不同，但可以做到遥相呼应，互为犄角，共同来支持和繁荣文学创作。

但我更想说的是，学院批评的声音是与文学教育联系在一起的，它的声音永远不会被边缘化。学院的讲坛（包括各种各样的教育空间：不仅限于高校的教室，也包括学术会议的会场、社会公益性的讲座等）本身是社会一个重要组成部分，一代代精英人才都在学院里成长，菁华荟萃之地，精神发展之源，学院本身就是培养学问、讨论思想、培养人格的地方，它培养的精英人才将要被输送到社会最重要、最关键、最显赫的岗位上服务于社会，怎么能说是边缘化呢？从历史发展来看，文学的传播历来就是两条途径：一条是教育的途径，一条是市场的途径。在一个短暂的时期里文学的传播是依靠市场运作，但是从长远来说，真正进入文学史、成为经典的文学作品，主要是依靠教育途径，代代教习诵读，传承文学血脉。学院批评其实是更加本质地影响了文学的生命。这与大众读物市场是不可相提并论的。所以，学院批评任重道远，不可轻视自己。

2012年11月4日修订于鱼焦了斋

初刊《文艺报》2012年11月23日

反思与前瞻

——从中学语文教材改革谈起

陈思和、刘　旭[①]

一

刘旭：从今年9月份开始，人民教育出版社的语文新教材就要在全国学校使用，内容比以前有了较大的变动，您对增删的文章有什么看法？

陈思和：我对中国整个教育制度存在的问题，过去曾在一些文章中谈到过，中国的中学教学存在的突出问题是教育思想和教育目的缺乏知识分子人文理想作为精神支柱，说到底是对中国社会将来需要怎样的人才缺乏战略性的考虑。具体来说，就是急功近利的应试教育主导了中学教育的一切工作，我并不是说应试教育完全不需要，但一味地把升学率推向极端，显然会影响、危及学生人格的健全发展，这些是应该纠正的。

从我的研究专业角度而言，我觉得这个新教材比过去有了新的变化：文学作品的思想性和现实性加强了。过去选入的一些文学作品，当然不能说完全不好，但其中有些是20世纪五六十年代反映当时主流意识形态的作品，这些文学作品尽管文字是漂亮的，很有文采，但是从思想意义上说，它们都严重背离和歪曲了当时的现实生活。当时现实生活中非常尖锐的矛盾冲突、人民群众在极左路线迫害下的悲惨遭遇，都被避开了，换句话说，当时发表这些作品的

① 刘旭，当时是华东师范大学中文系现代文学专业博士生。

作家们，缺乏作为灵魂工程师应该具有的对国家命运、对人民命运的责任心。他们像传统士大夫那样去炮制应景应时、歌功颂德的美文。这样的作品，不但不能反映当时的社会真实，而且对现在的学生来讲也是非常不可理解的，它表达的那些空洞虚伪、矫揉造作的思想情绪对现在的中学生来说也是不健康的。我们今天不需要再培养那种宫廷诗人，或者说御用文人的品质。我们对今天中学生的培养，应该是着重培养在未来社会中敢于有所担当的现代知识分子的人格，培养现代人应有的独立意识、批判精神和一种能够与世界对话的真正有用的人才。以前教科书里有个别文章，从思想内容来说是扭曲生活的、不健康的，从辞藻上来说是华而不实的，文体又是不顾民间疾苦的歌颂阿谀体，用它们来教育学生，是误人子弟。

另外一类，虽是非常好的文学作品，但不适宜作为中学教材。比如鲁迅的《论“费厄泼赖”应该缓行》，这样的文章是鲁迅在当时非常复杂的生活环境中写成的。它带有很大的历史具体性，如果脱离了这些具体性，抽象地来谈这个作品，要讲清楚这些作品的真正意义就比较困难，因为时过境迁，今天年轻的中学生很难再还原到那个时代的生活氛围和历史环境，今天的教师也很难把握鲁迅在这样的文章中所表达的复杂思想和具体的斗争精神，这些东西用通俗易懂的语言很难阐释清楚，所以给中学生读是不适宜的。对鲁迅作品的不全面的理解，比如把鲁迅的作品孤立开来，一味强调鲁迅的斗争啊，打落水狗啊，一个都不饶恕啊，等等，尽管都是非常深刻的见解，都是鲁迅从血的教训中得出来的经验，但这些人生经验在那些对血的教训毫无感性认识的中学生眼里，实在是太难懂了。我认为这些文章不是不应该读，而是应该放到以后，让孩子有了一定的社会经验之后再来读，这样也许能更准确地来理解鲁迅。所以，从新教材中删去的文章来看，我觉得这样的改变是对的，确实体现了我们今天的时代精神，是符合我们今天中学生教育需要的。另外从增加的文章来看，总的来说是非常好，像余光中的《乡愁》、徐志摩的《再别康桥》、牛汉的《华南虎》、朱光潜的《谈读诗与趣味的培养》，有论说文，有诗歌，有散文，非常适合给中学生看，虽然很浅，但文章感情饱满，非常美。

刘旭：我觉得徐志摩的《再别康桥》能选进语文课本是很了不起的。那种美好的意境和丰富细腻的感情是无法用一个确切的“意义”来“概括”的，这首诗在相当一部分中学教师心中恐怕还是“资产阶级情调”的东西。

陈思和：你提出的徐志摩的《再别康桥》的入选问题，现在不应再有“资产阶级情调”一说了。如果今天还有谁要这么来识别什么是“资产阶级情调”，那我们只要走在马路上，触目惊心的都是比资产阶级还要资产阶级的情调。而徐志摩的这首诗，无论从感情的美和文学的美来说在中国现代文学史上都是第一流的。我觉得从诗歌艺术本身来讲，它已经解决了“白话诗不像诗”的问题。新文化运动提倡白话诗歌以来，很长时间没能解决这个纯粹是美学上的问题。胡适最早尝试了白话诗，虽然打破了旧的格律诗的框架，但是没有诗意，让人感觉不到诗歌的美。郭沫若天马行空似的《女神》虽然大大开拓了现代汉诗的美学空间，但又过于粗糙和狂暴，就像一把双刃剑那样，在建构现代汉语诗歌美学的同时又破坏了诗歌的美学规则。闻一多虽然是最自觉地实践现代格律的诗人，但他的诗比较拘谨，束缚太多，所以影响了诗歌的流畅性。徐志摩是非常天才的诗人，在他的诗歌中流畅地体现出一种现代汉语诗歌的美。《再别康桥》在探索现代汉语诗歌美学方面做出了很大的贡献。

二

刘旭：人民教育出版社关于中学语文新教材的答问中，曾说新教材的第一个指导思想就是“工具性”和“人文性”并重，也就是既要培养学生利用语言作为交际工具的能力，同时又注重文学方面的素质培养，发展健康个性，形成健全人格。您认为这样做意义何在？又怎样保证语文教育的“人文性”？您认为它包括几个方面？

陈思和：过去听好多人提到过，中学语文教学有一个占主导地位的思想，就是认为语言就是一种工具，一种客观的知识，只要把语言知识正确地传授给学生，中学语文的任务就完成了。我不知道真实的情况是不是这样。（刘旭：从我的经历看是这样，甚至还要更糟。）假如真是这样的话，我觉得那是有问题的。因为语言是一个载体，它只是帮助人更好地表达思想和感情，如果离开了文字所载负的内容，把语言作为一种知识，当然也应该学，但中学语文最重要的一面不应是这个。中学生从十二岁到十九岁，是心理最丰富的年龄阶段，也是对人生充满幻想的时候，那是他一生当中最美丽动人的时刻，在这个阶段中，他将从不自觉变得一点一点地自觉意识到人性的力量、人性的内容和做人的价值，所以，中学教育是不是具有人文性是至关重要的。如何教育学生认识世界，认识自己，如何培养学生有健全的人格，都需要在这一阶段完成，而不是放到大学里来完成。语言的准确性、语言知识的准确性只是为了让学生走近人文理想的工具，而不是最终目的。

那么，如何让中学生接近人文理想？对于一个青少年来说，你要培养他的人格健康发展，最好是不要用那种教条的方式。学校是一个教育学生的场域，完全有权用一个政治条例，用一个思想教条来规定学生必须怎样做，这当然是可以的，但这样做并不能真正达到目的。语文教育恰恰是在这个地方能起到关键作用。将来要做一个怎样的人？这对中学生来说是一个至关重要的问题，但这个问题不是通过教条的、政治的、道德的教育就能够解决的，而语文课的功能之一，就是通过感性的、感情的交流，把学生心灵中美好的因素、崇高的因素都调动起来，帮助他们建立一种对生活的美好信心。如果仅仅满足于用一种枯燥无味、面目可憎的政治教条来给学生灌输，结果肯定是适得其反。从这个意义上说，我觉得培养学生有一个健全的思想，知道什么叫爱，懂得什么是美，懂得什么样的人才是高尚的人，这些都必须在语文教材当中解决。这是一个方面，另外更加重要的是，今天的中学生就是明天的知识分子，他们将来毕业走向社会，或接受更高的教育的时候，除了社会经验与专业知识的加深以外，更重要的是如何接受一个现代知识分子的传统教育。这里有一个教育的继承性，要有一个精神传统延续性的问题，中学生刚刚开始接触这个社会，对许多现象是难以辨别是非的，学校也不可能给他提供现成的答案。所以，中学语文教材里面应该包含一种和他们以后的发展密切相关的现代知识分子的传统教育。今后考上大学，走向社会，或继续深造的时候，他们面对新问题就不会感到陌生，不会反感。这两个东西，这两个方面，都应该在中学语文教材里，通过所选的课文所表达的思想内容而有所体现。

什么叫现代知识分子的人格，什么叫现代知识分子传统，什么叫现代的健全的人格，都应该通过语文教材，通过活生生的感性形象来解释。这是我对教材改革的一个看法。如果离开了现代知识分子的人文精神，把中学语文教育还原到仅仅讲授字词的正确运用，那是缩小了语文教学的重要性。教会学生如何说话当然是重要的，但问题是，他讲什么呢？

三

刘旭：还有一个素质教育与学生负担的关系的问题。现在有一种将素质教育与减轻负担等同的现象。不准给学生补课，是很有积极意义的。初中似乎是没有必要补课的，但在高中，尤其是高中第三年，大多数学生是极希望补课的。搞所谓“素质”教育，开第二课堂，未必不会成为学生的沉重负担。此时的学生大多数是没有自己独立思想的，家庭决定着他们的一切。家长的利益关注点就是他们的利益关注点，这就造成了一切以通过考试为重的后果。学生自然也是如此。这关系到他们今后的命运，如果所谓的素质教育干扰了他们的考试，他们绝不会同意的。如何确定正确的素质教育模式，以及如何实现，是个很重要的问题。

陈思和：关于素质教育与应试教育的问题比较复杂，我因为不在中学教育第一线工作，不太了解实际的情况。一般说来，规定不准给学生补课，是因为学生的所有知识首先应该在课堂里解决，我们的教育大纲，我们的教育内容，既要与学生所能够接受的知识能力相结合，也要与考试的标准结合起来。就是说一个优秀的教师，他应该利用课堂里的时间，使学生能够受到充分的知识教育，而不是把教育的重点放在课外去补课。这牵涉两个问题。第一，课堂教育的内容不是中学生所应该接受的教育内容的全部，学生应该有大量时间走出课堂去接触课堂以外的知识，比如了解社会，感受人生；学生也应该有大量的课外阅读来补充课堂教育的不足。而现在补课者把课堂教育的有限内容无限制地扩大，占领学生所有的时间，这对学生来说是一种侵犯，是对学生健康成长的权利的侵犯，是教育无能的表现，也是今天的中学教师不负责任的表现。说句实话，现在中学教师要补课，做家庭教师，有一个不言而喻的原因，就是可以增加灰色收入，这也是可以理解的。但如果仅仅为了这个目的，而造成他们在课堂里不认真上课，却在课外来占用学生的时间，这个手段是可耻的。我觉得学校不但应该保证学生在有限的课堂时间里得到充分的教育，获得学校应该给他们的知识，还应该保证学生在课外接受课堂以外的知识来充实自己，反过来增强他们对课堂内容理解的能力。这就对教师提出了很高的要求。当然对于一些学习成绩较差，或者说他的接受能力使他还不能完全接受课堂教学内容的学生，适当进行补课是应该的。这不能一概而论。最重要的一点是，这不能成为中学教师获得灰色收入的手段。如果这条路堵绝了，关于补课的问题就会解决。第二，关于减负的问题。减负必须与考试的改革结合起来，如果我们负担减了，课不补了，但是考试的实质性标准没有改变，还是一考定终身，仍然以原来的方式来录取学生，我想减负和补课的问题都不可能得到根本的解决。我并不否认要通过考试来了解学生的知识状况，但我想考试不应是唯一的衡量手段。这个问题比较复杂，现在各方面的人士对此有各种看法。比如说《萌芽》杂志开创的“新概念”作文，它是首先把一般的作文竞赛或提高中学生文学水平的竞赛与高考结合起来，与高校的招生结合起来，使某一些学生可以通过一篇优秀的文章进入高校，充分发挥他的才能。这样一种尝试，效果好不好，以后要看实践，但我觉得是有益的，现在有很多高校也正在探索如何摆脱仅仅依靠考试来录取学生的局限，给学生以多方面的升学机会。这个问题就需要通过具体实践来探索，不能随便推出一个结果。

对素质教育问题，我想也不能机械地理解，比如学校里的素质教育课一定要占有学生多少时间才叫素质教育，这是不对的。我想首先应该给学生提供一个非常好的学习环境，让学生不要有很大的学习负担，让学生多接触社会，多参加社会公共事务，有更多的时间来选择课外阅读，接受社会的各种各样的知识等，从各方面来提高他们的素质。不能像上语文课一样，再加一门素质课，这不但不能减负，反而加重了学生的负担，把“素质”两字也变得面目可憎。更要不得的是，把素质教育又变成应试教育的一个组成部分，再通过一个素质考试来约束学生，其结果也许会适得其反。

刘旭：有不少人认为素质教育应该将学生培养成专才。学生死记硬背课本上的东西，未必不是好事。T. S. 艾略特在论及现代教育时曾说过，教育的一个组成部分就是学会使我们自己对那些我们没有什么特长的学科产生兴趣。这样就能避免知识面上的过于狭窄，知识面的狭窄会造成认识的单一化和僵化。如果都是些高技能但精神上不辨是非的专才，社会发展中的问题更大。您怎么看待“素质”与“专才”的关系？

陈思和：我不太理解你这个问题。这似乎和素质教育没有关系，有出息的人，将来都可能是专才，因为一个专家——我们要培养各个领域的专家——就是对某一个专业有特殊造诣的人。从这个意义来说，我们今后的人才培养的最后目的总是要把学生培养成尖子专家。比如读研究生，为什么要分各个专业？就是要把学生培养成专才。问题是这个目标对中学教育是不需要的，中学阶段根本就没有才能可以发挥，也很难说他的某一方面的才能有很大的潜力，在这种情况下，中学教育我认为应该有一个对客观知识全面了解的机会，尽管我们也知道，有些知识如果今后不去专门研究也就没有用，但是我觉得作为一个思维训练和知识训练仍是必要的。所以，在中学里面，不能排斥对知识的全面理解，也不要过早地认定这个孩子应该学文科还是理科，应该成为一个什么家，这都是不现实的。但是，也不应该机械地来理解这个问题，如果我们在教学中确实能够发现某些学生对某种专业具有特殊才能，也不妨对这样的学生网开一面，以让他们有充分的机会来发展自己。但问题是，知识是相通的，如果你在一个专业上深入研究下去的话，你就发现一个人知识面越广，对自己专业的研究就会越深刻。语文也好，数学也好，都是对学生的思维的训练，比如像几何、代数这些课当然是很抽象的，但是它们归根结底还是帮助学生培养一种科学的逻辑思维能力。这样一种逻辑思维能力对他们学习任何一门专业任何一种专门知识都是有用的。而且作为现代人，过去传统意义上的狭隘的专门知识界限已经被打破，现代的知识是互相渗透的，即所谓的跨学科。国外也是这样，好多学科都是新产生出来的，这样一种文理兼通的、跨学科的知识，必然要有很宽的知识面才能够深入，才能够使他成为一个方面的专家。

四

刘旭：关于学生的人文教育方面，还有一个重要问题，就是学生在学习和作文中如何直面人生的问题。学生在学习和作文时敢于直面社会的黑暗面，这是一种优秀品质的培养。有些教师想方设法压抑它是很不正常的。当前语文教育中仍然存在的虚伪的光明化现象，如作文考试，学生写了社会黑暗面就得不到好分数，结果造成学生不敢面对社会不良现象。这种问题能不能得到解决？又如何解决?

陈思和: 你是否指语文教材中没有敢于直面当前社会弊端的作品?这也是比较复杂的问题。我觉得理解现实社会的黑暗,是帮助学生理解生活的一个重要途径,中学语文教育不应再像“文革”以前一样,鼓吹“到处莺歌燕舞”,让学生陶醉在一个脱离生活的幻想中,即人为制造的一种虚假的理想主义中。如果我们给学生引入这样一个让他完全不理解社会复杂性和阴暗面的虚假环境,那么他在面对社会、认识生活方面很可能是残缺不全的,将来走向社会时就会丧失辨别是非和抗争黑暗的能力。所以我开始就说,像杨朔散文那样的所谓美文,给孩子读真是有害的。现在一个中学教师无论是政治教师,还是语文教师,都应该帮助学生认识生活中的黑暗和邪恶现象,应该鼓励学生对生活做独立的思考,培养他们的批判精神,正是在这样一种抗争黑暗、批判现实的实践当中真正养成现代知识分子的人文理想和人文素质。

刘旭: 但这儿又有了大众的问题。大众是以直接利益来决定自己的行动的。对学生来说,是应该教其坚持“正义”,还是为了前途而“中庸”?大的方面且不说了,只是在一个学校中,直接指出学校领导的不对之处,甚至只要指出代课教师的错误就常常后果不堪设想,真为他们想想,觉得似乎没必要为了这点小事或与己无多大关系的事耽误了自己的前途。但是,正义又在何方呢?

陈思和: 我说过这个问题比较复杂,在进行人文教育时还要考虑到另一面。因为中学生缺乏社会经验,他们实际上还不具备与社会邪恶力量做独立斗争的能力,所以在帮助学生理解社会生活黑暗和鼓励他们与不良现象做斗争的同时,也必须严格地掌握分寸,要保护中学生应有的对人生、对社会、对人类的热情和理想主义,不能把过于黑暗、阴暗的思想灌输给学生。有些东西很难说,比如前面说的鲁迅的有些作品,很深刻,但他看人很阴暗,我刚才说他是通过血的经验教训来得出对人生体味的,但当学生没有这种人生体味的时候，你把这种思想灌输给学生反而会把学生一种天真的心情弄得混乱，所以我建议把鲁迅的有些文章要放到以后，有了社会经验以后再读就是这个意思。同时也不能盲目地鼓励学生同社会的邪恶现象做斗争，因为中学生还是非常嫩的一棵幼苗，只要让他掌握辨别是非的知识，启发他们内心深处对善恶的认识本能，当他们以后进入社会有了足够的能力的时候，他就会自觉投入到这样一种实践中去。但过早地把他们培养成一个战士，那无疑是害了他们。学生总的来说需要一种人文精神的支持，需要正确的教育帮助他们健康地、活泼地、正常地走上社会。

2000 年 8 月整理毕

初刊《教育参考》2000 年第 5 期

关于“火凤凰”，我还要说什么？

陈思和、王文祺[①]

王文祺：三年前，由您和李辉先生共同策划的“火凤凰文库”在沪上读书界引起较大反响时，尽管我也选购了其中的几本书，但绝没有在乎“火凤凰文库”这么几个字会产生那么大的影响，当时这类“×× 丛书”的招牌很多，多半是与书的本身价值无关的。后来又读到您和王晓明策划的“火凤凰新批评文丛”，开始感到问题并不那么简单。“火凤凰”三个字似乎从一开始就在有意地制造某种品牌效应，如果我没有猜错的话，您在酝酿以“火凤凰”命名的丛书策划时，就有了明确的系统出版工程的战略设想。现在已经有了三套“火凤凰”图书系列，“火凤凰批评文丛”出了十二种（最后三种已编就待出）；“火凤凰文库”出了二十六种，还有一套“火凤凰青少年文库”，已经出了第一辑四十八种，如果再配上与它相关的姊妹书系“逼近世纪末”系列的话，大约有近百种图书推向读者，这在当代出版界可以说是成绩斐然。对此，您能否谈谈发展“火凤凰”事业的设想？对不起，我用了“发展事业”而不用“编辑图书”来表达对“火凤凰”的理解。

陈思和：对于“火凤凰”，我还要说些什么？所有的理想和实践都体现在这三年出版的各类图书中，你可以把“火凤凰”称作一个“事业”，但它绝不是我个人的事业，我从未想过我要成为一个出版工作者。编“火凤凰”完全是为了使知识分子的学术研究有一条自身可操作的价值转换渠道，让知识分子的人文理想通过实践在

① 王文祺，当时是以《南方文坛》特约记者的身份进行采访。

社会转型中有一个立足之地，如此而已。你肯定会想起，三年前，市场经济刚刚冲击出版社文化时，一方面是旧意识形态的残余势力僵而不死，一方面是新生的铜臭势力左右了计划经济下的出版机制，使学术著作出版遇到前所未有的困难。许多在大学里工作学习的青年人都对学术前景感到失望，对市场经济下的出版文化机制多有怨言。我当时手里拿了一笔赞助费去找出版社出学术著作，结果也被拒绝，原因很简单，出版社的负责人认为，现在一个书号可以卖上万元，如果出畅销书就赚得更多，你的补贴经费有限，干吗做傻事？那时上海有许多朋友自动发起寻思人文精神的讨论，像那种出版社的负责人也可以说是一个知识分子，读过书的人，但他身上缺少的就是对知识分子人文承传特征的认识，对这种人你无法去教他怎样寻思人文精神，唯一的办法是实践给他看。我始终认为，知识分子的人文精神是一种实践，只有在实践中才能体现、传播真正的人文精神。于是“火凤凰”就成了一种实验性的事业，我们从找赞助补贴出书，到与出版社合作出书，为出版社创名牌，是经过了反复实践才获得的结果。现在证明，严肃的读物同样能够适应一部分读者的精神需要，不仅让读者在高层次的精神消费上得到满足，而且知识分子的人文精神也在传播中产生影响和发挥作用，这样至少可以抵消文化出版市场上流行读物日益销蚀人类精神世界的消极影响。

你要我谈什么战略设想，我是没有的。编辑系列图书的想法也是在实践中逐步出现的。我最初的动机很简单，我不相信什么“为大众”的说法，以中国之大，人口之多，从相对的意义上看，根本就不存在“大众”“小众”的差别，主要是看你选定了哪一类人作为你的精神对象。我特别反感有些文化事业的决策人以自己的低级趣味来影响和制造精神对象，本来就是一肚子歪水，拿不出高尚的精神产品，然后借口“大众水平有限”，只能享受粗制滥造的东西，这无异于制造罪恶。为什么普通大众就不配享受高尚、健康的文化产品？为什么就不能为知识分子、大中小学生和一切有理想倾向的消费者提供精神产品？我编“火凤凰”系列就是一个宗旨：为知识分子提供人文传统承传的精神渠道，让读者感受到知识、学术、文化遗产究竟是什么样的东西，我们如何接受它、消费它以及传播它。哪怕这一部分读者只占全部读者的百分之五，在中国也绝对是一个天文数字。

所以我编“火凤凰”是与市场走向相逆的。最先编的是“火凤凰新批评文丛”，那时没有出版社愿意出版学术著作，特别是个人的论文集，我就特意选出一批青年学者，他们都是大学里刚刚崭露头角的博士生或者青年教师，他们朝气蓬勃，说话无所顾忌，同时又具备了新的知识结构，由他们来批评当代文学，一定会给读书界带来一股新风气。后来果然证明是成功的。学林出版社出这套文丛时，起先没有把握，初版印了三千册，结果在新书订货会上一宣传，征订数达到四千多册，后来重印多次。编“火凤凰文库”也是这样，当时流行软性散文，一些当代名流都学起周作人、林语堂，又缺少周、林辈的丰富学识和讽世勇气，不过是在“消闲”“轻松”的幌子下掩饰其面对现实的怯懦态度，有人提出批评，他们也是强调“大众”口味，认为你宣扬人文理想的“硬”散文不会有市场。我和李辉刚刚策划那套书的时候，出版社也没有把握可以获利，责任编辑杨晓敏女士果断地说，她宁愿冒没有利润、被扣奖金，甚至被调离编辑岗位去做校对的风险，也要出一套好书。后来实践证明了这套书销售得很好。所以，“火凤凰”只愿意走别人没有走过的道路，这是我的编辑“战略思想”，也可以说是我的宗旨。

王文祺：说实在的，在经济体制的转轨过程中，出版界为繁荣图书市场做出了不懈的努力，但学术类书籍出版举步维艰也是不争的事实。您作为一个学者走出书斋，实践出版工作，一定会有许多书斋里体会不到的甘苦，我想听听您在这方面的体会，同时也想知道，随着“火凤凰”这种品牌在出版领域的确立，您还有什么进一步发展“火凤凰”事业的打算？

陈思和：我早说过，我的岗位首先是教育，这也同样是一种知识分子理想实践的渠道；其次是学术，可以通过个人的学术研究工作来完成；再其次是出版，因为出版工作与文化市场联系在一起，就比较复杂，说起其中甘苦也是一言难尽，各种压力都是你闻所未闻的，我现在还不想多说，将来有机会我可以写一组关于"火凤凰"的回忆文章来保留这些资料。至于进一步的打算也有一些，但要说明的是，我编辑"火凤凰"系列只是为了证明知识分子社会实践的可能性，当出版风气有所好转，我就打算急流勇退。现在有许多出版社都愿意为学术著作的出版做努力，如上海文艺出版社和山东友谊出版社出版的"逼近世纪末"系列，广西教育出版社即将推出的有关20世纪文学研究的大型书系等，体现了与"火凤凰"相一致的精神。我不愿意"火凤凰"品牌出得太滥，所以近日正打算将"火凤凰新批评文丛"及"火凤凰文库"暂停一个阶段，同时全力开发另外两个"火凤凰"系列，一是海南出版社的"火凤凰青少年文库"，主要想为青少年读者提供一套优良课外读物；二是复旦大学出版社即将推出的"火凤凰学术遗产丛书"，专门出版已故学者身后留下的真正学术性的研究著作。本来两套"火凤凰"系列，是青年学人的批评文集和中老年知识分子的纪实体散文，现在这样就使"火凤凰"成为一个系列，让各个年龄层次的读者和作者都参与进来。

王文祺：我在春节前做过一个有关青少年读物的调查报道，也注意到"火凤凰青少年文库"，这套书发行量已超过一万五千册，但在许多大城市里还是看不到，您能否谈谈您编这套书的动机。

陈思和：不知你有没有读过《北京文学》上发表的关于中学语文教学状况的文章？现在中学教育方面的情况就是这样糟糕，不合理的考试制度对中学生的严重束缚已经到了不能不大声呼救的地步，对这种教学状况我是深以为忧。曾有一次请教一位著名特级语文教师，她说了一句话对我很有启发。她说，把文学作品仅仅作为语文教材是不够的，中学生的许多想象力就是靠着文学艺术才激发起来。是啊，读文学作品，当然应该弄清楚语词的含义和文法的规律，但更应该是通过阅读文学作品，让少年男女获得一种对美的感受。不仅是语言艺术的美感，还有透过语言艺术来获得人类几千年来代代相传的美好心灵美好感情的特殊感受。这是靠心灵对心灵的呼唤，靠感情对感情的激发，靠智慧对智慧的启迪，绝不是简单的几个概念和几条定律所能传授的。我想起自己的成长经历，在失学的年代里唯一能照亮我的心灵的就是阅读大量中国的、外国的、古代的、现代的文学作品。我今天能够成为一名大学教授，不能不对滋养我心灵成长的文学作品怀有深深的感激。正是怀了这样的动机，我编了这套用“火凤凰”品牌给青少年读的丛书。这套大型丛书，共有八辑，包括《传统文化浅说》《古典小说漫游》《唐宋诗词赏析》《现代文学导读》《少年小说译丛》《知识就是力量》《开拓心灵世界》，和请当代作家撰写的《做你的好朋友》①，应该说是包罗万象的小百科式的读物。我是想为中学生提供一个小小图书馆，它应该包含人文学科、自然科学和业余兴趣、知识修养等各方面的内容。从青少年的全面成长角度说，无论如何应该给孩子一些自由空间，让他们有时间和条件面对自己的心灵世界，来逐渐地认识它和丰富它。这套“火凤凰青少年文库”，就是想做这个尝试——替孩子们争取一点课外阅读时间和提供一个小小的阅读空间，让孩子存放自己的感情和心灵。我对这套丛书的设计很简单，一是请有成就的专家学者为青少年编写普及读物，把我国的优秀文化遗产陆续介绍给青少年读者；二是为青少年读者提供一批有价值、可以经常放在书架上和床头边，像一个好朋友一样随时可以交流心灵的读物。外国有类图书，叫家庭常备读物，都是一些好的文学作品，尤其是少年读的小说，意思是说这类作品可供家庭里的一代代成员读下去，父母读过的书，还可以留给孩子读，再留给孙子读……永远不会过时。我把这套书取名为“青少年文库”，也就是这个意思。这里还有一点私心，就是希望通过这套书让青少年读者记住“火凤凰”的

① “火凤凰青少年文库”最后一共出版了十五辑九十种。当时刚刚推出第一批八辑。

品牌，为“火凤凰”系列培养未来的读者。

王文祺：我还想冒昧问一下，这套“青少年文库”是由海南出版社推出的，以前两套系列则是分别由上海学林出版社和远东出版社出版，接下去一套是由复旦大学出版社出版，你为什么要与各家出版社合作出书，而不像其他品牌书那样挂在一家出版社上？

陈思和：与哪一家出版社合作是无关紧要的。因为“火凤凰”与“布老虎”等丛书的性质还有些不同，它走的是艰辛路，不但没有什么太大的经济效益，有时还会受到些压力，它主要是体现了当代知识分子理想的尝试性实践，所以不能只挂靠在一家出版社。再说，我也希望知识分子的人文理想通过民间渠道的普及，由各家出版社一起来传播。说到底，知识分子的人文理想的实践，是一种知识分子群体性的行为，不可能由一两个人或一两家出版社单独来完成。对于“火凤凰”的出版实践的成功，我对几位出版界的朋友是非常感激的。

王文祺：还是让我们回到出版品牌这个话题上来。我们所讨论的出版品牌不是什么人文社、百花社、远东社、长江社、春风社等，而是“火凤凰”“布老虎”“跨世纪”等。我以为出版品牌这个概念目前还没有被出版界广泛地接受，但随着出版标识的介入，图书市场将会出现一种新的销售倾向。出版品牌也是一种名分，标志着读者的信任度。现在单部头的学术著作很容易被淹没在流行读物之中，而品牌出版就不一样。我想起了天才批评家胡河清，他的第一本文学论著也是收入“火凤凰新批评文丛”出版的。设若当时没有“火凤凰”的动议，没有“火凤凰”的品牌效应，胡河清超乎寻常的文学才思可能就在文学圈内生辉，而丛书却将他的成果推向了社会，让广大文学文艺爱好者都领略了他的斐然文采。

陈思和：倒不能这样说，或者应该反过来理解。是胡河清的遗著给这套丛书带来了声誉。我不认识胡河清，但常在刊物上读到他的文章，决定编文丛时，我通过王晓明向他约稿，不久他就将编好的稿件寄来，选稿极严，并在信中说他不想请别人给论文集写序，他可以自己写。过了一段时间，他寄来了一篇文章，写得很长，详细回顾了自己的人生和求学道路。我读后有些奇怪，一是觉得文章太长，不适于作序；二是他年纪很轻，不过三十出头，似没有必要做总结人生道路一类的文字，当时就去信把这些想法说了，并建议他把这篇文章改为附录发表。他没有回信，不久就听说他跳楼自杀了。对于他的非正常性死亡我很难过，特别是他没有亲眼看到这部论文集的出版。但“火凤凰新批评文丛”却因此销售得很好可能也包含了广大读者对胡河清的纪念。我做事有时有点迷信，相信天人合一之类的缘分。这“天”是指自然之道，做事的规律；这“人”是一种以生命投入其中的缘分。胡河清死了，我把这事件看得很神圣，似乎冥冥中有一种知识分子殉道的精神在昭示后来者。“火凤凰”是借用了凤凰涅槃的意象，又有了胡河清的殉道精神，这恐怕就是我想说而说不清楚的一种意义，即“火凤凰”的意义。

1998 年 3 月 21 日于黑水斋

初刊《南方文坛》1998 年第 3 期

传承人文薪火

陈思和、黄发有[①]

黄发有：2000 年在华东大酒店，我和您有过一次深入交流，当时您说您非常看重作为一个人文知识分子的三重使命与责任，即文学教育、文学研究和文学传播。您在 1990 年代主编的“火凤凰”丛书产生了良好的反响，有力地推动了上海文学批评的发展。四年前，您不顾周围亲朋好友的劝阻，出任《上海文学》主编，在三年多的时间内为之奔忙，深切地领会了其中的酸甜苦辣。您自己认为一身三任，选择这种多元化的角色，意义何在？另外，您是如何协调三者之间关系的？

陈思和：对于这种多元化角色，我自己的追求目标就是一种共同的、理想的精神状态，这倒不是出于个人的目的，而是通过个人的努力来改善整个群体的状态。高校教师是我的核心角色，这就要求我首先应该有自己的学术见解，即有自己的专业领域，通过自己的创造性劳动能够形成成果。但是转换成社会成果又必须有一个合理的渠道——合作，在市场经济或学术氛围不太好的状态下，要努力疏通、开辟自己的渠道。如果没有渠道，你仅仅去创造，你的成果还是不能发挥很好的效果。就像我们中国的电影，也有好导演和好演员，可是中国的电影为什么总是低迷不振？这是因为中国电影市场没做好，就是说好的导演和演员在没有市场的情况下，有时会屈从于市场的各种压力，改变自己的理想。我在狭义的层面理解“市场”，更多地包含一种人文层次的东西，重在推广创造性劳动和创

① 黄发有，当时为南京大学中文系教授。

造性思维。

黄发有： 您关注的核心是精神文化的有效传播，而不是文化产品的商业价值。

陈思和： 对！在一个不利于学术环境的渠道下，学者如何坚持自己的学术立场，这是我们必须重视的一个问题。我觉得在今天的整个社会环境与文化状态中，相互合作关系都呈现出逐渐恶化的趋势，在这种情况下，一是要疏通传播的渠道，二是要有效地将知识分子的独立探索转换成社会成果。不管是教育还是出版，都能疏通思想文化的传播渠道。教育在一般人看来，通常是以授课的方式完成的；而编辑工作的性质更贴近社会，更大众化，受商业经济的冲击也更大，随时都能感受到市场的压力，做一个有理想的出版人也就更艰难。既然确立了理想的目标，就应该努力实践，只有在实践中才会产生人文精神的成果。在这个前提下，我一直在探索学术、出版和教育之间的一种融通方式，我对这三个领域都有强烈的兴趣，愿意通过各种经历来实践这三个领域的某项具体工作，看看我能不能倡导出一种对学术发展有良好效用的精神探索。环境是需要人去创造的。尽管对于大环境我们无能为力，但可以在身边创造一个小环境，一个良性的小环境可以帮助你有一个从事学术活动的良好状态。天底下从来没有一个严格意义上的好环境，即使有好的环境，也很少有适合学术发展的。所以我觉得真正优秀的具有人文精神的学术活动，是需要你去开拓一个学术空间的。对于我来说，现在这三个领域我都在实践，在摸索，当然其中也有许多问题，有这样或那样的缺点，也不无失败的教训。仔细想想，要是没有这些负面的经验，也不可能完成一些大的成果。

黄发有： 就您的实践体会而言，您觉得职业编辑与兼职编辑有何不同？在现代文学史上，作家或学者型编辑成绩斐然，像鲁迅、茅盾、叶圣陶、巴金、胡风、冯雪峰、丁玲、沈从文等人通过自己的编辑实践，不断发现有潜力的文学新人，用自己的心血传承精神的薪火。非常有趣的是，新中国成立以后，作家型编辑有不少是挂名的，往往专注于自己的创作，在编辑实践中常常是碌碌无为。相反，一些职业编辑倒是有力地介入了文学现场。

陈思和：我觉得一个知识分子首先应是一个有理想、有明确责任感的人，然后才谈得上实践。在这个意义上，我觉得专业编辑与兼职编辑没什么本质不同。专业编辑一方面有专业知识，另一方面学校的、理想的教育状况会赋予他明确的人生取向，有了这两者，无论从事什么工作，我认为都是有价值的。我有这样一个体会，就是做教师，你一定要知道什么是好教师，什么是不好的教师；从事文学编辑，也要知道什么样的人是一个好编辑，什么样的人是不好的编辑。说白了，最主要的还是一个怎样做人的问题，自己要是有一种自觉的知识分子承担精神的话，我觉得在任何领域都是一样的。教育、学术、出版对于我来说，有一个轻重的问题，有的方面我强调得多一点，但没有等级的区别。

黄发有：现代文学史上的一些著名的职业编辑家，典型如赵家璧，他要受制于当时的良友公司，对一家小出版公司而言，商业压力显得更加直接，更加具有杀伤力，因此名家路线在某种意义上是一种被迫的选择。“十七年”时期，政治压力成为文学编辑头上的悬剑。在今天的情境中，文学编辑尤其是文学期刊的编辑，既要承担商业压力，同时还得面对计划体制的惯性所带来的种种压力。您如何看待这个问题？

陈思和：我觉得与赵家璧同时代的所有编辑都要受制于这种压力，除非像巴金自己办杂志。一般情况下杂志为某个公司所有，投资方肯定不可能完全不考虑自己的利益。老实讲，那个时候对文化人比较尊重，编辑还有自己的独立性，压力确实存在，但并不明显。赵家璧在当时作为编辑还是很典型的，他所服务的良友公司是个典型的商业机构，如做《良友画报》，走市民化路线，但这个出版机构容纳了很多优秀的人才，如郑伯奇、马国亮等。赵家璧当时作为大学生进去的时候，一开始是搞印刷，老板看到他的确很有活力，就逐渐委以重任。有不少编辑仅仅把自己的工作当作一个求温饱的职业，但像郑伯奇这样的优秀人士有自己独特的追求，他将赵家璧推荐给不少名家，为他穿针引线，尤其是得到鲁迅的赏识和扶持，这就一下子提升了赵家璧的编辑能量，使他从一个学徒式的文学编辑成为一个编辑家。赵家璧后来自己办晨光出版公司，成为老板，自己可以做决策，但他还是在履行传统知识分子的使命。我觉得做老板也不丢人。像巴金、吴朗西他们，都是从理想出发。

黄发有：理想并不是不能和商业沾边，关键是看你把什么放在最重要的位置上，是信念优先还是利润优先。

陈思和：对！关键是看你怎么理解。我觉得人格不应该分裂，人格分裂的话，就会出版一些有害的、庸俗的东西。不管是生存环节还是传播渠道，都需要一种“超越”情怀，不能抱着这样一种理念：我要去创作一些通俗的、乱七八糟的小说，先赚点钱，等到有钱以后，再弄点高雅的来掩饰，附庸风雅。这样就会把严肃的创作变成一种无用的东西，是对精神产品的践踏。

黄发有：您如何评价上海的文学创作和上海的文学期刊？

陈思和：在上海文坛，标志性作家是王安忆。文学的标志是需要各种各样环境自然生成的，我觉得上海文学界最鲜明的标志就是杂志，上海杂志走在全国杂志的前面。就说《收获》，尽管它也不得不发一些趋时的东西、主旋律的东西，但始终坚持纯文学的立场，它不做广告，不发评论，不发报告文学，坚守纯文艺，以小说为主攻目标，这家文学刊物代表中国一流水平。在今天坚持纯文学非常艰难的情况下，它不是靠董事会、集团的支持来维持运转，而是靠文学的魅力来打动读者，这种文学立场本身就难能可贵。老百姓心中自有一杆秤，如果要在全国范围内只订一份纯文学杂志，那很多人都会选《收获》。再说《故事会》，从1980年代开始，其读者对象就是普通大众，它既搞通俗文学，又没有什么乌烟瘴气的东西。《萌芽》推出“新概念”，创造了可以不通过高考直接凭借一手好文章进入大学的先例，这为一部分学生开了个天窗，杂志也以这种方式闯出了自己的道路，以挑战应试教育的形式表现出一种活泼的文学精神。我有一个总体的感觉，上海这个地方虽然文化上有着各种各样的问题，但在无形当中形成了文学期刊的盛世景观，别人也许没看到，我看到了，因为我从事过这一工作。

黄发有：前面您着重说到了上海刊物大都有其特色，那么在这样的氛围下，您在担任《上海文学》的主编期间，对杂志是如何定位的？您认为它的特色曾经是什么？应该是什么？

陈思和：我一直在思考，上海期刊界缺什么，其实就是缺一个有思想、有品位的理论刊物，这个理论刊物能与文学创作相结合，既坚持纯文学的立场，同时又能为这样的立场进行理论宣传。上海原来有《上海文论》，后来在市场经济的冲击下有所变化。但上海仍有一个好处，即它有好的理论基础，有挖掘不尽的理论资源。我一度希望《上海文学》成为贴近创作、贴近生活的理论刊物，我的理想是创作与理论并重，在《上海文学》上能发出有力量的、鲜活的声音，能对现实生活发生影响，它可以对一种社会风气，也可以对一个流行的文化现象，对某个文化事件甚至一部作品说出自己的看法。上海是一个多元文化的集散地，这里有这么多的高校、高层次人才，它可能代表着一种在全国都处于前沿的批评风格与批评眼光。从总体上来说，我主张文学创作与生活要拉开距离。在上海的文学期刊中，发表的长篇小说绝对是一流的，中篇小说是有分量的，但发表的短篇和小中篇显得相对薄弱。为此，我在主编《上海文学》期间，就把这种文体定位作为自己追求的目标。文学刊物要想被大众普遍喜欢，那是很困难的，因为它毕竟有一个不通俗的、曲高和寡的特点。

黄发有：您怎样看待《上海文学》与学院批评家之间的关系，或者您的理想是想要建构一种什么样的关系？

陈思和：《上海文学》的理论栏目一直偏重文学批评，它不是纯理论刊物，发表的不完全是学术领域方面的成果，它必须接触当代文学的创作现场与当代社会的发展脉络，是和学院拉开距离的。1980年代，在《上海文学》这个阵地上最活跃的批评家有吴亮、蔡翔、程德培，他们都是从社会各个地方汇聚到这里来的。《上海文学》与那些学报、那些纯理论的核心刊物不一样，它有它自己的方向。在今天，由于教育体制方面某些不合理的评估机制，众多教授和研究生都在迎合所谓的“学术刊物”，为满足所谓的学术规范而写作，这种趋势对于新人的自由发展是有限制的，它压抑了广大青年学生的自由成长。《上海文学》主要是以学院为资源，但又要与学院中纯学术的传统区别开来，它呵护学院里有灵性、有生气、活泼的批评精神，把这种精神吸引过来和培养起来，形成一种力量，敢于挑战过于强大的学术体制，甚至与之抗衡。

黄发有：《上海文学》的评论栏目是经过长期积累而确立的优势和特色，曾经产生过很大反响，很多人对此记忆犹新。您非常重视那些有活力的评论和文学意见，回望您执掌《上海文学》期间的实践，您感觉自己的文学想法实施得怎样？

陈思和：关于语言问题的讨论，我认为是很有问题意识的，有好几期都是针对这一核心问题进行深入开掘。创作与语言的关系非常重要，如思考方言在创作中的位置，白话文与典雅的古代汉语之间的关系，都有利于激活现代汉语的审美创造力。

黄发有：您主编《上海文学》的三年多时间里，在评论板块发表了一些作家的随笔，如张炜的《精神的背景》、余华的《文学中的现实》、陈村的《关于小说的乱想》都受到关注，尤其是《精神的背景》引发了较为深入的讨论。这是不是您激活批评空气的一种针对性措施?

陈思和:这能够强化批评与创作的沟通与对话。如果作家只顾埋头写作，批评家自说自话，批评的价值就很难得到实现，作家也很难意识到自己的缺陷与不足。

黄发有:这种比较感性又具有一定理论含量的随笔，对于丰富批评的文体，也是有一定积极意义的。当学究气十足的长篇大论成为主导风格时，批评的灵性就容易被压抑。除此之外，您一直比较重视发现批评新人，如您在杂志上推出了贺桂梅等人的批评小辑。

陈思和:倡导批评文体的多样性，发掘批评的新生力量，有利于推动批评走出沉闷、僵化的格局。

黄发有:您主编的《上海文学》在推举文学创作时，有两大特点：一是非常重视短篇小说，二是极力发掘边缘地区的文学力量。

陈思和:短篇小说没有得到足够的重视，其可能性也没有得到深入的开掘，关于这个问题，我在作品集《月月小说》的序言中已经说了很多，在此不再重复。对于文学创作，我自己有非常明确的口味，我不大喜欢1990年代那种弥漫在文坛上的没有生命力的文字，比如有些人文字比较圆滑老练，但表现出来的是生活的琐碎，热衷于文风比较枯萎的东西。在我做主编以后的《上海文学》，基本不发这类作品。为了扭转不良的创作风气，我连续去了宁夏、甘肃等地，策划了西北青年作家小说、广西青年作家小说、甘肃小说八骏、河南作家小说等专号，就是因为我看好这些地区的青年文学人才，我觉得在那里文学仍然是一种可以被严肃讨论、被执着追求的神圣理想和崇高情操，而不仅仅是商品时尚、名利捷径或变相的欲望宣泄。我认为，必须从生活底层去发掘东西，发掘与生活、与社会联系更加紧密的一些作家。对于这个问题，我和很多人看法不一样，很多人（包括很多评论家）都认为文学要与时俱进，今天社会上发生了什么，就赶快要通过文学来体现。这样来看，像广西、河南、宁夏、甘肃这些地方，只能是落后于时代步伐的，我认为这种观点是错误的。文学创作根本不存在先进与落后的区别，关键是看你能在多大程度上开掘生活，开掘人性，能在多大程度上体现出特有的生命力。

黄发有：对于您主编的《上海文学》，外界对它的总体评价还是很高的，但也有人提出，《上海文学》还是应该抓住都市性，在都市上面做文章。

陈思和：一本杂志如果默默无闻，没有人议论，也没有人关注，那才是可悲的。那种观点是对的，但必须有两个前提：首先都市不是孤立的。上海作为一个现代化的大都市，它的位置是在中国的沿海地区，它与内地广大贫穷地区紧密相连，它是在中国特定的经济环境下产生出来的现代都市，要谈上海就不能孤立地谈。现在，有些学者就把上海隔离出来，拿上海与纽约、东京和香港比，好像世界上就那么几个繁荣的岛。其实上海就是中国的上海，纽约就是美国的纽约，它一定是与自己国家的经济实力和广大内地的处境紧密相连的。所以，作为一个现代大都市的文学杂志，它所反映的文学精神，也可以说现代都市精神，就要观照都市以外的地方。只有通过关注西北、广西等边地人群的生活遭遇，才能提醒都市人生活在什么样的环境中，我们今天的都市意味着什么，我们是在一个什么样的品位下来讨论都市、体会都市的，我觉得这是一个不能忽视、不能回避的问题。很多人故意忘掉农村，忘掉贫困，然后把自己建构在一个虚构的幻想当中，把上海也幻想成欧洲、美国的都市，这是很危险的。作为一个都市人，我们的眼睛一定要超越不真实的都市，看到一个真实的都市，我觉得这是很重要的问题。另外一个关键问题是：我们应当了解中国都市是在怎样的状态下发展起来的。都市本身的人员构成也非常复杂，在上海，大量流动的、最有活力的人群都是所谓的“新上海人”，其中有大学生、研究生、引进人才、做买卖的合作伙伴和打工者等，他们和农村有着千丝万缕的联系，所以，当我们今天为这个都市的居民服务的时候，我们不是为纯粹的都市人服务，我们还必须为这些与中国的农村血脉相连的“新上海人”服务，我们怎么可以在我们的文学杂志上忘掉或故意掩盖今天的农村现象呢？还有，我从不回避、拒绝反映都市生活，但我们需要真正反映都市精神和都市生活的作品。很遗憾，我看不到这类作品。我觉得我们今天的很多人都活在一个不真实的想象当中，就像面对一条城市里的河流一样，看到的全是泡沫，哪里有一家咖啡馆，哪里有一家小酒吧，看到的都是些非常虚幻的东西，都是浮在外面的泡沫，这种泡沫我认为毫无意义。如果真有好的作品，我当然会为之鼓吹。我非常喜欢索尔·贝娄的《洪堡的礼物》，这部作品就是写都市的。我觉得今天中国还没有人达到写都市的那种视野、自由精神和国际化高度。

黄发有：现在很多人对都市文化感兴趣，近年中国现当代文学专业的硕士和博士论文，有不少都讨论都市想象，其中上海的文化与文学的关系更是一个热门话题，李欧梵的《上海摩登》成为不少年轻学人效仿的样板，将怀旧与时尚融合在一起，既向后看反思上海的历史，又向前看展望都市的未来，但常常跌入模式化、平面化、符号化的陷阱。您对此有何看法？您认为真正的上海文化的核心是什么？

陈思和：我无法用一两句话来说清楚。我从小在上海长大，而且在上海住过五个区，可以说上只角、下只角都住过，应该对上海非常了解。对于那些所谓的都市文学作品和充满怀旧的、小资情调的上海想象，我并不否认它的存在，但我自认为这些想象不是专属于上海的，在世界任何一个地方，哪怕是贫民连饭都吃不饱的非洲国家，也有豪华的宾馆、漂亮的高楼，这些并不是一个城市精神的灵魂所在。文学创作可以有自己的想象，比如巴尔扎克描写的巴黎、左拉笔下的巴黎，都是一个罪恶的、吃人的、污秽的、堕落的城市，巴尔扎克还写出了拉斯蒂涅这样的人物，他怀着理想进入巴黎，不幸最终挡不住理想的破灭，导致命运的毁灭。我觉得他们对都市的理解远远比我们今天深刻得多，当然不是说我们就应当去学他们，只是我们今天的人要去接近都市的本质精神，实在是很困难。

黄发有：现在很多评论王安忆的文章，似乎不谈上海想象就无话可说，而且总是喜欢将她与张爱玲进行比较。这个问题您怎么看？

陈思和：我是蛮佩服王安忆的。王安忆的《长恨歌》最后写到王琦瑶被人很无聊地掐死，这个结尾很煞风景，从各个角度来说都显得很反常、很奇怪，别人怎么想都不会想到这样一个结尾，但我恰恰觉得她的这个结尾倒是有点接近今天我们不敢直面的某种悲剧性的、本质性的东西。

黄发有：您刚才的谈话中流露出对上海的一些文化和精神现象的怀疑，有一种很可贵的批判性反思，那么，从城市文化和都市文明这个角度，您觉得上海的哪些东西是应该批判或应当警惕的？

陈思和：我只能说今天反映都市的创作从某种意义上说还是很虚伪的，很多作家根本不愿意正视这个问题，或者说浅尝辄止，稍微接触一下马上退回来，就是这种状况。

黄发有：1990年代以来，随着政府拨款的减少直至“断奶”，相当一部分纯文学期刊相继“改嫁”或“关门”，近几年文学期刊界出现“改版”风潮。关于文学期刊定位的调整，大体有以下模式：向“杂”过渡；办成特色鲜明的专刊或曰“特”刊；走一刊多版的路子；打破地域限制，以全国视野办刊；另觅出路，改版为远离文学的文化类、娱乐类、综合类期刊。就改版的动因而言，其中还有一种比较微妙的情况，就是一家杂志一旦换了个主编，有些主编认为应该有意识地去改版，或者说要摆脱一种“影响的焦虑”，觉得不要和原来一样。我们都知道，当代中国的文学期刊大多有比较长的历史，那么期刊改版就应该深入地思考这样一个问题：如何才能够建立起一种更加鲜明的新风格，同时又能继承和保持一些好的传统？

陈思和：我认为任何一个期刊只要有比较长的生命，就会形成自己内在的某种传统，有某种区别于其他刊物的标志性的东西。刊物的影响力存在于读者的阅读当中，它不是一个孤立的东西，必然有一批读者包围着它，这些读者是因为习惯了原来的口味，才一直长期订阅。这是一个杂志赖以存在的根本，除非这个杂志到了山穷水尽根本没人看的地步。一般情况下，那些具有资格的老牌杂志都有自己的风格，但问题是后来，先是政治上的高压，后是经济上的压力，使这些刊物的传统风格变得不明显，变得越来越模糊，越来越趋同。今天所谓的“改版”很多是往时尚上去靠，然后很轻易地甩掉了自身的传统，我认为这是很可怕的，而且很多主编，就像你刚才说的有着“影响的焦虑”。严格意义上说，在历史上个人的力量是很可笑的，我认为一个优秀的、有理想的主编只有把自己的理想价值与传统的某种亮点结合起来，使自己融汇到一个传统的力量中去，才有可能去支配杂志。现在支配大家的焦虑往往是希望抛弃原来的隐性传统，加入新的更大的时尚传统中去浑水摸鱼，从中获得更多利益。在编辑《上海文学》期间，我从来都不回避《上海文学》的优良传统，而且我认为每一代主编都为这个刊物做出了很大的贡献。

黄发有：在期刊改版潮流中，一个值得特别注意的现象是不少期刊的反复，像《芙蓉》在萧元主持时进行了较大幅度的调整，萧元以反讽口吻认为其改版实践“毁誉参半”，颜家文接任后又旧调重弹；《西湖》改成《鸭嘴兽》后又改回原名，《天津文学》《青年作家》等杂志都有点找不到北的味道，改来改去把自己给搞糊涂了。这就陷入了狗熊掰棒子的恶性循环。

陈思和：我觉得《芙蓉》上次的改版也不一定是不成功，如韩东主持的栏目就推出了很多优秀的作家作品，这种实践可能会融汇到以后的《芙蓉》中，从而营造一种朝气蓬勃的、活泼的风格。《芙蓉》

需要像韩东搞的那些有特色、片面性的、有活力的思想。杂志当然要有连续性，连编辑都搞不明白自己要做什么，读者肯定不会买账。

黄发有： 在《芙蓉》改来改去的过程中，对于主编和编辑来说，他们的理想很难付诸实施，会受到很多牵制。出版社主办的社办期刊要受到出版社的控制，现在的出版社都比较看重经济效益，像《昆仑》《漓江》《小说》等社办期刊的停刊就是典型例证。而文联和作协系统的杂志受到的牵制就更多，其中有商业因素，更多的是与体制相关的政策、人事问题。您感觉在做主编的过程中，如果有压力的话，最主要的压力是什么？

陈思和： 我觉得要做一个有理想、有追求的主编，肯定会有压力，当然有反对他的，也就一定有支持他的。内在的压力是最可怕的，那就是体制上的问题。其实很多杂志和主管单位都有矛盾，主管单位不给钱，反过来把杂志当作企业，要求上缴利润。如《收获》除了上缴各种各样的税收，最后的利润还要上缴 30%。今天的人考虑问题都是把近期的成果看得高于一切，把近期效益看作考评的成果。现在的不少大学每年年底都统计你当年出了多少成果，其实一个重要的学术研究课题根本不可能在一年就出很多成果。对于杂志来说，也不能完全用近期效益来考评，再加上人事上的纠纷以及体制上的问题等，让办杂志的人进退两难。当然，如果要混日子的话，很多的压力就不存在了，只要自己得些好处，其他就置诸脑后了。

黄发有： 现在很多文学期刊重复办刊的现象非常突出，不少期刊试图通过改版打破这一格局，但是由于盲目跟风，很快就从旧的重复办刊模式走向新的重复模式，对这一现象您有什么看法？就国内文学期刊的总体状况来说，最大的特色或者优势在哪个地方？最严重的不足是什么？

陈思和： 今天，通常的刊物都没有个性，不追求个性，“百花齐放，百家争鸣”的方针后来在无形当中变成了所有杂志的精神，现在几乎所有的杂志都标榜自己是本着“双百”精神办刊的，其实我觉得这是一种误解。

黄发有： 这很容易将杂志办成“大而全”或“小而全”的大杂烩，重复办刊，千人一面。

陈思和： 对！“双百”原本是作为国家的文艺政策提出来的，即要容纳各种各样多元的声音。但是对于杂志来说，这种多元精神必须通过作品体现，在这个前提下，文学杂志只能表达一元，因为小说风格总是一元主导的，小说风格若是粗犷的，那就是粗犷，不可能既粗犷又细腻，如果两者皆有，这个小说就没有特点。实际上各种作家的创作都有偏激、极端的一点，杂志也是一样。现在都把杂志看成统战工具了，方方面面都要照顾，各种风格都要涵盖，这样一来，杂志之间就拉不开距离。我心目中理想的杂志应该具有独特的审美倾向和鲜明的审美追求。

黄发有： 也就是说，百花齐放并不意味着一家杂志必须包罗万象，真正的百花齐放是每家杂志都有自己独特的、不同的声音，尊重文学创作的丰富性、复杂性和差异性，它们组合在一起就显得五彩缤纷。

陈思和： 不错。只有当杂志有各种风格，才能体现为多元。

黄发有： 您觉得当前的文化与文学体制中，有哪些因素制约了文学期刊的发展？

陈思和： 对中国这么大、这么多人口的一个国家而言，关键是需要有一个“两条腿走路”的文化政策。我觉得大量的流行刊物不存在精神层面的价值，只是在渲染时尚，如服装、化妆品、流行音乐、电脑游戏等，这些杂志只要不违反人类基本道德，当然有其存在的合法性。但是，国家应该另外大力扶持一些承担了精神传承和审美教育功能的文学、文化、学术期刊，如果把这些期刊和那些消费文化类期刊混为一谈，同等对待，那是不公道的。提高国民素质是个系统工程，不光杂志要承担，文学、电影、电视、网络等都要承担，在这个工程中，各种文化门类的功能是不一样的。我觉得现在对这个问题缺乏一种统筹的思考，往往不考虑不同的传媒形态、文化品种的差异性，口头上强调社会效益和经济效益的双丰收，在执行的过程中往往牺牲掉那些确实有传世价值但不赚钱的精神遗产。

黄发有：搞形象工程，政绩工程。

陈思和：对！比如电影投资了一百万元，很可能拍出来根本没人看，也可能有票房但拍得非常糟糕。对于电影业来说，这一百万元从来没人心疼，因为与那些大片动辄上亿元的投资相比，实在是小菜一碟，但对于文学期刊来说，这一百万元可以做多少事情啊！遗憾的是，管理部门情愿在电影电视上浪费成百上千万，也不舍得在文学期刊上投一点小钱。

黄发有：在担任《上海文学》主编期间，您最大的感受是什么？

陈思和：太累。

黄发有：您在编杂志时，要亲自看校样，还得亲自为一些作家作品写评论，自己想写的文章和想做的课题却没法做，有没有得不偿失的感觉？

陈思和：几乎没有一个亲朋好友支持我去接手这项工作，他们有的担心我精力有限忙不过来，有的或是为了我的健康或是觉得这是是非之地，犯不着去惹一身骚，而我本来就在中文系兼着行政职务，手头也有做不完的教学与研究项目，很多事情都已经力不从心，似也实在没有必要再去接受一个新的棘手任务。但就是在四年前的春节，我想了一想还是接受了。原因当然有很多，一时也说不清楚，但至少不会是在家里闲得无聊想出来透透气的。现在想来，最主要的原因还是我喜欢编杂志。记得很年轻的时候，在卢湾区图书馆就参与编辑了一份《图书馆工作》的书评杂志，开始走上文学评论道路。再往上推，自己在中小学期间，一直是班级的墙报委员，一个人的梦想就是这样从小形成的。1990 年代我一直在探讨市场经济时代知识分子的作用，也有意关注了教育、出版以及人文学术思想的传播，以为这是三位一体的知识分子岗位，更何况《上海文学》是一家对我的成长有过影响的杂志，即使从感恩的角度出发，我也理应在它的困难时期去为它做些工作。也许在局外人看来，一份杂志就是一份资源，可以用来沽名钓誉、交换好处、献媚谋利，还有办公司什么的，但对我来说，它就是一块纯文学的净土，我如果去接编，那只能是按照我的理想尽可能地给以它时代的亮色，去探试纯文学在今天究竟能够走多远。我从不讳言自己是个理想主义者，我从跟随巴金先生、贾植芳先生学步开始，就有自己明确的工作目标和做人标准，我知道我的理想未必能够实现，但我就是要努力探试一下，理想主义在今天可能达到的程度。所以，我还是抱着书呆子的脾气踏进了编辑部。

黄发有：您在担任《上海文学》主编以后，用一些新文学刊物的刊名作为栏目名。在这些新文学刊物中，您最欣赏哪些文学期刊？它们对您影响最深的是哪些方面？

陈思和：我到《上海文学》后，设置栏目时采用这种策略，是一个偶然的因素造成的，但现在我觉得这样做是有我自己的追求的。《上海文学》是有传统的，有它自己独特的风格和生命力，作为一个具有五十多年历史的老牌刊物，我觉得它的容量应该更大。另一方面，我选那些刊物本身就有象征、双关的意义。总的来说，那些刊物包容了各种因素，比如说其中有左翼刊物，也有自由主义阵营的刊物，还有比较通俗的大众化杂志，我要强调的还是一种包容性，而不是单一的层次。我希望有一个兼容并包的、丰富的载体来体现杂志本身的特点。对于期刊研究来说，我最早研究巴金，兼而研究文化生活出版社，1982 年我曾发表一篇关于文化生活出版社的文章，对它的资金运作做过很多采访，我当时就觉得做出版很重要，现在看来也是，忽略了出版，文学就是不完整的，因为文学有一个创作的转化过程，即编辑出版。但限于能力，我没有都做，只做了几个编辑，如吴朗西、巴金、丁景唐、胡风。从杂志的种类来说，我自己比较喜欢《新青年》《小说月报》《语丝》等刊物，它们都有一个特点，即具有鲜明的主编风格，一个杂志放在谁手里，一眼就看得出来。如《小说月报》，1921—1922 年是沈雁冰（茅盾）编的，后来是郑振铎，再后来是叶圣陶，每一阶段的编辑风格都很明显。我个人觉得，这就是把自己的个性置放在刊物中的重要原因。

黄发有：关于当前的文学期刊与文学出版研究，您作为一个既有实践经验又有深厚的学术积累的学者，认为总体上有什么不足？有什么建议？

陈思和：我觉得从事这方面的研究，一定要进入当代期刊与出版的现场和今天的文化氛围，不管是研究现代文学三十年还是当代文学中的传播媒介，我认为最根本的一点是复活历史，激活今天，针对今天的文化状态去支持应该支持的东西，去反对那些伤害活力的因素，我觉得这个非常重要。

黄发有：不少现代作家、学者非常自觉地介入期刊与出版的编辑实践，您欣赏的鲁迅、巴金、胡风等人更是其中的杰出代表，他们对您的影响是不是驱使您在当前情景下探索建立有效的人文学术传播机制的精神动力？

陈思和：确实有这种考虑。从 2003 年 4 月正式接受杂志社主编工作，编辑第 7 期《上海文学》，一直到 2006 年第 8 期杂志出版后金盆洗手，大约就是三年多一点的时间。虽然是在忙碌中一晃而过，但毕竟与之前的生活方式大不一样。记得有一次全国重点高校中文系主任会议在复旦举行，有一位外校的系主任开玩笑对我说，我过去每隔一两年总有一部编年体论文集出版，现在书没有了，只是每月读到我编的一本《上海文学》。对此我引为知音，就因为，虽然主编杂志未必能替代我的学术研究，但我确实是将杂志当作我的著述、思想和人格实践来做的，它是我谋求的知识分子介入当下社会实践的有机的组成部分。编辑工作不是简单地发些好稿子，一份杂志在知识分子手里就是一个传播理想的阵地，这就是当年陈独秀编《新青年》，沈雁冰编《小说月报》，郭沫若、郁达夫编《创造》，鲁迅、周作人编《语丝》，巴金主编文化生活出版社的文学丛刊和胡风编《七月》《希望》的精神所系，也是“五四”新文学最有待实践的传统。

黄发有：通过《上海文学》的实践，您觉得给您自己以后的学术研究与文学教育事业带来了什么样的启示？

陈思和：先不说人事关系、体制问题，这两个问题也是一个知识分子实践理想必须解决的，否则知识很难贯穿人文精神。原来编“火凤凰”丛书的时候，做一件工作就是一件工作，一套丛书出版了，事情也做完了。这与杂志的周而复始、长期性不一样。杂志更加受制于市场和体制，但反过来说影响也大。杂志是持久性的，持久性对人文传播非常重要。丛书与市场的关系比较密切，偶然因素非常大。我开始接编杂志，觉得只要编得好，给那些喜欢文学的人看就行了。后来越来越觉得，其实中国需要某些高品位的杂志，不应该仅仅在市场上流行，这样可以保持中国文学纯文学的基本精神，中国的文化和学术在某种意义上说就是由少数人传承的。像澳大利亚作家怀特，他写的东西就是给少数人看的。再说古代中国庞大的文学传统，当时没有发达的印刷术，“经史子集”是通过教育慢慢传播开来的。中国那么多战争，那么多次沦亡，再加上读书人本来就少，其中又有很多人不懂文学，一些真懂文学的还被专制体制迫害，真正的传播者是很少的，但是一代一代传下来，几脉香火就是从老师到学生这样一代代传下来。

黄发有：心口相传，为此也形成一种师傅带徒弟的学统，教育就不仅是知识的传授，还是人格的接力。流行的未必能够流传，能够流传的也不一定流行。

陈思和：不错。今天传播手段丰富了，文化素质普遍提高了，大家有多元选择。记得“文革”后期我读《十八春》，书没有封面，还是一个老作家姚苏凤告诉我作者是张爱玲。后来夏志清写了《中国现代小说史》，大家才知道了张爱玲的文学成就。所以，纯文学、理想的文学是要靠教育传播的。我是进大学读了中文系，才知道文学史上有这么多事情，找一个没读过中文系的人问《文心雕龙》，估计了解深入的很少。现代都是这样，何况古代？但《文心雕龙》还不是传下来了？一个杂志现在印两三千份，不能养活自己就觉得好像是天大的罪，其实并不是这样的！文学要进入教育，进入文学史，这个很重要。当然不进入教育体制而能够流传的，就是被市场普遍喜欢的。像金庸的武侠小说一代代都有人喜欢，它贯通了人性最深处的东西，从这个意义上讲，通俗文学也不能轻视。

2007 年 1 月 21、22 日于复旦大学光华西楼 1406 室

初刊《渤海大学学报》2007 年第 3 期

辑四：资料编目

陈思和出版、主编作品书目[①]

里 波

一、编年体文集

1.《笔走龙蛇》，台湾业强出版社1991年初版（繁体字）、山东友谊出版社1997年修订版。

2.《马蹄声声碎》，学林出版社1992年初版。

3.《羊骚与猴骚》，上海人民出版社1994年初版。

4.《鸡鸣风雨》，学林出版社1994年初版。

5.《犬耕集》，上海远东出版社1996年初版。

6.《写在子夜》，上海人民出版社1996年初版。

7.《豕突集》，汉语大词典出版社1998年初版。

8.《牛后文录》，大象出版社2000年初版。

9.《谈虎谈兔》，广西师范大学出版社2001年初版。

10.《草心集》，广东教育出版社2003年初版。

11.《海藻集》，广西师范大学出版社2007年初版。

12.《献芹录》，复旦大学出版社2009年初版。

13.《萍水文字》，上海文艺出版社2011年初版。

① 本书目是在《陈思和文集》第七卷《遥望星空》附录《陈思和著述目录》的基础上加以修订、补充的。经陈思和先生本人审定，其中第九项“主要编辑或合编的单行本”和第十项“主要策划丛书系列”所列书目，都是择要而列，不是全部。根据陈思和先生的意见，凡是挂了主编之名，但另有人主持实际工作，他并不参与具体编辑的出版物，他不认为是他的工作成果，一概不予列入。特此说明。——编者

14.《昙花现集》，上海人民出版社 2015 年初版。

15.《耳顺六记》，云南人民出版社 2015 年初版。

16.《流水账》，上海科技文献出版社 2017 年初版。

17.《未完稿》，东方出版中心 2019 年初版。

18.《碌碌集》，复旦大学出版社 2020 年初版。

二、文学史研究论著和教材

1.《中国新文学整体观》，上海文艺出版社 1987 年初版、台湾业强出版社 1990 年增订版（繁体字）、韩国青年社 1995 年韩文版、上海文艺出版社 2001 年第 2 版增订版。

2.《新文学整体观续编》，山东教育出版社 2010 年初版。台湾新地文化艺术有限公司 2012 年繁体字版（改名《文学史理论的新探索》）。

3.《中国当代文学史教程》（主编），复旦大学出版社 1999 年初版、广西师范大学出版社 2001 年节本版（改名《新时期文学概说（1978—2000）》）、台湾联合文学出版社 2002 年繁体字版（改名《当代大陆文学史教程 1949—1999》）、韩国文学村出版社 2008 年韩文版。

4.《中国现当代文学名篇十五讲》，北京大学出版社 2003 年初版、2013 年修订版。

三、巴金研究论著

1.《巴金论稿》（与李辉合著），人民文学出版社 1986 年初版、复旦大学出版社 2009 年增订版（改名《巴金研究论稿》）。

2.《巴金研究的回顾与瞻望》，天津教育出版社 1991 年初版、香港文汇出版社 2009 年再版（改名《巴金研究十年（1978—1988）》）。

3.《人格的发展——巴金传》，台湾业强出版社 1991 年初版（繁体字）、上海人民出版社 1992 年修订版。

4.《巴金晚年思想研究论稿》，复旦大学出版社 2015 年版。

四、自选集

1.《还原民间——文学的省思》，台湾东大图书公司 1997 年初版（繁体字）。

2.《黑水斋漫笔》，四川人民出版社 1997 年初版。

3.《陈思和自选集》，广西师范大学出版社 1997 年初版。

4.《新文学传统与当代立场》，山东教育出版社 1999 年初版。

5.《中国当代文学关键词十讲》，复旦大学出版社 2002 年初版。

6.《不可一世论文学》，人民文学出版社 2003 年初版。

7.《当代小说阅读五种》，香港三联书店 2009 年初版（繁体字）、复旦大学出版社 2010 年简体字版。

8.《脚步集》，复旦大学出版社 2010 年初版。

9.《当代文学与文化批评书系·陈思和卷》，北京师范大学出版社 2010 年初版。

10.《思和文存》（三卷），黄山书社 2013 年初版。

11.《从鲁迅到巴金：陈思和人文学术演讲录》，中西书局 2013 年初版。

12.《批评与想象》，华东师范大学出版社 2014 年初版。

13.《陈思和文集》（七卷），广东人民出版社 2017 年初版。

五、选集（他人编选）

1.《秋风拾叶录》（王光东编），山东友谊出版社 2005 年初版。

2.《2006 王梦鸥学术讲座演讲集》（张堂锜主编），台湾政治大学中国文学系编印，2007 年初版（繁体字）。

3.《中国文学中的世界性因素》（宋炳辉编），复旦大学出版社 2011 年初版。

4.《文学是一种缘》（徐昭武编），江苏文艺出版社 2013 年初版。

5.《行思集——台港澳暨海外华文文学论稿》（颜敏编），花城出版社 2014 年初版。

六、文学对话录

1.《夏天的审美触角——当代大学生的文学意识》，工人出版社 1987 年初版。

2.《理解九十年代》，人民文学出版社 1996 年初版。

3.《谈话的岁月》（前两种对话录的合订增订本），复旦大学出版社 2004 年初版。

七、文学创作

1.《鱼焦了斋诗稿初编》（旧体诗集），漓江出版社 2013 年初版（繁体字，分线装本、平装本两种）。

2.《1966—1970：暗淡岁月》（回忆性散文），上海书店出版社 2013 年初版。

3.《我的老师们》，香港城市大学出版社 2019 年繁体字版、东方出版中心 2018 年简体字修订版（改名《星光》）。

4.《鱼焦了斋诗稿二编》（旧体诗集），商务印书馆 2020 年初版（繁体字）。

八、图传

1.《巴金对你说》（大型图册）（策划、配文），上海少年儿童出版社 1992 年初版。

2.《巴金图传》（主编、配文），广东教育出版社 2002 年初版。

3.《墨磨人生：柯灵画传》，上海书店出版社2001年初版。

九、主要编辑或合编的单行本（主要）

1.《中外文学名著精神分析辞典：人类精神自画像》（主编），工人出版社1988年初版。

2.《文学中的妓女形象》（主编），人民日报出版社1990年初版。

3.《青少年巴金读本》（编），台湾业强出版社1991年初版。

4.《巴金域外小说》（编），上海文艺出版社1992年初版。

5.《艺海双桨：名作家与名编辑》（与虞静双主编），山东画报出版社1999年初版。

6.《二十世纪中国文学精品·现代文学100篇》（两册）（与李平合编），学林出版社1999年初版、四川人民出版社2018年修订版（改名《现代文学100篇》，三册，与宋炳辉合编）。

7.《二十世纪中国文学精品·当代文学100篇》（三册）（与李平合编），学林出版社1999年初版、四川人民出版社2019年修订版（改名《当代文学100篇》，三册，与宋炳辉合编）。

8.《中国当代文学作品选》（与李平双主编），学林出版社1999年初版。

9.《人文知识读本》（主编），海南出版社2001年初版。

10.《开端与终结：现代文学史分期论集》（与章培恒合编），复旦大学出版社2002年初版。

11.《巴金：新世纪的阐释》（与辜也平合编），福建教育出版社2002年初版。

12.《无名时代的文学批评》（与王光东、张新颖合编），广西师范大学出版社2004年初版。

13.《中外文学关系史资料汇编：1898—1937》（两册）（与贾植芳合编），广西师范大学出版社2004年初版。

14.《大学：MBA的神话》（与王晓明双主编），浙江教育出版社 2004 年初版。

15.《中国现代文学读本》（与许俊雅合编），台湾二鱼文化有限公司 2006 年初版。

16.《跨文化研究：什么是比较文学？》（与严绍璗合编），北京大学出版社 2007 年初版。

17.《一九四九以后》（与王德威、许子东合编），香港牛津大学出版社 2010 年初版（繁体字）、上海文艺出版社 2011 年简体字版。

18.《中学文学读本》（六册）（与黄玉峰双主编），广西师范大学出版社 2011 年初版。

19.《中国当代文学六十年》（四册）（副主编：王光东），上海大学出版社 2010 年初版。

20.《中国现代文论选》（副主编：文贵良），上海教育出版社 2010 年初版。

21.《中国当代文论选》（副主编：宋炳辉），上海教育出版社 2010 年初版。

22.《贾植芳先生纪念集》（主编），复旦大学出版社 2011 年初版。

23.《建构中国现代文学多元共生体系的新思考》（与王德威合编），复旦大学出版社 2012 年初版。

24.《中国当代文学作品选》（副主编：宋炳辉），外语教学与研究出版社 2012 年初版。

25.《中国现代文学作品选》（副主编：宋炳辉），外语教学与研究出版社 2013 年初版。

26.《中国文学课》（主持课程设计，与郜元宝、张新颖合作），四川人民出版社 2020 年初版。

27.《初中语文现代文选讲》（主编），上海教育出版社 2020 年初版。

28.《贾植芳全集》（十卷，主编），北岳文艺出版社 2020 年初版。

十、主要策划丛书系列

1.“中国文化名人传记丛书”（与陈信元、陈子善合编），台湾业强出版社 1991 年开始出版，共三十种。

2.“火凤凰新批评文丛”（与王晓明合编），学林出版社 1994 年开始出版，共十二种。

3.“世纪回眸·人物系列”，上海文艺出版社 1994 年开始出版，共十五种。

4.“火凤凰文库”（与李辉合编），上海远东出版社 1995—1996 年出版，共二十五种。

5.“逼近世纪末小说选”（与张新颖、郜元宝、李振声合编），上海文艺出版社 1995—1998 年出版，共五卷。

6.“逼近世纪末批评文丛”，山东友谊出版社 1997 年，共七种。

7.“逼近世纪末人文书系”，山东友谊出版社 1997 年，共十种。

8.“火凤凰青少年文库”，海南出版社 1998 年开始出版，共九十种。

9.“火凤凰学术遗产丛书”（与贺圣遂合编），复旦大学出版社 2001 年开始出版，已出六种。

10.“21 世纪中国文学大系”第 1、2 辑各十种，春风文艺出版社 2002、2003 年版。

11.“新世纪编年文选·2003 年”六种，山东画报出版社 2004 年版。

12.“海边书系列”，广西师范大学出版社 2004—2005 年出版，共五种。

13.“汉语言文学原典精读系列”（与汪涌豪双主编），复旦大学出版社 2005 年开始出版，已出十种。

14.“潜在写作文丛”，武汉出版社 2006 年开始出版，共十种。

15.“世纪的回响·外来思潮卷”，江西高校出版社 2009 年，共十种。

16.“中国现代文学社团史研究书系”（与丁帆合编），第一辑由上海东方出版中心于 2006 年出版，共七种；第二辑由武汉出版社于 2010 年出版，共六种。

17.“都市文学研究书系”，广西师范大学出版 2006—2008 年出版，共四种。

18.“20 世纪文学史理论创新探索丛书”，山东教育出版社 2010 年，系国家社科项目，共五种。

19.“现代文学研究平台书系”（与王德威合编），复旦大学出版社 2011 年开始出版，已出七种。

20.“新世纪小说大系（2001—2010）”（九卷），上海文艺出版社 2014 年版。

十一、主编文学刊物

1.《上海文学》（月刊），2003 年第 7 期—2006 年第 8 期。共三十八期。

2.《诗铎》（年刊，与胡中行合编），2011 年出版第 1 辑，已出四辑。

3.《史料与阐释》（年刊，与王德威合编），2011 年出版第 1 辑，已出七辑。

4.《文学》（半年刊，与王德威合编，金理副主编），2013 年出版第 1 辑，已出十二卷。

（备注：以上书刊已出数目的统计截至 2020 年 8 月。）

陈思和评论资料目录[①]

里　波

一、单行本

《让苦难变成海与森林：陈思和评传》，顾艳著，武汉出版社2009年3月版。

《陈思和学术年谱》，金理编著，华东师范大学出版社2017年10月版。

《午后·蝉》（画传），陈昶编，《名作欣赏·别册》2018年第7期。

二、评论文章

1999 年以前

《情理与善恶——也谈性格化并同陈思和同志商榷》，张德林，《上海文学》1982年第4期。

《关于中国现代作家研究我见——〈巴金前期思想和创作初探〉

① “陈思和评论资料目录”主要来源于私人收藏及网络搜索两个方面，包括有关陈思和及其著述、教学、出版、文学活动的研究、批评、特写，以公开发表于纸质媒介上的有学术含量的文章为主。一般新闻报道、采访以及网络、博客等新媒体上出现的各类信息，不予收录。所收目录尽量采用初刊文本，不得已才选录作者的文集。根据陈思和先生本人建议，凡公开发表于纸质媒体上的对他本人，或学术观点批评、攻击的文字，都一并列入条目。特此说明。——编者

序》，贾植芳，《文汇报》1984 年 11 月 27 日。

《不畏荆棘的求索者》,陈骏涛,《中国青年报》1986年11月9日。

《〈巴金论稿〉和他的作者》，谷苇，《文汇报》1986 年 11 月 17 日。

《一本坚实的著作——〈巴金论稿〉评介》,李存光,《人民日报》1986 年 11 月 24 日。

《整体观照：在历史与当代的交汇中——略谈陈思和的文学批评》，杨斌华，《当代文艺思潮》1987 年第 1 期。

《“巴金就是巴金”》，丁亚平，《读书》1987 年第 6 期。

《“对话”,在契合与超越中完成——兼论〈巴金论〉〈巴金论稿〉等》，曹惠民、朱栋霖，《文学评论》1987 年第 4 期。

《巴金研究的新收获——评陈思和、李辉的〈巴金论稿〉》，陈鸣树，《中国现代文学研究丛刊》1987 年第 3 期。

《草丛中的漫步》，王彬彬，《上海文论》1988 年第 6 期。

《坚实、热忱的求索者——陈思和〈批评与想象〉》，陈骏涛，《上海文论》1989 年第 1 期。

《一代人的历史眼光——介绍陈思和著〈中国新文学整体观〉》，张安庆，《中国现代文学研究丛刊》1989 年第 1 期。

《文学史批评的现代理性精神——陈思和与他的新文学整体观》，夏锦乾，《文学评论》1989 年第 4 期。

《谦谦君子　博精求新——序〈人格的发展：巴金传〉》，余思牧，《上海文论》1991 年第 3 期。

《〈人格的发展：巴金传〉序》，贾植芳，《劫后文存——贾植芳序跋集》，上海学林出版社 1991 年版。

《理想透视下的人格》，李辉，《读书》1992 年第 5 期。

《道德的光彩和束缚——关于巴金传记的一封信》，谷梁，《当代作家评论》1992 年第 4 期。

《人格和人生的契合——读陈思和〈人格的发展：巴金传〉》，戴翊，《中国现代文学研究丛刊》1993 年第 3 期。

《民间的天地和文学的流变》，张新颖，《羊城晚报》1994 年 8 月 12 日。

《阅读与想象：致陈思和，再谈王蒙小说的语言与抒情》，郜元宝，《小说评论》1995 年第 3 期。

《博士生导师陈思和教授》，立思，《复旦学报》1995 年第 4 期。

《重建象牙塔》，王安忆，《当代作家评论》1995 年第 4 期。

《文学批评中历史匮乏症的救治——访陈思和》，郜元宝，《当代作家评论》1995 年第 4 期。

《人格之光映照下的理性之路——谈陈思和的巴金研究系列》，汪凌，《当代作家评论》1995 年第 4 期。

《追寻人文精神的现实归宿》，郑纳新，《博览群书》1995 年第 9 期。

《陈思和、黄裳的〈围城〉议论之外》，何满子，收《虫草文辑》，宁夏人民出版社 1995 年 10 月版，第 209—213 页。

《一个当代知识者的文化承担》，张新颖，收《歧路荒草》，上海人民出版社 1996 年 3 月版，第 165—170 页。

《汪应果复陈思和信》，汪应果，收“巴金与二十世纪学术研讨会”编《世纪的良心》，上海文艺出版社 1996 年 4 月版，第 63—72 页。

《文化批评的历史性原则——从近期的周作人研究谈起》，解志熙，《中州学刊》1996 年第 4 期。

《陈思和教授的人格理想和学术道路》，何清，《复旦学报》1996 年第 5 期。

《一个知识分子的心理年鉴》，周爱华，《博览群书》1997 年第 1 期。

《陈思和学术思想的意义》，王光东，《文艺争鸣》1997 年第 3 期。

《从文学史到人文精神——关于陈思和学术道路的随想》，郑文晖，《文艺争鸣》1997 年第 3 期。

《寻求知识分子的精神岗位——谈陈思和的出版实践及其意义》，周立民，《文艺争鸣》1997年第3期。

《薪传》，张新颖，《文艺争鸣》1997年第3期。

《重建象牙塔的文学评论家：我看陈思和教授》，江涌，台湾《图文天地》1997年第12期，第8—13页。

《陈思和批评思想之概述》，裴毅然，《文艺评论》1998年第3期。

《陈思和的现代文学作品授课》，裴毅然，《中国现代文学研究丛刊》1998年第3期。

《走出民间的沼泽》，李新宇，《粤海风》1998年第5期。

《评〈中国新文学整体观〉》，郜元宝，《唯实》1999年第7期。

《史识的独立与史构的更新》，施战军，《当代作家评论》1999年第6期。

《读吧，作品——近访陈思和》，周毅，《文汇报》1999年12月25日。

2000年

《陈思和与他的黑水斋》，柳珊，《时代文学》2000年第1期。

《文学史：核心概念的发现》，南帆，《南方文坛》2000年第1期。

《"重写文学史"的重要收获——读两部新版文学史》，宋遂良，《南方文坛》2000年第1期。

《建构中的知识分子话语空间——评三部中国当代文学史》，颜敏，《创作评谭》2000年第1期。

《评陈思和主编〈中国当代文学史教程〉》，严绮婷，台湾《现代中文文学学报》2000年第1期，第180—184页。

《陈思和：世纪末的文坛景象》，顾伟丽、李亮，《英才》2000年第3期。

《"20世纪中国文学的世界性因素"讨论会纪要》，《中国比较文学》2000年第2期。

《如何综合——文学研究方法论研讨之一》，刘思谦，《文艺评论》2000年第3期。

《当代文学史写作：原则、方法与可能性——从陈思和主编的〈中国当代文学史教程〉谈起》，李杨，《文学评论》2000年第3期。

《“不可忽视的学术锋芒”——评介陈思和先生主编〈中国当代文学史教程〉》，孙晶，《中国出版》2000年第3期。

《怎样写一部开放型的文学史》，唐小兵，《读书》2000年第7期。

《当代文学史写作的新思路及其可行性——对于两个理论问题的再思考》，王光东、刘志荣，《文学评论》2000年第4期。

《新的视角　新的整合》，周伟红、孙晶，《书屋》2000年第7期。

《真性情、新视野、新体例——〈中国当代文学史教程〉评介》，潘辛毅，《遵义师范高等专科学校学报》2000年第3期。

《“民间”的现代品格——对陈思和“民间”话语的理解》，谢友祥，《文艺理论研究》2000年第5期。

《一次遗憾的误读——评关于“潜在写作”和“民间”因素的争论》，薛华，《当代文学研究资料与信息》2000年第5期。

《重写文学史》，周立民，《南方文坛》2000年第5期。

《20世纪中外文学关系研究与比较文学学术空间的拓展》，宋炳辉，《中国比较文学》2000年第4期。

《重写文学史：建构与检讨——〈中国当代文学史教程〉学者谈》，陈思和、陈继会、陈子善、葛红兵、杨扬、张新颖，《杭州师范学院学报》2000年第5期。

2001年

《“20世纪中国文学的世界性因素”话题引起热烈争鸣》，《中国比较文学》2001年第1期。

《反思历史　探索新路——陈思和教授对比较文学研究的探索与思考》，宋炳辉，《中国比较文学》2001年第1期。

《民间：一个演绎于主体与客体之间的价值范畴》，姚晓雷，《文艺争鸣》2001年第1期。

《文学史与历史语境——关于“民间”与“现代性”》，郑国庆，《东南学术》2001年第1期。

《文学史编写的“创新”与“规范”——从1999年四部当代文学史谈起》，王春荣，《艺术广角》2001年第1期。

《“重写文学史”的扛鼎之作——评陈思和主编的〈中国当代文学史教程〉》，胡德才，《晋东南师范专科学校学报》2001年第6期。

《“潜在写作”研究中的史料问题》，李润霞，《中国现代文学研究丛刊》2001年第3期。

《“历史”的多样化叙述——关于当代文学史写作的对话》，王庆生、樊星、刘为钦、谢维强、陈虹，《华中师范大学学报》（人文社会科学版）2001年第4期。

《论文学的世界性因素和影响研究——关于“20世纪中国文学的世界性因素”命题及相关讨论》，谢天振，《中国比较文学》2001年第4期。

《文学史观念与价值立场——从两部〈中国当代文学史〉谈起》，汪振军，《河南大学学报》（社会科学版）2001年第6期。

《当代立场与学术品格》，姚晓雷，《南方文坛》2001年第6期。

2002年

《模棱两可的民间——质疑陈思和的“民间”理论及其运用》，魏继东，《浙江师范大学学报》2002年第1期。

《陈思和90年代重写文学史理论的新启蒙精神》，杨飏，《湛江师范学院学报》2002年第1期。

《穿透时间帷幕　重铸时代精魂——浅析陈思和的文学批评》，徐晓芳，《宜春学院学报》2002年第1期。

《陈思和做“官”》，周毅，《文汇报》2002年6月11日，第11版。

《文坛狼来了：也说当下的媚雅与媚俗》，孙国亮，《艺术广角》2002年第4期。

《二元对立、多元化与90年代文学文化问题》，周志雄，《文艺争鸣》2002年第6期。

《当代文学史写作的价值之惑》，汪振军，《渝西学院学报》（社会科学版）2002年第4期。

2003年

《“重写文学史”的终结与中国现代文学研究转型》，旷新年，《南方文坛》2003年第1期。

《积淀与推进——评陈思和主编〈中国当代文学史教程〉》，龚云普，《当代文坛》2003年第1期。

《民间概念也是遮蔽——读陈思和〈民间和现代都市文化——兼论张爱玲现象〉》，刘锋杰，《文艺争鸣》2003年第2期。

《深刻的学术思想与完善的教学体系的统一——兼评陈思和主编的〈中国当代文学史教程〉》，范藻，《达县师范高等专科学校学报》2003年第2期。

《“重写文学史”的文学史学审视》，马立新、贾振勇，《山东社会科学》2003年第2期。

《从人文精神承传看当前两部当代文学史的写作》，刘明，《华侨大学学报》（哲学社会科学版）2003年第2期。

《风雨如晦，鸡鸣不已——陈思和〈鸡鸣风雨〉读后》，叶炜，收《灯下走笔：评论写作实例及技巧分析》，中国广播电视出版社2003年8月版，第165—167页。

《精神不飞翔　文学就死亡——访〈上海文学〉新任主编陈思和》，楼乘震，《深圳商报》2003年5月10日。

《重写文学史：一段问题史》，王本朝，《广东社会科学》2003年第5期。

2004 年

《“世界性因素”的“误读”》，吴锡民，《南京师范大学报》（社会科学版）2004 年第 1 期。

《重谈“重写中国文学史”》，曹顺庆、童真，《西南民族大学学报》（人文社会科学版）2004 年第 1 期。

《重申批评——对“崔永元怒打〈手机〉”事件及陈思和“传媒批评”的进一步讨论》，祝晓风，《中华读书报》2004 年 2 月 18 日，署名陈所以。

《文学史体制的现代生成》，吴秀明、陈林侠，《学术研究》2004 年第 2 期。

《当代文学史写作探索刍议——由当前四部文学史著不同的写作模式谈起》，姚晓雷，《文学评论》2004 年第 2 期。

《置身边缘的探险队——略谈〈无名时代的文学批评〉》，周南焱，《南方文坛》2004 年第 3 期。

《仰望文学史夜空的繁星——〈中国现当代文学名著十五讲〉读后》，郜元宝，《文学报》2004 年 5 月 27 日，第 003 版“批评家俱乐部”。

《20 世纪 90 年代“民间”简论》，吴刚，《沙洋师范高等专科学校学报》2004 年第 3 期。

《陈思和知识分子的价值取向质疑》，徐艳，《广西社会科学》2004 年第 6 期。

《陈思和先生〈中国当代文学史教程〉“共名”出处考》，赵晓莉，《上海大学学报》2004 年第 3 期。

2005 年

《做主编的陈思和》，沈善增，《上海新书报》第 835 期，2005 年 1 月 7 日。

《“民间”的路有多远？——对陈思和民间话语的理解》，张强，《达县师范高等专科学校学报》2005 年第 1 期。

《由陈思和教授看学术界》，李美皆，《文学自由谈》2005年第1期。

《“民间”的提纯——中国现代乡土小说的“民间”建构》，赵江荣，《新疆大学学报》（哲学社会科学版）2005年第2期。

《文学史的研究与知识分子的价值取向——读〈民间的浮沉：从抗战到文革文学史的一个解释〉》，李婉玲、金秉珠，《中文自学指导》2005年第2期。

《回眸“重写文学史”讨论》，王兆鹏、孙凯云，《暨南大学学报》（哲学社会科学版）2005年第2期。

《陈思和〈雷雨〉细读之细读》，李美皆，《名作欣赏》2005年第4期。

《陈思和学术道路方法论评述》，何轩，《高等函授学报》（哲学社会科学版）2005年第2期。

《“民间”的浪漫传奇——兼论文学史修撰中的叙事问题》，郭洪雷，《陕西师范大学学报》（哲学社会科学版）2005年第3期。

《文学史观与文学史写作——对三部新型当代文学史的阅读与比较》，颜水生、田文兵、廖述务、康艳琴，《海南师范学院学报》（社会科学版）2005年第4期。

《论巴金却更深地论到鲁迅》，李国涛，《文汇读书周报》2005年11月25日。

2006年

绿原致陈思和、刘志荣，薛如茵致陈思和、刘志荣，冯异致陈思和、刘志荣，牛汉致陈思和、刘志荣，杨友梅致陈思和、刘志荣，何满子致陈思和，收绿原等著《春泥里的白色花》，武汉出版社2006年1月版，第430—440页。

《论潜在写作》，冀汸，收绿原等著《春泥里的白色花》，武汉出版社2006年1月版，第440—450页。

《当新旧文学界限的坚冰被打破》，吴福辉，《中华读书报》

2006 年 3 月 15 日，第 004 版“学林”。

《“常态与先锋”：现代文学阐释模式的重建》，吴晓东，《中华读书报》2006 年 5 月 31 日，第 004 版“学林”。

《“生命权力”、“文学反抗”与文学的“先锋性”》，罗岗，《中华读书报》2006 年 5 月 31 日，第 004 版“学林”。

《陈思和看取“五四”文学的新眼光》，杨帆，《中国现代文学研究丛刊》2006 年第 4 期。

《从历时到共时：建构现代文学研究的新坐标　有关“陈、吴对话”的一些思考》，刘勇，《中国现代文学研究丛刊》2006 年第 6 期。

《文学形象中的恶魔及恶魔性因素辨析》，荆爱珍，《河北学刊》2006 年第 5 期。

《新文学史研究视镜中的民间缺失——兼论陈思和〈中国当代文学史教程〉》，夏清，《廊坊师范学院学报》2006 年第 4 期。

《作家缺席的文学史——对近期三本“中国当代文学史”教材的检讨》，郜元宝，《当代作家评论》2006 年第 5 期。

《谈中国当代文学史编写的不同理念》，白焰，《中国大学教学》2006 年第 11 期。

《社团研究于中国现代文学史研究的意义——评〈中国现代文学社团史〉研究书系》，孙宜学，《文学评论》2006 年第 6 期。

《陈思和——严谨治学、激情探索的开拓者》，收谭蘅君主编《名家阅读——名家作品思想艺术及高考应对演练》（高中版），重庆：重庆出版社 2006 年 12 月版，第 180—186 页。

2007 年

《当教授成为主编——我看陈思和主编〈上海文学〉》，汪成法，《书屋》2007 年第 2 期。

《“三个白磁酒盅”：虎妞情爱心理的巧妙暗示——兼与王润华、陈思和两位先生商榷》，蔡之国、刘传俊，《阅读与写作》2007 年第 2 期。

《学科话语与人文精神——对“潜在写作”“民间”等话语的一种理解》，邹建军、罗义华，《学习与探索》2007 年第 2 期。

《本土性、生长性、知识分子性——关于陈思和的文学批评》，张清华，《渤海大学学报》（哲学社会科学版）2007 年第 3 期。

《陈思和教授的学术世界》，何言宏，《渤海大学学报》（哲学社会科学版）2007 年第 3 期。

《致陈思和老师——谈美国大学教育》，宋明炜，收《德尔莫的礼物——纽约笔记本》，上海：上海书店出版社 2007 年 6 月版，第 120—132 页。

《也谈陈思和〈雷雨〉细读——兼与李美皆女士商榷》，柴国华，《阅读与写作》2007 年第 7 期。

《知识与控制——论三本中国当代文学史对 20 世纪 80 年代文学的再评价、再生产和再传播》，王丽丽，《河北学刊》2007 年第 4 期。

《文学史教学应重视作品研究——结合陈思和主编〈中国当代文学史教程〉谈起》，王多明，《昌吉学院学报》2007 年第 4 期。

《陈思和主编〈中国当代文学史教程〉：民间文化形态的张扬》，苏永延，收《复旦中国文学史传统研究》，桂林：广西师范大学出版社 2007 年 9 月版，第 225—237 页。

《“多义性的诠释”不是脱离文本的随意阐释——为陈思和主编的〈中国当代文学史教程〉指瑕》，徐润润、徐楠，《上饶师范学院学报》2007 年第 5 期。

《重写与创新：陈思和主编的〈中国当代文学史教程〉》，收王春荣、吴玉杰主编《文学史话语权威的确立与发展 》，沈阳：辽宁人民出版社 2007 年 11 月版，第 217—233 页。

《名师篇 · 陈思和》，收王颖主编《名师名课名教材——复旦大学本科教学成果巡礼》，上海：复旦大学出版社 2007 年 11 月版，第 22—26 页。

《“重写”什么？如何“重写”？——从陈思和〈试论“五四”新文学的先锋性〉一文谈起》，冯鸽，《中国现代文学研究丛刊》

2007 年第 6 期。

《论文学优劣的标准——兼与陈思和等关于〈兄弟〉的商榷》，吴夜，《湖北职业技术学院学报》2007 年第 4 期。

《思省学之源，和谨师之道——记中文系陈思和老师》，金理，收陈立民主编《我心目中的好老师》，上海：复旦大学出版社 2007 年 12 月版，第 149—158 页。修订版改题为《老师的爱与岗位——陈思和部分作品阅读随感》，发表于《青年报》2016 年 9 月 11 日，第 4 版“旁评”。

2008 年

《探寻“民间”——关于陈思和先生“民间”问题的思考》，默文婷，《语文学刊》2008 年第 1 期。

《“当代性”的反思——“重写文学史”再审读》，张立群，《艺术广角》2008 年第 1 期。

《知识分子的角色思考——读〈秋里拾叶录〉》，杨泽文，《社会观察》2008 年第 2 期。

《“消费时代的儿子”——对余华〈兄弟〉“上海复旦声音”的批评》，张丽军，《文艺争鸣》2008 年第 2 期。

《“独下断语”与“曲到无遗”——对〈兄弟〉“复旦声音”批评的回应》，栾梅健，《文艺争鸣》2008 年第 6 期。

《审美原则、叙事体式和文学史的“权力”——再谈“重写文学史”》，杨庆祥，《文艺研究》2008 年第 4 期。

《质疑“民间立场”——向陈思和先生请教》，汤奇云，收《批评与立场》，广州：广州出版社 2008 年 4 月版，第 67—74 页。

《陈思和教授简历》，《复旦学报》（社会科学版）2008 年第 3 期。

《教育部“长江学者奖励计划”特聘教授陈思和教授学术思想简介》，《复旦学报》（社会科学版）2008 年第 3 期。

《教育的根本是培养理想——记第三届高等学校教学名师奖获得者、复旦大学教授陈思和》，王慧敏，收《名师颂——记第三届高等学校教学名师奖获得者》（第三卷），教育部高教司编，北京：教育科学出版社 2008 年 7 月版，第 150—154 页。

《文化趋向当在图书出版之先——读陈思和讲稿的一点商榷》，鲲西，收《作家的隐私》，上海：上海书店出版社 2008 年 10 月版，第 83—88 页。

《陈思和评〈秦腔〉：自然的现实主义》，《青年报》2008 年 10 月 29 日，第 7 版。

《飘落的花瓣——评陈思和主编的〈中国当代文学史教程〉》，王文霞，《柳州职业技术学院学报》2008 年第 4 期。

《文学史命名与写作中的历史思维反思》，霍小青，《四川理工学院学报》（社会科学版）2008 年第 6 期。

2009 年

《有一种先锋精神可以永远保存》，刘悠扬，《深圳商报》2009 年 5 月 11 日。

《文本如何细读——陈思和文学评论的特点》，罗兴萍，《文艺争鸣》2009 年第 7 期。

《一个关键词的前世今生——陈思和的“民间”概念的理论旅行与变异》，李丹，《文艺争鸣》2009 年第 7 期。

《新世纪中国文学陷入“中年危机”了吗——与陈思和先生商榷》，张丽军，《探索与争鸣》2009 年第 8 期。

《文学民间关照下现当代文学研究中的几个问题——由陈思和〈民间的沉浮〉引出的话题》，于爱成，收《四重变奏：现代性与地方性、城市叙事与民间诗学化合中的新文化研究》，昆明：云南人民出版社 2009 年 8 月版，第 177—204 页。

《当今时代，知识分子何为？——重读陈思和〈就 95“人文精神”讨论致日本学者〉》，李云雷，《天涯》2009 年第 6 期。

2010 年

《简评陈思和、洪子诚先生的当代文学史》，王景科、李文莲，《时代文学》（双月上半月）2010 年第 1 期。

《陈思和为当代文学再绘“文学地图”》，庄际虹，《中华读书报》2010 年 2 月 11 日。

《陈思和：学者无疆》，刘福泉、王新玲，《河北日报》2010 年 5 月 21 日。

《上海与“重写文学史”之发生》，杨庆祥，《现代中文学刊》2010 年第 3 期。

《杂忆〈逼近世纪末小说选〉——陈思和老师的几封信，我还记得的一点事》，张新颖，《当代作家评论》2010 年第 4 期。

《一言何以成新说——关于文学史理论“共名”与“无名”的学习札记》，金理，《当代作家评论》2010 年第 4 期。

《“潜在写作”的命名与当代文学史研究空间的拓展》，郭冰茹，《当代作家评论》2010 年第 4 期。

《兵家得势，文艺从命——浅谈陈思和“战争文化心理”说》，胡传吉，《当代作家评论》2010 年第 4 期。

《“细读”、经典与人文精神——以陈思和学术思想为中心》，黄平，《当代作家评论》2010 年第 4 期。

《“整体观”：建构与反思》，杨庆祥，《当代作家评论》2010 年第 4 期。

《民间的诗学——陈思和学术理想的一种读解方式》，杨位俭，《当代作家评论》2010 年第 4 期。

《在现代性的紧张中重读陈思和的“民间”》，韩振江，《当代作家评论》2010 年第 4 期。

《陈思和的出版信念与理论贡献》，孙晶，《当代作家评论》2010 年第 4 期。

《专家学者聚会沈阳研讨陈思和学术思想》，《海南日报》2010 年 7 月 30 日，第 006 版。

《专家学者研讨陈思和学术思想》，《深圳商报》2010 年 7 月 30 日，第 C03 版“文化广角”。

《专家研讨陈思和文学思想》，李桂玲，《文艺报》2010 年 8 月 25 日，第 001 版。

《当代学术史视野下的〈中国当代文学 60 年〉》，曾军，《云梦学刊》2010 年第 5 期。

《深思立言 重世践行——从〈海藻集〉看陈思和教授的学术追求与价值取向》，何清，《学术界》2010 年第 10 期。

《陈思和“下课”》，叶炜，收《冷眼看文坛：在学院与媒体之间》，北京：金城出版社 2010 年 5 月版，第 132—144 页。

《评〈当代小说阅读五种〉》，吴耀宗，台湾《东方文化》2010 年第 12 期，第 300—303 页。

2011 年

《致力于现代知识分子人文精神和实践道路的探索——“陈思和文学思想学术研讨会”纪要》，林建法、程光炜、王尧、张新颖、宗仁发，《当代作家评论》2011 年第 2 期。

《对“重写文学史”与“重返‘新时期文学’”的一点思考》，李有智，《北方民族大学学报》（哲学社会科学版）2011 年第 3 期。

《中外文学关系原始图景的一次还原与延伸——评〈世纪的回响·外来思潮卷〉》，孙宜学，《中国比较文学》2011 年第 3 期。

《陈思和和他的〈上海文学〉》，叶炜，《彭城晚报》2011 年 8 月 8 日，第 C03 版“文化茶座”。

《从鲁迅到巴金，陈思和讲的是精神》，黄莺，《都市快报》2011 年 8 月 17 日，第 B16 版“文娱新闻”。

《〈子夜〉的颓废与现实——兼与陈思和先生商榷》，郎秀，《名作欣赏》2011 年第 27 期。

《“阶级论”与“人性论”的文学史构建——以唐弢〈现代文学史〉和陈思和〈当代文学史教程〉为例》，唐伟，《海南广播电视大学学报》

2011年第4期。

《“潜在写作”的文献史料问题再探》，陈小霞，《中文学术前沿》（辑刊）2011年第2期。

2012年

《在昆德拉与韩少功之间——兼与陈思和先生商榷》，胡俊飞，《湖南工业大学学报》（社会科学版）2012年第1期。

《陈思和的“西部”：被静止的空间》，狄青，《文学自由谈》2012年第3期。

《“围城”内外的“西部文学”》，阎小鹏，《文学自由谈》2012年第4期。

《作为文学关系研究范畴的“世界性因素”》，宋炳辉，《中国比较文学》2012年第2期。

《民间立场的审美表达和多维呈现——中国现当代文学“民间文化理论”的基本构建》，王万顺，《人文杂志》2012年第3期。

《从青涩走向成熟——从巴金传记看我国现当代传记文学的发展》，杨智，《音乐时空》（理论版）2012年第4期。

《菜之美者　云梦之芹——记陈思和先生〈献芹录〉》，谷雨，收《拙书堂闲话》，成都：天地出版社2012年5月版，第51—57页。

《梅侍萍的悲剧根源是不愿当周朴园的小妾吗？——就曹禺的〈雷雨〉与陈思和先生商榷》，古大勇，收《文本细读与现象阐释：中国现当代文学专题研究》，北京：现代教育出版社2012年6月版，第111—118页。

《当代文学研究中的“关键词写作”现象》，黄擎，《山东师范大学学报》（人文社会科学版）2012年第4期。

《重建知识分子的精神家园——从〈脚步集〉看陈思和三十年探索之路》，王进庄，《南方文坛》2012年第5期。

《“新时期”文学秩序的奠基者——陈思和先生的六个面向》，刘涛，《传记文学》2012年第12期。

《对陈思和教授文学批评的批评》，石厉，收《诗学的范式》，北京：中国文联出版社 2012 年 12 月版，第 172—181 页。

《莫言邀约：陈思和教授的瑞典纪行》,《复旦青年地》第 260 期，2012 年 12 月 24 日。

2013 年

《陈思和学术年谱》，金理，《东吴学术》2013 年第 1 期。

《〈中国当代文学史教程〉的错谬》，唐德亮，《文学自由谈》2013 年第 2 期。

《重建现代文学研究的“整体性”视野》，金理，《中国社会科学报》2013 年 4 月 12 日，第 A07 版“评论”。

《80 年代的魔盒 90 年代的万花筒——对于“重写文学史”前后的思考》，宁蕊、刘玉平，《湛江师范学院学报》2013 年第 2 期。

《夏志清和陈思和视野下的〈骆驼祥子〉》，戴小霞，《黔南民族师范学院学报》2013 年第 2 期。

《沉稳从容而行——为陈思和花甲之年而作》，李辉，《南方文坛》2013 年第 3 期。

《陈思和先生和他的“中国文学的世界性因素”》，宋炳辉，《南方文坛》2013 年第 3 期。

《最初的相遇——关于陈思和师的一点记忆》，刘志荣，《南方文坛》2013 年第 3 期。

《学科之外，整体之中——陈思和的台港澳暨海外华文文学研究》，颜敏，《南方文坛》2013 年第 3 期。

《从方法论说〈中国新文学整体观〉的几个问题》，李思，《学理论》2013 年第 14 期。

《狂热与温情的交织——读陈思和的〈1966—1970 暗淡岁月〉》，姬小琴，《博览群书》2013 年第 6 期。

《陈思和的六月淮师行》（专号），《淮阴师范学院报》2013 年第 8 期，2013 年 6 月 10 日。包括《聆听陈思和》《对话陈思和》

《专访陈思和》《感受陈思和》。

《大陆范本：陈思和的〈中国当代文学史教程〉》，收孙鹏程等《知识空间重组与教育生态重构——温州与欧美、港台地区高等教育中文教材、文学史知识话语比较研究》，杭州：浙江大学出版社 2013 年 6 月版，第 25—42 页。

《陈思和王德威主编〈文学〉刊物面世，引发思考——有多少“文学”可以重来？》，傅小平，《文学报》2013 年 6 月 27 日，第 003 版“关注”。

《用思想照亮今天——评〈思和文存〉》，张涛甫，《文汇读书周报》2013 年 7 月 12 日。

《雪泥不驻飞鸿影，留取铭心照胆肝——〈鱼焦了斋诗稿初编〉读后及其他》，王宏图，《当代作家评论》2013 年第 4 期。

《“隐忧”：陈思和〈1966—1970 暗淡岁月〉读后》，徐雁，《图书馆杂志》2013 年第 9 期。

2014 年

《当代文学史编写中的文献史料问题——以陈思和〈中国当代文学史教程〉为考察对象》，付祥喜，《文艺研究》2014 年第 3 期。

《昨天的故事：虚无与忏悔——陈思和〈中国新文学整体观〉再回顾》，徐敏，《南京晓庄学院学报》2014 年第 2 期。

《“可写的”学术研究——从〈思和文存〉看陈思和的学术思想》，刘杨，《现代中文学刊》 2014 年第 2 期。

《陈思和的新岗位》，萧岩，《作家文摘报》2014 年 4 月 29 日，第 2 版。

《陈思和：今天我们应该如何写乡土、如何写城市》，《信息时报》2014 年 5 月 1 日，第 C12 版“悦读 · 人文”。

《善之丑与恶之花——周朴园、蘩漪形象解读兼与陈思和先生商榷》，孙彦君，《福建论坛》（人文社会科学版）2014 年第 5 期。

《记陈思和君》，张欣，《广州日报》2014 年 5 月 5 日。

《知识分子的魅力与激情——专访陈思和教授》，收郑文惠、颜健富主编《革命·启蒙·抒情》，北京：三联书店 2014 年 7 月版，第 439—450 页。

《“审美的”、“个人的”：新的美学原则的确立及其影响——“重写文学史”思潮文学观念再探讨》，赵黎波，《小说评论》2014 年第 5 期。

《陈思和的“学术八卦”》，唐小林，《文学自由谈》2014 年第 6 期。

《激情反思与文学重构——读陈思和的〈中国新文学整体观〉兼谈“重写文学史”》，收丁亚平《心中的风景》，北京：中国文联出版社 2014 年 12 月版，第 52—54 页。

《多年以后，我们何以忆及过往？——读〈1966—1970：暗淡岁月〉》，袁一月，《复旦人》19/20 期。

2015 年

《陈思和的“凤凰村”》，沈轶伦，《解放日报》2015 年 3 月 23 日。

《论陈思和民间立场下的历史书写》，谭本龙，《铜仁学院学报》2015 年第 3 期。

《作为一种史观的“关键词”——陈思和〈中国当代文学史教程〉》，张诗悦，《文艺争鸣》2015 年第 7 期。

《少年成长与学术姿态——读陈思和的〈1966—1970 暗淡岁月〉》，刘俊，《书城》2015 年第 10 期。

《“重写文学史”与批评家群体的代际传承》，刘忠，《中州大学学报》2015 年第 5 期。

《“寻根文学”与贾平凹文学史评价的限度——以陈思和、洪子诚〈文学史〉为中心》，杨辉、马佳娜，《唐都学刊》2015 年第 6 期。

《在历史的迷雾中穿行——评洪子诚、陈思和的两部当代文学史》，刘婧婧，《时代文学》（下半月）2015 年第 11 期。

2016 年

《出没于话语夹缝中的文本真相——评陈思和〈中国现当代文学名篇十五讲〉》，周园，《安徽文学》（下半月）2016 年第 2 期。

《再谈文学的真实性——写给恩师陈思和先生的第一封信》，徐兆寿，收《人学的困境与超越》，北京：中国社会科学出版社 2016 年 2 月版，第 31—39 页。

《开创性的比较文学研究策略》，张德明，《文艺报》2016 年 6 月 29 日，第 003 版“文学评论”。

《多元文化语境中的华文文学的杂糅——与陈思和商榷》，徐学清，《中国比较文学》2016 年第 3 期。

《论陈思和的“文本细读”方法——以〈中国现当代文学名篇十五讲〉为例》，马林云，收福建师范大学文学院研究生读书会编《乳滴集——福建师范大学文学院 2014—2015 学年研究生读书会论文集》，福州：海峡文艺出版社 2016 年 8 月版，第 372—379 页。

《陈思和与复旦大学》，李其纲，收《新概念作文大赛历史》，上海：华东师范大学出版社 2016 年 8 月版，第 11 页。

《浅谈对“重写文学史”的认识与反思》，林梦晓，《艺术科技》2016 年第 8 期。

上海《青年报》副刊《新青年》2016 年 9 月 11 日，专版 1—8 版。第 1 版：刊头照片·《知识分子的温度》，陈仓；第 2—3 版“对谈”：《评论家不食人间烟火文坛会干净得多　年轻人不要盲从应该相信良知的力量》，陈元喜；第 4 版“旁评”：《老师的爱与岗位——陈思和部分作品阅读随感》，金理；第 5 版“印象”：《生命在于不动——陈思和先生轶事四则》，刘小源；第 6—8 版为陈思和自己的文章。

《文本细读与当代文学研究》，韩松刚，《创作与评论》2016 年第 20 期。

《陈思和从迷茫走向自觉的批评之路》，赵书，《散文百家（新语文活页）》2016 年第 10 期。

2017 年

《思与史的织解——重读三本文学史的体会》，刘琳，《才智》2017 年第 13 期。

《试论“重写文学史”思潮的局限性》，冯毓璇，《渭南师范学院学报》2017 年第 7 期。

《陈思和学术思想概述——〈陈思和文集〉前言》，陈国和，《中国现代文学研究丛刊》2017 年第 11 期。

《田园牧歌里的爱情悲剧——重读〈边城〉兼与陈思和先生商榷》，王金城，《闽江学院学报》2017 年第 6 期。

《当代文学史编写中的文献史料问题——以陈思和〈中国当代文学史教程〉为考察对象》，付祥喜，收《问题与方法：中国现代文学史料研究论稿》，北京：中国社会科学出版社 2017 年 12 月版，第 209—222 页。

2018 年

《批评家学术档案·陈思和》，《当代文坛》2018 年第 1 期。

《“重写文学史”思潮对当代文学史编写的启示——以陈思和〈中国当代文学史教程〉为例》，张雨晨，《成都理工大学学报》（社会科学版）2018 年第 1 期。

《中国当代文学教学与研究中的历史化趋向——从洪子诚、陈思和、程光炜的文学史写作谈起》，郭剑敏，收赵英军主编《人才培养与教学改革——浙江工商大学教学改革论文集》（2016），杭州：浙江工商大学出版社 2018 年 1 月版，第 109—114 页。

《略谈“文本细读”》，里波，收《名著新解》（陈思和文集第 4 卷）附录，广州：广东人民出版社 2018 年 1 月版，第 530—542 页。

《隧道的尽头便是光——陈思和的文学批评》，陈国和，《南方文坛》2018 年第 2 期。

《历史·文学·审美·真实——对中国当代文学史编写的初步

考察》，叶炜、高璐，《山东青年政治学院学报》2018 年第 3 期。

《〈中国当代文学史教程〉诸问题商榷》，李明军、拉珊娜，《边疆经济与文化》2018 年第 6 期。

《有关20世纪中国文学史研究的几个问题》，陈思和，《文艺报》2018 年 9 月 19 日，第 002 版“第七届鲁迅文学奖特刊”。

《余华书写：“史”的建构与阐释差异——以洪子诚、陈思和为例》，梅向东，《黄冈师范学院学报》2018 年第 5 期。

《陈思和诗词》，荐评：张海鸥，《诗词家》2018 年第 6 期。

《遥望星空忆故人——读陈思和〈星光〉》，刘敬，《河北日报》2018 年 12 月 28 日，第 011 版“文化周刊 · 读书”。

2019 年

《陈思和〈中国当代文学史教程〉分析》，收温潘亚等著《百年中国文学史写作范式研究》（上），北京：人民出版社 2019 年 1 月版，第 214—219 页。

《陈思和的文学大师课》，陈进，《黄山日报》2019 年 1 月 23 日，第 7 版“散花坞”。

《文学创意写作的美丽》，王宏图，《文汇报》2019 年 1 月 28 日，第 W04 版“文汇读书周报 · 书人茶话”。

《那些照亮时代的永恒星辰——读〈星光〉有感》，刘敬，《新华书目报》2019 年 2 月 1 日，第 020 版“馆员书评”。

《文学史书写的两大创新——评陈思和〈中国当代文学史教程〉》，李学良，《语文建设》2019 年第 5 期。

《为什么“未完”的才是最好的？——读陈思和〈未完稿〉有感》，徐雨霁，《文汇报》2019 年 12 月 23 日。

2020 年

《通过文学来理解生活》，陈昶，《中华读书报》2020 年 3 月 11 日。

《阐幽发微，缘文析疑——〈初中语文现代文选讲〉荐读》，李兰，《语文学习》2020年第4期。

《过眼录：陈思和的旧体诗》，刘俊，香港《大公报》副刊2020年6月23日。

三、相关的硕士论文

《世纪末文坛的"民间"与"知识分子"论争》，房芳，吉林大学，2004年。

《文学与民间——从民间视角审视莫言的小说创作》，马晓晗，中央民族大学，2005年。

《怀疑精神下的艰难求索——学者陈思和论》，吴秀娟，华中师范大学，2006年。

《陈思和的文学史观念及实践初探》，陈薇，牡丹江师范学院，2010年。

《"潜在写作"的文献史料问题研究》，陈小霞，浙江大学，2012年。

《作为一种当代文学批评范型的陈思和文学批评》，王炎炎，暨南大学，2014年。

《"重写文学史"运动的实践与反思》，王敏，西安外国语大学，2015年。

《世纪末文坛"民间"话语探源——以陈思和的相关研究为中心》，刘羽丰，华东师范大学，2015年。